中国工程院重大咨询项目

中国特色新型城镇化发展战略研究

第四卷

城镇化进程中的人口迁移与人的城镇化研究

主编 李 强

副主编 张晓山 葛延风 陈振华

城镇化进程中的公共治理研究

主编 薛 澜

副主编 齐 晔 孟延春 刘志林 殷成志

中国建筑工业出版社

图书在版编目（CIP）数据

中国特色新型城镇化发展战略研究 第四卷，城镇化进程中的人口迁移与人的城镇化研究 城镇化进程中的公共治理研究/李强，薛澜主编．北京：中国建筑工业出版社，2013.12
ISBN 978-7-112-16313-7

Ⅰ.①中… Ⅱ.①李… ②薛… Ⅲ.①城镇化-发展战略-研究-中国 ②人口迁移-研究-中国 ③公共管理-研究-中国 Ⅳ.①F299.21 ②C922.2③D63

中国版本图书馆CIP数据核字（2014）第019742号

本卷包括《中国特色新型城镇化发展战略研究》的课题六和课题八的研究报告。课题六《城镇化进程中的人口迁移与人的城镇化研究》提出新型城镇化必须从"物的城镇化"走向"人的城镇化"，而人的城镇化是包括生产方式、生活方式、文明素质和社会权益等全方位进入现代文明体系的过程。建议以市县域综合改革引导农民就近城镇化，实现从城乡"单向流动"到"双向流动"，从"被动城镇化"向"主动城镇化"的转变，构建大中小协调发展的城镇化格局。课题八《城镇化进程中的公共治理研究》提出，通过建立以人为本、多主体、包容性的城镇公共治理体系，由政府、经济组织、社会组织等以网络型互动式共同参与，适应市场经济体制下发展动力多元化、社会群体分化、社会信息化与科技迅速发展的形势，谋求城镇全面协调可持续发展，促进城乡一体化，满足人的城镇化、现代化的公平需求，增强城镇公共治理的系统性、协调性，提高城镇治理能力，加快城镇化中的社会主义市场经济、民主政治、先进文化、和谐社会、生态文明的共同发展。

责任编辑：李春敏　赵晓菲
书籍设计：锋尚制版
责任校对：刘梦然　党　蕾

中国工程院重大咨询项目
中国特色新型城镇化发展战略研究
第四卷
城镇化进程中的人口迁移与人的城镇化研究
主　编　李　强
副主编　张晓山　葛延风　陈振华

城镇化进程中的公共治理研究
主　编　薛　澜
副主编　齐　晔　孟延春　刘志林　殷成志

*
中国建筑工业出版社出版、发行（北京西郊百万庄）
各地新华书店、建筑书店经销
北京锋尚制版有限公司制版
北京顺诚彩色印刷有限公司印刷
*
开本：787×1092毫米　1/16　印张：31½　字数：483千字
2013年12月第一版　2013年12月第一次印刷
定价：175.00元
ISBN 978-7-112-16313-7
（24910）

版权所有　翻印必究
如有印装质量问题，可寄本社退换
（邮政编码100037）

中国特色新型城镇化发展战略研究
编辑委员会

编委会主任　　徐匡迪

编委会成员　　周　济　　潘云鹤　　干　勇　　陈吉宁
　　　　　　　　　吴良镛　　傅志寰　　朱高峰　　邬贺铨
　　　　　　　　　周干峙　　邹德慈　　钱　易　　唐孝炎
　　　　　　　　　江　亿　　吴　澄　　柳百成　　何建坤
　　　　　　　　　石立英　　李晓江　　吴志强　　王　凯
　　　　　　　　　李　强　　薛　澜　　李　平　　毛其智
　　　　　　　　　全永燊　　陆化普　　朱森第

主要执笔人　　石立英　　李晓江　　李　平　　王　凯
　　　　　　　　　齐　晔　　毛其智　　李　浩　　陈　明
　　　　　　　　　陈振华　　温宗国　　孟延春　　殷成志
　　　　　　　　　张永波　　叶振宇　　潘昭宇　　刘　永

项目办公室　　谢冰玉　　苏　竣　　王振海

序言

城镇化是深刻影响经济社会发展的重大社会现象。改革开放以来，中国社会发生的最显著变化之一，莫过于5亿多人口从农村进入城镇，从而使他们的生产和生活方式发生巨大改变。国际经验表明，城镇化发展是世界范围内具有一定普遍意义的社会发展现象，尽管人是城镇化的主体，对城镇化发展具有重要影响，但城镇化发展的总体趋势具有显著的客观规律性。当一个国家走上工业化、现代化的发展道路，经济社会发展到一定程度和阶段，城镇化必然在一定时期内取得持续发展。中国地域辽阔、人口众多、国情独特，城镇化的表象和社会影响都极为庞大和深刻，乃至关乎全球人类的发展状况。正是在这个意义上，国际上有著名学者将中国的城镇化和美国的高科技并列为21世纪对世界影响最大的两件大事。

城镇化发展是一项庞大复杂的巨系统工程，涉及人口、资源、环境，乃至经济、政治、文化、社会等各个层面，具有突出的综合性和复杂性。特别是在我国这样一个历史悠久的农业人口大国和发展极不平衡的多民族国家推进城镇化，在世界上史无前例。当前，我国城镇化发展又到了一个关键时期，机遇与挑战并存，需要加强顶层设计与"摸着石头过河"相结合，探索一条具有中国特色的新型城镇化之路。这是关乎我国经济社会发展全局的一件大事。

近两年来，中国工程院依托与清华大学合办的中国工程科技发展战略研究院，组织了数十位院士、专家的研究团队，由我牵头，对中国特色新型城镇化发展战略问题进行了深入研究。院士和专家们提出了一系列重要判断和政策建议。大家认为，改革开放30余年来，我国城镇化快速发展，有力地支撑了国民经济持续快速增长，极大地促进了国家的工业化和现代化进程，解决了大量农村剩余劳动力就业问题，增加了农民收入，为经济社会发展做出了巨大贡献。但是，连续多年快速城镇化发展所积累的各种矛盾也越来越突出，可持续发展面临严峻挑战。从我国的国情出发，项目组提出，中国特色的新型城镇化发展，就是要注重以人为本、着力解决人的城镇化问题，核心是人的生产和生活方式的转变。新型城镇化发展，是产业和城镇融合、"四化"同步的发展，是城乡统筹推进、布局合理、人居环境质量提高的发展，是以生态文明理念为指导、建设生态城市为目标的发展，是体现中国城市特色、弘扬优秀文化传统的发展，是推进国家治理体系和治理能力现代化的发展。

从传统粗放的城镇化模式，转向注重质量和效益的新型城镇化发展模式，是繁难艰巨的历史任务，必须凝聚全面深化改革的基本共识，处理好整体推进和重点突破的关系，因地制宜、统筹兼顾，保护生态、集约发展，探索不以牺牲农业和粮食安全、生态和环境为代价的，新型工业化、新型城镇化、农业现代化和信息化融合发展的新模式，努力形成资源节约、环境友好、经济高效、文化繁荣、社会和谐的城乡全面健康协调可持续发展的新格局。

经过项目组两年的紧张工作，现将中国特色新型城镇化发展战略研究成果集结成册，分五卷出版，包括一个综合卷和四个分卷。期望这套丛书能为专家学者研究探讨城镇化问题提供有益的帮助，为有关部门科学决策提供参考，为促进中国特色城镇化的健康发展发挥积极作用。

感谢项目组全体成员长期不懈的努力和创造性的劳动。感谢多位年事已高的院士"老骥伏枥，志在千里"，为项目的研究工作发挥了核心和引领作用，感谢一批优秀的中青年专家学者以一种使命感和责任感积极地参与项目研究，发挥了中流砥柱的作用。因为你们，这个项目才有了丰硕成果，才有了进一步研究的扎实基础。特别感谢中央有关部委的指导和各省市及相关单位的大力协助，使项目研究在战略性、前瞻性以及切合中国实际等方面得到加强。期待大家继续通力合作，为中国特色新型城镇化的发展战略研究做出新贡献。

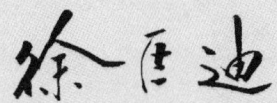

2013年11月22日于北京

前言

中国工程院为加强国家工程科技思想库建设,与清华大学通力合作,于2011年4月成立中国工程科技发展战略研究院。研究院的宗旨是坚持高层次、开放式、前瞻性的发展导向,以支撑国家工程科技领域重大战略决策为目标,把学术引领、战略咨询、科技服务、人才培养有机结合起来,为我国工程科技创新发展提供战略性、全局性、前瞻性的咨询意见和建议,培育战略研究人才,壮大战略科学家队伍。

战略研究院成立后确定首批启动四个重大咨询项目,"中国特色新型城镇化发展战略研究"是其中之一,由徐匡迪院士担任项目组长,中国工程院、清华大学及中国城市规划设计研究院等单位的20多位院士、100多位专家共同参加,分设了8个课题组和一个综合组:

1. 中国城镇化道路的回顾与质量评析研究;
2. 城镇化发展空间规划与合理布局研究;
3. 城镇化进程中的综合交通运输问题研究;
4. 城镇化与产业发展互动研究;
5. 城镇化进程中的生态环境保护与生态文明建设研究;
6. 城镇化进程中的人口迁移与人的城镇化研究;
7. 城镇化进程中的城市文化研究;
8. 城镇化进程中的公共治理研究。

从项目组成立伊始,徐匡迪院士就亲自带队,先后赴湖北、湖南、江西、河南、四川、广东六省,开展实地调研和座谈,深入了解各地城镇化发展的动态及实情。在调查研究的基础上,项目组多次召开研讨会、阶段性工作会议,进行广泛研讨,其中大型会议有6次。特别是在2012年6月院士大会前夕,项目组举办了"中国特色新型城镇化发展战略论坛",400余人参加会议,城镇化发展各领域的专家学者共聚一堂,畅所欲言,对于凝聚中国特色新型城镇化发展的战略共识发挥了积极的作用。

"中国特色新型城镇化发展战略研究"项目组高度重视与国务院相关部门和地方及时沟通信息,交换意见,以更好地为科学决策服务。在项目启动后不久,时任国务院副总理的李克强同志于2012年1月6日专门听取了研究项目的启动汇报,并作出重要指示,提出了中国城镇化发展对战略研究的重大需求,为项目的后续研究指明了方向。2012年6月,项目组根据阶段研究成果,向党的十八大报告有关起草部门提交了关于"中国特色新型城镇化发展战略"的建议。2013年8月30日,国务院总理李克强、常务副总理张高丽及国务院有关部门领导,再次听取了项目组的成果汇报,并与院士、专家座谈,对项目研究成果给予高度评价,同时提出了若干需要进一步研究解答的问题。项目组随即组织了深入研讨,并就现有研究基础和成果,撰写了回复这些问题的研究报告。

本丛书集结了两年来"中国特色新型城镇化发展战略研究"项目的系列研究成果,包括综合研究成果和8个专项课题的研究成果,共分五卷出版。综合卷重点收入项目组向国务院提交的"关于中国特色新型城镇化发展战略的建议(综合报告摘要)"和"对新型城镇化研究中几个问题的答复",项目研究的综合报告以及8个专项课题各自的综合报告。另外四个分卷分别收入了8个专项课题研究的详细成果:第一卷收入了《中国城镇化道路的回顾与质量评析研究》、《城镇化发展空间规划与合理布局研究》;第二卷收入了《城镇化进程中的综合交通运输问题研究》、《城镇化与产业发展互动研究》;第三卷收入了《城镇化进程中的生态环境保护与生态文明建设研究》、《城镇化进程中的城市文化研究》;第四卷收入了《城镇化进程中的人口迁移与人的城镇化研究》、《城镇化进程中的公共治理研究》。

这套丛书是多个课题研究成果的集合,其主要观点和判断在综合报告中取得了共识,但在各领域的一些特定问题上,各课题组仍可能保留自己独特的视角和观点,没有必要取得完全统一,这样更有利于启发思考和促进深入研究。另外，虽然经过仔细核对，由于各课题研究报告引述的资料来源不同，个别数据难免有不一致之处，请读者予以谅解。

特别感谢中国建筑工业出版社和本书的责任编辑，由于你们的大力支持和繁复细致的工作，使本书得以顺利出版。

期望这套丛书能为专家学者的研究工作和有关部门的科学决策提供参考，为社会公众了解中国特色城镇化的相关问题提供有益帮助。敬请广大读者批评指正。

编委会

2013年11月

目录

城镇化进程中的人口迁移与人的城镇化研究

内容简介 2

前言 3

第一章　我国城镇化的历程、现状与问题 9
 一、我国城镇化的发展历程 9
 二、我国城镇化的特征与历史路径剖析 11
 三、当前我国城镇化的突出问题与矛盾 17
 四、改革城乡二元结构的迫切性 23

第二章　城镇化就业转变与人口迁移趋势 29
 一、改革开放以来城乡就业与空间集聚趋势 29
 二、城乡就业发展趋势与农民工定居城市意愿调查 34

第三章　迈向以人为核心的新型城镇化 50
 一、城镇化内涵思考：从"物的城镇化"到"人的城镇化" 50
 二、城镇化路径思考：从"被动城镇化"到"主动城镇化" 54
 三、乡村可持续发展与"城乡双向流动" 58

第四章　人的城镇化：制度改革与社会融合 61
 一、"人的城镇化"的物质条件：就业与住房 62
 二、"人的城镇化"的制度条件：户籍、社会保障与土地制度 64

三、"人的城镇化"的心理条件：社区建设与社会融合 ……… 70
　　四、以市县域统筹改革促进人口近距城镇化 ……………… 72
　　五、存量与增量农村人口城镇化的分类引导 ……………… 80

第五章　就业与人的城镇化 ………………………………… 85
　　一、农民工的流动和就业状况分析 ………………………… 85
　　二、农民工就业机会和生活机会的选择 …………………… 93
　　三、应对经济转型升级的就业需求，促进农民市民化 …… 103

第六章　户籍制度与人的城镇化 …………………………… 106
　　一、我国现行户籍制度的形成 ……………………………… 107
　　二、我国户籍制度的主要问题及原因 ……………………… 108
　　三、户籍制度改革及其各地改革尝试 ……………………… 109
　　四、户口等级与人的城镇化路径 …………………………… 113
　　五、进一步深化户籍制度改革的对策与建议 ……………… 118

第七章　社会保障与人的城镇化 …………………………… 122
　　一、我国城乡社会保障制度现状 …………………………… 123
　　二、流动人口社会保障的主要问题 ………………………… 127
　　三、各地流动人口的不同社保模式与反思 ………………… 131
　　四、社保问题的对策与改革方向 …………………………… 134

第八章　住房与人的城镇化 ………………………………… 138
　　一、城市农民工的住房现状 ………………………………… 138
　　二、城市农民工住房存在的问题 …………………………… 146
　　三、农民工住房问题解决的建议 …………………………… 149

第九章　农村土地制度与农业产业化 ……………………… 153
　　一、我国农地制度发展历程 ………………………………… 153
　　二、我国农地制度与农业生产方式面临的主要问题 ……… 159
　　三、各地农地流转实践及产业化形式 ……………………… 160
　　四、农业产业化方向与政策建议 …………………………… 165

第十章　农村建设用地制度 ··· 171
　　一、我国城乡建设用地制度现状 ································· 171
　　二、现行城乡建设用地制度的特征与主要问题 ··············· 175
　　三、城乡建设用地制度改革与各地实践 ························ 179
　　四、城乡建设用地制度改革与政策建议 ························ 186

第十一章　北京石景山区调研 ······································· 192
　　一、北京市外来人口概况 ··· 193
　　二、石景山区"新居民服务站"模式 ···························· 196
　　三、大城市外来人口城镇化的思考 ······························ 205

第十二章　广州与东莞调研 ·· 207
　　一、广州"积分入户"政策及其实施效果 ······················ 207
　　二、东莞"积分入户"政策及其实施效果 ······················ 209
　　三、东莞"新莞人服务管理局"实践探索 ······················ 212
　　四、经验和启示 ·· 215

第十三章　四川龙泉驿区调研 ······································· 217
　　一、成都龙泉驿区的基本情况 ···································· 217
　　二、龙泉驿区城镇化建设的理念和实践 ························ 219
　　三、龙泉驿区城乡统筹的实施成效 ······························ 228
　　四、龙泉驿区城乡统筹的反思 ···································· 231

第十四章　山东邹平调研 ··· 235
　　一、邹平县基本状况介绍 ··· 235
　　二、以产业促进就业，以就业带动城镇化 ···················· 239
　　三、推进农业产业化，转移农村劳动力 ························ 242
　　四、推动城乡一体化，促进人的城镇化 ························ 249
　　五、邹平县城镇化模式存在的问题 ······························ 258

第十五章　河南舞钢城乡统筹实践与规划 ························ 260
　　一、舞钢概况 ··· 261

二、舞钢新型农村社区建设的思路与政策 263
三、舞钢新型农村社区建设的实施情况 268
四、舞钢农民现状及建设新型农村社区的意愿 280
五、舞钢统筹城乡规划的核心思路与主要内容 295
六、舞钢新型农村社区建设的经验总结 302

第十六章 四川德阳城乡统筹实践与规划 306
一、德阳概况 307
二、德阳统筹城乡的实践探索 315
三、德阳农民意愿及城镇化意愿调查 319
四、德阳统筹城乡规划的部分核心内容 330
五、结语：德阳统筹城乡的实践与未来探索 349

参考文献 352

课题组成员名单 359

城镇化进程中的公共治理研究

内容简介 362

前言 364

第一章 走向以人为本、多主体、包容性的城镇公共治理 366
一、城镇化的本质是人的现代化 366
二、城镇化与治理体系演变 367
三、完善城镇公共治理体系与国家治理体系现代化 371

第二章 应对中国城镇化进程中的公共治理挑战 374
一、中国特色城镇化与国家治理体系建设同步 374
二、中国大规模、高速度城镇化难以长期持续 375
三、城镇化问题的实质是公共治理危机 388

四、城镇化进程中的公共治理创新……………………………………… 390

第三章　创新城镇公共治理体系：构建可持续的城镇公共
　　　　服务体系 ……………………………………………………… 395
　　一、城镇公共服务体系的重点在于公共品的提供……………………… 395
　　二、城镇公共服务提供的优先级按需求层次排序……………………… 397
　　三、划定公共服务的边界至关重要……………………………………… 399
　　四、城镇公共服务的多元化供给………………………………………… 407

第四章　城镇公共治理的保障：激励机制与财政能力 ………………… 418
　　一、现有激励机制存在不足，城镇公共治理亟待转型………………… 418
　　二、地方财政能力不足，难以响应不断增加的城镇人口
　　　　公共服务需求……………………………………………………… 427

第五章　城镇公共治理的重点探索：差异化人口管理与
　　　　相对集中行政处罚权 ………………………………………… 439
　　一、城镇差异化人口管理………………………………………………… 439
　　二、城镇相对集中行政处罚权…………………………………………… 455

第六章　创新城镇公共治理体制提升治理能力的政策建议 ………… 470
　　一、确立城镇主体与城镇公共治理主体………………………………… 470
　　二、改革城镇发展的激励机制…………………………………………… 472
　　三、构建多层次、多手段的权力制衡与监督机制……………………… 473
　　四、建立权责适应的财政制度…………………………………………… 476
　　五、通过技术创新提升城镇公共治理能力……………………………… 478

参考文献 …………………………………………………………………… 479

课题组成员名单 …………………………………………………………… 487

索引 ………………………………………………………………………… 488

城镇化进程中的人口迁移与人的城镇化研究

主 编 李 强
副主编 张晓山 葛延风 陈振华

内容简介

本报告系中国工程院重大咨询项目"中国特色新型城镇化道路发展战略研究"课题六"城镇化进程中的人口迁移与人的城镇化研究"的主要成果，由清华大学李强教授主持。作者认为，我国"城乡二元结构"的独特制度安排导致了城镇化"人地分割"的突出特点，导致了"大量农业转移人口无法融入城市"和"土地城镇化快于人口城镇化"，以及乡村发展缺乏活力的突出矛盾，具有鲜明的"物的城镇化"的特征。新型城镇化必须从"物的城镇化"走向"人的城镇化"，具体而言包括生产方式、生活方式、文明素质和社会权益等全方位进入现代文明体系的过程。

作者认为，当前城镇化必须解决城镇就业、住房、户籍、社会保障和农地制度、农村建设用地和宅基地制度改革等一系列问题。破除制度障碍，实现从城乡"单向流动"到"双向流动"，从"被动城镇化"向"主动城镇化"的转变，让城乡居民自由选择居住和生活方式。作者主张，要以市县域综合改革引导农民就近城镇化，构建大中小协调发展的城镇化格局。

前言

当前，中国的城镇化不仅成为国内各界人士讨论的热点问题，在世界范围内也备受关注。从涉及人口的数量看，中国的城镇化堪称人类历史上最大规模的城镇化，从近十几年发展的历程看，中国城镇化增长的速度也是惊人的。更被研究人员关注的是，中国的城镇化是在"独具中国特点"的城乡二元制度下进行的，这种制度安排支撑了中国的低成本工业化和低成本城镇化，但也具有"人地分割"的突出特征，导致了"大量农业转移人口无法融入城市"和"土地城镇化快于人口城镇化"以及乡村发展缺乏活力的突出矛盾，具有鲜明的"物的城镇化"的特征。

如何从"物的城镇化"走向"人的城镇化"，已经成为新型城镇化中非常关键和迫切的重大战略问题。近年来中央和国务院一系列文件，都提出要让农民工融入城市，推进农业转移人口市民化，逐步把符合条件的农业转移人口转为城镇居民。学术界对加快改革，促进人的城镇化这一核心问题的认识也越来越趋同和形成共识。

那么，如何认识中国正在进行的城镇化的基本特征？中国城镇化中的人口迁移具有什么特色？未来发展趋势如何？如何破解城镇化的诸多难题？什么是人的城镇化？如何通过破除制度障碍，实现"人的城镇化"？这些都是本课题所要探讨的问题。

本课题系中国工程院重大咨询项目"中国特色新型城镇化道路发展战略研究"的子课题"城镇化进程中的人口迁移与人的城镇化研究"的主要成果，由清华大学李强教授主持。此前，笔者也曾经承担了多项有关农民工流动和城镇化的课题。1990年代笔者开始了对我国流动人口、城市化和流动农民工的研究，出版了《农民工与中国社会分层》一书，后来又出版了《城市化进程中的重大社会问题及其对策研究》一书，此书是2004~2006年教育部重大课题研究的成果。2012年以来笔者承担了国家社会科学基金重大项目研究，出版了《多元城镇化与中国发展：战略及推进模式研究》。如果说以往的研究中，更多是在既定的城乡二元制度下对城镇化模式、城镇化中的社会问题及其对策的研究,本次研究则更加强调对城乡二元制度改革和新型城镇化模式及未来发展路径的思考。

本课题报告的核心聚焦在"人的城镇化"。应该说,城镇化具有非常丰富的涵义。人口学、地理学、社会学、经济学等不同的学科从不同的角度对之有不同的解释,例如从人口学的角度,将城镇化定义为"人口向城市地区集中,或农业人口变为非农业人口的过程";经济学则强调经济结构的变化,城镇化从农村经济转化为城市化大生产的过程;而地理学则强调人口的空间集聚,并定义了一定密度和规模的聚居点为城镇。从社会学的角度来说,城市化或城镇化①即为农村生活方式转化为城市生活方式的过程。而本书之所以突出"人的城镇化"这一概念,是因为就中国当前的实践而言,发展在空间上表现得十分明显,城镇空间的高速扩张和人口的空间集聚都已经取得了突出的进展。但是,城镇化的矛盾也十分尖锐,该矛盾更多地表现为农村进城人口获得公共服务权利的缺乏以及城乡公共服务水平的差距。发展不是目的,而是一种手段,发展的根本目的还是为了提高广大人民的生活水平,改善人们的生活质量,促进人的技能和素质的提高,提升人类社会的整体发展水平,使人与人、人与自然关系实现和谐发展。因此,城镇化的内涵应该更加强调人的生活方式改变、生活品质提升和文明素质、文明意识的提升,在这个意义上,社会学关于城镇化的定义对于当下的中国具有更强的迫切性和重要意义。

本课题报告认为"人的城镇化"是一个十分综合的概念,它是指人们的生产方式、生活方式、文明素质和社会权益等方面全方位纳入现代文明体系的过程。

---

① 在社会学中,城市化与城镇化两个概念原来并没有本质区别,但是,由于我国经中央政府行政审批的城市仅有657个,而可以称为城镇的地方则有数万个,这样,在我国使用城镇化概念时通常涵括了所有的城市和城镇。故此,本文在涉及国际一般规律或其他国家的情况时多使用城市化概念,而在专讲中国情况时多使用城镇化概念。

在生产方式上，人的城镇化不仅意味着农民进入城镇，从农业生产转为工业、服务业等非农产业就业，也意味着农业产业的现代化，即农民从传统小农生产方式转变为现代职业分工中的新型农民或者现代农业经营者。在人的城镇化的概念中，城乡就业者只有职业分工差异，他们都是现代生产方式的从业者。

在生活方式上，是指农村居民进入和融入现代文明的生活方式，例如获得现代化的交通条件、基础设施条件、高品质的文化娱乐、教育培训、医疗卫生、体育休闲等生活服务。这种变化不仅在城市里发生，而且也在农村生活中发生，在人的城镇化的概念中，乡村生活也同样可以接受城市文明的生活方式。

在文明素质上，是指无论是进入城镇还是留在乡村的农村居民，都随着生产和生活方式的转变形成现代文明的行为、规范、意识和理念，特别表现为教育素质、守法素质、卫生观念和参与公共生活素质的大大提升。同时包括与现代生产方式的转变相适应的科技素质、技术技能素质和劳动素质，以及与生活方式的转变相适应的交往素质、心理素质和审美素质的提升。

在社会权益上，是包括权利公平、机会公平、规则公平等一系列的社会制度的建设和完善，即城乡居民拥有平等的经济权利、社会权利、政治权利和发展权利，例如获得土地和住房等财产权利，获得社会保障和公共服务的权利等。

"人的城镇化"概念的提出，是中国城镇化在经历了一段快速发展阶段之后出现的新要求，相较于以往过于注重"物的城镇化"，"人的城镇化"是衡量以人为本的城乡发展更为关键的指标。

本研究在总论部分（第一～四章）对人口迁移趋势和"人的城镇化"总体改革和建设思路进行了阐述，第五～十章专题研究是对推进人的城镇化、新型城镇化几个主要问题的研究，第十一～十四章调研报告则是本课题组在研究过程中所调研的一些新型城镇化、城乡统筹案例的经验总结，第十五、十六章规划探索是课题组与清华规划院联合对一个县级市和地级市城乡统筹规划的探索。

第一部分总论（前四章）主要包括我国城镇化的现状与问题、城镇化就业转变与人口迁移趋势、以人为核心的新型城镇化理念、实现人的城镇化的制度与政策引导等内容，系统阐述了当前城镇化中的主要矛盾，改革的迫切性以及如何推进人的城镇化的思路。

本课题组认为，新型城镇化必须破除制度障碍，通过户籍制度改革和土地制度改革，创造人口自由迁徙条件和城乡资产交换机制，建立"人地一体流动"的条件，让城乡居民自由选择居住和生活方式，从"被动城镇化"走向"主动城镇化"。通过城乡"单向流动"到"双向流动"的转变，促进乡村持续发展和城乡社会融合。要以市县域综合改革引导农民就近城镇化，促进地级市、县城和小城镇发展，构建大中小协调发展的新型城镇化格局。

第二部分专题研究（第五~十章）包括六个内容，主要研究城镇就业、住房、户籍、社会保障和农地制度、农村建设用地和宅基地制度改革等一系列问题。这六个问题涉及"人的城镇化"三个方面的基本条件：（1）物质条件：生存下去的物质基础得到一定保障，即稳定的就业和收入、居住和生活条件，主要表现为就业和住房问题。（2）制度条件：城市接纳制度的形成，获得享有城镇公共服务和社会保障的权利，一方面主要表现为户籍问题及其相关的社会保障、子女受教育权利等；另一方面也涉及农村土地和农民财产问题，农民能否对农村土地、住宅等农村资产自由处置，因为城乡资产置换有利于降低农民城镇化门槛，或者也可以通过允许农民在保留农村资产的情况下获得城镇公共服务权利。（3）心理条件：能够顺利度过城市适应期，转变为城市生活方式和生活观念，形成对城市生活的认同感和归属感。

第三部分调研报告（第十一~十四章）主要包括两个方面内容：

一是大城市的人口城镇化模式探索，包括广州、东莞的"积分入户"模式和北京石景山区"新居民社区服务站"模式，主要针对大城市外来农民工定居的制度门槛和社会融合问题。

二是以市县域综合改革促进农村人口就近城镇化的经验，包括成都龙泉驿和山东邹平等地的调研。本课题组认为这是新型城镇化未来的一个重要战略方向，改革开放以来我国区域发展不平衡，出现了大量农村人口跨省域流动，并且主要流向少数特大城市，而中小城市、小城镇发展相对缓慢。而这种大范围的人口流动导致了国土开发不均衡和各种社会问题，城镇化的门槛和成本也非常高。未来应该重点推进以地级市、县级市为核心的市县域综合制度改革，在这个行政范围内有利于统筹解决土地、户籍、社保、公共服务等各种问题，例如允许城乡资产置换，允许农民"带资进城"以降低城镇化门槛，允许城乡间的自由流动以促进社会融合，农民保留土地权利就近进入城镇也能实现兼业发展等，而长距离的区域流动使得现在从制度上解决这些问题具有很大难度。在这方面，成都龙泉驿的统筹城乡改革，山东邹平的县域经济模式和河南舞钢的新型农村社区建设都探索了很多有益的经验。

最后两章是对市县域统筹城乡规划与综合改革的探索，是北京清华同衡规划研究院与本课题组联合承担对河南舞钢和四川德阳统筹城乡规划和政策建议的部分内容，既包括城镇体系和新型农村社区布局、城乡一体化设施建设，也包括对人口城镇化路径与政策，统筹城乡建设的制度与政策等，是对推进"以市县域综合改革促进就近城镇化"的探索与思考。为此，课题组也在舞钢和德阳同时进行了问卷调查和访谈调研，包括农民对农地流转、城镇化和新型农村社区建设等方面的看法和意愿等内容，以此作为规划和改革的依据。

本课题报告统稿之时，正值党的十八届三中全会召开和闭幕，三中全会锐意改革，提出了全面深化改革的一揽子改革方案。三中全会决定鲜明提出，城乡二元结构是制约城乡发展一体化的制度障碍。必须健全体制机制，形成以工促农、以城带乡、工农互惠、城乡一体的新型工农城乡关系，让广大农民平等参与现代化进程、共同分享现代化成果。要加快构建新型农业经营体系，赋予农民更多的财产权利，推进城乡要素平等交换和公共资源均衡配置，完善城镇化健康发展的体制机制等。本课题研究的核心思路立足于构建公平正义和自由选择的城镇化，提出了赋予农民宅基地和住房财产权、推动集体建设用地改革、构建城乡双向流动机制等重要观点，在这个方面与三中全会坚持社会主义市场经济改革方向，促进社会公平正义、增进人民福祉的指导精神高度一致，这也是课题组一年多来研究值得欣慰之处。

本报告是课题组全体成员共同劳动的成果，课题组在全国做了大量深入的社会学定性和定量的实证研究，前前后后召开的讨论会不下几十次，文稿修改版本也不下十几版，这些都凝聚着每一位课题组成员的成果、成绩与奉献精神。在统稿阶段，陈振华、王拓涵、陈宇琳、高天等，对于统稿工作兢兢业业，再次付出辛勤劳动。值此完稿之际，谨对课题组全体成员长期以来多方面的贡献再次深表谢意！

本课题各章执笔如下：

第一章：陈振华；第二章：陈振华、王昊、王拓涵；第三章：李强、陈振华、陈宇琳；第四章：刘精明、陈振华、陈宇琳；第五章：史玲玲；第六章：胡宝荣；第七章：王莹；第八章：李敏；第九章：陈振华、高天；第十章：陈振华、高天；第十一章：于建明；第十二章：王莹、陈宇琳、赵丽鹏；第十三章：刘强、曾婧；第十四章：王迅；第十五章：陈振华、陈宇琳；第十六章：陈振华。

第一章 我国城镇化的历程、现状与问题

城镇化是现代化历程中世界范围内具有普遍性规律的发展现象。中国有着五千年文明史,并且曾经是世界上城市发展最早、规模最大、数量最多的国家之一。但是近代以来,伴随着现代化进程的滞后,中国的城镇化进程也长期落后于世界先进工业国家。1949年新中国成立以来,中国工业化和现代化建设取得了突出的成就,但是由于发展路径和制度设计的因素,城镇化进展较为缓慢,改革开放以后才进入了快速增长时期。

今天对于城镇化的讨论,有必要对我国城镇化的发展历程,尤其是制度原因和历史背景进行分析,对现状存在的问题进行分析,才能对未来城镇化战略的制定提供启迪。本章正是基于这一认识,从发展历程、现状特征与历史原因、突出问题与矛盾和当前改革的迫切性四个方面对我国城镇化现状进行了分析,以便为制定符合中国实际和中国国情的特色城镇化道路提供基础。

一、我国城镇化的发展历程

我国城镇化的历程大体可以分为两个明显的阶段:第一个阶段是新中国成立以来到改革开放之前(1949~1978年),在计划经济体制下城镇化的波动发展;第二个阶段是改革开放以后(1979年至今),计划经济向市场经济转变过程中的城镇化快速推进。具体来看,又可以分为"一五"期间的快速发展,"文化大革命"时期长期停滞,改革开放以后的快速发展时期和1990年代中期以来的加速发展时期等四个阶段。

(一)计划经济时期城镇化的波动发展

新中国建国初期,"一五"期间工业迅速扩张曾经导致了城镇化水平的快速上升,但随着1950年代末至1960年代初期的"经济困难",以及城市承载能力的薄弱,形成了"严格控制大城市规模"的发展方针,抑制了人口向城镇的集聚。在1960年代初期相当长一段时期内,城市居民住宅和公

共设施基本停建，城市由消费城市向生产城市转变，甚至出现了撤销城市，精简下放城市人口到农村的现象。"文革"时期，伴随着知识青年和城市职工"上山下乡"运动，大批的城市人口下放到农村，据不完全统计，这期间到农村落户的知识青年约2000万人，连下放的干部、职工以及家属，总人数约3000万人，以至于10年间城镇化率长期徘徊在17.5%左右（图6-1-1）。

总的来看，计划经济时期一直到"文化大革命"末期，我国城镇化率仍然不足20%，这与新中国成立后优先重工业的发展路径以及严格的户籍制度和人口流动限制有关。

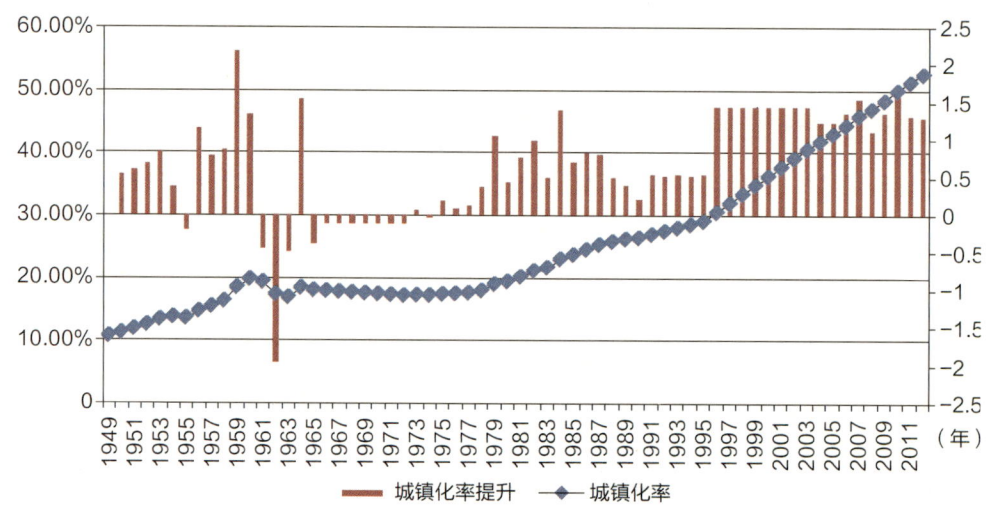

图6-1-1　中国历年城镇化率（1949~2011）

资料来源：《中国统计年鉴2012》

从国际比较看，我国城镇化水平长期落后于世界平均水平。1950年我国城镇化水平仅为10%左右，低于全球平均水平约18个百分点；到1975年城镇化率仍然不到20%，低于全球平均水平约21个百分点，到2000年城镇化率仍然低于全球平均水平约10个百分点（表6-1-1）。

我国城镇化水平与国际平均水平的比较　　　　　表6-1-1

年份	中国	世界
1950年	11.18%	29.0%
1975年	17.34%	38.0%
2000年	36.22%	46.7%

资料来源：根据2012年中国城市蓝皮书和世界经济统计年鉴2010数据整理。

（二）改革开放以来城镇化的快速发展

改革开放以来，得益于经济的迅速发展以及户籍制度的逐步放开，农村人口大量进入城镇务工，城镇化率迅速上升，到1990年代中期以来进入加速发展阶段，到2010年城镇化率已经达到49.7%（"第六次全国人口普查"数据），2011年进一步达到了51.1%，城镇人口首次超过了农村人口，2012年达到52.6%，基本接近全球平均水平。

从城镇化率提升速度看，"九五"、"十五"和"十一五"计划期间，年均城镇化率增速分别为1.43个百分点、1.35个百分点，远远高于"六五"计划至"八五"计划期间的城镇化率，2011~2012年继续保持了1.4个百分点左右的增长速度。我国城镇化水平在1996年城镇化率达到30%左右以后进入加速上升阶段，符合国际上城镇化率30%~70%加速增长的"S"形曲线特征。

我国不同时期的城镇化率增长速度　　表6-1-2

类别	1981~1985年	1986~1990年	1991~1995年	1996~2000年	2001~2005年	2006~2010年
期初城镇化率	19.39%	23.71%	26.41%	29.04%	36.22%	42.99%
期末城镇化率	23.71%	26.41%	29.04%	36.22%	42.99%	49.68%
年均城镇化率增速	0.86个百分点	0.54个百分点	0.53个百分点	1.43个百分点	1.35个百分点	1.33个百分点

资料来源：《中国统计年鉴2012》。

从总量上看，改革开放三十多年以来，城镇人口规模从2亿人左右增长到接近7亿人，总量增长了近5亿人，尤其是近十年来新增城镇人口超过2亿，十年间城镇化率提高了13.46个百分点，解决了大量农村剩余劳动力的就业问题。但短时间内如此巨大规模的人口城镇化也不可避免地为城市公共服务供给和社会稳定带来巨大压力。

二、我国城镇化的特征与历史路径剖析

与其他国家有所不同的是，我国的城镇化进程是在一系列的城乡二元制度下推进的，包括户籍制度、土地制度、财税制度等。1958年1月《中华人民共和国户口登记条例》提出"农业户口"和"非农业户口"城乡二

元的户籍划分，对城乡人口自由流动进行了严格规定。《条例》中规定："公民由农村迁往城市，必须持有城市劳动部门的录用证明，学校的录取证明或者城市户口登记机关的准予迁入证明，向常住地户口登记机关申请办理迁移手续。"在这种规定下，农村人口无法自由流向城镇。直到改革开放以后，才逐步放开了农村人口进入城镇务工经商，形成了所谓"农民工"现象，但是大量进城务工经商的农民工却难以获得城镇户籍，以及相应的教育、医疗、社会保障等城镇公共服务权利。同时，在城乡财税制度、土地制度和公共服务方面，也存在着明显的城乡差别。这一独特的制度安排一方面保障了城镇化的有序进行，但是也导致了一系列的问题和矛盾。

但任何一套城镇化模式都是在特定的内外环境下产生的，有必要厘清这套模式的基本运行逻辑。我国城乡二元结构的一系列制度安排是在特定社会发展路径和历史条件下的一种制度选择，表现为通过强制性的制度安排，支撑低成本的工业化积累和低成本的城市化扩张。

（一）城乡二元结构与工业化和城市化的关系

1. 户籍制度与中国的低成本工业化

我国从1958年开始建立的严格控制人口流动的户籍制度，与工业化战略和路径具有密切的关系。

在计划经济时期，户籍制度的设立，主要是以限制人口流动、保障农业生产，以及通过工农产品"剪刀差"来支撑工业发展的积累。在城市内部，通过低工资和低福利来加大工业与资本积累。而户籍制度限制人口流动则可以避免城市消费的快速增加，并压低农产品价格支撑城市的低工资模式。据统计，工农产品"剪刀差"规模累计高达7800亿元（1982年为288亿元）。

改革开放以后，我国抓住国际环境缓和后资本全球化流动背景下产业转移的巨大机遇，以低成本的土地、劳动力等生产要素吸引国际资本投资。这种发展模式加上地方政府之间"招商引资"的竞争，具有压低要素成本的强烈倾向。外向型经济部门以低廉的劳动力成本和汇率优势，维持了超高速增长。城乡二元结构的制度安排，以及庞大人口基数和"人口红利"的存在，都在客观上形成了这一模式的良好基础。在这种模式下，"农民工"群体收入长期在低水平徘徊，无法在城市扎根。但是，我国通过城乡二元结构的制度安排，使得农民在进入城镇就业的同时保留了农村的承包地和宅基地，这种"可逆城市化"的制度安排使大规模的人口在流动中保持了社会的基本稳定。例如，在经济危机时期，农民工便纷纷回流，暂时回到农村，农村起到了"蓄水池"的作用。而鉴于农民工群体纳税能力相对较低，地方政府实际上是通过严格的户籍制度，规避了由此带来的社会保障、教育、医疗等公共服务责任。

总体上看，我国城乡二元的户籍制度安排，有力地支撑了中国计划经济时期的自主积累和改革开放以后融入国际分工的低成本工业化路径。

2. 土地制度与中国的低成本城市化

在土地制度上，我国一直实行城镇土地国有制，农村土地集体所有制的"二元公有制结构"[①]。同时，在土地用途利用上，1998年修改的《土地管理法》等法律规定了城镇国有土地可以进行商业开发，农村集体土地实行严格的用途管制，建立起严格的"城乡分治"的土地制度。按照这一制度，政府垄断了城市土地一级市场，拥有获得农地并将其转给城市使用者的排他权力。政府通过低价征用、征购土地，高价出让，获得巨额收益，投入到城市建设等方面，城市政府获得充足的建设资金，支撑了改革开放30年以来的城市快速扩张。根据国土资源部数据，2011年全国国有建设用地出让合同价款3.15万亿元，是2001年的24.31倍。1999年至2011年这13年全国土地出让收入总额约12.75万亿元（图6-1-2）。

从财税制度上看，1994年以后分税制的确立，地方政府"土地财政"[②]依赖性加强，极大加剧了地方政府加速土地扩张的倾向。由于土地财政的激励和支持，城镇建成区快速扩展，"造城"、"造镇"、"土地城镇化"现象突出，一方面城市建设取得了辉煌成就；另一方面也留下了巨大的遗留问

[①] 我国《宪法》第10条规定，"城市的土地，属于国家所有；农村和城市郊区的土地，除由法律规定属于国家所有的以外，属于集体所有；宅基地、自留地和自留山，属于集体所有"。《土地管理法》第2条规定，"中华人民共和国实行土地的社会主义公有制，即全民所有制和劳动群众集体所有制。任何单位和个人不得侵占、买卖或者以其他形式非法转让土地。土地使用权可以依法转让。国家为了公共利益的需要，可以依法对土地实行征收或者征用并给予补偿"。

[②] 1994年我国分税制改革，明确关税、增值税和消费税等主体税归中央财政，营业税等税种归地方。分税制改革之后，中央财政收入占全国财政收入比重从1993年的22.0%提高到2012年的47.9%。在这种模式下，土地出让金及土地交易相关税费成为地方政府维持财政支出的主要收入来源。

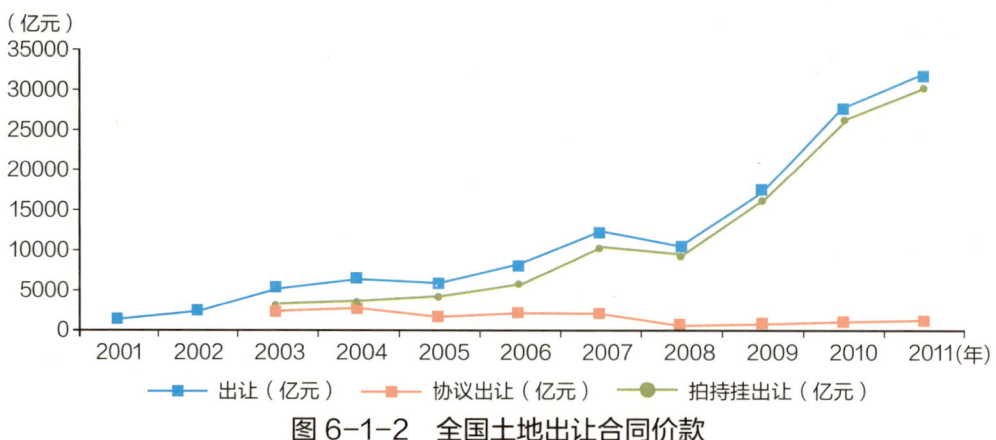

图 6-1-2 全国土地出让合同价款

资料来源：根据国土资源部数据整理

题。随着银行等金融系统的独立，地方政府只有通过土地为中介进行融资，土地金融、房地产金融的实质是地方政府向中央政府控制的金融系统转移了风险。

同时，在自上而下的土地管理和规划管理制度安排下，城镇政府主要依赖行政分配获得相应的土地指标和空间资源，土地资源却并未与公共服务直接挂钩[1]，这就无法激励城镇政府吸纳户籍人口并承担公共服务责任。这正是"半城市化"现象的来源。而且是一次性获得巨额土地出让金的模式，无疑具有"寅吃卯粮"的特点，在政绩的激励下，本届政府将大量资金用于城市道路、广场等形象工程建设，公共服务设施和社会保障的压力却遗留到下一届政府。

（二）从经济社会转型的角度看城乡二元结构的演变

从历史进程来看，我国城乡二元结构的制度安排是在计划经济向市场经济的转型中形成的。在计划经济制度下，我国一直实行福利分配的模式。城镇居民也实行的是"低工资、高福利"的模式，住房分配，社会保障都由国家和企业负担，这与农村实行的土地、宅基地免费分配模式有很大相似之处。城镇居民工资收入较低，在住房上可以免费或者低价分房。但城镇居民的住房水平较低。到1978年，全国城镇居民人均居住面积仅3.6m²，

---

[1] 例如我国城市总体规划中，虽然建立了人口规模与用地规模之间的关系，但却是按照常住人口，而不是与公共产品密切相关的户籍人口，这样就削弱了城镇政府吸纳户籍人口的动力。

缺房户达869万户，占城市总户数的47.5%。改革开放以后，国家开始探索改革住房制度。1982年，有关部门设计了"三三制"的补贴出售新建住房方案，即由政府、企业和个人各承担1/3，并在郑州、常州、四平、沙市开展试点。1985年，住房制度改革从"三三制"售房转向租金制度改革的研究和设计。1986年，选定烟台、唐山、蚌埠进行房改试点，试行"提租补贴、租售结合、以租促售、配套改革"的方案。这些试点逐渐动摇了根深蒂固的住房福利观念。

1988年，国务院召开第一次全国住房制度改革工作会议，推出《关于在全国城镇分期分批推行住房制度改革的实施方案》，提出实施提租补贴、租售结合，逐步提高到成本租金并随着工资调整将租金提高到包含8项因素（成本租金加土地使用费、保险费和利润）的市场租金的政策。1991年6月，国务院发出《关于继续积极稳妥地进行城镇住房制度改革的通知》，要求将现有公有住房租金有计划、有步骤地提高到成本租金；在规定住房面积内，职工购买公有住房实行标准价。1994年7月，国务院下发了《关于深化城镇住房制度改革的决定》，内容包括"三改"、"四建"①的改革方向，提出了从计划经济福利体制向社会供给体制转变，从住房实物福利分配方式改为以货币工资分配为主的方式，建立商品房供应体系和住房交易市场等政策。而1998年7月，国务院发布《关于进一步深化城镇住房制度改革加快住房建设的通知》，则明确宣布从同年下半年开始全面停止住房实物分配，实行住房分配货币化。可以说，国家经过二十年的持续改革，逐步实现了城镇住房的市场化。

在土地制度方面，国有土地出让制度的建立，也经历了一个长期的过程。从20世纪80年代末的土地使用制度改革开始，从上海土地批租、深圳的土地使用权拍卖第一槌到随后《中华人民共和国宪法》就土地出租、转

---

① "三改"即改变计划经济体制下的福利性体制，从住房建设投资由国家、单位统包的体制改为国家、单位、个人三者合理负担的体制；从国家、单位建房、分房和维修、管理住房的体制改为社会化、专业化运行体制；从住房实物福利分配方式改为以按劳分配的货币工资分配为主的方式。"四建"，即建立与社会主义市场经济体制相适应的新住房制度，包括建立以中低收入家庭为对象、具有社会保障性质的经济适用住房供应体系和以高收入家庭为对象的商品房供应体系；建立住房公积金制度；发展住房金融、保险，建立政策性、商业性并存的住房信贷体系；建立规范化的房地产交易市场和房屋维修、管理市场。

让的修改，标志着土地供应无偿、无限期流动制度的结束，土地开始作为商品走向市场。1986年《土地管理法》的出台，规定了行政划拨和有偿出让两种形式并行的土地使用模式，提出了建立土地市场的初步构想。1987年11月，国务院批准确定在深圳、上海、天津、广州、厦门、福州进行土地使用改革试点。1987年12月1日，深圳市首次公开拍卖一处8588m^2地块50年的使用权，44家在深圳有法人资格的企业展开激烈角逐。土地使用权在中国第一次作为资产进入市场，并且首开国有土地使用权招标拍卖的先河。1988年4月，全国人大对《宪法》进行了修改，在删除土地不得出租规定的同时，增加了"土地使用权可以依照法律的规定转让"的规定。按照修改后的《宪法》，1990年5月国务院发布了《城镇国有土地使用权出让和转让暂行条例》，明确规定土地使用权可以采用协议、招标和拍卖三种方式。从无偿到有偿，从无期限到有期限，从无流动到有流动，中国土地使用制度改革掀起了第一个高潮。1998年重新修订后的《土地管理法》以及国务院于当年12月27日颁布的《土地管理法实施条例》进一步明确了城镇国有土地市场的建立。2000年1月6日，国土资源部颁布了《国土资源部关于建立土地有形市场促进土地使用权规范交易的通知》，建立健全了土地交易管理制度，规范了有形市场运作。至2001年，一系列地方性法规和规范性文件的出台，初步建立完善了建设用地供应总量控制、城市土地集中供应、土地使用权公开交易、基准地价定期更新与公布、土地登记公开查询和集体决策制度。在这些土地政策和法规的指引下，中国国土资源使用权从审批向拍卖快速转变，土地市场得到进一步规范。

由此可以看出，从计划经济向市场经济的转型中，实现了城镇土地、住房、劳动力等生产要素的市场化、资本化和自由流动，经历了一个长期、渐进而复杂的改革过程。

但鉴于我国农村人口规模庞大、人多地少、收入水平仍然较低的现实特点，国家政策和制度的延续性，以及保持社会稳定等多方面的考量，农村土地等生产要素仍然保持着很强的福利分配特征，未能实现市场化和资本化的改革。这在一方面奠定了农村家庭通过兼业和代际分工提升收入的发展模式；另一方面也限制了农村生产要素的流动和活力。

因此，从我国计划经济向市场经济的转型过程去观察，城乡二元的制度结构随着城市要素改革的推进，由于市场化程度的不同而进一步扩大了。从这个角度看，未来农村财产权利的确立和要素流动，是实现市场经济的新一轮改革关键，是整个经济体制转型的延续。

三、当前我国城镇化的突出问题与矛盾

"城乡二元结构"的独特制度虽然对我国低成本的工业化和城市化提供了有力的支撑。但随着城镇化的加速进行，这种制度安排也导致了城镇化"人地分割"的突出特点，表现在"土地资源的大量占取和低效利用"和"大量农业转移人口无法融入城市"是其导致的突出矛盾，同时也出现了人口跨区域长距离流动和乡村发展停滞等一系列问题。

（一）人口"半城镇化"现象突出

随着改革开放以来大量农村人口进入城镇，"农民工"群体呈现出不断扩大的趋势，成为一种突出的社会现象。按照2010年"第六次全国人口普查"数据，城镇常住人口为6.66亿人，而城镇户籍人口却只有3.84亿人，差距高达2.8亿人，而两者占总人口的比例分别为49.68%和29.14%，相差了20个百分点。这一比例从清华大学中国城镇化调查[①]中也得到印证，调查表明，非农户籍人口占全国总人口的比例仅为27.6%，与第六次人口普查数据总体是比较吻合的（图6-1-3）。

事实上，全国"农民工"规模也从另一角度印证了这一结论，从1985年接近6000万，到1995年增长到1.34亿人，2012年已经超过2.6亿人的规模[②]，农民工占城镇常住人口的比例已经接近40%（图6-1-4）。

农民工无法获得城镇户籍，也就意味着没有城镇社会保障、子女教育、医疗保障等公共服务权利。以社会保障为例，根据2011年国家人口计生委开展的流动人口动态监测工作，流动人口（其中大部分为农民工）在居

[①] 清华大学中国经济社会数据中心2012年调查组织了全国各地二十多所高校、1000余名访谈员，历时3个多月；每个样本的访谈，都按照清华大学设计的几近苛严的选样流程、入户访谈流程和访谈要求完成。此次调查，实际完成有效成人样本12540个，其中流动人口样本4386；调查到的0~15岁少年儿童样本共计7517个。样本覆盖了中国大陆的31个省、市、自治区。

[②] 根据农业部抽样调查统计，以及国家统计局发布的《2012年全国农民工监测调查报告》。

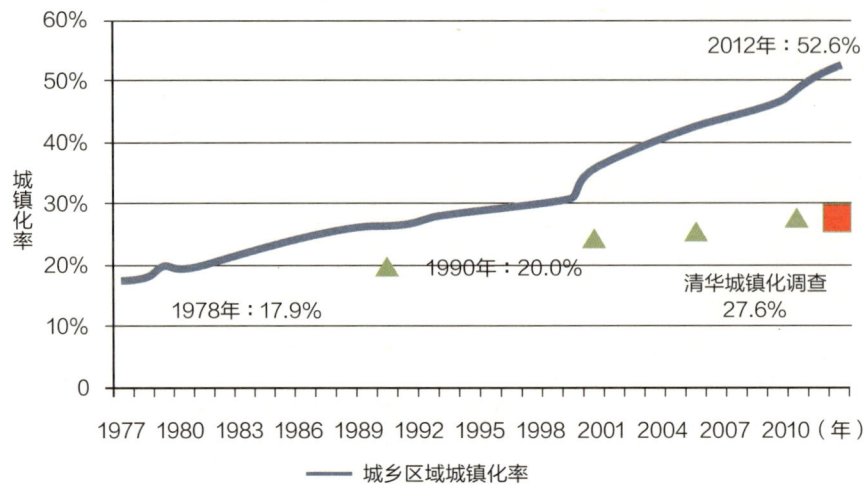

图6-1-3 中国户籍城镇化率

资料来源：清华大学2010-2013中国城镇化调查

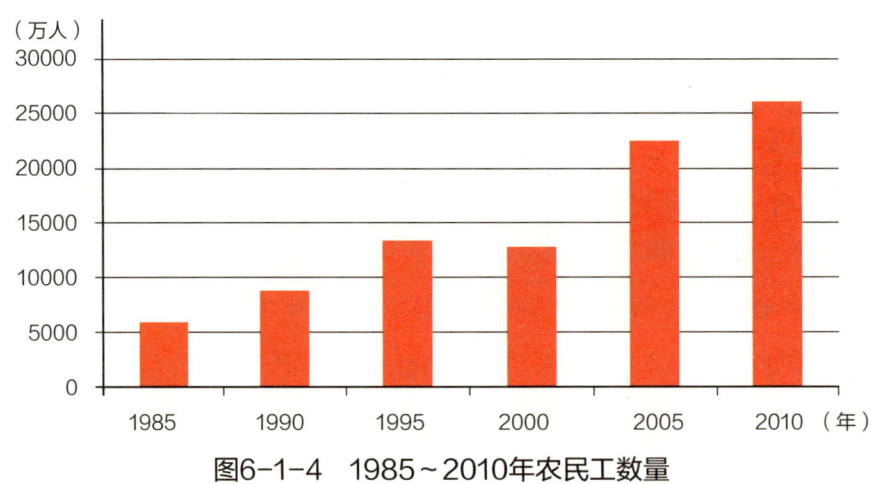

图6-1-4 1985~2010年农民工数量

资料来源：农业部抽样调查估计

住当地享有的社会保障比例是非常低的，城镇养老和城镇医保都分别只有23.1%和26.4%，而其他社会保障比例更低，流动人口社保问题的严重性可见一斑。同时，流动人口在老家享有的城镇养老和城镇医保更低到4.2%和8.2%。考虑流动人口中，又有两成左右是选择外地就业的大学生，如果只考虑农民工群体，则情况势必更糟。

在居住方面，大部分农民工居住在"城中村"、城乡结合部或者工厂宿舍，居住条件差，配套设施不完善。农民工子女很难进入公立学校就读，入学困难，升学考试也受到户口和地域限制，并且受到城市居民的歧视。

在这种生活状态下，大部分第一代农民工都将自己定位为在城市打工，年老以后返回乡村养老居住。因此，农民工被称为"半城市化"人口，中国的城镇化具有"虚假城镇化"的特征。

（二）区域发展不平衡与人口长距离流动

改革开放以来，我国经济发展的动力大致可以分为几个阶段：1980年代"短缺经济"刺激下的乡镇企业和民营经济发展，1990年代对外出口带动的劳动密集型工业发展，以及2000年以后新一轮重化工业带动发展。民营经济的快速崛起，以及港澳台、日韩等外来投资的融入，使得珠三角、长三角、京津冀等大都市圈先后迅速崛起。以出口为导向的发展模式使得广东、江苏、浙江等沿海地区迅速发展，而中西部地区发展相对滞后，区域差距逐步拉大。

这样的区域经济发展格局，也导致了大量的中西部地区农村人口流向东部地区。以2009年为例，东部地区吸纳了62.5%的农民工，中部地区为17%，西部地区为20.2%，2011年东部地区仍然吸纳了65.4%的农民工。广东、浙江、江苏、山东等4个省份吸纳的农民工占全国农民工总数的近一半。而湖南、湖北、四川、河南等省份则成为农村人口外流的主要省份。跨省流动在我国农村人口城镇化中占据了相当比例。这种长距离的跨省流动，不仅导致了巨大的交通需求，如春运期间的"民工潮"，客观上也增加了农民城镇化定居的社会心理代价和制度难度。另一方面也加剧了农村中的留守儿童、留守妇女现象，在子女教育、家庭稳定等方面均造成了很大的影响。

而在我国行政层级分配各类资源的制度环境下，产业出现明显向大城市集中的趋势。虽然经历了短暂的乡镇企业繁荣发展阶段，但自1990年代开始大城市是解决就业的主要地区。以2008年为例，全国地级以上城市GDP占全国64.5%，第三产业达到71.4%。根据农民工监测报告数据，从2001年到2009年农民工在不同类型的城市的数据分布和变化来看，尽管有一些波动，地级以上城市所占比重一直呈现上升趋势，2009年达到63.3%。2011年，在直辖市务工的农民工占10.3%，在省会城市务工的占20.5%，在地级市务工的占33.9%，在地级以上大中城市务工的农民工达到64.7%。

人口向大城市的快速聚集，导致以北京、上海、广州为代表的大都市人口爆炸式增长，而部分省会城市也迅速迈入超千万级人口的巨大规模，由此导致了交通堵塞、居住拥挤、空气污染、环境破坏等一系列"大城市病"。

（三）"土地城镇化"快速扩展与服务能力滞后

土地资源的大量占取和低效利用，"土地城镇化"快于"人口城镇化"也成为城镇化中的一个显著现象。据统计，1990~2008年，我国城镇建成区面积从1990年的1.23万km^2，增加到2000年的2.18万km^2，再到2010年的4.05万km^2，增长了3.3倍[1]，但常住人口规模却仅仅增长了2.2倍（"第四次人口普查"城镇人口为2.96亿，"第六次人口普查"城镇人口为6.66亿）。城市建设区的快速扩展，一些城市新区出现了明显的"空城"、"鬼城"现象。与此同时，农村人口的减少并未伴随着建设用地的集约，反而继续增长。随着城镇和乡村建设对土地的占用，全国耕地迅速减少，从1990年代的近20亿亩迅速下降到接近18亿亩。我国近年来也逐渐成为全球第一农产品进口大国[2]。虽然国家提出保护18亿亩耕地"红线"的目标，但压力日益增大，城乡发展建设和土地集约利用的矛盾进一步突出。

而城镇建设的快速扩展中，基础设施和公共服务设施的投入却远远不足，无法适应不断增长的人口和社会发展，如交通拥挤堵塞、排水不畅导致的水城、城市看病难、上学难等各种问题。例如，与国际发达城市相比，我国城市的万人医生数、万人病床数等指标仍然远远落后。

（四）城乡分割下的农业与乡村发展停滞

在城乡二元的制度安排下，农村长期保持着小农生产的状态，虽然1980年代初期的家庭联产承包责任制释放了部分活力，但从长期发展看却难以适应农业产业化、市场化、科技化的发展要求。"统分结合、双层经营"的制度设计，实现了"分"，却难以实现统一和联合。随着乡镇企业发展浪潮的过去，除了浙江江苏等少数地区，中西部地区乡村随着乡镇企业的倒闭、

---

[1] 王雷等. 中国1990-2010城市扩张卫星遥感制图[J]. 科学通报. 2012年（待刊稿）. 转引自武廷海等. 中国快速城镇化的资本逻辑及其走向[J]. 城市与区域规划研究. 2012, 2.

[2] 根据世界贸易组织的数据，2011年中国第一次超过美国，成为农产品最大的进口国。2011年，中国的大豆进口将比2005年增长一倍多，达到5800万t，约占全球总贸易量的60%。根据中国海关的数据，2011年大米进口比2010年增长58%，糖的进口增长65%。

转型和分化，发展活力日益丧失缺乏，重新走上了依靠资源开发的模式。

从城乡收入差距看，1980年代中期城乡收入比一度缩减到1.9，但随后这一比值迅速上升到3.3，城乡收入差距，呈不断扩大的趋势。即使在2002年中央提出"城乡统筹"的政策，并在2005年以后通过新农村建设加大了对农村的扶持和投入，差距仍然没有得到明显缩小（图6-1-5）。

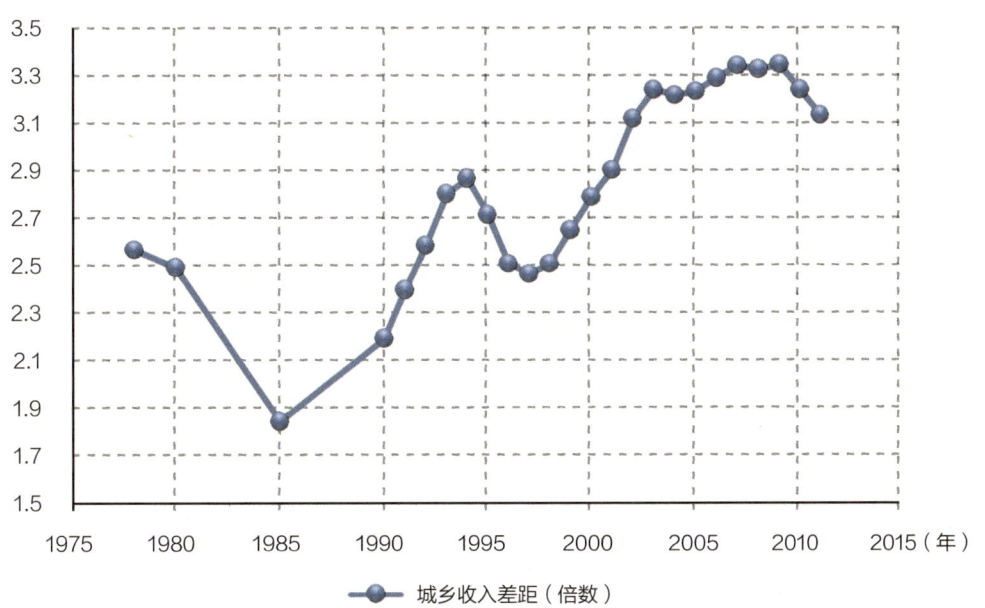

图6-1-5　城市居民与农村居民家庭收入差距

资料来源：历次全国人口普查公报

由于城乡差距的不断增大，以及农业产出和效益难以提升，农村人口兼业化和外出打工成为唯一的选择。伴随着"农民工"的不断扩大，乡村常住人口不断下降，2000年乡村常住人口为80739万人，2010年降低到67415万人，占总人口比例也从63.91%降低到了50.32%（表6-1-3）。

2000、2005、2010年我国农业户籍人口、乡村常住人口变化　表6-1-3

年份	农业户籍人口（万人）	比例	乡村常住人口（万人）	比例
2000	92872	75.27%	80739	63.91%
2005	96969	74.16%	74471	57.01%
2010	93471	70.86%	67415	50.32%

资料来源：历次全国人口普查公报。

而流出的乡村人口，即"农民工"，主要以较高素质的青壮年农民为主，由此也形成了明显的"乡村精英流失"现象。这就使得农村常住人口的老龄化加剧、留守群体数量增大、智力流失严重，造成了农村人口与劳动力的空心化。"第六次全国人口普查"数据表明，农村家庭中，22.09%的家庭所有在家的家庭成员中最高文化程度为小学，52.53%的家庭最高文化程度为初中。也造成农村"三留人口"（留守儿童、留守妇女和留守老人）比例过大、务农农民年龄偏大素质偏低、耕地抛荒、宅基地废弃等问题。数据显示，在农村人口中，留守儿童、留守老人、留守妇女分别达到5000万人、4000万人、4700万人，也就是通常所说的"三留人口"。"第六次全国人口普查"数据显示，我国农村地区没有成年男性在家的家庭户达到了26.48%，而只有老人、儿童在家的情况，也达到14.37%（表6-1-4）。另据统计，目前全国所有村庄中，"空心村"内老宅基地闲置面积约占10%～15%，部分地区"空心村"空置住宅超过30%[①]。另一方面，全国每年撂荒的耕地近3000万亩，推进农业规模经营和现代化已经迫在眉睫。

农村家庭结构情况　　　　　　表6-1-4

农村家庭结构	频数	百分比
有成年男性在家	142857	73.52%
只有老人在家	24826	12.78%
只有儿童在家	2873	1.48%
只有老人、儿童在家	3096	1.59%
只有妇女在家	6313	3.25%
只有妇女、儿童在家	5408	2.78%
只有妇女、老人在家	5420	2.79%
只有老人、妇女、儿童在家	3529	1.82%

资料来源：根据第六次全国人口普查1%抽样数据计算获得。

由于农村生产要素的封闭性，农村产业发展缺乏相应的资金、技术和人才，设施农业、高效农业、精品农业、文化创意产业等高附加值产业与大多数农民无关，农村居民收入难以提高。人口的外流进一步导致乡村人力资本的流失和社区的衰败。

---

① 李勤，孙国玉. 农村"空心村"现象的深层次剖析［J］. 中国城市经济. 2009，10。

四、改革城乡二元结构的迫切性

随着城镇化问题和矛盾的日益凸显,对城乡二元结构改革的迫切性也更加突出,这种迫切性体现在社会公平与社会稳定的压力、经济转型的战略需求、法律公平的客观要求和城乡要素流动等几个方面。十八届三中全会决定也明确指出,"城乡二元结构是制约城乡发展一体化的主要障碍。必须健全体制机制,形成以工促农、以城带乡、工农互惠、城乡一体的新型工农城乡关系"。

(一)农民工城镇长期定居的要求与公平共享发展

虽然"可逆城市化"具有降低社会风险的一面,但2亿多农民工群体在城市与农村之间的"候鸟式"迁徙,会导致一系列社会问题。

从近年来调查结果看,农民工在城镇长期居住,时间越来越长,而且呈现出家庭整体外出的趋势[①],事实上已经越来越远离乡村社会。从外出从业的时间看,新生代农民工2009年平均外出从业时间已经达到9.9个月。与上一代农民工相比,新生代农民工还"亦工亦农"兼业的比例很低。2009年,上一代农民工在外出从业之外,还从事了农业生产活动的比例为29.5%;而新生代农民工的比例仅为10%。换句话说,2009年90%的新生代农民工没有从事过一天的农业生产活动。新生代农民工大多没有从事农业生产活动的经验和技能,60%的新生代农民工缺乏基本的农业生产知识和技能,其中更有24%的新生代农民工从来就没有干过农活,完全不会[①]。

因此,即使经济形势波动,就业形势恶化,新生代农民工也很少会返乡务农。新生代农民工脱离农业生产和向城市流动已经成为一个不可逆转的过程。

在清华大学中国城镇化调查[②]的问卷中,我们询问了农民工"有没

---

① 参见翟振武. 中国流动人口与城市化. 中国城市规划学会2012年年会主题报告。流动人口在居住地居住时间平均已经达到58.1月,16~59岁的流动人口中84.5%是配偶一起流动。
② 清华城镇化调查数据的流动人口样本有4386个,而农村户籍的流动人口有3212个,约占流动人口总数的73.23%。

有打算返回家乡就业"这个问题，从回答情况看，超过70%的农民工表示"不打算回乡就业"（表6-1-5）。

各出生组农民工"不打算回乡就业"的情况　　　　表6-1-5

出生组	频数	百分比	有效回答样本数
1990年代	263	72.7%	362
1980年代	798	71.2%	1120
1960~1970年代	863	69.0%	1251
1950年代及以前	134	68.0%	197
总计	2058	70.2%	2930

资料来源：清华大学2010~2013年中国城镇化调查。

绝大多数农民工不再打算从事农业劳动，新生代农民工中愿意回家务农者更是寥寥无几。在清华大学中国城镇化调查中，我们继续询问了被访者"如果回家就业的话，他们会选择从事何种工作"，统计结果发现，农民工首选的是"自己经商做买卖"（占40.9%），其次是"去企业工作"（占23.2%），二者比例合计达到64.1%。只有15.7%的人选择回家"务农"（图6-1-6）。

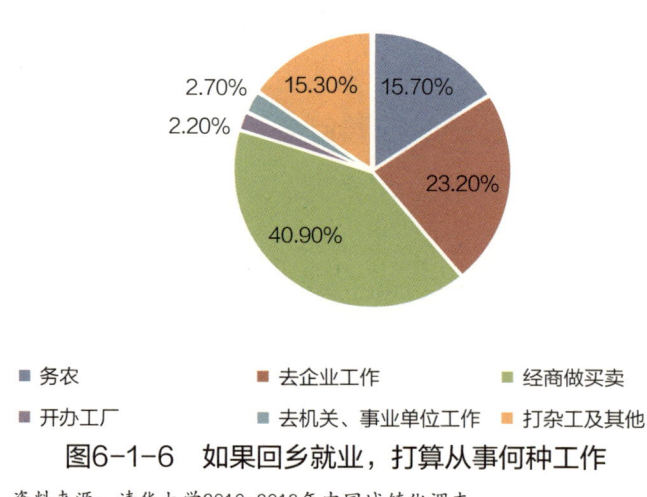

图6-1-6　如果回乡就业，打算从事何种工作

资料来源：清华大学2010~2013年中国城镇化调查

从分年龄组看，不同年龄出生组的农民工群体回家的就业选择出现了差异，较为年长的几代农民工中，愿意回乡务农的比例相对较高些，1950年代和1960~1970年代出生的农民工群体中分别还有达47.2%和22%的人会

选择回乡务农。但1980年代和1990年代的新生代农民工群体中，愿意回家务农者的比例迅速下降到7.3%和3.8%，见表6-1-6。

农民工出生组与回家就业类型交互表　　　　　表6-1-6

出生组	务农	去企业工作	经商做买卖	开办工厂	去机关事业单位	打零工或其他	合计
1990后	3.8%	34.1%	40.9%	2.1%	6.2%	12.9%	100.0%
1980年代	7.3%	29.8%	47.6%	2.4%	3.1%	9.8%	100.0%
1960~1970年代	22.0%	16.7%	38.3%	2.3%	1.8%	18.8%	100.0%
1950年代及以前	47.2%	5.1%	17.4%	0.6%	0.0%	29.8%	100.0%
总计	430	634	1119	60	75	419	2737

资料来源：清华大学2010~2013年中国城镇化调查。

虽然目前各方面对未来城镇化率的目标预测有一定差异，但普遍共识是我国2020年城镇化率将超过60%，2030年城镇化率将达到65%~70%左右，农村人口将下降到4亿左右。这意味着到2020年将有4亿农村人口（含现状2.6亿），到2030年将有超过5亿农村人口需要向城镇转移。显然，现行以户籍为核心的二元制度，进城农民工无法获得相应的城镇权利和获得相应公共服务，不仅违背社会公平精神，也引发诸多社会问题、社会冲突和犯罪，影响社会稳定。

农民工市民化问题已经引起了国家高度重视。2012年中共十八大明确提出"加快改革户籍制度，有序推进农业转移人口的市民化，努力实现城镇基本公共服务常住人口全覆盖"的发展目标。2013年中央一号文件也提出，"加快改革户籍制度，落实放宽中小城市和小城镇落户条件的政策"。2013年2月5日国务院《关于深化收入分配制度改革的若干意见》也提出，"有序推进农业转移人口市民化。制定公开透明的各类城市农业转移人口落户政策，探索建立政府、企业、个人共同参与的市民化成本分担机制，把有稳定劳动关系、在城镇居住一定年限并按规定参加社会保险的农业转移人口逐步转为城镇居民，重点推进解决举家迁徙及新生代农民工落户问题"。

（二）经济发展转型要求农民职业技能和人力资本提升

经济发展的转型也要求改变农民工长期流动的模式。由于农民工群体无法获得稳定生活和就业，势必影响到人力资本的积累，进而影响到生产效率的提高。改革开放以来，我国的"低成本工业化"发展路径，以廉价的土地、劳动力工资等低要素成本吸引外来投资，在国际产业分工中处于低端位置，附加值低。随着经济发展各种生产要素成本不断上升，以及人口结构变化导致"人口红利"的逐步消失，这些因素都要求转变经济发展模式，实现产业的升级转型，从依赖"人口红利"到依靠"人才红利"，从要素驱动、投资驱动到创新驱动，实现生产效率的提升。

这就需要加大人力资本方面的投入和积累。从国际经验来看，以德国、日本为代表的制造业强国，都拥有一个高素质和高技能的职业技术工人队伍。德国的职业教育与产业发展形成了有力的互相支撑。而缺乏高水平技术工人已经成为近年来制约我国产业升级的重要因素。

另一方面，按照经济发展规律，一个国家或者经济体迈入发达经济阶段，意味着国民经济水平的整体提升，从初期的投资驱动走向消费驱动。这也是我国经济从对出口市场的依赖转向"内需"市场，打破所谓"中等收入陷阱"的关键。在这个过程中，社会结构日益走向均衡化，呈现"橄榄形"的社会结构，即中产阶级占据主导。但是我国虽然经历了改革开放30年以来的快速发展，但由于产业结构和二元结构等原因，仍然存在庞大的农民和农民工[①]。根据李强教授研究，2000年"第五次全国人口普查"时我国社会结构具有典型的"丁"字形社会结构，农民构成了社会的庞大底层；而2010年"第六次全国人口普查"时人口结构虽有所改善，但仍然呈现出中下层较多的"土"字形社会结构（图6-1-7）。未来实现这一群体职业地位和收入水平的提升非常重要。

因此，必须改革户籍制度，加大职业技能培训，实现农民工市民化和技术能力与职业地位的提升。城镇化不仅需要"量"的提高，更要注重"质"的提升。

（三）法律公平和要素流动需要实现城乡平等和开放互通

城乡二元的土地制度保障了我国的低成本城市化，但违背社会公平，

---

① 李强. "丁字形"社会结构与结构紧张[J]. 社会学研究. 2005, 2.

阻碍要素流动，不利于统筹城乡建设的问题日益凸显。从"人地分割"到"人地一体"，赋予农民财产权利和自由选择的权利，是农村人口城镇化和统筹城乡的客观要求。

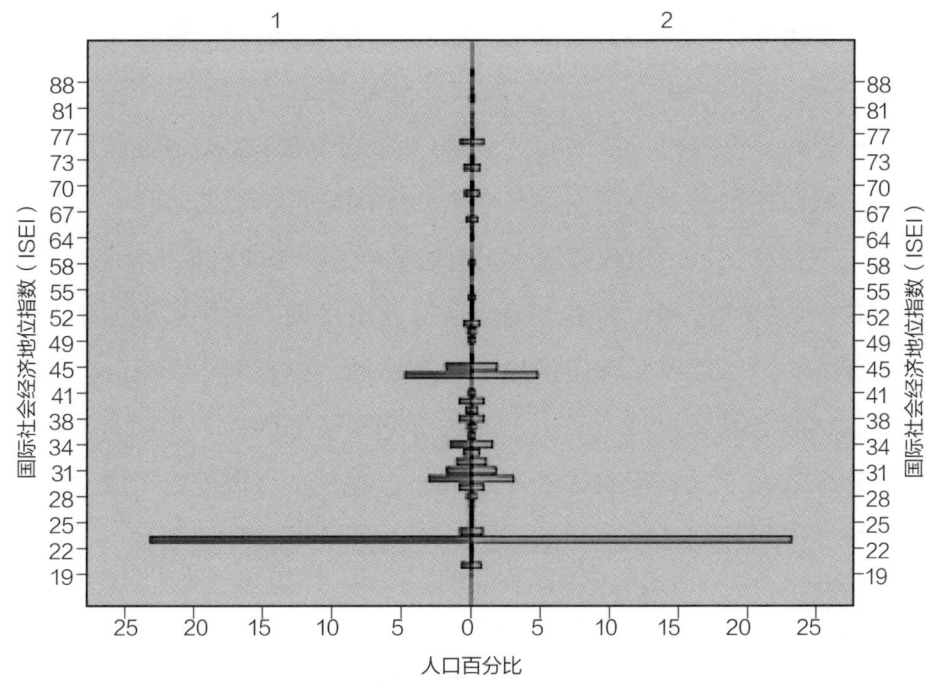

图6-1-7　国际社会经济地位指数反映的我国社会结构①

资料来源：按照全国第六次人口普查数据测算

从法律精神上看，城乡土地的二元结构违背了社会公平的基本原则。例如《物权法》第3条规定，"国家实行社会主义市场经济，保障一切市场主体的平等法律地位和发展权利。"按照这一原则，在土地管理法律体系中，作为所有权主体，国家和集体经济组织应该拥有同等权利；而同样作为建设用地用益物权的使用人，城市居民和农村居民应该享有相同的权益。

在我国"房地一体"的房地产法律制度下，城乡建设用地物权的二元化，客观上导致了城乡住宅所有权人权利严重的不平衡和不对等。农民对宅基地只有占有和使用的权利，但没有收益权，不能用于转让、互换、出

---

① 本图是用2010年第六次人口普查数据计算的国际社会经济地位指数，与2000年的五普数据比较，23分的直接从事农业劳动的农民比例有明显减少，而社会中层和中下层有明显增加。从结构图上观察，有两方面特征，一方面，在总体上还没有摆脱倒"丁"字形的社会结构；但另一方面，由于中层和中下层的增长，所以，可以说是一种"土"字形的社会结构。

资、赠与和抵押。城镇居民住宅可以自由使用、出租、出售或者抵押，而农民住宅不具备流通性，无法市场定价，也不能用于抵押。这种制度安排剥夺了农民分享土地增值收益的途径，也阻碍了城乡人口、土地、资本等生产要素的流动，其弊端日益显现。农村土地权益的模糊极大限制了农民与外部资金、技术的合作，阻碍了农村产业发展。

另一方面，在农村人口城镇化进程中，城镇建设用地增长的同时适度减少农村建设用地，对我国这样一个人口大国的可持续发展具有非常必要的意义。现状村庄建设用地高达16.8万km^2，是城市建设用地的4倍，见表6-1-7。在城镇化过程中，适度缩减乡村建设用地、引导农民适度集聚是非常必要的，既可以节约建设用地，保护耕地，也有利于乡村公共服务的高效配置和服务品质保障。而由于农村土地和住宅的福利分配，不能市场流动，导致农民无法实现农村资产的退出，通过"带资进城"或"带土地指标进城"等模式降低城镇化的门槛，同时解决城镇发展和乡村"两头占地"的问题，也实现土地的集约。

2010年末城乡居民点用地情况　　　　表6-1-7

类别	人口（亿人）	用地（万hm^2）	人均用地（m^2/人）
设市城市	3.54	400	112.99
建制镇建成区	1.39	317.9	228.71
乡集镇	0.357	85.5	239.50
村庄	7.688	1680	218.50
合计	9.44	2483.4	263.07

资料来源：根据住房和城乡建设部统计资料整理。其中，村庄用地规模和人均用地规模为其他口径[①]。

因此，无论是从盘活农村资产，释放农村发展活力的角度，还是从统筹城乡建设、实现用地集约的角度，都必须改革土地制度，通过赋予农村土地资产属性和农民公平的财产权利，促进生产要素的流动。

---

① 武廷海. 中国快速城镇化的资本逻辑及其走向[J]. 城市与区域规划研究. 2012, 2。

第二章 城镇化就业转变与人口迁移趋势

中国当前正处在城镇化高速发展时期，人口流动的规模巨大，对城镇的基础设施、公共服务设施和社会管理都形成了巨大的压力。只有清楚地认识这种发展趋势，才能对未来城镇化的战略与方向提供指导，实现人口安全、有序的城镇化转移。

本章首先回顾改革开放以来我国城乡就业的发展趋势，以及就业人口在空间上的集聚趋势。在此基础上，从农村人口转移压力与趋势以及城镇就业吸纳能力两个方面分析了城镇化的发展趋势。最后，本章根据国家统计局有关农民工的监测数据和清华大学有关城镇化的调研数据，分析农民工区域流向的变化趋势及农民工定居城市的意愿。

一、改革开放以来城乡就业与空间集聚趋势

改革开放以来我国城镇化水平的迅速提升，与我国二、三产业的快速发展是分不开的，二、三产业的发展创造了大量的非农就业机会。但值得注意的是，在这一进程中，同时也出现了非农就业人口不断向城镇集聚的趋势。这表明，城镇化的动力是多元的，不仅来自于就业，也来自于对生活品质的要求。

（一）改革开放以来我国非农就业的快速增长

工业和服务业的迅速发展，是人口城镇化的主要动力，城镇化首先体现在人口就业的非农化。因此，通过对非农就业的分析，可以对我国城镇化的动力有着更加深入的认识。

从第二产业来看，从改革开放初期到1990年代中期，由于第二产业主要以轻工业为主，就业吸纳较强，就业增长比较稳定，第二产业每年可新增就业300万~800万人。从1998年开始陷入了五年的负增长和停滞时期。2004年以来，随着我国新一轮重化工业发展，就业重新迅速增长，特别是

2005~2007年经历了三年的快速增长。从1978年到2007年，第二产业增加了1.56亿人就业，平均每年增加就业473万人。

与此同时，服务业的快速发展也创造了大量的就业机会。从1978年到2007年，第三产业增加就业2.24亿人，年均增加就业679万人，并且每年新增就业规模和增速都比较稳定（图6-2-1）。

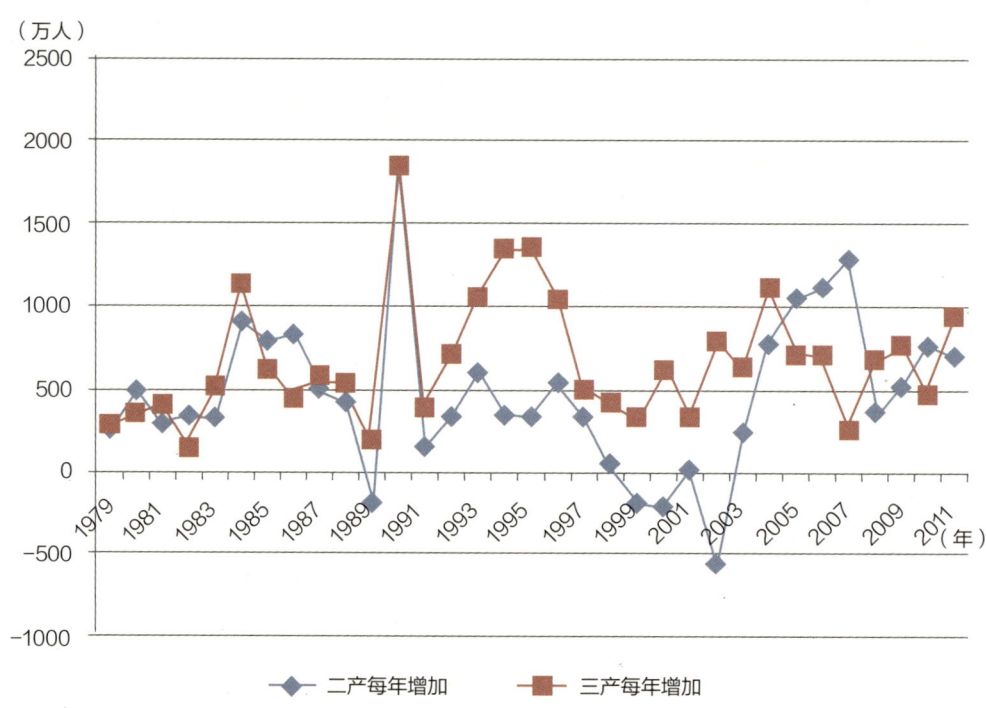

图6-2-1　1979~2011年我国二、三产业就业人口增长情况

资料来源：《中国统计年鉴2012》

按照以上数据可以看到，伴随着改革开放以来我国经济的高速增长，非农产业平均每年创造1150万个就业机会，吸纳了大量的农村人口进入城镇就业，这正是30多年以来城镇化率迅速上升了超过30个百分点的基础动力。

进一步分析，从三次产业的就业弹性系数看，一产的就业弹性逐步降低并成为负数，显示出农业发展从劳动力增加逐渐转变为效率的提升。而改革开放到1980年代中期，三产的就业增长弹性曾达到一个较高的水平，在1985年之前平均约为1.39；1980年代中后期二产的就业增长弹性也达到了很高水平。从1990年代开始，三产就业弹性相对稳定，长期维持在

0.2~0.8之间，平均值约为0.42，标准差仅为0.26，就业拉动力比较稳定；而二产就业弹性则经历1990年代中期的继续下降和2000年以后的恢复反弹，这与前面就业绝对量的分析是一致的（图6-2-2）。

虽然就业弹性有所下降，但必须考虑劳动力总量的因素，随着我国非农就业劳动力总量的迅速上升，同样的新增就业量除以总量的相对增速会出现明显下降。按照发展经济学的理论，经济增长的一个动力是产业结构和就业结构的结构性变化，从三次产业的就业变化看，2005年以来我国非农就业的增加已经表现为农业就业的迅速减少，这与我国人口总量增速变缓和人口结构城镇化和老龄化的明显变化有关。

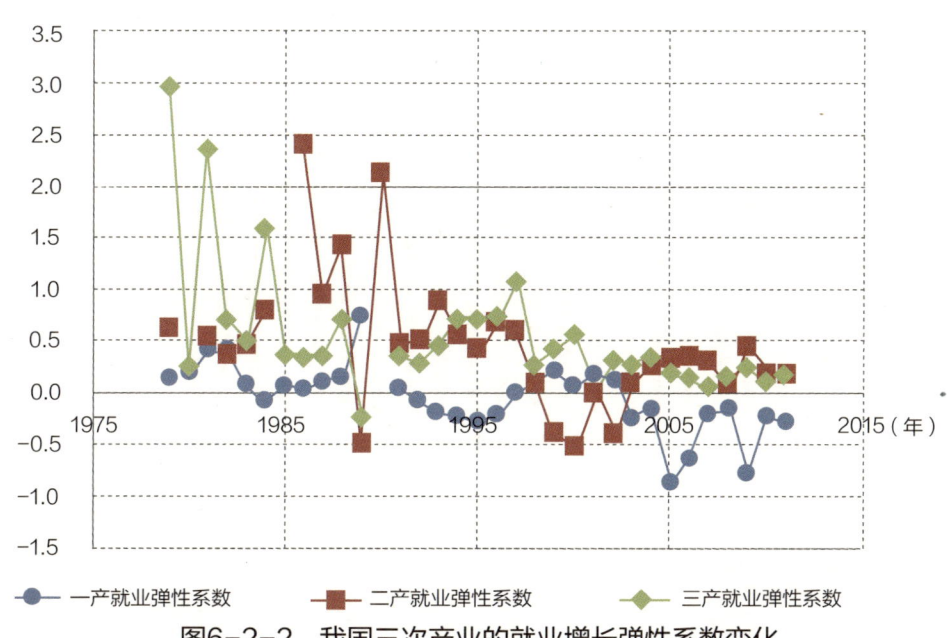

图6-2-2 我国三次产业的就业增长弹性系数变化

资料来源：《中国统计年鉴2012》

从2012年以来经济增长和就业的变化可以看到，虽然我国经济增速略有降低，但在就业吸纳方面并没有出现急速的下滑，反而呈现出比较稳定增长的局面。说明就业问题并不是单纯由经济增长绝对速度决定，也和经济增长的方式、结构有关。在新一届政府"转方式、调结构"的方针下，随着我国经济发展进入新阶段，由重化工业主导进入消费带动和服务业增长，在就业方面仍具有很大潜力。

（二）非农就业人口向城镇集聚趋势明显

值得注意的是，非农就业人口不仅表现出数量的迅速增长，同时也呈现出不断向城镇集聚的趋势。

1978年我国城镇就业人口只占全国二、三产业就业人口的45%，1990年已经上升到66%左右，虽然1990年代中期这一比例略有下降，但2000年以来继续呈现出明显稳步上升的趋势，2011年达到了72.1%。每年新增的城镇就业人口规模也从1980年代的400万~500万人，到2000年以后逐步突破1000万人，显示出非农就业人口加速向城镇集聚的趋势（图6-2-3）。

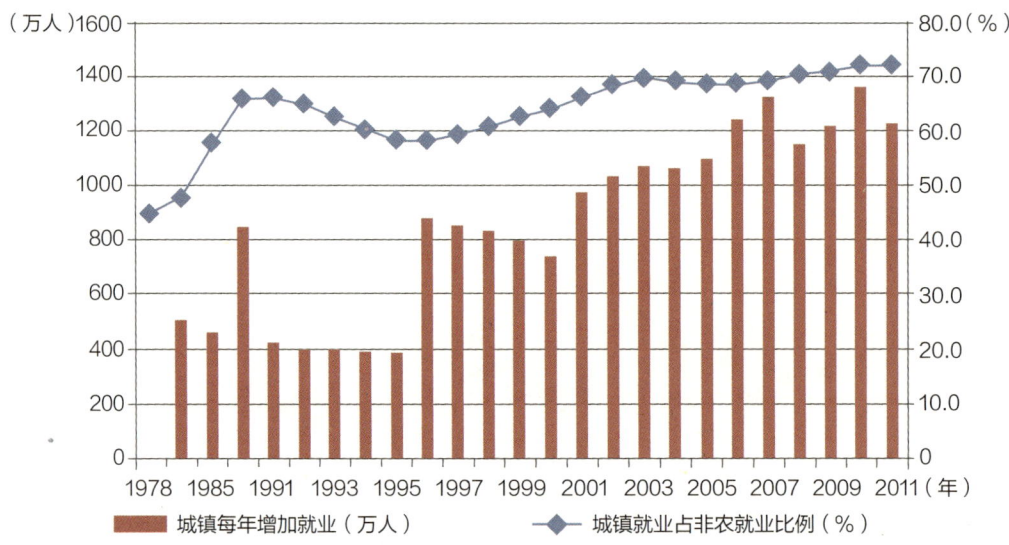

图6-2-3　1978~2011年我国城镇就业增长及其占非农就业总量的比例变化

资料来源：《中国统计年鉴2012》

需要指出的是，这种统计意义上的城镇就业人口比例快速增长，与我国小城镇设置标准的改变有一定的关系。1984年，国务院批转了《民政部关于调整建镇标准的报告》，按照积极发展小城镇的城市发展方针，放开了设镇标准，确立了以乡建镇的新模式，规定总人口在2万人以下的乡，乡政府驻地非农业人口超过2000人的，可以建镇；总人口在2万人以上的乡，乡政府驻地非农业人口占全乡人口10%以上的，也可以建镇。在这一时期内，建制镇的数量明显增加。1978年、1984、1990年我国建制镇数量分别为2173个、7186个和12084个，增长了近6倍，到2000年时，我国建制镇数量达到了20312个，见表6-2-1。

我国城镇数量的变动情况　　　　　　　　表6-2-1

年份	城市数	建制镇数
1978	190	2173
1984	300	7186
1990	467	12084
2000	663	20312
2007	655	19249

资料来源：根据历年《中国统计年鉴》整理而成。

不过从2000年以后城市和小城镇数量开始基本保持稳定甚至略有下降，但城镇就业人口的集聚比例仍然有所上升。这说明，一方面随着经济社会发展，工业和服务业都不断向城镇集聚；另一方面随着交通条件的改善、居住品质、公共服务、文化娱乐等生活消费品质需求不断上升，越来越多的非农就业者都选择到城镇居住和生活。

这也说明，城镇化的动力不仅来自于产业结构和就业结构的非农化，也来自于生活品质提升的需求。笔者在舞钢、德阳等地的调研也发现，现在年轻一代农民中也有相当一部分非常向往到城镇居住，因为有着更好的品质与更加丰富的文化娱乐生活（参见本课题第十五章和第十六章中有关农民意愿的调查数据）。新中国建国以来的城乡二元结构下，我国城镇化的进程长期滞后于工业化发展水平，滞后于实际的非农就业比例，与世界其他国家形成了很大反差。随着制度障碍的破除，这种"补偿性城镇化增长"将会成为未来一段时间内城镇化的强劲动力。可以想象，在交通便捷化的情况下，甚至会出现部分兼业农民在小城镇居住的现象。

（三）乡村人口就业出现不断非农化趋势

从乡村就业结构看，不仅非农就业人口规模不断上升和向城镇集聚，农村居民中的就业结构也出现了明显的非农化趋势，即农业从业比例不断下降，非农就业比例不断上升。

从农村从业人口变化可以看到，新中国建国初期我国一产从业人员仅有1.7亿人，随着人口增长不断上升，峰值出现在1990年初期，1990~2003年基本稳定在3.6亿~3.9亿人规模，到2004年以后出现下降趋势，到2011年已经降低到2.66亿人。乡村从业人员数量也呈现出高峰后下降趋势，1990年代乡村从业人员接近5亿人，到2011年已经下降为4亿人左右（图6-2-4）。

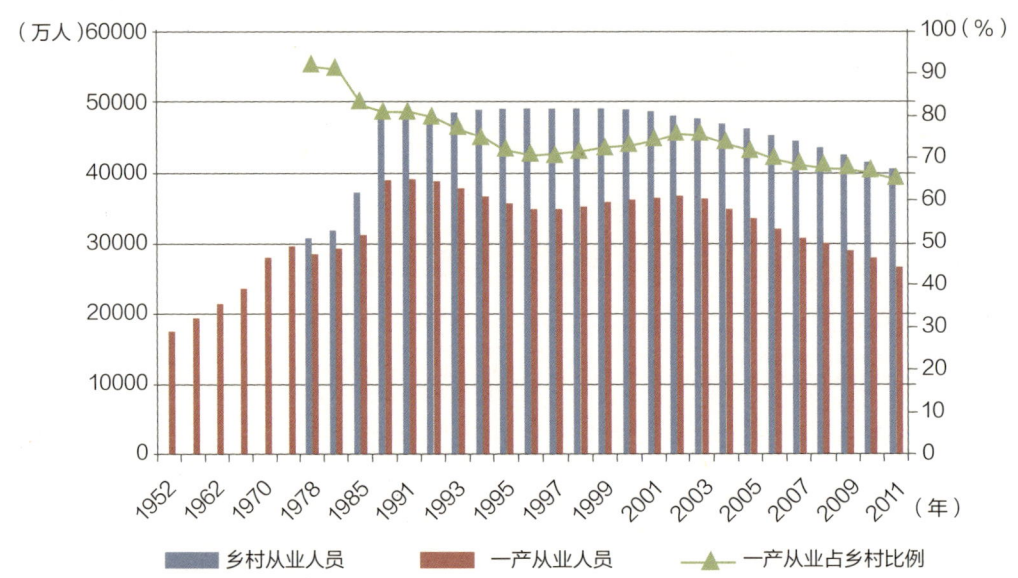

图6-2-4 新中国建国以来我国乡村从业人员变化及一产从业人员占乡村从业人员比例

资料来源：《中国统计年鉴2012》

通过对比一产从业人员和农村从业人员规模可以看到，一个明显的趋势是，一产从业人员占乡村从业人员的比例不断下降，说明乡村从业人员也出现了向二、三产业转移的"非农化"的趋势。这与上一节关于非农就业人口不断向城镇集聚的分析结合，可以看到城镇化的过程中从就业方式的转变，再到居住空间的集聚，形成了一个链条式的流动过程。

二、城乡就业发展趋势与农民工定居城市意愿调查

从城乡就业和空间集聚的分析可以看出，改革开放以来我国城乡就业的非农化趋势非常明显，非农就业年均增长都在1000万以上，并且非农就业人口向城镇聚集的趋势以及农村人口非农就业的趋势都非常明显，由此

来看我国城镇化的动力仍然非常强。对于城镇化水平和目标的分析，有必要从农村劳动力需求、城乡收入差距和城镇就业吸纳方面进行深入分析。

（一）关于城镇化发展水平的争论

关于我国城镇化水平和增长速度，1990年代以来学界一直存在意见分歧和争论。占主流的观点认为中国的城镇化严重滞后，论据主要集中在工业化和城镇化的比较、中国同国际经验的比较，以及政府人为限制城市发展的制度和政策[1]上。但也有意见认为中国的城镇化大体合适，只是略微滞后，理由是中国存在大量参与乡镇企业、城市经济活动的近郊农民和进城务工经商的农民工[2]。从国际经验比较和1990年代以来城镇化加速发展的实际情况来看，证明我国城镇化的需求、潜力是非常巨大的。

而对于未来的城镇化前景，目前普遍的观点是中国城镇化还将保持较快发展的趋势，城镇化率仍将以年均提高1~1.2个百分点左右的速度推进，在2020年中国的城镇化率将达到60%~62%左右。但对于2030年的城镇化率，则存在不同的意见，稳健的观点认为城镇化率达到60%以后将进入放缓阶段，2020年以后以每年提高0.4~0.5个百分点较为适宜，2030年达到65%左右；激进的观点则认为应该加速推进城镇化进程，2030年达到80%的目标；比较折中的观点认为2020年以后仍保持1个百分点左右的速长，2030年达到70%~75%的城镇化水平。

由此也引出对城镇化速度的不同看法，是应该适当控制城镇化的速度，还是应该加快城镇化的速度[3]。认为应该控制城镇化速度的观点主要认为我国城镇化率虽然已经超过50%，但其中包括庞大的"农民工"群体，"半城镇化"、"伪城镇化"现象也成为学界讨论的热点[4]。这种观点认为应着眼于提升城镇化的质量，特别是解决"存量"2亿多农民工城镇化或者说市民化

---

[1] 夏小林，王小鲁. 中国的城市化进程分析——兼评城市化方针[J]. 改革. 2000，2：33-38；国家计委宏观经济研究院课题组. 中国小企业发展战略研究[J]. 宏观经济研究. 2000，7：42-45；朱铁臻. 城市化是新世纪中国经济高增长的强大动力[J]. 经济界. 2000，1：32-36；孙永正. 城市化滞后的八大弊端[J]. 城市问题. 1999，6：3-8。
[2] 邓宇鹏. 中国的隐性超城市化[J]. 当代财经. 1999，6：20-23；姜波. 我们需要什么样的"城市化"[N]. 经济日报. 2004-10-14。
[3] 崔传义等. 城市化是快了？还是慢了？——专家谈中国城市化进程[J]. 小康. 2007，12：42-44。
[4] 王春光. 农村流动人口的"半城市化"问题研究[J]. 社会学研究. 2006，05：107-123。

的问题；另一方面，中国的地域广阔，农业发展也仍然需要保留一定比例的乡村人口。

（二）农村人口转移压力与趋势

从农村来看，我国人多地少的国情非常明显，全国9.4亿户籍农民，18亿多亩耕地，人均只有不到2亩地，即使按照农村6.7亿常住人口，人均也不到3亩地。按照农村劳动力4亿人测算人均不到5亩地。

2013年中央一号文件提出"发展专业大户、家庭农场、农民合作社"等规模经营方式的政策。我国农业经营规模的提升和从业人员数量的下降将是长期趋势。以家庭农场为例，美国1989年有家庭农场214万个，平均规模达到2700亩左右；法国1997年家庭农场约68万个，平均规模达到600亩左右；日本到1980年代专业经营农户200万个左右，户均大约26亩。并且这些国家仍然呈现出农业经营者数量不断减少，经营规模不断扩大的趋势，国家也通过政策加以鼓励。另一方面，从缩小城乡收入差距的角度看，即使农村常住人口能在2010年6.7亿人基础上缩减一半，这部分人口的收入水平要跟上城镇居民的收入增长速度仍面临着较大压力。

从农业发展的国际比较，我国在发展花卉、水果、药材、蔬菜等劳动密集型和高附加值农产品方面仍具有比较优势，未来随着农业科技化含量的提升，在就业和提升农民收入方面仍具有一定潜力。因此，我国农业的发展，应该是粮食种植的规模化和高效精品农业发展并举的模式。

目前，全国18亿亩耕地中，东北平原、华北平原和长江中下游平原为主的平原地区大约占一半左右，另外一半为丘陵和山地。平原地区适应于机械化和规模化经营，如果达到日本户均30亩的经营规模，则平原地区最多只需要3000万专业农户即可。而这些平原地区，也是我国农村人口最为密集的地区，人口密度达到500~1000人/km^2，人均耕地不超过3亩，个别地区只有几分地。因此这些地区将是未来农村人口转移的主要区域。

对于我国中西部地区，大部分丘陵山地地区，规模化经营具有一定难度，无论是从零碎农地的维护和利用，还是从民俗文化和边疆安全等角度，仍需要保持一定数量的农村人口。这些地区更多通过发展乡村旅游、现代种养业等方式提升农民的收入。但从保护生态的角度，如宁夏南部等生态脆弱地区也有移民的必要性。这些地区考虑达到户均10亩的规模，大约只需要9000万专业或者兼业农户。

按照以上测算，全国农业从业家庭大约1.2亿户即可，即4亿人左右，未来再转移3亿左右的人口进入城镇，我国农业经营规模仍然相对有限。社科院有关研究也表明，中国大约需要1.8亿农业劳动力，剩余劳动力转移潜力仍很大[1]。而从农村新一代年轻人口的意愿来看，在各地农村调研都可以发现，进入劳动力年龄的新一代农民很少愿意从事农业和留在农村。由此可见，城镇化的前景并不受制于农业经营的束缚，而更多取决于城镇发展对于农村人口的吸纳能力。

（三）城镇就业吸纳能力与人口迁移

随着我国工业化逐步迈入高级阶段，对高素质劳动力的需求将会继续增加。而服务业仍具有很大的增长空间。目前我国第三产业占GDP只有43.6%，与全球平均水平70%相比也相差近30个百分点，无论是产值比例还是从业人员比例都明显偏低。随着服务业的迅速发展，我国城镇的就业吸纳能力仍有巨大潜力。如前所述，改革开放以来我国平均每年新增二、三产业就业1150万个，事实上还不包括现有在岗劳动力的退休和更替，这意味着实际上每年城镇就业吸纳能力可以达到1500万人以上，吸纳了大部分新进入劳动力年龄的年轻人口。

从未来就业需求来看，1990~2000年，我国出生人口大约在2000万人左右，目前已经逐步进入劳动力市场；2000年以来出生人口基本保持在1600万人左右（图6-2-5），这些人口将在未来20年逐步进入劳动力市场。而目前我国普通高校本专科招生规模已经从2005年的300万人增加到2012年的600万人左右，中等职业教育招生规模从2001年的400万增加到2010年的870万，近两年有所回落，但仍然保持在800万以上。随着高等教育入学率的提升和中等职业教育免费政策的推行，未来高等教育和中等职业教育规模有望保持这一规模。显然，这些人口大部分将进入城镇从事二、三产业就业（图6-2-6）。

---

[1] 蔡昉. 中国劳动力市场发育与就业变化[J]. 经济研究. 2007, 7。

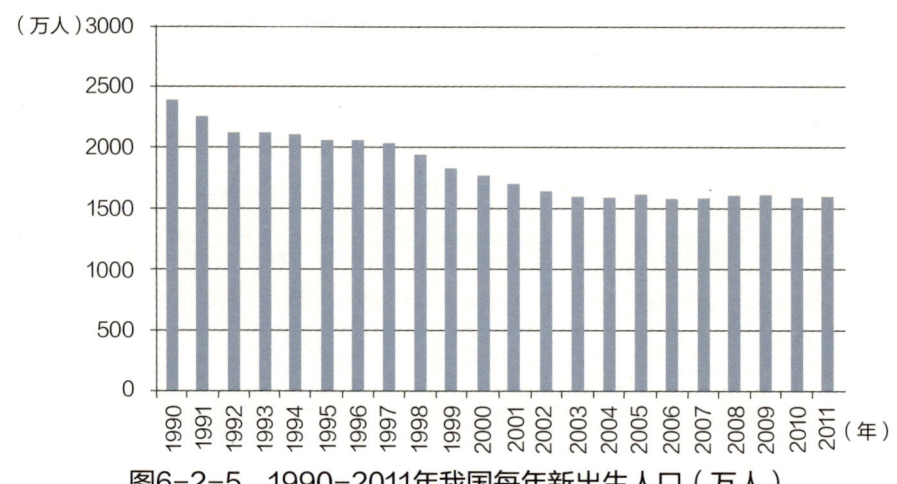

图6-2-5 1990-2011年我国每年新出生人口（万人）

资料来源：《中国统计年鉴2012》

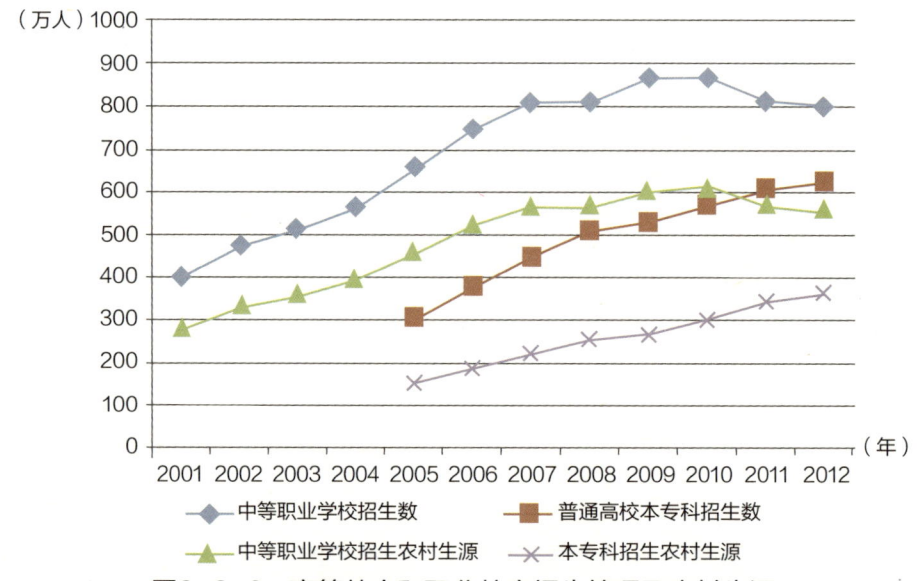

图6-2-6 高等教育和职业教育招生情况及农村生源

资料来源：根据中国统计年鉴及相关资料整理[①]

[①] 高等教育毕业生总数摘编自《中国统计摘要2013》。毕业生中农村户口大学生比例参照全国普通高等教育招生录取新生中农村户口学生的比例，并根据四年学制推算。即2005年毕业生中农村户口大学生的比例约等于2001年录取新生中农村户口学生的比例。根据教育部公告，"全国普通高等教育招生录取新生中，农村户口学生2001年首次达到50%，并于2006年提高到52%"。据此可以粗略推算出2005年至2010年毕业生中农村户口大学生的比例。而2011年、2012年的相关数字则根据清华大学经济社会数据中心、清华大学社会学系进行的"中国大学生学习与发展追踪调查"推算获得。
中等职业教育招生数转引自，"中等职业教育招生制度与教学模式改革-现状与问题-中等职业教育招生制度与教学模式"，农村生源按照70%比例估计。

而在以上高等教育和中等职业教育毕业生中，分别有大约350万~400万农村籍大学生和500万~600万中等职业教育毕业生，这些毕业生的大部分将进入城镇，再考虑到农村人口自主进城就业的流动，我国城镇每年吸纳1200万~1400万，即城镇化率提高0.8~1.0个百分点是难以阻挡的趋势。当然这里没有考虑第一代农民工返乡以及破除制度障碍以后城镇人口向农村的流动。但从现在调查数据看，这种流动未来可能更多会流向乡村地区的小城镇。

（四）新生代农民工定居城市的意愿分析

1. 新生代成为外出农民工主体

"第六次全国人口普查"数据表明，2010年我国流动人口中，比重较大的是"80后"、"90后"，合计占到38.5%，其次是30~44岁的中青年人口，占30.7%（图6-2-7）。

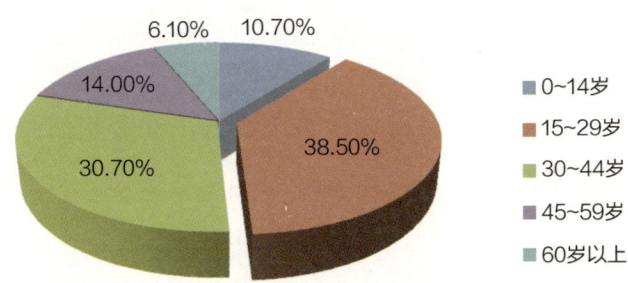

图6-2-7 我国流动人口年龄构成（2010年）

根据国家统计局2009年对全国31个省、市、自治区的农民工监测调查，在所有外出农民工中，新生代农民工即1980年之后出生的外出农民工的比例超过了一半，占到58.4%。按照2009年外出从业6个月及以上的外出农民工数量为14533万人来推算，新生代农民工的数量已经达到8487万人。

从图6-2-8所示的人口金字塔中可以直观地看到农村人口、农村从业劳动力和外出农民工的年龄结构的分布。与农村从业劳动力相比，外出农民工的年龄构成更加年轻。1980年之后出生的农村从业劳动力占全部农村从业劳动力的26.4%，但是1980年之后出生的外出农民工已经占全部外出农民工的58.4%，使得新生代农民工成为外出农民工的主体部分。

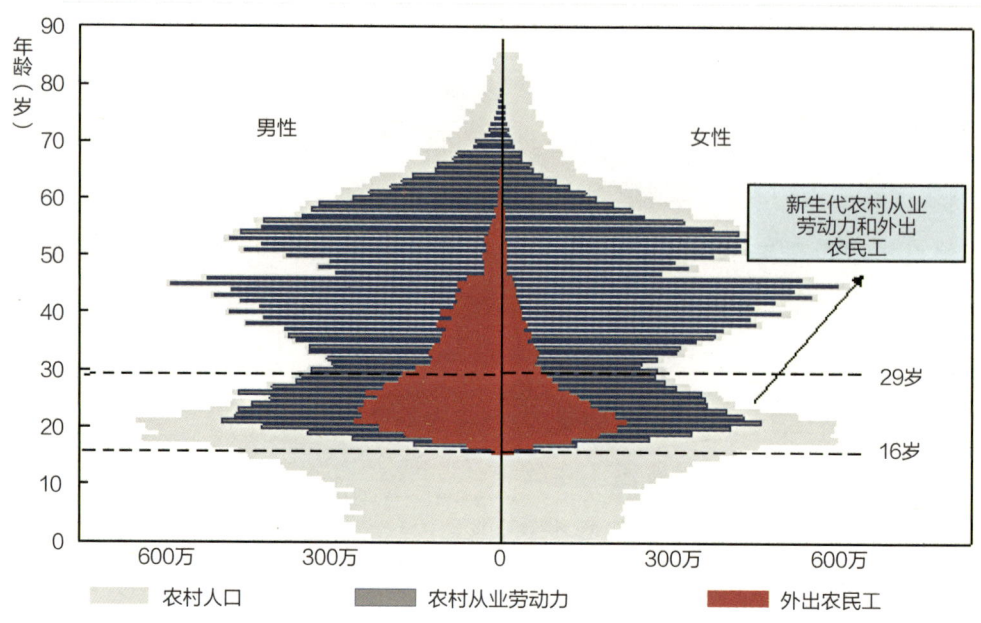

图6-2-8 2009年农村从业劳动力和外出农民工的年龄结构

资料来源：农民工监测调查报告

新生代农民工之所以逐渐成为外出农民工的主体，这主要是由于在进行就业选择时，较为年轻的农村劳动力选择外出从业的倾向明显更高。图6-2-9显示出了不同年龄段的农村劳动力的主要就业选择，以20~29岁和40~49岁这两个年龄组的农村劳动力为例进行对比，20~29岁年龄组的农村劳动力选择从事本地务农、本地非农活动和外出从业的比例分别为37.6%、13.2%和49.3%，而40~49岁年龄组的农村劳动力选择从事本地务农、本地非农活动和外出从业的比例分别为67.2%、21.1%和11.7%。

2. 新生代农民工基本不懂农业生产，目前"亦工亦农"兼业的比例很低

从外出从业的时间看，新生代农民工2009年平均外出从业时间已经达到9.9个月。与上一代农民工相比，新生代农民工还"亦工亦农"兼业的比例很低。上一代农民工在2009年外出从业之外，还从事了农业生产活动的比例为29.5%；而新生代农民工的比例仅为10%。换句话说，在2009年90%的新生代农民工没有从事过一天的农业生产活动。

而且，从农业劳动技能的角度看，新生代农民工大多没有从事农业生产活动的经验和技能，60%的新生代农民工缺乏基本的农业生产知识和技

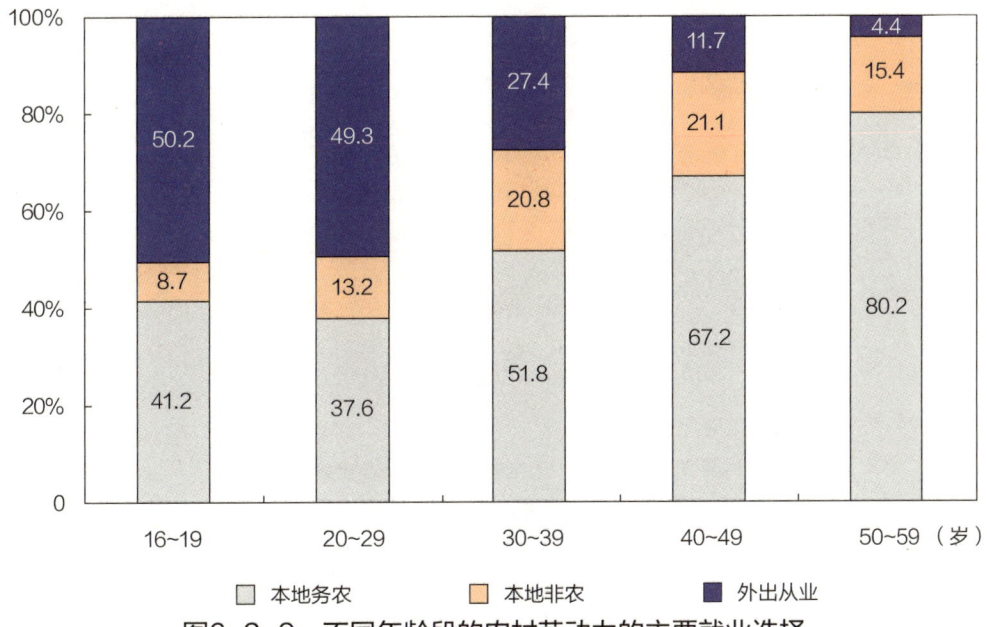

图6-2-9 不同年龄段的农村劳动力的主要就业选择

能，其中更有24%的新生代农民工从来就没有干过农活，完全不会。因此，即使经济形势波动，就业形势恶化，新生代农民工也很少会返乡务农。新生代农民工脱离农业生产和向城市流动已经成为一个不可逆转的过程。

3. 农民工居住意愿调查分析

实际上，对农民工的调查也发现，大多数农民工仍然希望回到地级市和县城居住和生活。清华城镇化调查继续询问了被访者"如果您能在城镇定居，根据您或家人的条件，您最想定居在什么地方"，列出来的选项包括镇、县城、地级市、省会城市和直辖市等多个层级。调查发现，在选择愿意在城镇定居的农民工群体中，80.2%的人选择在县城及以上的城市中居住，只有19.8%的人选择在镇定居，从图6-2-10可以发现，选择中、小城市（指县城和地级城市）定居的比例是最多的，合计达到56.9%。

而在选择定居的城镇层级上，不同出生组的农民工群体也有较为明显的差别。相对而言，新生代农民工更愿意选择层级较高的城市定居，而年长的几代农民工选择在中小城镇定居的比例则更高。在1980、1990年代农民工中，分别只有17.7%、13.7%的人愿意选择在镇一级地方定居，而选择在省会或直辖市定居的比例则分别高达22.9%和26.8%。相反，在年长的两

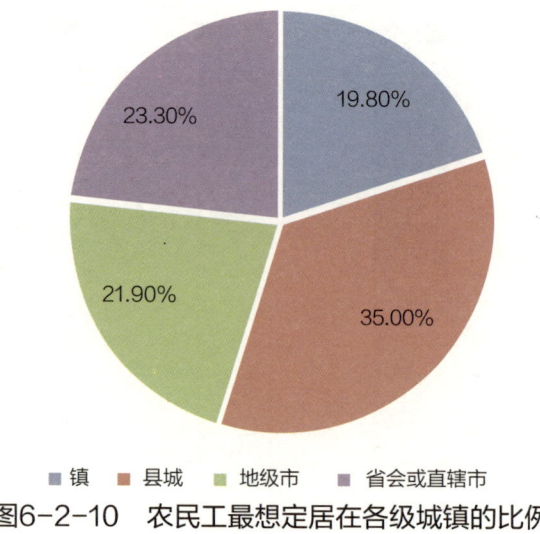

■ 镇　■ 县城　■ 地级市　■ 省会或直辖市

图6-2-10　农民工最想定居在各级城镇的比例

资料来源：清华大学2010~2013年中国城镇化调查

代农民工群体（1960~1970年代出生组和1950年代及以前出生组）中，则分别有23.1%、26.7%的人愿意选择在镇一级地方居住，见表6-2-2。

各出生组农民工选择定居城镇层级的百分比　　表6-2-2

出生年代	镇	县城	地级市	省会城市	直辖市	合计
1990后	13.7%	32.3%	27.1%	22.3%	4.5%	100.0%
1980年代	17.7%	35.0%	24.5%	16.7%	6.2%	100.0%
1960~1970年代	23.1%	36.6%	17.5%	16.6%	6.2%	100.0%
1950年代及以前	26.7%	30.2%	20.7%	14.7%	7.8%	100.0%
样本数	436	771	482	381	133	2203

资料来源：清华大学2010~2013年中国城镇化调查。

由此也可以看出，未来农民工居住意愿受到年龄段、就业地点等多种因素的影响，整体上向家乡所在地的地级市和县城"回流"是趋势，但也存在不同的分化。

综上所述，从我国非农就业的发展趋势可以看出，人口流动在空间上从跨域走向回流，就业结构的非农化趋势明显。我国城镇化发展的特点首先体现在人口就业的非农化，非农就业人口不仅表现出数量的迅速增长，也呈现出向城镇集聚的趋势。农村居民中的就业结构也出现了明显的非农化趋势，即农业从业比例不断下降，非农就业比例不断上升。城镇化的前景并不受制于农业经营的束缚，而更多取决于城镇发展对于农村人口的吸纳能力。

另外，新生代成为外出农民工主体，他们基本不懂农业生产，目前，亦工亦农兼业的比例很低。从农业劳动技能的角度看，新生代农民工大多没有从事农业生产活动的经验和技能。而根据调查分析，从农村新一代年轻人口的意愿来看，在各地农村调研都可以发现，进入劳动力年龄的新一代农民工很少愿意从事农业和留在农村。这也就意味着，即使经济形势波动，就业形势恶化，新生代农民工也很少会返乡务农。新生代农民工脱离农业生产和向城市流动已经成为一个不可逆转的过程。

由此来看，到2030年我国总人口达到14.6亿人左右[1]，城镇人口将从现状6.7亿人上升到9.7亿~10.2亿人，城镇化率达到67%~70%，应该是比较客观的发展目标[2]。

三、农民工区域流向变化与空间迁移

前面对城镇化进程中的就业转变和整体向城镇集聚的趋势进行了分析，另一个需要关注的问题是人口的空间迁移趋势，包括在区域之间的流动趋势和不同层级城市之间的集聚趋势，这种趋势变化直接影响到我国城镇化的空间战略选择。

（一）农民工省内流动比例增加，中西部吸引力增强

1. 本地农民工增速略快于外出农民工，跨省外出的农民工数量减少

据国家统计局抽样调查结果推算，2011年全国农民工总量达到25278

---

[1] 从人口增长速度看，1990年"第四次全国人口普查"到2000年"第五次全国人口普查"我国新增人口约1.3亿人，2000年"第五次全国人口普查"到2010年"第六次全国人口普查"我国新增人口约8000万人。2000年以来每年新出生人口约1600万人，死亡人口约800万人。但随着人口老龄化加剧，死亡人口正不断上升，由此推算2020年我国大陆地区总人口约14.2亿人左右，2030年达到14.5亿~14.6亿人，随着国家生育政策和人口政策调整会有所差异。

[2] 不过这里涉及对城镇化如何定义的差异，我国目前城镇化率是以城市和建制镇的常住人口为统计依据。从国外看，日本、韩国等地以聚集居民数到50000以上的地区为城镇区。美国规定两类城市区域，一种口径是50000人及以上的城市化区域；第二种口径是居民规模在2500人及以上，人口规模通常在400人/km²以上。欧洲国家对于人口密度的标准则更低一些。对于我国而言，许多密集的乡村地区人口已经达到600~800人/km²，而许多新型农村社区的规模也达到3000~5000人。本课题组认为，对于抽象的城镇化率讨论仅具有一部分意义，实际上应该关注"人的城镇化"问题，即就业方式的现代化和生活品质的现代化。

万人，比上年增加1055万人，增长4.4%。其中，外出农民工15863万人，增加528万人，增长3.4%。本地农民工9415万人，增加527万人，增长5.9%。

跨省外出的农民工数量减少，农民工以跨省外出为主的格局改变。2011年，去省外务工人数减少，改变了多年来跨省外出农民工比重大于省内农民工比重的格局。在外出农民工中，在省内务工的农民工8390万人，比上年增加772万人，增长10.1%，占外出农民工总量的52.9%；在省外务工的农民工7473万人，比上年减少244万人，下降3.2%，占外出农民工总量的47.1%。在省内务工的比重比上年上升3.2个百分点，见表6-2-3。

全国外出农民工中省内和省外比例（2010~2011年）　　表6-2-3

区域	2010年		2011年	
地区	省内	省外	省内	省外
全国	49.70%	50.3%	52.90%	47.10%

从2009~2012年农民工流向变化看，省内流动农民工一直保持着较大增长，而本地（乡镇内）流动农民工近年来也开始不断增长上升，相比之下跨省流动农民工呈现平稳中有波动的局面，见图6-2-11。

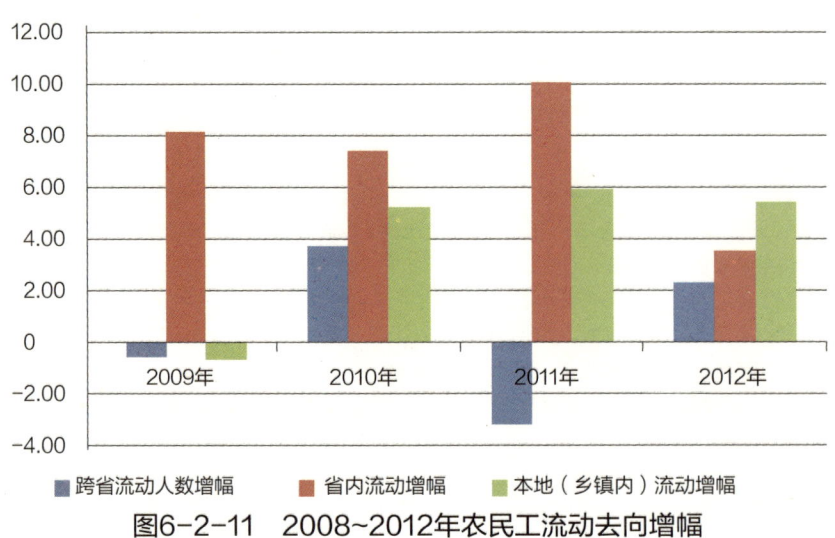

图6-2-11　2008~2012年农民工流动去向增幅

资料来源：2008~2012年国家统计局发布"我国农民工调查监测报告"

从2009年到2012年农民工流向变化的比例变化可以看到，省内流动农民工从29%上升到33.0%，而本地（乡镇内）流动农民工一直保持在37%上下，而跨省流动农民工比例从33.0%下降到29%。这些变化表明，农民工"回流"的趋势开始逐渐显现，见图6-2-12。

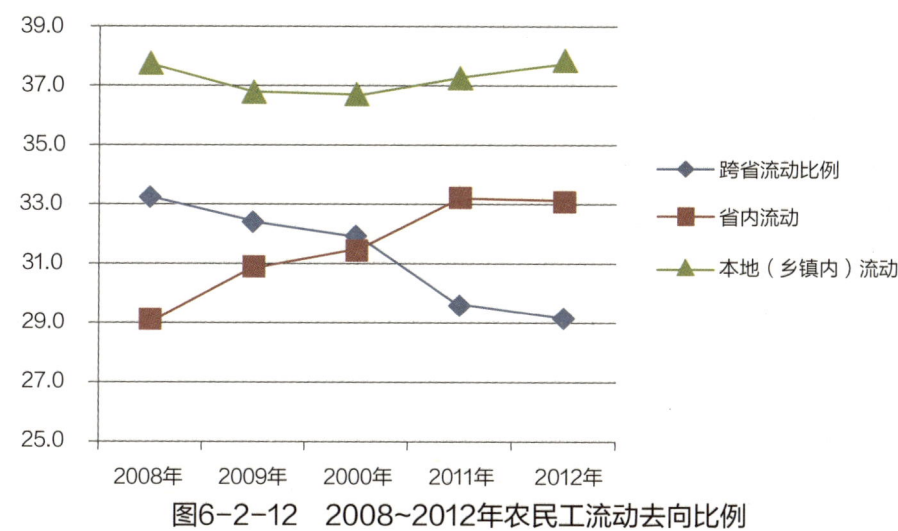

图6-2-12　2008~2012年农民工流动去向比例

资料来源：2008~2012国家统计局发布的《我国农民工调查监测报告》

对比2000年人口普查、2005年1%人口调查、2010年人口普查数据，分析流动人口现常住地，可以看出在2000~2010年10年间，全国流动人口中省内流动人口比重总体呈现下降趋势，但2005~2010年开始出现上升趋势。

不同省份之间存在很大差异。东部主要人口流入省份（如北京、上海、江苏、浙江等）省内流动人口比重呈现持续下降的趋势，但降速逐步放缓，广东省甚至出现上升趋势。中西部地区省内流动人口比例总体上呈现上升趋势，山东省和贵州省例外。具体来看，大部分省份呈现出先上升、后下降的趋势，但也有部分省份例外，如河南省内流动人口比重持续上升，山东省和云南省先下降、后上升，贵州省持续下降（图6-2-13、表6-2-4）。

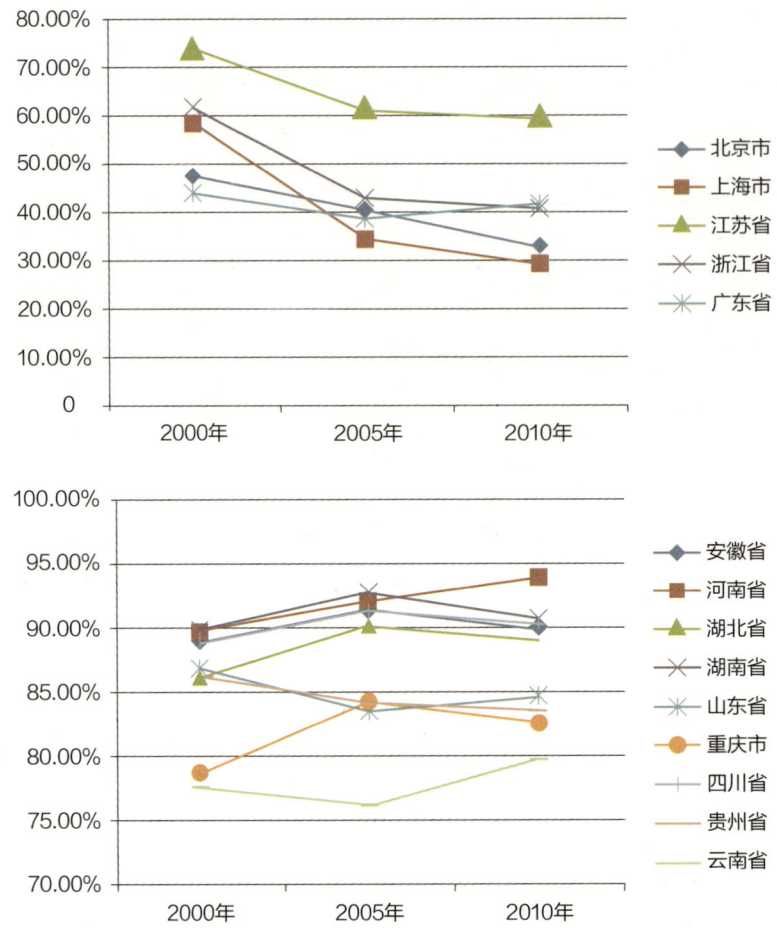

图6-2-13 流动人口中省内流动人口比例变化趋势（2000~2010）

流动人口中省内流动人口的比例（2000~2010） 表6-2-4

区域	2000年	2005年	2010年	2000~2005年变化	2005~2010年变化	2000~2010年变化
全国	73.3%	66.0%	67.1%	-7.3%	1.1%	-6.2%
北京市	47.4%	40.4%	32.9%	-7.0%	-7.5%	-14.5%
上海市	58.5%	34.5%	29.2%	-24.0%	-5.3%	-29.3%
江苏省	74.0%	61.2%	59.5%	-12.8%	-1.7%	-14.5%
浙江省	61.6%	42.5%	40.6%	-19.1%	-1.9%	-21.0%
广东省	43.7%	38.5%	41.6%	-5.2%	3.1%	-2.1%
安徽省	88.9%	91.4%	89.9%	2.5%	-1.5%	1.0%

续表

区域	2000年	2005年	2010年	2000~2005年变化	2005~2010年变化	2000~2010年变化
河南省	89.7%	92.1%	93.9%	2.4%	1.8%	4.3%
湖北省	86.2%	90.2%	89.0%	4.0%	-1.2%	2.8%
湖南省	89.8%	92.8%	90.8%	3.0%	-2.0%	1.0%
山东省	86.9%	83.5%	84.6%	-3.4%	1.1%	-2.3%
重庆市	78.7%	84.3%	82.6%	5.6%	-1.7%	3.9%
四川省	88.8%	91.3%	90.4%	2.5%	-0.9%	1.6%
贵州省	86.3%	84.2%	83.5%	-2.1%	-0.7%	-2.8%
云南省	77.7%	76.3%	79.6%	-1.4%	3.3%	1.9%

2. 中西部地区务工的农民工增长较快，收入差距迅速缩小

伴随着农民工省内流动增加的现象，中西部地区吸引力明显增强，而沿海地区农民工比重开始下降。从农民工的就业地区来看，2011年在东部地区务工的农民工16537万人，比上年增加324万人，增长2.0%，占农民工总量的65.4%，比上年降低1.5个百分点；在中部地区务工的农民工4438万人，比上年增加334万人，增长8.1%，占农民工总量的17.6%，比上年提高0.7个百分点；在西部地区务工的农民工4215万人，比上年增加370万人，增长9.6%，占农民工总量的16.7%，比上年提高0.8个百分点。

与此同时，东部地区和中、西部地区农民工收入差距缩小。2011年，在东部地区务工的农民工月均收入2053元，比上年增加357元，增长21.0%；在中部地区务工的农民工月均收入2006元，比上年增加374元，增长22.9%；在西部地区务工的农民工月均收入1990元，比上年增加347元，增长21.1%。可以看出，近两年外出农民工的收入增速加快，中、西部地区的增幅高于东部地区，东部和中、西部地区的收入差距缩小。

在长三角和珠三角地区务工的农民工分别占全国农民工的23.1%和20.1%，分别比上年下降0.9和0.8个百分点。随着中西部地区的快速发展，东中西部地区农民工工资水平趋同，长三角和珠三角地区对农民工的就业吸引力在逐步下降。

（二）农民工向地级以上城市集聚趋势增强

从农民工在不同层级城市的流动趋向看，呈现出向大中城市集聚的特点。根据农民工监测报告数据，从2001~2009年农民工在不同类型的城市的数据分布和变化来看，尽管有一些波动，地级以上城市所占比重一直呈现上升趋势，2009年达到63.3%。2011年，在直辖市务工的农民工占10.3%，在省会城市务工的占20.5%，在地级市务工的占33.9%，在地级以上大中城市务工的农民工达到64.7%。

大中城市人口总量呈现出快速增长的态势。以4个直辖市、重要省会城市和副省级市为代表，特大城市的"巨型化"趋势显著。2011年底北京市常住人口达2018.6万人，提前突破国务院批复城市总体规划所确定的2020年前控制在1800万以内的人口规模。按照各地上报国务院批准的城市总体规划，到2020年我国城市人口超过1000万的城市多达16个[①]。户籍人口的增长也可以看到大中城市集聚的趋势，2001~2010年特大城市和大城市的户籍非农业人口占全国比重分别提高了6.6个百分点和1.5个百分点。这种过度巨型化城市的发展倾向开始明显起来。人口规模超过400万的超级大城市从2001年的8个增长到14个。

巨型城市的人口高度密集以致连绵化发展，土地、水资源过度消耗，人居环境水平和可持续发展能力面临挑战，同时交通拥堵、大气污染严重、宜居水平低下等问题的解决难度也不断加大。

人口的这种集聚趋势，与我国省—市—县—镇的塔式行政体制具有密切的关系，不仅形成了地区间政府的级别，也使优秀人才、优秀企业以及资本等资源向上一级行政单元集聚。从经济总量上看，以2008年为例，全国地级以上城市GDP占全国64.5%，第三产业达到71.4%。

回顾我国城镇化历程可以看到，这种发展趋势与土地制度和经济发展阶段具有密切的关系。在20世纪90年代初期，我国乡镇企业的空间布局是92%分布在行政村或自然村，7%分布在建制镇或集镇，1%分布于小城市

---

① 分别为：上海、北京、天津、广州、深圳、成都、重庆、武汉、苏州、哈尔滨、郑州、青岛、西安、南京、沈阳、石家庄，为不完全统计。资料来源：中国城市规划学会。

或县城。小城镇和农村经济进入繁荣时期，农民利用廉价土地实现工业化和城镇化，典型案例如华西村、大邱庄等。村（镇）办企业拥有灵活的机制、廉价的劳动力和几乎为零的环保成本，在人们开始热衷消费、物资却相对短缺的年代，以粗糙的产品毫不费力地占领了市场。1986~1990年间，乡镇企业占全国工业总产值增长额的38%，贸易外汇收入增长的28%，提供了58%的新增就业机会。

但随着1990年代以后一大批乡镇企业倒闭，并且新的土地管理法严格限制了农村利用土地建设和开发，配合各类"开发区"建设，新发展起来的企业主要进入县以上城市。到了2000年后，大中城市开始形成聚集趋势。

正是这种宏观环境的变化和制度性的变化，导致了农村人口流动的变化，在2000年以来更多向特大城市、直辖市和省会城市流动。

本章对城镇化进程中农村人口流动变化的分析可以看到，改革开放以来由于区域发展不平衡和资源向大城市和高等级城市的集聚导致了大量农民工的跨省流动和向特大城市集聚的特点，但是长距离流动的制度障碍和社会心理代价使得近距离流动始终成为一种更佳的选择，也因此伴随着产业的梯度转移和区域均衡发展，开始出现了省域内流动增加的现象。这种变化趋势表明，促进人口近距离的流动有着广泛的社会需求。但这需要通过制度层面更多的改革赋予中西部地区、中小城市更多的发展活力，这一问题将在随后的章节中进行讨论。

第三章 迈向以人为核心的新型城镇化

本书前两章分析了我国城镇化发展历程和现状面临的主要问题,以及城镇化进程中的就业转变和人口迁移趋势。随着我国城镇化率超过50%,标志着我国从农业社会迈入了城市社会。但城乡二元制度和城镇化高速推进也导致了一系列问题和矛盾不断积累。而从世界各国城镇化经验看,城镇化率达到50%左右的时期是城镇化的加速发展阶段,但也是各种矛盾的爆发时期。因此,我国城镇化发展模式也面临着转型的迫切性,需要对过去的城镇化模式进行反思,以新的理念指导未来城镇化的发展。本章是课题组在对我国城镇化中一系列问题反思的基础上,结合调查研究对新型城镇化内涵、路径的思考。

一、城镇化内涵思考:从"物的城镇化"到"人的城镇化"

城镇化是一个非常综合的概念,对于城镇化这一概念的理论内涵,曾有不同的学科从不同角度给出解释,在本部分中,笔者尝试对这些不同的城镇化的定义及现实意义进行梳理,笔者提出了我国城镇化模式和重心正在发生转变的现实趋势,并认为,"人的城镇化"应是包括生产方式、生活方式、文明素质和社会权益等全方位进入现代文明体系的过程。

(一)城镇化的理论定义与现实意义

关于城镇化,人口学、地理学、社会学、经济学等不同的学科从不同的角度对之有不同的解释,例如从人口学的角度定义为"人口向城市地区集中,或农业人口变为非农业人口的过程",经济学则强调经济结构的变化,城镇化从农村经济转化为城市化大生产的过程,而地理学则强调人口的空间集聚,并定义了一定密度和规模的聚居点为城镇。社会学则更加强调城市化就是农村生活方式转化为城市生活方式的过程。从不同学科的定义来看,城镇化意味着由农业为主的传统乡村社会向以工业和服务业为主的现代城市社会的历史转变过程，包括人口职业的转变、产业结构的转变、土地及地域空间的变化等多个方面。但实际上各个学科都蕴含着人的生产方式、生活方式和文化意识转变的内涵。例如，美国社会学家路易斯·沃斯（Louis Wirth）在名为《作为生活方式的城市性》的论文中把城市特有的生活方式叫作城市性。"城市绝不是一种与人类无关的外在物，也不只是住宅区的组合；相反，城市本身包含了人性的真正特征，它是人类的一种通泛的表现形式。"哈佛大学经济学教授爱德华·格莱泽在《城市的胜利》中也精辟地指出："城市实际上是一个彼此相互关联的人类群体，城市不等于建筑，城市等于人"。城市规划理论家、历史学家刘易斯·芒福德在《城市发展史》中从文化与城市的关联中揭示城市本质：城市是一个巨大而复杂的文化磁体和容器，通过吸引、融合、储存和传播文化而不断丰富人性，发展人，孕育新人类。他通过对城市最初起源胚胎——礼仪性汇聚地点的分析，指出城市体现了超越生存状态的生活存在，表现出"表达了人们对一种更有意义、更美好生活的共同向往①"。

就中国现实而言，就业方式的转变、人口的空间集聚和城镇空间的高速扩张都已经成为明显的趋势，并取得了辉煌的成就，城镇化的矛盾更多表现为农村进城人口公共服务权利的缺乏以及城乡公共服务水平的差距。发展并不是目的，只是一种手段，其根本目的还是为了提高人民的生活水平，改善人们的生活质量，促进人的技能和素质的提高，提高人类社会的整体发展水平，使人与人、人与自然关系达到和谐发展。因此，城镇化的内涵应该更加强调人的生活方式改变、生活品质提升和文明素质、意识提升。

从社会变迁的角度来看，中国的城市化进程是与社会结构转型同时发生的。随着城市化的深入，中国从传统农业社会进入现代城市社会，社会结构的转型完成或趋于完成。在更大的历史视角上，中国城市化进程和现代化进程，实际上可以追溯到清末以来的近代化历程。19世纪末到20世纪初，大量的地方乡绅迁居城市，在城镇兴办新学和新工商业等，这一波城

---

① 刘易斯·芒福德. 城市发展史——起源、演变和前景[M]. 宋俊岭等译. 北京：中国建筑工业出版社，2005。

市化浪潮催生了绅商资本主义的崛起、工商业城市的兴起,也导致了新的社会结构的诞生、宗法家族的解体,并导致随之而来的清王朝解体并奠定了新文化运动的基础。这一轮城市化在社会结构和社会变迁上的影响是长期而深远的。而改革开放以来的城市化,与"绅士城镇化"对应,则具有"农民城镇化"的特征,大量的农村人口进入城镇,农村出现"空心化",由此对中国社会结构的影响也是巨大的。但是这一进程目前完成了大量人口的空间迁移和城镇建设,在社会结构的转型方面仍然还有很多任务尚未完成。

城市化意味着社会性、复杂性和多样性,人们的思想观念、生活方式和文明素质都需要发生巨大的转变以适应这种变化。而社会组织形态的进一步复杂化和系统化,也对社会治理提出了新的挑战。

(二)我国城镇化模式和重心的转变

改革开放以来,在城乡二元的户籍制度和土地制度的支撑下,我国形成了一种以政府为主导,以产业投资为驱动,进行低成本、外延式扩张的传统城镇化道路。这种城镇化道路的典型特征,就是以低成本土地和廉价劳动力为支撑来推进城镇化,具有鲜明的"物的城镇化"的特点。

据统计,全国主要城市的规划人口已经超过总人口的200%以上,而实际建成的城镇建成区也在1990~2010年短短20年间增长了超过3倍。城市开发区热、新区热、新城热催生了一座座拔地而起的城市,在城镇人口总量大幅增长的情况下,城市居民的居住条件从改革开放初期不到10m^{2}迅速提升到超过30m^2。应该说,城镇化的物质空间建设已经取得了显著的成就,为城镇化的继续发展奠定了良好的基础,但也面临"重数量、轻质量"等明显问题。

一般来说,一个国家或地区的城镇化最主要体现在两个方面:一是物的城镇化;二是人的城镇化。所谓"物的城镇化",主要是指城市规模不断扩张,建设用地面积不断增加,资源不断向城市集中,其核心是土地城镇化。而"人的城镇化"则主要是指农村人口不断向城市转移,农民不断向市民转化,享受市民一样的公共服务,过上市民一样的生活方式。所以,人的城镇化,又可称为"市民化"。

"物的城镇化"和"人的城镇化"应当说是城镇化的两个最基本方面。"物的城镇化"是"人的城镇化"的重要基础,"人的城镇化"是"物的城镇化"的目标和最终归宿。我国在"物的城镇化"方面取得了巨大成就,为"人的城镇化"奠定了良好的物质基础。在未来一段时间内,应该更加注重对城镇化的质量提升和对进城农村人口的吸纳,即"人的城镇化"。否则,"城镇化"就失去了根本的意义和归宿。

(三)"人的城镇化"的四重内涵

"人的城镇化"是一个十分综合的概念,是包括生产方式、生活方式、文明素质和社会权益等全方位进入现代文明体系的过程。

在生产方式上,不仅包括意味着农民进入城镇,从农业生产转为工业、服务业等非农产业就业,也包括农业产业的现代化,即农民从传统小农生产方式转变为现在职业分工中的新型农民或者农业经营者。城乡只有职业分工差异,但都是现代生产方式的从业者。

在生活方式上,是指农村居民进入和融入现代文明的生活方式,例如获得现代化的交通条件、基础设施条件、高品质的文化娱乐、医疗卫生、体育休闲等生活服务。这种变化不仅在城市里发生,而且也在农村生活中发生,在人的城镇化的概念中,乡村生活也同样可以接受城市文明的生活方式。

在文明素质上,是指无论是进入城镇还是留在乡村的农村居民,都随着生产和生活方式的转变形成现代文明的行为、规范、意识和理念,特别表现为教育素质、守法素质和参与公共生活素质的大大提升。同时包括与现代生产方式的转变相适应的科技素质、技术技能素质和劳动素质,以及与生活方式的转变相适应的交往素质、心理素质和审美素质的提升。

在社会权益上,是包括权利公平、机会公平、规则公平等一系列的社会制度的建设和完善,即城乡居民拥有平等的经济权利、社会权利、政治权利和发展权利,例如土地和住房等财产权利、获得社会保障和公共服务的权利等。

"人的城镇化"概念的提出,是中国城镇化在经历了一段快速发展阶段之后出现的新要求,相较于以往过于注重"物的城镇化","人的城镇化"

是衡量以人为本的城乡发展的更为关键的指标。

二、城镇化路径思考：从"被动城镇化"到"主动城镇化"

如果说从"物的城镇化"转向"人的城镇化"是城镇化内涵、理念和重心的转变，那么从广大农村人口没有选择权的"被动城镇化"转向城乡居民自主选择、自由迁徙的"主动城镇化"，则是城镇化路径的根本转变。

（一）户籍制度限制下农村人口城镇化的瓶颈

从计划经济时期到改革开放以来，虽然户籍制度有所放松，但农村人口获得城镇户籍的途径仍然非常有限，基本上只有考学（即获得大中专学历实现"农转非"）、征地（即城镇化征地实现"农转非"）、参军、投亲靠友等少数途径，城市近郊农民在征地中被动失去了土地，成为"失地农民"，大多数生活质量明显下降，成为长久的社会问题。少数大中城市近郊的农民因为土地价值高，征地安置补偿较为丰厚，并且获得了城镇社会保障，甚至出现了"一夜暴富"现象，买豪车炫富等报道屡见于新闻媒体，但即使如此在城镇化的过程中他们也没有自主选择权，在身份转换、生活方式转变方面并不完全适应新的生活。

从改革开放以来我国非农人口增长可以看到，根据"第四次全国人口普查"、"第五次全国人口普查"和"第六次全国人口普查"数据，1990~2010年我国非农户籍人口从2.3亿人增长到3.8亿人，增长了约1.55亿人。在这1.55亿人中，按照总人口自然增长率粗略测算，其中城镇非农户籍人口（即城镇人口自身）自然增长接近4000万人，由此推算1990~2010年20年间"农转非"人口约1.2亿人。

按照历年受教育人口粗略估算，农村学生通过考入大中专院校的教育途径转入城镇户籍的约为3000万人；而1990~2010年城镇化建成区面积增加了2.8万km²，再加上部分现状未开发地区但已征地的农民，粗略估计城镇化征地安置"农转非"约5000万~6000万人。通过推算可以看到，考学和征地安置这两部分即占了"农转非"1.2亿人口的2/3，而征地安置人口竟然占到了全部"农转非"人口40%~50%的比例。显然，这些农民并非自主自愿选择，具有"被动城镇化"的典型特征，由于他们并未实现就业方式的转变和生活方式的转变，出现了"失地农民"的许多社会问题。

另一方面，这也意味着，从1990~2010年的3.2亿新增农村进城人口中（扣除城镇自身增长），只有约1/4是通过教育途径和征地安置获得了城镇户籍，而3/4的人没有获得城镇户籍的现实途径，这就是所谓的2亿多的"农民工"群体。

"农民工"群体进入城镇打工经商的目标是赚钱，仅从这点上看，他们一般是主动外出的。那么，是否就可以认为是主动城镇化呢？情况并不这样简单。调研表明，由于无法获得城镇户籍以及对乡村生活的眷恋，第一代农民工中相当比例的人并不打算留在城镇，而是选择老了以后回到家乡生活和养老，为此他们当中的许多人将城镇打工赚的钱用于在农村修建住宅，这一部分人显然并未实现真正的城镇化定居。对于部分长期在城镇打工的农民工，以及新一代的年轻农民工，向往城市的丰富生活，也不打算回到农村去，具有城镇化定居的意愿，但是在现行制度下无法获得城镇户籍，呈现出一种"漂浮"状态，只能称之为"半城镇化"。

因而，在现状城乡二元结构制度下，农村人口向城镇的流动，除了少数农村籍学生通过考学后定居城镇以外，表现为大量农民由于征地安置被动接受城镇化的结果，以及大量农民进入城镇务工经商却又不能真正融入城镇的状态。由此来看，农民完全缺乏自主、自愿进入城镇并融入城镇的制度化途径，这种模式只能被称为无自主选择权的"被动城镇化"模式。

（二）农民现状、意愿与城镇化的自主选择

十八大报告提出，"加快改革户籍制度，有序推进农业转移人口市民化。"2013年2月5日国务院《关于深化收入分配制度改革的若干意见》也提出，"有序推进农业转移人口市民化，探索建立政府、企业、个人共同参与的市民化成本分担机制。"目前，加快户籍改革，促进农民在城镇的定居已经成为改革共识。但是如何实现庞大农村人口的城镇化转移呢？

从农民整体情况看，经过30多年的放开和经济搞活，农民群体中分化非常明显，2.6亿进城农民工有的已经在城镇扎根，获得了较高的收入，例如一些个体户、小业主，希望长期在城镇定居。有的在城镇务工经商收入较低，仍然希望年老后回归乡村生活养老，以第一代农民工为主。现状在农村生活的6.7亿农村人口中，收入较高的农民、年轻的农民中相当比例希望就近到县城和小城镇居住，有的则希望在乡村继续从事农业生产。

必须看到，城市和乡村具有各自的魅力和吸引力。一方面，在现代政治经济活动中，城市有着明显的优势。聚集生产、聚集生活带来了巨大的集约化效应。城市在创造就业岗位上的优势远非农村可以相比，城市有着更高水平的教育、医疗、社会保障，城市生活便利、城市生活丰富多彩、城市对于年轻人有着巨大的吸引力。但另一方面，农村田园生活也有自身的优点，农村不仅有着更良好的生态环境，同时在生产生活方式上也存在巨大差异。农业劳动由农民自主决定，可以自由安排生活。而城市必须遵守劳动纪律，上下班时间十分严格，在劳动时间上没有随意性。农村的生活是相对宽松的，城市则是充满竞争的。农村是熟悉人社会，城市是匿名社会。对于许多在农村出生和成长的人来说，乡村生活自然具有自身的魅力。事实上，城镇居民中也有相当一部分希望到乡村生活、养老，甚至投资农业。因此，由于个人条件、偏好的不同，对城镇还是乡村的选择，显然是有着巨大个体差异的。

不仅如此，在我国当前区域发展差异巨大的现实下，不同地区由于经济发展水平、产业结构、文化因素、地形地貌等多方面因素的影响，农民城镇化的意愿不可避免地会存在很大差异。

清华大学课题组在四川德阳与河南舞钢的案例中对农民意愿进行了调查，调研问题是："您是否愿意放弃承包地，获得城镇户口以及与城镇化职工一样的社会保障？"从意愿上看，农民的态度比较分化，有45%~47%的农民愿意放弃农村土地，而31%以上的农民表示愿意保留农村土地而不愿意城镇化，还有21%~23%的人处于观望状态。调研数据充分反映了当前农民的明显分化，见表6-3-1。

农民城镇化意愿 表6-3-1

农民的态度	四川省德阳市		河南省舞钢市	
	人数	百分比	人数	百分比
愿意	282	45.7%	175	47.7%

续表

农民的态度	四川省德阳市		河南省舞钢市	
	人数	百分比	人数	百分比
以后看情况再说	142	23.0%	78	21.3%
不愿意	193	31.3%	114	31.1%
合计	617	100.0%	367	100.0%

资料来源：清华大学2010~2013年中国城镇化调查。

由此可见，在城镇化的推进过程中，政府的职责在于赋予农民财产权利和市场流通渠道，制定多元化的引导政策，创造更多样化的选择，让农民根据自己情况和意愿选择，或通过就业经商进入城镇，或通过城乡资产置换进入城镇。面对已经发生巨大分化的农民群体，政府难以识别和掌握农民的具体情况，因此采取单一、统一的政策和模式，既不可取也很难操作。

因此，新型城镇化的核心思路，就是改变过去主要依赖"征地拆迁"实现近郊农民城镇化以及行政化的推动模式，而是建立农民自主自愿到城镇就业，同时又能获得城镇公共服务和社会保障的机制。在进入城镇的同时，农民可以自主自愿选择退出农村资产，而非一种强制的安排。例如，前述"承包地换社会保障"的模式，不愿意城镇化的农民更多的是希望保留土地。从本质上思考，农村土地承包经营权固然具有社会保障的色彩，但仍然是一种用益物权，一种财产权利，而社会保障是一种国民享有的保障权利，将两者画上等号并不合理。城镇化应该与"农转非"不同，应当可以允许进城农民保留土地权利。允许农民保留土地权利，不仅意味着农民可以保留一份虽然微薄但具有一定保障性质的收入，同时农民可以回到农村选择一种"低成本"的生活方式。这种"可逆"的选择，在当前我国农村流动人口收入水平仍然较低并且不稳定的现实情况下，具有保持社会稳定的积极意义。因而，户籍制度的改革，应该以长期居住地登记为基础，获得相应的公共服务权利。在这种开放的制度下，农民可以根据自身情况，或保留土地权利进入城镇生活，或置换农村资产降低进入城镇的"门槛"。在城市的吸引下，经由自己的选择去实现"主动城镇化"。

三、乡村可持续发展与"城乡双向流动"

当前,对城镇化的讨论更多集中在如何解决农民进入城镇生活和定居这一方面,但是城镇化的健康发展还需要考虑另一个方面,即农村如何发展,城镇化不等于也不应该"抛弃"农村。

(一)城镇化进程中的乡村可持续发展

在当前的户籍制度、土地制度下,一方面限制了进城农民获得城镇户籍和公共服务的权利;另一方面也完全阻断了城镇居民向农村流动的途径。城乡二元结构在抑制人口城镇化的同时,也导致了农村人口向城镇的"单向流动",人才、资金等各种要素的不断抽离,乡村人口"空心化"和精英流失。目前,农民市民化已经成为新型城镇化中热议的问题,但对于乡村空心化却还没有引起社会的广泛关注与重视。这主要是由于我国长期以来农村人口规模巨大,村庄数量众多,乡村社区衰败问题及持续发展问题尚未充分地浮现。

从世界经验看,乡村的衰败是世界各国工业化、城市化进程中的普遍现象。日本等发达国家在城镇化进程中出现了"人口过疏"问题,不得不制定"过疏地区"振兴政策去扶持乡村地区发展。我国台湾地区推动的"社区营造"和"新故乡运动",也有相当多的社会力量如NGO组织、大学、专业人员等致力于乡村的保护与发展问题。近年来,发达国家都日益认识到乡村不仅仅是农业生产基地,而是在健康休闲、生态、环保、科普教育等方面具有综合功能的区域。

从我国国情看,乡村对于我国的社会稳定、国民休闲、养老宜居也具有重要的功能。例如乡村对社会稳定的作用,在经济波动时,如2003年非典、2008年全球金融危机时期,乡村都发挥了"蓄水池"的作用。在文化和景观方面,中国几千年的农业社会历史,许多村落凝聚和积淀了中国的传统文化,全国各地不同的民俗文化和乡村风貌也是我国最大的文化资源和景观特色。如果从整个社会的保障体系和养老模式来考虑,乡村宜居的生态环境和生活环境,也具有自身的独特魅力,城镇居民中也有不少人希望到乡村居住和生活,尤其是退休老人。在日本和我国台湾地区,城镇居民退休后到乡村长期居住，所谓"long stay"群体不在少数。台湾在乡村社区营造中，也有不少城镇居民来到乡村定居，为乡村带来了新的活力。例如著名的台湾南投县桃米社区就有城镇居民退休后受到乡村生态环境的吸引，到乡村居住并从事生态保护和民宿产业。

因此，城镇化的过程也必须考虑乡村的可持续发展问题。据统计，2010年全国有271万个自然村落，近十年的城镇化扩张导致村落数量减少了约90万个。传统村落保护逐渐引起了社会各方面关注。城镇化过程中一方面乡村人口的减少是必然趋势，需要适度的集聚；另一方面又需要保护一批传统特色村落。就我国国情而言，平原地区人口密度太高，人多地少矛盾突出，是农村人口转移的主要地区，这些地区村庄居民点应该适度合并和减少；但对于中西部的山地和丘陵地区，不适宜过度集聚，应该更多依托和尊重传统的聚落体系，通过发展特色农业、有机农业和乡村旅游休闲实现可持续发展。这些问题就需要对农村产业发展、农业土地制度和农村建设用地制度进行研究。

（二）从"城乡单向流动"到"城乡双向流动"

那么，如何实现乡村的可持续发展与城乡的社会融合呢？

从乡村经济发展的角度看，我国长期城乡二元结构下，客观来看，农民在资金、技术和现代经营理念方面是存在不足的。农民在实现农业现代化的过程中面临着很多困境，城市的资金、技术和人才输入是必需的。只有建立"城乡开放互通"机制，即实现城乡居民自由迁徙，生产要素在城乡之间自由流动，才能发挥城市先进生产力和先进文化的扩散和辐射作用，实现"城乡互补互促"和"城乡共同进步"。

正是因为如此，十八届三中全会决定也提出，"鼓励和引导工商资本到农村发展适合企业化经营的现代种养业，向农业输入现代生产要素和经营模式"，同时又强调农民分享农业产业化收益。例如：2013年中央一号文件提出"推动龙头企业与农户建立紧密型利益联结机制，采取保底收购、股份分红、利润返还等方式，让农户更多分享加工销售收益"。虽然如何平衡外部经济主体和农民利益保障仍然是农村产业发展中需要继续探索的一个重要问题，但城乡生产要素的双向流动和开放互通是改革的总体方向。

从社会融合的角度看，发达国家在城市化之后往往都经历了"逆城市化"现象，出现城市人口向乡村的回流，在乡村居住的20%~30%人口中，大部分都不从事农业生产。许多教授、作家、律师、医生、投资银行家等居住于乡村，由此也促进了乡村社会结构的高端化。而我国历史上传统的"士—绅"流动，也是一种城乡之间的双向对流，士绅多卸甲归田、建设乡村，城市和乡村是一个统一的整体。士绅在乡村往往承担起乡村的公共事务、文化教育等职责，促进乡村文明素质的提升。从这个意义上来看，当前农民工年轻时在城镇务工经商，到了一定年龄段返回家乡的流动模式并非没有正面意义。

如果允许农民自由自愿退出农村土地和住宅资产，就应该允许城镇居民进入农村。只有这样，才能真正实现农村土地、住宅等生产要素和财产的市场定价和公平发展，农民的财产权利和自由退出选择才有意义。从另外一个层面看，这也包括农民即使在退出农村资产后，如果不愿意在城镇生活，还可以回到农村，因为既然城镇化是自由的，也应该是"可逆"的，与其他职业的转换和居住地的转移没有本质的区别。

因此，通过破除制度障碍，实现"城乡双向流动"，应该是新型城镇化的根本方向。城乡只有职业分工的差异，而不是一种社会身份的差别。选择城镇还是乡村居住和生活，是基于个体自身条件、意愿和偏好的自由选择，而不是因为出生和制度的某种人为的不可更改的规定。实现人的自由发展，应该是"人的城镇化"的根本宗旨。

第四章　人的城镇化：制度改革与社会融合

要实现人的城镇化，需要国家经济社会发展创造宏观条件。这其中，个体的努力是主观基础，同时需要政府的引导，需要在政府和个人之间需要建立起良性的互动机制。个人技能和素质的提高，是实现人的城镇化的核心，人们一旦具备了一定的技能和素质，就有能力找到更好的工作，进而改善自己的生活。而政府通过公平公正的制度安排，为农民提供公平的发展机会和畅通的上升渠道，就能够激发人的潜能，促进人的全面发展。

具体而言，农民实现全面的"人的城镇化"，从城镇吸纳方面来看，需要满足三个方面的基本条件：（1）物质条件：生存下去的物质基础得到一定保障，即稳定的就业和收入、居住和生活条件，主要表现为就业和住房问题。（2）制度条件：城市接纳制度的形成，获得享有城镇公共服务和社会保障的权利，一方面主要表现为户籍问题及其相关的社会保障、子女受教育权利等；另一方面也涉及农村土地和农民财产问题，农民能否对农村土地、住宅等农村资产自由处置，因为城乡资产置换有利于降低农民城镇化门槛，或者也可以通过允许农民在保留农村资产的情况下获得城镇公共服务权利。（3）心理条件：能够顺利度过城市适应期，形成对城市生活的认同感和归属感。因此，我们将影响人的城镇化的主要因素归纳为六个方面：在城市，涉及就业、住房、户籍、社会保障问题；在农村，涉及农村土地制度与农业产业化、农村建设用地制度和宅基地制度问题。

"人的城镇化"是城镇化的实质，其任务比"物的城镇化"更为艰巨，需要通过一系列制度和政策的调整，最终实现真正意义上的城镇化。本章分析实现"人的城镇化"的三个方面条件，也就是当前城乡二元结构面临的制度改革，并根据人口迁移趋势的变化，提出了以市县域综合改革引导农民就近城镇化的观点，鼓励农民向地级市、县城为主体的城市集聚，构建大中小协调发展的城镇化格局。针对2.6亿进城农民工的现状和未来，以及将进入城镇的新生代农村流动人口，提出了分类引导政策。这一章内容既是基于本书前三章城镇化现状、特征、问题和趋势的分析，也是在本课题报告第二篇专题研究和第三篇调研报告的总结基础上形成的，是本课题组对以人为核心的新型城镇化的总体建议。

一、"人的城镇化"的物质条件：就业与住房

针对农民工在城镇化过程中遇到的就业及住房问题，笔者提出，应加强职业培训与技能认定，采用多元的方式解决农民工的就业问题，同时提供多重的住房选择，进一步保障农民工正常的家庭生活。

（一）加强职业培训与技能认定，多种途径解决农民工就业

目前农民工在就业方面面临的主要问题包括：一是对于非正规教育获得的知识和技能的认定体系不完善；二是政府和企业在知识和技能培训方面投入不足；三是自主创业的空间和机会比较小。因此，农民工即使在城市获得稳定的就业，也很难实现地位的提升，很难改变"农民"、"农民工"、"外地人"的身份。这种状况的形成与农民工自身的教育素质和技能素质有关，也与我国改革开放以来的产业结构有关。但随着产业的升级，其对农民工的素质提出了更高的要求，也同时为农民工职业技术地位的上升提供了更多可能。

人的城镇化应以就业为中心，使农民工实现职业地位上升的同时实现身份的转换，成为城市人。未来应该加大对农民工群体的职业技能的认定和培训，建立技术等级体系，同时要在政策上鼓励农民工的自主创业和发展。

一是建立常规的职业培训体系和技能认定制度。面对产业升级的契机，政府和企业要协同各种社会力量，建立职业培训体系，提高劳动力的知识和技能水平；同时建立相应的技能认定制度，从制度上保证技能水平得到社会的认可，使得职业技术和职业收入相一致。培训体系和技能认定制度的建立，需要考虑地区的因素，如优先培训西部不发达地区的人口，通过培训推动人口迁移，改善当地生活状况。

二是改善农民工的就业环境和劳动条件。依据农民工群体内部差异，鼓励和扶持农民工从事工商个体经营或自主创业。如通过金融政策，为自

主创业的农民工提供资金支持；搭建技术平台，为自主创业提供技术支持等等。城市规划和管理中应该设置和保留更多的非正规就业空间，为进城农民创造更多更丰富的就业机会。

三是促进区域平衡和中小城市发展，促进农村人口就近城镇化。引导劳动密集型产业向中西部梯度转移，从大城市向周边地区疏解，带动农民工回流。协调大中小城市发展，合理调配土地、资金和人才等各种资源，激发中小城市发展活力，配合市县域改革，为农民进入城镇创造更多就业机会。

总之，职业、技能地位的提升是人的城镇化的物质基础，人的城镇化的推进还需要进一步的社会制度上的保障。

（二）提供多元化住房选择，保障农民工正常家庭生活

住房是满足人类生存需求的基本保障之一，无论是购买还是租住，农民工能否得到稳定的居所，关系到其是否能够维持体面生存的尊严。目前低收入农民工多集中居住在"城中村"、城乡结合部，居住面积大多在$7m^2$以下，配套设施不完善，无卫生设施，无独立厨房，生活设施差，居住条件恶劣，过着一种"有工作而无生活"的生活。尤其是近几年城市房价、房租增长过快，"城中村"和城乡结合部等农民工集聚地改造加快，城市边缘不断向远郊区扩展，使得农民工的居住成本、通勤成本快速上升，生活受到较大影响，与城市户籍居民的居住水平差距越来越大。

各级政府要把农民工住房纳入国家住房保障政策中统筹考虑与安排，建立"农民工经济租用房、廉租房、经济适用房、限价商品房"等不同层次、覆盖城镇常住人口的住房保障体系。

首先，要建设能够满足农民工需求、适合农民工特点的经济租用房。政府出资建房可以从两个区域入手，一是在城市新区中规划和投资建设适合农民工短期居住的集体宿舍或单身公寓，在开发商进驻时可根据不同情况直接租给公司或免费提供给农民工个人；二是在旧城区改造过程中按照规划由政府出资建设的廉租房中划分出一部分，租给那些长期在该区域范围内从事服务业等的农民工。同时，对于在城市稳定就业一定年限、有一定经济能力的农民工，在保障性住房上应给予市民待遇，比照城市居民收

入标准，提供廉租房、经济适用房、限价商品房，参加社保的农民工可优先考虑。

其次，应完善住宅和综合服务配套，规范农民工住房租赁市场。农民工主要以散居的形式分布在城市中，对于收入水平较低的农民工，他们的住房主要还是通过低租金租赁市场来解决。因此，应鼓励提供适合农民工租赁的社会化公寓，培育小户型房屋租赁市场。从农民工的特点和居住现状来看，在城乡结合部建设农民工公寓是一个经济可行的方式。此外，还可探索由集体经济组织利用农村建设用地建立农民工公寓，只允许对农民工出租，不得出售。同时，政府加强监管，将流动人口管理和公共服务延伸到农民工公寓。

与此同时，还应逐步完善住宅和综合服务配套，促进农民工的城镇化。城镇规划应统筹考虑农民工住房的基础设施、公共服务设施的服务能力。农民工集体宿舍和专供农民工租用的住房，在充分考虑农民工的居住需要和生活成本的情况下，坚持经济适用、合理布局、科学设计、确保质量的同时，应适当配备必要的文化、体育活动等设施。此外，农民工的住房建设要符合国家的建筑标准，确保质量安全。

此外，还应加快中小城市和小城镇建设，制定各种优惠政策，鼓励返乡农民工进入县城或者小城镇购房居住。在县市域城乡统筹改革中，制定农民有偿退出农村宅基地和住房的办法，建立农民通过城乡资产置换进入城镇定居的机制，降低农民在市县域就近进城购房居住的门槛。

二、"人的城镇化"的制度条件：户籍、社会保障与土地制度

从制度层面来看，人的城镇化主要涉及户籍、社会保障和土地制度，前两者主要是在城镇能否获得相应的公共服务权利，而后者涉及农民在农村的财产权利和处置权利。

（一）逐步剥离户籍中的各种社会利益，促进人口自由迁徙

我国现行的户籍制度是以人口登记与迁移管理为基础的一套基本的人口管理制度，同时也是一项基本的社会管理制度，它不仅包括常规人口登记和上报、人口迁移和管理等人口管理功能，也涉及就业、住房、教育、

卫生、社会保障等社会功能，因而存在着明显的"功能超载"的问题。户籍制度的"功能超载"，也直接导致户口中"嵌入"了过多的社会利益，如就业、住房、教育、卫生、社会保障等无不与户口直接挂钩，可谓"牵一发而动全身"。可以说，户口在社会利益分配中拥有着基础性的地位，这也是为何户籍制度改革总是举步维艰的根本原因所在。

我国现行的户籍制度对人口迁移的管控十分严格。居民必须达到迁入地的一些准入条件后，凭迁出地有关部门核发的准迁证，方能予以迁移；在此之前，居民的各项社会福利和权利难以得到保障。由于户籍制度对于人口迁移的严格管控，使得整个社会不仅在地域空间上，而且在社会空间上被严格地"区隔"开来。城乡之间、城市之间就像有一道道看不见的"隔离墙"，将大量有落户需求的农村人口、外来人口阻挡在城市之外，区隔在城市之间，因而严重地影响了我国城镇化尤其是人的城镇化的进程和路径。然而，发达国家的经验表明，如果说工业化是城镇化的动力，那么人口自由迁移则是城镇化推进的必要手段，也是城镇化发展的必然结果。

户籍制度造成城乡之间、城市之间户口的等级差异。户口的价值化和等级化，可以说是当前我国户籍制度存在的一个最基本的问题。这种价值化和等级化不仅存在于城乡之间，也存在于不同城市之间。就城乡之间而言，城乡二元的户籍制度，使得农村户口和城市户口之间有着明显的价值分化和等级差异，城市户口享受更多的社会福利和公共服务，而农村户口要么则很少享有，要么标准很低。就城市之间而言，由于不同城市的经济社会发展水平，以及财政力量的巨大差异，所以城市之间也出现了严重的户口等级差异，有些城市户口价值更大，能够享受更优质的社会福利和公共服务，而有些城市则户口价值较低，只能享受较一般的社会福利和公共服务。

从本质上看，户籍制度的实质是人口流动与政府提供公共服务产品之间的关系。获得居住地户籍，对于城乡居民而言是获得不同公共服务的权利，对于不同层级地方政府而言则是提供公共服务产品的责任和义务。当前我国区域发展差异巨大、不同阶层收入差距巨大的情况下，不得不通过户籍和其他的身份区隔界定不同群体的权利。例如，大中城市人口集聚的一个因素就是因为公共服务水平更高，因此，放开户籍不可避免地将导致人口的大量增加。

显而易见，户籍制度改革的核心就是要逐步剥离附着在户籍上的各种社会利益，努力促进基本公共服务均等化，形成统一的、覆盖城乡的基本公共服务体系，从而使户口去价值化，去等级化。

作为单一制国家，提供基础性公共服务产品应该是中央政府的责任。户籍制度改革涉及社会保障等一系列配套制度，也涉及中央与地方政府之间的财税分配与制度改革。应该建立中央统筹的全国性公共服务财政支出体制，为全体国民提供基本的公共服务，例如基础教育、基本医疗、基本劳动保障、养老保障和社会保障等。通过建立以常住人口数量为基础的农民市民化财政转移支付机制，以及城镇建设用地增加规模与农业转移人口落户数量相挂钩的政策，改变地方政府缺乏动力和财力承担流动人口公共服务产品供给的局面，促进农民的城镇化。

逐步弱化户籍的人口迁移管控功能，加强人口登记服务功能。目前，户籍制度在人口迁移方面的严格管控，已成为横亘在我国城镇化道路上一道坚硬的"制度壁垒"。因此，为进一步促进城镇化尤其是人的城镇化，户籍制度应当逐步转换户籍功能，把人口登记服务功能放在首位，不断弱化人口迁移管控功能，使户籍制度向更加有利于促进人口自由流动、改善公共服务的方向发展。

加强中央统筹，协调各个部门、各个地方的利益，做好户籍制度改革的顶层设计和总体规划。户籍制度改革除了公安部以外，还需多个部门相互配合、通力合作，制定出户籍制度改革的具体方案和时间表，以使户籍制度改革扎实稳步推进。根据分类指导的原则，分层次、分阶段地推进户籍制度改革。户籍制度改革应当是一个渐进的过程。在现有的条件下，户籍制度改革不可能搞"一刀切"，各个城市可以根据人口规模和发展水平，多阶段、多层次、多元化推进户籍制度改革。

（二）提升社会保障统筹层次，建立跨区域流动转移机制

社会保障是现代工业文明的产物，现代国家一项基本的社会经济制度，也是社会安定的重要保障和社会文明进步的重要标志。社会保障具有积累

储蓄（跨期消费）、国家再分配和社会共济的特点。全球的社会保障模式，大致可分为国家福利、国家保险、社会共济和积累储蓄四种，分别以英国、俄罗斯、德国、新加坡为代表。目前我国在建的社会保障制度，属于社会共济模式，即由国家、单位（企业）、个人三方共同为社会保障计划融资，而且这是未来相当长一段时期的改革趋势。

从现象上看，目前农民工在社会保障方面主要存在三方面问题。一是缴费难，农民工收入较低，难以承受城镇居民的社保费用。二是转移难，很多农民工在农村参加新农合，但由于长期在城市打工，享受不到应有的保障，只能在城市自费看病。三是接续难，农民工由于工作变动，跨省市流动频繁，社会保障难以接续，一旦换个城市就需要重新退保、参保，还会面临保险账户的利益损失等问题。

农民工社会保障出现的问题，从积累储蓄的角度来看，是农民工收入水平低下的问题，使得农民工以即期消费为主要需求，缺乏跨期储蓄的动力和意愿。从社会共济层面看，则是由于现行的经济水平和社会保障水平不高，难以覆盖农民工群体。事实上，我国城镇居民社会保障体系内部还存在公务员、事业单位、城镇企业职工和城镇居民等不同层次，收入保障水平差异很大。至于接续和转移的问题则是一个行政层面的技术性问题，由于地区差异巨大，社会保障统筹层次又局限在地方层面，因而不能适应人口流动的需求。

因此，在流动人口社会保障问题方面，既要以建立国民统一的社会保障体系为长远目标，又要考虑到现在各地区、各群体差异巨大的现实，统筹兼顾、循序渐进进行改革。

1. 建立适应不同支付能力的多层次社保体系

农民工群体内部对社保的需求和支付能力差异很大，考虑到现在农民工的低收入水平和社会保障体系的承受能力，社保制度需满足不同层次的需要，而且各个险种应按照紧迫程度逐步推进，为日后的全国社保统一铺平道路。

2. 建立合理的流动人口保险基金转移办法，逐步提升社保统筹层次

理想的情况是，社保体系实现全国联网。当然，这对横向统筹提出了

非常高的要求，需要各省，尤其是以东部发达省份为主、财政能力相对较强的农民工流入大省，建立流动人口社保转移支付专项基金。如此我国的流动人口社保就有望实现欧盟的分段计算。比如一个人在北京工作5年，上海工作3年，成都工作7年，累计达到15年，各地就可以根据他工作的年数算出其养老金数额，再通过横向转移支付，该人就可在最后工作地享受养老保险，而不会出现像现在《暂行办法》规定的要在最后参保10年的地方领养老保险，而不满10年无法领取的情况①。该情况往往造成流动性高的农民工只能回农村养老，而他们的家乡往往为落后地区，这将进一步加剧贫困落后地区的财政负担。

在具体推进上应先鼓励各地进行省内统筹，可将其纳入政绩指标体系，进而为区域统筹和全国统筹打下基础。我国目前社保制度最大的问题就是碎，国家、各层级地方都有自己的社保文件，给全国统筹带来极大困难。调研中我们发现，发达地区是有能力进行省内统筹的。如广东省的养老保险已经实现省内统筹，各地上交9%的省级养老保险统筹金，作为省内统筹的资金保障。国家应将社会保障的省内统筹纳入政绩指标体系，鼓励财政统筹能力较强的发达地区先实现省内统筹。而对于有困难的地区，建议国家予以补贴。

3. 流动人口"个人账户"应该具有便携性，可以跟随个人流动

在具体的操作层次，目前流动人口社保问题的症结在于"流动"。由于我国目前社保统筹层次较低，流动人口即使参保，流动时也面临社保基金的损失。而提升社保统筹层次，甚至实现全国统筹，虽然是美好的发展方向，但操作上难度很大，不是短时间可以实现的。在这样的情况下，通过过渡性的政策手段解决流动人口社保流动难的问题，就成为比较理想的权宜之计。

从公平性的角度来讲，养老保险、医疗保险是"统账结合"的管理体制，即社会统筹和个人账户相结合。其中社会统筹的部分各地有差异，转移有困难，可能需要前述办法逐步统筹。但个人账户部分是流动人口自己

---

① 黄匡时. 流动人口的社会保障陷阱和社会保障的流动陷阱[J]. 社会保障研究. 2012, 1。

交纳的，当个人发生流动时不予退还，显然是不合理的。因此，流动人口"个人账户"跟随个人流动，是目前亟待推行的社保改革政策。

（三）赋予农村资产流通和退出权利，建立开放流通机制

实现人的城镇化，并不意味着只关注城镇发展，而是要通过城镇发展带动乡村，城镇服务向乡村延伸，实现城乡的共同发展和共同繁荣。这就意味着城镇化不仅仅是乡村人口向城镇的"单向流动"，而是要破除制度障碍，赋予城乡居民和发展主体平等权利，建立开放互通机制，通过"双向对流"实现城乡一体发展。

赋予农民平等的权利，主要体现在农村土地和农民住宅的财产权利和市场价值，这主要体现在农村农用地承包经营权的流转和农村住宅和建设用地的市场化利用。《物权法》第3条规定，"国家实行社会主义市场经济，保障一切市场主体的平等法律地位和发展权利"。

在农用地承包经营权流转方面，从严格限制流转到鼓励流转，已经赋予了承包经营权的物权属性。2013年中央一号文件《关于加快发展现代农业进一步增强农村发展活力的若干意见》进一步提出：坚持依法自愿有偿原则，引导农村土地承包经营权有序流转，鼓励和支持承包土地向专业大户、家庭农场、农民合作社流转。

在集体建设用地流通方面，在2009年中共十七届三中全会《关于推进农村改革若干重大问题的决定》明确提出"要严格界定公益性和经营性建设用地。逐步缩小征地范围，完善征地补偿机制。逐步建立城乡统一的建设用地市场"的改革方向。2013年中央一号文件提出，加快包括农村宅基地在内的农村集体土地所有权和建设用地使用权地籍调查，尽快完成确权登记颁证工作。2013年2月5日国务院《关于深化收入分配制度改革的若干意见》也提出，完善农村宅基地制度，保障农户宅基地用益物权。2013年中共十八届三中全会进一步提出，"赋予农民更多财产权利，保障农户宅基地用益物权，改革完善农村宅基地制度，探索农民增加财产性收入渠道"等改革方针。

目前国土资源部制定的"城乡建设用地增减挂钩"政策，以及成都、重庆的"地票"试验，部分地赋予了农村集体建设用地、农村宅基地

和住宅的退出机制,即通过整理农村集体建设用地置换城镇国有建设用地,在保持城乡建设用地总量不增加的情况下,一方面城镇获得建设用地指标;另一方面通过土地收益来反哺农村的土地整治和各项建设。但目前的"增减挂钩"仍然以政府行政主导为主,缺乏农民自愿选择和主动性,并且出现了为了节约用地指标而强行农民集中建新型农村社区和"上楼"的极端现象。

但这一过程,必须通过赋予农村和农民财产权利,建立农村宅基地和住房的有偿转让机制来实现。因此,赋予农村和农民的土地权益,通过流通机制实现农民自主自愿选择,有利于农民"带资进城"和引导农民集聚,是实现"主动城镇化"的关键支撑。政府可设立农村土地权益退出的保底补偿机制,在城乡规划和土地规划的统一管理和引导下建立建设用地的异地置换途径。但是需要注意的是,退出农村资产应该以农民个体自愿为基础,通过政策引导和市场化手段,而不能强制推行。应该允许进城农民保留农村资产,如农地承包经营权,作为收入的来源之一。城镇化并不完全等于"农转非"。

三、"人的城镇化"的心理条件:社区建设与社会融合

农民工在城市融入中的心理融入十分重要,社区将在解决城市融入问题的过程中发挥重要作用,所以我们认为,应加强社区建设,积极鼓励农民工的社区参与。

(一)促进农民工在城市中的生活转变与心理融入

要想解决融入的问题,除了物质条件的建设以外,也不能忽视主观心理融入的建设。主观心理、心态、感觉、意识、观念的变化,其实比物质条件的建设还要复杂,因为它们更多的是人际关系,是通过与城市居民的接触、互动而形成的结果。已有研究表明,农民工的社会融入不是单维度的,而是多维度地融入城市的过程,其中包括经济、社会、文化和心理多个层次,而心理融入属于社会融入的最高境界,并且只有在心理方面融入了城市生活,才真正地达到了融入的目的。那么心理融入的含义实际是指农民工在情感上对城市社会成员身份的认同,并建立起对城市社会的归属感。

由于中国的农村和城市之间的经济发展水平和生活水平存在很大的差距，目前广泛存在的现象是，虽然许多农民工在城市生活、工作了很长时间，其活动已成为城市经济发展不可或缺的一部分，但是事实上他们依然处于一种"半融入"状态，心理上依旧具有较强的"打工心态"，将城市看成别人的，而不是"我的"，这样的一种心态使大多数农民工没有形成对城市生活的归属感和主人翁意识，这是缺乏身份认同的表现。当农民工在城市找到相对稳定的职业之后，由职业带来的经济收入及社会地位使其能够形成一种与当地人接近的生活方式，从而使其具备与城市居民发生社会交往，并参与社会生活的条件，由于这种生活方式的影响，使他们更有可能接受并形成新的价值观。这样才能很好地促进农民工在心理层面开始真正适应城市生活，这种适应代表着农民工开始完全地融入了城市社会。对于心理融入而言，制度的作用空间非常有限，仅仅通过制度建设恐怕难以有效地提高农民工的心理融入水平[1]。因此，鼓励农民工和城市居民之间进行互动可能是提升农民工心理融入水平的有效途径。政府可以引导城市居民正确认识农民工对城市社会经济发展的作用，加强对农民工的正面宣传，通过社区、企业和学校等层面建立旨在促进农民工、城市居民、农民工子女和城市居民子女的社会参与，改善农民工及其后代在城市的社会融入水平。

（二）加强社区建设与社区参与，促进农民工社会融入

社区是社会的基本组成部分，因此，社区参与也自然成为社区建设的有机组成部分。充分发挥社区的社会组织功能，对于构建和谐社会、促进社会融入、维护社会稳定都起着重要的作用。融洽的社区关系和较高的社区融入水平不仅增强了社区居民之间的情感交流，更加有助于加强居住在该社区的外来人口的社区归属感，从而提高其对本地身份的认同。换言之，社区融入是心理层面社会融入的重要环节，它使得外来人口对所居住的城市的认同不仅仅停留在该地区可能带来个人的经济利益，更能使农民工进一步参与当地的社会建设，实现农民工本地化这一情感认知过程，是城镇化过程中城市融合作用的意义所在。所以，应该鼓励农民工群体积极地参

---

[1] 悦中山等. 从先赋到后致：农民工的社会网络与社会融合[J]. 社会. 2011, 6: 130-152.

与社区活动，提高社区认同感，进而更好地融入城市生活。

首先，社区居委会应主动组织活动，增加农民工与城市居民的交往，在交往中建立相互信任的关系。其次，由于农民工的贡献，才使得城市更加繁荣，所以城市居民应该给予农民工更多的尊重，给予农民工力所能及的帮助和支持。最后，公共福利、公共物质待遇的一致化同样重要，街道、居委会有责任，实现所有外来人口与本地居民同等待遇，凡本地居民享有的待遇，外来居民也应当享有。心理感受与社会物质生活是密不可分的，如果真正让农民工体会到城市公共服务明显高于原来的生活，他们就会逐渐认同城市的生活。

四、以市县域统筹改革促进人口近距城镇化

关于中国城镇化该走怎样的发展路线的问题，已经有很多不同的提法，我们认为，应提出城镇化发展的多元模式，并根据不同层次的城市采取多元引导的政策。

（一）城镇化模式的不同观点与国家政策变化

对于中国这样一个幅员辽阔、人口众多的国家，城镇化应该采取什么样的模式，学术界一直存在着不同的观点。主张大城市发展论的观点认为大城市资源集中，效率高，发展小城镇过于分散，基础设施和公共服务效率低。主张小城镇发展论的观点则认为小城镇连接城乡，具有"离土不离乡，进厂不进城"的优点，例如1980年代的江苏、浙江的发展模式。而中等城市发展论则认为强调大城市和小城镇的观点各有偏颇，主张采取中庸道路，以50万左右的城市规模较为适宜，兼顾大城市和小城镇的优点。

在国家层面，城镇化模式的政策表述也在进行不断变化，大体上可以看到三个阶段：

第一个阶段是改革开放初期的控制大城市鼓励小城市的导向，1980年召开的全国城市规划工作会议，提出"严格控制大城市"的方针，一直延续到1990年代的"八五"规划和"九五"规划。这一段时期内，伴随着乡镇企业的快速增长，小城镇发展迅速，在空间上也具有广泛布点和分散布局的特征。

第二个阶段是2000年以后政策表述有所变化,提出"多样性城镇化道路"的方针,更加强调大中小城市协调发展,同时不再提出"控制大城市规模",而是改为"完善区域性中心城市功能,发挥大城市的辐射带动作用,防止盲目扩大城市规模",实质上对大城市的辐射带动区域发展的中心地位有了更深的认识。这一段时期,城市化进入中期加速发展阶段,大中城市集聚和扩散效应不断增强,区域城市数量和规模扩张都很快。

第三个阶段是2006年以来,在大城市发展的基础上,突出城镇群的地位和作用,例如2006年"十一五"规划明确提出,"城镇群作为推进城镇化的主体形态"(表6-4-1),而2012年十八大则提出"大中小城市和城市群良性互动的格局"。这一段时期内,伴随着城市化进程的加快,在以直辖市和省会城市为核心的优势地区,大中小城市和小城镇普遍发展,形成以大城市为核心、紧密联系中小城市和小城镇的城市群开始加速发展,成为这一个阶段城市化推进的主要特征。

我国不同阶段城镇化模式的政策表述　　　　表6-4-1

阶段	主要政策表述
1980年全国城市规划工作会议	控制大城市规模,合理发展中等城市,积极发展小城市
"八五"规划(1991)	控制大城市,适度发展中等城市,鼓励小城市发展
"九五"规划(1996)	严格控制大城市增长,合理发展中小城市
"十五"规划(2001)	大中小城市和小城镇协调发展的多样化城镇化道路。有重点地发展小城镇,积极发展中小城市,完善区域性中心城市功能,发挥大城市的辐射带动作用,防止盲目扩大城市规模
党的十六大(2002)	大中小城市与小城镇协调发展
"十一五"规划(2006)	城市群作为推进城镇化的主体形态
党的十八大(2012)	科学规划城市群规模和布局,增强中小城市和小城镇发展,形成大中小城市和城市群良性互动的格局

可以看出,国家层面城镇化的政策,与当时经济社会发展阶段和城镇发展特点是紧密联系的。但总体上,从早期的单纯注重从城市规模角度讨论,到后来开始重视城市体系内部之间的空间关系和职能分工,对城镇化中不同

层次城市的职能和发展规律有了更加深刻的认识。从区域空间结构演变的理论来看,在城市化初期,城市处于孤立发展阶段,城市数量少而分散,相互之间联系较弱,城镇数量增长是城市化的主要特点;在城市化中前期,城市处于加速集聚阶段,城市规模迅速扩大,大城市利用其较强的集聚效应优先增长;在城市化中后期,大城市辐射扩散效应和大小城市集聚效应增强,形成大城市为核心的城市群发展模式。我国城镇化发展现实和国家政策总体上是符合这一规律的,未来城市群的发展将是一个客观的趋势。

(二)就近就地城镇化与城镇化的多元模式

尽管学术界和国家政策对城镇化模式都有不同的观点,但现实情况与国家政策却并非完全一致。正如对农民工流动的分析可以看到,由于改革开放以来的区域经济发展不平衡的特点,实际上出现了大量的跨省域流动现象,这种大范围的人口流动导致了国土开放不均衡和各种社会问题。而地理特征、产业结构、土地制度等因素都深刻影响到城镇化的实际进展,例如1980年代乡镇企业的繁荣大大促进了中小城镇的发展,而1990年代以后新版土地管理法背景下对建设用地指标的高度集中、乡镇企业的分化等因素却使得中小城镇发展陷入了停滞,在资源向高等级城市倾斜的情况下出现了人口向大中城市不断集聚的现象。从全国范围来看,广东、浙江、江苏等地区出现了一批专业镇,中小城镇发展良好,而中西部地区许多省份中小城镇发展相对较差。

城镇化需要解决土地、户籍、社保、公共服务等各种问题,而近距离流动有利于制度的衔接,可以降低城镇化的门槛和成本。例如城乡资产置换,农民"带资进城",城乡间的自由流动以促进社会融合,农民保留土地权利就近进入城镇也能实现兼业发展等。以地级市、县级城市为核心的市县域行政范围内比较容易实现这些综合制度改革,而跨省域长距离的区域流动现在从制度上解决这些问题具有很大难度。当前,随着区域发展更加均衡,农民工出现"回流"现象,客观上也为推进市县域改革和城镇化进程提供了良好的基础。在未来的城镇化进程中,应该积极推动农村人口向县城和地级市迁移的"就近城镇化"。

与此同时,尽管很多农村地区出现了空心化的趋势,农村本身的发展也是城镇化的重要内容。近年来,江苏、北京等地也有不少农村探索了就地城镇化的方式。农民就地城镇化是指一些农村地区虽然不一定具备空间上的城镇化特征,但却体现了城镇化的内涵,实现了农村生活向现代生活的转变。

因此,人的城镇化是城镇化发展的实质,应当从更广阔的视野理解人的城镇化的途径。人的城镇化可以在广阔的城乡连续体的各个层次实现,并且有十分多元的路径和模式。与我国大中小城市和农村协调发展的思路相一致,人的城镇化的路径不仅包括进城农民工的城镇化,也包括小城镇的就近城镇化,以及当地农民的就地城镇化等。我国应当因地制宜,探索多层次、多类型的城镇化路径和模式。

(三)不同层次城市的城镇化引导政策

对于不同层次的城市,应该采取不同的引导政策。但城乡体系层次的划分比较复杂,既有人口规模的向度,又有行政体系的向度。人口规模反映了一个城市的规模等级和规模效应,但在中国国情下不同行政层次城市在获得各种资源方面也具有巨大差异,因此应该综合人口规模和行政体系进行考虑。

从人口规模看,世界各国对城市规模大小划分的具体分级标准不尽一致。联合国将2万人作为定义城市的人口下限,10万人作为划定大城市的下限,100万人作为划定特大城市的下限。这种分类反映了部分国家的惯例。目前,按照城市规划编制划分的标准是20万人以下是小城市,20万~50万人算中等城市,50万~100万人算大城市,100万人以上算特大城市。中国在城市统计中对城市规模的分类标准如下:市区常住人口50万以下的为小城市,50万~100万的为中等城市,100万~300万的为大城市,300万~1000万的为特大城市,1000万以上的为巨大型城市。

根据城市人口规模和行政层次这两个维度以及中国城市现状特征,也考虑到人的城镇化过程中所面临的问题,不同层次城市应该采取的城镇化政策应该具有一定的差异性,本课题采用后一种划分标准。

1. 以直辖市和省会为主的巨大型城市和特大城市

人口规模在300万人以上,主要包括北京、上海、广州、天津、重庆等和一部分省会城市和副省级城市，如武汉、西安、南京、成都、大连、青岛等，这一类城市中很多人口正在迅速超越500万人，向千万人口规模的特大型城市迈进。

由于中国行政资源的层级特点，高层级城市拥有集聚先进生产要素的各种资源，导致产业和各种职能的不断集中。而且这些城市拥有较好的基础设施和教育、医疗等公共服务设施。由此导致大量流动人口的涌入，包括大量跨省域和省域内的农民工。目前这些城市已经出现了交通拥堵、环境品质下降等"大城市病"。从亚洲国家经验来看，由于人口密度高、资源有限，日本、韩国、泰国等国家超大城市都集聚了全国的大部分人口。这些巨大型城市和特大城市在国家发展中也承担了重要的职责和地位。可以预见到，东亚的政治、经济、文化传统和中国人口规模巨大和高密度的特征，我国巨大型和特大型城市的产业集聚与人口增长难以避免，但为了避免"大城市病"的进一步恶化，必须疏解产业和职能、适度控制人口规模。十八届三中全会的决定也提出，严格控制特大城市人口规模。因此，这些城市在现有的条件下，为了避免人口爆炸式的增长，很难对跨省域流动的流动人口全面放开户籍政策。

对于这些城市而言，除了承担高等级的行政和政治职能，在国家经济社会发展更多应面向科技教育、创新研发、金融服务、文化交流等高端职能。因此，应该主动转移传统的制造业和商贸服务业，以带动人口疏解。与这种职能调整和产业升级相适应，人口战略是促进社会结构的高级化，可以适度降低户籍门槛和准入条件，让一部分高学历、高技术人才有机会落户，特别是给青年大学生更多准入机会，以优化人口结构。但是对于长期在这些城市务工和经商的农村流动人口，也应提供一定的入户机制，并对不能获得户籍的农村流动人口提供必要的公共服务和社会保障。如广州的"积分入户"和北京对流动人口的服务。

对于这些巨大型城市和特大型城市而言，在空间布局方面，随着城市化的快速推进，人口和产业的高度聚集，城市功能的外溢趋势不可避免。从国际经验看，伦敦、纽约和东京为了缓解中心城区压力都先后制定了多次都市区域规划，引导外围地区新城和小城镇建设，最终形成了中心城区和郊区新城、小城镇协同发展的区域空间结构。外围郊区地带成为分担中心城区人口和产业职能的重要区域。

2. 以地级市为主的大城市和中等城市

大城市人口规模在100万~300万人，这类城市数量众多，现状主要包括中西部地区的省会城市如西宁、银川和瑷珲—腾冲线以东人口密集地区的部分地级市。中等城市规模在50万~100万人，现状主要是大多数的地级市和少部分经济较好的县级市，这其中相当部分地级城市未来将迈入100万以上规模的大城市。

这些城市，大城市基础设施条件好，大城市就业机会多，具有一定吸引力。从宜居性和城市规模的效率看，也是比较适宜的。城市化经济理论认为，330万人城市规模城市化经济最显著[1]。王小鲁研究认为，中国城市50万~400万人城市规模的全要素生产效率最高[2]。因此，中国未来城镇化应该将地级市作为重要的集聚核心。

从这一层级城市在国家城镇体系中的地位来看，地级市一般是我国重要的工业基地、商贸中心、交通枢纽和地区政治经济文化中心，在我国工业和服务业发展中具有重要战略地位。在人的城镇化方面既具有很强的动力，又有制度上的便捷。在人口结构上，应该与制造业的升级相适应，提升农民工素质和职业技术，促进我国经济竞争力的持续提升。

为此，应当拓宽农民实现人的城镇化的途径：第一，逐步完善职业培训体系，提高农民工的职业技能和就业能力，为农民主动城镇化提供途径和平台；第二，建立技术资格准入制度，通过成立专业技术协会、加强技术考评、颁发资格证书，维护技术工人的技术地位，从而维护相应的社会地位；第三，逐步放开户籍，实现"同城同权"，实现"五险一金"和基本公共服务的均等化。此外，大城市还存在城中村和城郊农民的城镇化问题。由于城市土地价格较高，在城中村改造和城郊征地拆迁过程中，当地农民往往能够通过巨大的级差地租获得比较丰厚的拆迁补偿，因而城镇化面临的核心问题并不是物质层面上的，生活观念、就业能力和个人素质等方面

---

[1] 孙施文. 现代城市规划理论[M]. 北京：中国建筑工业出版社，2007：371。
[2] 王小鲁，夏小林. 优化城市规模、推动经济增长[J]. 经济研究. 1999，9。

的问题更为突出。

3. 以县城为主体的中、小城市

这一层次包括大部分县级城市和西部少部分地级城市，人口规模在50万人以下。目前全国2800多个县级行政区划中，县城（除市辖区和县级市以外的县）大约1635个。

县域是我国最基本的行政治理单元，县域经济有利于构建现代就业体系，有利于规模化、集约化发展，有利于乡土认同、文化认同，就近城镇化应优先县域范围的人口吸纳转移。县城在我国城镇体系中一般承担着特色化的制造业基地、农产品加工基地和县域政治经济文化中心等职能。随着交通条件的改善，城市体系的扁平化趋势，中小城市与核心城市的联系进一步加强，县城的发展也具有好的基础和条件。大城市的产业结构的调整和重新布局也为县城发展创造了新的机遇。

课题组调研发现，环境较好、房价较合理的县城成为中年以上农民工购房的首选。因此，以县城为基础建设中等城市，便于当地农村人口的转移。对于我国平原地区，人口密度大、交通条件好，应该充分发挥县城的人口集聚作用。

这些地区城镇化的核心问题是城乡一体化，应全面放开小城镇的户籍限制，进一步降低和消除户籍准入门槛和条件，加快推进县域城乡统筹改革，通过户籍、教育、社会保障、住房等制度的改革，为吸纳劳动力回流、吸纳资金进入并最终促进地方发展创造了机会，让更多的农民工有机会就地或就近实现城镇化。

4. 县域内的小城镇

我国狭义上的小城镇是指除设市以外的建制镇，包括县城。但本课题组认为，即使部分县城和小城镇规模比较接近，其实质、动力和职能都具有很大差异。在中国的行政层次下，县级是一级职能完整的政府，具有相对独立的财政税收权利，而乡镇作为最基层的政府，职能、事权和财权都不完整，应该区别对待。除了县城，小城镇通常包括建制镇和乡集镇两种类型。

以乡镇为主的小城镇概念最早是由费孝通先生在1980年代初提出的，

费先生认为小城镇具有拦阻和蓄积人口流动的作用，是防止人口向大城市过度集中的"蓄水池"。当时中国还没有进入城市高速发展阶段，还是以农业为主的国家，生产力水平还不高，小城镇介于城乡之间，从避免人口大量向城市聚集的角度而言，具有一定优势。时至今日，随着乡镇企业、土地制度和财税制度的改革，乡镇分化日趋严重，企业总体呈现衰落趋势，小城镇面临人口减少、智力流失严重、产业发展动力不足、农民收入增长缓慢、生活条件差、公共服务落后等问题。与国外对比，我国的小城镇不仅数量明显偏少，而且职能单一低端、生活居住品质严重低下。

小城镇是农村中工农结合、城乡结合，有利生产、方便生活的社会和生产活动中心，在联系城乡方面具有重要的枢纽作用，是今后我国农村城市化的重点。但是小城镇本身也具有一定的局限性，如果遍地开花，很容易造成资源浪费和环境污染，人口集聚效应也有限。对于人口密度较低的北部和中西部地区，小城镇发展模式不太适宜。东部地区小城镇的发展，应该有选择有重点，部分位于交通轴线上，产业基础良好的小城镇可进一步扶持，培育成为2万~10万人的特色小城市；而一般的镇则按照片区和可达性，兼顾对农业地区的服务，不一定过于追求做大规模，但应统筹兼顾，考虑对农业片区的公共服务职能，适当提高教育、医疗等公共服务设施配置。

小城镇的产业发展应该坚持特色化发展。小城镇的工业发展不应该盲目追求现代工业化的发展方式。实际上，适应大量农业人口的现实的经济形态，应该是大规模现代工业生产与大量传统手工生产共存的发展方式。以日本为例，在现代化工业发展的同时，传统的手工业也得到了很好的保护和传承。实际上，与大规模工业相对的，多样化、个性化、具有文化特征的产品在当今时代受到广泛的欢迎。我国台湾地区的社区营造就积极推动文化创意产业和手工业、农业的结合。因此，小城镇的发展应该探索与大中城市不同的特色化的发展路径。

同时，在小城镇空间规划方面，应该重视营造富有地域特色和传统文化内涵的乡镇生活，使得小城镇兼具城市的公共服务和乡村田园风光和生态环境，鼓励农业劳动者就近集聚和乡村休闲、养老群体居住。

5. 农村地区的就地城镇化

近年来，四川、河南等省都在积极探索乡村地区的发展和就地城镇化模式，例如四川省提出"农村综合体"的模式，河南省将新型农村社区作为推进城镇化的重要支点。客观来看，城镇化过程中随着农村人口的减少，引导人口的适度集聚是必要的，对于基础设施和公共服务的效率，促进建设用地集约和生态环境保护都有正面的意义。新型农村设施社区实现了基础设施一体化、公共服务设施均等化，农民不用进城就变成了市民，享有和市民同等的待遇，实现了农民"就地城镇化"。但是在这一模式中，需要兼顾农村近期人口规模、居住需求与长期城镇化趋势的平衡。短时间内运动式的"拆村并点"集中居住并不可取，也不具有现实操作性。

农村地区就地城镇化必须坚持循序渐进、因地制宜和分类引导等原则，逐步引导乡村居民点的减少，农村生活方式转变与生产方式转变相适应，促进农村经济形态、社会形态、组织形态与空间形态的整体转变。

推进农民就地城镇化，需要具备资本、土地、地方精英等多种生产力和生产关系要素，要充分发挥自下而上的力量，尤其是地方精英的带动作用，通过发展农村合作社，激发村民的生产积极性，通过加快耕地流转、适度规模经营，提高农业生产效率，为农民增加就业机会、提高就业收入，进而全面提高农民的生活水平。

新型农村社区建设应尽可能与小城镇建设统一起来，促进小城镇发展，避免在农村大拆大建，大规模的"造镇"。乡村建设要考虑乡村特色，保持乡村风貌，避免照搬城市居住区、多层楼房等，要保留和保护一批特色的传统村落。

五、存量与增量农村人口城镇化的分类引导

如前所述，农村人口城镇化的问题，如果以时间划分，实际上涉及两个大的群体，一是目前已经进入城镇就业居住的农民工约2.6亿人《2012年农民工监测报告》，可以称之为"存量"问题，如何让这一群体获得城镇户

籍或者公共服务，解决"半城镇化"问题；二是未来20年中新进入劳动力年龄和劳动力市场的农村人口，这些人口中的大部分也将进入城镇从事二、三产业，根据第二章的分析这部分人口规模可能达到每年1200万人，到2030年超过2亿人规模，可以称之为"增量"问题。这两个群体的差异在于，未来的"增量"这一部分现在尚处于青少年时期，未来逐步进入就业阶段，因而可以更多从教育途径方面进行引导。

（一）对农民工的分类引导政策

对目前已经进入城镇就业居住的农民工，按照前述分层次多模式城镇化的总体思路，可将这一群体分为县域内流动、县外省域内流动和跨省流动三个群体制定不同的政策，通过城乡资产置换，职业培训和返乡置业等多种途径，分类引导现状2.6亿农民工实现市民化。

1. 鼓励县域内流动农民工的就地城镇化

目前，全国在县域内流动的农民工有1.3亿，包括本乡镇流动的37.8%，乡外县内流动的约12.4%，合计约50.2%，1.3亿人，这部分可以通过县域内就近城镇化来解决市民化问题。在制度创新方面，可以通过"城乡建设用地增减挂钩"、"宅基地换住房"等各种城乡资产置换的机制，在农民自主自愿的基础上引导人口向县城和小城镇集聚。可以放宽城镇化门槛，并允许农民保留农村承包地。

2. 促进市域、省域内的流动农民工就近城镇化

县外省内流动的农民工约20.7%，5400万人，这部分应由各省根据情况，创新推进省域城镇化，可以先在地级市范围内推行城乡资产置换等政策机制，允许在城镇内长期就业和具有稳定收入的农民获得城镇户籍。

3. 逐步有序解决跨省域流动农民工的城镇化

跨省域流动的农民工约7600万，占29.1%，其中约一半集中在10个特大城市，这部分的市民化具有一定难度，应通过制度创新解决他们的社会保障、居住和教育问题。对制造业中达到一定技术职称的技术工人，以及自主经营达到一定年限和一定纳税额度的服务业人员获得本地城镇居民同等待遇。

通过加快东部中低端制造业向中西部的转移，引导在东部地区制造业

就业的农民工返回中西部地区就业。对部分中老年农民工返乡居住,应鼓励在县城或中小城镇置业定居,实现就近城镇化。

(二)不同农民工职业群体的地位提升和城镇化

加强农民工的职业培训,实现农民工的技能提升、收入提升和职业地位提升,是促使现状已进城农民工与经济产业发展相适应和实现城镇化的重要途径。

国家应制定政策,建立与产业升级相适应的职业技术等级体系,加大对已进城农民工的教育培训,职业培训应与职业等级体系相衔接,建立农民工职业地位上升渠道和有序城镇化的机制。目前,我国中等职业教育规模已经超过800万人,除了满足初高中生源以外,应积极扩大服务面,加大对回乡农村青年、返乡农民工、退役士兵等的职业教育培训。

(1)现状在制造业就业的农民工约9000万人。应通过职业培训进一步提升劳动力素质,建立技术资格准入制度,对已经就业的农民工提供技术地位晋升渠道,完善技术资格认证。

(2)由政府的劳动部门组织和推广,在全社会开展技术等级竞赛,对那些在竞赛中表现出高水平职业技术、技能的人给予奖励,也给予国家认可的技术证书。甚至可以通过电视等媒体宣传这样的竞赛,在全社会塑造具有高水平技术技能者的社会地位。

(3)现状在居民服务业就业的农民工约3100万人。随着我国老龄化趋势的加速,家庭服务业、养老服务业需求巨大,应加大这方面的职业培训力度,提高城镇化就业吸纳能力。

(4)随着产业结构调整,服务业将是未来城镇化吸纳就业的主要领域,应加快各类服务业发展,给予中小经营者政策扶持,在城市规划中创造多样化的服务业发展空间。同时,加大对农民工服务业技能的培训,促进农民进入城镇服务业就业。

(三)以教育途径实现未来新增农村人口的城镇化

从未来新增人口看,如前述分析,2000年以来出生人口基本保持在1600万人左右,这些人口将在未来20年逐步进入劳动力市场。其中按照现状户籍状况推算,农村籍出生人口约占70%左右,大约1100万人左右。随着近年来教育扩招,农村籍新增人口绝大部分都将进入高等教育和中等职业教育,因此如何解决好他们的就业和居住,是未来新增人口顺利城镇化的关键。

1. 每年新增的350万~400万农村籍大学毕业生

目前我国每年毕业大学生600万中,农村籍大学生超过一半,能达到350万~400万人规模。但农村籍大学生整体上呈现出就读学校、专业相对较差,就业困难的现象。从调查看,农村学生平均月薪2309.63元,城镇学生平均月薪3126.44元。农村学生较大比例的毕业后月工资为1001~2000元,占50.7%。而城镇学生在月收入分布明显优于农村学生(表6-4-2)。

农村与城镇大学毕业生月收入情况　　　　表6-4-2

户籍类型	1000元及以下	1001~2000元	2001~3000元	3001~4000元	4001~5000元	5000元以上	合计
农业户口	8.0%	50.7%	31.6%	6.5%	2.2%	1.1%	100%
非农业户口	7.2%	42.6%	32.9%	9.2%	5.0%	3.0%	100%
合计	7.6%	47.3%	32.1%	7.6%	3.4%	1.9%	100%

资料来源:清华大学2010~2013年中国城镇化调查。

农村学生毕业后就业单位中有32.9%的单位不解决户口,明显高于城镇学生的就业单位比例(27.2%),而事实上城镇学生中还有39.3%的人在工作时没有户口方面的问题,进一步凸显了农村学生在这方面的劣势(表6-4-3)。

大学毕业生就业单位是否解决户口　　　　表6-4-3

户籍类型	解决	不解决	不需要,我找工作没有户口方面的问题	合计
农业户口	46.9%	32.9%	20.2%	100%
非农业户口	33.5%	27.2%	39.3%	100%
合计	41.2%	30.5%	28.3%	100%

资料来源:清华大学2010~2013年中国城镇化调查。

应加强基础教育中的职业规划和职业引导,引导农村籍大学生根据就业需求和自身情况有针对性地选择就读专业。教育部门和高等院校应加快高等教育教育改革和专业设置,更多设置适应经济转型升级的专业,促进人力资源与就业需求相适应。从近年就业情况看，高等职业教育就业情况明显好于一般本科院校，说明在促进高等教育毕业生就业方面仍然有很大潜力。

给予农村籍大学生毕业后自主创业的资金扶持、补贴、税收优惠等各种政策支持。在制度保障上放宽农村籍大学生毕业后的城市户籍入户条件。从就业和相关制度方面让大学生在城市定居。

2. 每年新增的500万~600万农村籍中等职业学校毕业生

目前每年800万职业教育学生中，估计农村籍学生能达到500万~600万人规模。解决好这一群体的就业和城镇化定居，对促进人的城镇化至关重要。

应加大公共财政对职业教育的支持力度，提升中等职业学校的软硬件水平。通过学费免费、补贴和宣传等，增强对农村学生的吸引力度。拓宽中等职业教育与高等职业教育的机制，建立稳定的上升流动机制。

加强中等职业学校与行业企业的联系和交流，使得专业招生数量与企业用工需求相对接，提高中等职业教育就业率。鼓励企业与职业教育培训机构联合进行职业培训。

按照不同城市情况，制定中等职业教育毕业生通过职业技术地位提升获得城镇户籍的政策，特别是放开中等职业教育毕业生在地级市和县城一级城市落户政策。

第五章　就业与人的城镇化

就业是人的城镇化的核心和前提，但是有就业不一定就有生活。由于制度性约束的存在，农民工在城市不能凭借职业进入城市社会分层体系，在改变身份、获得与本地市民同样的职业报酬水平、建立完整的家庭生活、解决子女的教育问题等等方面都存在着困境。近些年一些地方推动了制度方面的改革，已反映到农民工的流动趋势方面。目前大城市还是吸纳劳动力的主要地区，但是随着制造业和加工业向内地的逐步转移，农民工回流现象出现，跨省流动的数量在减少，省内或者近距离的流动在增加，中小城市一定程度上体现出吸纳劳动力的潜力。大城市就业机会多、收入水平高，但是在社会保障、子女教育、住房等方面受到制度性约束相对中小城市也较大，就业机会比较少、工资水平比较低，但在既有制度下探索新模式的空间也较大。随着产业结构的调整和重新布局，一些城市和地区在户籍、教育、社会保障、住房等方面进行着地方性的改革，这些政策的配套实施为吸引劳动力回流、吸纳资金进入并最终促进地方发展创造着机会和条件，也为农民工真正实现城镇化，也就是实现就业的同时为建构城市生活创造着条件。在地方制度条件下，农民工需要在流动、工作和生活方面做出选择，最终会形成新的劳动力流动和地方发展格局。

本专题分为三个部分，第一部分主要根据官方调查和统计数据，分析农民工整体的流动和就业状况；第二部分是就广州、成都、鄂州三个城市的调查，比较农民工在三个城市的流动、就业和生活的具体状况，进而分析农民工可能的选择；第三部分是基于前两个部分的分析提出一些对策建议。

一、农民工的流动和就业状况分析

通过数据分析可以发现农民工的流动和就业状况已经出现了新特点，这对于顺利推进人的城镇化意味着什么？特别是伴随着各个地方户籍和相关制度改革的尝试，分析流动和就业的特点及其进一步的发展趋势就显得尤为重要。

（一）影响流动的因素分析

农民工的整体构成状况——性别构成、年龄结构、文化程度、婚姻状况以及这些方面的变化是分析流动中推拉力量的重要变量，这些变量对流动人口选择就业地点、具体职业、流动还是不流动都有影响。但是具体会产生怎样的影响，还需要结合当下的实践说明。

1. 家庭和人口流动

从国家统计局2011年农民工监测报告[①]的数据反映的情况来看，农民工以男性为主，占到65.9%。从国外人口流动研究来看，随着服务业的发展，女性迁移人口比例要超过男性。中国为什么出现相反的情况，原因很多，产业结构和就业结构存在偏差，第三产业还没有实现充分就业是一方面的原因；另外一个重要的原因是，中国的农民工流动处在从早期的以个人为单位的流动向以家庭为单位的流动过渡的阶段。留守家庭或者386199（38指妇女，61指儿童，99指老年人）部队是中国农村常见的现象。目前农村中留守妇女家庭比例很高，第六次人口普查数据显示全国平均值高达62.17%，一些地区超过了70%；全国留守儿童家庭所占比例是13.2%[②]，而空巢家庭引发的老年人照料和生活问题也已得到社会关注。那么，农民工如何实现家庭团聚，最终选择在城市团聚还是回到农村？家庭状况是影响农民工流动的重要因素，特别是随着子女教育问题的逐渐凸显，选择就业地点对于农民工家庭来说非常重要。现在不同的城市出台了与户籍、教育和住房相关的政策和文件，其带来的影响会不断凸显。从现有数据看，农民工中已婚者占73.4%，其中，本地农民工已婚者占90.2%，远高于外出农民工已婚者的比例（58.2%）。这或者意味着就近迁移更容易结婚，或者结婚后更容易选择就近迁移。不论是什么样的因果关系，在制定政策时，家庭因素是需要考虑到的引导农民工迁移的重要因素。

2. 年龄和人口流动

从2011年监测数据看，农民工以青壮年为主，16~20岁占6.3%，

[①] 国家统计局. 2011年我国农民工调查监测报告. 下文中会多次用到该报告中的数据，除非必要，不再增加注释。下载网址：http://www.stats.gov.cn/tjfx/fxbg/t20120427_402801903.htm.

[②] 清华大学城镇化课题组依据第六次人口普查数据计算所得。

21~30岁占32.7%，31~40岁占22.7%，41~50岁占24.0%，50岁以上的农民工占14.3%，也就是说40岁以下的农民工占到了61.7%。但是从近几年的数据来看，农民工平均年龄在增加。2008~2011年，农民工平均年龄由34岁上升到36岁。农民工平均年龄的增加有几个方面的原因，一是劳动力总供给在减少，新增的年轻劳动力在减少；二是在城市就业的劳动力回流的比例在减少，农民工在城市工作的时间在延长。同时也要看到一个并存的现象，即随着地方经济的发展，年龄越大的农民工选择就近转移的比重在增加。从数据看，本地农民工平均年龄高出外出农民工12岁，本地农民工中40岁以上的占60.4%，而外出农民工40岁以上仅占18.2%。这意味着年龄大的农民工倾向于选择回流或者是选择就近的迁移就业。

但是年龄和迁移之间的关系很复杂，研究者发现年龄和迁移概率之间是倒U形曲线[1]。从第六次全国人口普查数据看，返乡人口的年龄结构，体现了这样的特点。年龄和迁移的关系分析还需要和其他因素如结婚与否结合起来综合来看其影响。

3. 文化水平和人口流动

一般来说，农村中有能力的人、教育水平高的人选择外出就业。虽然早期关于教育和迁移之间关系的研究没有得出一致的结论，但从2011年数据看，外出农民工受教育水平明显高于本地农民工，外出农民工初中及以上文化程度占88.4%，高出本地农民工8.9%。随着义务教育的推广，农民工二代不论是在农村还是在城市，在可具备的条件下，都接受了初中文化水平教育。从数据看，30岁以下农民工初中及以上文化程度所占比重达到93.8%。但是农民工获得继续教育或者技术培训的机会很少，个人的职业生涯上升的可能性受到了局限。

技术和技能是影响地位获得的重要因素。农民工或是在劳动过程中获得了某种职业技能，或者是在家庭内部通过、师徒传承获得某种职业技能，这些技能并不在国家的职业技能认定的系统之内，因而影响了他们的收入和报酬。从2011年数据来看，73.8%的农民工没有接受过非农技能培训，

---

[1] 赵忠. 农村移民的特点和经济分析[M]//载蔡昉，白南生. 中国转轨时期劳动力流动. 北京：社会科学文献出版社. 2006: 97-117。

也就很难获得职业资格证书，如广州的一项调查发现77.9%的流动人口没有任何职业资格证书[①]。但是没有这些技术职称，并不意味着农民工没有技能。同时也看到另一个问题，雇用农民工的机构和企业没有承担"劳动力更新"这样的责任，还是以雇佣"廉价劳动力"来获得利润。

近几年人口输出地区和一些民间团体、政府机构都在推动着一些农民工的技术和技能培训项目，并获得一些收效。例如比较有影响力的温暖工程，对于他们转换职业，或者获得更高的收入提供了帮助。但是如何将这些培训与技能评定、职业收入提高、地位提高连接起来，还需要更进一步的制度和政策设计。

（二）农民工流动和就业的空间布局

中国地区、城市发展不平衡，农民工就业具有明显的空间分布差异。东部地区、大城市聚集大量的流动人口，进一步促进了当地经济的发展，同时也为城镇化带来一些问题，特别是在教育资源的分配、社会保障制度的建立，以及住房和交通资源的获得等方面，问题更为凸显。如何解决这些问题？从城镇化发展战略看，以大城市、城市群为主的发展道路似乎是不可阻挡的趋势，但是如何在这个过程中进行合理引导，使得人口能够合理布局的同时，实现社会公共服务的均等化，从而真正实现人的城镇化？需要对城镇化战略本身进行思考和研究。从现状看，城市之间和地区之间的不均衡还在扩大，但是产业的升级和重新布局也为人的城镇化的合理布局提供了机会。

1. 大城市是解决就业的主要地区

从2001~2009年农民工在不同类型的城市的数据分布和变化来看，尽管有一些波动，地级以上城市所占比重一直呈现上升趋势。具体来看，2011年在直辖市务工的农民工占10.3%，在省会城市务工的占20.5%，在地级市务工的占33.9%，在地级以上大中城市务工的农民工达到64.7%，比上年提高1.7个百分点[②]。

2. 东部地区是解决就业的主力地区

从地区分布来看，我国东部地区是吸纳农民工的主力地区，但是中西

---

① 清华大学社会学系"广州人口发展战略研究"课题组提供的数据。
② 国家统计局. 2011年农民工调查监测报告。

部地区的吸纳能力正在增强。2009年东部地区吸纳了62.5%的农民工，中部地区为17%，西部地区为20.2%[①]；2011年东部地区吸纳65.4%的农民工，中部地区为17.6%，西部地区为16.7%。从2012年的数据来看，已经有了新的变化趋势。2012年东部地区吸纳64.7%的农民工，中部地区为17.9%，西部地区为17.1%[②]，也就是说东部地区农民工数量有所下降，而中西部地区农民工数量有较快上升。从分省数据来看，就业地区主要分布在广东、浙江、江苏、山东等省，但是比重有所下降。

3. 就近就地解决就业可能成为未来的一种趋势

除农民工吸纳省份的地区差异之外，还要看到流动距离的变化。2011年在外出农民工中，省内务工的农民工占外出农民工总量的52.9%，比重比上年提高3.2个百分点。2011年去省外务工人数减少，改变了多年来跨省外出农民工比重大于省内务工比重的格局。从内部构成来看，东部地区经济发展水平比较快，对本地的劳动力的吸纳能力比较强，2011年东部省内劳动力占到83.4%。中西部地区农民工还是以跨省流动为主，中部地区为67.2%，西部地区为57%，但是这两个数值较2010年都有所下降或持平（表6-5-1）。

不同地区外出农民工在省内外务工的分布（单位：%）　　表6-5-1

地区	2011年		2010年	
	省内	省外	省内	省外
全国	52.9	47.1	49.7	50.3
东部地区	83.4	16.6	80.3	19.7
中部地区	32.8	67.2	30.9	69.1
西部地区	43.0	57.0	43.1	56.9

资料来源：国家统计局《2011年农民工调查监测报告》。

（三）产业结构调整和农民工就业结构变化

伴随产业结构的调整，农民工的就业结构也相应发生变化。第三产业成为吸纳劳动力就业的主要力量。但是也要看到，随着大城市产业的升级，对

[①] 国家统计局《2009年我国农民工调查监测报告》。http://www.stats.gov.cn/tjfx/fxbg/t20100319_402628281.htm。
[②] 国家统计局《2012年我国农民工调查监测报告》。http://www.gov.cn/gzdt/2013-05/27/content_2411923.htm。

高端服务业的需求增加，农民工是否可以顺利地适应产业结构的调整和升级将成为重要的问题。如何进行产业升级和人口的重新布局？先发展的地区和城市为了在未来获得更高的增长点，积极推进产业升级，其实行的配套的人才政策旨在一方面引进高端人才；另外一方面置换出低素质劳动力。但是产业调整和人口重新布局并不是同步的，会出现多样化的结构性偏差。

1. 伴随产业调整，第三产业就业人口增加

随着城镇化和工业化的发展，人口不断聚集，第二产业和劳动密集型服务业（民生方面的服务业）吸纳了大量的流动人口。但是随着经济的进一步发展，以及制造业对金融、信息、房地产、科研服务等的新需求，产业逐步转向资本和知识密集型的高端服务业。但是一些数据表明，如在广州市，产业结构和就业结构存在结构性偏差，需要对劳动力素质方面进行提升以适应产业发展的需求。

具体从三次产业万元增加值创造的岗位来看（正规经济部分，不包括小企业和微型企业、非正规经济），第三产业提供了更多的就业岗位。但是东部地区万元增加值实际创造的就业岗位在减少，也就是说，随着经济或者产业结构的调整，东部地区吸纳的劳动力数量在减少，这是一个值得关注的现象[1]（表6-5-2）。

万元增加值创造的岗位（单位：个） 表6-5-2

地区	全部非农产业	第二产业	第三产业
东部	0.048	0.047	0.056
中部	0.074	0.074	0.088
西部	0.066	0.058	0.094

资料来源：中国发展研究基金会. 中国发展报告2010：促进人的发展的中国新型城市化战略[M]. 北京：人民日报社，2010：103。

---

[1] 在西方城市发展过程中，这是一个去工业化的过程，也就是制造业重新选址到其他城市、地区或者国家。美国的城市发展中的一个案例：匹兹堡，1930年，32%以上劳动力从事制造业，到了1980年，14%受雇于制造业，并且从事钢铁生产的只占5.5%，形成对比的是服务业上升到37%的人口，城市主导经济从工业城市转型为服务（nodal services）城市。在这个过程中，1940-1980年间，匹兹堡失去了24%的就业岗位和37%的人口，1980-1990年间，又减少了12.8%的人口。美国人口向阳光地带转移，中西部人口特别是原来的工业城市的人口下降，而阳光地带的人口增长（马克.戈特迪纳，雷.哈奇森. 新城市社会学. 上海：上海译文出版社，2011：113-114）。

2. 非正规就业是解决城镇就业的重要途径

农民工由于自身教育水平和技能的限制,在产业结构调整和升级的过程中,很难进入高端服务业领域,而且高端服务业本身吸纳的劳动力数量相对较少。因此,农民工需要更为多样化的就业渠道。实际上,在城镇化过程中,非正规就业吸纳了大量的劳动力。2008年城镇就业分布中,城镇非正规经济就业比重达到了31.5%,未来随着劳动就业形势的变化,这个数值可能会更高(表6-5-3)。

2008年城镇就业所有制类型分布　　　　　表6-5-3

单位类型	在城镇就业中的比重(%)
国有和集体企业	23.5
私营和个体	28.9
股份合作、联营、有限责任、股份、港澳台投资	16.1
非正规就业	31.5

资料来源:中国发展研究基金会.中国发展报告2010:促进人的发展的中国新型城市化战略[M].北京:人民日报社,2010:97。

(四)农民工就业行业、所有制类型分布

农民工就业的行业和所有制类型分布是分析农民工在劳动力市场就业是否存在制度壁垒的重要方面。行业本身决定了对不同劳动力的需求,以及相应的工资收入。农民工一般都在劳动条件比较差、劳动强度比较高、收入相对较低的行业工作。而所在工作单位的所有制类型也影响就业的状况。农民工一般很难进入国有企事业单位,即使进入,他们的身份也往往与"正式员工"存在差异。

1. 农民工主要分布在制造业和建筑业

农民工主要分布在制造业和建筑业,制造业就业人数相对稳定,建筑业就业人数在不断增加,这两个行业就业的农民工的比重超过50%,2011年上升到了53.7%。在其他行业就业的农民工所占比重也比较稳定,变化的比例不超过1%。从地区分布来看,东部地区流动人口在制造业就业的比例最高,为43.8%,其次是西部,为9.9%,中部为8.6%。东中西部的三产

转移趋势并不明显，制造业还是集中在东部地区，但是大城市的三产比重在发生变化（表6-5-4）。

农民工从事的主要行业分布（单位：%） 表6-5-4

行业	2008年	2009年	2010年	2011年
制造业	37.2	36.1	36.7	36.0
建筑业	13.8	15.2	16.1	17.7
交通运输、仓储和邮政业	6.4	6.8	6.9	6.6
批发零售业	9.0	10.0	10.0	10.1
住宿餐饮业	5.5	6.0	6.0	5.3
居民服务和其他服务业	12.2	12.7	12.7	12.2

资料来源：国家统计局.《2011年我国农民工调查监测报告》。

同时需要关注的是，新老农民工的行业分布差异明显。新生代农民工向制造业集中，2011年的数据显示总比例达到44.4%，高出老一代农民工12.9%；新生代农民工在建筑业从业的比例只有9.8%，而老一代农民工的这一比例为27.8%[1]；在批发零售、住宿餐饮和居民服务等行业方面，新一代农民工的比例都高于老一代农民工。

2. 农民工就业主要集中在非国有经济部门

不论在什么行业工作，农民工主要是在非国有经济部门工作，2008年城镇就业分布中，在非国有经济部门就业的比例是76.5%（国有和集体经济部门就业比例是23.5%）[2]；从2010年数据看，这一比例达到86.3%。就雇佣性质来看，就业的流动人口（这一数据中包含了城—城流动）70.5%为雇员，24.3%为自营劳动者，3.7%为雇主，1.5%为家庭帮工[3]。但是是在本地就业还是外地就业，在雇佣性质上有较大差异。从2012年农民工监测

---

[1] 数据来自国家统计局2011年《新生代农民工的数量、结构和特点》。http://www.stats.gov.cn/tjfx/fxbg/t20110310_402710032.htm。

[2] 中国发展研究基金会. 中国发展报告2010：促进人的发展的中国新型城市化战略［M］. 北京：人民日报社，2010：97.

[3] 国家人口和计划生育委员会流动人口服务管理司. 中国2011流动人口发展报告［M］. 北京：中国人口出版社，

报告的数据来看,外出农民工主要是受雇,自营比例只有5%,而本地的农民工自营比例高达27.2%;不论是本地农民工还是外地农民工,自营的比例都比上年略有下降。

(五)农民工就业收入状况

农民工的收入在逐年增加,地区收入差距不大。2012年年末农民工的月平均收入是2290元①,比上年提高241元,但是增幅下降了9.4个百分点。从地区情况来看,农民工的地区收入差距变化不大,东部地区收入最高,是2286元,中部地区是2257元,西部地区是2226元;从不同等级的城市来看,只有直辖市的收入高于平均水平,是2561元,省会城市接近平均收入,地级城市和县级城市的收入都低于平均收入水平,而且与2011年相比直辖市和省会城市收入增长的幅度比较高;农民工收入也体现出行业差异,服务业、住宿餐饮和制造业的月均收入都低于平均收入水平,服务业收入最低是2058元,收入较高的行业是交通运输、仓储、邮政业和建筑业,高出平均收入300多元。

在不同地区和城市,生活方式和成本有较大差异,这也反映到农民工的收入结余方面。2012年农民工监测报告分析了不同地区农民工在中东西部就业所得收入的差距,整体的趋势是在中西部就业比在东部就业有更多收入结余,中西部省内就业比在省外就业有更多结余,东部省内就业比在省外就业有更多收入结余。这也解释了在中东西收入差距不大的情况下,农民工流动倾向于省内就地和就近迁移,而省外长距离流动在减少。

二、农民工就业机会和生活机会的选择

以上通过一些数据对农民工的就业状况进行了概括性描述。实际上不同地区和城市近些年来通过产业政策、户籍政策、教育政策、住房政策和人才政策等方面的调整,改变着人口迁移的状况,也改变着农民工在不同城市的生活和未来选择。如何来理解这些变化?

我国还处在快速的城镇化发展阶段,未来几年甚至十几年,人口仍将

---

① 国家统计局发布的《2012年我国农民工调查监测报告》。农民工的就业地区除东部、中部和西部地区外,另有0.3%的外出农民工在我国港澳台地区及国外从业,境外就业的农民工月收入水平为5550元。

在农村-城市、城市-城市之间迁移，最终形成中国的城镇体系格局。在这个过程中，地区和城市之间在不同程度上要进行资源和人口的竞争。由于不同城市所处的发展阶段不同，发展战略和具体的实施手段也有很大不同，但是比较重要的竞争要素都是围绕着人展开，因为人才竞争是城市竞争的重要方面。城市通过设置不同的人才进入门槛，意图引导人口的流向，吸纳人才，留住人才，或置换人口。如大城市人才政策的重要实施手段就是分配城市生活的机会，为吸引人才提供的优惠条件有解决户口、子女入学问题，在社会保障、住房和交通方面也有相应的改善；也通过类似积分的政策，使得一部分人获得了进入城市生活的机会。一些正在发展的省份和城市通过户籍政策的改革，如统一实行居民证，使得户籍与附着于户籍的社会资源脱钩，进而促进人口的迁移。当然户籍制度改革在一些省份实际执行的情况尚存在问题，如仍然区分城市的居民户和农村的居民户，在教育和社会保障等方面也存在很多实质性的差异，这中间还有户籍转换中的土地问题等，都还有待讨论，但是户籍制度以及配套制度的改革已成为吸引当地人才回流、外地人才流入的重要政策手段。对一个城市来说，农民工的城镇化，也就是农民工享有与城市人口一样的权益、服务，是与城市的发展战略绑定在一起的。

城市在户籍、教育、社会保障等方面实施的各种政策，都需要以就业作为落脚点，没有就业，就很难展开社会保障和生活服务。在就业机会和生活机会不匹配的状况下，通过提供或者限制生活机会来实施当地的城镇化战略和政策，在一定时间段内有利于某个地区或者城市的发展，但是整体上不利于推进社会福利水平的提高。当然也要看到新的现象，在广州和上海这样经济发展比较快的城市，在推进农民工城镇化方面，已经开展了一些具体工作，如通过公共服务的均等化，使得城市不同地区、城市和农村、本地人口和外地人口在一些公共设施和公共服务方面的差距在缩小；上海通过社区工作在农民工的培训、子女教育等方面也做了许多尝试。

本课题通过对不同地区、不同等级规模的三个城市的调查，分析农民工的就业和生活的现状，进而分析如何真正实现城镇化。从就业的角度来说，可以将就业机会、职业声望、收入水平作为三个客观衡量流动人口城镇化和社会融合的指标，比较分析农民工面对不同城市实施的不同的政策如何对就业机会和生活机会进行选择。当然，在这个过程中，还有许多主观的方面需要关注。

（一）就业机会的分布差异

不同城市就业机会差异是影响农民工迁移的重要因素。现在不同城市通过多种政策进行资源和人才的竞争，会在不同程度上影响人口的迁移，进而形成新的产业和人口格局。

1. 不同城市就业机会的变化

大城市产业和资源比较集中，就业机会多。广州市是吸纳流动人口的大城市。课题组通过调查[1]了解到，2011年广州市外来流动人口总量是676万，其中男性368万，女性308万，主要是来自湖南、四川等地。广东省省内流动多为带子女流动，省外流动多为未婚流动。与全国的情况相似。广州市流动人口就业主要分布在二、三产业，尤其是第三产业；第二、三产业就业人数分别占总量的40.34%和59.46%；相比全国平均水平，广州的服务业较发达，吸纳了大量的流动人口。但是近些年来，中西部城市就业机会增加。在广州的调查发现，近些年人口流动出现了新的特征，就是人口的"回流"现象。许多农民工选择回到当地就业或者就近就业，这与中西部地区和城市的发展、就业机会的增加分不开。

随着大城市产业的升级，土地、劳动力等生产要素价格上升，部分制造业和加工业开始向中西部转移。同时，中西部城市近些年也加快了城镇化发展的进程，在基础设施建设方面取得了较快的发展，第二产业或者第三产业都有所发展，能够提供越来越多的就业机会。本地就业人口增加，同时也通过鼓励政策吸引技术人员。但是由于自然资源状况的差异，交通状况的差异，在城市等级体系中的位置不同，不同城市能够提供的就业机会有很大的差异。

成都[2]是西部大城市，农民工主要来自本市和省内，但也吸纳一定数量的外来劳动力。从农民工就业的产业分布上看，以第三产业为主，达

---

[1] 广州相关数据来自2012年5月清华大学城镇化课题组在广州的调查。
[2] 成都相关数据来自2012年5月清华大学城镇化课题组在成都的调查，下同。

52.2%；从行业分布来看，是以建筑业和第三产业为主；农民工在技能素质方面总体水平较低，调查发现，61.5%为高中以下文化程度，49.6%没有参加过劳动技能培训。

鄂州①是中部一个中等城市，农民工外出打工，但是近几年的趋势是省内流动增加，省外流动减少。2011年鄂州②外出流动人口总量略有增加，外出务工人数达到127479人，同比增加1300人。同时外出务工人员省内比重增加，省外比重减少。具体来看，省内务工人数是80317人，同比增长3.4%，其中市内务工人数占省内务工人数86%，占全部外出务工人数54.1%；到省外务工的人数是46693人，同比下降2.71%。这一现象折射出本地经济发展呈现良好势头，也就是本省本市就近吸纳劳动力就业的能力在提高。在地区流向方面，流向西部的农民工人数减少，流向中东部的人数增长。流向西部地区6373人，同比下降2.98%；流向中部地区务工人数为81417人，同比增长4.87%，其中98.64%是在省内流动；东部地区务工39689人，同比增长0.51%。2011年鄂州外出打工者中，从事第二产业的人数是71765，同比增长1.41%，占外出务工总人数的56.3%，第三产业是49987人，同比增长0.58%。

从这三个城市的简单比较来看，东部大城市广州还是吸纳劳动力的主力市场，而且就产业分布来看，第三产业是吸纳劳动力的主要领域；但是中西部城市，近些年随着制造业、服务业的发展，提供的就业机会在增多，这也可以从就地就近就业的劳动力数量的增加得以证明，但是主要还是通过第二产业来吸纳劳动力。

2. 城市竞争和农民工的选择

城市竞争，一方面是指提供一定的就业机会、提高收入的水平，另一个重要的方面是公共政策的竞争，也就是能够为市民提供什么样的城市生活。中国城市资源的分配和城市的规模及等级有很大关系，越是大城市越是有能力提供更好的城市公共设施和服务，如大城市的教育水平、交通状况、医疗服务水平和社会服务水平都比较高。对流动人口来说，问题就在

---

① 鄂州相关数据来自2012年5月清华大学城镇化课题组在鄂州的调查，下同。
② 清华大学课题组调查时鄂州官方提供的关于流动人口统计数据。

于是否可以进入或者接近这样的地区。在中西部城市，比较有竞争力的是住房和子女的教育，可以利用当地的户籍改革政策，通过购买住房、在当地进行小规模的商业投资等，获得市民身份，进而解决子女在当地的教育，也有能力支付当地的住房花费。应该说，住房和子女教育是很有吸引力的要素，对人口的迁移发挥了重要作用。

农民工在不同城市选择就业的机会成本在增加，这影响到农民工如何在不同城市、本地和外地之间进行选择，也影响流动人口的流向。但是对于新生代农民工来说，在1980年之后且1990年之前出生的已婚比例为33.8%，1990年之后出生的已婚比例仅为1.6%；对大城市充满向往，选择在地级及以上城市务工的比例为67.4%，而在上一代农民工中，相应的比例仅为57.5%[1]。大城市在制度层面还不能接纳以家庭为单位的人口流动，而是吸引以个体流动为主的新生代农民工。但是随着新生代农民工在城市恋爱、结婚、生育，住房、子女教育等问题会逐步凸显。

农民工如何在工作和生活之间选择，做到二者兼顾，这是城镇化和城市发展战略绑定过程中不得不面对的问题，需要统筹考虑。全国数据表明，已婚年龄大的农民工已表现出就近迁移和回流的现象，他们选择工作的机会成本在增加，必须面对子女照料和教育的问题，解决住房、改善生活的需求，照顾老人的需求，以及继续从事大劳动强度、工作能力下降的现实等，因此他们选择回流、就近就业，或者从事兼业的工作，同时兼顾工作和家庭、土地。但是对新生代农民工来说，他们工作在城市、消费在城市，从事过农业工作的人数在下降，他们回到农村的可能性很小。在推进城镇化的过程中，应考虑新老农民工的不同特点，根据他们在就业机会和生活选择上的差异，实施不同的推进政策。

3. 就业机会多样化和群体分布差异

不同城市会提供多种就业机会，并在群体之间体现出分布差异。由于制度因素，大多数流动人口只能进入非国有经济部门，很难进入国有经济部门。即使进入国有经济部门，在企业或者事业单位内部还存在"正式工"

---

[1] 国家统计局. 新生代农民工的数量、结构和特点（2011）. http://www.stats.gov.cn/tjfx/fxbg/t20110310_402710032.htm.

和"非正式工"的区别,二者在工资收入、福利待遇方面差别较大,这是就正规就业而言。而农民工在城市从事的非正规就业的比例很高,非正规就业虽然是城市经济活力的一部分,但是由于制度、个人收入水平等因素,他们很难进入城市社会保障体系,在医疗、养老、子女教育等方面都存在诸多的问题,也为社会管理带来了一些困难。

就业机会不仅存在本地和外地人的差异,农民工内部也存在差异。本地农民、农转非人口和流动人口之间就存在就业机会分布的差异;由于农民工内部在教育水平、技能、社会资源等方面也存在差异,相应的就业机会也不同。

教育、技能和管理能力等人力资本因素是影响流动人口的职业获得和转换的重要因素。城市在诸多方面对农村人口产生吸引力。农村剩余劳动力一代又一代不断地进入城市。而近些年由于土地政策等因素,农村土地转变为城市建设用地,许多农业人口也被动地卷入城镇化的过程。不论是主动还是被动,离开土地或者失去土地之后,关键问题是如何重新找到谋生的职业,但是原有的教育水平、职业技能等因素影响了他们获得职业以及相应的收入和地位。

在广州调查①的一份数据显示,广州市本地户籍农民工与外来农民工相比,失业率更高(7.8%,3%),全职就业比率低(76.4%,85.3%),重要原因是本地户籍农民工有财产性的收入,其就业也更为灵活多样。特别是在广州的城中村改造过程中,本地户籍人口获得多套房屋,用于出租或者经营。

在成都,农民工就业的兼业性特征明显。本市户籍的农民工以"兼业式"的季节性外出务工为主,63.8%的成都籍农民工利用农闲时间外出在本市务工,农忙时返乡耕种;54.5%的农民工在过去两年内没有换过工作,56.7%的农民工在成都的打工时间以3年以上的中长期为主。但是工业加农业的兼业现象不再适用于新生代农民工。

根据2009年农民工监测数据,没有从事过一天的农业生产活动的新生代

---

① 清华大学社会学系"广州人口发展战略研究"课题组提供的数据。

农民工比例高达90%。从农业劳动技能角度看,新生代农民工大多没有从事农业生产活动的经验和技能,60%的新生代农民工缺乏基本的农业生产知识和技能,其中更有24%的新生代农民工从来就没有干过农活,完全不会[①]。因此,即使经济形势波动,就业形势恶化,新生代农民工也很少会返乡务农。新生代农民工脱离农业生产和向城市流动已经成为一个不可逆转的过程。

鄂州兼业现象不明显,这与当地实际的就业机会分布有很大的关系。在鄂州,男性青壮劳动力多外出打工,老人、妇女和小孩留守农村。调查中发现,当地老人和妇女也从事一些季节性的农活或当地其他短期性的工作。

不同地区的城市之间发展水平存在差异,所能提供的工作机会和生活机会也不同。大城市工作机会多,农民工可以找到或者创造工作机会,并能够部分享受大城市的发展带来的基本生活设施的改善,也在有条件下,如拥有技能或者学历的情况下,获得户籍,真正进入城市生活。中小城市虽然近几年工作机会增多,但是可选择范围比较小,可创造的就业机会也比较小。在成都这样的大城市,就近转移的农村劳动力还没有完全脱离农业生产劳动,家庭收入达到一定的水平还需要通过兼业来实现。不过随着成都近几年的发展及土地价值的增长,也为农村带来了很多机会。鄂州本身还不足以提供足够的就业机会,农业劳动力中外出打工的占多数,兼业的机会也比较少。但是在中小城市,农民工可以解决户籍问题,可以买房,可以解决子女的入学问题,可以过体面的生活。

4. 城市就业政策的缺位和失衡

城市发展过程中,伴随产业调整所采取的吸纳人才政策倾向于"人才掐尖",即激励有技术、文化水平高的人口进入,而不是推动政府或者企业、民间力量进行劳动力的技术培训。三个城市的入户政策,比较明显的特征就是注重教育和技术得分、家庭收入水平或投资水平得分。

职业技能培训的缺失或者不足。近些年,国家和地方政府、企业以及社会力量在为劳动力的培训做出努力,政府也专门出台了加强职业培

[①] 国家统计局. 新生代农民工的数量、结构和特点(2011)。

训促进就业的文件①,但在三个城市调查显示,在培训方面还存在许多问题。一是量不足,二是市场的适应性差,还不能跟上产业结构的调整和市场的需求。

劳动力价格和企业技术创新激励不足。政府缺乏对企业提高劳动生产率、进行技术创新的激励。企业继续依赖劳动力的投入获得盈利,如"用工荒"所体现的是结构性的劳动力短缺,廉价劳动力、女性劳动力的供给短缺②。廉价劳动力供给已不再是无限供给。参照国际的经验,面对刘易斯转折点的出现(预测到2015年劳动力供给达到顶点),许多国家对于企业在提高工资水平、进行技术革新等方面进行了激励,进而使得劳动力的技能水平、工资收入、社会福利得到提高,地区的产业升级也顺利实现。目前国内产业升级的同时,一个重要的趋势是进行产业的梯度转移,也就是将制造业、加工业等向中西部转移,"移业就民",就近解决就业,但是同时不能回避劳动力价格不断上升的事实。总之,政府既缺乏对企业的激励,也缺乏对社会的激励。劳动力中技术劳动力比重比较低,同时拥有某种技术也并不一定能改变其地位和收入水平。

通过调查发现,广州市的"用工荒"主要表现在廉价劳动力和女性劳动力的短缺;而在成都和鄂州则是"技术工人和熟练工人的短缺"。不论大城市,还是中小城市,都需要在人才方面进行更多的投入,而不能只是通过人才政策改变人口在不同地区和城市的分布。

(二)收入和就业条件对就业的影响

老一代农民工选择在城市工作,能够接受低工资和恶劣的工作条件,这种选择的背后是由于他们进行比较的对象是农村。在城市挣了钱,可以在农村过体面的生活,能够获得尊重。随着城镇化的推进和城乡统筹发展,过去比较的基础——农村,将会或者已经不存在,那么农民工如何在不同城市或者城市—农村之间选择,特别是对于新生代农民工,他们的比较基础从开始起就不是农村。

---

① 《国务院关于加强职业培训促进就业的意见》,国发〔2010〕36号。
② 国家人口和计划生育委员会流动人口服务管理司. 中国流动流动人口发展报告(2011)[M]. 北京:中国人口出版社,2011:22-31。

1. 新老农民工就业条件和收入差异

新老农民工在就业的选择方面已经体现出差异。数据已经反映了新生代农民工已经在逐步退出建筑业这样的劳动条件比较差的行业，而选择制造业，同时在服务业行业就业的比例在增加。当然实际的数据也反映出新老农民工在劳动时间和强度方面还没有明显的差别，新生代农民工外出从业的劳动强度仍然较大，还是吃苦耐劳的一代。新生代农民工平均每月工作26天，每天工作9个小时[1]。但是伴随新一代农民工的发展，劳动条件的改善是吸引劳动力重要的方面。

虽然与上一代农民工相比，新生代农民工的文化程度和参加职业培训的比例都更高，但是新生代农民工的月收入水平明显要低于上一代的农民工。目前还没有具体的数字来说明新老农民工收入差异的原因，从现有的数据看，收入差异的主要原因在于新老农民工行业选择的差异。2010年人口计生委流动人口监测数据显示，建筑业和仓储与交通运输业的平均收入水平相对较高，高出批发零售业、住宿餐饮等行业，差距在600元以上[2]，而老一代农民工在建筑业和仓储与交通运输业这两个行业的就业比例超过了新生代农民工。当然，新老农民工收入差异也可能与两代人在实际技能水平和技术熟练程度方面存在差异有关。

新一代农民工已经有自身的特殊性，在城市工作，在城市消费，他们已经生活在城市，很难再回到农村，更容易感到城市对他们的不容纳。在城镇化过程中，新生代农民工这个群体是当下首先应该加以关注的群体。

2. 不同城市不同群体就业条件和收入的变化

中国不同地区之间、城乡之间存在着很大的差别，影响到农民、农民工实际的收入和生活状态。广州市通过城中村改造，当地农民的生活和收入都有极大改善。广州市外来人口收入水平在近几年有所提高，但是仍低于广州市民平均工资水平，工资以外的社会保障方面也与市民有很大的差距。成都全市农民工工资收入偏低情况仍较严重，66.5%的农民工平均月

---

[1] 国家统计局. 新生代农民工的数量、结构和特点（2011）。
[2] 国家人口和计划生育委员会流动人口服务管理司. 中国流动流动人口发展报告（2011）[M]. 北京：中国人口出版社，2011：27。

收入不足1000元，仅相当于全市职工月平均工资的一半，也低于去年全国农民工的平均收入。成都市本地农民工亦工亦农的兼业形式对收入有所增补，但是在收入调查中农业部分的收入成为隐性收入，没有进入计算。成都籍农民工目前约占全市农民工总量的45.9%，即90万人左右，其中打工时间三年以上的占59.9%，在过去两年内没有换过工作的占50.8%，家中土地由亲戚代种、转包、出租或者撂荒的占33.5%，明确表示愿意放弃承包地或宅基地（即"双放弃"）以享受社保待遇的占42%。这些数据说明，成都籍农民工打工时间长，返乡从事传统农业的意愿正在弱化，在很大程度上已经具备了由农民转变为市民的基本条件。鄂州当地农民工收入增加，2011年年底从业的普通工人月工资从1500元涨到2200元，增长46.6%，技术工人月收入在3000元以上。

就农民工群体来说，近些年工资水平都有所提高。但是大中小城市之间在收入水平上还是有较大的差异。收入是影响去留的重要因素，但是同时得考虑在不同城市的生活机会和成本。就业的机会成本的增加影响人口迁移。回去还是留下？不同城市之间收入水平有差异，但是在户籍、社会保障、住房和子女教育方面还可以有替代的选择，也就是回到当地的中小城市，可以解决户籍、子女教育、住房等问题。

（三）职业声望对就业的影响

随着城镇化的发展，城市和乡村的边界不断被打破。乡村原有的社会结构和价值体系在不断改变。农民工在城市的社会分层体系中职业声望和社会地位比较低，但是在乡村的社会分层体系中，他们是"能人"，能获得认可。城镇化打破了原有的两套社会分层体系，流动人口如何在统一的分层体系中建构自己的地位体系？

成都有自己的特点，城乡统筹发展，社会融合度高。在成都，农民工总体上较为认同城市生活，在工作条件、生活质量、收入水平和社会地位四个方面，农民工的认同度都高于65%。谈及未来的打算，43.7%的农民工明确表示想在城市安家。但是也存在诸多问题，例如全市55%的农民工每天工作时间在8小时以上，29%的农民工每月实际工作28天以上，有37%的农民工还未签订劳动合同。在餐饮、服务等行业中的小规模企业中，未签劳动合同情况更为突出。

在成都市，青年农民不愿意就近务工的原因之一是认为就业岗位的社会地位不高，怕邻居看笑话。以锦江区三圣乡为例，该地新发展的产业为农业观光娱乐，适合本地农民就业的主要是服务员、清洁工等工作。在当地农民的心目中，这些工作都属于"层次比较低"、"别人看不起"的工作。如果在社区附近从事这些工作，会被邻居们"看笑话"。

在鄂州，随着不同类型农村社区的集中和合并，在新型社区管理和服务业等行业领域需要劳动力，但是在调查中发现，农民工宁愿在外地从事相同的工作，也不愿意在当地从事这样的工作，这关系个人的身份和地位，或者面子问题。

在中小城市，随着城市向外扩展，农民在失去土地或者土地用途发生改变之后，就会主动或者被动进入城市生活，在这样的过程中，虽然实际收入有所上升，但是社会地位并没有提高，而原有的身份地位也失去了，尤其是失地农民和农民工，很难进入城市分层体系的上层。此外，在移民就业安置过程中还会出现宁愿失业、也不做政府提供的工作的情况。

因此，在推进城镇化过程中，要特别关注在城镇化过程中乡村社会分层体系解体后地位的变化，特别是地位降低的问题。同时应技能培训，引导农民主动城镇化，或通过优惠政策吸引有技能的农民工回流，从而使农民工的地位体系得以保持或者进一步上升。

三、应对经济转型升级的就业需求，促进农民市民化

本书第四章已经指出，农村人口的城镇化过程应该分类看待，既包括已经进城农民工的职业流动，也包括未来新生代农村人口的城镇化就业问题，其中包括教育途径的大学生和中等职业学生，但限于篇幅本章并未对大学生就业问题进行分析，仍然聚焦于未来新生代农民工的就业。本章对农民工流动的趋势和就业状况进行了一些分析，可以看到区域格局变化、产业结构升级都对农民工的就业和职业流动产生着巨大的影响。因此，农民向城镇的流动和定居，必须从经济社会发展的整体趋势和需求出发，实现农民就业的持续发展和职业地位的向上流动。

（一）以职业技术等级建立向上流动机制

从社会流动的角度看，职业地位持续向上流动的途径和机制是建立农民工对城市认同的关键。改革开放以来，我国大量农民工进入城镇就业，实现了从乡村到城镇的向上流动，但面临着职业地位继续提升的困难。实际上，许多农民工已经积累了丰富的职业技能。但现在的社会分层体系中，缺乏对农民工职业技能的评价与认可，导致企业无法寻找到合适的高级技术工人。由于技能提升无法成为提高收入的手段，农民工缺乏不断提升职业技能的激励机制，高级技工非常稀缺，甚至已经影响到我国制造业的升级。而未来制造业升级需要大量高技术工人。

计划经济时期，我国曾经建立过一套技术工人的职业等级体系，工人可以通过这套体系实现社会地位提升，获得社会认可和尊重。现在应该重新构建新的职业等级体系，为农民工的社会地位提升和收入提升构建建立制度化机制。

职业技术等级体系的建立，需要许多辅助的社会机制。首先促进政府、企业和社会等多方力量投入进行农民工的技能培训；其次是职业技能的培训和认定；最后是职业技能等级证书获得社会的认可，成为获得相应的收入和地位的重要的支持。政府应该制定政策，引导企业对具有高职业技能的农民工给予更高的收入和报酬。

（二）分类引导，促进农民工人力资本积累

农民工的职业技能培训与认定需要分类对待：

农村户籍的大学生（包括大专生）已经获得教育的资格证书，结合就业创业培训、岗前培训和工作后的单位的进一步的技能培训，实现职业地位提升。

老一代的农民工内部差异比较大，部分已经通过多种方式获得职业技能并得到同行、雇主认可，可以通过技术认可获得资格证书；部分需要通过专门的技能培训考核才能获得资格证书。

新生代农民工或者即将进入劳动力市场的新生代农民工，可以依托所在的初高中学校、职业技术学校在进行学历教育的同时，依据需要进行多样化的职业技能培训、创业培训，使得中等教育及以上教育能够为职业技能培训提供力量。

促进农民工技能的提升，同时还需要给予农民工更好的生活条件，例

如更高的工资水平、社会保障、居住条件等，这些在其他专题中已有专门研究，在此不再赘述。

（三）创造灵活、多样的就业方式

改革开放以来，我国劳动密集型制造业和建筑业的高速增长，成为吸纳农民工的主要行业。但随着经济结构的转型升级，未来服务业将会成为吸纳农村人口城镇就业的主要领域。服务业的就业具有非常灵活、多样的特点，其中重要的一种是非正规就业。

非正规就业会是农民在城市能够落下脚、安置工作和生活的重要的一个跳板，通过一定时间的非正规就业，累积了资金，农民工就可能从非正规就业专向个体经营或者私营。现在非正规就业方面引发的争议和问题比较多，一些城市出台了一些政策进行积极的引导，许多经验值得借鉴。在城市管理和非正规就业带来的一定的混乱之间，城市要具有一定的包容力度，容纳甚至创造好的环境条件来吸引非正规就业。

（四）有序推动不同城市就业和生活同构

为了更好解决进城就业农村人口的生活、居住和社会保障等一系列问题，以及应对城乡兼业的国情现实，本课题提出，应该以市县域为单位促进人口的就近城镇化。这需要国家政策加大对中西部地区的倾斜和中小城市的扶持，以促进区域经济格局更加均衡发展。

对于大城市来说，应该致力于高端职能和高端产业，进行人口和产业职能向外疏解，农村人口就业会更多集中在服务业。城市管理应该为服务业和非正规就业创造更宽松的环境，同时为农民工提供必要的公共服务，如基本医疗服务、子女教育等。中小城市首先应该在社会政策方面做出调整，改革户籍制度，提升教育、医疗等公共服务水平，吸引农民工和各类人才返回家乡，建立产业转移与人才回流相互促进的良好机制。通过产业发展和人口集聚创造更加多样的就业机会。

国家层面应该通过财政转移支付等，促进区域间公共服务均等化，以便为农民就近城镇化创造更好的条件。通过宏观层面政策引导，促进大中小城市协调发展，有序的解决就业机会和生活机会的同构，促进人口的合理流动和布局。

第六章　户籍制度与人的城镇化

当前我国城镇化发展进入了新阶段、新时期。合理有序推进城镇化，不断促进人的城镇化，不仅是当前我国社会主义和谐社会建设的一项紧迫任务，也是全面建成小康社会的一个基本条件。而这其中，自然离不开户籍制度改革的推动。党的十八大报告明确提出："加快改革户籍制度，有序推进农业转移人口市民化，努力实现城镇基本公共服务常住人口全覆盖。"十八届三中全会通过的《中共中央关于全面深化改革若干重大问题的决定》中再次强调："推进农业转移人口市民化，逐步把符合条件的农业转移人口转为城镇居民"。

户籍制度是一项基本的人口管理制度，也是一项重要的社会管理制度。事实上，不仅中国存在户籍管理制度，国外同样也有类似的政策和方法[1]，而且功能也都基本相似，大致包括两个方面：一是人口信息登记；二是人口迁移管理。在国外，户籍制度多称"民事登记"、"生命登记"或"人事登记"[2]，其功能主要在于人口信息的登记和管理，登记内容十分详细，管理特别严格；而在人口迁移管理方面相对宽松，迁移基本自由，一般很少进行限制。

而在我国，户籍制度在人口迁移的管理方面则尤为严格。居民必须达到迁入地的准入条件后，凭迁出地有关部门核发的准迁证，方能予以迁移；在此之前，居民的各项社会福利和权利难以得到保障。正因如此，户籍制度在我国城镇化尤其是人的城镇化过程中一直处于核心地位，也对整个社会经济的发展产生了直接而又深远的影响。

---

[1] 陈成文，孙中民. 二元还是一元：中国户籍制度改革的模式选择 [J]. 湖南师范大学社会科学学报. 2005, 3.

[2] 张晓飞. 我国户籍法律制度的主要问题及解决 [J]. 天津行政学院学报. 2009, 6.

一、我国现行户籍制度的形成

在中国，户籍制度古已有之，最早可追溯到周朝。《史记》中记载，周宣王"料民于太原"，其中"料民"即是清查统计人口的意思。后来，虽然形式不断变化，但户籍制度一直以来都是历代王朝的一项基本社会管理制度。其功能主要在于加强人口管理，进行人口统计，作为分配土地、征收赋税徭役的重要依据，所谓"人户以籍为定"。

我国现行的户籍制度实际上是新中国成立后才逐步建立的。新中国成立以后，伴随社会公共秩序的恢复重建，户籍制度也开始逐渐形成。户籍制度的建立，最初是从城市开始的。1951年7月公安部颁布《城市户口管理暂行条例》，即开始对城市居民进行户口登记。到了1955年，国务院颁布的《关于建立经常户口登记制度的指示》，才正式将户口登记和迁移管理扩展到农村。

1958年1月《中华人民共和国户口登记条例》颁布，第一次明确提出"农业户口"和"非农业户口"的划分，确定了我国城乡二元的户籍划分。《条例》中还规定："公民由农村迁往城市，必须持有城市劳动部门的录用证明，学校的录取证明或者城市户口登记机关的准予迁入的证明，向常住地户口登记机关申请办理迁移手续。"这一规定不仅明确了城乡户口迁移和变动的程序，而且限制了城乡户口迁移和变动的可能。

但是，《条例》在限制人口向城市流动方面的功能，应当说是在"三年困难时期"以后才得以真正执行。"三年困难时期"造成粮食严重短缺，出现了大范围的饥荒，使得大量农村人口开始向城市流动；与此同时，城市的商品粮供应也出现了全面紧张。于是，国家开始全面控制和压缩城市人口，一度出现了"逆城市化"阶段。为了控制城市人口，1963年公安部开始以是否吃国家计划供给的商品粮为依据，将户口分为"农业户口"和"非农业户口"，第一次使城乡二元的户籍划分有了真正的可操作性依据。

紧接着，1964年国务院批转《公安部关于处理户口迁移的规定（草案）》，进一步明确了要强化人口迁移管理，控制城镇人口规模。这一政策对人口迁移的限制和管控在1977年达到顶峰。1977年11月国务院批转的

《公安部关于处理户口迁移的规定》强调："由农业人口转为非农业人口，从其他市迁往北京、上海、天津三市的，要严格控制。从镇迁往市，从小市迁往大市，……应适当控制。"从中可以看出，不仅城乡之间户口迁移存在严格限制，而且不同城市之间户口迁移也开始有了严格的控制。于是，户口的价值差异开始在城市之间出现，城市户口的价值逐渐与城市规模、发展程度等因素联系在一起。譬如，北京曾流行着这样的一句话："宁要北京一张床，不要外地一栋房"，就集中体现了城市之间户口的等级差异。

二、我国户籍制度的主要问题及原因

户口价值化或等级化，可以说是当前我国户籍制度存在的一个最主要的问题。这种等级化不仅存在于城乡之间，也存在于不同城市之间。有学者认为，户口已在整个社会中造成了严重的"社会空间等级（social spatial hierarchy）"[1]。造成这一现象的一个核心原因就是，户口中附着了太多的利益。现行的户籍制度是以人口登记与迁移管理为基础的一套基本的人口管理制度，同时也是一项基本的社会管理制度，它不仅包括常规人口登记和上报、人口迁移和管理等人口管理功能，也涉及就业、住房、教育、卫生、社会保障等社会功能，因而存在着明显的"功能超载"[2]的问题。户籍制度的"功能超载"，直接导致了户口中"嵌入"太多的社会福利和利益，如就业、住房、教育、卫生、社会保障等无不与户口直接挂钩，可谓"牵一发而动全身"。可以说，户口在社会福利和利益分配中拥有着基础性的地位，这也正是为何户籍制度改革总是举步维艰的根本原因所在。

此外，户口价值化或等级化也与户籍制度对人口迁移的严格管控有直接关系。因为，如果人们可以自由迁移，那么完全可以通过迁移来改变自身的社会身份和地位，来消解户口的价值。这样，城乡之间、城市之间区域发展的不均衡就不至于转化为社会空间的等级化[3]。正是由于户籍制度对

---

[1] Cheng Tiejun & Mark Selden. The Origins and Social Consequences of China's Hukou System. The China Quarterly, 1994, 9.
[2] 张静. 城市地区户籍制度改革及其路径思考[J]. 中国行政管理. 2009, 8。
[3] 陆益龙. 户口还起作用吗——户籍制度与社会分层和流动[J]. 中国社会科学. 2008, 1。

于人口迁移的严格管控，导致了整个社会不仅在地域空间上，而且在社会空间上被严格地"区隔（Segment）"开来。城乡之间、城市之间就像有一道道看不见的"隔离墙"[1]，将大量有落户需求的农村人口、外来人口阻挡在城市之外，区隔在城市之间，因而严重地影响了我国城镇化的进程，尤其是人的城镇化的可能和路径。发达国家的经验表明：如果说工业化是城镇化的动力，那么人口迁移则是城镇化推进的必要手段，也是城镇化发展的必然结果。

三、户籍制度改革及其各地改革尝试

户籍制度管理的严格，实际上是与计划经济体制相适应的，对计划经济的发展也起到了一定的积极作用。从某种意义上说，没有户籍制度的严格管理，计划经济必定难以为继。因为在计划经济时期，众多社会资源的分配都是凭户口发放和领取的。

（一）户籍制度改革的总体趋势

随着社会主义市场经济的逐步发展，社会结构不断转型，户籍制度的各种弊端开始展露地日益明显。尤其是户籍制度对人口迁移的严格管控，已对我国城镇化进程乃至整个社会经济的发展产生了深远影响，迫切需要改革。

所以，改革开放以后，我国户籍制度在许多方面都做出了一些重大的调整和改革的尝试，表明现行户籍制度开始逐渐由"紧"向"松"转变。比如，1984年国务院发出《关于农民进入集镇落户问题的通知》，开始允许有经营能力和有技术专长的农民进集镇落户。1985年公安部颁布了《关于城镇暂住人口管理的暂行规定》，开始对流动人口实行"暂住证"制度，从而真正赋予了农民在城市就业的权利。1997年国务院批转公安部《关于小城镇户籍管理制度改革的试点方案》，提出改革小城镇的户籍管理制度。2001年国务院批转公安部《关于推进小城镇户籍管理制度改革的意见》，提出对办理小城镇常住户口的人员，不再实行计划指标管理。这也标志着

---

[1] Chan, K. Cities with invisible walls: reinterpreting urbanization in post-1949 China [M]. New York: Oxford University Press. 1994, 1.

小城镇户籍制度改革的全面推进。

特别是进入2003年以后，全国部分地区相继开展了一系列开创性的户籍制度改革的试验，取消农业户口与非农业户口二元划分，逐步推行"城乡户口一体化"。截至2006年底，湖北、四川、河北、辽宁、江苏、浙江、福建、山东、湖南、广西、重庆、陕西等12个省、自治区、直辖市已取消了城乡二元的户口划分，统一了城乡户口登记制度，统称为居民户口登记制度。期间，虽然改革中遇到了一些困难和问题，但毕竟已迈出了最艰难的一步，即城乡二元的户籍制度已经出现松动。

（二）各地户籍制度改革的尝试

目前，户籍制度改革总体上正朝着更加合理的方向发展。不过，因为全国不同区域之间、不同城市之间社会经济发展存在巨大差异，所以在现有的条件下，各地户籍制度改革难以实行一种模式，进行"一刀切"。各地一般都是根据自身的社会经济发展状况，因地制宜，因时制宜，推进户籍制度改革，制定户籍改革措施，从而出现了多种推进模式并存的局面。清华大学课题组通过对全国部分城市的调查发现，根据户口开放程度不同，我国各地户籍制度改革的推进模式大体可概括为三种类型：

1. 严格控制型

这一类型的户籍制度改革模式主要出现在一些"一线城市"，如北京、上海、广州等超大城市。这些城市因其存在庞大的人口压力，考虑到城市的承载能力，所以在户籍制度改革方面一般比较谨慎和稳妥，改革步伐也相对缓慢。目前，这些城市依然对外来人口和农村人口迁户实行严格控制，大多设有相当严格的落户条件和准入门槛。比如，北京在户籍管理上依然坚持严格的指标控制。由于庞大的人口压力，北京从2011年开始，户籍政策实际上不是放松了，而是收紧了，进京户口指标开始明显减少。而这其中外来务工人员能获得的指标可以说微乎其微，绝大多数都是人才引进、投资入户、家属迁入、学生进京等户口指标。只有获得全国劳模称号，或取得高级工程师、高级技师职称的农民工，才有望在北京落户。

相比北京而言，广州的户籍政策稍微宽松一些。2010年，广州市在省政府出台的《关于开展农民工积分制入户城镇工作的指导意见》基础上，开始实施"积分入户"的户籍政策，规定：外来务工人口只要积满85分，即可申请入户。但是，我们调查发现，广州基于控制自身人口规模的考虑，每年积分落户的指标总数实际上只有3000个，并且能真正落户下来的积分数要远远高于基准线85分，2010年落户最低分132分，2011年落户最低分122分。所以，能够落户下来的外来人员绝大部分都是高学历、高技术人才，而对广州700多万外来农民工来说基本上是望尘莫及。

2. 有限放开型

这一户籍改革的推进模式多发生在部分二线城市。这些城市因其自身人口压力没有一线城市那么大，同时又需要大量引进人才和资本以促进城市经济社会的快速发展，所以大多情况下都实行的是一种有限放开的户籍政策，即有条件的开放，如资金条件、人才条件等。比如2004年，成都就开始尝试放开户籍政策，取消"农业户口"与"非农业户口"的划分，统一登记为"居民户口"；2010年11月，成都市出台的《关于全域成都城乡统一户籍实现居民自由迁徙的意见》规定：农民可以带着农村产权进城落户，并且享有城市居民的各项社会保障。前提是，农民要先购置一定居住面积的住房，亦即通常所说的"购房入户"。我们调查发现，这一政策的确让部分经济条件好的农民工实现了进城落户的愿望；但是，购房的经济"门槛"实际上也将很大部分农民或农民工挡在门外，因为农村产权所能抵消的房款与房屋实际价格之间还有一个不小的"缺口"。而且，对于市外人员来说，条件还要更高。从这个意义上说，成都的户籍政策应当说是有限开放的。

3. 全面放开型

所谓的"全面放开型"户籍改革模式主要是在部分三线及以下中小城镇实行。这些城市多因自身城市规模相对较小，但又迫切需要吸纳大量人力和资本，参与城市建设，促进城市经济社会快速发展，所以开始实行一种所谓基本开放的户籍政策。例如，2004年湖北省鄂州市已经在全市范围内打破城乡分割的户籍管理二元结构，规定凡在鄂州市登记常住户口的居民，可统一登记或改登为"湖北居民户口"。2009年，鄂州又进一步放宽户口迁移落户政策，取消购房入户房屋面积限制，凭《房屋产权证》即可申请入户。这无疑给绝大多数农民工落户敞开了大门。

从调研情况来看，四川德阳户籍政策开放的尺度似乎还要更大一些。2012年7月27日，德阳市召开"推进户籍制度改革动员部署大会"，提出"零门槛"的户籍制度，入户条件将降到历史最低点。规定：凡在德阳市城镇合法经营、依法纳税一年以上的经商人员，或在德阳市城镇连续务工一年以上的务工人员，或在城镇有合法固定住所或租住稳定住所且连续居住一年以上的人员，本人及其共同居住生活的直系亲属，都可依照相关规定办理入户手续。所以说，德阳的户籍改革模式应当是全面开放型。正因如此，此次改革也被称为四川省近年来最宽松的一次户籍政策改革。

总之，近些年来，我国户籍制度改革的"引擎"已经启动，并在全国各地不断推进。虽然各个地方户籍制度改革的模式和进程不尽相同，但是改革方向整体上正朝着打破城乡二元分割，促进农村人口自由流动的方向发展。

（三）各地户籍制度改革存在的问题

当然，我们必须看到，目前各地户籍制度改革过程中也存在着一些问题和不足。其主要表现在以下几个方面：

首先，户籍制度改革对落户人员的人口结构具有明显的选择性取向，不具有普惠性。各地户籍制度改革虽然总体上都已放宽了户籍政策的限制，原则上为农村进城务工人员落户城市提供了可能，但是绝大多数城市尤其是一些大城市却又设立了相对较高的资本条件和人才标准，比如购房入户、投资入户、积分入户等。而将绝大多数普通农民工或农民挡在了门外。

其次，现有户籍制度改革更多地集中在农业户口与非农业户口之间的形式划分上，尚未从根本上触及更深层次的镶嵌在户口中的各种社会福利。虽然很多地方取消了城乡二元的户口划分，使城乡户口之间的等级差异有弱化的趋势，但实际上并没有实现城乡户口中社会福利或公共服务的均等化，城乡户口的价值依然存在一定的等级分化。"统一城乡户口"虽是未来户籍改革的趋势，但并不是户籍制度改革的全部。户籍制度背后的社会福利制度才是改革的核心。如何剥离附着在户口上的教育、就业、医疗、住房等社会福利，才是未来户籍制度改革的重点。

最后，由于各地户籍制度改革的推进模式不同，有的城市户籍开放程度较高，有的城市户籍开放程度较低，所以也进一步加剧了城市之间户口的等级差别，即大城市与小城市、小城镇之间的户口价值化和等级化趋势更加明显。

总之，随着户籍制度改革的不断推进，城乡二元的户籍制度已经有所松动，户口价值化或等级化有明显弱化的趋势。但是，由于各地户籍制度改革推进模式的差异性，以及改革的不彻底性，现行户籍制度实际上并未从根本上实现户口的"去等级化"或"去价值化"；而且，在不同城市之间，户口的等级化观念和价值化意识有进一步强化的趋势。

四、户口等级与人的城镇化路径

户籍制度与城镇化息息相关，可以说是城镇化尤其是人的城镇化的一个最基本方面。在城镇化的过程中，户籍制度是一个门槛性的问题，直接关系到一个人能不能跨入城市，能不能享受市民的待遇。

（一）人的城镇化：城镇化的新议题

目前，我国正在进行人类历史上最大规模的城镇化。在城镇化的过程中，"物的城镇化"和"人的城镇化"是城镇化的两个最基本的方面。在过去，我国传统城镇化道路主要以"物的城镇化"为主，导致了"人的城镇化"的相对滞后；相应地，也带来了一系列的城市问题或"城市病"，严重地影响了城镇化的进程和质量。如今，在新的历史条件下，我们不可能再走传统城镇化的老路，必须探索一条新型城镇化道路，其核心是"人的城镇化"。那么，如何实现"人的城镇化"呢？笔者认为，在我国现阶段，要想实现"人的城镇化"，必然离不开户籍制度。户籍制度与"人的城镇化"直接相关，是实现"人的城镇化"的一个最基本的方面，同时也是我国从传统城镇化道路走向新型城镇化道路的重中之重。

自1990年代中期以来，我国城镇化进入了高速发展时期[1]。根据第六次人口普查数据显示，2010年中国城镇化率为49.7%，城镇人口总规模为

---

[1] 李强，陈宇琳，刘精明. 中国城镇化"推进模式"研究[J]. 中国社会科学. 2012, 7。

6.66亿。但这其中包括了在城镇（不包括市辖区内人户分离）半年以上的流动人口2.21亿人，而农民工规模则超过了1.6亿。这部分人口从某种意义上讲，还处于"半城市化"状态。也就是说，我国的城镇化水平实际上是有一定水分的。如果剔除了这部分人口后，我国的城镇化率实际上尚不足35%。另外，清华大学"中国城镇化与劳动移民调查"数据显示，我国非农户籍人口占全国总人口的比例仅为27.6%，也证明了我国的城镇化率还较落后。由此可见，在未来一段时间，我国城镇化尤其是人的城镇化的任务仍然十分艰巨。经济学家斯蒂格利茨曾预言：中国的城镇化与美国的高科技发展将是深刻影响21世纪人类发展的两大课题[①]。

可以说，城镇化的核心就是人的城镇化，即让一部分农村人口向城市转移，并在生产方式、生活方式、文明素质和社会权益等方面全方位向市民转化的一种过程。在这个过程中，一个最基本的问题就是户口问题。虽然户口问题并不是人的城镇化的全部，但是却直接影响着人的城镇化的可能和路径。因为，在现有的户籍制度条件下，户口并不只是一个农民或市民的身份问题，更重要的是它直接关系到人们的就业、住房、教育、卫生、社会保障等基本生活和生存问题。如果没有城市户口，从长远来看在城市生存都将成为问题，更不用说融入城市社会，过上像市民一样的生活了。

（二）户口等级差异与人的城镇化路径选择

随着户籍制度改革的不断推进，城乡二元户籍制度的逐渐松动，以及不同城市之间户口等级差异的不断加剧，人的城镇化对广大普通农民或农民工来说似乎变成了一件既可能、又不可能的事情。究其原因，主要在于：

一方面，一些中小城镇为了广泛吸纳人力和资本，参与城市建设和发展，所以在户籍制度改革推进过程中，逐步放开户籍限制，降低户籍门槛，鼓励外来人员入户，因此给广大农民工在小城镇落户、实现人的城镇化带来了希望和可能。从这个意义上说，既往的户籍制度改革无疑为农民和农民工实现人的城镇化提供了可能。

[①] 吴良镛，吴唯佳，武廷海. 论世界与中国城市化的大趋势和江苏省城市化道路[J]. 科技导报. 2003,9.

另一方面，绝大多数大城市尤其是一些超大城市，为了严格控制自身人口规模，优化人口结构，所以在户籍制度改革的过程中，一般都设立了较高的经济条件和人才标准，因此对绝大多数农民工来说，在这些城市落户实际上是可望而不可及的。也就是说，绝大多数普通农民和农民工要想在大中城市尤其是一线城市实现人的城镇化，几乎是一件不太可能的事情。

在这种"可能"与"不可能"之间，农民和农民工特别是在大城市的农民工经常要做一道艰难的选择题：坚守还是返乡？然而，实际上有很大一部分农民工在面对人的城镇化这一问题时，往往并不是选择在大城市坚守，也不是选择直接返回农村，而是另辟蹊径，选择了"第三条道路"，即在大城市挣到足够的钱后，回到家乡或离家乡较近的小城镇或县城长期定居生活。因为，虽然现行户籍制度使农民和农民工在大城市实现人的城镇化几乎是不可能的，但这并不会打消长期以来深深地刻在几亿农民工脑海里的人的城镇化梦想，于是就自发地形成了一种农民工实现人的城镇化的特殊路径，即"就地城镇化"或"就近城镇化"，即所谓"离土不离乡"。

国务院发展研究中心的一项调查数据显示，从未来定居意愿上看，24.8%的农民工希望定居在县城或小城镇，6.9%的人希望定居在地级市，9.0%的人希望定居在省会或副省级城市，14.7%的农民工希望定居在直辖市，另有35.7%的农民工表示在哪里务工就住在哪里。清华大学"人口迁移与市民化"调查数据显示，在选择愿意在城镇定居的农民工群体中，19.8%的人选择在镇定居，35.0%选择在县城定居，21.9%选择在地级市定居，23.3%选择在省会或直辖市定居。

不难发现，农民或农民工愿意选择在县域范围内就地或就近城镇化的比例已超过半数。也即在目前情况下，就地或就近城镇化对很大一部分农民工，是一种可以接受的实现人的城镇化的路径，也是一种相对合理的路径选择。其一，对农民工而言，就地或就近城镇化为农民和农民工实现人的城镇化提供可能；其二，对大城市而言，就地或就近城镇化为大城市缓解了庞大的人口压力；其三，对小城镇而言，就地或就近城镇化为小城镇注入了强大的活力。

然而，也必须承认，就地或就近城镇化毕竟只是在现有户籍制度等级差异约束的条件下做出的一种"被动"的选择。随着社会转型的加速推进，以及社会经济的快速发展，这种选择能否持续是我们不得不正视的一个现实问题。

（三）新生代农民工的城镇化意愿

随着老一辈农民工因年龄原因渐渐退出历史舞台，新生代农民工逐渐成为农民工的主力军，他们对人的城镇化，尤其是在大城市（地级以上城市）实现人的城镇化的渴望势必会更加强烈。从这个意义说，未来就地或就近城镇化势必会遇到更大的挑战，即越来越难以满足农民和农民工尤其是新生代农民工对人的城镇化的更高期望和预期。

首先，新生代农民工不仅有着自身独有的群体特征，而且对人的城镇化也有着更加强烈的向往和期盼。根据国家统计局2010年对新生代农民工的一项调查显示，1980年以后出生的新生代农民工占农民工总数的58.4%，其中打算在城市长期定居的占45.1%，而愿意回到农村生活的只有33.4%[1]。这主要与新生代农民工的城市生活经历有关。较早而又长期的城市生活经历让新生代农民工对城市有了较高的认同感，而对农村明显缺乏归属感。

一方面，从对城市认同感来看，新生代农民工对城市往往有更强的认同感，在生活方式、消费习惯、价值观念等方面都表现出明显的城市特征。新生代农民工一般进城较早，有的甚至从小随父母在城市长大，很多都接受过中高等教育，所以很早就已经养成了城市的生活方式，习惯了城市的生活。他们与城市的年轻人一样，在休息时间喜欢上网，爱玩手机，喜欢与人交流，好友经常聚会，喜欢娱乐场所，爱穿新潮服饰。城市生活方式的养成，使大多数新生代农民工对城市有了更强的认同感，也让他们对城市生活有着更加强烈的向往和期盼。他们渴望融入城市特别是现代化的大城市，希望能在自己早已熟悉的现代化的城市中定居下来，实现城镇化或市民化，享受市民福利待遇。清华大学"人口迁移与市民化"调查显示，随着时间的推移，新生代农民工更愿意选择层级较高的城市定居，80后农

---

[1] 国家统计局2010年对河北、辽宁、浙江、山东、河南、湖北、湖南、重庆、四川和陕西等10个省市新生代农民工的调查数据。

民工愿意在县城以下的小城镇定居的占52.6%，愿意在地级以上的大城市定居的占47.4%；90后农民工愿意在县城以下的小城镇定居的占46.1%，愿意在地级以上的大城市定居的占53.9%。

另一方面，从对农村归属感来看，新生代农民工对农村生活较为陌生，也缺乏归属感。由于长期在城市学习和工作，欠缺农村生活经历，所以很多新生代农民工对农村生活早已感到陌生和不适应，未来一般都不愿意回到农村生活，而且他们一般不懂、也不愿意从事农业生产。清华大学课题组一项调查显示，有44%的新生代农民工完全没有务农经历，缺乏从事农业生产的技术和经验，有48.7%的新生代农民工认为自己是工人，只有25.4%的人对自己是"农民"表示认可。并且，新生代农民工与农村的经济联系也在不断减弱。从工资结余和寄回农村的情况来看，老一代农民工2010年平均结余15377.49元，其中有11063.25元寄回家，占结余的72%；而新生代农民工2010年的平均结余仅9683.78元，其中寄回家的钱为5653.73元，仅为58.4%[①]。可见，相比老一代农民工而言，无论是在价值观念上还是在经济支持上，新生代农民工对农村的归属感都在弱化。

其次，就地或就近城镇化对很大一部分农民和农民工来说，毕竟只是一种无奈或"被动"的选择，是在大城市的"大门"对其关闭之后，而不得不做出的一种选择。我们有理由相信，如果没有户籍的限制，人口可以自由流动，绝大多数农民工特别是新生代农民工，还是期望能在自己熟悉和习惯了的大城市生活，在那里完成人的城镇化，过上市民一样的生活。也就是说，就地或就近城镇化虽是农民或农民工实现人的城镇化的一种路径，但不应成为唯一的路径。未来应创造更多的人的城镇化机会，有更多的人的城镇化路径，让有不同需要的农民和农民工去选择，实现人的城镇化路径的多元化。

再次，即便现有的就地或就近城镇化路径满足了一部分人的城镇化愿望，但也只局限于农民或农民工中的"精英分子"，对绝大多数的普通农民和农民工来说，要实现就地和就近城镇化也并不是一件非常容易的事情。

---

① 清华大学"新生代农民工研究"课题组2011年对长三角、珠三角、环渤海等区域的新生代农民工的调查数据。

因为，虽然目前全国的小城镇在户籍政策上基本是放开的，但除了极少一部分小城镇之外，绝大部分小城镇仍然设有不同程度的户籍门槛，需要一定的准入条件，如稳定住所、稳定就业、稳定收入等。而这些准入条件对绝大多数普通农民工来说，并不容易达到，也因此被挡在小城镇门外。换句话说，虽然很大一部分农民或农民工愿意选择就地或就近城镇化，但由于户籍制度等原因的约束，实际上能真正完成就地或就近城镇化的比例还很低，仍远远满足不了农民和农民工的城镇化需要，许多农民或农民工最终仍不得不留在或返回农村定居生活。

总之，随着时间的推移，以及新生代农民工群体规模不断扩大，他们对实现人的城镇化的渴望和对城市生活的向往将会日益强烈，他们更加期望在城市特别是现代化的大城市中有自己的一片天空，实现人的城镇化，过上城市人一样的生活。

促进人的城镇化，实质上是让农民工能获得平等的公民权利，享受社会发展带来的社会福利和实惠。农民和农民工都是社会的建设者，他们在为国家的快速发展做出巨大贡献的同时，应得到保障自身发展的机会和资源。人的城镇化从根本上说就是给农民和农民工以机会和资源，让有条件的农民和农民工进入城市，在城市生活，从而实现自我发展。所以，如果人的城镇化的问题得不到有效解决，势必会引发这部分人的不满，激化社会矛盾，影响社会和谐。

总之，当前我国的城镇化水平尤其是人的城镇化水平还很落后，现有的城镇化路径还很难满足广大农民和农民工的城镇化需求。从另一方面，这也证明了我国户籍制度改革还很落后。因此，如何进一步深化户籍制度改革，解决农民和农民工尤其是新生代农民工实现人的城镇化问题，给予他们机会和资源，满足他们多元化的城镇化需求，可以说是未来我国城镇化过程中亟待解决的一个核心问题，也是我国城镇化实现从"数量增加"向"质量提升"转变的关键问题。

五、进一步深化户籍制度改革的对策与建议

户籍制度改革应当说是一个长期而又艰巨的系统工程，需要进行战略

思考，做好长远规划。针对现有户籍制度和人的城镇化的路径问题，本文尝试提出以下几点对策和建议：

（一）逐步剥离户口附着的各种社会利益，淡化户口价值

正如前文所述，户口价值化和等级化之所以会形成，其中一个核心原因就是户口附着了太多的社会利益。所以，户籍制度改革最重要的就是要逐步剥离附着在户籍上的各项福利制度。可以说，未来户籍制度改革的核心就是要将附着在户口上的各种社会福利进行分解，并以教育为核心使其逐步与户口"脱钩"，为户口"减负"，从而逐步淡化户口价值，消解户口等级。这不仅有助于推进我国户籍制度改革从"注重形式"向"更关注内容"的方向发展，也有助于推进我国城镇化发展从"注重数量"向"更关注质量"的方向转型。当户口中附着的社会福利越来越少时，户口价值意识就日益淡化，户口的等级差异就会日渐缩小，人的城镇化的阻力就会越来越小。以教育为例，教育无疑是当前户口中最为核心的利益。如果教育能逐渐从户口中剥离，那么势必为人的城镇化扫除了重要障碍。相反，如果教育还继续"嵌入"在户口中，并在城乡之间、城市之间进行不均衡分配，那么一切户籍制度改革都只会进一步固化户口等级，加剧户口的价值化和等级化，从而阻碍城镇化尤其是人的城镇化健康有序地推进。

（二）促进户籍制度功能从迁移管控向登记服务的转化

新中国成立初，为了维护社会公共秩序，户籍制度逐渐建立。当时的功能主要就是进行人口信息登记，了解人口情况，进行身份证明，维护社会治安[①]。随着计划经济体制的发展，户籍逐渐成为社会资源分配的重要基础。为了保证社会利益分配格局的稳定，户籍管理开始逐渐地朝着加强控制人口迁移的方向发展。然而，随着社会主义市场经济的发展，严格人口迁移管理的户籍制度，已成为横亘在我国城镇化尤其是人的城镇化道路上一道坚硬的"制度壁垒"。因此，为进一步促进人的城镇化更加健康有序发展，未来户籍制度改革应当逐步转换户籍功能，把人口登记服务功能放在首位，不断弱化人口迁移管控功能，使户籍制度向更加有利于促进人口自

---

① 王美艳，蔡昉. 户籍制度改革的历程与展望［J］. 广东社会科学，2008，6。

由流动、改善公共服务的方向发展。

(三) 推进基本公共服务均等化和城乡一体化

目前，受户籍制度的影响，社会中尤其是在大城市中出现了多种复杂的社会群体，在享受公共服务方面存在较大差异：有的基本不享受公共服务，有的享受不完全；有的标准高，有的标准低。这极容易在社会中造成一种严重的不公平感，激化社会矛盾，影响社会稳定与社会和谐。因此，如何促进基本公共服务均等化，逐步形成统一的、覆盖城乡的基本公共服务体系，应是未来户籍制度改革的一个基本任务，也是公民平等权利的一个重要体现。基本公共服务是一切社会服务的基础，也是社会和谐稳定的重要保障。基本公共服务均等化的内容主要包括：一是基本民生性服务，如社会保障、基本医疗、就业服务、住房保障等；二是公共事业性服务，如公共教育、公共卫生、公共文化等；三是公益基础性服务，如公共设施、生态维护、环境保护等；四是公共安全性服务，如社会治安、生产安全、消费安全、国防安全等[①]。只有做好基本公共服务并实现均等，户籍制度改革的目标才能真正实现。

(四) 加强中央统筹，做好户籍制度改革的顶层设计和总体规划

目前，户籍制度改革之所以很难获得根本性突破的一个重要原因就是地方之间存在利益博弈，其中就涉及财税体制、转移支付等问题。如前所述，户籍制度的问题，主要是其背后的社会福利问题，放开户口实际上意味着社会福利的放开。然而，在目前的财税体制下，各地的财政是分开的，放开户口，势必导致地方财政的巨大压力。因此，依靠地方推进户籍制度改革，阻力势必很大，动力也会不足。在这种情况下，户籍制度改革完全依靠某个地方或部门来推进，显然是不太现实的，也是不可行的。这就要求我国在户籍制度改革过程中，必须加强中央统筹，努力协调各个地方、各个部门的利益，做好户籍制度改革的顶层设计和总体规划，制定出相应户籍制度改革方案，突破地方政府对户籍制度改革的阻挠，逐步建立基本公共服务支出与管理的全国性的流转机制，淡化户口价值，消除户口等级。

---

① 肖文涛，唐国清. 基本公共服务均等化:共享改革发展成果的关键[J]. 科学社会主义. 2008，5.

只有这样，才能够使户籍制度改革得以快速稳步推进。

（五）根据分类指导原则，分层次分阶段分地区推进户籍制度改革

户籍制度改革应当是一个渐进的过程[①]，不可能一步到位地全面放开户籍制度。未来户籍制度改革，可以根据城市规模和发展的不同情况，分类指导进行推进，采取多元化人的城镇化路径。十八届三中全会《决定》中指出："加快户籍制度改革，全面放开建制镇和小城市落户限制，有序放开中等城市落户限制，合理确定大城市落户条件，严格控制特大城市人口规模"，即点明了这一要旨。首先，在现有的条件下，全面放开大城市特别是特大城市的户籍制度是不太现实的，也有很大难度。但是，这些城市可以在严格控制人口规模的基础上，适度降低户籍门槛和准入条件，让一部分高学历、高技术人才有机会落户。其次，中等城市因城市规模和发展的需要，在促进人的城镇化方面还有很大的空间。这些城市可以进一步有序放开落户限制，降低户籍门槛，吸纳部分具有较高学历、良好技能、职业稳定的人才到此落户。再次，全面放开建制镇和小城市的户籍限制，进一步降低和消除户籍准入门槛和条件，让更多的农民和农民工更容易实现就地城镇化或就近城镇化。

[①] 姚秀兰. 户籍、身份与社会变迁[M]. 北京：法律出版社. 2004：195.

第七章　社会保障与人的城镇化

本课题报告第一章在谈及当前我国城镇化的突出问题与矛盾时，将流动人口"半城镇化"放在突出位置予以讨论。"半城镇化"意味着农民工实际上无法获得城镇公共服务权利，其重要的体现就是农民工无法在居住当地享受社会保障。因此，社会保障与人的城镇化可谓息息相关[①]。阻碍农民工在居住地享受社保的因素有两大类：一类是现行社会保障制度本身带来的障碍，这是本章下文着重讨论的内容；另一类是其他关联因素带来的障碍，其具体体现形式为农民工拒绝参保。其中最重要的因素就是农民工工资普遍较低，而城市生活成本较高，导致他们只能追求多拿工资且只顾眼下，无暇虑及养老。这涉及农民工的就业和住房等问题。

十八大报告提出"促进城乡资源均衡配置"，党的十八届三中全会提出完善社会保险关系转移接续政策，落实到人的城镇化中的社保问题，核心在于提升社保统筹层次。调研发现，很多农民工在农村参加新农合，但长期在城市打工，难得回去，从未享受过待遇，反而都是在城市自费看病。此外农民工的跨省市流动也带来社会保障的接续问题。《城镇企业职工基本养老关系转移接续暂行办法》规定，要在最后参保十年的地方领取养老保险，而不满十年无法领取。该情况往往造成流动性高的农民工只能回农村养老，而他们的家乡往往为落后地区，进一步加剧贫困落后地区的财政负担。

社会保障的全国统筹是最终目标，但并非短期可以实现。各个险种应按照紧迫程度逐步推进，为日后的全国社保统一铺平道路。比如工伤保险，不像养老和医疗保险存在账户积累等复杂的技术问题，加之农民工工作条件较差，工伤纠纷较多，因此应该是流动人口社保体系首先推进的险种。

[①] 保障性住房也属于社会保障的范畴，但本书另立章节予以讨论。本章的社会保障主要指城市的"五险"和农村的"新农合"、"新农保"，以及城市和农村的"低保"制度。

此外，农民工群体内部对社保的支付能力和需求差异很大，社保制度需满足不同层次的需要。较为年长的农民工可能希望回乡养老，因此对他们来讲，最重要的是社会保障的城乡衔接性；而对于工作稳定的新生代农民工，他们希望融入城市，可能对他们来讲，最重要的是社会保障的公平性和统一性，他们希望能够获得和市民一样的社保待遇；而对于高流动性的农民工来说，他们最关注的是社保的便携性，希望社保能实现全国统筹，不需要换个城市就重新退保、参保。

一、我国城乡社会保障制度现状

我国的社会保障制度与城乡二元结构相适应，依循城乡有别的两套保障模式和体制路径。城市社保的基本制度主要包括"五险"；农村社保主要包括"新农合"和"新农保"制度。上述各项制度简介如下：

（一）城市社会保障制度体系

1. 养老"多轨制"，待遇差距大

城市的养老保险制度包括义务性社会保险：企事业单位离退休人员的退休养老保险；自愿性社会保险：城镇居民社会养老保险（城居保）两部分。其中城居保2011年7月开始启动试点，该项目由个人缴费和政府补贴构成，分为每年从100元到1000元的十个档次，具体数额各地政府可根据财政能力和人员状况进行调整。参保人可自主选择缴费档次，多缴多得。每个参保人员都会建立养老保险的个人账户。领取的养老金待遇由基础养老金（中央确定为每人每月55元，全部由中央和地方政府负担）和个人账户养老金两部分构成，支付终身。地方人民政府可以根据实际情况提高基础养老金标准。

而事业单位人员退休养老金和企业人员退休养老金二者实行的不同制度，城镇居民中存在着公务员、事业单位、企业、居民等不同层次的养老保障体系，待遇差距较大，被舆论称为养老"多轨制"。

企业职工的养老保险实行社会统筹和个人账户相结合的办法。根据国务院《关于建立统一的企业职工基本养老保险制度的决定》，企业缴纳职工基本养老费的比例，一般不得超过企业工资总额的20%。个人缴纳基本养老保险费的比例，达到本人缴费工资的8%。国家按本人缴费工资11%的数额为职工建立基本养老保险个人账户，个人缴费全部记入个人账户，其余部分从企业缴费中划入。个人账户储存额只用于职工养老，不得提前支取。

而机关事业单位的养老保险则由财政统一筹资，不需职工个人支付。此外，机关事业单位的养老金标准远远高于企业退休人员：机关事业单位的养老保险替代率为90%~107%，而同期企业退休职工，仅为不到40%。这些政策引起了全社会的关注，国家也正积极进行养老金改革模式的研究。

根据人力资源和社会保障部公布的数据，"截至2010年年末，全国参加城镇基本养老保险的人数为25707万人（参保职工19402万人，离退休人员6305万人），其中参加基本养老保险的农民工人数为3284万人。"

2. 医疗保险制度

城市的医疗保险制度包括城镇职工的基本医疗保险和城镇居民基本医疗保险两部分。

我国从1998年开始建立城镇职工的基本医疗保险，根据《关于建立城镇职工基本医疗保险制度的决定》（国发［1998］44号），城镇所有用人单位，包括企业、机关、事业单位、社会团体、民办非企业单位及其职工，都要参加基本医疗保险。"基本医疗保险费由用人单位和职工共同缴纳。用人单位缴费率应控制在职工工资总额的6%左右，职工缴费率一般为本人工资收入的2%……基本医疗保险基金由统筹基金和个人账户构成。职工个人缴纳的基本医疗保险费，全部计入个人账户。用人单位缴纳的基本医疗保险费分为两部分，一部分用于建立统筹基金，一部分划入个人账户。划入个人账户的比例一般为用人单位缴费的30%左右，具体比例由统筹地区根据个人账户的支付范围和职工年龄等因素确定。统筹基金和个人账户要划定各自的支付范围，分别核算，不得互相挤占。要确定统筹基金的起付标准和最高支付限额，起付标准原则上控制在当地职工年平均工资的10%左右，最高支付限额原则上控制在当地职工年平均工资的4倍左右。起付标准以下的医疗费用，从个人账户中支付或由个人自付。起付标准以上、最高支付限额以下的医疗费用，主要从统筹基金中支付，个人也要负担一定比例。"

而城镇居民基本医疗保险起步较晚，从2007年开始试点，主要覆盖学生、儿童和非从业城镇成年居民。该保险项目的起付标准，即门槛费与城镇职工基本医疗保险持平。缴费标准区分各类人群：学生、儿童每年筹资100元，个人负担60元，政府统筹40元；重度残疾人、享受低保待遇人员、特殊困难家庭人员和低收入家庭60周岁以上老年人，个人不缴费，医疗保险费全部由政府补助；其他非从业城镇成年居民按照每人每年560元筹资，其中70周岁以上的老年人个人缴纳医疗保险费120元，其他非从业城镇成年居民个人缴纳330元，剩余部分由政府统筹。

3. 失业保险制度

1999年国务院发布了《失业保险条例》。《失业保险条例》第六条规定："城镇企业事业单位按照本单位工资总额的百分之二缴纳失业保险费。城镇企业事业单位职工按照本人工资的百分之一缴纳失业保险费。城镇企业事业单位招用的农民合同制工人本人不缴纳失业保险费。"第七条规定："失业保险基金在直辖市和设区的市实行全市统筹；其他地区的统筹层次由省、自治区人民政府规定。"

在《失业保险条例》所确定的失业保险制度的框架下，近年来我国的失业保险制度得到了进一步的发展和完善。相关文件包括：《关于进一步加强就业再就业工作的通知》（2005年）；《关于适当扩大失业保险基金支出范围试点有关问题的通知》（2006年），试点地区的失业保险基金可用于促进再就业的各项补贴，包括职业培训、职业介绍、小额担保贷款贴息等。在试点取得成效的基础上，2008年11月，国务院常务会议决定："扩大失业保险基金适用范围，帮扶困难企业稳定就业岗位。"随后出台的《关于采取积极措施减轻企业负担稳定就业局势有关问题的通知》，要求全国各地根据实际情况制定政策，落实困难企业的认定审批和各项补贴支付办法。

4. 工伤保险制度

我国从2004年1月1日开始施行《工伤保险条例》。《国务院关于修改〈工伤保险条例〉的决定》（以下简称《条例》）于国务院第136次常务会议通过，自2011年1月1日起施行。《条例》规定："中华人民共和国境内的各类企业、事业单位、社会团体、民办非企业单位等组织和有雇工的个体工商户（以下称用人单位）应当依照本条例规定参加工伤保险，为本单位全部职工或者雇工（以下称职工）缴纳工伤保险费。"

5. 生育保险制度

1994年12月，配合《劳动法》的施行，"为了维护企业女职工的合法权益，保障她们在生育期间得到必要的经济补偿和医疗保健，均衡企业间生育保险费用的负担"，劳动部颁发了《企业职工生育保险试行办法》（以下简称《办法》）。《办法》适用于城镇企业及其职工，生育保险按属地原则组织，费用实行社会统筹。职工个人不需要缴纳生育保险费用，由企业按照其工资总额的一定比例向社会保险经办机构缴纳生育保险费，建立生育保险基金。该项提取比例一般不超过企业工资总额的1%。女职工在生育期间可享受生育待遇。

（二）农村社会保障制度体系

1. 新农合制度

2002年10月，党中央国务院作出建立新型农村合作医疗制度（以下简称新农合制度）的决定。2003年，新农合制度开始试点，至今已走过12个年头。我国的新农合制度经历了从无到有，从低水平逐渐走向完善的发展历程，为我国医保实现全民覆盖目标打下了坚实的基础。《人民日报》的报道显示，截至2012年7月，我国已有8.32亿农民参加新农合，住院报销比例超过50%。据报道："目前新农合基金80%是由政府投入，财政资金已成为新农合基金的主要来源。2011年，各级政府对新农合的人均补助标准提高到200元，农民每人缴纳50元，新农合筹资标准达到250元左右。2012年，各级政府对新农合的人均补助标准将提高到240元，新农合筹资标准达到290元"[①]。

2. 新农保制度

2009年6月24日，国务院第70次常务会议审议并原则通过了《关于开展新型农村社会养老保险试点的指导意见》，这标志着我们开始启动新农保试点工作。新农保制度的推进计划是2009年在10%的县（市、区、旗）试

---

① 白剑峰. 新农合制度十年观察：农民看病告别"全自费时代"[N]. 人民日报. 2012-07-12。

点，以后逐步扩大试点，在全国普遍实施，2020年之前基本实现对农村适龄居民的全覆盖，与党中央国务院计划于2020年建设完成覆盖城乡居民的社会保障体系的目标相一致。

党的十四届三中全会确定了我国养老保险制度实行社会统筹与个人账户相结合，新农保制度也采用这一"统账结合"的模式。"新农保实行个人缴费、集体补助、政府补贴相结合的筹资结构。个人缴费目前设100元至500元5个档次，地方政府还可以根据实际需要增设档次，由农民根据自身情况自主选择缴费"[①]。其中中央财政按全国统一的基础养老金标准（目前为每人每月55元）对中西部地区给予全额补助，对东部地区给予50%的补助（另50%由地方政府补助），同时要求地方财政根据自身财力配套每人每年不低于30元的补贴。新农保的个人缴费、集体补助和地方政府缴费补贴，全部记入个人账户。

二、流动人口社会保障的主要问题

本课题组由16名博士后、研究生组成调查小组，分赴我国中东西部的四个调研选点：河南舞钢、湖北鄂州、广东广州和四川成都对各行各业的农民工进行了深度访谈（DI）。调研发现，流动人口的社会保障存在如下主要问题：

（一）流动人口社会保障覆盖率低

2011年，全国人口计生委开展了流动人口动态监测工作。动态监测采取抽样调查和专题调查相结合的方式开展。以流入地为主在31个省（区、市）的城市地区随机抽取若干街道和社区，通过问卷调查方式进行抽样研究；同时根据专题研究的需要，选择部分地区进行问卷调查和专家访谈。抽样调查的全国总样本量为12.8万个家庭，涉及30万流动人口。其中有八成流动人口是农民工。表6-7-1展示了该调查显示的流动人口社保覆盖情况：

[①] 人力资源社会保障部. 建立新农保是党和政府又一项重大惠农政策 [EB/OL]. 2009-09-09，人民网。

全国流动人口社会保障覆盖面（单位：%） 表6-7-1

社会保障类别	老家享有的社会保障			当地享有的社会保障		
	有	无	不清楚	有	无	不清楚
城镇养老	4.2	92	3.8	23.1	74.5	2.4
城镇医保	8.2	88	3.8	26.4	71.1	2.4
工伤保险	2.2	93.6	4.3	25.2	71.0	3.8
失业保险	1.3	94.9	3.9	13.6	83.0	3.4
生育保险	1.6	94.0	4.4	9.9	86.5	3.7
住房公积	0.8	95.1	4.1	5.8	90.8	3.4
城镇低保	0.5	95.6	3.9	—	—	—
农村低保	2.9	92.4	4.8	—	—	—
新农合	45.5	47.5	7.0	—	—	—
农村养老保险	10.3	84.1	5.6	—	—	—

资料来源：2011年全国人口计生委流动人口动态监测数据。

各项社保中，只有新农合一项的覆盖率接近一半（45.5%），而流动人口不在老家工作，难免要花钱在异地看病，无法享受新农合待遇。各项城市社保的覆盖率最高仅20%多，流动人口社保问题的严重性可见一斑。而流动人口中，又有两成左右为外地就业的大学生，如果只考虑农民工群体，则情况势必更差。

1. 失保严重

如表6-7-1所示，流动人口在流入地的参保率极低。课题组通过调研进一步验证了这一事实。

通过访谈，我们发现相比国有大企业，私人企业和个体户中，未签劳动合同的情况更为突出。甚至于有的私人企业因为没有和员工签订劳动合同，直接选择拒绝接受采访，也禁止课题组采访员工。

此外，各险种的参保率差异显著。由于农民工以从事体力劳动为主，较多涉及工伤问题。企业害怕工伤带来纠纷，推动工伤保险的动力最大，因此工伤保险参保率最高。医疗保险方面，大多数农民工缴纳了新农合，但常年打工很少回家，因此没有享受过新农合，多是在城市自费买药和看病。养老保险方面，大多数农民工听说过新农保，但大多数年轻的二代农民工很少考虑养老保险。这一方面是因为工资较低，无暇虑及养老；另一方面，二代农民工普遍年轻，在他们看来，养老仍然是很遥远的事情。对此，政府应加强养老保险的宣传力度，否则当二代农民工退出劳动力市场之时，我国的养老负担将成为不可承受之重。

2. 农民工失保原因探析

如前所述，农民工失保的重要原因是工资水平较低，无力承担社保。此外，区域、城乡之间制度不同与流动人口高流动性也导致了广泛的农民工失保现象。例如访谈中，一位农民工表示："交那干啥，得交多少多少年才能领呢。那我明天不在这儿干了咋整，那钱不都白交了"。这是一个高流动性导致失保的典型个案。只有实现全国社保统筹，才能真正解决农民工社保"流动难"的问题。

此外，调研发现，农民工参保呈现出群体内部差异：打零工的人签订劳动合同及参加社保的比例极低；低收入农民工往往保险意识薄弱，更关注现钱；高流动性的农民工面临社会保险的转移接续困难；工作较为稳定的农民工有更强的市民化需求，也更关注社会保险。群体内部不同的需求对我国农民工社保体系提出了严峻的挑战，而供需的不对接，也成为我国大量农民工失保的重要原因。

（二）社会保障的"流动难"问题

我国城市流动人口数量逐年增长，2000年五普时达到1.2亿，2010年六普时流动人口规模进一步扩大到2.6亿，达到我国人口总量的20%。城乡社保的不对接，工作的巨大流动性，让广大农民工[①]长期挣扎于"社会保障的制度陷阱、不公平陷阱和低水平陷阱"[②]。流动人口的社会保障问题的不断凸显，引起党中央国务院的高度重视，流动人口社会保障制度也经历了从无到有的发展历程。其中2009年颁布的《农民工参加基本养老保险办法》和《城镇企业职工基本养老关系转移接续暂行办法》更是颇受瞩目。

---

① 流动人口当然不仅限于农民工，但农民工作为社会弱势群体，其社保问题却最为典型和突出，因此本文在对流动人口社保的讨论中侧重于农民工。
② 黄匡时. 流动人口的社会保障陷阱和社会保障的流动陷阱[J]. 社会保障研究. 2012, 1。

但"两个办法"发布后,与人们期待中的农民工排队转社保正好相反,出现了农民工排着队退社保的情况。《暂行办法》"未达到待遇领取年龄前,不得终止基本养老关系并办理退保手续"的规定直接导致"农民工退保潮"的出现。农民工工作具有相当大的不稳定性和流动性,《暂行办法》不但没有将他们从旧有的社保制度陷阱、不公平陷阱和低水平陷阱解救出来,反而让他们陷入新的"流动陷阱",至此我们可以理解为何广大农民工着急在养老保险被"锁住"之前将其取出①。

问题的核心是不同制度的接续。课题组就流动人口社保接续问题采访了广东省广州市人力资源和社会保障局的相关负责人,获悉广东省的养老保险已经实现全省统筹。2009年2月,广东省政府印发《广东省企业职工基本养老保险省级统筹实施方案》,每市向省里上交9%的省级养老保险统筹金,实现养老保险关系省内无障碍转移接续。即使职工退休前在最后参保地只工作一个月,也可以在最后参保地享受养老保险。而全国的规定(国办发〔2009〕66号)目前是最后参保10年的地方才可以享受养老保险待遇。广东的政策已经走在全国的前面。

广东的养老保险省级统筹也带来了示范效应。

如2009年6月17日,浙江省政府公布《全省企业职工基本养老保险省级统筹实施方案》,方案明确了基本养老保险省级统筹中省、市、县(市)各级政府的责任,力促全省范围内养老保险参保人员的跨地区合理流动②。

2009年9月22日,江苏省政府常务会议审议通过了《江苏省企业职工基本养老保险省级统筹实施意见》(以下简称《意见》)。《意见》实施后,江苏省原有的三档养老保险单位缴费比例:20%、21%和22%将统一为一档;职工个人的缴费比例则统一为8%(个体工商户的雇工也缴纳8%,个体工商户主为其缴纳12个百分点)。此外,江苏省统一编制和实施企业职工基本养老保险基金预算。各地基金预算内的收支缺口由省级统筹调剂金适当补助,其余由地方适当运用当地历年基金结余、财政资金配套补助③。

---

① 黄匡时. 流动人口的社会保障陷阱和社会保障的流动陷阱[J]. 社会保障研究. 2012,1。
② 岳德亮. 浙江养老保险将实现省级统筹[N]. 浙江市场导报. [2009-06-19]。
③ 戚庆燕. 江苏省年内将实现养老保险省级统筹[N]. 扬子晚报. [2009-10-09]。

2009年10月1日，山东省开始实行企业职工基本养老保险省级统筹，中央财政、省财政补助资金和各市上解的调剂金由省级统一调剂使用，各市养老保险缴费基数、比例及基本养老保险待遇实现全省统一①。

2009年10月21日，辽宁省政府公布，辽宁省开始实行城镇企业职工基本养老保险省级统筹制度。即养老保险的缴费基数和比例全省统一，个人账户的转移、接续在省内不再有任何障碍。流动人口缴纳养老保险，如果转入辽宁省其他城市，可以直接在流入地继续缴纳养老保险。

谈到流动人口社会保障制度目前的困境，广州市人力资源和社会保障局的相关负责人表示，一项制度的推进需要过程，新农保2009年推出，目前看来普及需时。很多年轻的农民工，还考虑不到几十年后的养老问题，因此参保不积极（这与上一部分本课题组在农民工访谈中整理出的结论相吻合）。

关于流动人口社会保障制度的未来发展，接受采访的广州市人力资源和社会保障局相关负责人表示，核心是要研究不同制度的接续办法。

三、各地流动人口的不同社保模式与反思

随着农民工社保问题日益凸显，而全国统一的社保模式短期内尚难实现，拥有大规模流动人口的一、二线城市开始率先推出专门针对流动人口的城市社会保障模式。本部分的内容包括三种大城市流动人口社会保障的模式及笔者对每种模式的反思。

（一）大城市流动人口社会保障的不同模式

1. 综合模式："另立门户"

综合模式的代表地区是上海。之所以称为综合模式，是因为这种流动人口社保模式不像普通城保分项考虑养老保险、工伤保险、医疗保险以及其他险种，而是将流动人口的各种险种一并考虑，制定出针对流动人口的综合的社保制度。

这一模式是独立于城镇职工社会保障体系之外的，它考虑到农民工群

---

① 赵小菊. 山东省将实行企业职工基本养老保险省级统筹［EB/OL］. 山东省人民政府网站.［2009-09-19］.

体流动性强、收入低的特点，另立门户，为农民工设计了独立的社会保障制度。这项制度是上海最先实施的，制度设计的初衷是解决农民工低标准的保障问题。

2002年9月，上海出台《外来从业人员综合保险暂行办法》，由政府强制实施，在全国首创了农民工社会保障制度，着力解决外来从业人员最关切的工伤、看病、养老三大难题。用人单位为其缴纳综合保险费（工资的12.5%）后，外来从业人员可以享受工伤保险、住院医疗、老年补贴三项基本待遇和日常医药费补贴待遇。

随后，成都市参照上海市综合保险的模式，定于2003年3月1日开始，对那些没有城镇户口的在成都市打工的农民工，实施包括老年补贴、住院医疗费保险、工伤补偿或意外补偿在内的综合社会保险。

如今，上海、成都、大连的流动人口社保政策是这种模式的代表。

2. 城保模式：纳入城市社保

城保模式的代表地区是广东。顾名思义，这种模式不像综合模式，为流动人口社保另立门户，而是将流动人口作为扩大城镇社会保障制度覆盖面的对象，纳入到固有的城镇职工社会保障制度体系之内。1998年9月，广东省颁布了《广东省社会养老保险条例》，明确把农民工纳入社会保险覆盖范围，在2000年扩大社会保险覆盖面时，提出重点对象就是农民工。

根据课题组对广州市人力资源和社会保障局相关负责人的访谈情况，总体来看，广州市的流动人口社保覆盖率高于全国平均水平。相比全国的普遍状况"绝大部分流动的劳动力没有养老、工伤、医疗、失业等基本社会保障"，广州作为"最受外来工欢迎的城市"，流动人口社保的普及状况更好一些。以养老保险为例，根据广州市人力资源和社会保障局相关负责人于2012年5月提供的数据，目前在广州人社局登记就业备案的368万外来工中，有171万参加了养老保险，比例接近50%。在新型农村社会养老保险（新农保）的推进方面，广州也走在全国前列。我国从2009年推出新农保，而广州2008年就已经推出。

自广东之后，河南、陕西、甘肃等吸纳农民工较多的省份都采用了"城保模式"。

3. 次城保模式：低收费与低收益

次城保模式的代表地区是北京。这种模式介于上述两种模式之间，既是针对流动人口单独制定，又接近和仿照于现行的城镇职工社保体系。因其对农民工参加城镇职工社会保险采取不同于城镇职工的"双低"（低收费、低受益）政策，又被称为"双低"模式。此种模式以各险种顺序推进、辅之以政策的配套改革为主要特征。具体措施即优先发展工伤与医疗保险，降低农民工参加社会保险的门槛，同时降低其社会保险受益水平，并对一些相关政策进行配套改革。

以北京市为例，北京在现行城镇职工社会保险制度的基础上，创立了适当降低参保门槛，降低缴费水平，同时降低社保待遇的针对农民的社保制度。农民工与用人单位解除劳动关系时，可一次性领取养老金。该模式的特点一是"双低"，即低缴费、低保障；二是农民工可以一次性领取养老金。

次城保模式目前是农民工社会保障的主流模式。北京、重庆、青岛等市的农民工养老政策是这一模式的代表[①]。

（二）对流动人口社保不同模式的反思

1. 综合模式：不利于城乡社保统筹

综合模式费率较低，降低了企业的缴费负担，而且农民工个人不缴费，有利于调动农民工参保的积极性；此外，此种模式管理成本低，可操作性强，减少了用人单位和经办机构的工作量；综合模式的另一特色是，养老待遇的一次性支付。这有利于解决长期困扰的农民工频繁流动问题，也减轻了政府未来需承担的养老金支付压力。

但是这一模式的社会保险项目不全，农民工被排除于失业和生育保险之外。这一制度模式一方面带来社会保障公平性的问题；另一方面与城市和农村社保制度都不衔接，从长远来看，不利于我国城乡统一的社会保障目标的实现。此外，综合模式中企业雇用农民工的社保缴费率较低，为降低劳动力成本，许多企业会更愿意雇用农民工，造成就业市场

[①] 赵小菊. 山东省将实行企业职工基本养老保险省级统筹［EB/OL］. 山东省人民政府网站.［2008-09］.

新的不公平①。

2. 城保模式：实现难度大，参保率低

城保模式试图将农民工纳入到现行的城市社会保障体系之中，这有助于我国城乡统一的社会保障目标的实现，同时在制度设计层面上体现了社会公平。这种模式既有利于企业之间的公平竞争，也有利于农民工和城镇职工在劳动力市场上的公平竞争，也有利于缓解当前城镇社会养老金发放的压力。

但是城保模式费率偏高，按照城镇职工的标准缴费可能会超出农民工的承受能力，致使用人单位和农民工个人都缺乏参保积极性。此外，较长的缴费期与农民工的高频率流动之间存在矛盾，因退保而中断社会保险关系的情况比较突出①。

3. 对次城保模式的反思：保障水平低

有学者认为该模式在制度设计上实现了社会公平，体现了政府对农民工社会保障权益的高度重视，保障项目的"仿城"形式，有利于与城镇职工社会保障制度接轨，特别是缴费低，农民工与用人单位的负担较轻。

但也有学者认为较低保障水平限制了部分农民工社会保障待遇的提高①。

综观三种模式，可以看出，合理的流动人口社会保障模式与更宏观的社会制度背景相勾连。比如现行的户籍制度，限制了人口自由流动，给流动人口社会保障的制度设计带来重重障碍。因此，如果没有全方位的制度创新做支撑，试图通过流动人口社会保障的制度设计来解决"半城镇化"的问题只能是徒劳无功。

四、社保问题的对策与改革方向

关于社会保障问题的对策及未来的改革方向，笔者认为提高社会保障统筹层次是解决问题的关键；其次是应该建立适应不同支付能力的多层次社会保障体系。

---

① 李爱芹等. 我国农民工社会保障制度的缺陷和完善——以广东模式和上海模式为例［J］. 农业现代化研究. 2009，5。

（一）建立适应不同支付能力的多层次社会保障体系

农民工群体内部对社保的支付能力和需求差异很大，社保制度需满足不同层次的需要；各个险种应按照紧迫程度逐步推进，为日后的全国社保统一铺平道路。这也是前文的访谈结论。不同农民工有不同的需求，较为年长的农民工可能希望回乡养老，因此对他们来讲，最重要的是社会保障的城乡衔接性；而对于工作稳定的新生代农民工，他们希望融入城市，可能对他们来讲，最重要的是社会保障的公平性和统一性，他们希望能够获得和市民一样的社保待遇；而对于高流动性的农民工来说，他们最关注的是社保的便携性，希望社保能实现全国统筹，不需要换个城市就重新退保、参保。

正是由于农民工群体内部的异质性，社保制度也应分类分层次。对于那些渴望融入城市的新生代农民工，国家应通过逐步放开户籍，帮他们实现从农民到市民的身份转化；对于其他农民工，政策核心仍然是完善流动人口的社保政策。前文分析了目前各种流动人口社保制度的利弊，由于财政能力、管理体制等问题，我国实现全民统一的社保体系仍然很渺茫。那在制度推进中，就需要考虑为未来的统一铺平道路，以及各个险种的优先次序。比如工伤保险，不像养老和医疗保险存在账户积累等复杂的技术问题，此外农民工工作条件较差，工伤纠纷较多，因此应该是流动人口社保体系首先推进的险种。此外，我国目前的社保体系已经是城乡二元体制，流动人口社保应尽量在这一体制范围内推进。比如流动人口社会保障的"综合模式"虽然可以应一时应急，究竟不是长久之道，因为它将我国社保体系的二元推向了三元，为日后全国的社保统筹带来了新的障碍。

（二）提高社会保障统筹层次是解决问题的关键

社会保障的核心问题是不同制度的接续，提升社保统筹层次是解决问题的关键。具体推进上应先鼓励各地进行省内统筹，可将其纳入考核指标体系，进而为区域统筹和全国统筹打下基础。不同制度的接续既包括前后制度的时间方面，也包括空间方面。比如访谈中，很多农民工在农村参加新农合，但长期在城市打工，难得回去，从未享受过待遇，反而都是在城市自费看病。此外农民工的跨省市流动也带来社会保障的接续问题。

因此，流动人口的高度流动性令建立合理的流动人口保险基金转移办法势在必行。这对我国提升社保统筹层次，统筹横向和纵向转移支付，以及社会保障体系的信息化建设都提出更高的要求。理想的情况是，社保体系实现全国联网，让农民工不必换个城市就要重新退保、参保，也不会面临统筹账户的利益损失[1]。当然，这对横向统筹提出了非常高的要求，需要各省，尤其是以东部发达省份、财政能力相对较强的农民工流入大省为主，建立流动人口社保转移支付专项基金。如此我国的流动人口社保就有望实现欧盟的分段计算。如一个人在北京工作5年，上海工作3年，成都工作7年，累计达到15年，各地就可以根据他工作的年数算出其养老金数额，再通过横向转移支付，该人就可在最后工作地享受养老保险，而不会出现像现在《暂行办法》规定的要在最后参保10年的地方领养老保险，而不满十年无法领取的情况[2]。该情况往往造成流动性高的农民工只能回农村养老，而他们的家乡往往为落后地区，这将进一步加剧贫困落后地区的财政负担。

具体推进上，省内统筹是区域统筹以及全国统筹的重要基础。我国目前社保制度最大的问题就是碎，国家、各层级地方都有自己的社保文件，给全国统筹带来极大困难。调研中我们发现，发达地区是有能力进行省内统筹的。如广东省的养老保险已经实现省内统筹，各地上交9%的省级养老保险统筹金，作为省内统筹的资金保障。

本文认为国家应将社会保障的省内统筹纳入各地考核指标体系，鼓励财政统筹能力较强的发达地区先实现省内统筹。而对于有困难的地区，建议国家予以补贴。

（三）提高流动人口社会保障的转移接续

党的十八届三中全会提出完善社会保险关系转移接续政策，整合城乡居民基本养老保险制度、基本医疗保险制度。说明党中央高度重视流动人口社保"流动难"和城乡公共资源均等化的问题。

---

[1] 李爱芹等. 我国农民工社会保障制度的缺陷和完善——以广东模式和上海模式为例 [J]. 农业现代化研究. 2009，5。

[2] 黄匡时. 流动人口的社会保障陷阱和社会保障的流动陷阱 [J]. 社会保障研究. 2012，1。

对于上述流动人口社会保险"流动难"的问题，流动人口"个人账户"应该具有便携性，可以跟随个人流动。在具体的操作层次，目前流动人口社保问题的症结在于"流动"。由于我国目前社保统筹层次较低，流动人口即使参保，流动时也面临社保基金的损失。而提升社保统筹层次，甚至实现全国统筹，虽然是美好的发展方向，但操作上难度很大，不是短时间可以实现的。在这样的情况下，通过过渡性的政策手段解决流动人口社保流动难的问题，就成为比较理想的权宜之计。

从公平性的角度来讲，养老保险、医疗保险是"统账结合"的管理体制，即社会统筹和个人账户相结合。其中社会统筹的部分各地有差异，转移有困难，可能需要先依托省级统筹，再由中央政府协调，试点人口流出大省和人口流入大省之间的省际统筹，以期最终实现全国统筹的目标。但个人账户部分是流动人口自己缴纳的，当个人发生流动时不予退还，显然是不合理的。因此，流动人口"个人账户"跟随个人流动，是目前亟待推行的社保改革政策。

第八章　住房与人的城镇化

居住是人类生存需求的基本保障之一，也是农民工城镇化的基本物质条件。能否得到稳定的居所，对于农民工的生存、发展和尊严具有重要意义。

目前，从农民工居住情况的变化看，独立租赁住房以及在工地工棚、单位宿舍、生产经营场地居住的农民工比例呈下降的趋势，而与人共同租赁住房比例呈上升态势。由于农民工的收入水平较低，绝大多数城市的房租超过了他们的经济承受能力。农民工大多通过非正规的租赁渠道，集中居住在城市高层建筑的地下室、城乡结合部以及简易房、临建房等环境条件较差的住房，过着一种"有工作而无生活"的生活。居住在城市边缘，使农民工难以真正融入城市。虽然多数农民工在城市定居的意愿很强，但由于无力承受城市房价的居高不下。于是，环境较好、价格较合理的县城成为中年以上农民工购房的首选。

为此，在解决农民工住房问题时，首先要注重生产和生活的结合，尤其是工业园区；其次，各县镇要积极推动出台农民工购房的优惠政策，鼓励农民工到离家较近的县镇购房；第三，要为农民工提供多元化的住房选择；第四，要完善住宅和综合服务配套设施，保障农民工正常的家庭生活，促进其尽快融入城市，最终实现城镇化。

一、城市农民工的住房现状

我国农民工在城市中的住房状况主要呈现出以下特点，大多数农民工的住宿问题由单位或雇主解决，但数据显示，这个特征正呈现下降趋势，而回家居住，到县城购房比例呈现上升趋势。大部分农民工的居住条件和居住环境较差，难以满足基本的生活需求，农民工在城市的定居意愿非常强，但购买力较低。

（一）单位或雇主提供住宿为主，但呈下降趋势

据国家统计局《2011年农民工监测调查报告》和《2009年农民工监测调查报告》的数据显示：受雇的农民工，由雇主或者单位提供集体宿舍的占32.4%，较2009年的33.9%低1.5个百分点；在工地或工棚居住的占10.2%，较2009年的10.3%低0.1个百分点；在生产经营场所居住的占5.9%，较2009年的7.6%低1.7个百分点；与他人合租住房的占19.3%，较2009年的17.5%高1.8个百分点；独立租赁住房的占14.3%，较2009年的17.1%低2.8个百分点；有0.7%的外出农民工在务工地自购房，较2009年的0.8%低0.1个百分点（表6-8-1）。外出农民工在东、中和西部不同地区的居住条件存在较大差异，相比于中西部地区，东部地区外出农民工在工棚、工地、生产经营场所居住的人数比例较低，居住条件相对较好。

外出农民工在不同地区务工的住宿情况（单位：%）　　表6-8-1

住宿方式	时间	全国	东部地区	中部地区	西部地区
单位宿舍	2011	32.4	35.2	28.9	24.0
	2009	33.9	—	—	—
工地工棚	2011	10.2	7.4	15.6	16.8
	2009	10.3	—	—	—
生产经营场所	2011	5.9	5.2	7.3	7.5
	2009	7.6	—	—	—
与他人合租住房	2011	19.3	20.9	14.5	16.8
	2009	17.5	—	—	—
独立租赁住房	2011	14.3	14.2	12.4	16.3
	2009	17.1	—	—	—
务工地自购房	2011	0.7	0.6	0.8	1.0
	2009	0.8	—	—	—
乡外从业回家居住	2011	13.2	13.2	15.2	11.5
	2009	9.3	—	—	—
其他	2011	4.0	3.3	5.3	6.1

资料来源：国家统计局《2011年农民工监测调查报告》。

由以上数据可以看出，2011年外出农民工由雇主和单位提供住房的比

例由2009年的51.8%，下降到了48.5%，下降了3.3个百分点；租赁住房的比例由2009年的34.6%，下降到了33.6%，下降了1个百分点，其中与他人合租的比例提高了1.8个百分点，独立租赁住房的比例下降了2.8个百分点。

据国家统计局《2011年农民工监测调查报告》显示，8.8%的农民工雇主或单位不提供住宿，但有住房补贴，较2009年的7.4%，提高了1.4个百分点；41.3%的农民工雇主或单位不提供住宿也没有住房补贴，较2009年的42.1%，下降了0.8个百分点；雇主或者单位不能提供住宿的农民工，平均每人每月的居住支出是335元，占其月平均收入的16.0%，较2009年的每人月均居住支出245元，提高了90元。

从外出务工农民工的居住情况变化看，独立租赁住房以及在工地工棚、单位宿舍、生产经营场所居住的人数比例呈下降趋势，而与他人共同租赁房的比例呈上升的态势。有四成左右的雇主或单位不提供住宿，也没有住房补贴。

据张新民等于2008年对《广州市番禺区大岗镇农民工出租屋调查》的资料显示：大岗镇流动人口居住形式包括出租屋、企业宿舍、工棚工地、其他等[1]。2008年流动人口的上述居住形式所占比例分别为77.6%、21.4%、0.8%、0.2%，出租屋和企业宿舍两种形式所占的比例为99%，出租屋为流动人口居住的主要方式，如表6-8-2所示。

2001~2008年大岗镇流动人口居住形式和人口数量　　　表6-8-2

居住形式	2001	2002	2003	2004	2005	2006	2007	2008
出租屋	30362	32716	27925	25360	19787	30789	29187	37840
企业宿舍	9686	9755	12606	14680	18583	10830	14307	10447
工棚工地	448	475	292	948	350	140	325	375
其他	203	216	918	247	156	257	367	113
合计	40699	43162	41741	41235	38876	42016	44186	48775

资料来源：番禺区大岗镇出租屋流动人员管理服务中心提供。

据2007年成都市总工会《成都市农民工问题调查及其对策》显示：成

---

[1] 张新民，荣西武. 广州市番禺区大岗镇农民工出租屋调查[J]. 城市发展研究. 2009. 12：86-94。

都市78.1%的农民工居住于用工单位提供的宿舍、工作地点或城乡结合部的违建出租房，居住环境人群复杂、设施简陋、卫生条件差，不同程度上存在安全隐患。同时，有45%的农民工表示"不知道"在居住地是否有能够为他们提供相关服务的机构，大多数农民工遇到的社会服务问题是"住集体宿舍找单位解决、住出租房找房东交涉"[1]。

据清华大学调查组2012年5月在广州市的调研资料显示：流动人员集中居住于白云、番禺、天河、海珠等区的城乡结合部，以出租屋、单位宿舍、自购房为主，三者数量分别是505万、185万和24万，分别占70%、26%和3%。

（二）回家居住、到县城购房比例呈上升趋势

据国家统计局《2011年农民工监测调查报告》和《2009年农民工监测调查报告》显示[2]：有13.2%的外出农民工在乡镇以外从业但每天回家居住，较2009年的9.3%高3.9个百分点。由此可见，乡外从业回家居住的比例呈上升态势。

回家居住的比例上升这一态势可能由以下原因引起。第一，在工作地的生活开销过大，尤其是租房花费太高，而居住环境差、缺乏基本的公共服务设施。第二，对家乡的认同感和归属感所致；第三，县域经济的发展，吸纳了大量的农村转移劳动力，使农民工在乡外工作的通勤半径变小，回家居住的可能性增大。

此外，清华大学调研组调查的资料显示：虽然多数农民工的定居意愿很强，但由于收入过低，根本无力承受城市房价的居高不下。这使得环境较好、价格较为合理的县城成为农民工购房的首选，尤其是中年以上的农民工。

（三）居住环境较差，难以满足基本生活需要

目前，农民工的居住问题，在多数城市还处于放任自流的状态。进城农民工中，除极少数务工时间较长、有一定的储蓄，能够购买商品房的群体的居住条件很好外，绝大多数居住状况较差。

---

[1] 成都市总工会，成都市农民工问题调查及其对策，2007年7月。
[2] 国家统计局《2011年农民工监测调查报告》。

据2006年国家统计局《城市农民工生活质量状况调查报告》显示，近40%的农民工居住在工棚或集体宿舍里，地方狭窄拥挤，室内肮脏零乱，除了被褥衣物，几无他物。特别是近几年，很多城市由于城中村改造及城区的拓展，市区内楼房的月租金不断提高，导致农民工的居住成本不断增加，农民工被迫选择在城郊结合部居住，几个人或全家人居住在20~30m^{2}的房子内，生活空间狭小，周边环境差，交通不便利，没有安全保证[1]。

据建设部2006年的调查，农民工人均住房面积很低，居住集体宿舍的农民工人均面积只有5m^2。其中，集中居住在建筑业单位提供的工棚或宿舍的人均面积不足3m^2，三人以上合住一间住房的占半数以上，居住环境恶劣，多数房屋缺少阳光、通风、集中取暖、独立卫生间等条件，阴暗、潮湿，卫生条件差[2]。

据国务院发展研究中心课题组2010年的抽样调查资料显示（图6-8-1），近80%的农民工居住在功能不全的临建房或简易房，大部分位于城乡结合部的农民出租房、城中村、城市中的老平房、居民楼地下室等。这些房子位置偏远、居住条件差、环境恶劣、功能不完善，没有厨房、卫生间，且建筑密度大、安全隐患高[3]。

农民工目前的居住

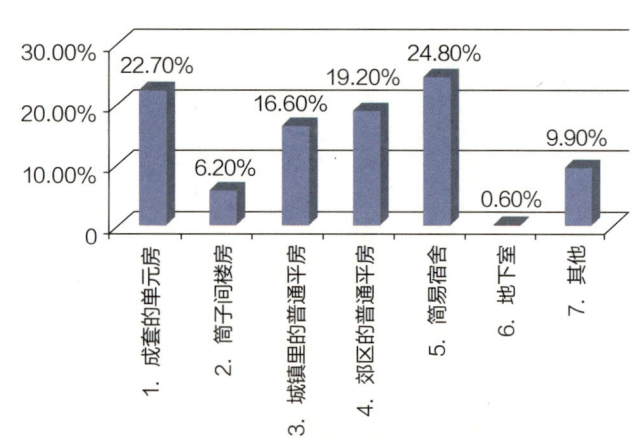

图6-8-1 农民工居住房屋类型

资料来源：国务院发展研究中心."促进城乡统筹发展，加快农民工市民化进程研究"课题组2010年抽样调查数据

---

[1] 国家统计局. 城市农民工生活质量状况调查报告. http://www.stats.gov.cn/tjfx/fxbg/t20100319_402628281.htm。

[2] 解决农民工住房是推进城镇化健康发展的必由之路，中国城市网，[2011-07-29]，http://www.cityofchina.org/news.php?id=4194。

[3] 国务院发展研究中心."促进城乡统筹发展，加快农民工市民化进程研究"课题组2010年抽样调查数据。

现状，非常不利于农民工在城市的生存、安定和发展。首先，这样的居住现状难以满足基本生活需求。农民工一般从事高强度的体力劳动，但长期住在阴暗、潮湿，卫生条件差的地方，不利于身心健康。其次，农民工大部分正处在青壮年时期，多是集体居住，父母、夫妻、子女长期两地分居，带来许多赡养、教育、婚姻、社会认知、社会生活等方面的问题，长此以往，极易严重扭曲农民工的人际关系和行为规范。第三，现有居住环境只能解决农民工的睡觉和休息等基本需要，而健康的文体、休闲、娱乐等精神需求以及一般的学习需求等无法得到基本满足，农民工过着一种"有工作而无生活"的生活，这不仅不利于农民工自身素质和技能的提高，影响其发展、进步，也不利于生产效率的提高。

北京石景山老山社区是一个农民工聚居的地区。据清华大学调研组的调查资料显示：老山社区流动人口租住的房屋是由废弃的工厂改造而成。室内的居住面积一般在 $12m^2$ 左右，大多住老少三代5、6口人。租住房屋的基础设施较差，无洗澡设备，夏天主要依靠简易塑料水袋晒水解决洗浴问题。对于人口较多的家庭，简易塑料水袋晒水根本无法解决全家人洗浴的问题。在炎热的夏天，大量流动人口也只能通过擦拭消暑和解决个人卫生问题。房屋内没有地下水，没有厕所，社区内有公共厕所，卫生条件一般。

（四）定居意愿强，但住房购买力低

据国务院发展研究中心课题组2010年抽样调查资料显示，对于那些想在务工地定居的农民工，对改善住房的期望方式主要是：38.6%的人期望能购买商品房，44.2%的人期望能购买经济适用房或两限房，12.3%的人期望能申请廉租房或公共租赁房，4.8%的人表示要自己租房[①]（图6-8-2）。

根据建设部课题组的调查，目前拟在城市买房的农民工已占到21%，且多数愿意在目前就业城市购房。但74.1%的农民工能承受的购房单价在 $3000元/m^2$ 以下，19.0%的农民工能承受 $3000\sim4000元/m^2$，很少农民工能承受 $4000元/m^2$ 以上的房价；67.5%的农民工能承受的购房总价在20万元

---

① 国务院发展研究中心，"促进城乡统筹发展，加快农民工市民化进程研究"课题组2010年抽样调查数据。

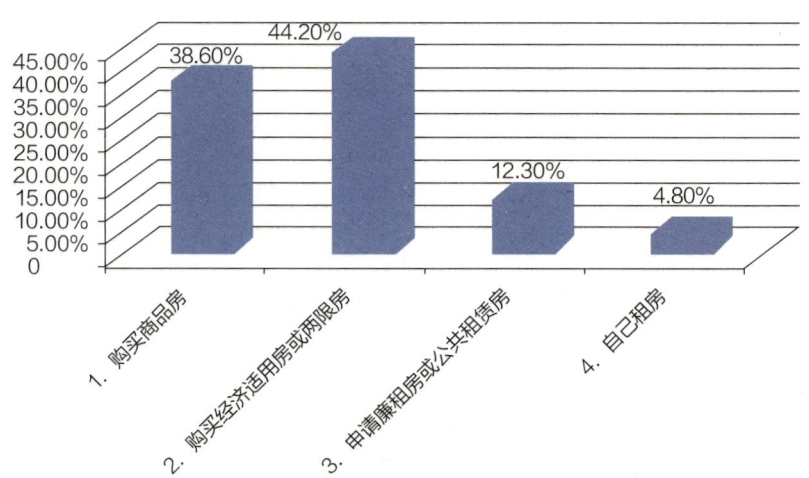

图6-8-2 农民工在城镇定居对改善居住条件的期望

资料来源：国务院发展研究中心，《促进城乡统筹发展，加快农民工市民化进程研究》课题组2010年抽样调查数据

以内，21.2%的农民工能承受的购房总价在20万~30万元之间。目前，大中城市最低价的房屋都远远高于他们的承受力[①]。

农民外出务工的收入普遍较低，2011年外出务工农民工的月均收入为2049元，比2010年增加了359元，增长了21.2%。分地区看，在东部地区务工的农民工月均收入为2053元，比2010年增加了357元，增长了21.0%；在中部地区务工的农民工月均收入为2006元，比2010年增加了374元，增长了22.9%；在西部地区务工的农民工月均收入为1990元，比2010年增加了347元，增长了21.1%。近两年，外出务工农民工的收入增速加快，中、西部地区的增幅高于东部地区，东部和中、西部地区的收入差距缩小[②]，如图6-8-3所示。

受全国大中城市房价较高的约束，目前能够在城市购房的农民工人数比例较低，只有少数企业的管理者、技术骨干或者成功的个体工商户才有能力在城市购买商品房。根据国家统计局《2011年农民工监测调查报告》的调查显示，仅有0.7%的外出农民工在务工地购买住房。

另据清华大学调研组的调查资料显示，被调查地区有部分经济收入较

---

① 金三林. 解决农民工住房问题的总体思路和政策框架[J]. 开放导报. 2010（3）：40—44.
② 国家统计局《2011年农民工监测调查报告》。

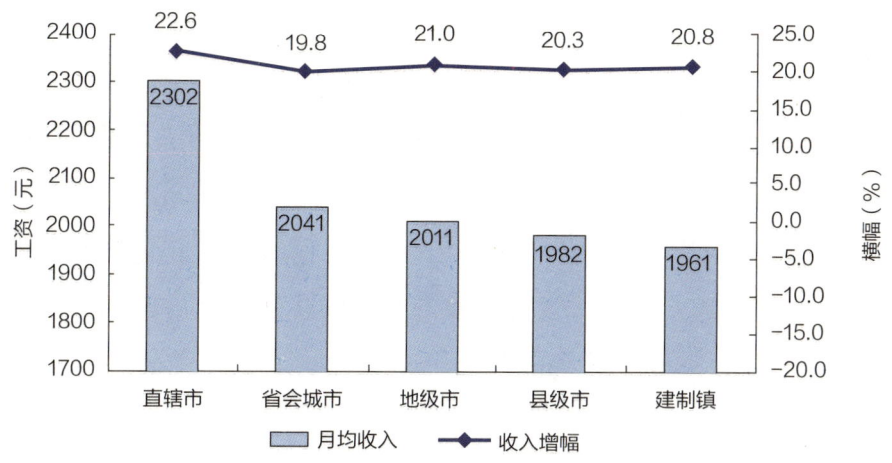

图6-8-3　2011年不同务工地区外出农民工月均收入水平及增幅

资料来源：国家统计局《2011年农民工监测调查报告》

好的农民工在镇上购买了住房，花费在30万元左右。在成都的调查发现，虽然成都市推行了购房落户的相关政策，但仅有极少数农民工打算在成都市买房，以方便子女上学，或为子女成年后在成都市发展做准备。绝大部分农民工既无意愿也无能力留在大城市生活，而农村的低收入也不再是他们能够接受的了，他们普遍不愿意或者不能回到农村生活。对于年纪稍大的农民工来说，他们更倾向于用其在城市务工积攒下来的钱将农村的老宅翻新或建新房，以备年老后回老家居住。据调查，在农村翻修老宅的花费一般在10万元左右。而对于年纪越轻的农民工来说，多数会选择在老家附近中小城市购房。

（五）能支付的房屋租金低

由于大部分雇主或单位不给农民工提供住宿和住房补贴，而进城农民工又没有资格享受城镇的保障性住房。在无力承受商品房价格的情况下，只能通过市场非正规租赁渠道，租住在城市高层建筑的地下室、城乡结合部、简易房、临建房等环境和条件较差的住房。76.2%的农民工目前能承受的月租金在100~300元之间，占农民工月收入的20%左右，远低于城市现实的房租水平[①]。据国家统计局的调查资料显示，农民工每月人均居住支

---

① 金三林. 解决农民工住房问题的总体思路和政策框架[J]. 开放导报. 2010，3：40-44。

出仅为335元，近两成的农民工采取多人合租的方式居住①。

据2009年国家发改委"城市和小城镇改革发展中心"对广州市番禺区的调查资料显示：番禺区农民工居住在出租屋的占农民工总数的70.48%，番禺区围院式出租屋租金一般是300~350元/月，面积在30~50m²之间。本地居民改造的套间一般是150~250元/月，面积在20~30m²之间，租金价格较低②。据清华大学调研组在成都中心区的八里桥社区以及位于城乡结合部的洞子口五福桥社区等的调查资料显示：成都市的外来务工农民工主要以租房为主，居住环境较差。租住的住房类型多为平房，使用面积在10~30m²之间，租金每月在300~700元之间，农民工支付房屋的租金占其工资收入的1/6左右。

二、城市农民工住房存在的问题

城市农民工在住房方面主要存在的问题包括：居住分异，难以真正融入城市；缺乏稳定的居住场所；政府制定的住房政策难以真正落实。

（一）居住分异，难以真正融入城市

大部分农民工集中在"城中村"、城乡结合部居住，远离城市中心区，与城市户籍居民隔离。他们的居住面积大多在人均7m²以下，配套设施不完善，没有卫生设施，没有独立厨房，生活设施差，居住条件恶劣，与城市户籍居民的居住水平差距越来越大。尤其是近几年，由于城市房价、房租的过快增长，"城中村"等农民工集聚地的改造不断加快，城市边缘不断向远郊区扩展，使得农民工的居住成本以及通勤成本快速上升，他们的生活受到较大影响。改善居住条件已成为农民工最迫切的民生要求。

农民工的居住条件与环境，拉大了农民工与城市的距离，容易引发诸多社会问题。首先，农民工居住条件差，在为城市发展付出汗水、做出贡献的同时，未能分享到城市发展带来的生活条件的改善，未能获得高品质的文化娱乐、医疗卫生、体育休闲等生活服务，容易产生心理上的不平衡。其次，农民工多数集中居住在务工场所、城郊和城中村，形成相对独立的

---

① 国家统计局《2011年农民工监测调查报告》。
② 范毅. 解决农民工住房问题的思考. 中国城市发展网. 2012-02-29。

居住区，与城市居民住宅小区相互隔离，居住分异使农民工与城市居民的沟通交流极少，与城市主流生活隔绝，难以融入城市居民生活，难以对城市形成归属感和认同感。第三，相对独立的居住区，使农民工倾向于与同乡扎堆居住与交往，客观上形成了自身的生活圈子，远离了城市的生活氛围。

农民工的居住方式已经形成了一种独特的城市社会现象，这一群体与城市社会有着较深的隔膜，处于游离状态，由于他们大多脱离了家庭的约束和正常的社会组织行为规范，一旦在生活上遇到困难，人身权益受到侵害，尊严受到歧视，长期的失望与无助，一部分人容易铤而走险、个别的甚至走向犯罪，从而增大了社会的不安定因素。

（二）缺乏稳定的居住场所，难以真正实现人的城镇化

大多数农民工难以有固定的住所，往往在哪里工作就在哪里居住。由用工单位提供简易工棚居住的建筑业农民工流动性很大，居住地变化很快；居住在集体宿舍的制造业农民工，对用工单位存在住房依赖关系，一旦失业就会失去住所，未找到工作前和换工作的间隙往往居无定所；租房住的农民工也面临频繁更换住所的问题，一方面由于农民工租住的多是面临拆迁或临时搭建的"违章建筑"，随时可能被拆除，因此其住房更换相当频繁。另一方面，随着城市住房价格和房租的上涨，农民工为了降低住房成本，不断地向城市更边缘、租金更低的地区搬迁。

据调查，2006年上海农民工更换居住地1~4次的比例依次为27.5%、11.8%、5.5%、2.9%，更换过5次以上的占1.6%。农民工由于没有相对稳定的、适于家居生活的住所，随时有可能回流到农村。数以亿计的农民工不断地在城乡之间频繁流动，过着候鸟式的生活，很难在城市定居，获得与城市市民一样的社会保障和公共服务的权利，真正融入城市生活。这种流动而非迁移的农村剩余劳动力转移模式使我国城镇化的推进明显乏力，人的城镇化难以实现。

（三）政府住房政策难以真正落实

由于农民工收入水平低，住房支付能力弱，大中城市商品房的购买价格和租金比较高，超出了大部分农民工的可支付水平，更多的农民工希望

得到政府政策的扶持，以解决在务工城市的住房问题。据国务院发展研究中心课题组2010年的抽样调查资料显示：农民工期望得到政府住房政策扶持的意愿增强。期望政府建设专门的农民工公寓的人占22.9%；期望放开购买政策性住房的限制的人占20.1%；期望单位提供更舒适卫生的集体宿舍的人占17.1%；期望单位提供住房补贴的占16.3%；期望单位缴纳住房公积金的人占12.6%；期望政府改善外来人口集聚区的生活环境的人占11.1%[1]（表6-8-3）。

农民工希望得到政府政策扶持的意愿　　　　表6-8-3

意愿	占比
政府建设专门的农民工公寓	22.9%
政府放开购买政策性住房的限制	20.1%
单位提供更舒适卫生的集体宿舍	17.1%
单位提供住房补贴	16.3%
单位缴纳住房公积金	12.6%
政府改善外来人口集聚区的生活环境	11.1%

资料来源：解决农民工住房是推进城镇化健康发展的必由之路．中国城市网，2011-07-29。

国务院在2010年11月发布的《关于解决农民工问题的若干意见》中提出：多渠道改善农民工居住条件。招用农民工数量较多的企业建农民工集体宿舍。农民工集中的开发区和工业园区建员工宿舍。把长期在城市就业与生活的农民工居住问题，纳入城市住宅建设发展规划。有条件的地方，城镇单位聘用农民工，用人单位和个人可缴存住房公积金，用于农民工购买或租赁自住住房。

全国各地为解决农民工的住房问题都相应地出台了一些政策和措施。有些省份已经将农民工纳入住房保障政策的范围，部分地区也已建立了农民工住房公积金制度。2012年3月18日江西省住建厅公布了《江西省公共

---

[1] 解决农民工住房是推进城镇化健康发展的必由之路．中国城市网．2011-07-29。http://www.cityofchina.org/news.php?id=4194。

租赁住房配租管理暂行办法》,《办法》中规定:在本地连续稳定工作6个月以上、人均住房面积15m²(含)以下的外地家庭,可以申请公共租赁住房。2011年重庆市初步建立了解决农民工问题的政策制度体系,大规模推进公租房建设,并打破以往保障性住房与户籍"捆绑"的做法,将进城务工人员等城市"夹心层"纳入范围,使进城务工人员与普通市民同样能享受政府提供的住房保障。浙江杭州市、贵州贵阳市及江西赣州市等城市建设了一些农民工公寓。广东和山东青岛等地将廉租房保障范围扩大至农民工。深圳将农民工纳入公共租赁房保障范围。甘肃省允许符合条件的农民工购买经济适用房。2011年12月1日正式实施的《北京市公共租赁住房申请、审核及配租管理办法》规定:外省市来京连续稳定工作一定年限,具有完全民事行为能力,家庭收入符合规定标准,能够提供同期暂住证明、缴纳住房公积金证明或社会保险证明,本人及家庭成员在本市均无住房的人员可申请公共租赁住房。

目前,关于农民工住房问题的相关政策还处在指导性意见的阶段,且大多措辞都是"应当"、"尽快"等,缺少具体执行标准的出台,一些内容即便有较为具体和详细的规定,但落实的情况与规定的内容也相去甚远,需要政府进一步加强监管。此外,农民工住房问题的解决,面临着地方财政、农民工流动性强等多方面困难的制约。为此,有效解决农民工的住房问题,还得考虑户籍制度、土地制度等其他制度方面的限制。

三、农民工住房问题解决的建议

农民工的住房问题能否得到切实解决,不仅关系到农民工权益能否得到切实保障,而且关系到我国城镇化建设进程的快慢,关系到国民经济能否保持长期平稳较快的发展[①]。有效解决农民工的住房问题,不仅有利于促进城市的和谐,而且有利于推进人的城镇化进程,促进农村的和谐稳定与社会公平。

[①] 我国农民工工作"十二五"发展规划纲要研究课题组. 农民工住房态势及其政策框架[J], 重庆社会科学, 2010, 10: 67-70.

（一）提供多元化的住房选择，保障正常家庭生活

政府要把解决农民工住房问题纳入城市住房保障目标责任，在城市规划和建设中整体考虑农民工住房的需要。针对农民工的实际需求和经济社会发展的条件，运用政府支持、市场融资和农民工集资等多种手段，逐步解决农民工在城市的居住问题。

为了解决不同收入水平农民工的住房需求，各级政府要统筹考虑和安排农民工的住房，应积极构建覆盖城镇常住人口的住房保障体系。首先，要建设能够满足农民工需求、适合农民工特点的经济租用房。一方面，在城市新区建设中，政府出资建设适合农民工居住的宿舍；另一方面在旧城改造中，将部分廉租房出租给在这一地区工作的农民工。其次，对于在城市稳定就业达到一定年限、有一定经济能力的农民工，在保障性住房上应给予市民待遇。比照城市居民收入标准，提供廉租房、经济适用房、限价商品房，参加社保的农民工可优先考虑。

（二）完善住宅和综合服务配套，促进人的城镇化

进城农民工一般散居在城市中，由于收入水平较低，住房主要通过市场租赁解决。因此，应完善住宅和综合服务配套，规范农民工住房租赁市场。鼓励在城乡结合部建设小户型的农民工公寓，仅出租给农民工。与此同时，将公共服务和人口管理延伸到此。

城镇规划应统筹考虑农民工住房的基础设施、公共服务设施的服务能力。农民工集体宿舍和专供农民工租用的住房，在充分考虑农民工的居住需要和生活成本，坚持经济适用、合理布局、科学设计、确保质量的同时，应适当配备必要的文化、体育活动等设施。此外，农民工的住房建设要确保质量安全，尤其是临时搭建的工棚，要符合国家的建筑标准。

农民工住房保障问题如仅靠单方面的努力是很难解决的。为此，需要市场、企业、政府以及农民工"四位一体"的多方共同努力才能解决。从市场的角度来说，应充分地发挥市场调控作用；从企业的角度来说，应主动承担起自己的责任；从政府的角度来说，应尽快出台改善农民工居住条件的相关政策；从农民工自身的角度来说，应通过各种途径有效提升自身的人力资本和经济资本，从而能够更好地解决住房问题。

（三）逐步消除居住分异，加强社会融合

住房不单单指的是物质空间，而且附着着城市内的各种资源，如基础设施、社会资本、医疗、工作机会等，居住区位和居住环境决定了农民工所能享受到的社会资源和社会交往的空间。农民工实现城镇化必须跨越住房门槛，并通过居住媒介融入城市经济和城市社会[1]。社会学家布劳认为，即使不亲密的异质群体之间的交往，也能够促进彼此的理解以及宽恕精神的发扬[2]。异质群体的融合居住既有利于农民工拓展交往视野，获取各种信息、就业机会，积累人力资本与社会资本，而且有助于增进农民工群体与城市市民之间的相互理解，培养与生活方式转变相适应的交往素质、心理素质和审美素质，融入现代文明的生活方式，完成农民工的城镇化。

为此，在城市改造的过程中，应统筹规划，尽量避免单独设立农民工居住区，将"两限房"与商品房在同一社区搭配建设，将多阶层居民规划到一个社区，实现不同阶层的混合居住，以此增加异质性群体之间的交流与互动，以居住融合增促社区融合和社会融合。

（四）注重生产和生活的结合，重点是工业园区

近些年，城市建设最为集中的是各类开发区及其周边区域，尤其是工业园区。今后一段时间内，这一区域将是建筑施工较密集的地区，因此也是进城农民工集中的地区。为此，在住房建设规划中应优先考虑鼓励各地比照廉租房政策，在农民工集中的开发区和工业园区及其附近建设农民工宿舍，鼓励将破产或倒闭企业的闲置厂房改建为农民工宿舍。在整个区域建设的过程中，将这些宿舍提供给农民工，建设完成后，再改为他用。

（五）推行购房优惠政策，鼓励农民工回县城购房

由于农民对土地和亲情的依赖，大部分农民都有一种离土不离乡的故乡情结。对于在大城市打工的农民工，尤其是"80后"和"90后"的新生代农民工，他们无农业劳动经历，大多读完初、高中，便汇入打工的大潮之中，在城市里谋生，他们也无返乡务农的意愿，但在大城市里，仅靠劳动力所换取的微薄收入，使他们根本无力承受大城市高昂的房价，因而并

---

[1] 刘洪银. 以融合居住促进新生代农民工人力资本提升 [J]. 首都经贸大学学报. 2013，5：77-81。
[2] ［美］彼特·布劳. 不平等和异质性 [M]. 北京：社会科学出版社，1991。

不能真正融入其工作的城市。

调查资料显示：买房是农民工扎根县城的主要途径。环境较好、房价相对低廉、较合理，生活也不陌生的家乡——县城是农民工购房的首选。为了进一步促进县域范围内的人口吸纳转移得以优先实现，县城应在条件允许的前提下积极推行农民工购房的优惠政策，鼓励农民工回县城购房，最终使其定居在县城，以实现真正的城镇化。

第九章　农村土地制度与农业产业化

从世界各国经验看，以农业为代表的第一产业在国民经济中的比例不断下降，发达国家第一产业在国民经济中的比例一般都不超过10%。农业产出效益有限，难以担当提高农民收入的重任。因此，必须加快人口城镇化和农业产业化，实现城乡发展的和谐。党的十八大报告也提出，"实现农民有序城镇化"。而要实现农民有序城镇化，就需要提高农业生产效率、转变农业生产方式，将农民从农业生产中解放出来，而农村土地制度是农业实现产业化、规模化最基础的制度安排。农村土地制度则包括了农地所有权及经营制度、农地流转制度、农地转化制度等多方面。

本专题主要针对农地的所有权和经营制度以及农地流转两个方面，这两个方面直接关系到人口城镇化进程中如何实现农业产业化，实现"两化互动"。

一、我国农地制度发展历程

笔者将从农地的所有权及基本经营制度和农地流转制度及政策变化两个方面对我国农地制度发展历程进行梳理。

（一）农地的所有权及基本经营制度

1. 新中国成立后以人民公社为核心的农村集体土地所有制的形成

我国实行城乡土地分隔管理的基本制度。《中华人民共和国宪法》第10条以及《中华人民共和国土地管理法》第8条都明文规定："农村和城市郊区的土地，除由法律规定属于国家所有的以外，属于农民集体所有；宅基地和自留地、自留山，属于农民集体所有。"

新中国成立以来，中国的农地制度经历了多次重大调整。在全国主要范围内，1949~1952年的土地改革，确立了以农民私人所有为核心的农地制度，结束了土地封建地主所有制。1953~1957年的农业合作化运动，确立了农地集体所有、农民集体劳动、合作社统一经营的农地制度。1958年，随着中共中央《关于在农村建立人民公社问题的决议》的发布，全国农村狂热地迅速掀起了声势浩大的人民公社化运动。生产资料和固定资产无偿地转归公社所有，劳动力和产品也由公社统一调配使用，同时还把社员的自留地、自留树、家庭副业也无偿地收回集体所有。

1962年9月，中央通过了《农村人民公社工作条例（修正草案）》，确立了"三级所有、队为基础"的农村经济发展体制和允许农民实行包工包产的新政策："农村的土地归生产队所有，由生产队进行经营、管理和分配。"这一政策使得中国农村土地形成"三级所有"的格局，土地的农民个体所有制也改变为农村集体所有制。

2. 1978~1983年，人民公社制度逐渐过渡到家庭联产承包责任制

1978年12月召开的党的十一届三中全会提出《关于加快农业发展若干问题的决定（草案）》当中，要求稳定当时人民公社内部普遍实行的联产责任制和定额计酬制。联产的责任制是在生产队统一经营、统一核算的情况下，把承包者的利益与生产的最终成果直接挂钩，包产内的产量由生产队统一分配，超产奖励，减产受罚。联产责任制主要有专业承包、包产到组、包产到户、包产到劳等形式。定额计酬制主要是生产队统一计划、统一经营的情况下，将农活包给作业组或个人，生产队向承包者规定在一定时期内必须按质完成的作业数量和应得工分，超额完成的给予奖励，完不成任务或质量不合格的，扣减工分报酬。

事实上，也正是因为"人民公社制度内部的这种生产责任制导致了人民公社的解体和家庭承包经营制的新生"[1]。1978年末，安徽省凤阳县小岗村18户农民以生死契约的形式，秘密实行包产到户，揭开了我国农村土地经营制度改革的序幕。1980年，中央印发的《关于进一步加强和完善农业生产责任制几个问题的通知》中进一步肯定了一定地区的包产到户的政策："对于包产到户应区别不同地区、不同社队采取不同方针……因而要求包产到户的，应当支持群众的要求，可以包产到户，也可以包干到户，并在

---

[1] 刘斌等. 中国三农问题报告［M］. 北京：中国发展出版社，2004。

一个较长的时间内保持稳定。"安徽凤阳县这种自下而上，先行先试，由"大包干到组"，转变为"小包干到户"，提出了"交够国家的，留足集体的，剩下都是自己的"的承包方式，引发了全国向包干到户的转变。1982年1月1日，中共中央发出1号文件，对迅速展开的农村改革进行了总结，突破了传统的三级所有、队为基础的体制框框，明确指出包产到户、包干到户或大包干都是社会主义生产责任制。

1983年1月中央1号文件《当前农村经济政策的若干问题》中更进一步明确要求："当前农村工作的主要任务是稳定和完善农业生产责任制；林业、开发荒山等，都要抓紧建立联产承包责任"，至此，原来的人民公社体制解体，代之以土地承包经营为核心内容的家庭联产承包经营责任制，"到1983年实行联产承包责任制的基本核算单位已上升到99.5%，其中实行家庭联产承包责任制的占98.3%"①。

3. 1984~1991年，承包期延长15年，允许土地合法流转

尽管经过1978年以来的调整，土地由原先集体所有，统一经营转变为土地集体所有，农户承包经营，实现了农村土地所有权和使用权的分离。但由于承包期过短或者不确定，在相当程度上造成农民缺乏稳定感，1984年1月1日，中共中央发出《关于一九八四年农村工作的通知》，文件明确强调要继续稳定和完善联产承包责任制，延长土地承包期："土地承包期一般应在十五年以上。生产周期长的和开发性的项目，如果树、林木、荒山、荒地等，承包期应当更长一些。"并在此基础上提出："在延长承包期以前，群众有调整土地要求的，可以本着'大稳定，小调整'的原则，经过充分协商，由集体统一调整。鼓励土地逐步向种田能手集中。社员在承包期内，因无力耕种或转营他业而要求不包或少包土地的，可以将土地交给集体统一安排，也可经集体同意，由社员自找对象协商转包。对农民向土地的投资应给予合理补偿。"这样，保证了土地承包经营在较长时间内的稳定，并且在一定条件下允许土地的转包。

1988年4月，第七届全国人民代表大会第一次会议对当时的《宪法》

---

① 刘斌等. 中国三农问题报告 [M]. 北京：中国发展出版社，2004。

的第10条第4款作了修正。由"任何组织或者个人不得侵占、买卖、出租或者以其他形式非法转让土地"修改为"任何组织或者个人不得侵占、买卖或者以其他形式非法转让土地。土地的使用权可以依照法律的规定转让"。这条增加了"土地的使用权可以依照法律的规定转让"的规定，表明土地使用权合法流转得到国家《宪法》层面的认可。

在随后1990年12月《中共中央、国务院关于1991年农业和农村工作的通知》以及1991年11月中共中央十三届八中全会通过的《中共中央关于进一步加强农业和农村工作的决定》中，对承包期过短等问题又再次作了进一步的强调。

4. 1992~1999年，土地承包期限再延长30年，鼓励适度规模经营

1992年，邓小平南巡讲话和党的十四大的召开，在解放了人们思想的同时，社会主义市场经济体制也开始逐步发展。在这一过程中，传统的农村经济形态开始逐步向现代市场经济转变。1993年4月，《宪法》进行了再次修正，"家庭承包经营"被明确地写入《宪法》当中，并使其成为一项基本制度。1993年11月《中共中央、国务院关于当前农业和农村经济发展若干政策措施》也明确提出"以家庭联产承包为主的责任制和统分结合的双层经营体制是中国农村经济的一项基本制度"，并规定"在原定的承包期到期之后，再延长30年不变"，进一步稳定和完善土地承包政策。1995年3月国务院批转农业部《关于稳定和完善土地承包关系意见》、1998年10月中共中央十五届三中全会通过的《关于农业和农村工作若干重大问题的决定》等文件，对我国的土地承包和土地调整又陆续作了进一步规范，赋予农民长期而有保障的土地使用权，并允许发展多种形式的土地适度规模经营。

5. 2000年以来，家庭承包经营的法制化

2002年8月，《中华人民共和国农村土地承包法》公布。其中第3条、第4条明确规定了："农村土地承包采取农村集体经济组织内部的家庭承包方式"、"国家依法保护农村土地承包关系的长期稳定"。这表明了未来很长时期内农村土地产权政策的基本走向。

随后，2004年的《中华人民共和国农村土地承包经营权证管理办法》、2004年《中华人民共和国农业技术推广法》、《中华人民共和国农业法》、

2005年《农村土地承包经营权流转管理办法》、2008年《中共中央关于推进农村改革发展若干重大问题的决定》等一系列相关法律法规公布以及文件的公布实施，对家庭承包经营责任制又进行了进一步的明确和规范。家庭承包经营进入法制化阶段。

（二）农地流转制度及政策变化

农地流转是指在农地所有权归属不变和用途不变的情况下，农地承包者将土地使用权转移给其他经营者的现象。

我国确立了家庭农户经营制度以后，随着农村人口大量进入城镇就业，农地合理有益的流转经营变得日益迫切：一方面有利于农业现代化的大规模集中经营，有效配置土地资源、提高土地利用效率；另一方面也为大量进城务工人员在一定程度上解决了"后顾之忧"。

改革开放以来，以1988年宪法修正为标志，我国的农村土地流转制度经历了从"禁止流转、允许流转到放开流转"以及从"模糊不清"到"明确鼓励"的过程。

1. 20世纪80年代中期以前，政策禁止流转阶段

尽管在20世纪70年代末我国一些地方出现了一些农民自发的土地流转现象，但实际上从改革开放之初至1988年之前，我国在法规制度层面上是不允许土地流转的。农民之间出现的部分流转情况也都是隐蔽的，基本没有公开。1982年的《宪法》中明确规定："任何组织或者个人不得侵占、买卖、出租或者以其他形式非法转让土地。"1986年，在最高人民法院《关于审理农村土地承包合同纠纷案若干问题的意见》的司法解释中也明确规定："承包人在未经发包人同意私自转包、转让承包合同的，承包合同无效。"这一时期，农地流转被严格禁止。

2. 20世纪80年代后期，允许流转并逐步放开

1984年中央1号文件《关于1984年农村工作的通知》中，对于土地流转政策作出了松动，其中规定"社员在承包期内，因无力耕种或转营他业而要求不包或少包土地的，可以经集体同意后进行转包"。

1988年4月《宪法》（修正案）第10条第4款规定，"任何组织或者个人不得侵占、买卖或者以其他形式非法转让土地。土地的使用权可以依照

法律的规定转让"，在法规层面确立了土地的使用权可以依法转让。随后1994年农业部《关于稳定和完善土地承包关系的意见》、2001年中央第18号文件《中共中央关于做好农户承包地使用权流转工作的通知》等针对土地流转又作了进一步的强调和细化说明。

2003年3月1日，《中华人民共和国农村土地承包法》实施，其中对于农地流转明确规定："通过家庭承包取得的土地承包经营权可以依法采取转包、出租、互换、转让或者其他方式流转"，为土地流转实践奠定了法律保障。2005年3月1日农业部颁布实施的《农村土地承包经营权流转管理办法》，又对流转方式、流转合同的签订以及土地流转管理作出了更为详细、明确的规定。由于中国经济发展不平衡，区域实际情况差异很大，因此各地都也根据自身的实际情况制定了符合自身发展的土地流转办法。如四川省2007年颁布实施的《四川省〈中华人民共和国农村土地承包法〉实施办法》，江西省2007颁布实施的《江西省实施〈中华人民共和国农村土地承包法〉办法》等。

2008年10月中共中央十七届三中全会作出的《中共中央关于推进农村改革发展若干重大问题的决定》重申："以家庭承包经营为基础、统分结合的双层经营体制，是适应社会主义市场经济体制、符合农业生产特点的农村基本经营制度，是党的农村政策的基石，必须毫不动摇地坚持……现有土地承包关系要保持稳定并长久不变。"

3. 2012年提出鼓励农村土地流转的指导方针

2013年中央一号文件《关于加快发展现代农业 进一步增强农村发展活力的若干意见》进一步提出：

坚持依法自愿有偿原则，引导农村土地承包经营权有序流转，鼓励和支持承包土地向专业大户、家庭农场、农民合作社流转。探索建立严格的工商企业租赁农户承包耕地（林地、草原）准入和监管制度。大力支持发展多种形式的新型农民合作组织。鼓励农民兴办专业合作和股份合作等多元化、多类型合作社。抓紧研究修订农民专业合作社法。推动龙头企业与农户建立紧密型利益联结机制，采取保底收购、股份分红、利润返还等方式，让农户更多分享加工销售收益。

二、我国农地制度与农业生产方式面临的主要问题

随着中国城镇化水平的提升和生活水平的提高，城市人口对农产品需求量也日益上升，但农业人口日益减少。要保障农产品供应稳定，就迫切要求提高农业生产效率，转变农业生产方式。

（一）小农生产的瓶颈与农业产业化迫切需求

我国目前家庭承包经营的分散农户经营模式弊端日益显现，这种模式限制了农业的规模化、科技化，也难以适应市场经济发展。

一是土地零碎化与农业规模化的矛盾。家庭承包经营的制度下，农地在集体内部均分，出于平等的考虑往往根据土地肥沃程度、距离远近等进行搭配，农户承包地零碎化程度较高，难以进行规模经营。

二是农业生产与城镇化就业的矛盾。农户土地规模小，不足以成为收入主要来源，外出务工成为普遍选择，在兼业化状态下，由于农业收益低下，很容易出现抛荒现象，加剧了农产品供应的紧张。

三是小农生产方式与市场化的矛盾。分散农户对市场信息反应不灵，使得农产品极易受到价格等因素影响，从而呈现出周期性波动这种前现代农业的特征，例如近年来猪肉等农产品价格的波动表明了供给的不稳定性。

四是小农生产方式与农业现代化的矛盾。由于农户资金有限、文化程度有限，对农业的科技投入不足，在发展高附加值农业方面"有心无力"。而随着社会经济的发展，消费者对农产品的需求日益多元化，对营养、健康和生态安全更加重视，加上激烈的竞争，都需要在农业生产各个环节进行垂直协调。

这些弊端表明，在坚持农民主体的基础上，迫切需要研究农村承包土地流转政策和农业组织化生产模式，引导农民与社会资本、先进技术的结合，实现农业生产的规模化、现代化和科技化。

（二）农地基本制度与人口自由流动的矛盾

均田承包制度不仅制约着对农业产业化，同时还面临如何与人口流动相适应的问题。

均田承包制在封闭的小农经济背景下是相对有效率的，一旦人口流动

与变化，则显出天然缺陷。由于土地集体制赋予村庄内部每个合法成员平等地拥有村属土地的权利，从而社区农民因其天然身份拥有平等的承包权。其结果自然是土地分配随人口的变化而变化，农村中存在的"均田冲动"，导致农地频繁调整。很多农民认为，妇女出嫁、老人去世，就应收回承包地；而新生人口、妇女嫁入，则应分到土地——只有这样，才叫"平等"。由此，不稳定性与分散性成为其必然的制度缺陷。这种不稳定性和分散性导致农民对土地的专用投资不足，限制了对农地的维护和效率提升。正因为如此，国家先后两次延长土地承包经营权。

但从人口城镇化的视角看，农民向城镇转移，向非农产业转移，意味着从农业生产退出，从促进农地规模经营的角度，应该设计进城农民退出农地产权的机制，一方面可以降低农民城镇化的门槛，实现农民"袋子进程"，另一方面促进留村农民土地经营规模的提升。这方面国家层面尚没有相应的制度设计。这就导致农民"进城难离乡"，同时出现越来越多的"不在乡农民（地主）"。如何在城镇化进程中调整农村土地权利，成为一个需要研究的重大问题。

三、各地农地流转实践及产业化形式

随着国家政策对农业产业化的鼓励，以及对土地流转政策的鼓励和放开，各地出现多种形式的农业产业化组织形式，例如"公司加农户"、"公司加基地"等经营模式。在农地流转方面，则出现了转包、转租、入股、信托等流转形式。

（一）"公司加农户"模式

"公司加农户"，顾名思义是将"大公司"与"小农户"联结起来，即由农业公司和农户签订合同，农业公司提供种子、技术等，收购农业产品，农户负责种植或者养殖环节经营。这种经营模式肇始于20世纪80年代，20年来，它在农民学习生产技术、规避市场风险和规模经营增收等方面发挥了积极作用。

但是，由于农户与公司之间实力悬殊，不是完全平等的市场关系，又缺少其他力量予以平衡，导致这个模式在操作过程中稍有不慎，就容易暴露出它与生俱来的缺陷：农户在生产经营过程中没有话语权、自主意志得不到体现，农户与公司的权责严重不对等、条约显失公平，利益分配完全由公司单方决定、向公司方倾斜等，这势必影响到两者"双赢"的预期效果。公司同时享有了行政组织和经济组织的双重优势，而农户则同时处于具有行政方面和经济方面的双重劣势。农民没有成为国家直接扶持、补贴的对象，农民利益并没有得到有效的维护，农户也不是产业化组织的真正主体。

（二）"公司加基地"模式

随着经济全球化进程的加快，国内外农产品竞争日益激烈，公司加农户模式已经不能适应全球化的竞争，除了农业公司对农户的利益侵占以外，另一个突出的问题是分散经营使得农业公司无法控制和保障农产品的质量。

以养殖业的公司加农户模式为例：公司集中加工，农户分散养殖，公司对农户统一提供种苗，统一采购饲料，统一防疫。这几个"统一"说起来容易，但真正实施起来却非常困难。因为养殖户素质参差不齐、技术水平各不相同，饲养的场所七零八落、分散各地，公司难以进行有效的防疫监督控制，如果与公司签订合同的养殖户中出现一点问题，就会导致出口受阻的现象发生。

为了避免这一问题，许多农业企业开始突破单一的"公司加农户"模式，建立自己的养殖基地、种植基地，做大企业自身经营规模，使农产品生产趋向规模化、集约化。于是"公司加农户"变成了"公司加基地"。

"公司加基地"的产业化新模式，实现了农产品的标准化、规模化生产，降低了企业的生产成本，加快了大规模商品基地的建设，促进了规模优势的形成，加快了主导产业迅速膨胀，发挥了一定的规模优势。然而通过承包、租赁、兼并等多种方式建成的农业生产基地，也造成了农村大量农田的兼并。

（三）农地转租、转包

随着农村人口的大量流出，特别是跨省跨县市的长距离流动，导致农民无法实现非农就业与农业经营的兼业，出现了农民自发的转租、转包等流转形式，一些种粮大户则成规模地租种其他农户的农地。

但这种形式目前更多存在于农户熟人、亲戚、朋友之间，难以克服自组织交易协调成本的瓶颈。根据课题组的实地调研情况看，农地流转在我国很多地区还呈现出民间化、口头化、短期化、随意化的特点，在农村土地流转中的比例并不高。

为解决农户自发流转的局限和交易成本，在四川、重庆等地城乡统筹改革试验中，也有以乡镇和村庄为单位的，进行整体出租和经营的模式。

例如课题组对于成都市新津县兴义镇的实地调研。新津县兴义镇位于成都市西南远郊，面积39.32 km^2，辖12村（社区）、总人口3.4万人（其中农业人口3.1万人），经济基础薄弱，基础设施建设滞后，属于典型的纯农业乡镇。在土地确权的基础上，通过土地流转至葡萄园和翔升有机蔬菜种植，兴义镇实现了纯农业地区城乡统筹发展的有益探索，运用市场方式推进现代田园城镇建设。

兴义镇先后引进占地3000亩的中德古藤堡葡萄园、占地近4000亩的台湾农业创业园、台湾亚翔公司（在新津注册为成都翔生实业公司）有机生态小镇等项目。农民在政府的引导下将农地流转至"大户"统一规模经营，在保障每年固定租金收入的基础上，部分人员加入公司继续从事农务劳动并获得相应收入。收入比之前各户分散耕种有了明显提高。

（四）"土地银行"模式

"土地银行"具体运作模式是：农业资源经营专业合作组织采取银行运作模式，农民自愿将土地承包经营权存入"土地银行"，收取存入"利息"，"土地银行"再将土地划块后贷给愿意种植的农户，收取贷出"利息"，种植农户则按照"土地银行"要求进行种植，实现了土地的规模化、集体化、集约化经营，促进了农民集中居住后生产方式的转变，"土地银行"赚取差额利息用于自身发展和建立风险资金等。为保证存入土地能够完全贷出，"土地银行"还必须引进龙头企业并签订合作协议，由企业为大户提供种子、化肥等农资和技术指导，并同大户签订产品收购保底价，降低了种植大户的种植风险，有效地调动了农民种植的积极性，促进了农民收入增加，实现了"土地银行"、农民和龙头企业三者之间的利益互动。土地承包经营权流转后，农户家里的土地不用再操心，由"土地银行"统一经营，腾出的富余劳动力，通过就业培训输出，到外地务工，农民不但获得务工收入，还有土地流转收益和"土地银行"利益分配。

2009年开始,成都将继续在"土地银行"、"田间股份制"等领域率先进行探索。

(五)农地股份化模式

近年来,在四川、重庆等地城乡统筹改革试验中,开始推动农户承包地使用权、农村集体建设用地使用权,以及农民宅基地使用权的确权工作。在此基础上,通过集体资产评估,实现农村集体资产股份化、农村集体土地股权化。由集体经济组织进行统一经营,或者与外来投资农业公司进行合作经营,农民获得股份分红。

这种模式在一定程度上解决了农户分散经营的困境,也在一定程度上保障了农民对农业产业化收益的分享,并且引入了外来资金、技术和管理人才,但股份化公司的经营实效尚有待于观察。

(六)农民专业合作社

农民专业合作社是在农村家庭承包经营的基础上,同类农产品的生产经营者或者同类农业生产经营服务的提供者、利用者,自愿联合、民主管理的互助性经济组织。

农民专业合作社以其成员为主要服务对象,提供农业生产资料的购买,农产品的销售、加工、运输、贮藏以及与农业生产经营有关的技术、信息等服务。

农民专业合作社在农村流通领域撮合成交或直接组织农产品交易,迎合了农业、农村和农民(三农)的发展需求,在厂商和农民、城市和农村之间筑起金色的经济桥梁。它是农村经济发展的必然产物,也是推动农民走向市场经济的重要力量。

为了支持、引导农民专业合作社的发展,规范农民专业合作社的组织和行为,保护农民专业合作社及其成员的合法权益,促进农业和农村经济的发展,第十届全国人民代表大会常务委员会第二十四次会议于2006年10月31日通过了《中华人民共和国农民专业合作社法》。

由于农民专业合作社是农民的集体组织,能在很大程度上保证农民的自身利益,能在很大程度上提高农民的市场地位。

（七）基于"土地确权"的成都经验

2007年成都被批准成为"全国统筹城乡综合配套改革实验区"，成都的土地制度改革实践是与统筹城乡综合配套改革共同进行完成的。如何在现行土地制度的框架下启动变革，维系现有城镇化筹资功能的同时，积极寻找增加农村和农民分享城镇化土地收益途径，成都做出了一个有益的尝试，并形成了"大城市带大郊区的发展"，以土地确权为基础的，城镇化进程中的"成都模式"。

关于土地的产权界定，尽管在20世纪50年代国家就曾经给农民颁发过作为土地改革成果的土地证，但由于多年发生的各种变化，土地和宅基地的所有权很多模糊不清，而模糊的继承方式又使得问题更为复杂。要在复杂的情况下，建立一个能被普遍接受的、具有权威性的农村产权体系，显然并非易事。然而在推进城镇化、城乡要素流动过程中，资源的归属的界定和合法的表达非常重要，这是有序"流转"能够大范围进行的前提基础。"土地确权"在某种意义上是"土地流转"需要完成的第一步工作。

2008年1月1日，成都市政府颁布了《关于加强耕地保护进一步改革完善农村土地和房屋产权制度的意见（试行）》，对改革完善农村土地和房屋产权制度、"开展农村集体土地和房屋确权登记"提出了具体的规定。《意见》要求完成农村土地所有权、使用权以及房屋产权的确权颁证，推动土地承包经营权、农村集体建设用地使用权以及农村房屋产权的规范流转，在"深化农村土地和房屋产权制度改革"的基础上，"建立健全归属清晰、权责明确、保护严格、流转顺畅的农村产权制度"。都江堰市、温江区、双流县、大邑县被确定为产权改革制度的试点。需要提到的是，针对确权过程中复杂问题，成都在这一过程中创造性地引入了"村民议事会"制度，解决了政府以往"一刀切"所带来的一些问题。确权颁证后，农民固有的土地资源具备了向土地资产转换的条件。农民的土地可以自己耕种，也可以流转到"大户"或公司采用现代化方式规模集中经营。

尽管成都在统筹城乡、土地改革实践过程中也存在诸如农地一次流转后，农民很难进一步享受土地"增值"收益等值得继续探讨的方面。但也正如《成都市2011年度统筹城乡发展水平综合评价监测报告》相关数据显示的那样，至2008年，成都城乡居民收入比为2.61∶1（至2011年，这一数据进一步缩小至2.42∶1），扭转了此前二十多年逐渐上升的势头。农民更好地分享到了城镇化带来的收益，有效地控制了城乡差距扩大的趋势。

四、农业产业化方向与政策建议

关于农地制度和产业化模式的争论，笔者主要梳理分析"私有化"（强化农户权利）和"集体化"（坚持集体经济）的两种观点。在此基础上，提出相应的政策建议。

（一）关于农村土地制度和产业化模式的争论

围绕着我国农村土地基本制度，近年来学术界争论非常激烈，大致有"私有化"（强化农户权利）和"集体化"（坚持集体经济）的两种不同观点。

坚持集体经济的主要观点以部分三农学者为代表[1]，他们主张保持集体对土地的一定控制权，以免土地私有后，经过转让买卖造成土地集中，使一部分农民失去土地。这种观点强调土地在当前社会条件下作为农民基本生活保障的属性，我国当前的城镇化与工业化的现状，很难在短期内为几亿农民提供稳定的就业岗位和收入保障。如果土地大规模流转，可能造成大量失地流民，进而危及社会稳定。

这种观点认为，农民的意愿也是"不患寡而患不均"。研究乡村治理的贺雪峰教授提出，根据自己的实际调查，大部分农民并没有"永包权"的要求。事实反而是80%以上的农民希望的是隔5~10年对土地进行一次调整，这样有利于实现耕者有其田和公平公正。

同时，这种观点还认为，保持一定的集体用地，是保持农村社区公用事业健康发展的需要。因为农业生产和农村发展具有天然的社区性和相关性，例如农业的灌溉就需要农村社区的合作，如果各自为政就很难维持必要的合作，导致各种纠纷，社会协调成本极高[2,3]。

这种观点一般对资本持强烈的警惕态度，他们认为资本下乡对农民并

---

[1] 这里提到的部分三农学者主要包括温铁军、潘维、贺雪峰、李昌平等，可参考附录相关文献。
[2] 贺雪峰. 地权的逻辑——中国农村土地制度向何处去[M]. 中国政法大学出版社，2010。
[3] 贺雪峰. 土地与农村公共品供给[J]. 江西社会科学，2009，1。

非有利，例如"公司＋农户"就是更加有利于资本，农民收益有限。如果大资本集中农村土地，大量失地农民或者成为城市工人或成为农业工人，在经济不景气的情景下，失业严重，社会出现严重两极分化和冲突，从而导致社会动乱。

他们认为，基层政权虽然存在被滥用的可能，但从法理来讲，它是一种公权力，有为群体服务的责任，而资本从法理上来讲就是一种自利的力量，它只有为自己牟利的义务。资本进入农村，会攫夺走原来属于农民的土地收益权。

李昌平则主张采用合作社的经营模式，拒绝"必然造成贫富分化"的资本，他反对"公司＋农户"模式对农民的剥夺，提出了发展以金融为核心的农村合作社[①,②]。

与坚持集体经济的观点相反的是认为应该强化农户权利的观点，这种观点主张弱化集体权利，将土地权利逐步乃至最终完全交到农民手中。持这类观点的不仅包括部分对三农问题有一定研究的学者，在经济学家中也有相当比例[③]。大量泛自由主义人士也都认同这种看法，只是各人支持的角度有所不同。

一般而言，他们痛斥一些基层政权对农民权利的侵犯，认为弱化集体对土地权利的控制是解放农民的关键所在。而资本的力量是通过自愿交易进行的，是充分尊重农民意愿的，所以是公正合理的。同时，"具有理性"的农民如果卖地，一定先都算好了自己能够通过别的方式谋取更好的生活。所以，不要替农民操不必要的心。而经济学家关注的重点则放在"盘活农村土地资产"、"进行集约化经营，提高农业效率"之上，提出加快健全农地承包经营权市场。秦晖教授认为，切实保障农民地权，对于弱化目前地方政府随意征地造成对农民的剥夺有一定的抑制作用，他通过研究表明，赋予农民权利并不一定会导致土地兼并和土地规模经营，担心土地流转会导致大量失地农民的想法是过虑了，如果公平公正的市场交易，可能性最

---

① 李昌平. 村社"内置金融"在村社共同体中的作用[OL]. 爱思想网李昌平专栏http://www.aisixiang.com/data/63660.html.
② 李昌平. 再向总理说实话[M]. 北京：中国财富出版社，2012.
③ 这里提到的部分三农学者和经济学家主要包括党国英、蔡继明、厉以宁、周其仁等，可参考附录相关文献。

大的是小块土地拥有者长期保留自己的土地①。

从笔者对台湾地区的调查来看，农户拥有明确的土地产权并未导致所谓的大量的土地兼并和失地农民，恰恰相反，由于文化、祖传遗产等观念，很多人非常珍视小块土地的拥有权。因此赋予农户更多的权利并不会导致所谓的社会动荡问题，在这一点上赋予农户更多权利是非常必要的。对于集体经济组织的问题，要一分为二地看待，从集体行动的困境来看完全依靠农民自发组织形成合作经营组织的确有一定难度，因此现状的村庄基层组织仍然有其发挥作用的空间。乡村发展，不仅是农业生产需要集体协作，包括乡村的生态旅游等其他产业的发展，往往也需要对乡村社区环境的整体营造和组织性。因此，赋予农户权利绝不能走向另外一个极端，即鼓励乡村走向"原子化"的个体状态。

但是必须看到，我国现状的乡村集体经济存在着很大的问题，这正是主张赋予农户更多权利，削弱集体经济组织这一派观点的主要理由。我国集体土地所有制"三级所有，队为基础"的制度安排，导致了法律中"集体经济组织"的模糊性和实践中"集体土地所有权虚化"的现象。而村委会呈现出政府的基层代理、集体资产管理和社区公共事务管理"三位一体"的角色，不仅其"自上而下"和"自下而上"的合法性和权威性来源存在冲突，并且村民集体缺乏民主监督的机制，事实上处于"失控"状态。村委会在"对上"时具有关于村民集体的信息优势，在"对下"时具有了解国家政策的信息优势，使得村委会具有欺上瞒下的独特便利。在村委会实行选举多年以来，有关村委会谋私损害村庄的报道时常可见。

因此，农村土地制度的改革，土地权利的明晰和市场化，也意味着必须推动乡村基层治理的改革与转型。

（二）对农业产业化发展的政策建议

从农业产业化组织形式看，最核心的问题是农业生产经营方式，总体上看有三种倾向：

第一种倾向是以农业公司为主体，与农民进行合作：或者由农业公司

---

① 秦晖. 中国农村土地制度与农民权利保障[J]. 探索与争鸣，2002，7。

控制，农民成为雇佣农场工人，或者由农民与农业公司实现承包或者产品收购方式（公司加农户）。但这"公司加农户"模式中农户弱势地位很明显，难以保障农民利益，已为实践所证实。因此这种模式农民获益有限，不能充分分享农业产业化的增值收益。

第二种倾向是农地转租、转包或者土地银行，其特点是农民获得固定租金，但实质上退出了农业经营，也难以分享农业产业化收益。

第三种倾向是农地股份化或者农民合作社经营，其特点是农民作为主体，能分享更多收益。目前，"土地入股"的模式效果如何，尚有待观察。由于农业生产的特点，农民专业合作社的模式受到国内外实践检验，成功经验值得借鉴。

因此，农业产业化和农地流转的困境在于，农民自发流转的模式具有集体协作的内在困境，且规模相对有限。而外部力量介入以后，注入了先进生产要素，但农民有可能被排斥在农业经营之外，只能获取相对较低的固定收益。即使农民通过入股和联合经营，但在农业经营决策中的话语权和控制力也有限。而这些原因正是坚持集体经济的学者的主要理由。

课题组认为，由于我国农业人口规模巨大，以及在全球产业分工中的地位决定了进城农民工资收入在一定时期内尚难以达到较高水平，因此农地在相当长一段时间内，仍然是农民的收入保障之一。在这个意义上，允许进城农民保留乡村的土地资产，允许"可逆城市化"对于保持社会稳定具有重要意义。而我国的农业本身还有很大的潜力可以挖掘，因此应该鼓励农民分享产业化收益的模式，是提升农民收入的重要途径，而不能仅仅考虑规模经营和减少农民这一种方式。我国人多地少的基本国情很难照搬欧美国家的大农场式农业，通过兼业实现城乡协调仍然是必要的，也是东亚小农传统国家的经验。也正是由于这个原因，我们主张以市县域改革为核心的"近距城镇化"，主张中小城镇发展的"就地城镇化"。

在农业经营模式上，我国未来应以农民分享产业化收益为目标，以发展农村合作经济或者股份经营为主要方向：

一是加快农村土地确权步伐，明确农户土地权利，保护农民财产权益。鼓励和支持承包土地向专业大户、家庭农场、农民合作社流转。

二是探索农村基层治理结构的改善，加强基层民主，发挥农村村社共同体的作用。以农民和农村合作组织为主体，与社会资本、农业企业进行平等合作，实现农村共同富裕。

三是建立农民退出农村土地机制，对进城稳定就业和居住的农民，鼓励获得城镇户籍，由国家或者集体经济组织给予一定补偿后退出农村土地。或由国家在金融制度设计上给予集体经济组织优惠和支持，使之能给予农民退出补偿。

十八届三中全会提出，加快构建新型农业经营体系。坚持家庭经营在农业中的基础性地位，推进家庭经营、集体经营、合作经营、企业经营等共同发展的农业经营方式创新。允许农民以承包经营权入股发展农业产业化经营。鼓励承包经营权在公开市场上向专业大户、家庭农场、农民合作社、农业企业流转，发展多种形式规模经营。鼓励农村发展合作经济，扶持发展规模化、专业化、现代化经营，允许财政项目资金直接投向符合条件的合作社，允许财政补助形成的资产转交合作社持有和管护，允许合作社开展信用合作。鼓励和引导工商资本到农村发展适合企业化经营的现代种养业，向农业输入现代生产要素和经营模式。

总的来看，政府积极鼓励发展多种新型农业经营方式，特别是鼓励农民入股经营和合作经济模式。2013年中央一号文件中也提出"鼓励农民兴办专业合作和股份合作等多元化、多类型合作社。推动龙头企业与农户建立紧密型利益联结机制，采取保底收购、股份分红、利润返还等方式，让农户更多分享加工销售收益"。

目前各地在农地流转和农业产业化中也进行了很多探索和实践，由于我国地域广阔，农业生产条件和模式也有很大差异，农业产业化的方式必然是多样的。对于广大平原地区，尤其是大宗粮食作物产区，适宜于家庭农场等规模化经营模式。而对中西部山地丘陵地区，则可以探索集体经营或者合作经营发展特色种养业，或者依托集体经济组织和工商企业发展"村企合作"发展高效农业，打造现代农业或乡村旅游"综合体"，既引入先进技术、资金等生产要素，又充分参与到现代农业经营中，本书中关于四川成都龙泉驿、德阳都有很多相关的案例。

对于农村的发展，在明确农户权利基础上，需要改造传统的集体经济组织，构建新的合作经济组织，例如通过"政经分离"、对村庄管理进行适当的职能分离，建立职能清晰、相互制衡的基层治理结构，引入非政府组织（NGO）、社团组织及志愿者组织，为农村发展注入新的元素和活力，在这方面，我国台湾地区的"社区营造"也提供了很多的经验值得借鉴，限于篇幅在此不再展开。

第十章 农村建设用地制度

城乡建设用地制度是关系到城镇化和乡村可持续发展的一项重要制度。因为城镇化进程不仅涉及人口性质的转化,也包括土地利用和性质的变化,即人口城镇化和土地城镇化的综合变化过程。在城镇化过程中,土地扮演着极其重要的角色,不论是产业结构调整、人口聚集,还是基础设施的建设,都需要通过土地特别是建设用地的重新配置来实现,土地的合理利用和配置直接关系到社会经济和城镇化的健康、可持续发展。从国家保护耕地的战略目标出发,伴随着人口向城镇转移,城镇化过程需要统筹利用城乡建设用地,实现建设用地的转移。

本章从我国城乡建设用地现行管理制度出发,探讨当前制度面临的问题,各地改革实践以及未来政策建议,重点关注农村宅基地的使用以及在农村耕种用地转化为非农用地过程中如何保护和补偿农民权益等问题。

一、我国城乡建设用地制度现状

近年来,我国城乡建设用地存在明显的物权二元结构状况。国家针对农地转化的管理工作也提出了一些具体的规划与控制政策。随着城乡建设用地二元制度的建立,国家逐步建立征地制度。

(一)城乡建设用地物权的"二元结构"

我国宪法第十条规定,"城市的土地,属于国家所有;农村和城市郊区的土地,除由法律规定属于国家所有的以外,属于集体所有;宅基地、自留地和自留山,属于集体所有"。《土地管理法》第四条规定:"国家实行土地用途管制制度。国家编制土地利用总体规划,规定土地用途,将土地分为农用地、建设用地和未利用地。严格限制农用地转为建设用地,控制建设用地总量,对耕地实行特殊保护。"

对土地用途的管制,是为了保证土地资源的合理利用和经济社会协调发展,从世界各国土地制度的设置看,土地用途管制都是非常必要的。但在我国现行法律制度下,城乡建设用地却有着明显有区别的管制。

例如,集体经济组织对本集体组织拥有建设用地所有权的行使,受到非常明确的限制。《土地管理法》第四十三条规定:"任何单位和个人进行建设,需要使用土地的,必须依法申请使用国有土地;但是,兴办乡镇企业和村民建设住宅经依法批准使用本集体经济组织农民集体所有的土地的,或者乡(镇)村公共设施和公益事业建设经依法批准使用农民集体所有的土地的除外。"农村集体经济组织不能私自改变建设用地用途,不得出租、转让和抵押建设用地。另一方面,集体建设用地只能用于乡镇企业、村民住宅和公共设施建设,在20世纪90年代乡镇企业已经逐渐完成改制的情况下,事实上限制了农民利用建设用地发展的权利。

又例如,现行法律限定农民宅基地"一户一宅,转让限于本村村民",没有赋予农民宅基地及其房屋所有人以完整的物权财权。《物权法》第152条规定,"宅基地使用权人依法对集体所有的土地享有占有和使用的权利。"这一规定,意味着农民对宅基地只有占有和使用的权利,但没有收益权,不能用于转让、互换、出资、赠予和抵押。

在我国"房地一体"的房地产法律制度下,城乡建设用地物权的二元化,客观上导致了城乡住宅所有权人权利严重的不平衡和不对等。随着城镇住房改革和市场化的不断推进,城镇居民住宅可以自由使用、出租、出售或者抵押,而农民住宅不具备流通性,无法市场定价,也不能用于抵押。

(二)农地转化管理制度及规划控制

"农地转化"主要是指农村土地转变为城市建设用地的过程。按照当前我国土地管理有关法规,这一"转化"过程主要通过土地征收来完成。土地征收,即是政府征地事务机构根据相关法规,从农村集体经济组织手中获得土地,把它转变为国有土地的过程。而转变为国有土地之后的非农建设用地,才可能出让给城市建设部门。在我国城镇化快速推进的背景下,农村集体土地被征收成为必然。同时,由于我国人多地少的基本国情,农地转化同时也规定了严格的耕地保护制度。

从1982年颁布的《国家建设征用土地条例》,到1998年颁布的《中华人民共和国土地管理法》及其实施条例，再到近几年出台的各相关政策，几乎都涉及对我国农地转为非农建设用地的过程提出严格限制的规定。这些限制和控制主要体现在：

1. 严格遵循土地利用总体规划

《中华人民共和国土地管理法》第十八条规定，"省、自治区、直辖市人民政府编制的土地利用总体规划，应当确保本行政区域内耕地总量不减少"。第十九条又规定，土地利用总体规划必须根据严格保护基本农田和控制非农业建设占用农用地的原则编制。同时，国家对土地转用实施总量控制，并进行指标管理。没有农用地转用计划指标，不得进行农地转化。

2. 严格审批

《中华人民共和国土地管理法》第四十四条明确规定："建设占用土地，涉及农用地转为建设用地的，应当办理农用地转用审批手续。省、自治区、直辖市人民政府批准的道路、管线工程和大型基础设施建设项目、国务院批准的建设项目占用土地，涉及农用地转为建设用地的，由国务院批准。在土地利用总体规划确定的城市和村庄、集镇建设用地规模范围内，为实施该规划而将农用地转为建设用地的，按土地利用年度计划分批次由原批准土地利用总体规划的机关批准。在已批准的农用地转用范围内，具体建设项目用地可以由市、县人民政府批准。"

3. 严格耕地补偿制度

在进行城市建设过程中必须占用耕地的，实行占用耕地补偿制度，减少农地转化对耕地数量减少的影响，保证全国18亿亩耕地总量。

《中华人民共和国土地管理法》第三十一条规定，"非农业建设经批准占用耕地的，按照'占多少，垦多少'的原则，由占用耕地的单位负责开垦与所占用耕地的数量和质量相当的耕地；没有条件开垦或者开垦的耕地不符合要求的，应当按照省、自治区、直辖市的规定缴纳耕地开垦费，专款用于开垦新的耕地"。

（三）征地制度及对农民的补偿机制

随着城乡建设用地二元制度的建立，国家逐步建立征地制度。在征地补偿方面，按照《中华人民共和国土地管理法》的规定，征地补偿由三部分组成：土地补偿费、安置补偿费、青苗及地上（地下）附着物补偿费。土地补偿费是对被征地农民丧失土地使用权的补偿；安置补助费是保证被征地农民在丧失土地一段时间内维持原有生活水平的费用；青苗及地上（地下）附着物补偿费是对被征土地上的农作物和无法迁移的水利设施、房屋等建筑物等的补偿。从性质上来看，这三部分补偿费用当中第一类和第三类补偿费用是对农户的权益性补偿，第二类补偿费用是对农户的保障性补偿。对于征地补偿标准，《土地管理法》中提到：土地补偿费和安置补助费合计按年产值30倍计算，尚不足以使被征地农民保持原有生活水平的，由当地人民政府统筹安排，从国有土地有偿使用收益中划出一定比例给予补贴。

在征用程序上，《土地管理法》第四十八条规定，征地补偿安置方案确定后，有关地方人民政府应当公告，并听取被征土地的农村集体经济组织和农民的意见。但事实上，集体尤其是农民在征地过程中参与的程度非常有限。在现行体制下，国家征地面对的是集体，而不是农户；农户不参与征地补偿谈判，有权去谈补偿条件的只是集体，而实际上的集体常常不过是三几个乡村权力人物；能不能完成征地任务，是乡村权力人物能不能继续居于权力位置的条件。在这种情况下，农民利益往往难以得到保障。

由于征地拆迁过程中农民合理补偿问题引起了诸多社会问题。近些年政府也给予了相当关注并颁布了大量的规章法规。如：2004年修订的《中华人民共和国宪法》第二十条规定："国家为了公共利益的需要，可以依照法律规定对土地实行征收或者征用并给予补偿。"这是新中国建国以来首次从国家根本法的高度对土地征收和征用进行区分，并首次在国家大法上明确规定对土地征收或者征用给予补偿，为以后的征地立法工作、征地实践乃至征地制度改革提供了法律保障。

2004年10月，国务院发布的《关于深化改革严格土地管理的决定》，就征地问题要求各地完善征地补偿办法，妥善安置被征地农民，健全征地程序和加强对征地实施过程的监管，对现行征地制度作出了进一步的补充调整：（1）在征地补偿方面，《决定》明确指出征地补偿安置不仅要使被征地农民保持原有生活水平，还要使被征地农民的长远生计有保障，要完善征地补偿办法。依照现行法律规定支付土地补偿费和安置补助费，尚不能使被征地农民保持原有生活水平的，不足以支付因征地而导致无地农民社会保障费用的，省、自治区、直辖市人民政府应当批准增加安置补助费。土地补偿费和安置补助费的总和达到法定上限，尚不足以使被征地农民保持原有生活水平的，当地人民政府可以用国有土地有偿使用收入予以补贴。（2）在被征地农民的安置方面提出了更加明确的政策。《决定》指出，在城市规划区内，当地人民政府应当将因征地而导致无地的农民纳入城镇就业体系，并建立社会保障制度；在城市规划区外，征收农民集体所有土地时，当地人民政府要在本行政区域内为被征地农民留有必要的耕作土地或安排相应的工作岗位，对不具备基本生产生活条件的无地农民，应当异地移民安置。（3）对征地程序尤其是报批前的程序作了重要补充。增加了告知、调查、确认、听证等程序，强调了被征地农民的参与权、知情权。

2006年，劳动保障部、国土部、国务院相继发布《关于做好被征地农民就业培训和社会保障工作的指导意见》、《关于加快推进征地补偿安置争议协调裁决制度的通知》、《国务院关于加强土地调控有关问题的通知》。其中，《国务院关于加强土地调控有关问题的通知》的第2条明确提出："切实保障被征地农民的长远生计……社会保障费用不落实的不得批准征地"。第3条规定，国有土地使用权出让总价款全额纳入地方预算，缴入地方国库，实行"收支两条线"管理。土地出让总价款必须首先按规定足额安排支付土地补偿费、安置补助费、地上附着物和青苗补偿费、拆迁补偿费以及补助被征地农民社会保障所需资金的不足等方面。2007年颁布实施的《中华人民共和国物权法》中也明确强调："征收集体所有的土地，应当依法足额支付土地补偿费、安置补助费、地上附着物和青苗的补偿费等费用，安排被征地农民的社会保障费用，保障被征地农民的生活，维护被征地农民的合法权益。"

二、现行城乡建设用地制度的特征与主要问题

在现行的城乡建设用地制度的实施过程中，存在严重的政府对土地市

场的垄断问题,这是对农民权益的限制。并且土地财政激励下的城乡建设用地粗放型增长问题严重。

（一）政府对土地市场的垄断及对农民权益的限制

在城乡分治、城乡建设用地物权"二元化"的制度安排下,政府垄断了城市土地一级市场的土地制度。只要涉及农地变为建设用地,就要通过政府征地,任何单位建设用地都要使用国有土地。政府作为农地转为市地的唯一仲裁者,是农地转用后的真正"地主",拥有获得农地并将其转给城市使用者的排他权力。

城市建设用地只能由政府征用,并由政府定价。政府低价征用、征购土地,高价出让,从中获得了巨额"剪刀差",投入到城市建设等方面。

客观来看,自改革开放以来,这一制度安排为城市政府筹措了大量的建设资金和财政收入,在政府财力有限的情况下,通过土地融资解决了城市建设和发展的资本制约,使得我国过去30年城市建设大步推进,有力地支撑了经济的高速增长。20世纪90年代以来,我国工业化和城镇化的快速推进从某种意义上说也得益于现行的土地制度。工业化方面,各类"园区"的建设,以招商引资成为吸引工业企业的重要因素,这一时期,园区的创办和扩大主要靠从农民手中征得的土地进行滚动开发。工业用地的地价协议供应,保证了工业化的高速推进,并间接促进了城镇化的快速发展。

城乡分治的土地管理制度,在我国城乡经济形态、收入水平差异巨大的情况下,维持了农村土地的福利分配模式（如宅基地的福利分配）,为农民提供了基本生活保障。同时,在规划和管理能力有限的现实条件下,避免了农村"村村点火"、"镇镇冒烟"的低效土地利用和发展模式,在一定程度上对农村环境起到保护的作用。

但这一制度安排也使得农民不能分享城镇化过程土地增值的收益。法规、政策严格限制了农民利用土地作为发展资本、获取土地资本化收益的权利。从发展历程上来看,20世纪80年代乡镇企业发展迅速时,农村在利用建设用地作为生产要素和资本时,政策较为灵活,农村发展比较有活力,而90年代加强土地管理和控制以后,农村发展则呈现江河日下的状况。虽然其中有经济发展的阶段特征和市场环境等外在因素，但很明显土地制度成为影响农村发展的一个重要制度变量。

（二）土地财政激励下的城乡建设用地粗放增长

由于地方政府财政日益依赖低价征地和高价卖地获得"土地剪刀差"，导致政府"圈地"、"卖地"动力机制下"土地城镇化"远快于"人口城镇化"。

目前实行新增建设用地的有偿使用费，30%上缴中央财政，70%留地方政府；城镇土地使用税50%上缴中央财政，50%留地方政府的分配政策，进一步加剧了土地收益被作为地方政府赖以生存和维持运转的重要保障这一情况。同时也促成了地方政府以土地为基础促进经济增长的特殊激励结构。政府征地、卖地越多，地方可支配收入就越多；政府掌握的土地越多，城市扩张成本就越低，招商引资越便利，政府税源越多。这种增长方式的弊端已在财政、税收、金融、投资、社会和谐、政府行为等诸多方面彰显出来。

据统计，自20世纪90年代以来，全国城镇建设用地从1.2万km^2增长到4.0万km^2，增长3倍左右，但城镇人口规模增长不足2倍。而现状6.7亿城镇人口中，其中还包括2.7亿未能完全享受城市公共服务的进城农民工。

以开发区建设为例，在一些不具备投资条件或投资环境比较差的城市和地区，出于政绩工程等原因考虑兴建的开发区，在建成后就长期处于闲置状态，有的甚至由于后续资金不足，建设尚未完成就已停工，导致大量耕地抛荒浪费。

土地出让金是若干年土地使用期的地租之和，本届政府获得的土地出让金，实际上是一次性预收并一次性预支了未来若干年限的土地收益总和，是一种对土地收益的"透支"，显然缺乏"代际公平"，不符合长期持续发展的需要。

另一方面，由于集体建设用地缺乏市场定价，导致其不能得到充分利用。以农民宅基地为例，由于只能在集体经济组织内部流转，缺乏市场定价，进城农民缺乏退出动力和机制。在农民大量流入城镇"打工"的同时，仍然将收入的相当部分用于农村修建新住宅，但这些住宅实际利用率低，农村"空心村"现象却越来越突出，土地浪费明显。据统计，目前全国2.4

亿亩村庄建设用地中,"空心村"内老宅基地闲置面积约占10%~15%,部分地区"空心村"空置住宅超过30%①。在远郊农村,这种情况尤其突出。

近年来,农民工大量进城后的新生代农民自身大部分已无回农村意愿,城里生活、工作需要土地,农村又有大量土地闲置。

随着城镇化进程的推进,农民如何有序退出农村土地、宅基地和住房,在城镇定居,是土地制度安排中必须考虑的重大问题。

(三)征地拆迁引发的社会矛盾与社会适应

从前述征地补偿标准可以看出,我国当前土地征用制度中征地补偿构成、补偿标准和程序基本上沿用了计划经济时代的做法,严重与市场脱节。土地征用补偿标准不合理,单纯从短期来考虑农民以后的生活保障问题,忽略了农民对土地所拥有的土地发展权。农地一般按照30年产值计算,通常仅有5万~6万元/亩。而农民失去土地以后,面临着就业和发展机会的丧失,同时生活成本大大上升,征地补偿标准对这些因素考虑严重不足,这就成为引发社会矛盾的主要根源之一。同时,农民对征地过程的参与程度也非常有限。

尽管目前国家已经针对土地政策特别是征地过程中农民等相关群体的利益保障问题制定了相当多的政策规定,并不断进行改革尝试,但由于我国国土面积大,情况复杂,所处的社会发展阶段以及政策执行不完全到位等诸多原因,征地过程中的"一刀切"、"不公平"现象仍时有发生。

根据各地信访部门统计,近年来各地由于征地拆迁引发的矛盾纠纷,已经成为上访案件中比例最大的一类。征地拆迁引发的社会矛盾,已经成为事关社会稳定的焦点之一。而根据一些学者的调查,在目前农村发生的群体性事件当中,65%以上都由土地问题引发②。

另一方面,在北京、上海、广州等特大城市周边,由于土地价值升值幅度较高,也出现一次性给予近郊农民过于优厚补偿的现象。出现因为征地拆迁"一夜暴富",而突然拥有大量货币资产往往又诱发了其他的社会问题。

---

① 李勤,孙国玉.农村"空心村"现象的深层次剖析[J].中国城市经济,2009,10。
② 于建嵘.土地纠纷已成影响农村社会稳定首要问题[J].新京报,2010,2。

（四）资源向大城市集聚与城市"摊大饼"增长

在当前制度安排下，我国农地非农化政策也是一种国家高度垄断和政府全面管制的计划经济政策。城镇建设用地的数量事实上由国土管理部门、城市规划建设部门等掌握。地方政府在"土地财政"压力下具有不断争取更多国有土地指标，扩大征地规模的内在动力。中央政府和地方政府通过国土系统的土地指标控制以及规划建设系统的城市规模论证、审批展开"讨价还价"的博弈。由于更高层级政府在"自上而下"的指标分配过程中具有更好的位置，导致建设用地指标事实上更多向地级以上的特大城市和大城市倾斜，这正是2000年以来，户籍人口和农民工都向大中城市集聚的重要原因。由此导致我国中小城市和小城镇发展动力不足，难以形成大中小协调发展的城镇体系。

此外，土地增值收益的刺激导致地方政府具有依托现有城市建设区拓展的强大动力，这就形成了我国许多城市"摊大饼"的空间增长方式。这些摊大饼式的征地行为主要发生在城市郊区，郊区大多是优质耕地，同时又是城市周边重要的田园景观功能区，不合理的征地对郊区的生态环境造成了巨大破坏，直接影响了整个城市的生存环境。以往走出城市即可看到的乡村景象在我国相当多的城市中已经荡然无存。相反的是，城市远郊由于缺乏"发展权转移机制"，缺乏资金和动力。

三、城乡建设用地制度改革与各地实践

面对城镇建设用地指标日益紧张和农村集体建设用地低效利用的现实，2008年国土资源部根据《国务院关于深化改革严格土地管理的决定》（国发〔2004〕28号），制定了《城乡建设用地增减挂钩试点管理办法》（国土资发138号文件），提出在复垦农村建设用地的基础上可以增加城镇建设用地的办法。

这一政策主要是指依据土地利用总体规划，将若干拟整理复垦为耕地的农村建设用地地块（即拆旧地块）和拟用于城镇建设的地块（即建新地块）等面积共同组成建新拆旧项目区（以下简称项目区），通过建新拆旧和土地整理复垦等措施，在保证项目区内各类土地面积平衡的基础上，最终

实现增加耕地有效面积、提高耕地质量、节约集约利用建设用地、城乡用地布局更合理的目标。

(一) 成都城乡统筹实践

由于土地在我国城镇化推进过程中的重要作用,各地都在尝试各式"土地改革",但如何在现行土地制度的框架下启动变革,维系现有城镇化筹资功能的同时,积极寻找增加农村和农民分享城镇化土地收益途径,成都作出了一个有益的尝试。

成都的土地改革实践是与统筹城乡综合配套改革共同进行完成的。2003年以来,特别是2007年成都被批准成为"全国统筹城乡综合配套改革实验区"后,在统筹推进"三个集中"(工业向集中发展区集中、农民向城镇和新型社区集中、土地向适度规模经营集中)的过程中,在土地确权的基础上进行了城乡要素的有益流动和产权制度改革。

1. 农地确权与"还权赋能"

"还权赋能"是成都在推进农村产权制度改革过程中提出的核心指导原则。"还权"指的是把法律、法规中要求赋予农民的土地、房屋等要素的权益切实还给农民,使其有完整的财产权利,使农民拥有的承包土地、宅基地和林地物权化,使其具有稳定性、法定性、长期性和排他性等物权特征;"赋能"指的是让农民拥有发挥自主权的能力,拥有把握自身发展的能力,使农村的生产要素可以进一步地合理流动。这一指导原则的实施首先是以产权制度改革(确权)为基础进行的。在此指导思想下,2008年以来成都市政府陆续颁布若干政策,推动土地承包经营权、农村集体建设用地使用权以及农村房屋产权的规范流转,在"深化农村土地和房屋产权制度改革"的基础上,"建立健全归属清晰、权责明确、保护严格、流转顺畅的农村产权制度"。

在此基础上,成都开始推行农地流转和农村宅基地置换流转等探索。

2. 级差地租与城乡建设用地指标置换

在人口城镇化过程中,农村居民向城镇迁移,因此城镇需要增加建设用地,从而乡村建设用地需要减少,这正是国土资源部出台"城乡建设用地增减挂钩"的基础。另一方面,由于级差地租的经济规律,城镇建设用地的市场价值远远高于农村。这就为"城乡建设用地增减挂钩"提供了经济上的可行性，即利用城镇建设用地的土地收益反哺农村建设用地的复垦和整理，实现城乡建设用地的平衡。例如在2008年，成都市区内土地价格就已经达到并超过1000万元/亩，而同期的农村集体建设用地复垦、转换、补偿的成本仅在几十万元。当然，土地级差价格的最终收益的多少很大程度上取决于与其相挂钩项目的半径，也就是说与越远离中心城区的土地指标置换，土地级差价格越大。但随着挂钩半径的增大带来的问题是相关部门对于土地监管难度的加大。2004年国土部门禁止了曾多年实际存在的跨区"占补平衡"，规定只允许在本县域范围内的"增减挂钩"，这在有利于控制管理的同时，也降低了土地级差收益，减少了土地指标置换过程中的农民可分享的利益。

在国土部门"占补平衡、增减挂钩"土地政策的背景下，全国各地对于土地整治和宅基地指标置换往往都乐此不疲。但在这一过程中，由于政绩等原因短期急于推进，往往片面忽视农民利益，在土地增值收益过程中的分配未做到公平、公正、合理，从而引发大量社会矛盾。

成都在这一过程中的不同点或者说是着重点在于加大了政府征地收益所得对农村和农民的"返还"比例。政府首先拿出资金对农村土地进行整治，将闲置、废弃的农村建设用地复垦为耕地，经验收合格并保障农村发展空间后，形成的可用于本县域范围内的用地指标。在此基础上，农民从原有分散居住方式集中居住到新的住宅小区。集中居住的优势首先在于，使得农民的居住条件大为改善，享受城市生活一般的基础设施和便捷的医疗服务；其次，解决原有农村部分宅基地占地面积过大的问题（有些人均甚至达150~200m^2，集中居住后人均35m^2左右）；再次，通过原有宅基地的集中整治、复垦，结合国土部门"占补平衡"、"增减挂钩"土地政策，节约出建设用地指标用于城镇化土地使用，使得下一步的土地增值收益中可以继续增大对农村的返还比例，使得农村可以共享城镇化带来的好处。

成都在推行"三个集中"的城乡统筹实践中，也注意对农民生产方式和生活方式的转变，积极探索农地流转、入股，改变农民对小农生产方式的依赖。例如，成都温江区探索"村企合作"等模式，为农村和农业发展引入现代生产要素，成都龙泉驿创立了"政府—企业—村庄"三方联营模式等（参见本书成都龙泉驿模式的调研报告）。

（二）重庆"地票"模式与农村土地整理

与成都统筹城乡相似，重庆作为国家统筹城乡改革试验区，也在积极探索"城乡建设用地增减挂钩"下的农村建设用地整理与城乡建设用地置换，由此创立了"地票"模式。

所谓"地票"，指包括农村宅基地及其附属设施用地、乡镇企业用地、农村公共设施和农村公益事业用地等农村集体建设用地，经过复垦并经土地管理部门严格验收后产生的指标。按照复垦、验收、交易和使用的程度来交易和流转"地票"。

通过"地票交易"，出让建设用地指标的边远地区所需要的复垦费、农民安置费用，可以由获得用地指标的受让方出资，农民也可以选择去城镇周边集中居住，改善生存发展环境。价格确定与收益分配，市场化与行政管理（图6-10-1）。

以2008年6月27日国土资源部《城乡建设用地增减挂钩试点管理办法》为基础，2008年11月17日，重庆市人民政府第22次常务会议通过了《重庆市农村土地交易所管理暂行办法》（以下简称《暂行办法》）。2008年12月4日，作为全国统筹城乡综合配套改革试验区的重庆市，经国务院批准，成立了全国首个农村土地交易所——重庆农村土地交易所，探索农村集体建设用地和城市建设用地指标在重庆市远距离、大范围置换的"地票"交易，解开"城市发展扩张缺乏空间，农村建设用地闲置"的疙瘩。截至2010年6月8日，重庆农村土地交易所共交易"地票"2万亩，成交额为21.36亿元，

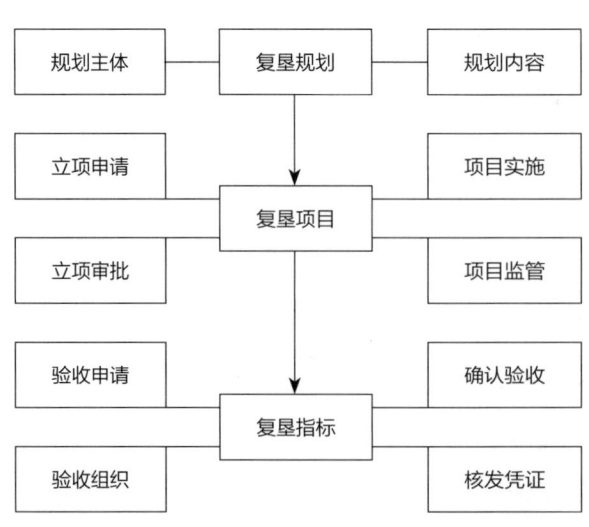

图6-10-1　重庆"地票"模式运作程序示意图

成交均价10.68万元/亩，最高成交单价14.50万元/亩。

重庆市市长黄奇帆认为，"地票"交易制度是"先造地后用地"，农村闲置土地资源依法有序退出，先把农村建设用地转化成耕地之后，才可在城市新增建设用地，对耕地的保护力度更大、保护效果更好。同时"地票"交易制度创新可以有效解决当前城镇化和工业化加速期，城市建设用地紧张的矛盾，而城乡建设用地总量不增加、耕地总量不减少。"地票"模式在解决城市建设用地紧张矛盾的同时，也降低拆迁成本，减少了拆迁矛盾。"地票"模式实现了在远郊区县偏远地区进行拆迁安置，在近郊区县用地。在远郊偏远地区，农户对集体建设用地的增值收益预期不高，降低了拆迁难度。在城市近郊区，农民对土地特别是对房屋的增值预期很高，政府和开发商不愿意面对近郊区对村庄和宅基地的高拆迁成本以及引发的社会矛盾。

"地票"模式还有利于激活城乡要素市场，完善城乡市场体系。土地交易所成立后，通过开展远距离、大范围的土地资源优化配置，使固化的土地资源转化为可以流动的资本。土地作为农村最主要的生产要素，它一旦流动起来，必然带动农村要素市场的发育，有力地促进资本、产权、技术等其他要素市场建设。

（三）河南、湖北和山东等地"新型农村社区建设"模式

随着农村人口的减少，村庄的合并以及乡村人口居住适度集中也成为一种趋势。河南、湖北、山东等地推行新型农村社区建设，将节余的建设用地指标用于城镇发展，同时利用土地收益来补贴新型农村社区建设，改善农村居住和生活条件。在具体操作中，以政府主导为主，也鼓励乡镇和村集体经济组织。乡镇和集体经济组织建设新型社区时，政府对节余建设用地指标进行收购，一般为10万~15万元/亩。通过新型农村社区建设，也起到了引导农村人口集聚、促进农民就近城镇化、集约节约城乡建设用地等积极目标。

在新型农村社区建设中各地也总结了一些经验，例如河南舞钢的"三贴近"原则，注意新型农村社区贴近城区、镇区和产业集聚区，充分发挥了产业与城镇协调发展和级差地租的收益，也受到了部分农民的欢迎；湖北鄂州总结出依托城镇型、工业带动型和农业产业化带动型等不同模式

（参见本书湖北鄂州、河南舞钢等地调研报告）。从在舞钢和德阳的农民意愿调查来看，有相当比例的农民，特别是年轻农民和收入较高的农民比较愿意参加新型农村社区建设。但有些地方为了追求建设用地指标而过于行政强制推动，与农民生产方式不相适应，也引起对农民"被上楼"等问题，本书在总结舞钢经验中也提出了新型农村社区建设的原则。

（四）广东对集体建设用地利用的突破与探索

作为改革开放的前沿，广东在集体建设用地的利用方面也进行了积极的探索。

2005年广东省颁布《广东省农村集体建设用地使用权流转管理办法》，对已经实际存在的集体建设用地使用权出让、出租、转让、抵押等作出了规定，在一定层面对于现行土地制度的改革进行尝试的同时，也对国家现行的土地管理法规的相关规定上作出了一定程度的突破。

"三旧改造"是广东省近年来的新尝试。所谓"三旧改造"，是广东特有的改造模式，分别是"旧城镇、旧厂房、旧村庄"改造，事实上允许农村集体建设用地进入市场。"三旧改造"是国土资源部与广东省开展部省合作，推进节约集约用地试点示范省工作的重要措施。按照试点要求，"三旧改造"项目必须符合城市土地利用总体规划、城乡总体规划，纳入"三旧改造"总体规划、年度计划。粤府［2009］78号文中，"三旧改造"的实施意见对现行的国土资源政策有六大突破：一是简化了补办征收手续；二是允许按现状完善历史用地手续；三是允许采用协议出让供地；四是土地纯收益允许返拨支持用地者开展改造；五是农村集体建设用地改为国有建设用地，可简化手续；六是边角地、插花地、夹心地的处理有优惠。

广东在"三旧改造"中也探索了不同的模式，例如广州的公开出让融资模式，自行改造、协议出让融资模式，滚动开发模式，环境建设带动综合整治。佛山"三旧改造"的政府主导项目模式和自行改造项目模式等。

公开出让融资实施全面改造也被称为猎德模式。猎德村是广州城中村整体改造的第一村，也是第一个突破性地由开发商介入的旧城改造项目。此前，广州市曾禁止开发商介入旧城改造与城中村改造。猎德村改造首创了村民以土地产权（土地拍卖）置换开发商物业（安置房建设）来改造的新模式，有别于以往以政府为主导进行的旧城改造模式。猎德村改造采取公开出让融资实施全面改造的模式，于2007年拍卖融资46亿元启动改造。目前已经基本建成新猎德村（安置区），由37栋高层住宅、一所九年制义务教育学校和一所幼儿园组成，总建设用地13.1万m^2，总建筑面积约68.7万m^2，集中迁建祠堂、整治河涌，延续历史文脉。

自行改造、协议出让融资实施全面改造，例如林和村。位于天河区广州火车东站边上的林和村，人口共约2416人，总用地面积为69470m^2，原有各类房屋共计583栋。林和村采取自行改造、协议出让融资的方式实施全面改造。目前房屋已全部拆平，计划3年内可建成回迁。

滚动开发实施全面改造，例如花地村。位于荔湾区芳村地区的花地村，位于白鹅潭经济圈核心区域，村户籍人口3366人，改造用地面积44.4hm^2，建筑面积46.13万m^2。花地城中村改造是继猎德村改造之后广州市第二个城中村改造工程。与猎德村"大拆大建"式的整体拆迁不同，花地村改造采取了"拆一建一补一"的"搬积木"方式，分成19个地块进行改造。花地村采取"搬积木"滚动式的方式进行全面改造，总投资约20亿元。花地村第一期改造项目于2008年7月动工，目前已经基本完成，为第二期的改造安置提供腾挪空间。

深圳市在集体建设用地改革方面也进行了积极探索。2013年1月18日，深圳市人民政府通过新闻发布会宣布，获国土资源部特批，深圳原农村集体经济组织继受单位合法工业用地可申请进入市场流通。按照一些媒体报道引用内容显示："按照深圳市文件规划，深圳原农村集体经济组织继受单位合法工业用地放开入市，可以有两种收益方式供选择，'第一种方式是所得收益50%纳入市国土基金，50%归原农村集体经济组织继受单位，第二种方式是所得收益70%纳入市国土基金，30%归原农村集体经济组织继受单位，并可持有不超过20%的物业用于产业配套'。"不同之前的"尝试"，此次获得特批的不单是使用权流转，而且还包括直接进入市场流通的内容，对入市后收益如何分配也作了规定。

（五）城乡建设土地整理与流转中的问题

在国土部门"占补平衡、增减挂钩"土地政策的背景下，加上国家保证

18亿亩耕地红线保护导致城镇建设用地指标日益紧张，全国各地对于土地整治和宅基地指标置换往往都乐此不疲。无论是成都模式，还是山东、河南等地的新型农村社区建设，都是"城乡建设用地增减挂钩"方面的探索。

应该说，这些模式和探索是符合城乡建设用地统筹的大方向的，同时也开创了农村和农民分享城镇化进程中土地增值收益的渠道和途径。从土地发展权（Land Development Rights）①的视角来看，城乡建设用地增减挂钩、"地票"实质上是一种土地发展权转移，即农民放弃在乡村的建设用地权利，将发展权转移到城镇，并获得相应的补偿。

但目前的增减挂钩、"地票"仍具有很强的行政主导色彩，农民与其他各方缺乏平等谈判协商地位。在这一过程中，政府由于政绩等原因短期急于推进，往往片面忽视农民利益，各地出现了农民"被上楼"、"被进城"的很多争论，也导致"城乡建设用地增减挂钩"的政策推行受到阻碍。另一方面，农民进入城镇定居，或者在乡村范围内逐步集聚，都需要与经济、社会各方面的协调发展，在分散小农经营的模式下，集中居住导致耕作半径过大，引发农民生产生活不便，不可避免受到农民的反对和抵制。在这个方面，四川省提出的"农村综合体"以及成都探索的"村企合作"、股份化改造等注意到了居住方式转变与生产生活方式转变的统一，具有一定的经验借鉴性。

四、城乡建设用地制度改革与政策建议

随着城乡二元的土地制度的弊端日益显现。近年来，有关城乡建设用地"同地同权"的呼声日益强烈，中央政策也开始调整，决定逐步建立统一的城乡建设用地市场。2009年党的十七届三中全会《关于推进农村改革若干重大问题的决定》提出，"严格界定公益性和经营性建设用地。逐步缩小征地范围，完善征地补偿机制。按照同地同价原则及时足额对农民集体组织和农民合理补偿。在土地利用规划确定的城镇建设用地范围外，经批

---

① 土地发展权，是指土地所有人将土地改变用途或者在土地上兴建改良建筑物的权利，集中体现在农地转变为建设用地，或者建设用地的再开发。这是自20世纪50年代英美法等国家相继设置的一项重要土地产权制度。

准占用农村集体土地建设非公益性项目,允许农民依法通过多种形式参与开发经营并保障农民合法权益。逐步建立城乡统一的建设用地市场。"2012年党的十八大报告提出,促进城乡生产要素的平等交换。2013年中央一号文件提出,加快包括农村宅基地在内的农村集体土地所有权和建设用地使用权地籍调查,尽快完成确权登记颁证工作。加快推进征地制度改革。依法推进农村土地综合整治,严格规范城乡建设用地增减挂钩试点和集体经营性建设用地流转。2013年党的十八届三中全会通过的《中共中央关于全面深化改革若干重大问题的决定》中,明确强调"建立城乡统一的建设用地市场。在符合规划和用途管制前提下,允许农村集体经营性建设用地出让、租赁、入股,实行与国有土地同等入市、同权同价。缩小征地范围,规范征地程序,完善对被征地农民合理、规范、多元保障机制。保障农户宅基地用益物权,改革完善农村宅基地制度"。

统一城乡建设用地市场是未来改革的方向,但是显然面临的问题也非常多,例如规划管理、增值收益分配、权利公平和基层治理等。

(一)分类明晰集体建设用地权益

建立统一的城乡建设用地市场,首要的问题是明晰集体土地权益的主体和权益内容。当前我国的集体土地所有制,实行的"三级所有,队为基础"的制度安排,即集体土地所有权由乡镇、行政村、村民小组所有,但由于法律中"集体经济组织"的模糊性和村委会"管理本村属于村民集体所有的土地和其他财产"的规定,使得行使集体土地所有权的主体主要由村庄来承担。但村委会在实践中实际上承担着多重职能,呈现出政府的基层代理、集体资产管理和社区公共事务管理"三位一体"的角色和"政经不分"的特征,不仅其"自上而下"和"自下而上"的合法性和权威性来源存在冲突,并且村民集体缺乏民主监督的机制,事实上处于"失控"状态。

在村委会实行选举多年以来,有关村委会谋私损害村庄的报道时常可见。究其原因,村委会在"对上"时具有关于村民集体的信息优势,在"对下"时具有了解国家政策的信息优势,使得村委会具有欺上瞒下的独特便利。村庄自治流于形式,村民难以有效监督村委会。按照《村民组织法》规定,罢免村委会,需要五分之一的村民或者三分之一的村民代表提议,并经过半数以上村民同意。在村委会"政经合一，议行合一"的情况下根本难以实现。在这种情况下，所谓"集体所有"实际上成了一个虚无的主体，导致各种混乱情形出现。

土地完全私有化不符合我国宪法规定的基本制度。我国城镇建设用地也是在国家所有权的基础上通过用益物权的方式明确权利。而对于农地，现行政策是通过延长农户承包权期限、明确"增人不增地、减人不减地"的办法来强化农户土地使用权利，对此，部分学者也提出了农地"国有永佃"的建议。综观世界各国，对于土地权益，都已经不存在绝对的所有权私有，都在很大程度上受到用途和规划管制，在绝对的私有和国有之间争论没有太大意义，实质在于用益物权的明确。

鉴于土地集体所有制的"集体所有"模糊不清，严重违背市场经济权利明晰、流通自由的基本要求，应分类明确权益主体。农村建设用地按历史和现状，宅基地使用权直接划归农户，村庄公共设施建设用地类似于城市居住小区的"使用权共有"，由居住的农村居民集体持有。而对乡镇企业用地、村集体所有的其他生产性集体建设用地，划归剥离后的农村集体经济组织，并将集体经济组织改造为股份化公司。在这一方面，2013年中央一号文件提出，加快包括农村宅基地在内的农村集体土地所有权和建设用地使用权地籍调查，尽快完成确权登记颁证工作。

（二）强化土地利用规划和城乡规划的协同管理

实现农村集体建设用地的统一流通，又要避免在市场和利益刺激下农村集体建设用地的过度、盲目开发，保障社会公共利益和权利主体利益的平衡，就必须发挥规划的调控作用，加强对集体建设用地的规划管理。

当前，国土管理部门的土地利用规划和建设管理部门的城乡规划处于分离状态。传统上，建设管理部门的规划管理以"点"、"面"为主，更多针对城镇国有建设用地和一部分位于城镇规划区内的"城中村"集体建设用地，对农村集体建设用地控制较弱。随着2008年《城乡规划法》出台，对村庄建设管理开始逐步加强。而土地利用规划覆盖"全域"，涉及农地、建设用地和未利用地等所有土地类别，但管理上以土地用途管理为主，对建设行为管理不足。

从土地发展权的角度看，土地利用规划事实上控制了农地转建设用地的用途变更的发展权，而城乡建设规划则主要控制建设用地的开发强度。在乡村规划中，实行土地利用规划和城乡建设规划的合一，即在"全域"内调节建设用地的增减与空间转移以及土地用途，在建设用地内调控建设开发强度，实现用途管理和开发控制的衔接。

（三）完善土地发展权转移机制，统筹城乡建设用地

集体建设用地的上市流通，就带来城乡建设用地统筹的问题。必须改变城镇发展和乡村建设"两头占地"的局面。目前，我国城镇建设用地约4万km^2，但乡村建设用地总量有16.8万km^2，农村集体建设用地释放的空间和潜力非常巨大。解决好这个问题，就解决了城镇化发展与城乡建设用地节约的巨大难题。为此，必须建立合理、高效的土地发展权转移机制，不同区位的城乡建设用地，可以通过"建设用地指标转让"、"复垦—转移"实现土地发展权（LDR）的空间转移，从而促进城镇化集聚的实现。

现阶段的"城乡建设用地增减挂钩"的办法[①]和成都、重庆等地区的"地票"[②]，实质上已经进行了初步的探索和尝试。但按照有关政策，目前的"增减挂钩"仍然局限在县域内，成都、重庆实现了地级市行政范围内的跨越转移。未来应该将"地票"等土地发展权转移的形式和农民进城落户的城镇化政策结合起来。应该进一步建立农村宅基地有偿退出机制，对农民退出农村宅基地，可由国家和集体经济组织出资收购以后复垦，农民则利用宅基地补偿"带资进城"，到城镇定居，这样有利于保护耕地和降低农民城镇化门槛。通过更大范围内的指标转移，用发达地区的土地增值收益反哺欠发达地区的生态保护和土地整治。探索"地随人走"的土地发展权转移机制，建立大城市农民市民化与建设用地指标供给挂钩机制。

（四）加快农村整体改革，引导农民适度集聚居住

随着农村人口的减少，以及农业生产方式的转变，乡村人口的聚居方

[①] 2008年国土资源部根据《国务院关于深化改革严格土地管理的决定》（国发〔2004〕28号），制定了《城乡建设用地增减挂钩试点管理办法》（国土资发138号文件），提出复垦农村建设用地的基础上可以增加城镇建设用地的办法。

[②] 所谓"地票"，即农村集体建设用地，经过复垦并经土地管理部门严格验收后产生的指标。

式也将适度转变。

按照农业产业化进程，预计到2030年，全国18亿亩耕地仅需要5000万左右的专业农户即可。考虑到兼业农户的存在，农户数量预计会下降到1.5亿以下，农村总人口应该在3亿~4亿人左右。专业农户不适合集中居住，适合在小型居民点居住，而兼业农户和其他城镇化人口则在小城镇居住。在这种情况下，乡村聚居形态将由"镇—乡—行政村—自然村"向"小城镇—小型居民点"转变，农村由职能丰富的小城镇和星罗棋布的专业农户居民点组成。

因此，各地推行的"新型农村社区"建设，从促进土地集约利用、便利农村公共服务的角度也符合长远发展趋势。部分地区已经展开了迁村并居的试点，虽然存在着一些问题，但从长远看，其必要性和积极意义也是明显的，关键是有好的规范引导政策，不能搞成建设运动或者强迫拆迁，赋予农民自愿、公平的流动机制。

同时，必须看到农民生活方式、居住方式与生产方式是紧密联系的。在"一家一户"的小农经济状态下，农户很难选择距离农地较远的居住地点，耕作半径成为较大的限制。只有在农业规模化、产业化经营情况下，农村居民受到土地的束缚才能逐渐降低。因此，乡村聚居形态的改变必须与农业产业化进程密切衔接。在农村居民点调整中，要组织农业形态改造和农村产业发展先行，实现经济形态、社会形态、组织形态和空间形态的整体变革。

政府应通过"全域规划"，明确控制和保护区域，引导农村产业发展和农村人口集聚。同时在宏观规划和政策引导下，鼓励"自下而上"的变革，充分尊重农民意愿，鼓励村庄集体和外部企业、投资主体合作，提出村庄产业发展和土地整治方案。

（五）建立城乡居民统一的住房登记与管理制度

随着城乡建设用地权利的统一，也必须对城乡居民住房分配制度进行统一改革。如前所述，如果农村宅基地具有市场流通和财产属性，宅基地的福利分配就导致了城乡居民权利新的不平等。无论是从控制建设用地规模还是权利公平的角度，都必须相应修改法律，在承认现状的基础上不再福利分配宅基地。事实上，许多地区也已经停止分配宅基地很长时间了。

鉴于我国人口总量已经接近顶峰，未来农村人口也将逐步下降，农村宅基地在现状基础上不再增批，存量基础上继承、转让和购买也是可行的。当然对于部分经济水平落后人口又在继续增长的地区，可以由地方政府制定具体办法。

另一方面，统一城乡建设用地，长远看必然涉及放开城镇居民购买农村住宅，这是否会导致城镇居民大量下乡购买农宅建设，导致对耕地的占用？这就需要通过统一城乡住房体系和税收进行调节。例如对于全体国民的一定数量和面积范围的住房，应视为基本保障，以低价、福利性质供给，而对于超过一定面积的多套住宅，因为占用了更多的土地资源，可以采取类似"累进税"的模式征收更多的房地产税收，也符合公平的原则。在此基础上，允许城乡居民根据自己居住需要自由选择居住地，也符合权利平等、自由迁徙的基本原则。

第十一章 北京石景山区调研

在世界各国伴随着城市化①所产生的人口转移过程中，人口向大城市转移都是重要路径之一。例如在日本，经济高速增长前的1950年东京圈人口占全国总人口的15.5%，之后这一比率随着经济增长持续上升，2005年为27%。东京、大阪、名古屋三大城市圈的合计人口比率从1950年的34.7%增长为2005年的50.2%②。在中国，人口向大城市转移同样是城市化过程中的一个重要趋势。以北京为例，据第六次北京人口普查数据显示，2010年北京市人口普查登记的常住人口为1961.2万人，其中常住外来人口共704.5万人，占常住人口的35.9%。但是与其他国家人口转移后即完成城市化的状况不同，在中国，由于城乡二元结构户籍制度的限制，两栖式农民工成为中国人口转移的主力军。他们区别于其他国家人口转移的最大特点是，这些在城市务工的外来人口虽然工作、生活在城市，但却不能作为城市的一员与户籍市民享有同等的福利待遇。在生活方式上，他们也没能完成由农村生活方式向城市生活方式的转换。这是我国在今后以城镇化为主要目标的社会建设中亟待解决的重要问题之一。

另外，由于中国目前经济社会发展的区域差异巨大，尤其是北京、上海、广州这样的特大城市，其特殊的资源聚集优势，使它们对包括外来务工人员在内的人口有着巨大的吸引力。但在巨大的人口基数面前，它们的吸纳能力又是有限的，这也决定了不同的地区依据自己的人口结构状况、产业结构状况对外来人口采取不同的接纳态度。十八届三中全会的决定中更是明确提出了"严格控制特大城市人口规模"的方针。在这样的背景下，在不能通过行政手段控制人口流动的前提下，如何在控制人口规模与提高

---

① 国外的研究普遍使用"城市化"一词，所以在本章中涉及国外的内容时使用"城市化"概念。
② 绳田康光. 戦後日本の人口移動と経済成長［J］. 経済のプリズム，2008，5（战后日本的人口流动与经济成长. 经济棱镜）.

已有外来人口生活条件、解决外来人口实现人的城镇化之间进行平衡就显得进退两难。为了为这一进退两难的问题提供切实可行的解决方案，清华大学社会学系城镇化课题组在石景山区选择了一个外来人口聚居社区进行深入研究，并准备在今后的较长时间内进行社会干预实验。接下来对这一调研以及社区实验状况进行详细介绍。

一、北京市外来人口概况

在对调研点的社区情况进行具体介绍前，首先通过一系列的数据来看一下外来人口在北京的状况。

（一）北京市外来人口总体情况

如前所述，据第六次北京人口普查数据显示，2010年北京市人口普查登记的常住人口为1961.2万人，其中常住外来人口共704.5万人，占常住人口的35.9%。从外来人口来源地看，65.7%的外来人口来自河北、河南、山东、安徽、黑龙江、湖北和四川七个省。其中，河北省来京人口最多，为155.9万人，占常住外来人口的22.1%；其次是河南省，为98.0万人，占13.9%；山东省位居第三，为59.8万人，占8.5%；安徽省、黑龙江省、湖北省和四川省的来京人口分别为43.0万人、40.3万人、33.5万人和32.5万人[①]。常住外来人口中，务工经商的人口比例为73.9%，第二位原因是随迁家属，比例为8.0%，加上投亲靠友，后两方面原因所占比例为12.5%。与早期外来人口多为单身闯天下不同，近几年在京的外来人口多呈现举家一同迁移来京，或是先期少量人口来京站稳脚跟后，然后召集亲友或同乡共同来京发展。但是由于二元体制下户籍制度的限制，虽是举家生活在北京，外来人口仍不能和拥有北京户籍的北京市民享有同等待遇。如专题部分所述，这一点主要体现在住房、子女教育、就业、社会保障等方面。

（二）北京市外来人口面临的问题

本节主要通过与本地居民的对比来分析外来人口在北京面临的问题。本地居民的状况以调研组走访的北京市内普通居民社区以及城郊就地城

---

① 北京市第六次人口普查办公室. 北京市常住外来人口来源地分析［OL］. 北京市统计局网站. 2011-07-04. http://www.bjstats.gov.cn/rkpc_6/pcsj/201107/t20110704_205615.htm.

镇化过程中形成的新型农村社区为代表。主要包括东城区某社区、丰台花乡某村、通州区台湖镇某村以及海淀区四季青某村。表6-11-1为对北京农业户籍、北京城镇户籍以及外来务工人员生存状况进行概括总结性的对比。

外来务工人员与北京市民生存状况　　　　　　　　表6-11-1

	北京农业户籍	北京城镇户籍	外来务工人员
住房	宅基地（拆迁高补偿）	福利分房（拆迁高补偿）	在北京租住条件差，公租等政策门槛过高
可享受养老福利	新农保+集体分红+个别有租房收入	退休金+低保保障+个别有租房收入	基本没有
可享受医疗福利	新农合+部分村集体二次报销政策	较高报销比率医疗保险	新农合，外地无法报销
子女教育	公立教育+招生优惠政策+部分村集体助学金	公立教育+招生优惠政策	义务教育权利得不到保障　户籍地高考政策滋生留守儿童
就业	村集体就业政策	社区就业政策	就业歧视

另外，进行这一对比还有一个原因。由于北京市的外来人口多租住在城中村农民的平房中，所以在北京农村就地城镇化，即拆迁改造的过程中，原本聚居在那里的外来人口被稀释出去了。由于拆迁建楼后租金大幅上涨，除了少数收入较高的外来人口外，大部分收入较低的外来打工者只好离开原来租住的农民的房子而另谋出路。他们多数人只得迁居到更加偏远的地区。各级政府在拆迁过程中也未将外来人口的去向作为考虑的对象，相反，大部分地区的政府管理人员认为应让外来人口离开他们那里使得管理变得更容易。可以说在这个过程中外来人口的生存空间不断受到挤压。由于接下来的几年北京市的农村改造、城中村改造工作还将继续大规模推进，在这个过程中外来人口的生存环境或许将因此而变得越发困难。但是外来务工人员又是北京发展过程中不可或缺的一部分，所以说外来流动人口的生存也应该成为北京城镇化过程中需要慎重考虑的因素之一。

从表6-11-1可以看出在京的外来务工人员在包括住房、社会保障（如养老、医疗福利）、子女教育、就业等方面都与北京户籍人口（包括农业户籍与城镇户籍）有着很大的差别。这些问题中教育问题是外来务工人员面临的最大问题。以下首先对此进行详细说明。

教育问题。随着外来人口的增多，随迁外来人口子女的数量也快速增加。据调查显示，2010年，北京市常住外来人口为704.5万人，其中，6~14岁的外来学龄儿童为24.9万人，占常住外来人口的3.5%。全市常住人口中，6~14岁学龄儿童为88.8万人，外来学龄儿童占全市学龄儿童的28%。与2000年人口普查相比，全市学龄儿童减少41万人，外来学龄儿童增加13.4万多人，外来学龄儿童在全市学龄儿童中的比重上升19.1%[①]。在这一背景下，外来子女的教育问题也成为北京市外来人口福利政策中最受关注的内容。虽然自2004年9月开始，北京出台了"全市实施义务教育的公办中小学，对符合条件的来京务工就业农民适龄子女免收借读费，区县财政按学校实际在校学生数划拨生均经费，市级财政设立专项资金，对区县给予补贴"的政策，但是由于教育资源有限、学位不足，仍有很大一部分外来人口的子女无法在北京，尤其是公立学校接受义务教育。而他们所能就读的私立学校基本属于收费相对低廉的农民工子弟学校。这些学校师资力量薄弱，教师水平低且流动性大。同时，这些学校大多没有取得办学资质，存在着随时被取缔的风险。又由于高考没有对外来子女开放，外来人口的子女如要参加高考则不得不在初中、高中阶段回到家乡就读，于是滋生了一批中考、高考留守儿童。这种教育现状使得外来务工人员的子女不能享受到基本的接受义务教育的权利，极大地损害了外来务工人员对社会公平、正义的感受。

住房问题。这是与外来人口在北京的生活质量直接相关的问题。但是在北京目前的房价条件下，外来务工人员不具备买房或者租住条件较好的单元楼的条件。另外，在控制人口规模的政策导向下，外来人口想要通过政府的福利房政策解决住房也比较困难。

社会保障问题。这是关系外来人口生活保障的关键问题。首先在政策层面，要平衡由二元结构导致的城乡保障机会不均，如异地医疗无法报销等问题亟待政策解决。另外在现有政策下，很多外来人口由于对政策的不

---

① 北京市第六次人口普查办公室. 北京市外来学龄儿童情况分析［OL］. 北京市统计局网站. 2011-07-04. http://www.bjstats.gov.cn/rkpc_6/pcsj/201107/t20110704_205616.htm.

了解而没能享受到应享有的福利，也是一个比较突出的问题。比如，北京市劳动和社会保障局明确规定，在北京市现行社会保险（工伤、医疗、失业、养老和生育）五个险种中，用人单位必须为来京务工人员办理工伤保险和医疗保险两个险种，其他三个保险可以先放一放。在用人单位没有为外地来京务工人员参加工伤保险和医疗保险的情况下，来京务工人员将享受与北京城镇职工一样的待遇。在享受工伤保险待遇上，根据不同的伤害程度，支付不同的工伤待遇，对于1~4级工伤人员，其伤残津贴按月支付1063~1275元不等（一直支付到其死亡），死亡职工供养亲属的抚恤金为每月425~709元不等（一直支付到其丧失享受条件）。在医疗保险上，与北京市的职工享受完全一样的住院报销待遇，同样可选择4家医院，起付线、封顶线、报销比例完全一样。死亡职工的供养亲属待遇支付上，既允许与北京市工伤职工一样按月领取，也可以自愿选择一次性领取。选择按月领取的，在企业离开北京不再缴费时，北京市负责继续向本人直接支付待遇，并随着北京市的调整制度进行调整。另外，按照规定，今年建筑企业为来京务工人员交的工伤保险费一个月约为14元，医疗保险费为28元。这两种保险全部由用人单位缴纳，个人不需要交费。同时规定不上保险最高可罚1万元。但是我们的调查发现，外来务工人员没有人知道自己享有这些待遇。另外在非正规部门就业，如从事个体装修、摆地摊、家政等工作人员的社会保障也需要有一定的制度设计。

就业问题。由于在京外来务工人员学历普遍低，技术水平不高，他们所从事的行业主要集中在相对低端的服务业、建筑业等领域，职业上升空间狭窄。这一问题与国家的经济转型密切相关，也与劳动者的教育水平密切相关，这一点在前面总论里多有涉及，这里不再赘述。

二、石景山区"新居民服务站"模式

在外来人口融入城市的问题上，石景山区创建了"新居民服务（管理）站"模式，其经验值得借鉴。

（一）石景山区外来人口特点

第六次人口普查数据显示，石景山区登记的常住人口为61.6万人，其中外省市来京人员为20.6万人，与2000年第五次全国人口普查相比增加7.7万人，外省市来京人员在常住人口中的比重由2000年的26.4%提高到2010年的33.4%，总体上外来人口比重较高，密度较大。

与北京市其他区外来人口多以城中村的方式混居在城市中未进行拆迁改造的地区"居住条件差、社会秩序混乱、居住流动性大"等特点不同，石景山区外来人口在居住形式上的一个主要特点是：多聚居在一些企业废弃大院里。据统计，占石景山区总人口三分之一的外来人口（新居民）居住在由过去老旧工厂、仓库违章改建的大院内。与城中村混居方式不同的是这些大院有相对清晰的社区边界。虽然为了可以以低廉的租金吸引更多外来人口入住，从而赚取更多的租金，出租方修建的出租屋密度高、条件简陋，安全卫生条件也都存在一定问题，但是相对而言，物权上企业废弃大院归某企业所有，大院房东是某一个组织或者个人，因此在管理上比起完全处于失控状态的城中村污水横流、垃圾遍地的情况要好，加之石景山区经济发展相对缓慢，所以租金也相对较低，其结果是在这些企业废弃大院居住的外来人口流动性大大降低，由于流动性低，随着居住年限的增长归属感也随之增强。

与有些区希望将外来人口挤压出去以降低管理难度的态度不同，石景山区基于"外来人口是城市发展不可或缺的一部分"的认识，主要采取以服务促管理的方式。石景山区从2009年试点了由区流动人口管理办公室牵头、各街道办事处具体推动的在平房区出租大院建立"新居民互助服务站"的管理模式。近几年开展的主要工作包括由区里出钱为部分大院更换了土暖气①，从根本上杜绝了煤气中毒事故发生的可能性。另外，新居民服务站吸收了很多社区内的热心的且工作相对清闲的新居民，主要负责防火、防盗等安全方面的管理。当然，这种以服务促管理的模式根本出发点仍然是为了管理的便利，这一出发点决定了它难以提供全方位的、与新居民需求相匹配的服务。但是即使如此，从调查结果来看，它增强了大院内部的归属意识，改善了当地的治安状况。

---

① 与在房间内烧煤炉取暖相比，土暖气是在室外烧煤炉，室内通过安装暖气片取暖。

老山街道梁公庵水厂大院就是石景山区新居民服务站的一个代表,以下课题组通过对这个典型案例的调研来具体分析石景山区的外来人口的城市融入现状以及存在的问题,探讨在现有方针政策下北京市外来人口实现人的城镇化的途径。

(二)调研点新居民基本状况

1. 年龄分布状况

从图6-11-1可以看出新居民以20岁以上50岁以下年龄层的人员为主,20~29岁、30~39岁、40~49岁三个年龄层的分布比较均衡(228个随机样本调查结果)。

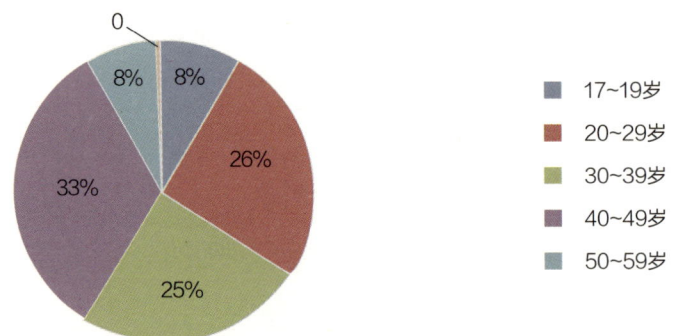

图6-11-1　新居民年龄分布状况(N=228)

2. 教育分布状况

个人教育方面,如图6-11-2所示,新居民以小学、初中文化为主,受教育程度偏低。

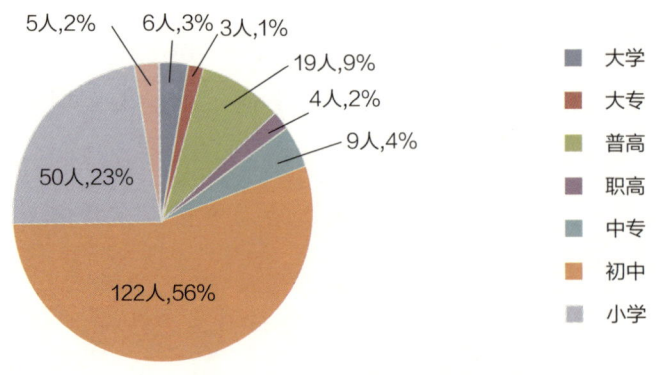

图6-11-2　个人受教育情况

(三)调研点新居民市民化状况

1. 就业与收入情况

就业方面,男性工作以装修为主,居住在条件稍好房屋内的多为包工头。大部分人的工作属于有工就做的打零工形式,没有签劳动合同。调查过程中受访者表示,2012年受房地产市场的影响,工作相对较少,有的人几个月没有工作,交房租都成问题(表6-11-2)。

社区外来人口所从事的行业　　　　表6-11-2

从事行业	人数	比率
装修行业	63	37.5%
零售(杂货店/地摊等)	55	32.7%
保洁员	22	13.1%
社区、个人服务业	12	7.1%
家政-保洁和做饭	8	4.8%
教育(如幼儿园等)	3	1.8%
回收废品	3	1.8%
司机及修车	2	1.2%

根据调查,外来人口的人均收入在1200元左右。这里的人均收入是将夫妻二人收入视为家庭收入,将夫妻二人加子女数(即使孩子不在北京,作为留守儿童留在老家也计算在内)视为家庭人口后的人均收入。这里存在如果有老人在北京一起生活,那么其收入与消费均未计算在内的问题。其次,孩子在北京一起生活还是在老家做留守儿童,其消费状况也存在区别。另外,这里没有考虑比如要给父母生活费等消费项目。所有人均收入只能作为参考。

2. 居住情况

院内共居住了104户,300多人。从住房条件来看,仓库改造的大院分为两部分,一部分条件稍好,每间有14~16m²,自带卫生间,月租金600~800元,占总数的五分之一。另外一部分条件稍差,每间有12平方米左右,没有卫生间,房间内比较黑暗,多的一间住三代约五六口人。大院内没有洗澡设备,有人夏天用简易黑色塑料水袋晒水洗澡,但由于房间无下水,洗澡时只能用一个大盆接水,人口多的人家夏天也只能简单擦身,冬季则只能到附近的公共浴室洗澡，但是一次七八元的价钱是比较大的负担。另外，社区内公厕为旱厕，卫生条件一般。从图6-11-3可以看出大院内大概的情况。

图6-11-3　大院概况

图片来源：笔者在北京市石景山区调研时所拍摄

3. 社会保障

与绝大部分外来人口一样，他们基本都只在家乡参加了新农村合作医疗，即使这样，也存在异地无法报销的问题。在北京因为都没有正规行业就业，所以都没有劳动合同，也没有获得任何劳动或社会保障。

4. 子女教育

在子女教育方面，带在身边的孩子年龄偏小，以学龄前儿童为主。社区内有一私立幼儿园，孩子多，空间狭窄，存在诸多安全隐患。另外，104户中有42个孩子在家乡做留守儿童。具体年龄分布状况见表6-11-3所列，在本社区与父母共同居住的孩子年龄都在12岁以下，0~6岁孩子最多。13岁以上的孩子都在老家读书。在京的47个孩子中，27个学龄儿童中有17人在农民工子弟学校上学，10人在公办学校上学。10人中有7人在"玉泉路小学"就读，由于这个学校的师资力量在石景山区属于相对较弱的学校，所以本地孩子并不愿意在此就读，所以这里的生源也是以外来人口的子弟为主。

问及每年与不在京孩子见面的频率，有3人回答少于1次，只有一次的也有15人，2次的有8人。在这种情况下，留守儿童不仅生活上得不到父母的照顾，每年仅有的一两次见面，也会使孩子在情感上有缺失感。这应该是举家来北京打工的外来人口面临的最两难的困境（图6-11-4）。

图6-11-4　大院幼儿园照片

图片来源：清华课题组在北京市石景山区调研时所拍摄

社区孩子留守在京状况　　　　　　　　表6-11-3

年龄段	在京人数	留守人数	在京孩子占比
0~6岁	27	14	66%
7~12岁	20	13	61%
12~16岁	0	15	0
合计	47	42	53%

5. 城市融入感

调研中，当问到是否打算在北京长期生活下去的时候，很多人都表现出了不知如何作答的犹豫，"想当然想了，但是谁知道能不能生活得下去呢，如果生活不下去也只有回（老家）去了"是很多人在犹豫后的回答。当问到在北京生活是否感觉到受歧视时，有人表示曾在一些公共场合听到"外地人怎样"的对话。还有人说"外地人怎么了，我们做保洁、做保姆靠自己的劳动吃饭，他们看不起我们，我们还看不起他们呢！"从这些回答中可以看到外来人口在心理融入上还有很长的距离要走，而这与社会对他们的态度有着最直接的关系。

当问到最希望解决的问题是什么时，"子女教育"、"医疗看病"、"就业支持"是需求最大的。此外,还有"减轻精神压力"、"增加自信心"等回答。从中可以看出除了政策层面的问题以外,外来人口在北京的生活还需要一些心理支持。

(四)调研点新居民服务站的实施效果

以上主要是外来人口在北京生活遇到的主要问题,那么"新居民服务站"是否能发挥一些作用呢?在调研中,受访者普遍反映并未享受到什么社区服务。但据调查小组的走访,大家一致反映治安状况确实很好,所以大院人员居住都很稳定。另外冬天为了防止煤气中毒,街道办、流管办等还是做了一些工作,如给每家安装风斗,部分地区还为居民统一更换了土暖气。其次,如图6-11-5所示,由于本身居住在相对封闭的平房大院,大家接触机会较多,大院内的邻里关系相对比较融洽。

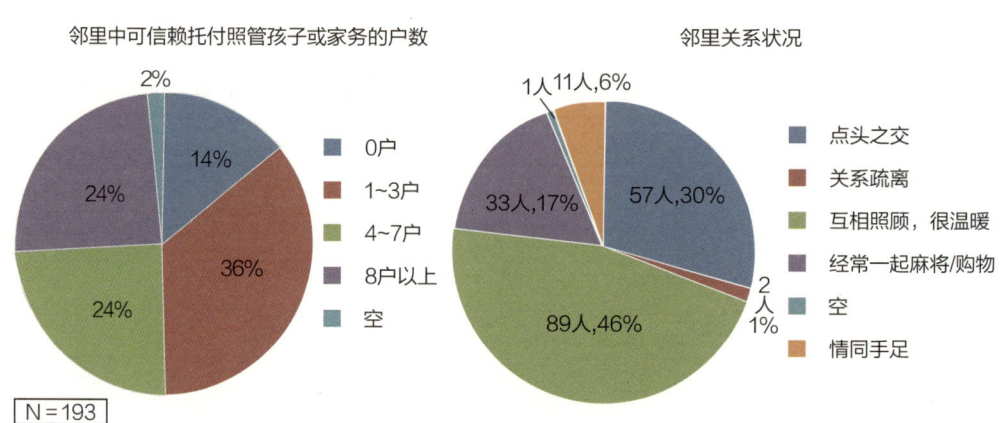

图6-11-5　邻里中可信懒托管户数及邻里关系状况

(五)课题组的社会干预状况

课题组在对选定的外来人口聚居社区进行社会干预的过程中,积极引入社会的力量,让一些基金会、非政府组织(NGO)参与到这一过程中来,实现资源利用的最大化。具体操作中主要与香港某私募基金会合作解决资金的问题,在具体项目执行上引入各种专业的非政府组织(NGO)。社会干预主要从环境、卫生、教育、就业几个方面进行。选择这几个方面主要是考虑到这几方面对外来务工人员来说的重要性以及操作性的问题。以下具体介绍干预内容以及目前进展状况。

1. 环境

研究小组2013年的工作重点是解决大院内幼儿园的安全隐患。基金会向大院所在老山街道捐资人民币10万元，用于翻修看护站外的体育场所，增加防火通道，并改善儿童的活动场所。同时在工作小组的影响下，大院居民也自发地对居住环境作了有效的改善。改善前后的对比具体如图6-11-6所示。

图6-11-6　大院幼儿园改造前后对比图

图片来源：清华课题组在北京市石景山区调研时所拍摄

2. 卫生

卫生方面主要是组织健康讲座以及为大院居民进行免费体检两方面。

至此，该院共组织了六次讲座，内容包括儿童常见急症、妇科常见病知识、胃病知多少、大院居民体检汇总讲解、普遍存在疾病的预防及保健、用药小常识、儿童卫生安全等内容，共有148人次参加。由于大院的居民工作时间不确定，为了让居民更多地了解疾病的预防，还组织了2次现场医学咨询，共有40人次参加咨询，医生现场解答一些疾病的预防与治疗。为了加强0~6岁儿童的管理，特地请来玉泉路保健科主任下社区，帮助指导检查儿童接种预防疫苗的情况，为新出生的婴儿进行育儿方面的指导。

体检于2013年8月在石景山医院进行，共有162位居民参加。为了让大院的居民了解目前自己的身体状况，以基金会为主的项目组特意请来了6位医生详细讲解体检报告，共有116人次参加，并组织指标不太正常的居民去医院做了复诊，解除了后顾之忧。

3. 教育

主要包括组织平日上学期间在京孩子的课后辅导以及暑期来京留守儿童共同参与的暑期活动。

课外辅导项目由清华大学、北京师范大学、中国人民大学等5个大学的10位大学生承担，他们都是年轻的学子，对大院的孩子们付出了极大的爱心和耐心。每周一至周五下午5~8点他们都到大院辅导孩子们的作业，保证他们每天都能按时完成作业，有不懂的地方都能得到解答。

暑期活动主要指某社工组织为大院孩子设计的包括音乐、美术等科目在内的"读故事思考课"、"创造力课"、"乐玩乐high"等课程。另外，为了提升家长的家庭教育理念和方法，改善家庭亲子关系，改善儿童的生存和教育环境，聘请专业非政府组织进行了家长课堂和入户辅导。家长课堂主要讲述了家庭教育的重要性、怎样爱子女、父母怎样与子女关系融洽、怎样教育子女学习做人、怎样让子女爱学习和学习好及怎样帮助子女树立人生目标。特别为留守儿童家庭培训做了一次如何与在家的孩子沟通的培训。

4. 就业

由于该社区100户家庭从事的工作主要有家政、装修、小业主零售等。根据前期调查结果，组织方针对这些工作组织了相关的培训。从家政、装修、小业主记账管理和社保四个方面入手，帮助居民了解相应行业的就业现状及发展前景，并且提升其缴纳社会保险的意识，保护自己合法的权益。

三、大城市外来人口城镇化的思考

以下主要从几个具有操作性的方面对外来人口城镇化途径进行思考。

首先是教育，这是外来人口在北京生活面临的最主要问题，子女无法接受正规义务教育极大影响了外来人口对社会公平、正义的感受。另外，教育问题事关国家的未来，让所有的学龄儿童接受良好的教育是我们国家未来发展的大计。目前北京针对外来务工人员的子女入学政策规定，持本人在京暂住证、在京实际住所居住证明、在京务工就业证明、户口所在地乡镇政府出具的在当地没有人监护的证明、全家户口簿等证明，向暂住地的街道办事处或乡镇政府提出申请；街道办事处或乡镇政府对符合就读条件的来京务工就业农民工的适龄子女，开具在京借读证明，持在京借读证明可以到所属学校报名。其中"在京务工就业证明"对于在北京非正规就业的家庭有一定的难度。另外这里的规定是可以入学，但是在实际操作过程中由于学位不足等问题，很大一部分外来务工人员的子女并无法在这一政策条件下实现在京就读的愿望。除了继续增加学位解决这一问题外，加大社会办学的力度，通过给予一定的政策资金支持提高教学水平，同时加大对社会办学的监管力度也不失为一个退而求其次的解决问题的办法。

住房问题，这是与外来人口在北京的生活质量直接相关的问题。但是如前所述，在北京目前的房价条件下，外来务工人员不具备买房或者租住条件较好的单元楼的条件。另外，在控制人口规模的政策导向下想要通过政府的福利房政策解决问题也比较困难。但是为了让已经在北京就业、生活的这批外来人口居住水平能有所提高，在现有条件下改善外来人口聚居区的环境，杜绝起码的污水横流、垃圾遍地的状况还是应该采取的举措，这也和北京的市容市貌密切相关。具体措施这里不再赘述。

社会保障问题，渐进实现社会保障的均等化是突破城乡二元体制的最有效方式。在现有的政策背景下，在还不能完全实现户籍人口与非户籍人口的社会保障均等化的前提下，首先解决外来人口最需要的医疗、养老保障，解决目前异地衔接问题应是眼下最切实可行的方式。

城市融入问题，石长慧[①]指出，农民工子女在城市的社会化过程中，适应了城市社会生活，接受了城市人的价值观，渴望摆脱农村人的社会身份和社会底层的结构位置。然而国家、农民工子弟学校和社区居民却通过制度定位、市场定位和社会互动定位三种社会定位方式，堵塞了农民工子女向上流社会流动的路径，将其固定在社会底层的位置上。所以在考虑到外来人口的城市融入问题时，除了国家层面的政策问题，还应该考虑到原有北京市市民的接纳，在政策上平衡好二者的利益关系，同时做好宣传工作，让原有北京市市民意识到外来人口是城市发展不可或缺的一部分，从思想深处接纳外来人口，杜绝歧视，从而实现外来人口的城镇化，让原有北京市市民与外来人口实现和谐共生的共处方式。

最后，动员社会力量参与到外来人口实现人的城镇化的过程中来是调研小组通过社区实验得出的最主要结论。

---

① 石长慧. 社会定位与阶级再生产：农民工子女的社会化研究 [C].2011年中国社会学年会——"新生代农民工融入城镇社会政策研究"分论坛会议论文，2011。

第十二章 广州与东莞调研

东部发达沿海地区是我国流动人口的主要流入地，农民工的城镇化问题在这些地区的大城市显得尤为突出。其中又以社会保障和公共服务最为关键，只有解决好这些问题，才能切实帮助广大农民工融入现代文明的生活方式，提升生活品质，真正实现从"物的城镇化"迈向"人的城镇化"。

在第十一章对北京石景山区外来人口聚居社区经验的分析之后，本报告将关注我国东部流动人口的流入大省广东省。流动人口的大量涌入在为广东省发展提供充足劳动力的同时，也对城市的管理和服务机制的提升提出了更大的挑战。广东省接纳流动人口城镇化的途径中最有特色的就是"积分入户"政策。"积分入户"是指外来务工人员在积分达到一定核准值后即可申请落户。推进积分入户政策旨在增强外来务工人员的归属感，使这一社会群体能够顺利融入当地社会，同时引进更多各类优秀人才，以加快城市化进程，提高城市核心竞争力。2011年，广东省的广州、深圳、珠海、东莞、中山、佛山等城市先后推行了积分入户政策。

广东省采取积分入户政策的实际效果如何？这一政策是否能成为外来务工人员进入城市的有效渠道？课题组在2012年5月和2013年10月分别对广州市和东莞市进行了实地调研，走访了流动人口相关部门负责人和不同职业的农民工群体。本报告将在调研的基础上，对广州市和东莞市"积分入户"政策及其实施效果进行评价，并对东莞市"新莞人服务管理局"在流动人口服务方面的探索尤其是"积分入户"政策进行总结，进而对大城市外来人口的管理和服务提出建议。

一、广州"积分入户"政策及其实施效果

首先简要介绍广州外来务工人员的基本情况，其次对积分入户政策的基本思路进行梳理，最后对其实施效果进行评价。

（一）广州外来务工人员基本情况

根据第六次人口普查数据，广州市共有常住人口1270.08万人，其中外来常住人口475.98万人，占37.48%。课题组在广州市人力资源和社会保障局了解到，2012年4月广州市（不含中央、部队驻粤及省直属用人单位）纳入人力资源和社会保障行政部门实名制登记就业在职的异地务工人员有368.74万人。其中以男性居多，占57.70%（212.77万人），女性占42.30%（155.97万人），男女比例为1.36∶1。异地务工人员的文化程度以初中为主，小学、初中、高中、中专和大专及以上五个学历层次占比分别为6.12%、40.16%、21.52%、13.20%和19.00%。

从户籍情况看，异地务工人员以农村户籍为主，占80.47%（296.74万人），城镇户籍占19.53%（72.00万人），城乡比例为1∶4.12。从来源地分布看，以外省户籍为主，占71.45%（263.46万人），本省籍占28.55%（105.28万人）。其中，省内异地务工人员以粤东、粤西和粤北地区为主，排名列前三位的城市分别是湛江（11.41万人）、清远（9.18万人）、茂名（9.17万人）；外省异地务工人员来源地列前6位的省份分别是湖南（65.81万人）、广西（32.56万人）、四川（29.67万人）、湖北（29.36万人）、河南（27.32万人）和江西（18.22万人）。

从就业情况看，异地务工人员就业结构呈"三二一"格局，第一、二、三产业分别占总量的0.20%、40.34%、59.46%。就业列前5位的行业分别是制造业、居民服务和其他服务业、批发和零售业、租赁和商务服务业、住宿和餐饮业，占比分别为37.20%、9.76%、6.49%、3.81%和3.63%[①]。在就业的空间分布上，异地务工人员就业较多的前4个地区依次为番禺区（61.72万人）、天河区（55.34万人）、萝岗区（39.43万人）和白云区（39.05万人），这4个区合计占就业总量的53.03%。

根据广州市流动人口管理部门负责人介绍，广州市流动人员主要集中居住在白云、番禺、天河、海珠等区的城乡结合部，以出租屋、单位宿舍、自购房为主，三者数量分别约为505万人、185万人和24万人，占比分别为

---

① 广州市人力资源和社会保障局相应数据。

70%、26%和3%。这一情况在课题组的访谈中得到印证，多数农民工住在出租屋或单位提供的宿舍中，月租金在几百元至一千元左右。

（二）广州积分入户政策基本思路

广州市的积分入户政策启动于2011年1月份，每年3000个指标，分为两批，上半年1000个指标，下半年2000个指标。所谓"积分"，指申请人依据学历、年龄、社保缴纳时间（每个社会保险险种1年积1分）、职称等条件获得积分，按分排序，如果两人分数相同，再顺次看居住证时间、参保时间，获得入户机会。除各项硬性指标外，申请人参加公益活动也可加分，例如献血每次2分，最高10分。广州设定85分为申请门槛，即取得85分方可获得申请资格。而实际入户的分数2011年上半年为131分，下半年为122分。

总体而言，广州的积分入户政策比广东省更为严格，体现出对高端人才的倾斜。广州市对积分入户设立了7条高压线，即要求没有犯罪记录、无超生、签订劳动合同、参加社会保险、进行就业备案、办理居住证并且必须是初中以上学历。对于上述七种情况，广东省的要求只是减分，而广州市则是"一碰就死"的高压线，比如有犯罪记录的人绝对不可能通过积分入户广州。

（三）广州积分入户政策实施效果

通过调研发现，广州的积分入户政策虽然让优秀的农民工有了入户的渠道，但由于名额的限制，对于农民工总体来说仍然是杯水车薪。在每年的3000个指标中，能够入户的农民工寥寥无几。在广州通过积分入户申请成功的主要是两类人：第一类是以大学生为主的文化技能较高的人才；第二类是农民工中的劳动模范，获得国家、省、市级劳动模范称号均能在积分入户中获得优先。

二、东莞"积分入户"政策及其实施效果

本节在对东莞外来务工人员基本情况、积分入户政策的基本思路及其实施效果的分析之后，将对广州和东莞流动人口的定居意愿进行比较分析。

（一）东莞外来务工人员基本情况

作为珠江三角洲重要的组成部分，东莞利用其沿海沿江优势，成为改革开放后迅速发展起来的城市之一，是劳动力的重要输入地。1986年，东

莞有外来暂住人口15622人，2006年则增长到5867555人，20年间增长了370余倍[1]。相比广州本地人口和外来人口平分秋色的状况，东莞的人口结构"倒挂"显得更加严重，2012年，东莞市户籍人口为187.02万人，流动人口数量为416.74万人[2]。

（二）东莞积分入户政策基本思路

东莞市从2012年开始实行积分入户的政策，采取"条件准入"与"积分管理"相结合的模式。条件准入和积分管理在具体操作上存在一些差异。

条件准入是指申请人在个人素质类、表彰奖励类、投资纳税类、社会工作类四类条件中符合任意一类条件的，经审核属实且经公示无异议的，可直接在申请镇街获得入户资格，并依照积分制入户申请流程管理[3]。

积分管理设立个人素质、参保情况、社会贡献、就业情况、居住情况、在莞投资纳税、激励条件、减分指标（负向分数，两个二级指标分别为违反计划生育和近五年内的违法犯罪）八个一级指标，每个一级指标细化为相应的二级指标和三级指标，并有相应的指导分值。2012年东莞市积分制入户规定分值为130分（表6-12-1）。

条件准入和积分管理的差异 表6-12-1

项目	条件准入类	积分管理类
资料移送部门	公安部门、人力资源部门、教育部门、社会保障部门、计生部门、民政部门、工商部门、税务部门、行业资格证书或奖励证书颁发部门、体育部门、组织部门、综治部门、新莞人服务管理部门（审核"优秀新莞人"称号）、市文联（审核文学艺术成果）	公安部门、人力资源部门、教育部门、社会保障部门、计生部门、民政部门、工商部门、税务部门、行业资格证书或奖励证书颁发部门、科技部门、卫生部门、房管部门、团市委（审核志愿服务情况）
对提交资料的核查	接收资料部门只需审核资料真实性	接收资料部门需审核真实性并按照指标内容评分
申请人对申请结果的判断	申请人查询个人入户资格	申请人查询个人积分是否达标

注：作者根据相关资料整理[4]。

---

[1] 东莞外来暂住人口20年增长70倍[N].南方日报，2013-02-28。http://www.voc.com.cn/Topic/article/201302/201302281052587164.html。

[2] 东莞市统计局数据。

[3] 条件准入类别．东莞阳光网，2012-07-16。http://www.sun0769.com/subject/2012/2012dgrps/005/201207/t20120716_1610775.shtml。

[4] 东莞市新莞人服务管理局。

（三）东莞积分入户政策实施效果

自东莞2010年实施积分入户政策以来，在416.74万人外来人口中，符合积分入户条件的外来人口共有约60万人左右，但是目前只有2.5万人加入东莞户籍[①]。这说明，积分入户政策虽然松动了政府对外来人口落户条件限制的管控，但是仍然存在入户条件较高的问题，并且农民工入户意愿也不是很强。就目前情况来看，这一政策的实行更多带有一种指导性意义，距离实现其政策目标仍有相当距离。

在访谈中发现，外来人口选择入户的主要原因是为子女的上学问题，取得东莞户籍之后，子女就可以直接进入当地的公办学校。也有人是为了高考而移民，一位通过评选"优秀新莞人"入户的原籍江西的女士透露，"之所以最近两年才选择入户，是因为希望孩子可以跟着自己参加广东省的高考，毕竟这里的好大学多一些，孩子读重点大学的机会更大一些"。此外，当地的户籍会减少当事人办事的程序，比如一位在东莞开企业的湖南人张先生之所以入户，是因为"企业经营需要办理一些手续时，总不能每次都跑回老家"。

（四）广州与东莞流动人口定居意愿比较

广东省积分入户政策推进以来，有20个城市先后开始实行，尽管省里下达了推进数量的指标，但很多城市并没有完成，只有广州、深圳、珠海、东莞等几个城市的指标能够完成。

从调查情况看，广州户口比东莞户口具有更大的吸引力。选择是现实的利益衡量，大城市户籍背后隐藏着更好的教育、医疗等社会资源，自然在大众眼中含金量更高，尤其是特大城市的户籍更为热门。首先在子女教育问题方面，外地户口子女上当地的公立学校动辄需要十几万，而有了户口之后就可以免去高昂的赞助费；其次外地人对广州的认同和融入广州的渴望，这在二代农民工身上体现更多，广州较高的工资水平也是此种渴望的重要动因。

然而，即使是广州市，积分入户申请情况实际上并没有想象中的火爆，

[①] 东莞积分入户新政拟降低门槛新政正征求意见［N］.广州日报. 2013-12-02。http://news.dg.soufun.com/2013-12-02/11590150.htm.

每年约有6000人申请，3000人获得入户，比例约为2取1。出现此种情况的原因是外地人口尤其是农村户籍人口有自己的顾虑，主要是不想放弃农村的土地、宅基地和集体财产分红等。在对东莞社区、工厂的走访中，我们也发现大量外来人口的入户意愿较低。主要原因有以下几个方面：第一，外来人口特别是来自农村的外来人口并没有长期在城市工作的打算，他们更适应家乡的生活环境、人际关系，选择在外打工更多是为了谋求生计，或者积累发展资本；第二，在城市入户意味着"农民工"需要放弃家乡土地、宅基地，以及由此而带来的财产性收益，即使绝大多数欠发达地区的土地经济效益较低，受我国传统安土重迁的思想影响，大量农民工保留土地的愿望依旧十分强烈；第三，外来人口的落户发展受到了家庭因素的限制或者制约，比如赡养老人、维护亲属关系等都是很多人入户前的主要顾虑。

三、东莞"新莞人服务管理局"实践探索

在积分入户政策之外，为了更好地服务于来东莞务工的外来人口，东莞市政府还探索了综合的流动人口服务管理办法。2008年11月6日，"新莞人服务管理局"正式挂牌成立，新莞人服务管理局致力于在社保、劳动、就业、子女入学、医疗等方面为流动人口提供优惠服务。本节主要对东莞在居住证管理制度、积分入学政策，以及政府购买社会工作服务三方面的经验进行总结。

（一）居住证管理制度

在对流动人口的管理上，东莞市采取了"居住证"制度，由公安部门和新莞人服务管理局共同管理。按照法律规定，流动人口的登记和信息采集工作是公安部门负责的义务，但是由于东莞的流动人口规模比较庞大，出租屋缺乏管理很可能带来诸多问题，市政府为此成立了临时办公室开展管理工作，后来逐渐演化成新莞人服务管理局。

公安部门和新莞人服务管理局两个部门在行政架构、重点及力度上各有侧重。公安部门系统中，设置了流动人口管理大队，下面分局中依次设立治安大队、治安中队、派出所、警务室。新莞人服务管理局在镇街设立

服务中心，在村里设立服务站，户管员担负着重要角色，负责登记某个小区或者某个村镇的流动人口信息，认定是出租屋后，由新莞人服务管理局发牌照。公安部门依靠新莞人服务管理局的备案排查是否属于出租屋，并通过"居住证"制度和网格化管理等措施加强对流动人口的管理。

自从2009年建立居住证制度以来，公安部门共给流动人口发放居住证654万张，有效地实现了对流动人口的管理，同时也为进一步为流动人口提供公共服务打下了良好的基础。

（二）"积分入学"政策

在东莞市制定的流动人口公共服务举措中，尤以积分入学政策最为突出。子女教育问题是东莞外来人口落户意愿的主要关切。外来务工人员的子女，要么留在老家农村成为留守儿童，要么随父母来到打工地，却不能享受免费的义务教育，只能进入民办学校或打工子弟小学。东莞市是广东省第一个采用积分制方法解决流动人口子女义务教育问题的地级以上市，通过"积分入学"政策，将义务教育与户籍制度剥离，在一定程度上保障了外来人口子女的受教育权利。

2009年，东莞市出台了《东莞市新莞人子女接受义务教育暂行办法》，通过积分制办法，接收符合条件的新莞人子女入读申请地所在镇街的义务教育阶段公办学校或政府购买学位的民办学校，政府购买学位即是指政府承担在民办学校就读学生的部分或全部学费。计算积分的依据主要包括申请人父母的学历、资格职称、在莞服务年限、在莞参保年限、在莞居住时间、计划生育、在莞投资纳税、在莞参加社会服务、在莞接受教育等方面的情况。此外还有其他一些加分和扣分的项目，例如申请人在父母获得一些荣誉称号或者证书时可以酌情加分，而如果申请人父母违背计划生育政策或者有违法行为将会被扣分。

不同于积分入户，积分入学没有一个标准的分数线。教育主管部门每年会在公办学校满足户籍人口的入学要求后，对剩余学位容量进行统计，同时根据当地经济社会发展水平和教育投资向民办学校购买一些学位，接着核定出可供新莞人子女就读的学位名额数，然后按照申请人积分由高到低依次录取。2009~2012年积分入学情况见表6-12-2所列。

2009~2012年政府计划提供学位数与实际入学人数　　表6-12-2

指标	2009	2010	2011	2012	总计
计划提供学位数	12619	13020	14564	17900	58103
实际入学人数	13939	16283	14812	20507	65541

注：作者根据资料整理[①]。

2012年，东莞市义务教育阶段的新莞人子女达60.9万人，其中14.2万人在公办学校就读[②]，加上政府购买的一些民办学校学位吸纳的一小部分学生，仍有将近四分之三的学生在民办学校就读。对于民办学校，东莞市积极鼓励和扶持社会团体及个人举办民办学校，例如对新购、换购专用校车按照购置价的10%予以补贴，全额补贴校车行驶记录仪初装和维护费用，全额免除校车路桥统缴年费。2013年起，东莞对义务教育阶段民办学校在校学生不分户籍实行财政补助[③]。

（三）政府购买社会工作服务

课题组在调研过程中还发现，东莞有很多社工机构和社会工作人员参与流动人口的服务管理工作。作为外来务工人员的主要集散地，人们有着多方面的需求，而政府和市场的力量是有限的，迫切需要社会力量的参与，专业的社会工作就是一种重要的参与力量。东莞的社会工作专业性比较高，政府对其支持力度也很大，对专门的工作过程干涉较少。截至2012年10月，东莞市有社工876名[④]。

东莞采取政府购买社会工作服务的方式。政府购买社会工作服务，是指市镇两级政府根据社会工作发展的需要，以合同管理的方式将特定的社会工作服务交由具备相应资质的公益性社会组织来完成，并根据其提供服务的数量和质量，按照一定的标准进行评估并支付服务费用的过程和做法。主要采取购买服务岗位和服务项目两种方式，前者指根据服务对象或用人

[①] 教育局：东莞2013积分入学12月份开始接受申请［N］.东莞时报，2012-12-29。http://dg.fzg360.com/archive.php?aid=405794&page=2。

[②] 东莞市教育局。

[③] 东莞市教育局。

[④] 东莞社会工作者信息数据：本地户籍不到40%［N］.南方日报.2012-10-18。http://news.sina.com.cn/c/2012-10-18/164925387380.shtml。

单位的实际需求,确定社工岗位数量,按照社工薪酬指导价标准,以招投标的方式向公益性社会组织机构购买社工岗位服务。后者是根据服务对象的情况、服务内容、服务要求、服务目标等进行综合预算,以项目打包的方式向社工机构购买社会工作专业服务。政府为检验购买社会工作服务成果,会委托第三方评估机构具体实施评估[①]。

就服务对象而言,东莞市的社会工作主要包括以下几种类型:

(1)社区社会工作。位于东城区东泰社区的白玉兰家庭服务中心于2009年成立,是东莞市妇联的试点项目,相继开展夏令营、亲子培训班、粤语培训班、法律知识服务等活动。也会针对不同人群如家庭妇女、儿童、青少年和老人等开展活动。

(2)工厂社会工作。东莞的工厂比较多,社工一方面可以在职工遇到突如其来的困难时,为其申请有效的救助提供建议。另一方面,工人的心理状况是需要重点关注的问题,除了个案工作,进驻在工厂的社工联合其他组织定期开展相应的活动,如一些社会工作组织专门针对女工开展情感辅导的活动。

(3)学校社会工作。东莞市长安镇购买的社工进驻学校,针对学生情感、行为、亲子交流方面的一些问题开展个案、小组活动,还有青春期教育、理财活动,如就一些怎么与父母交流、与同学相处的话题经常开一些主题班会,还会请司法系统的人员做一些预防性侵的讲座活动。

(4)儿童社会工作。如社会工作服务中心开展了一项名为"小候鸟"暑期训练营的活动,参加者全部是外省人与父母分居的子女。儿童的父母在东莞工作,机构去民办学校或者工厂发海报或者传单,家长报名后,趁暑假将孩子接来参加这个训练营,训练营为孩子免费供应午餐并开展相应的活动。

四、经验和启示

通过对广州和东莞"积分入户"制度及其实施效果的分析,以及东莞

[①]《东莞市政府购买社会工作服务实施办法(试行)》、《东莞市政府购买社会工作服务考核评估实施办法(试行)》,2011年3月1日,东莞市人民政府网,http://zwgk.gd.gov.cn/007330010/201105/t20110513_89605.html。

"居住证"管理制度和"积分入学"政策的介绍,有以下几点经验和启示。

第一,由于我国公共服务水平存在巨大的城乡差异和地区差异,大城市尤其是特大城市在短期内放开户籍政策并不现实,因此,不论采取何种积分入户政策,能够通过这一途径获得城镇户籍的毕竟都是少数,对于农民工来说更是难上加难。所以,积分入户政策不是大城市尤其是特大城市解决农民工城镇化的核心措施。

第二,课题组在调研中发现,尽管广州和东莞两个城市都设有入户渠道,但农民工对于入户仍然存在顾虑。农民工不愿意入户的最重要因素是不想放弃农村的土地利益,包括耕地和宅基地,以及集体土地带来的分红;而农民工愿意入户的最重要因素是子女教育,即希望子女能够在城市接受教育。相比较而言,在东莞就业的农民工比在广州的入户意愿不强的情况更为普遍。这也体现出特大城市和大城市的户籍所附着利益的差异,特大城市有更好的教育、医疗等各种公共服务条件,而大城市以及中小城市的优势并不明显。

第三,这其中存在的核心矛盾在于,对于农民工而言,是否只能用土地权益换户籍权益,还是应当保障他们在任何地方都能获得最基本的社会公共服务。与其等待户籍制度的放开,不如把重点放在解放户籍背后所附着的医疗、养老等社会保障以及居住、教育等诸多利益,可以通过构建多层次的城市公共服务体系,逐步把那些最基本的社会公共服务剥离出来。东莞市"新莞人服务管理局"的做法为我们提供了一种新思路,通过"居住证"制度,不仅实现了对流动人口的有效管理,同时也发挥了重要的公共服务功能,尤其是"积分入学"政策,为外来人口在户籍制度之外提供了进入公立学校的有效途径,此外,东莞采取政府购买社会工作服务的方式,也在服务流动人口方面发挥了举足轻重的作用。建议未来进一步扩大和完善以"居住证"为纽带的基本公共服务体系,逐步形成户籍制度和居住证制度有效衔接的人口服务管理制度。

第十三章　四川龙泉驿区调研

自2007年起，国家批准成都市设立全国统筹城乡综合配套改革试验区，不仅为成都市带来加快发展的重大历史机遇，也对四川的统筹城乡发展和城镇化进程产生强大的推动作用。龙泉驿区作为成都市辖区之一，在统筹城乡改革中探索出一条成功的道路。

龙泉驿区借助区内的主导产业——汽车制造业，拉动了经济的发展，促进了就业岗位的增加，为城镇化打下坚实的经济基础。在此基础之上，通过"三充分、两巩固、一持续"的政策设计，该区保障了农民在非农化过程中的权益，并且把解决人的城镇化问题作为统筹城乡的基本立足点，从而实现了农村人口向城市社区迁移的目的。

一、成都龙泉驿区的基本情况

2003年，四川省委提出"打破城乡壁垒，促进各类要素双向合理流动，形成以城带乡、以乡促城、城乡互动、共同繁荣的新格局"的目标，成都开始城乡统筹发展的实践。在全国范围内，成都属于较早开始实行新的城镇化和土地流转试验的城市。从最先提出"三集中"发展模式，到协调城乡社会内在发展机制的"六个一体化"工程，再到以农村产权之都改革为核心的农村工作"四大基础工程"[①]。从2003年开始全国统筹城乡综合配套改革试验区起，成都已经进行了为期十年的城镇化探索，在这期间，形成了一套较为完善的措施和办法来推进人的城镇化，这其中有很多经验值得研究和借鉴。

作为全国统筹城乡综合配套改革试验区的成都市，其城乡统筹发展主要依靠综合配套改革等制度性创新。成都市（辖9个区、4个县级市和6个

[①] 中共成都市委统筹城乡工作委员会，清华大学公共管理学院创新与社会责任研究中心. 城乡一体化工作典章 [M]. 北京：清华大学出版社，2012。

县）是典型的大都市与大郊区结合的形式，2002年有农业人口662.75万人，非农业人口365.73万人。而成都市下属的龙泉驿区是平原坝区与山区相结合的地带，全区近40%的面积为山区或深丘，城乡发展不平衡问题是众多地区城乡现状的一个典型代表。

龙泉驿区具有十分突出的区位特点和交通优势，距中心城区仅12.6km，距双流国际机场28km，因而成为成都市发展动力最强和发展速度最快的区域之一。同时，龙泉驿区位于龙泉山脉中段，兼有平坝、丘陵和山地，农业基础优良，特色瓜果丰厚，特产水蜜桃，还有美丽的桃花谷，丰富的地形地貌成就了其独特的乡村发展的资源和环境优势。在成都城市快速扩张的过程中，该地区成为城乡建设矛盾十分突出的地区，因而也成为成都市最早探索和实践城乡统筹政策的区域。龙泉驿区在城乡统筹发展的路径探索中取得了较大突破，体现在超前的城乡管理理念和更加注重农村可持续发展等方面，于是，龙泉驿区的发展在成都市具有重要的代表性和示范性（图6-13-1）。

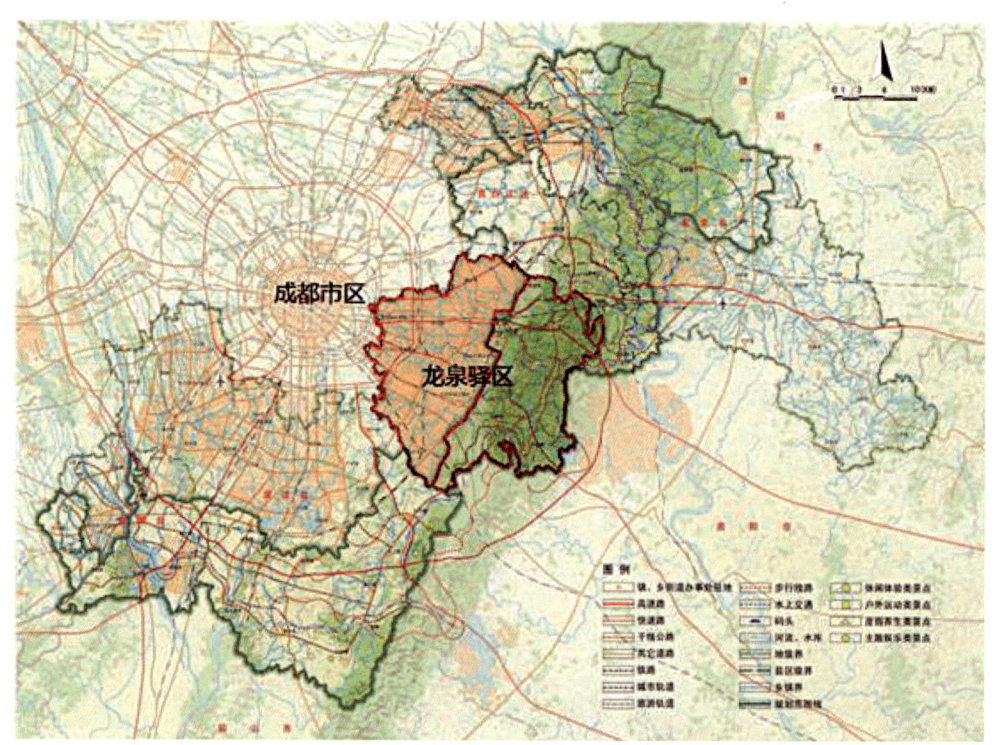

图6-13-1　成都龙泉驿区的地理位置

图片来源：曾婧，闫琳."成都模式"再探索，统筹城乡发展路径反思.中国城市规划年会，2013

龙泉驿区是成都农业产业相对发达的地区，然而农业收入不足使其开始寻求产业的升级和转型。龙泉驿区最初提出"以花为媒"的理念，运用"桃花经济"吸引企业入驻、寻找产业支撑，并于1992年获批"成都经济技术开发区"。开发区初期以小企业为主，于2000年被确立为"国家级成都经济技术开发区"，初步形成以电子、机械、新型建材为主的产业结构，并以此开始带动城乡统筹发展。

龙泉驿区的产业以汽车制造业为主，如何精准把握汽车产业的发展，将龙泉驿区建设成为省市级现代制造业基地，成为城镇化建设产业发展的首要任务。从此全区城乡统筹开始围绕汽车产业带动农村土地综合整治开展。将农村土地综合整治腾挪出的集体建设用地，主要用于支持汽车产业园区的板块扩展和提档升级。汽车产业的快速发展带动了机械加工等配套产业和服务产业发展，新增的大量劳动力需求有效吸纳了乡村地区劳动力的转移，形成了良性循环。

2010年，龙泉驿区提出建设"世界级汽车产业城"的目标，以汽车为主导的规模以上工业企业实现销售收入700亿元，工业利税180亿元。2012年成都经济技术开发区综合发展水平列全国131个国家级经济技术开发区第25位、西部第2位。汽车产业所创造的丰厚税收成为城乡发展的巨大助推力，实现了"钱从产业来"，避免了以往城市依托土地财政为主的经济开发模式，构建出了一条"以工促农，以工哺农，以城带乡，城乡共荣"的城乡新型发展格局。

在汽车产业的带动下，龙泉驿区大力发展现代农业，优化农业结构，促进农村剩余劳动力向二、三产业转移，同时通过打造田园生态休闲农业加大一三产业的互动，构建城乡第一、二、三产业协调发展的新格局。

二、龙泉驿区城镇化建设的理念和实践

"统筹城乡发展的目的，在于造福城乡人民"。龙泉驿区坚持"高质量加快城乡一体，全方位造福龙泉百姓"的理念，从龙泉驿区实际出发，以"三个集中"、"六个一体化"以及农村工作"四大基础工程"为主要内容，在破解"三农问题"方面作出了有益的探索。

自2003年成都市提出统筹城乡发展总体思路开始，龙泉驿区着手实施以"三个集中"为核心的城乡一体化战略，三个集中主要指工业向集中发展区集中，带动农村人口转移并提供大量就业岗位；农民向集中居住区集中，带来因人口聚集而形成的消费商机，创造更多的服务业岗位；土地向规模经营集中，使农村富余劳动力由低效益的"不充分农业就业"向"比较充分的农业就业"转变。该区核心基础工作是对城乡土地进行综合整理，在保持建设用地总量不变的情况下实施"土地向园区集聚，农民向空中集聚"。

几年工作下来，传统统筹城乡模式的困难与问题逐步凸显。由于早期采用村组、党员带头搬迁、农村居民分批次分散安置的统规自建模式，导致土地零散化分布、资金使用效率低下、公共服务配置效果不理想等问题的出现。

在汲取早期工作教训之后，龙泉驿区开始转变工作思路，采用以市场运作为主体、农民跨村组整村搬迁、多村共同安置的"统规统建"模式，将城镇周边、区位交通条件优越地区及临近产业发展区等重要地段作为农民集中安置区，加强土地集中集约使用，并配置高水平的公共设施，大大提高了资金的使用效率，推进了城乡公共资源共享。

2010年以来，龙泉驿区也提出建设"田园龙泉"的新理念，打造现代城市与现代农村和谐相融、历史文化和现代文明交相辉映的新型城乡形态，推动以生态移民、农村产权制度改革、村级公共服务和社会管理改革、都市现代农业发展等为重点的城乡一体化进程。同时响应市政府号召，招募了大批乡村规划师，协助村镇规划编制和管理，积极探索乡村发展新路径。2011年底，为适应人民群众日益增长的物质和文化需求，龙泉驿区提出建设"幸福龙泉"的新目标，将以人为本作为城乡发展的核心，积极构建新型城乡关系。对"人的城镇化"在实践上进行了深入探索，包括：完善农民安置社区、村级公共服务配套建设；建设城乡一体化的公交服务体系；加强社会网络平台建设，提高社区服务水平，通过社会互助，促进农民转型，提升农民技能、价值及认知水平，使之更快更好地融入城市。

（一）城乡人口流动政策

在成都市整体解除城乡户籍制度限制的基础上，龙泉驿区进一步降低城乡门槛，促进城乡人口自动流动，并在这一过程中特别注重保障农民权益，遵循"三充分、两巩固、一持续"，即"充分就业、充分保障、充分安居、巩固集体经济、巩固基层政权和实现可持续发展"。

"充分就业"主要体现在对农民开展针对性就业培训，为农民进城提供更多就业渠道和发展机会。龙泉驿区除了通过汽车产业和相关服务业吸纳农民就业之外，还通过城市公益事业（如保安、环卫、绿化工人等）直接吸纳农村劳动力，大大降低了农民就业的技术门槛。同时，在农民安置区设立"就业服务体系"，进行就业、失业人员登记管理，并针对农民需求特征进行技术培训和就业推荐。通过召开招聘会、定期发布用工信息，提供专业化的就业服务。2007年以来累计培训人才4.3万人，城乡新增就业7.7万人，安置区有就业愿望的新市民就业率达96.5%，2011年末城镇登记失业率仅为2.4%。此外，在政府招商方面还设立"劳动力就业激励机制"，即投资企业若能解决一定比例的本地农民就业，政府将给予较高的投资优惠政策。通过多元化就业策略，全区本地就业率达到了90%以上。

"充分保障"主要体现在三个方面：一是让农民享有和市民平等的财产权利，即农民转化为市民不需要牺牲原有的土地承包经营权和宅基地使用权，而是可以以原有资产进行抵押或合作入股，从而解除农民的后顾之忧。二是为搬迁农民提供多元化的补偿，包括宅基地补偿费、耕地补偿费、过渡期补偿费、城镇社保和兴业用房等，折合费用达到30万元/人，在拆迁安置期间新出生的人口可享受同等待遇，对去世人口也不予收回，实现了农民的"带资进城"路径。三是通过多种收入形式保持农民可持续发展的机会，即农民在就业的同时还可享受原有土地规模化流转和集体经营的分红、住房出租收益以及社保收入等，保障了农民持续发展的机会。

"充分安居"主要采用柔性安置方式，搬迁农民可免费分得人均35m²的安置住房和人均10m²的兴业用房（即商铺）。在拆迁启动之前，安居工程招募大量志愿者进行入户调查，详细了解搬迁户对户型和数量的要求，统计后按需建设。安置房根据规划选址建设，未来随城市发展而逐步划拨为国有建设用地，之后即可颁双证流通上市。2007年至今，投入使用的农民安居房面积达到566万m²，11.4万名农民入住新居。安置区的建设水平高，配套设施完善，与周边商品房的差异很小，新建的公共资源也能够得到城市居民的共享。2011年龙泉驿区拨付给安置社区的公共服务和公共管理专项资金达到3900万元。

在巩固集体经济和巩固基层政权方面，以村、组、社为单位设立农民集体合作社，对集体经济组织的集体资产（如房屋、晒场、机械设备、提灌机等）进行评估，将以上评估资本作为合作社的基本股份，与政府委托的平台公司和社会运作公司进行联营操作。这一过程最大限度地巩固了集体经济组织的话语权，从而保障了农民的根本利益。

在可持续发展方面，通过引入社会力量促进城乡融合是成功的关键。由社会志愿者、教育机构、社区工作人员等共同建立起社会互助服务体系，与农民充分沟通，了解农民的多元化诉求并提供多样化服务。包括安置前的调研服务；安居工程竣工后为农民提供搬家、装修和就业引导服务；农户迁入社区后提供住户生活服务，细到电梯使用、开门锁等生活常识培训；为老人、妇女、儿童、青少年以及特殊人群提供特定服务等。安置社区还落实了社保补贴、岗位补贴、失业保险等各类政策，物业方面也通过"免三减三"政策使农民能够逐步适应城市生活方式和消费需求。此外，社区还尊重乡村文化传统和民俗需求，如遇婚丧喜事可在社区公共空间内举办"坝坝筵"等。同时，新社区形成初期仍沿用以往村组管理组织，使以往的人脉关系仍发挥作用。

（二）土地整理政策

土地整理是区（市）县政府的职责，也是国土部门的一项业务工作，通过土地整理，一方面整理新增耕地的面积可作为占补平衡指标，依法用于建设占用耕地的占补平衡使用；另一方面通过工程技术手段，改善农业生产条件，提高耕地质量，促进农民增收。龙泉驿区开展的黄土镇长伍、洪安镇高坎村、红光村、童子堰村土地整理项目就是以"土地整理"为主要载体的工作试点。

四川省和成都市在土地综合整治项目审查时有严格的审查程序，对土地出地率、经济效益分析、资金筹措来源有明确的规定，这都建立在合理的可行性分析基础上，必须达到以下标准和要求才予以立项批准：第一，建设用地整理中农户要自愿同意开展搬迁。第二，整理区域应具备整理的潜力，农地整理中田土坎、农村道路、未利用地占整理区耕地面积原则上控制在8%~10%。第三，产生的增减挂钩指标平移使用产生的土地收益应与实际投入成本资金相平衡，若收益低于实际投入成本，政府须对差异资金的来源方式进行合理的说明和承诺。

龙泉驿区采取土地整理时的理念是始终把农民利益放在首位，农民满意不满意、拥护不拥护、受惠不受惠是衡量整理土地工作的根本标准。在实际工作中做到了转变观念，确立农村集体经济组织的项目主体地位，避免出现"代民做主"、"好心不能办好事"的情况发生。

1. 维护农户的知情权

龙泉驿区、镇（乡）加强了宣传工作，将土地综合整治和农房建设项目总体规划、补偿标准、立项等有关事项，通过多种途径，经常进行广泛宣传，让农户知晓这件事是什么、有多大意义、能得到多大实惠，切实做到政策交底、方案清晰、群众赞同，通过对试点工作的典型示范，不断提高群众对此项工作的认知度和接纳力，充分发动群众，使其变被动参与为主动参与，充分发挥其主观积极性和主动性。

2. 加强项目实施的监管权

一切由农民自己来决定，这不是放任不管，而是在强化规范操作程序，完善相应的制度手续的基础上，在项目区涉及村成立村民议事机构，对农民集中区的选址、规划设计、土地权属调整等重大问题进行集体议定，农户自愿申请，权责清楚。此外，还建立和完善了批准、核查制度。把握农村土地综合整治的实质是在确保耕地不减少，建设用地不增加，质量不降低的前提下，不违背工作的出发点和立足点。

3. 保障农村持续增长的发展权

农民搬迁后，在进行大规模产业化流转发展现代农业的同时，要因地制宜地根据规划保留一定的集体建设用地指标，作为发展壮大集体经济的后继力量，用于产业配套使用，而不能为了短期利益，把农村整理出来的建设用地挂钩指标全部拿走。根据要求应按不低于总挂钩面积的5%进行预留，即就近预留原则。通过级差地租，预留到更能发挥土地效益的区域，都应该由农户自行讨论决定。

4. 明确土地的归属权

这是农村产权制度改革的切实需要,做到"归属清晰、权责明确、还权赋能"。项目完成后,及时进行确权、变更和登记,依法办理相应的权利证书、发放耕地保护基金,土地权属调整方案未经群众同意,项目不得开工建设,土地权属调整未完成,项目不予验收。镇乡人民政府要指导土地权属调整工作,特别是对农民集中居住区占用跨乡、跨村土地的,参照征地标准一次性补偿方式解决,充分发挥村民议事机构的作用,对权属调整全过程认真履行法律程序,签订相关协议书,做实工作。

(三)多元途径融资和多方协作推进

龙泉驿区统筹城乡发展的组织模式是以政府平台公司、农民集体合作社和社会运作公司三方协作进行。由政府委托政府平台公司出资入股,与农民集体合作社资产评估所确定的基本股份合并,与社会运作公司联营操作。其中社会运作公司可以由政府招商或农民协商确定。在三方协作过程中,实现"农民不出钱,政府不负债,企业(社会运作公司)不亏本"的目标。

政府平台公司隶属国资委,由政府全权控股,由国资委设联合党委和监事会。龙泉驿区有五大政府平台公司,工作内容各有分工,直接参与统筹城乡各个工作环节。例如龙泉现代农业发展投资有限公司主要负责农业产业发展、土地整理、安置点实践等工作,龙泉国有资产投资经营有限公司主要负责生态移民、建安置房、学校、医院等社会保障事业等。

在实际运作过程中,政府角色后退,全权委托政府平台公司作为项目执行主体,遵循市场化运作模式,与社会运作公司共同完成项目具体工作。在职责方面,政府平台公司负责协调三方利益,保护集体经济组织资产不受损害。而政府主要承担管理层面上的交涉,提供技术、资金支持和服务。项目运营收益基于三方股份持有的百分比进行分配,政府平台公司收益归政府所有。

资金来源主要包括四个方面。第一,龙泉驿区产业发展带来的财政税收是统筹城乡发展的主要支持之一。第二,城乡土地综合整理实现了城乡土地价值的释放,收益部分返还于乡村社区发展和建设。第三,政府平台公司采用BT（建设—移交）、BOT（建设—运营—移交）模式引入社会资金，保障了资金的持续供给，有效降低了政府资金压力。第四，由区政府、国开金融有限责任公司与国家开发银行四川分行签订《国四川（龙泉驿）城乡统筹发展基金合作框架协议》，创建了中国首支城乡统筹发展基金，该基金主要用于龙泉驿区及相关区域城乡统筹、城市基础设施、城市重大功能区建设、城市高端产业开发等项目，创新融资模式。

近年来龙泉驿区在统筹城乡发展组织模式方面也不断创新模式，已由三方协作逐步转变为包括政府平台公司、农民集体经济组织、社会运作公司、企业和社会服务人群（社会志愿者、教育机构、社区工作人员）等在内的多方协作模式，通过多元融资、多元服务共同支持城乡发展事业。

（四）龙华社区的实践：合村并区，土地入股

大面街道龙华村位于成都绕城高速公路与成龙路交会处，是龙泉驿区与中心城区的连接带，距成都市三环路仅2.6km，交通便捷，地理位置得天独厚。全村原辖8个村民小组，农业人口为754户，2066人；劳动力1065人，其中富余劳动力259人；辖区面积2825亩，其中耕地面积1407亩、非耕地1418亩；农民人均纯收入4420元。

随着城乡一体化的深入推进，原新民、新华、高埝、龙华四个村整合成立了龙华社区，宅基地被置换出来了，村民通过土地整理流转，以耕地的承包经营权和宅基地的使用权作为村民个人股，以工矿用地、其他非耕地的使用权，村集体固定资产及现金作为集体股，二股合一。于2004年6月，按照"群众自愿、专家论证、全民决策、两委操作、政府引导"的原则，组建成立了四川省首家农民股份合作社——龙华农民股份合作社。股份合作社以土地为农民安居兴业的股本，一方面通过招商引资市场配置资源，做强产业支撑保障了后续生活，另一方面盘活现有资产，实现进一步增值，股民通过将兴业市场铺面抵押贷款的办法可以获得资金，并将该资金投入合作社发展置业、物管、花卉等产业，探索了农民到市民民间资本转变的方法。

龙华农民股份合作社在基础设施建设的过程中采取"耕地向保护区集中、宅基地向发展区归并、农民居住区向空中扩展"的方式，改善了农民

生活条件，节约了土地，为产业发展腾出了空间。首先，股份合作社建设了新型农村社区——西博苑，让龙华股民住进楼房，龙华村正式变成龙华社区；其次，合作社在集中后的耕地上，积极引进蔬菜、花卉等高附加值项目，以返租倒包的形式进行农业产业化经营，此举解决了农民进城集中居住的就业问题；然后，合作社将整理出的宅基地、工矿地、非耕地集中置换到经济价值高的公路沿线，并积极引进一批吸纳劳动力强的产业支撑转型农民的就业问题。紧靠"西博苑"的大型市场——博美装饰城和国际汽摩商城（总投资3亿元，可安置劳动力2000名），就是合作社利用龙华村整理宅基地腾出的土地修建的，农民既在装饰市场里面当聘用工人，又在合作社里当股东（图6-13-2）。

图6-13-2 龙华社区实践的宣传展板

图片来源：笔者调查时拍摄，2012年12月1日

万兴乡大兰村地处龙泉山脉深处，辖11个村民小组、485户、1654人，其中劳动力960人，面积13878.8亩。从生产生活条件看，受瘠薄地、水资

源匮乏和交通不便等因素影响，文化、教育、卫生、通信等社会事业发展相对滞后，农民出行难、饮水难、就医难、上学难、购物难、就业难、通信难、发展难、增收难等现状尤其突出，是龙泉驿区实施组团帮扶工作的重点帮扶区域。2006年，该村农民人均纯收入接近3000元。实施生态移民可以为大兰村村民开拓新的发展空间，根本改变其生产生活条件。从生活习惯看，大兰村村民虽然发生了空间变化，但"离居不离乡"，生活习俗和文化氛围没有发生明显变化，不会产生强烈的故土难舍情结；从思想观念看，近年来，龙泉驿区大力实施农村劳动力转移，山区劳动力大多在城市务工从事二三产业，既熟悉也向往现代城市生活。实施生态移民，将大兰村与龙华社区行政区划、资源资产、债权债务进行跨空间、跨区域全面整合，让大兰村村民融入龙华社区，享受龙华股民同等权利和义务。生态移民，移出了现代幸福新生活，为大兰村村民赢得了发展机遇。通过入户走访、召开大会、问卷调查等多种形式调查，大兰村村民99%愿意移民下山。同时，"龙华实践"从一开始就以充分尊重农民意愿为前提，实施生态移民必须征得近郊农民的同意与支持。通过召开股民大会、专家讲座、分析解释等宣传动员工作，进一步让龙华股民清楚地认识到实施生态移民有利于龙华股份合作社的长远发展，整合了更丰富的资源，赢得了未来发展空间，为龙华股民进一步增加收益奠定了基础。龙华股民同意大兰村全面融入股份合作社的赞成率达95%。

农民向市民身份转变和生活方式转变，是城乡一体化的出发点和落脚点。合作社重视对股民的教育培训，创造性地建立了"龙华新市民技能培训讲习所"，着力提高龙华股民的文化素质和从业技能。

合作社将逐步完善股民生活保障体系，建立了八道"防火墙"，一是采用"小病统筹，大病保险"的办法解决股民的医疗问题；二是对股民逐步实施社会养老保险；三是对股民实行水、电、气三贴；四是对股民提供每人每年15天以上的免费技能培训；五是对股民实行粮油补贴；六是对股民子女免收小学义务教育学杂费；七是对入苑农民免收水、电、气、光纤接口及开户费；八是对入苑农民免收物管费。合作社股民将在近期内实现"三个一"目标：龙华农民户均固定资产增值10万元；龙华农民人均年收入1万元，达到城镇居民人均收入水平；给予龙华农民每人一套城镇居民社会保障（包括养老保障、医疗保障等），确保农民的即期利益和长远利益。从2004年9月1日起，合作社已开始对所有股民每人每月发放1斤食用油和10斤大米，对在校小学生每人每年发放200元义务教育补贴。

为科学量化农民向市民转变的进程，邀请省委政研室、川大、财大、省社科院专家组为龙华实践进行专题研究，设计转变的质、量体系46项指标，从社区基础建设、教育培训、精神文明建设、法制建设、公共服务、基层民主六个方面开展工作，以期在科学发展观的指引下，真正把龙华建设成为经济发达、人民富裕、环境优美、管理科学的现代新农村。

三、龙泉驿区城乡统筹的实施成效

龙泉驿区在实现城乡统筹的过程中，注重对人的城镇化的建设，为了让来自山区和农村的人口更好地适应城市的生产和生活方式，该区制定了很多政策保障农民的就业、可持续发展、生活、社会交往等。这些问题的解决，对农民顺利适应城镇化的生产和生活体系产生了重要作用，从调研结果来看，这些政策确实取得了一定的成效。

（一）农民生产方式的改变

传统上，对于农村居民的生产方式的改造主要是将分散在农民手中的土地进行流转，实行集中经营，这一方式触动了土地、提升了生产效率，但农民的住房、身份都没有触动。之后改进的做法是对农村土地进行流转，实行集中经营，对农民的住房实行撤小院建大院，搞集中居住。虽然这样的集中居住，打破了旧的生产方式，但新的生产方式尚未建立，难以为农民提供充足就业和养老等支撑，农民的后顾之忧并未根除。

龙泉驿区采用综合整治的措施，"动地、动房、动人"三位一体，用城乡统筹发展的方法，通过生态移民的途径解决龙泉山区群众的生计问题。为了不使农民的权益受到损失，弥补农民因失去农村宅基地损失的财产，龙泉驿区确保每一个生态移民的农民都在城市免费拥有35m^2的住房和10m^2的兴业铺面，实现个人资产净增25万元以上。此外，对搬迁农民的土地，进行了量化处理和土地入股，实行集中流转耕种，农民每年可以分红，这样不但解决了农民的生计问题，而且将劳动力几乎全部转移到非农产业，农民在获得土地收益的前提下，还能外出就业。政府针对年纪较大的农转非居民，提供了政策帮助，他们可以参与市政环境和绿化工作，也就是从事一些轻体力劳动。和之前在农村居住时相比，他们的收入水平大幅提高。

总结龙泉驿区的经验，在统筹城乡过程中，实现"人的城镇化"的基础工作就是解决好农民的生计问题。由于农民已经习惯了农业社会的一些生产方式，加上市场对就业的要求发生了变化，农民脱离了土地，没有技术和学历，很难在竞争压力很大的城市劳动力市场中获得一份正规的职业。所以，龙泉驿区为了解决农民的生计问题，对迁居到城市的农民给予了一定的照顾和优惠政策，这样既提高了农民的生活水平，也稳定了迁居农民的情绪，一定程度上解决了农民的后顾之忧，对整个搬迁工作起到了积极的作用。

（二）农民生活方式的变化

农村社区和城市社区生活方式截然不同，通常把这两种社区看作是两种文明的载体。所以，农民进入城市，住上高楼，和其他居民共用一定的生活空间，使用抽水马桶等，都与以往的生活习惯截然不同。实际上，农民在享受城市生活便利性的同时，也不得不经历一种生活方式转换成另一种生活方式所带来的阵痛和不适应。为此，龙泉驿的一些社区为转居的农民提供了一些生活服务，提示他们如何解决生活中不曾遇到的一些问题和情况。比如，社区的工作人员会在小区内张贴一些生活小贴士，提示新搬来的农民，如何避免失误操作带来的危险，从而避免他们对城市生活的不满。煤气的使用就是农民之前不曾接触到的，还有电梯，如果不对农民进行引导和提示，发生了事故，会造成惨痛的损失。

由于农业社会以村庄为单位居住生活，人口不是很多，互相都认识，所以是一个熟人社会。农村住房的院落也是敞开式的，农闲的时候，大家会聚在一起聊天、玩耍，这样开放式的生活格局，成为人们交往的催化剂。而城市社区以其陌生化为特点，一幢幢房子和防盗门把社区居民有形地隔离开来，加之城市生活节奏较快，个体的原子化特征明显，人与人之间的交往少之又少，大多是关起门来过自家的生活。因此，从农村搬迁到城市生活，农民群体面临着被分隔的问题。为此，龙泉驿区的社区专门为新市民组织了一些公共活动和社团活动，比如跳舞、打鼓、体育运动。通过这样的方式，增加他们互动的频率，使之维持原有的社会关系和生活习惯，避免农民搬到城市社区生活之后可能面临的失落感或孤独感。

其实，集体生活不仅是这些从农村搬迁来的新市民所需要的，也是现代生活其他老市民所缺乏的。建立一个社区生活的共同体，是凝聚一个社区的核心要素，居民对社区的认同感也由此产生，这对于社区的稳定、健康发展有重要作用。龙泉驿区帮助这些新市民增加沟通和交往频率，进而建立一个生活共同体的做法，无论是对个体还是社区的全体居民来说，都是十分有益的。这样，农民生活当中的很多问题就能在社区内部解决，而不会不经由社区而直接向更高层级的部门反映。

（三）农民财产权益的保障

农民对于搬迁问题往往会有顾虑，认为这是一种征地占地的做法，所以会对搬迁工作产生质疑，对以后的生计和发展产生不确定的感觉。龙泉驿区为了消除农民的担忧，在搬迁之前就做了大量的工作，也把搬迁的政策明文规定下来，并确保政策能落到实处。这样，农民就对自己的农地和宅基地的处置有清晰的认识，也能够预期未来的生活。所以，保障农民的财产权益，是进行搬迁工作的前提。

前面已经提到了，龙泉驿区对农民财产权的保护作了详细的规定，这里就不重复列举了。笔者认为，龙泉驿区之所以能够做到充分保障农民财产权，是因为政策制定者首先树立了不与民争利的思想。通过调查，笔者发现，龙泉驿区给农民的待遇是所调研的所有地方当中对农民最有利的，这体现了当地政策制定者的目的。如果当地干部仅仅是为了把农民搬迁到城市，让农民上楼，然后利用与土地增减挂钩的建设用地赚取土地收益，那么给农民的补偿肯定就很低，农民不仅失去了自己在农村的房子，还要自己掏数十万元买新房。这是对农民财产权益的严重侵害，在笔者所调研的地方，确实有这样的案例。这种做法的结果就是农民普遍不愿意搬迁，城乡统筹的规划迟迟得不到落实。面对规划无法推进的困境，当地领导者如果一味强行推进，不可避免地会损害农民的利益，也会导致一部分农民的强烈反抗，可以说是失职又失心。欲盖弥彰的短视行为，反映了一些领导干部的求功求利心切的思想，也失去了民众对政府的信任和拥护。

所以，龙泉驿区的做法不仅保护了农民的财产，维护了社会的稳定，也让农民认识到政府为民办事的务实精神。对于之后的一些工作，农民也会积极配合，因为他们对政府产生了信任感，民众和政府会形成一个良性循环的互动体系。政府在接下来的工作中，会减少阻力，节省大量的前期投入，是一项"施德政、得民心"的做法。

（四）农民社会融入

为了更好地推进农民融入城市生活，龙泉驿区大力引进社会工作和社区服务，以此推动社区的发展和社区能力建设，帮助农民实现助人自助的、公平正义的价值理念。这涉及农民进入城市，是不是能够和原有的市民享受到一样的公共服务和福利待遇的问题。此外，社区工作被引入到帮助农民转化为新市民，适应新社区、新生活的工作中，展开了大量社会融入服务，比如，心理驿站可以帮助新市民消除缓解焦虑、紧张等不良情绪，消除心理障碍等。康复活动针对残疾人及其亲友展开知识、技能培训等服务。陪伴计划则是开展心理援助、家政服务等家庭和生活辅导服务，改善困难人群的生活质量和社会交往，构建一个和谐的社会支持网络。还有一些针对不同年龄群体的小组服务，比如青少年空间，老年空间等。通过以上一系列服务措施，主要是促进搬迁来的新市民融入城市生活之中，促进他们的归宿感、融入感、幸福感。

除了上述心理融入之外，融入还涉及基本公共服务的提供，让广大新市民享受到与市民平等的基本公共服务。龙泉驿区为社区周边配置完善了市民活动中心、便民服务中心、生活服务中心、中心小学、幼儿园、菜市场、超市、药店等与居民生活息息相关的设施。

只有精神和物质的双重融入紧密结合时，新市民才能顺利适应城市生活，并体会到城市生活的优越性，这也是人的城镇化的出发点和根本目的所在，也是党和政府"以人为本"施政精神的具体落实。

四、龙泉驿区城乡统筹的反思

经过十多年的建设，龙泉驿区探索出一套比较成熟和行得通的政策和规划，通过土地增减挂钩，保留了农地，置换宅基地，从而引导农民进城居住，保障农民的就业、住房、教育、社会保障和养老等，解决了人的城镇化的关键问题，使得统筹城乡建设取得了阶段性成果。

（一）龙泉驿区经验的总结

第一，农民享有和市民平等的财产权利，农民市民化不以牺牲土地承包经营权、宅基地使用权等农村财产权利为代价，使农民在转向市民的过程中没有后顾之忧，以保障农民的生存发展权；第二，通过充分改善农民居住条件和多渠道就业引导措施，为农民进入城市提供了良好的发展基础，搭建起持续发展的桥梁，从而切实保障了农民的经济发展权；第三，通过全域规划统筹土地综合整理，实现了农村土地价值的最大释放，并通过土地确权颁证、城乡建设用地增减挂钩和建立农村土地交易市场等一系列政策，实现了土地整理所得收益真正返还给农民，保障了农民的财产收益权；第四，强化农民的主体性，逐步提高农民基层组织化程度，赋予农民自主权、参与权和决策权，保障了农民的民主管理权；第五，政府角色逐步退后，鼓励多方协作机制，尤其通过一系列社会服务工作和社会网络构建，逐步带动农民的市民化转变，提高农民在城市中的生存发展能力，保障农民的持续发展权。

虽然成绩斐然，但实际操作过程中仍存在一些问题和矛盾值得反思。

首先，龙泉驿区深入贯彻服务农民的工作思路取得了突出成效，但这种政府主导模式与农民需求的差异仍然存在矛盾。农民受自身文化水平限制，思考能力、经营管理能力均不足，市场判断和抵抗风险能力也较弱，短期内确实很难实现真正的自主。然而政府采用的"大包大揽"服务模式虽取得了突出成绩，但侧面又加重了农民对政府的依赖性，导致农民遇到各种问题都来找政府，对服务不满的情况也时有发生。长远来看，农民自身需求的差异性和特殊性难以通过"自上而下"的方式解决，政府的工作思路仍有待转变。

其次，当前龙泉驿统筹城乡发展模式中的资金投入模式难以持续与复制。龙泉驿区每年需转化的农民数量约2万~3万人，以30万元/人的转化成本，加上公共设施配套费用、基础设施建设费用、设施维护管理费用、安置社区物业管理费用、耕地保护补偿金、就业培训费用等其他费用支出，资金支出数额惊人。尽管龙泉驿区产业发展实力雄厚，但长此以往资金带来的压力仍是巨大挑战，更是其他地区难以效仿的。

最后，农民安置后的社会网络和社区文化建设仍有待加强。大规模异地集中安置的城镇化模式，打破了原有社区组织网络构成，农民到新社区后容易产生孤独、畏惧等心态。如何增强居民对新社区的归属感，需要从扎根社区的沟通服务管理上做起，重构社区文化，帮助农民重塑自身价值，增强农民自主、自发、自立能力，实现社区的可持续发展。

（二）可借鉴的经验和做法

首先，社会资金投资农村土地综合整治项目的政策。龙泉驿区鼓励支持集体经济组织引入社会资金来实施土地综合整治项目，关于投资的回报主要体现在两个方面，一是通过整理出指标后进行指标交易取得的收益，退出投资成本和开展收益分配。二是通过在项目区取得集体建设用地用于除商品住宅开发外的商业、旅游、娱乐等开发建设进行成本结算和退出。社会资金投资的土地综合整治项目，整理出来的指标的30%同样要由市里有偿统筹，5%也必须预留给集体经济组织。通过上述办法，解决了土地整理的资金来源问题，也最大程度地保障了农民的土地权益，政府在这个过程当中也是监督者，不干预市场的运作规律，符合十八届三中全会的精神，值得其他地方的土地运作学习和借鉴。

其次，农民集中居住、安置的政策。在成都市范围内，大多数区县在整治项目中对于农民集中居住方式分为三种，分别为统规自建、统规统建、货币化安置，依然保留农民身份，维持原有的土地自主耕作。

龙泉驿区通过对自身情况的分析，非常重视农村集中居住和安置工作，集中全区财力，实施彻底的、全面的富民惠民的政策，对农户实行生产、生活方式上的彻底转变，主要措施为在全区统一规划了18个农民集中居住区，分别位于中心城区、龙泉城区、重点镇和有条件场镇区域，统一建设标准开展建设，按人均建筑面积35m^2分配，建设资金和基础配套资金由投资主体负责，对于农民集中居住区占用土地参照征地标准一次性对村、组、农户补偿，基本达到农民不出钱旧房换新房。鼓励有创业能力、自愿进城安居置业的农户放弃土地承包经营权,统一参照征地补偿购买城市社保,转变为新市民身份,与城市居民一样享有各种权利和待遇。加快农村土地向农业大户和农业企业的流转力度,大力发展现代农业。加强对农户进行免费的就业培训,公益性就业岗位的推荐,达到进城新市民生活有保障、收入有增长、幸福指数有提高。这项工作具有改革创新意义,在实际调研中我们发现龙泉驿区做的也很扎实,要严格按程序完善相关协议规定,避免了出现后续问题。

再次,坚持"四性"的标准规划建设。龙泉驿区的新农村建设力争实现发展性、多样性、相融性、共享性,即农民集中区房屋建设上要考虑因地制宜、注重多样性;在农村实施土地整理后,要考虑农村的长远发展;在整体风貌打造上,要尊重客观,不搞简单移植,考虑与农村环境的相互融合;在基础设施配套方面,要考虑与城市基础设施的共享。通过调研,发现农民集中居住区比较好地体现了这一要求。只要有一项新的要求和规定,项目经立项审批后,在实施之前,必须按照"四性"原则,编制项目区规划建设实施方案。经相关部门初审后,报成都市农村土地综合整治和农房建设工作领导小组办公室组织专家进行审查,审查通过后才能建设。这体现了坚持原则性和严格贯彻的做法,避免了后期的改造成本。

最后,加大金融政策的支持。龙泉驿区充分发挥政府财税政策的杠杆作用。通过税收优惠、财政贴息、转移补助等多种手段,进一步加大对统筹城乡发展的投入力度。通过农村集体建设用地减少与城镇集体建设用地增加挂钩及农村产权担保等途径,实行市场化运作,积极争取银行等金融机构贷款。并且,以农民集中居住区房屋权益作为抵押,加快发展小额信贷,推进适合农村特点和生态移民需要的各种微型金融服务,鼓励探索成立农民集中居住资金互助社,积极开展信用合作、贷款融资,大力吸纳农村闲散资金,用于基础设施建设等公益性项目投资。这样的做法保证了资金的利用效率和安全性,对于稳定土地市场和吸纳社会闲散资金,具有重要意义。

第十四章　山东邹平调研

近些年来，我国城镇化进程的不断加速主要归于两个原因：第一，经济持续增长的压力。只有通过不断调整生产力与生产关系，才能释放出更大的发展空间；只有通过城镇化，才能进一步提高居民消费水平，转外向出口型经济为内需拉动型经济。第二，社会主义国家共同富裕的性质使然。通过城乡统筹建设，促进城乡资源要素公平、合理流动，才能保障社会稳定和社会公正。

我国近些年来的城镇化进程主要依托大城市、特大城市对人才、资源的吸纳能力。这种城镇化模式带来明显的负面效应：一方面导致劳动力流入地环境资源压力不断加大；另一方面，由于流动半径过大而导致流动成本过高，高密度人口聚集又导致流入地生存压力过大，绝大多数流动人口生活质量明显偏低，基本的户籍、住房、就业、医疗、教育等社会保障得不到满足。城镇化应该是人的城镇化，也即让农村人口充分享受城镇居民待遇，分享经济发展带来的社会效益的过程，而不是简单的地理空间上的聚集。

人口和资源压力对我国城镇化的制约在短期内将很难得到解决，尤其是对于数量庞大的县域人口来说，探索农民就地城镇化的道路尤为关键。发展县域经济既符合我国基本国情，也是促进人的城镇化的重要途径之一。县域经济依托地理资源优势，具备一定的生产要素集聚和吸纳能力。从全国很多县域经济的发展来看，县域经济的发展对于人的城镇化具有较为明显的效果。本章在实地调研基础上，对山东省邹平县城镇化推进模式进行了初步研究，以期对探讨县域人口就地城镇化、促进人的城镇化提供经验教训。

一、邹平县基本状况介绍

邹平县地处山东省中北部，滨州市的最南端，胶济铁路北侧，黄河下游南岸。全县总面积为1249.97平方公里，下辖5个街道办事处（黛溪、黄山、高新、好生、西董)、11个乡镇和一个国家级经济技术开发区(图6-14-1),常住人口78.71万人,户籍人口726737人①。

图6-14-1 邹平行政区划示意图

资料来源:邹平县统计局.邹平统计年鉴2012

邹平县自20世纪30年代开始,一直受到国内外学者的关注。1931~1937年,梁漱溟先生在山东邹平县开展乡村建设运动,引起海内外极大关注。改革开放以后,为了增加与国外的沟通与交流,中国社会科学院于1987年选定山东邹平县以冯家村为基地包括县城在内的9个村镇为第一个对美国学者开放的调研点。自1987年至今,先后到邹平县调研的美国学者达100余人次,其中包括美国前总统吉米·卡特(Jimmy Carter)、著名学者艾恺(Guy Alitto)、魏昂德(Andrew Walder)、戴慕珍(Jean C. Oi)等②。经过近30年的发展,邹平县的经济、社会、文化事业发生巨大变化,邹平县

---

① 邹平县统计局. 邹平统计年鉴2012. 2012:3,7。
② 王兆成. 乡土中国的变迁:美国学者在山东邹平的社会研究[M]. 济南:山东人民出版社,2008。

成为美国学者考察乡土中国变迁的一扇窗口。

随着20世纪70年代后期家庭承包制度（household farming）的推广，邹平县的经济取得了飞速发展。这除了与农民生产积极性的提高以及市场资源配置功能的发挥密不可分之外，地方政府在经济的恢复与发展过程中扮演了至关重要的角色。魏昂德指出，20世纪80年代，邹平县地方工业的快速发展主要依托镇办、村办集体企业。到1988年的时候，镇办、村办集体企业工业产值仍占到全县工业总产值的70%[1]。魏昂德把地方政府在经济发展中扮演经济行动者（The role of local governments as economic actors）的现象称之为"政府即厂商"[2]。地方政府的这种参与和支持有效保障了体制改革初期地方经济的发展。但是，20世纪80年代邹平县农业向工业的快速转变并未导致县域的城镇化，因为这些集体企业绝大多数集中在农村地区。戴慕珍则将这种地方政府参与经济竞争的现象称之为"地方政府法团主义"（local state corporatism）。她认为，地方政府在毛泽东时代遗留下来的科层网络和集体结构的基础上，通过自身的权威、关系网络直接参与了地方经济的发展。这种参与包括利用财政再分配和转移支付手段在不同效益的企业之间进行平衡，为集体企业发展提供市场信息，以及通过自身关系为低信用的企业贷款等。但是，地方政府并非支持所有的集体企业，而是使这些企业通过内部竞争的形式优胜劣汰，政府有选择地支持那些效益好、有发展前途的企业[3]。

1988年以后，随着经济环境的变化，尤其是信贷紧缩使这种高贷款模式难以为继。1990年以来，邹平政府开始积极鼓励和培育私有企业的发展。经过20多年的发展，邹平经济完成从集体经济占主导向多种混合经济共同发展的转变，地区生产总值取得大幅度增长。

---

[1] Walder, Andrew G. Zouping in Perspective [M]. London: Harvard University Press, 1998.
[2] Walder, Andrew G. Local Government as Industrial Firms: An Organizational Analysis of China's Transitional Economy. *American Journal of Sociology*, 101: 263-301.
[3] Jean C. Oi. The Evolution of Local State Corporatism, Andrew G. Walder eds. Zouping in Transition. London: Harvard University Press, 1998.

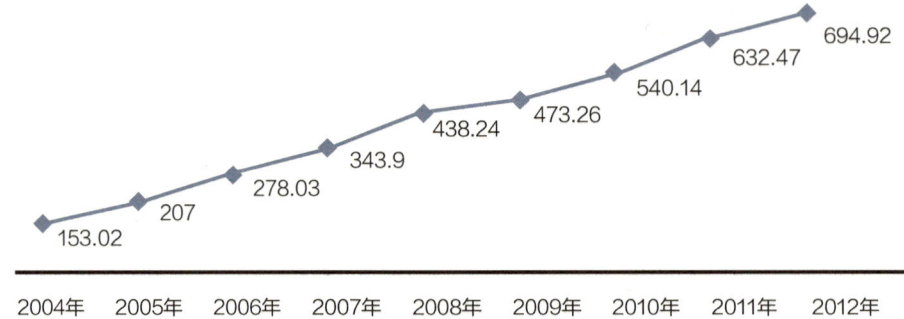

图6-14-2　邹平县2004~2012年地区生产总值①

资料来源：《邹平统计年鉴》2008~2012

从图6-14-2可以看出，邹平县地区生产总值从2004年的153.02亿元发展到2012年的694.92亿元，增速明显。2012年，邹平县在全国县域经济基本竞争力百强县中的排名上升到第13名。2010年11月11日，经国务院批准，邹平经济开发区升级为国家经济技术开发区。魏桥创业集团成为山东省唯一一家入选全球500强的民营企业。

伴随邹平县经济的快速发展，邹平县城乡居民收入也得到明显提高。从2004年，农民人均纯收入3942元，城镇居民人均可支配收入9197元，发展到2012年农民人均纯收入11693元，城镇居民人均可支配收入25027元。

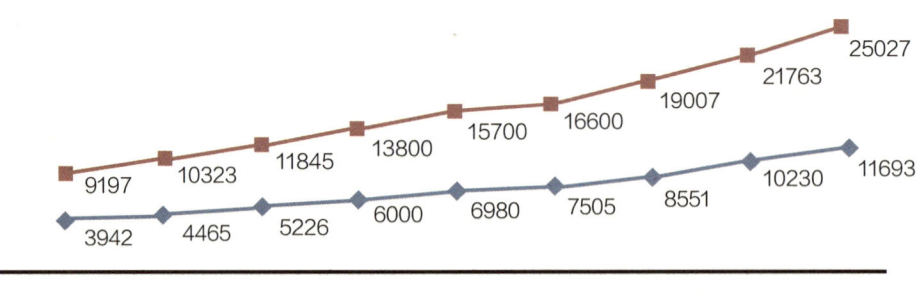

图6-14-3　邹平县2004~2012年城乡居民收入变化情况

资料来源：《邹平年鉴》2004~2012

---

① 地区生产总值计算口径按当年价格计算。

从图6-14-3可以看出，邹平县2012年农民人均纯收入以及城镇居民人均可支配收入都要高于全国平均水平（2012年，全国农民人均纯收入为7919元，城镇居民人均可支配收入为24565元）[①]。在全国城镇化发展浪潮中，邹平县经过不断摸索调整，逐渐形成具有自身特色的发展模式。邹平县的城镇化推进模式可简要概括为：（1）以产业促进就业，以就业带动城镇化；（2）推进农业产业化，转移农村劳动力；（3）推动城乡一体化，促进人的城镇化。

二、以产业促进就业，以就业带动城镇化

对于县域经济来说，促进人的就近城镇化的关键在于通过提供就业机会来提高县域对当地人口的集聚和吸纳能力。在依托传统优势产业的基础上，通过完善配套经济，延长产业链条，形成具备一定生产要素集聚能力的地域经济增长级。随着近些年来农业经营的产业化和专业化，第二、三产业吸纳农村新转移劳动力的压力不断加大，如何调整产业结构，提供相对充足且具备一定吸引力的就业岗位成为制约县域经济发展的关键，也是影响人的城镇化质量的重要因素。

邹平县在城镇化发展过程中，逐渐形成以产业促进就业，以就业带动城镇化的就近城镇化模式。

第一，政府通过政策倾斜、资金投入、招商引资等措施，确保家纺服装、新型材料、食品医药、机械制造、精细加工、高档用纸这六大传统主导产业的发展；积极改造传统产业，优化产业结构，提高第三产业对劳动力的吸纳能力，增加第三产业在地区生产总值中的比重（图6-14-4）。

2012年，邹平县第二、三产业增加值共661.24亿元，与上年相比分别增长11.4%和9.1%。三次产业比例由4.9∶64.3∶30.0调整为4.8∶63.4∶31.8。第三产业对劳动力的吸纳能力不断提高[②]。

[①] 国家统计局网站：http://www.stats.gov.cn/tjgb/ndtjgb/qgndtjgb/t20130221_402874525.htm。
[②] 邹平统计局. 邹平统计年鉴2012. 2012年邹平县国民经济和社会发展统计公报：1。

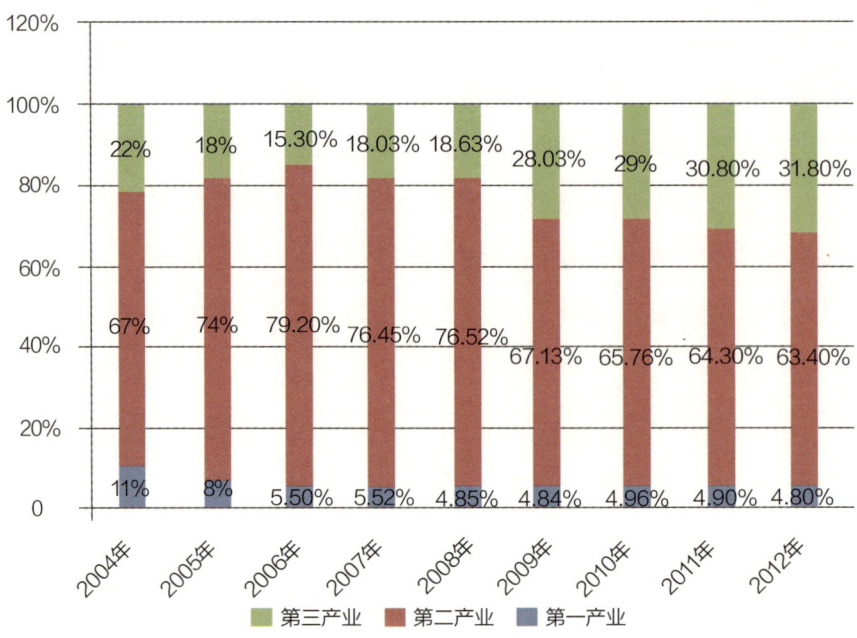

图6-14-4 邹平县2004~2012年三次产业结构变化

资料来源：《邹平年鉴》2004~2012

第二，以重点城建项目为抓手，积极打造"一园两带"项目（工业园区，县城至长山、韩店两大经济隆起带），通过产业集聚效益带动区域经济发展。

以工业园区为主的工业集群带成为邹平经济发展的核心，保障了县域内新转移农村劳动力的就业（图6-14-5）。

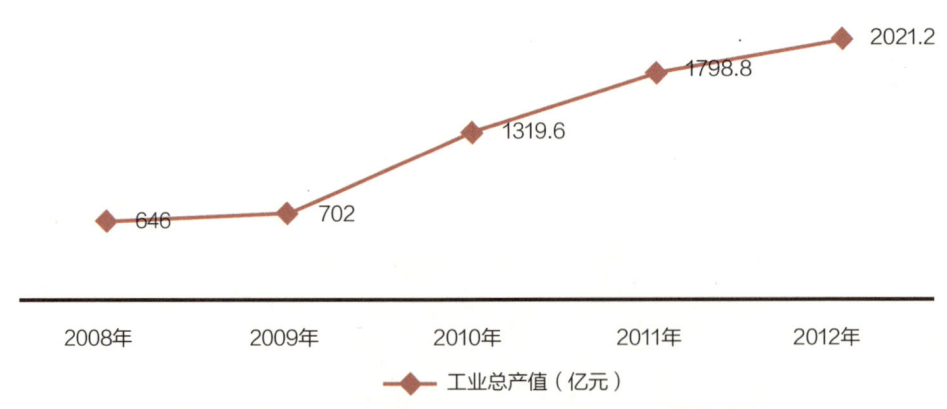

图6-14-5 邹平2008~2012年工业园工业总产值

资料来源：《邹平统计年鉴》2008~2012

2011年3月，山东省城市化领导小组下发《关于加快推进新型城镇化工作的通知》，明确了十二五期间全省城镇化发展目标，计划五年内城镇化水平达到55%以上，并计划将10个中等城市发展为50万人口以上的大城市，同时将700万农民工变成市民。邹平县成为全省重点培植发展的10个县级大城市之一。邹平县以县级大城市定位自身，不断扩大县城区面积，从2008年的50km^2，户籍人口25.26万人，扩大到57.8km^2，户籍人口32.37万人。在邹平县新修编的总体规划中，规划范围总面积将由67km^{2}扩展到385km^2，西董镇、好生镇、长山镇、韩店镇一并纳入城市总体规划范围。

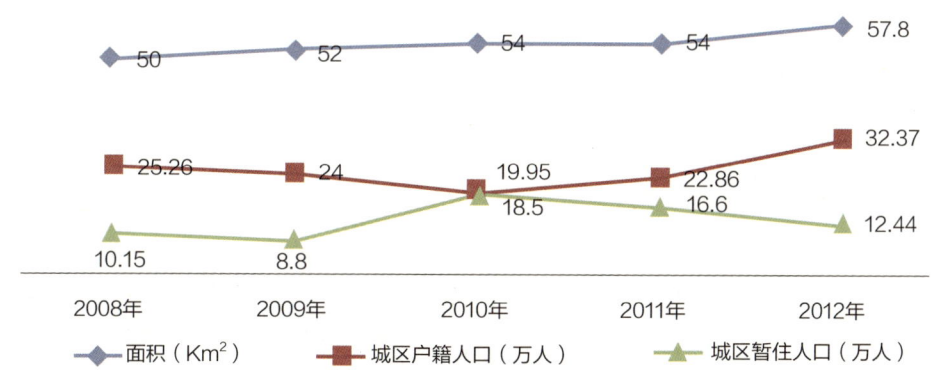

图6-14-6　邹平县2008~2012年城区面积、户籍人口及暂住人口数

资料来源：《邹平统计年鉴》2008~2012

从图6-14-6可以看出，2010年以后，城区暂住人口数量明显下降，而城区户籍人口数量则呈上升趋势。由此可知，县城区对县域人口来说是具备足够的吸引力的，从而成为县域人口就近城镇化的主要平台。

此外，通过近几年来邹平县外来劳动力人数的变化以及本地籍高校毕业生返乡就业人数的变化情况也可看出，县域经济无论是对普通劳动力还是高端人才都具备一定的吸引力。

从图6-14-7数据来看，自2009年以来，外来人口数量有下降的趋势。但对于县域经济来说，15万左右的外来人口仍是相当可观的。与其他县域相比，邹平县域内人口外出务工的比例相对要小一些，这要归功于当地产业发展对大量劳动力的需求。

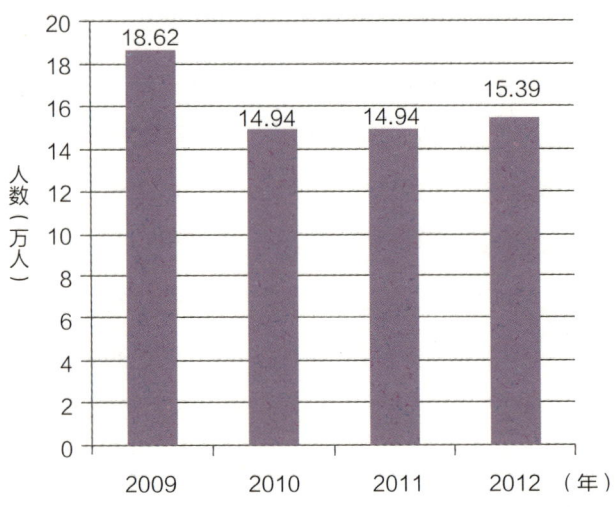

图6-14-7 邹平县2009~2012年外来人口数量

资料来源：《邹平统计年鉴》2008~2012

图6-14-8一定程度上反映出县域经济对高端人才的吸引力情况。从2002年的647人次增加到2012年的2010人次，增长了三倍多。就业比例一直持续在89.3%左右。

图6-14-8 邹平县2002~2013年本地籍非师范类高校毕业生回生源地人数及就业人数

资料来源：邹平县人才市场

从上述分析可以看出，邹平县域经济具备一定的生产要素集聚能力，对于解决当地人口的城镇化具有明显优势。

三、推进农业产业化，转移农村劳动力

城镇化的一个主要标志就是随着农业的产业化、集约化经营，农业人口逐渐转移到第二、三产业中，农业人口在就业人口中的比例不断降低。

我国人地关系高度紧张的基本国情将在一个较长的时间内制约我国的土地制度变迁[①]。在现有约束条件下,进行土地制度创新,合理配置土地要素,发展适度规模经营成为影响我国农业现代化的重要因素。"十二五"现代农业发展规划纲要进一步将现代农业发展目标确定为"技术装备先进、组织方式优化、产业体系完备、供给保障有力、综合效益明显的新格局",第一次提出把"组织方式优化"纳入现代农业发展目标中来。

邹平县在"工业带动农业,农业服务工业"的指导思路下,对转移农业人口,发展现代农业进行了许多有意义的尝试。具体来讲,主要包括以下几个方面:

(一)积极发展现代农业组织形式

邹平县在考虑到各乡镇区位和资源禀赋差异的前提下,对一些已经发展较为成熟、市场链条较为完善的农产品加工企业重点扶持,逐渐形成粮油、畜牧、蔬菜、花卉、桑蚕、干鲜果六大主导产业。促进了农产品从原材料生产向初级加工、深加工的转变,农产品附加值进一步提高。为了让广大农民合理分享农产品、加工、流通增值收益,同时为了增强农民市场竞争力,降低市场风险,邹平县逐渐形成几种比较有代表性的组织形式。

1. "龙头企业(公司)+农户"模式

一直以来,制约农业生产的两个主要因素就是资金和技术,尤其是对于现代农业来说更是如此。为了解决这种问题,邹平县积极扶持发展了一批具备一定资金和技术条件,以现代企业制度管理和经营的龙头企业,并逐渐形成"龙头企业(公司)+农户"型发展模式。截止到2011年底,邹平县农业产业化县级以上龙头企业发展到82家,其中国家级2家,省级11家,市级45家[②]。龙头企业在增强农产品竞争力、延长产业链条、增加农产品附加值上具有较明显优势。但是,这种"以资本带小农"的"龙头企业(公司)+农户"模式最大的缺点是普通农户仍很难分享农业产业化带来的收益,只能停留在产业链低端刨食[③]。

---

① 温铁军. 三农问题与制度变迁[M]. 北京:中国经济出版社,2009。
② 邹平县统计局. 邹平统计年鉴2011:2-3。
③ 李昌平. 再向总理说实话[M]. 北京:中国财富出版社,2012。

2. "合作社+农户"模式

为了使农户充分分享农业产业化带来的收益,"合作社+农户"模式可能是一种更好的探索农业产业化的形式。按照《中华人民共和国农民专业合作社法》相关规定,农民专业合作社是在农民自愿的前提下,以农民为主体的互助性经济组织。农民专业合作社有利于农业技术、信息、资金、人力等要素的聚集。既提高了农业生产的规模化和科学性,同时又能有效地降低各类风险。具体来讲,"合作社+农户"又可分为分散、独立农户组织的合作社、"公司+合作社+农户"模式、"支部+合作社+农户"模式、"公司+协会+合作社"模式等。邹平县农民专业组织主要包括专业协会和专业合作社两种。近几年邹平县合作社数量增长较快。到2012年为止,全县共有农村合作组织240个,带动农户8792户(图6-14-9)。

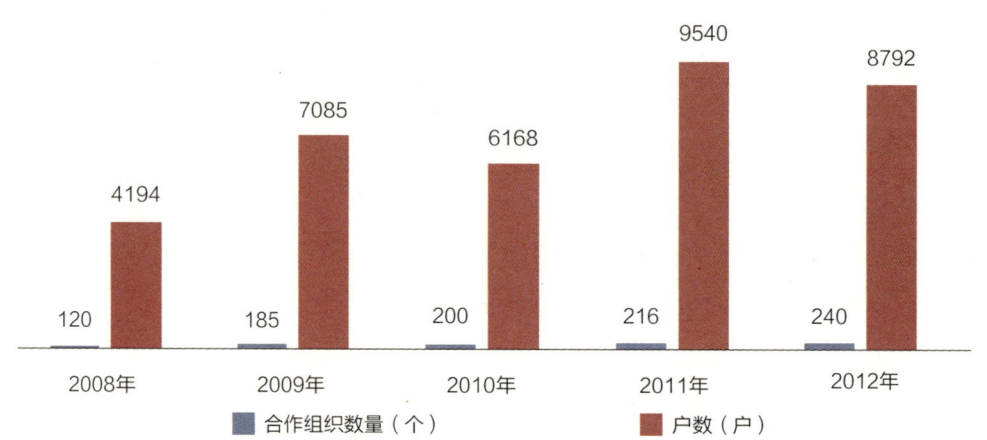

图6-14-9 邹平县2008~2012年农业合作组织数量及参加农户数量

资料来源:《邹平统计年鉴》2008~2012

就邹平县的实践来看,在上述几种模式中,通过乡、村领导部门把农户组织起来的"支部+合作社+农户"模式是比较常见的一种。现根据调研情况试举一例。

案例:王书记打官司——对东码头村农民粮食专业合作社的反思

东码头村隶属邹平县魏桥镇,人口有2000多人,属于比较大的村子。东码头村在村委会的带领下于2008年注册成立"东码头村农民粮食专业合作社"。合作社主要经营业务包括两大类:为社员提供农业技术培训服务;解决社员的化肥、农药、种子的购销问题。据该村王书记说,当时注册的时候，只有第一项业务被批准，县工商局认为第二项业务属于商业性质而未予批准。除此之外，该村还成立了一个互助资金合作社，但未经过注册。

党的十七届三中全会"决定"提出，允许有条件的农民专业合作社开展信用合作以解决合作社资金流通问题。这个"决定"为民间集资提供了一个合法的平台。就笔者的调研情况来看，以合作社名义进行民间融资的合作社占了绝大多数。真正为社员谋福利的合作社少之又少。

东码头村粮食合作社自成立以来，到现在已发展到260多户，社员散布周边四五个村庄。社员以低于市价的价格与合作社进行交易，秋后按交易额的7%进行分红。合作社有效地避免了中间商人的层层剥削，同时保证了产品的质量，深受群众欢迎。山东农科频道曾以"小小五人组，打起为民服务大旗"为名做过专门报道。

但是，2010年，王书记却陷入了一场官司之中。事情的原委如下：

民间借贷困难一直是困扰中小企业以及普通农户的主要问题。邹平县民间借贷利率一直维持在1分2厘以上，最高的时候曾达到1毛5分。东码头村互助资金合作社存款利率为1分（银行多在3厘左右），贷款利率为1分3厘，为整个邹平县最低。很多农户都把闲散资金存到了东码头村互助资金合作社。合作社融资最多的时候达到1000多万元。因而，邹平县有非常多的人找王书记贷款。当时，负责互助资金合作社的是该村的村长。由于该合作社贷款利率较低，贷款人为了能贷到款难免会给村长一些回扣。据王书记说，为了杜绝这种现象，村委会决定贷款必须由村两委决议通过，而不能只由村长一个人说了算。这个决定一出，村长认为这是王书记要断他的财路，一气之下，就将王书记挪用国家扶持合作社资金（国家财政局先后于2010年和2011年先后两次拨款共30万元）给员工发工资的事情告发了，指控他贪污（据王书记说，给工作人员发工资的事情是社员大会通过了的，三年共给每位工作人员发放7700元工资）。王书记反驳说，贪污罪名根本不成立，因为他挪用的钱不是国家的钱，而是国家已经拨给合作社的钱。后来，法院再次指控他为职务侵占。王书记说他也不是职务侵占，因为职务侵占是占用本单位、企业的资金财产，而他只是村委成员，而非合作社领导班子成员。这个官司从2010年一打就是两年多，至今尚无定论。

从东码头村合作社的例子可以看出，当前邹平县农村合作社无论在组织上还是管理上都存在很多不规范的地方。除了王书记拿合作社的钱给工作人员发工资外，合作社的盈余还被用来为全体村民支付水费、电费，修建道路、下水道等。合作社在某种意义上成了村委会的"村办企业"，违背了合作社民有、民管、民享的原则。导致这种现象的原因主要有三个：其一，无论是基层政府还是普通农民普遍缺乏合作社知识，更缺乏相应的管理人才；其二，尽管早在2007年7月，我国就通过了《中华人民共和国农民专业合作社法》，但在实际的组织和管理上仍缺乏规范；其三，村委会领导在合作社的组建过程中发挥了关键作用，但在合作社正常运营后，村委会并未退出合作社的管理，出现严重的行政干预现象。

3. 推进"一村一品"工程

除了培育农业龙头企业和农民专业合作社外，邹平县还按照"规模化、产业化、组织化、标准化"的要求，遵循"一县一色、一乡一品、一村一品"的发展思路，在充分考虑到各村镇区位和资源差异的前提下，有重点、有步骤地实施"一村一品"工程。"一村一品"工程是很多小城镇在发展集约化、产业化农业过程中摸索出的一种种养模式。事实证明，如果培育得当，这种带有产业化的种养方式有利于农产品的市场化产销和信息、技术的推广，农民增收明显，有利于城乡差距的缩小。

经过几年的实践，邹平县现已逐步形成"一村一品、一镇一业、品品皆优、业业皆强"的产业格局，如好生花卉、西董林果、焦桥蔬菜、九户奶牛、台子香椿等。邹平县"一村一品"工程具有两个典型特征。第一，采取示范村先行示范，推进村跟进学习的渐进方式实施；第二，由县政府宏观设计，各地方村镇根据区域化、差异化原则统筹规划。一般而言，示范村主要是那些经济基础较好，种养格局初具规模，市场渠道较为健全的村庄。以魏桥镇为例，2009年，魏桥镇将楼子张、梁桥、崖镇村、五龙堂列为"一村一品"工程示范村，东码头、南杨、张家、官牛、大碾、甜水等11个村为推进村。经过3年的实践，魏桥镇试图构建起"东部肉鸭、西部肉鸭、北部肉牛、中部蔬菜"为主导框架的种养格局，突出印家乐义蔬菜、梁桥蔬菜大棚基地[①]。

据笔者的调查来看，"一村一品"工程实际效果比较有限。有相当多的农户发展特色种植、养殖主要是为了获得政府的财政补贴和贷款，比如，九户镇就有某农户为了获得政府对蔬菜大棚的补贴，一连建20多个大棚，其中绝大多数大棚都未种植任何蔬菜。此外，随着政府扶持力度的下降，农户开始面临农产品销售难的问题[②]。

---

① 魏桥镇政府. 关于大力开展"一村一品"工程的实施意见. 魏发[2009]19号。
② 清华大学2010~2013中国城镇化调查。

（二）规范土地流转，加快转移农村劳动力

1. 邹平县土地流转情况

在调研中笔者发现，目前农村土地经营中主要存在两类难题：第一，在我国人地关系相对紧张的基本国情下，农村耕地普遍细碎化。仍以耕地为生的农民，或者说耕者，很难承包到具有一定规模的土地。第二，随着农村"空心化"现象日趋明显，对于那些不再以农业收入为主的农户来说，如何处理承包的土地，将之转化为财产性收入也是亟待解决的问题之一。

魏桥镇刘王村，在该村186户村民中，仍在务农的只有128户，占总户数的68.8%；58户村民已将土地全部流转出去，占到总户数的31.2%。调查中还发现，超过一半的农民希望土地流转。目前，刘王村种植面积超过20亩的村民有8户，种植面积分别为：60亩、50亩、40亩、32亩、28亩、27亩、26亩、21亩。主要种植作物仍为粮食作物，经济作物较少[①]。从中可以看出，农业经营仍以小农家庭经营为主，要形成规模经营有一定难度。

为规范土地流转行为，邹平县按照"自愿、依法、有偿"的原则，推行土地流转"三书"制度，即土地使用权流转申请书、委托书和合同书。在流转合同中要注明流转土地坐落、流转形式、数量、年限、条件、用途、价格、支付方式和双方的权利、义务等事项，避免和减少农村土地使用权流转过程中的纠纷。

同时，邹平县建立了农村土地承包经营权流转市场，促进农村土地的流转集约，发展土地利用率高、经济效益好的现代农业。至2012年，邹平县已建立起县、镇、村三级土地流转服务网络。仅2012年一年，就发生土地流转8.27万亩（包括租出、包出、转出承包耕地）。

从图6-14-10可以看出，2012年土地流转面积增长幅度较大，是2011年的2.16倍。为了加快土地流转，县政府应不断完善土地流转制度，规范土地交易市场，保障土地交易双方合法权益。

2. 邹平县农村劳动力转移情况

城镇化意味着非农人口在总人口中的比重不断增大，农业人口逐渐转变为非农人口。然而，在农村劳动力转移过程中出现两个比较明显的问题：

[①] 清华大学2010~2013中国城镇化调查。

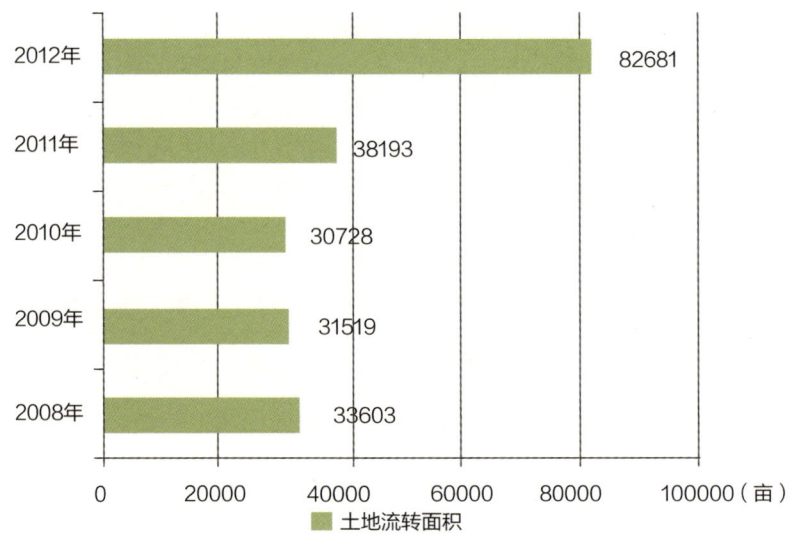

图6-14-10　邹平县2008~2012年土地流转情况

资料来源：《邹平统计年鉴》2008~2012

第一，流转出土地的农民缺乏相应的技能，很难在就业市场上找到稳定的工作。从某种意义上来说，正是由于这个原因，很多农民更愿意采取兼业的方式，而不愿完全放弃农业经营。第二，目前，农村从事农业的人口年龄普遍偏大，缺乏经营现代农业的知识和技能，又从反面限制了土地的流转，进而阻碍了农村劳动力的转移。

从邹平县的农村劳动力的转移情况来看，有逐年递增的趋势（图6-14-11）。

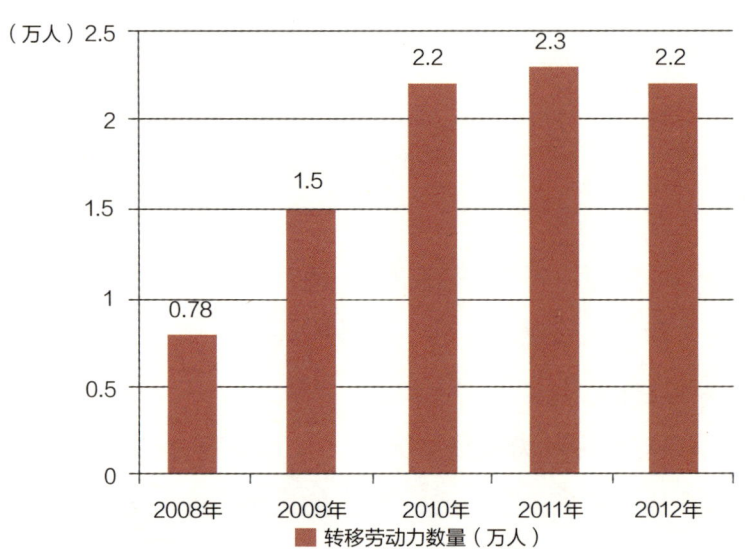

图6-14-11　邹平县2008~2012年转移农村劳动力数量

资料来源：《邹平统计年鉴》2008~2012

非农人口占总人口的比重，从2004年的25%增加到2012年的36%，增幅比较明显（图6-14-12）。

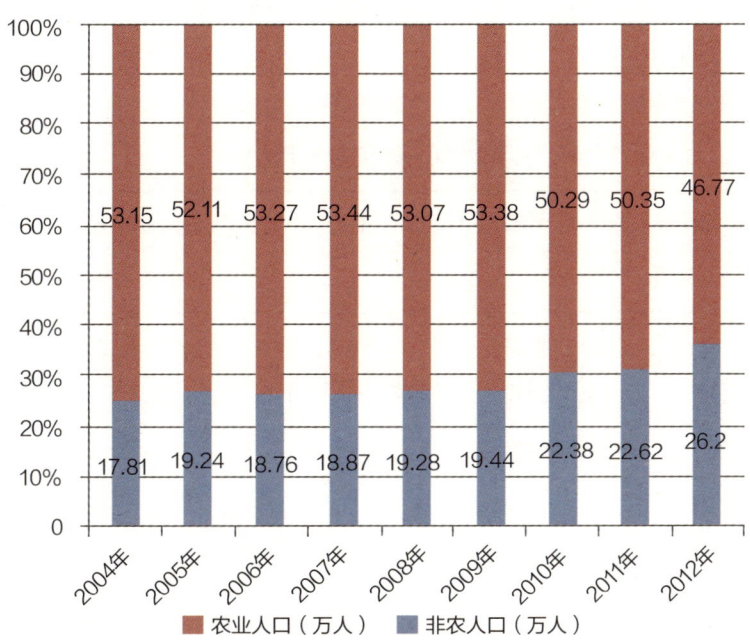

图6-14-12　邹平县2008~2012年农业人口与非农业人口比重

资料来源：《邹平统计年鉴》2008～2012

为了促进农村劳动力的转移，邹平县政府遵循"先培训后转移，以培训促转移"的思路，采取"订单培训"和"定向培训"的培训模式，将农民培训与就业直接挂钩，一定程度上适应了农村劳动力转移的需求。

四、推动城乡一体化，促进人的城镇化

党的十八届三中全会公报指出，城乡二元结构是制约城乡一体化的主要障碍。必须健全体制机制，形成以工促农、以城带乡、工农互惠、城乡一体的新型工农城乡关系，让广大农民平等参与现代化进程、共同分享现代化成果。从人的城镇化角度来看，推动城乡一体化，尤其是城乡社会福利一体化是促进人的城镇化的重要途径。邹平县根据自身条件，在推动城乡一体化上作出了一些有意义的探索，现择要概述如下。

（一）统筹规划，建设适度规模社区

邹平县以山东副中心定位自身，以建设鲁中中等城市为目标，坚持全

县一盘棋，统筹城乡规划建设。依循"老城特色化、新区现代化、大力城镇集聚化、农村社区化"的思路和"统一政策、统一标准、依法行政、让利于民、先急后缓、分步实施"的原则，计划对全县858个行政村进行改造，其中，单独保留36个，合并137个，取消685个（表6-14-1）。

邹平城乡一体化规划新格局　　　　　　　　　　表6-14-1

中心社区	基层社区	位于县城区的村庄社区	位于镇驻地的村庄社区	总共
59个	57个	22个	35个	173个

按照规划，改造后全县社区占地69.2km²，约计10.3万亩，全县共节约土地58.4km²，约计8.8万亩。

邹平县以城市建设、小城镇建设、新农村建设"三位一体"的原则，统筹城乡建设管理。城乡建设具有以下两个特点：第一，将县城、小城镇、新农村三个层次作为一个整体来统筹建设；第二，在充分尊重地方区位、资源的基础上，将原有特色产业做大做强，逐渐形成区域化、集群化、特色化分布格局，从而有利于资源、信息的聚集和市场的形成（表6-14-2）。

邹平县城乡一体化建设新格局　　　　　　　　　　表6-14-2

三位一体	城市建设	小城镇建设	新农村建设
新格局	东部现代工业区 南部旅游度假区 西部休闲生态区 北部特色工业区 城市核心区	工业带动型： 魏桥、青阳、韩店、名集； 市场带动型： 孙镇、九户； 资源开发型： 好生、西董、临池； 农贸发展型： 焦桥、码头、台子； 综合发展型： 长山	城中村改造型 村企发展联合型 行政村整合型 经济强村带动型 中心辐射型 整村迁建型

资料来源：人民网http://expo.people.com.cn/GB/13156919.html。

为了了解邹平县农民对新社区建设的态度，笔者在魏桥镇选取了三个分处社区规划不同时点的村子进行了调查（表6-14-3）。

调研点社区规划情况　　　　　　　　　　　　表6-14-3

调查地点	社区建设情况	社区建设原因
刘王村	尚未纳入社区规划	
辛梁村	已纳入社区规划，等待社区建设	镇政府搬迁
"锦魏佳苑"新社区	社区已建成，农民正在搬迁中	原村宅基地被企业占用

1. 刘王村村民对新社区建设的态度

对23户村民的调查，显示，超过半数的村民并不支持合村并居（表6-14-4）。

样本村民对合村并居的态度　　　　　　　　　　表6-14-4

指标	赞同	不赞同	说不清	总计
频次	10人	12人	1人	23人
比例	43.5%	52.2%	4.3%	100%

笔者通过调查发现，支持合村并居的村民有三种人：第一种是具有较高的工资收入，土地已完全流转出去；第二种是虽然土地没有流转出去，但农业收入在家庭总收入中所占份额极少；第三种只占极少数，就是现有房屋比较破旧而一直未修建新房子的农民。过半数的村民之所以不赞同合村并居，主要有以下几个方面的原因：第一，新社区物业费用较高，普通收入农户怕承担不起，尤其是一些劳动能力下降的老人；第二，家庭收入来源主要为务农收入，担心搬入新社区给务农带来不便，如农具的放置，粮食的晾晒、存储，耕作半径扩大等；第三，有些村民现有房屋是近几年花费较大开支新建的，认为住着很舒服，实在没有再花钱搬迁的必要；第四，已习惯现有居住习惯，担心不适应改居后居住环境，如居住空间变小、院内不能种养、邻里关系趋于"半熟人化"等。

2. 辛梁村新社区建设规划及村民对新社区建设的态度

魏桥镇政府为了打造"邹平副中心"，也为了尽快推进城镇化进程，初步计划将镇府东迁，以实现以政府带城镇化的目的[①]。政府新址在多方博弈

[①] 据悉，目前此计划已暂时搁浅。

后，选在了辛梁村所在地（图6-14-13）。这样一来，就需要大量占用该村耕地。为了实现"占补平衡"，镇政府决定将辛梁村和东码头村（距离辛梁村至少在3公里以上）合并，统一搬入新规划的社区。

图6-14-13　魏桥镇辛梁村村容村貌

图片来源：清华课题组在邹平县调研时拍摄

据辛梁村村长介绍，新社区将占地200亩，其中150亩地用做新社区建设，剩余50亩地初步计划留做将来建设豪华老年公寓；在150亩建筑用地上，要建成容纳1200户（辛梁村和东码头村共1000户左右）以上的居民社区。除辛梁村和东码头村村民所需住房外，沿街建商品房，商品房收益归村集体所有。

该村村长还透露，新社区楼层建筑形式初步定为11层（带电梯）小高楼。社区建成后，只要村民拆掉旧宅，就可免费获得80m^2的新房面积，多出的住宅面积按市价（约1000元/m^2）补齐差价。如果不拆除旧宅的话，则要按市价全额购买，拆掉旧宅后仍可退换80m^2住宅面积的市价。

为了了解村民对新社区建设的看法，课题组访问了该村几户村民。概括来说，村民有以下几个看法：第一，普遍认为目前村庄基础设施和公共设施太差，希望村庄有能力的领导改善村庄环境，比较支持新社区建设；第二，由于村民现有住房质量参差不齐，而村委政策又是统一每户免费送80m²住房面积，导致村民心理极度不平衡；第三，居住不方便，尤其是那些仍主要以务农为生的农民。

3. "锦魏佳苑"新社区搬迁情况及村民对新社区建设的态度

魏桥镇"锦魏佳苑"新社区是魏桥镇第一个建成的新型农村社区。建设该社区的原因是：山东省唯一入选"全球五百强"的民营企业——魏桥创业集团由于企业扩张，试图占用郭新村的宅基地，于是就在西码头村购买了一块地皮，建成现在的"锦魏佳苑"新社区，动员郭新村整村拆迁，从而完成宅基地的置换。笔者了解到，到目前为止，只有6户村民真正搬入新社区居住（主要是该村书记及其同姓亲属），而交了钱领到楼房钥匙的也不过36户，绝大多数村民并未搬迁。社区楼房基本处于闲置状态（图6-14-14）。

图6-14-14 魏桥镇"锦魏佳苑"新社区

图片来源：清华课题组在邹平县调研时拍摄

课题组于2013年1月11日对"锦魏佳苑"新社区的两户村民进行了访谈。据村民介绍，该社区有17栋住宅楼，分大小两种户型，大户型120m^2，小户型（老年人居住）70m^2。村民原住房由专门审核人员按质量优劣进行估价，旧宅价值与新楼房的差价由村民按1300元/m^2市价补齐。这样算下来，绝大多数村民需要交4万~6万元才能入住新社区。那么，是什么原因导致村民不愿搬迁呢？经笔者调查，总结出以下几个原因：第一，由于靠近魏桥镇，郭新村民相对比较富裕。很多村民在原宅基地上花巨资修建了二层小楼，居住空间非常的宽裕。除非给他们相当高的补偿，否则让他们拆掉新房，搬进120m^2左右的房子几乎是不可能的；第二，由于靠近魏桥创业集团，有不少农户可以向该企业部分职工出租房屋赚取额外收入，而搬迁后就等于切断了这一收入来源；第三，村民认为，在分户原则和分户过程中存在不公正现象，有些农户分到两套房子，有些则只能分到一套。那些只分到一套房子的农户坚持要求只有分到两套房子才肯搬；第四，由于绝大多数村民不搬迁，社区房地产开发商面临巨大的资金压力（据说所贷之款为高利贷，由于支付不了巨额利息，开发商已潜逃），社区物业服务根本不到位，除自来水供应外，电暖都不供应；第五，物业费用偏高，很多低收入村民无力承担，尤其是一些老人。据被访村民介绍，社区原定冬天暖气费用小户型为2700元，大户型为3700元。相比之下，村民冬天生炉子（烧煤炭）的话即使是大户一个冬天也只需2000元左右。此外，由于烧暖气无法做饭，村民还需额外支付做饭的煤气钱。这样一来，开支进一步增加；第六，仍有相当部分村民以务农为生，搬迁之后耕作半径明显增大给农户带来极大不便。

从对三个调研点的调查来看，笔者认为新社区建设过程中应考虑以下几个问题：第一，村庄"空心化"情况比较明显，绝大多数"二代①"农民已在城镇或企业购买房屋，新社区能否吸引年轻人回来居住尚存疑问。如果不能吸引年轻人回来居住，新社区很可能成为老人社区；第二，"一代"

---

① "二代"农民特指那些基本没有务农经历，不以农业为生，但户籍仍为农村户籍的农村人口；"一代"农民则指那些目前仍主要以务农为生的农民。

农民随着年龄增长面临劳动力下降的问题，社区生活成本的上升可能会给他们带来较大负担。笔者在河南省舞钢市调研的时候，这种情况并不少见；第三，基层政府在社区建设中应本着惠民利民的原则，充分尊重农民的权益，做到信息透明、公开，决策民主，既可减少城镇化推进的阻力，也能有效避免各种未预风险。

（二）城乡公交一体化

到2007年止，邹平县农村公路改造总里程达1778km，实现了村村通等级路，村村通客车，成为全省第一个公交车过百辆的县[①]。2011年，邹平县又在此基础上在山东省率先推行城乡公交一体化运营机制。全县16个镇办，853个村全部开通公交车线，基本建立起覆盖城乡的城乡一体化公交网络和运营机制。

邹平县城乡公交一体化运营机制将邹平县公共交通网络分为三级，采取"121"公交票价制度。一级公交网络主要在城区运行，部分延伸到镇（办），每人每次1元；二级线路由县城直达各镇（办）驻地，每人每次2元；三级线路由各镇（办）驻地通往行政村，每人每次1元。也就是说，不论住在邹平县的哪个村，最多只要花3元钱就可以乘公交车到县城。截至2012年下半年，一、二级公交网络已基本建成，城区公交车全部实现了公车运营和"线路、场站、车辆、票价、刷卡"五个一体化。

邹平县城乡公交一体化极大地压缩了县域空间，城镇空间的改变既是城镇资本生产和再生产的需要，也是农民生活方式城镇化的体现。邹平县城乡公交一体化对县域城镇化发展意义深远。第一，城乡公交一体化扩大了县城经济辐射半径，降低了就业岗位成本和可及性。第二，由于县城人口聚集，必然会导致地价上涨、交通拥挤等城市问题，城乡公交一体化的实现，则提高了中心镇、中心社区的吸引力，村镇居民完全可以在村镇生活。这在一定程度上能够降低县城出现人口过度集中的现象。第三，城乡公交一体化能够促进农村居民消费，培养新的城镇消费模式，有利于促进人的城镇化。城镇化最终是人的城镇化的过程，是一种生活消费方式的转

[①] 邹平县地方史志办公室. 邹平年鉴2004—2009：29。

变。城乡交通一体化，无疑将有利于城乡文化的交融，缩小城乡生活方式的差异度，真正达到城乡生活方式的一体化。

（三）城乡环卫一体化

2005年，邹平县成功创建山东省第一个全国卫生县城。2012年，邹平县投资7000余万元，建立起"村收集、镇清运、县处理"三级垃圾清运处置模式，确保年底实现"环卫保洁全县覆盖，垃圾清运全县集中，垃圾处理全县统一"的环卫工作格局。到目前为止，全县已有16个镇办的304个村居完成城乡环卫一体化工作，完成率37%。

随着城乡居民生活消费水平的不断提高，各种生活工业垃圾成为困扰城镇居民生活质量的一个重要问题。村落聚居模式，由于空间上比较分散，垃圾处理的压力还不是很大。但是"合村并居"后，人口开始集中，垃圾处理问题将显得尤为重要，这也是全国很多新农村社区暴露出来的问题之一。邹平县城乡环卫一体化模式的推行无疑为传统农村生活模式向城镇化生活模式的转变增加一层保障。

（四）统筹城乡社会保障制度

党的十八大报告提出要均衡配置城乡公共设施，促进城乡资源要素合理流动，以缩小城乡差距，提高农村生活水平。近些年来，邹平县在"公共财政向农村倾斜、基础设施向农村延伸、公共服务向农村覆盖"的原则下，积极改善和保障民生，城乡居民的社会保障覆盖率和保障水平不断提高，有效地保障了人的城镇化。

1. 医疗保险情况

邹平县将未成年城镇居民、老年城镇居民、一般城镇居民个人缴费标准分别上调为每人每年100元、150元、200元。城市低保提高到每人每年3840元。城镇职工基本医疗保险统筹基金年度最高支付额提高到10万元。2012年，邹平县出台新规定，对于非本地户籍但常年在本地工作居住的人员及其子女，携带工作单位证明及房产证明后，可以参加本地城镇居民医疗保险。

2009年，邹平县新型农村合作医疗（以下简称新农合）的参合率即已达到100%全覆盖。2011年，全县各级政府对新农合补助标准大幅度提高，由每人每年不低于120元提高到200元；个人缴费标准由每人每年40元提高到每人每年60元。新农合人均筹资标准调整为每人每年260元。其中，各级政府每人每年补助200元，农民个人每年缴费60元。农村低保标准提高到1600元。新农合住院补偿封顶线提高到每人每年5万元。另外，还规定城中村居民和失地农民可以集体参保，在新农合的缴费视为缴费历史，不再另行补费。

至2012年，新型农村合作医疗参加人数达到59.8万人，参合率稳定在100%，人均筹资标准提高到310元，其中财政补助标准提高到240元，住院补偿封顶线提高到10万元，住院报销最高达到90%[1]。

2. 养老保险情况

邹平县在城镇职工基本养老保险的基础上，推出城乡居民社会养老保险。规定凡年满16周岁（不含在校学生）未参加城镇职工养老保险的城乡居民，可以在户籍地自愿参加。

城乡居民社会养老保险采用个人缴费、集体补助、政府补贴相结合的资金筹集机制。个人缴费标准设为每人每年100元、300元、500元、800元、1100元、2500元6个档次，参保人可根据自己实际情况自主选择，缴费方式为按年缴费。各级政府鼓励有条件的村集体对本村参保人给予补助。邹平县政府在每人每月60元基础养老金基础上，按照不同缴费标准额外给予补助。补助标准为：选择100元的补贴30元；选择300元的补贴40元；选择500元的补贴50元；选择800元的补贴65元；选择100元的补贴80元；选择2500元的补贴100元，缴费即补。城乡居民社会养老保险待遇由基础养老金和个人账户养老金两部分组成。

月领取养老金=基础养老金+个人账户养老金

个人账户养老金=个人账户全部资金积累额÷139

此外，对被征地的人均耕地低于0.3亩的60周岁以上的农民，在每人每月60元基础养老金基础上每人每月加发10元。

---

[1] 邹平县统计局. 邹平统计年鉴2012. 2012年邹平县国民经济和社会发展统计公报。

五、邹平县城镇化模式存在的问题

邹平县域经济城镇化的一些具体措施为我国城镇化的发展提供了有益的思路，尤其是对探讨农民的就近城镇化具有借鉴意义。但是，不可否认，邹平县在城镇化过程中也遇到了各种问题。

第一，经济发展给环境和资源带来较大压力，可持续发展压力大。可以说，中国近30年来高投入、高能耗的经济发展模式已受到资源环境制约。为了缓解资源环境压力，邹平县不断加大投资力度，探索环境友好型和资源节约型的发展道路。尽管取得了较为明显的成效，但一些传统工业污染严重，对人体危害大，调结构转方式成本高，难度较大。近几年，邹平县开始加大整治工业污染的力度，一些高污染产业已初步计划迁出邹平县。

第二，土地流转市场不健全，农民缺乏退出机制。对地方政府来说，应建立健全土地流转市场，做好土地的确权流转工作。从而真正做到"耕者有其田"，非耕者则可以获得土地的财产性收益，使其能带资进城。

第三，农业组织管理不规范，缺乏有效监督。地方政府应加大宣传和监管力度，对农业组织进行严格审查，对不符合规定的农业组织进行取缔最好能建立自上而下的独立部门，对农业组织的注册、审核、资金等进行专门管理，既要避免行政系统的过多干预，又要避免农业组织对政府产生财政依赖。

第四，农业劳动力素质偏低，培养现代农民压力大。目前，我国农业从业人员年龄偏大现象突出，缺乏现代农业所要求的知识和技能。地方政府应加大培训力度，积极引导具备现代农业知识和技能的新一代劳动力从事现代农业生产。

第五，追求政绩工程，盲目"合村并居"。为了加快城镇化进程，全国很多地方掀起一股政府主导的"运动式"的"合村并居"热潮，不仅带来大量的资金浪费，拆迁过程中导致的各种社会矛盾也成为威胁地方社会治安和地方政府合法性的重要因素。笔者认为，基层政府应充分考虑当地经济发展情况和地理区位，合理引导，分类建设，而不能为了追求城镇化率，人为地规划建设新社区。更不能用行政力量强迫农民拆迁，而应充分尊重农民意愿，切实保障农民的财产权益。

第六，过分强调物的城镇化，对人的城镇化有所忽视。城镇化不仅是物的城镇化，更是人的城镇化。可以说，县域经济如果要保持对劳动力的持续吸引力，必须从就业、住房、社会保障、教育等多个方面着手，真正使居民分享城镇化带来的各种好处。

第十五章　河南舞钢城乡统筹实践与规划

20世纪90年代中后期中国进入快速城镇化发展阶段以来，由于城乡二元制度下"人地分割"的原因，城镇空间不断扩张的同时农村建设用地也在持续增长，由此导致城乡建设用地总量快速增长，"土地城镇化"成为引人注目的现象，严重威胁到我国的农田和粮食生产安全建设。另一方面，农村过于分散的村庄和居民点分布也导致基础设施和公共服务设施的难度和成本大大增加。在这两方面因素影响下，合并村庄、整合乡村居民点以实现建设用地集约和公共服务提升，成为地方政府的一种思路。

2008年国务院出台《城乡建设用地增减挂钩试点管理办法》，在政策上明确了"拆村并居"的政策依据，不少地方开始结合新农村建设，推进新型农村社区建设，通过农民集中居住节省下来的农村集体建设用地指标置换为城市建设用地指标，同时用节余的城市建设用地指标土地收益反哺农村土地整治和新型农村社区建设。国务院于2006年批准山东、天津、江苏、湖北、四川5省市进行城乡建设用地增减挂钩试点；2008年和2009年又批准了19个省市进行试点。从试点情况来看，有成功的案例，但也出现了很多问题，专家和百姓众说纷纭、褒贬不一。争论的焦点主要集中在三方面：一是城乡建设用地增减挂钩的做法，是否真正有助于整合土地资源、集约地进行城市开发建设，还是借"新型农村社区建设"之名变相地侵占良田？二是建设新型农村社区是否充分考虑了农民的意愿，流转土地指标的增值收益是否返还到了农村，还是所谓的"被上楼"？三是新型农村社区的规划设计是否与农民的生活生产方式相适应，是否继承了传统村落人居的特色和精神，还是简单粗暴的"拆村运动"，导致"千村一面"、农村和城市一个样？

河南省舞钢市是我国推行新型农村社区建设比较有代表性的一个范例。2012年3月以来，清华大学社会学系城镇化课题组与清华同衡规划设计院联合承担了《河南省舞钢市城乡统筹规划研究》及《河南省舞钢市统筹城乡综合改革政策专题研究》，课题组对舞钢进行了多次调研，走访了舞钢的大部分乡镇，参加了市政府、乡镇政府以及乡村干部的多次座谈会，还对农户进行了个案访谈，本章即是在调研基础上整理完成的。本章首先介绍舞钢新型城镇化的发展思路，舞钢新型农村社区建设的推进方式、实施情况和发展机制；然后介绍了舞钢农民意愿问卷调查和个案访谈的结果以及舞钢统筹城乡规划和专题研究的部分核心内容；最后总结了舞钢新型农村社区建设的创新意义和需要把握的原则。

一、舞钢概况

舞钢位于河南省中部，是平顶山市管辖的县级市，是河南省"城乡一体化"的试点县市。舞钢市有以下特点：

舞钢是河南省比较典型的县域单元。舞钢地处伏牛山东部余脉与黄淮平原的交界地，属于淮河流域洪河上游地区，地形多样，整体地势西北、东南高，西南、东北低。平原201.4km^2，占31.2%，主要分布在北部；丘陵岗地370.6km^2，占57.4%，主要分布在南部、中部和西南地区；山地73.6km^2，占11.4%，主要分布在东南部和西北部。舞钢市域面积645.67km^2，2010年末舞钢市总人口32万，其中城镇人口10万人，农业人口22万人，城镇化率为31.25%。2010年末，舞钢市共有耕地面积32.3万亩，农村人均占有耕地1.5亩，粮食作物以小麦、玉米为主，全年粮食产量14.4万t。

舞钢是一座年轻的现代化工业生态旅游城市。舞钢地区原隶属于舞阳县，1970年国家在此建设舞阳特宽特厚钢板厂，1990年撤区建市，设立舞钢市，隶属平顶山市。经过20多年的发展，舞钢已形成以钢铁产业为主导，现代农业、纺织工业、服务旅游以及机械、食品、造纸、建材等产业共同发展的产业体系。2007年舞钢市在河南省县域经济综合实力排名中名列13名。2009年，舞钢市三次产业结构为6.9：67.6：25.5。2012年，舞钢市完成生产总值100.5亿元，财政一般预算收入完成8.64个亿元。

舞钢地理区位较好，对外交通便利。舞钢位于四市交汇处，西北距离平顶山市75km，东北距离漯河市65km，东南距离驻马店市100km，西南距离南阳市210km。舞钢与叶县、方城县、泌阳县、遂平县、西平县和舞阳县6县毗邻。焦桐高速公路从舞钢境内西部南北贯穿，见图6-15-1。

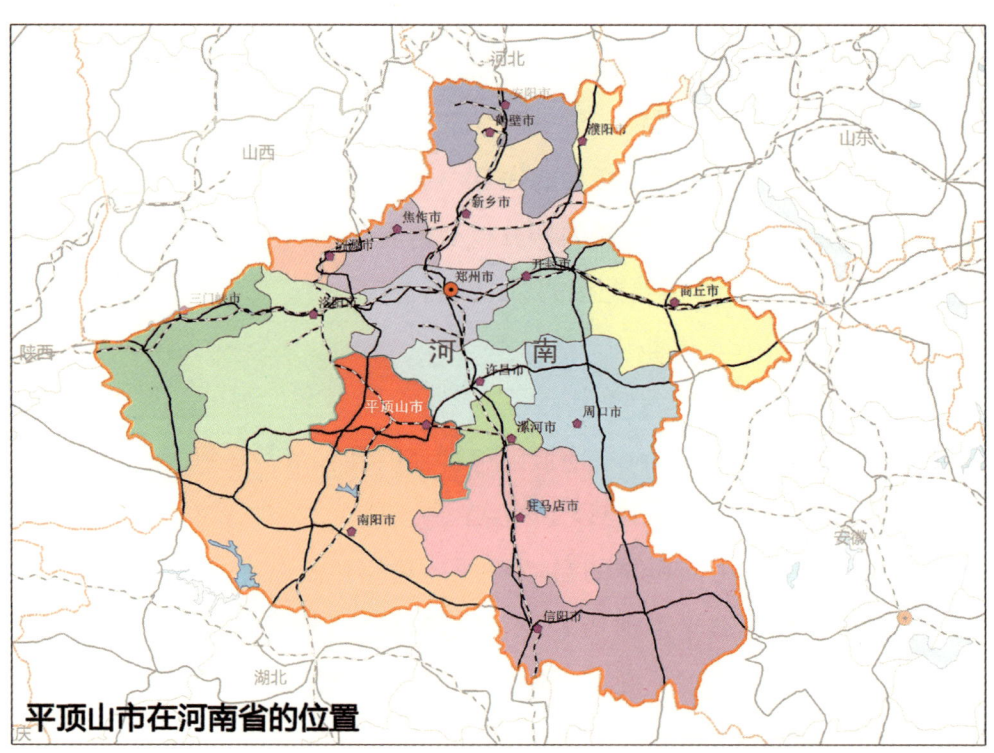

平顶山市在河南省的位置

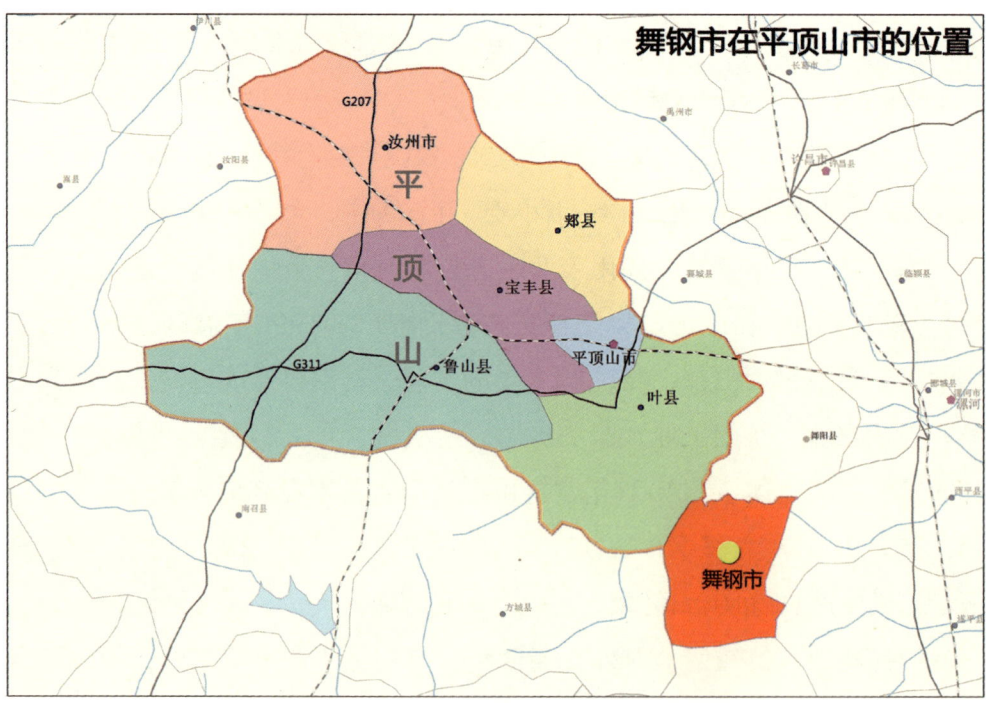

舞钢市在平顶山市的位置

图6-15-1 舞钢市在河南省的位置

资料来源：河南省舞钢市城市总体规划（2007-2020）

舞钢还是一个移民城市，开放包容，吸引了国内众多知名企业和开发商前来投资建设。

二、舞钢新型农村社区建设的思路与政策

舞钢市新型城镇化的工作是从2009年开始的，总体思路是以新型城镇化引领新型工业化、新型城镇化、新型农业现代化"三化"协调科学发展的道路。新型城镇化的重要举措是推进"两集中"，即土地向经营大户集中、农民向城镇集中，基本设想是将全市190个村、834个自然村、1421个村民组整合规划为4个中心镇、17个中心社区，形成"一城四镇十七个中心社区"的城乡一体化发展格局。舞钢市委市政府还提出"四推进"的战略举措，即强力推进产业集聚区建设、强力推进龙凤湖旅游度假区建设、强力推进行政新区建设、强力推进旧城区改造。

（一）新型农村社区建设的基本思路

2011年8月，时任河南省省委书记卢展工在舞钢视察之后，认为舞钢以新型农村社区建设为切入点的新型城镇化探索验证了他的一个思路，舞钢的"新型城镇化""新"在两个地方：一是舞钢的城镇化是包含了农村的城镇化。舞钢没有采取单纯的城市规模扩张的方式，即就城市说城市、就城市抓城市那种单纯意义、传统意义上的城镇化模式，而是包含了农村的城镇化，也就是农民就地城镇化的方式，把新型农村社区纳入多层级的城镇体系之中。二是舞钢的城镇化实现了城乡统筹发展，新型农村社区实现了基础设施一体化、公共服务均等化（包括教育设施、社区卫生服务站等设施），农民不用进城就变成了市民，享有和市民同等的待遇。

舞钢农民就地城镇化的发展方式，力求走出一条不牺牲耕地保护又能支撑城镇和产业发展的道路，对于河南这样以农业人口为主的农业大省而言具有重要的示范意义。据不完全统计，自2011年8月以来，全国各地、各级、各类考察团来舞钢参访交流达2983批（次）4.3万人，新型农村社区建设"舞钢模式"受到广泛瞩目。

（二）新型农村社区建设的选址布局

舞钢在新型农村社区选址布局方面，由镇村干部对农民进行了初步

的摸底调查,最终提出"三贴近"原则,即贴近城区、贴近镇区和贴近产业集聚区,以保障新型农村社区具有充分的就业支撑和发展动力,见图6-15-2。

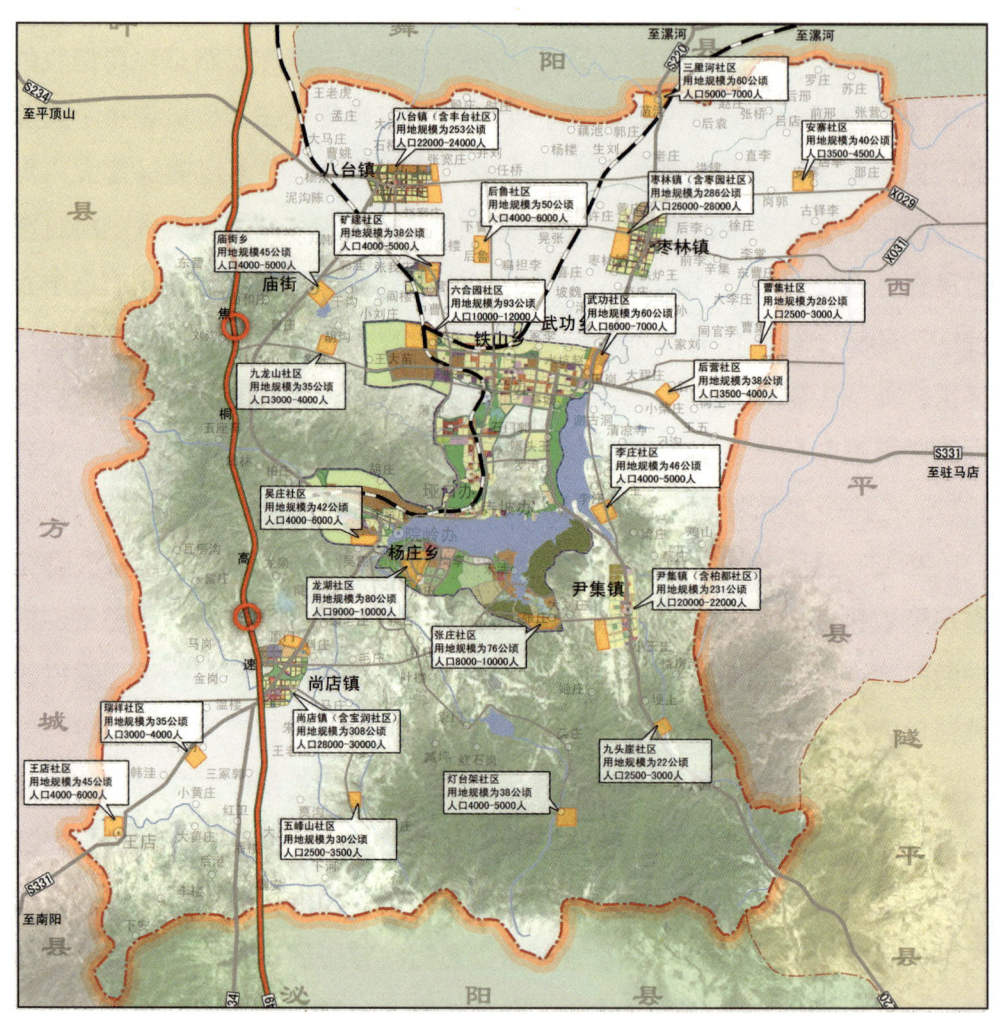

图6-15-2 舞钢新型农村社区选址布局图

资料来源:河南省舞钢市城市总体规划(2007—2020)

其中中心城区周边的新型农村社区包括城区北部邻近产业集聚区的六合苑社区、九龙山社区,城区南部的龙湖社区、吴庄社区,城区东北部武功社区;位于重点镇镇区的尚店镇的宝润社区、枣林镇的枣园社区、尹集镇的柏都社区、八台镇的丰台社区等;以及位于石漫滩水库南岸龙凤湖度假区的张庄社区等。

另外一些社区则考虑对农业地区的服务和集聚，依托以前的集镇如尚店镇王店社区、枣林镇安泰、庙街乡庙街社区等。

（三）新型农村社区建设的推进方式

舞钢市委市政府为了推进和落实"新型城镇化"的发展思路，颁布了四个重要文件：2010年3月4日颁布《舞钢市关于加快推进中心镇中心社区建设促进农民向城镇集中的优惠扶持办法（试行）》（简称《优惠扶持办法》）；2011年9月29日颁布《关于以新型城镇化引领"三化"协调科学发展的实施意见》（简称《新型城镇化实施意见》）；2011年12月19日颁布《关于建立健全新型农村社区建设管理工作机制的意见（试行）》（简称《社区管理意见》）；2012年3月21日又颁布《关于促进新型农村社区健康发展实施意见（试行）》（简称《社区发展意见》）。

舞钢出台的政策主要有以下内容：

1. 政府投入资金扶持建设中心社区

舞钢根据"乡镇自建、财政奖补"的原则，中心镇和中心社区的基础设施建设费用由市政府和乡镇政府各承担一半，户均基础设施建设投资约6万元。新型农村社区只面向规划区域内的农户放开，农户按照建房成本价购买新房，2012年每套房价格在10万~12万元左右。

《实施意见》中规定："从2012年起，市财政投入新型城镇化建设工作的资金不低于5000万元，在此基础上，'十二五'期间，每年对新型城镇化建设工作的投资增长幅度不低于10%"。

2. 项目资金集中打捆投向社区

《社区发展意见》中规定：将涉农部门争取的各项惠农政策、资金、支农项目资金，按照性质不变、渠道不乱的原则，进行整合，打捆使用，集中投向新型农村社区。

3. 农民就地集中，置换土地收益反哺社区建设

舞钢市190个村共有农户约6.8万户，宅基地用地面积共计7.11万亩。计划农民就地集中进入新型农村社区居住，由此可节约建设用地指标用于城镇建设和发展，其土地收益用于反哺新型农村社区建设和土地整治。

根据测算，集中建设的新型农村社区占地2.78万亩，可腾退出宅基地

4.33万亩。建设用地增减挂钩节余的指标，一半约2.16万亩由乡镇自主经营，收益投入社区基础设施建设；另一半约2.16万亩用于中心城区，主要用于产业集聚区建设和城市开发建设。

《实施意见》中写到："中心镇、中心社区建设土地挂钩指标节余部分的50%由乡镇自主运作，其收益由乡镇投入到社区建设"；"中心镇、中心社区内的商业运作部分，土地招拍挂所获土地出让金净收益部分全额返还乡镇"；"中心城区集中使用的指标，按每亩1万元的标准补贴给乡镇，补贴资金从土地出让金中列支"。

4. 政府给予购新补贴，而无拆旧补偿

舞钢的新型农村社区建设推行的原则是"规划先行、产业为基，就业为本、群众自愿、量力而行"[①]，政府主要依靠新型农村社区的"三优"——优美的环境、优惠的政策和优质的服务——吸引农民购买新房。平顶山市赵顷霖书记曾经说，"农民没有看到新社区，不愿意搬，我们不强迫。当他们看到新社区，想搬，我们就要让他住。搬新拆旧，一户一宅。"

新型农村社区建设涉及"拆旧"和"建新"两个环节，舞钢市政府的做法是在没有项目或企业带动的情况下，由政府统规代建，不补偿"拆旧"，只对于购买社区新房的农户给予一定补贴，金额在5000~15000元不等。

根据《优惠扶持办法》，对于在中心镇及城市规划区外的中心社区购房、建房，并按时清理并归还宅基地的农户，居住在新建的多层楼房的，最高可补贴1.5万元（每平方米补贴150元，每户补贴面积不超过100m^2）；居住在新建的三层或以下住房或自建住房的，每户补贴5000元。对于在城市规划区内中心社区购房，并按时清理并归还宅基地的农户，居住在新建的多层楼房的，最高可补贴2万元（每平方米补贴200元，每户补贴面积不超过100m^2）。对于购房资金不足的农户，政府还可提供3年期的免息贷款3万元。

5. 土地确权

《社区发展意见》中规定：积极探索推行土地确权，为入住社区居民进

---

① 尹集镇张庄中心社区墙上标语。

行住宅用地审批，办理集体建设用地使用权证，允许社区住宅在一定范围内出租、售卖、抵押、转让。住宅用地需要依法使用国有土地的，按协议出让供地，颁发国有土地使用证。对取得集体建设用地使用权的居民办理房产证，对社区居民通过土地出让等方式取得国有建设用地使用证的，还可办理"大房产证"，增加了群众的财产性收入。

6. 允许新型农村社区农户获得城镇户籍

根据《优惠扶持办法》，迁入中心镇、中心社区的舞钢本地农民，经审批可以免费办理城镇居民户口。这一办法也是符合国家相关规定的。根据2012年《国务院办公厅关于积极稳妥推进户籍管理制度改革的通知》，对于舞钢市这类县级市，只要有合法稳定职业并有合法稳定住所（包括租赁住房），都可以申请落户。

《社区发展意见》中规定：凡入住新型农村社区的居民，根据本人意愿可转为非农业户口，享受城镇居民相应的医疗、低保、养老、就业等待遇，也可按照"就高不就低"的原则，继续享受农村的待遇标准，包括土地承包经营权、计划生育、民政优抚救助等政策。

7. 鼓励创业，助农增收

《社区发展意见》中明确：在每个社区都合理规划设置就业安置区，出台政府贴息、资金奖励等各项优惠政策，扶持和吸引中小企业进区建厂，最大限度为社区居民提供就业岗位。积极创设保洁、管护、家政服务、物业管理等公益性就业岗位，吸纳社区居民就地就业。同时，不断加大农民技能培训力度，对符合就业条件的社区居民免费进行技能培训，引导社区居民就地、就近到社区就业安置区或市产业集聚区内企业务工，确保入住社区居民都能转岗就业。鼓励社区居民自主创业，对从事自主创业的社区居民，工商税务部门免收一切办证费用，并将前3年上缴税金的地方留成部分奖补给自主创业的社区居民。市财政每年拿出500万元，设立社区居民自主创业基金，择优扶持社区居民自主创业。为解决入住居民融资难问题，当地出台了入住社区居民"两证"抵押贷款的办法，允许以农村土地承包经营权抵押贷款和以新型农村社区住房抵押贷款，金融部门在同期同档基础上下调4个百分点，市财政给予70%的贷款贴息，进一步扩大了新型农村社区有效担保物范围，改变长久以来农民土地能种不能用、房屋能住不能卖的现状，为入住社区居民扩大再生产拓宽了融资渠道，使居民创业能力大大增强，有效解决了他们实施创业融资渠道狭窄的难题。

三、舞钢新型农村社区建设的实施情况

对于舞钢新型农村社区建设的实施情况，本书主要从新型农村社区建设的主要做法、实施情况和新型农村社区建设的难点几个方面展开。最后，本书分析了制约新型农村社区建设发展与推进的主要因素。

（一）新型农村社区建设主要做法

在推进新型镇化进程中，舞钢市政府主要提出四个原则，稳妥有序地推进新型农村社区建设。

1. 高起点规划、高标准建设原则

以规划为龙头，舞钢市聘请清华大学规划设计院、同济大学规划设计院、重庆大学规划设计院等国内一流规划设计单位，高起点、高标准科学编制新型农村社区建设规划，并按规划严格实施。按照优先在产业基础比较好的地方规划建设新型农村社区的指导思想，根据"一城四镇十七个中心社区"的新型城镇化发展格局，分别将18个村规划入中心城区，72个村规划入中心镇，100个村规划入中心社区。坚持做到"不在没有规划和基础设施的地方建房子，不建没有经过设计的房子"。在建设中高度重视建设质量，对中标建筑单位、监理单位资质进行严格审查把关，采取政府职能部门监管、社会监督、企业自控、社区干群参与监督的办法，从建筑材料、施工等环节严把工程质量关，确保群众住上放心房。在规划建设中心镇和中心社区时，着重完善公共基础设施，不仅广场游园、健身器材、供水排水、垃圾污水处理等基础设施配套完善，而且学校、幼儿园、卫生室、金融、通信、邮政、超市、农家乐、警务室等公共服务设施一应俱全，建成社区均配备了较高素质的专业服务人员，为入住群众提供与城市社区一样的公共服务，促进公共服务均等化。新型农村社区以良好的品位和质量、优美的生态、完善的设施、优质的服务以及低容积率（一般控制在0.7以下）、低密度等优势，极大地增强了群众入住的积极性。通过推进农民向城

镇和社区集中，基本破解了人往哪里去的难题，加快了城乡一体化进程。

2. 节约集约用地原则

为破解土地供需矛盾，全面盘活存量建设用地，充分挖掘用地潜力，舞钢市在新型农村社区建设过程中，严格贯彻落实节约集约用地原则，按照土地利用总体规划，把经济社会发展规划、城乡建设规划、产业集聚区规划、基础设施建设规划等全部叠加到土地利用总体规划上来，实现了土地规划与新型农村社区规划的有机衔接。并利用城乡建设用地增减挂钩试点政策，节约集约利用土地，使全市190个村占地由原来的7.11万亩缩减到规划后的2.78万亩，可腾出土地4.33万亩，节地率达61%。为确保增减挂钩项目的顺利实施，舞钢市对项目区进行严格管理，确保搬新必须拆旧。同时，积极推动土地向规模经营集中，培育壮大龙头企业，大力发展现代农业，促进土地规模化集约化经营，实现农业增效、农民增收。通过以上措施的实施，既满足了发展用地需求，又实现了耕地面积不减少、质量不降低，确保了粮食稳产高产，基本破解了"土地哪里来"和"粮食怎么保"的难题。

3. 产业为基、就业为本原则

产业发展是推进新型农村社区的重要支撑。舞钢市始终坚持经济发展规划与城镇建设规划"两个规划"同步推进，依靠产业发展来实现农民人口转移、转岗就业、收入增长的目标，提升城乡建设的内生动力。为推进农民身份的转变，舞钢市着重加大农民转岗就业培训力度，提高农民素质。同时，指导每个新型农村社区依托自身优势和传统，至少培育1~2个支柱产业。为培育产业，在土地流转项目区，舞钢市将涉农项目资金进行整合，集中使用，重点发展高、新、特、优土地流转项目。大力扶持发展农民专业合作社，对农民专业合作社扩大再生产贷款给予70%的财政贴息；对年销售额达到1000万元以上、常年吸纳社区居民就业50人以上、与社区居民签订用工合同两年以上的涉农龙头企业，市财政一次性给予30万元奖励；强有力的产业支撑，实现了社区农民搬得进、稳得住、能发展、可致富的目标。按照产业分类，舞钢市新型农村社区主要分为四种类型：（1）现代农业型，如，瑞祥社区依托瑞祥农牧股份有限公司发展畜牧业、高效种植业，农民把土地全部流转给瑞祥农牧公司，之后在瑞祥农牧公司务工，就地转化为农业工人，人均月收入2000多元，加上土地流转每亩每年1000元的固定收入，超过了城镇居民的收入水平。（2）工业带动型。六合苑中心社区依托产业集聚区发展工业企业，农民通过土地入股有一个长期稳定的收入，每亩土地年入股收益不低于2200元，劳动力就地转化为企业工人，人均月收入1800元，超过了城镇居民的收入水平。（3）商贸流通型。柏都社区依托地处舞钢、西平、遂平三县（市）交界处商贸物流比较繁荣的区位优势，规划建设了5万m²的高档商铺，发展家装、灯具专业市场，可吸纳1000多人就业。入住新型社区的农民直接转化为商人，或从事运输业，或在商贸企业务工，人均收入大幅增长。（4）旅游服务型。张庄社区每家每户依托自然资源优势，发展特色旅游服务业，都办有"农家乐"项目，户均收入10万元左右，高者可达数十万元。

4. 群众自愿原则

在推进新型农村社区建设过程中，舞钢市始终坚持以群众自愿和群众满意作为新型农村社区建设的出发点和落脚点，在建设过程中充分尊重农民意愿，注重典型引导，量力而行，尽力而为，不搞"一刀切"，不搞"齐步走"，不搞强迫命令，靠优美的环境、优惠的政策、优质的服务引导群众自愿入住新型农村社区。农村社区新建住房分配公开透明，严格入住农民资格审查，除部分商业用房外，全部由本乡镇农民入住，并按成本价出售给农户。为妥善安置孤寡老人等特殊群体，农村社区配套设置建设老年公寓等，群众入住新型农村社区的积极性日益高涨。

（二）新型农村社区建设的实施成效

到2012年年末为止，舞钢规划设想的新型农村社区已经启动了13个，其中包括4个城区周边的新型农村社区、4个中心镇的新型农村社区以及5个乡村的新型农村社区。部分新型农村社区初具规模，成为新型城镇化中的一大亮点，主要取得了5点成效：

一是破解了建设用地难题，是"三化"协调科学发展的必由之路。通过新型农村社区建设能够有效整合村庄、土地、人口、产业等要素，从而实现土地的集约节约利用，有效破解了保护耕地硬性要求与经济发展建设用地刚性需求的矛盾，促进了"三化"协调科学发展。

二是改变了农民的生活方式，实现了农民过上城市人生活的强烈愿望。新型农村社区是推进城乡基础设施一体化和公共服务均等化的载体。通过路、水、电、气等基础设施的构建和垃圾、污水处理以及金融、超市、医院、通讯等公共服务功能的配套完善，实现了公共设施向农村延伸，公共服务向农村覆盖，彻底改变了千百年来农村脏乱差的状况，"晴天一身土，雨天两脚泥，垃圾靠风刮，污水靠蒸发"的状况彻底成为历史，让农民不出家门就过上了城市人的生活。

三是转变了农民的生产方式，实现了农民大幅增收的目标。农民集聚到新型农村社区之后，把自己承包的土地以出租或入股的方式，流转给专业公司、种田大户或家庭农场，不仅能够获得一份稳定的土地租金收入，而且土地流转后农民还可以就近在土地上务工，成为农业产业工人，获得务工收入；或者通过接受就业培训，在社区二、三产业务工，农民真正从土地上解放出来，"居住新社区，就业家门口"，增加工资性收入。

四是优化了资源配置，实现了公共服务均等化。通过新型农村社区建设把分散的村庄进行聚集，有利于整合多方资源集中投向社区，优化资源配置，如在教育资源配置上，国家规定每20~25名学生配备一名老师，由于当前农村生源少，每个村一所小学，每个班级一般只有10余人，但是每所小学至少需要10~20名老师，既造成了教育资源的浪费，农村学生又难以享受到更高质量的教育。通过社区建设，一个3000~5000人规模的社区，小学学生比例占1/10，可以配备20名以上的教师。这样便于集中财力、师资，既优化了教育资源，又改善了办学条件，提高了教学质量，促进了城乡教育公平。在警务管理上，按照规定农村地区每1000名村民配备1.07名民警，由于当前实际警力有限，分散的村庄不可能达到每个村都能配到正式民警。但集中到社区之后按规定每个社区至少配置3~5名民警，设立警务室，有效保障村民生命财产安全，解决警力不足问题。又如医疗卫生资源的配置，农村地区每1000名村民应配备1.2名医生，但由于医疗条件有限，农村医务人员、医疗水平、设备均达不到规定的标准，无法提供优良的医疗服务。集中到新型农村社区后，每个社区按照规定可配置4~6

名专业医务人员，设立社区医务室，可集中配备完善先进的医疗设施和较高水平的医务人员，有效解决农村医疗水平低和看病难看病贵问题。

五是带动了社会管理创新，促进了社会和谐稳定。新型农村社区建设形成了现代化的农民生产生活聚集区，为适应社会发展需要，必须进行社会管理创新，逐步实现村民自治向居民自治转变，实行城乡一元化管理体制。另外，每个社区一般都是一定范围内的村庄进行集中，传统的农村亲情乡情文化得以传承。再加上现代化的管理服务，农民集中到社区之后，制约农村和谐稳定的两大突出矛盾——宅基地纠纷和家族势力的禁锢被彻底打破，促进了社会和谐，农村社会稳定的基础更加牢固。

从现状调研看，已经实施的这些社区具有如下特点：

1. 邻近产业集聚区和市区的新型农村社区

六合苑中心社区是这类社区的典型代表，六合苑社区位于中心城区北部，邻近规划中心城区北部的产业集聚区，区位条件优越，社区依托工业园区发展得很好。

工业园区征地给农民的补贴很高，户均10多万元，农民因此能够承担得起购房费用。随着今后城区规模扩大到$50km^2$，发展成为30万~40万人口的城市，六合苑社区的住房还有升值空间。九龙山中心社区原来规划得很小，只有400户，位置在另外一个地方，愿意去的群众不到30户。选址改到靠近产业集聚区之后，已经有3000~5000人要搬迁，经过和群众做工作，有搬迁意愿的群众已经达到1.2万人。第一期644户已经完工，马上进行整村搬迁。而产业集聚区扩大规划，未来5年就业人口预计达到8万人，还要吸纳外来人口。

目前，六合苑社区建设已经初具规模，大部分农民已经搬入到社区中居住，配套公共设施也基本建成（图6-15-3）。

与六合苑、九龙山社区比较相似的还包括城区南部的龙湖社区、吴庄中心社区，城区东北部的武功社区等，由于邻近中心城区，区位条件优越，比较受到农民的欢迎。

2. 邻近独特自然资源的新型农村社区

邻近独特自然资源的新型农村社区也比较受欢迎，张庄社区是这一类社区的典型代表。张庄社区位于舞钢市市区南部的龙凤湖旅游度假区内。龙凤湖旅游度假区规划范围涉及2个乡镇、5个行政村、18个自然村，总人口4827人。目前政府正在招商引资，建立龙凤湖旅游度假区，开发度假、影视、养老产业（图6-15-4）。

张庄中心社区由于依托龙凤湖，原本农家乐发展就很好，一户一年能赚10万~20万。张庄社区原来规划集中居住3000人，后来不断扩大规模，现在已经达到5000人。用张庄社区张书记的话说，"不要说3000人，现在是不敢对城市户口放开，否则30万块钱也有人买"。

图6-15-3　六合苑中心社区

资料来源：规划图由舞钢市规划局提供

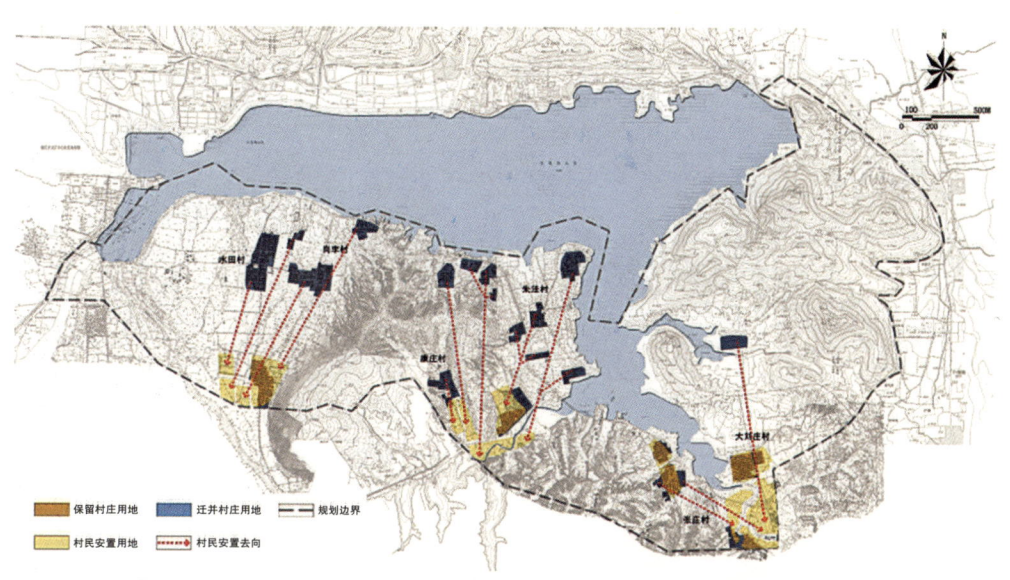

图6-15-4　龙凤湖旅游度假区规划范围内村庄迁并改造规划图

资料来源：《舞钢市龙凤湖旅游度假区控制性详细规划》，2011

目前，张庄社区第一期已经建成，吸引了大批周边区域内居民到此来休闲消费，由于旅游休闲人群较多，农民的收入也比较高。张庄社区也成为周边县市和上级领导来参观的一个重要样板。

3. 邻近发达乡镇镇区的新型农村社区

位于中心镇镇区的新型农村社区建设也受到农民的欢迎，包括枣林中心镇镇区的枣园社区（图6-15-5）、尹集中心镇镇区的柏都社区（图6-15-6）、尚店中心镇宝润社区、八台中心镇丰台社区，基本完全采用城市建设的标准建设新型农村社区，镇区繁荣的经济和丰富的城市生活对农民吸引力很大。

图6-15-5　枣林中心镇社区

图片来源：清华课题组在舞钢调研时拍摄

图6-15-6　尹集中心镇社区

图片来源：清华课题组在舞钢调研时拍摄

目前，枣园社区、柏都社区、宝润社区、丰台社区已经建成一定规模，枣园社区还规划了商贸服务产业发展的商铺，成为枣林镇的一个特色片区。

柏都社区规划建设了总面积5万m²的家居商贸专业市场，40余家国内外著名品牌建材、家装经销商已入驻，为传统的商贸集镇注入了新的活力。

4. 邻近发展状况一般的乡镇镇区

邻近一般乡镇镇区的新型农村社区，也受到农民的欢迎，但由于购买能力限制，能购买新房的农民数量相对要少一些。

以武功乡武功中心社区为例，原来规划周边村庄进入这一社区。但由于前来购买新房的农民不多，乡政府只能将原本与武功中心社区对应的行政村放开到所有行政村，鼓励全乡的农民来买房。

5. 邻近有一定产业聚集基础的村民聚居点

以农业规模化经营较好的李庄为依托的李庄中心社区，由于产业基础较好，农民对集中居住总体上还是持肯定态度。还有以瑞祥农牧公司为依托的瑞祥中心社区，企业与社区良性互动、相互支撑，真正转变了农民的生产方式和生活方式。

（三）新型农村社区建设的难点

1. 购买新房容易，但拆除旧宅较为困难

舞钢市建设中心镇、中心社区采取的是"先建后拆"原则，也就是"先启动、先建设、先安置，再拆旧"。

舞钢市目前已建设8300套新型农村社区住房，5800套已全部认购，但是搬进去住的目前只有2600套，而农村旧宅只拆了594套。用舞钢农办主任的话说，舞钢市部分社区的搬迁情况基本上是"拔萝卜式"的，拆旧复垦任务重、难度大。

2. 部分偏远地段新型社区近期实施较难

虽然舞钢21个新型农村社区已启动了14个社区，但仍然还有7个没有启动，主要是包括以下两类：

第一类：邻近偏远的自然旅游景区。以五峰山中心社区和九头崖中心社区为代表，这两个社区地处偏远山区边缘的自然景区入口附近，目前由于交通很不便利，前来旅游的游客以散客为主，这两个社区的旅游产业发展还有待时日，从调研情况看，村民的搬迁意愿不太强。

第二类：纯农业地区较为偏远的新型农村社区。武功乡的曹集中心社区由于地段偏僻，缺乏产业支撑，农民搬迁意愿不是很强。政府经过调研缩减了新型社区建设规模。

社区启动不了，而原村庄又不再新划宅基地，对于目前想盖新房的农户来说，政府需要帮助他们寻找出路。

（四）制约新型农村社区建设推进的因素分析

1. 区位条件、级差地租的潜在影响

根据调研情况，根据区位条件、发展动力和搬迁意愿，可以将舞钢新型农村社区划分为三类（表6-15-1）。从中可以看到，邻近中心城区、产业聚集区和旅游风景区等区位条件较好的新型农村社区具有较强的实施动力，重点镇镇区周边的新型农村社区也具有一定的动力，偏远的新型农村社区则缺乏动力。

这充分说明了区位和级差地租的巨大影响。由于舞钢制定的补贴政策并没有考虑新型农村社区区位的因素，统一实行奖励补贴，农民虽然没有丰富的理论知识，但对于土地和房屋的潜在价值却有着自己朴素的认识，因此邻近城区的新型农村社区住房受到很大程度的欢迎。

舞钢新型农村社区发展情况分类　　　　　　　表6-15-1

	类型	社区	区位	发展动力	搬迁意愿
核心地段	邻近产业集聚区和市区	六合苑中心社区	邻近铁山乡、产业集聚区	第二产业、乡镇带动	很强
		九龙山中心社区	邻近产业集聚区	第二产业带动	很强
	邻近独特自然资源和市区	张庄中心社区	邻近龙凤湖旅游度假区、市区南部	第三产业、城市带动	很强
		龙湖中心社区	邻近龙凤湖旅游度假区、市区南部	第三产业、城市带动	很强
		朱洼中心社区	邻近龙凤湖旅游度假区、市区南部	第三产业、城市带动	较强
	邻近发达乡镇镇区	枣林中心镇	枣林镇	第二、三产业、乡镇带动	很强
		尹集中心镇	尹集镇	第二、三产业、乡镇带动	较强

续表

类型		社区	区位	发展动力	搬迁意愿
一般地段	邻近发展状况一般的乡镇镇区	安寨中心社区	安寨集镇	乡镇带动	一般
		武功中心社区	武功乡、邻近市区	乡镇带动、二三产业带动	较强
		吴庄中心社区	杨庄乡、邻近市区	乡镇带动、二三产业带动	较强
		尚店中心镇	尚店镇	乡镇带动、三产业带动	较强
		王店中心社区	王店集镇	乡镇带动	一般
		庙街中心社区	庙街乡	乡镇带动	一般
		八台中心镇	八台镇	乡镇带动、三产业带动	较强
		后营社区	武功乡	乡镇带动	较强
	邻近有一定产业聚集基础的村民聚居点	瑞祥中心社区	瑞祥牧业、移民安置村	现代农业带动	较强
		李庄中心社区	李庄村	现代农业带动	较强
偏远地段	邻近偏远的自然旅游景区	五峰山中心社区	邻近五峰山景区	传统农业	很弱
		九头崖中心社区	邻近九头崖景区	传统农业	很弱
	邻近偏远的名人文化纪念地	曹集中心社区	为纪念曹刚川而建	传统农业	很弱

资料来源：数据由舞钢市规划局提供。

2. 城镇产业发展对社区建设的制约

通过"城乡建设用地增减挂钩"来推进新型农村社区建设的思路，还受到城镇产业和城镇建设发展的影响。

按照增加挂钩的基本思路，是建设用地指标从农村置换到城市，通过房地产开发获得土地增值收益，或者用于发展产业，提供就业，获得财政收入。但是舞钢城区房地产则受到城镇人口集聚的影响，短期内容量有限，不可能大量消化"增加挂钩"腾退的指标，而如果腾退指标用于工业发展，则从投资到产生收益和税收需要一个较长的过程。这样，土地的增值收益才能得以兑现和用于对农村进行补贴,但农村拆旧和农民安居则需要先进行,其中的"时间差"是一个巨大问题,必须通过金融或其他手段来平衡。并且,农村腾退的建设用地用于城镇建设,必须综合考虑商业、居住、工业和公共服务设施用地等,并不是所有腾退的用地指标都能转化为具有收益的用地,需要进行综合统筹考虑。

从舞钢城镇和产业发展看,舞钢的主导产业是第二产业,主要集中在产业集聚区。位于石漫滩水库以南的南区已经发展得比较成熟,面积1.9km^2,以钢铁生产为主,就业2.26万人,生产总值达182亿元。位于焦桐高速与舞钢市区引线两侧的北区是现在发展的重点,政府希望通过产业集聚区的发展带动就业,吸引人气,提高地价,给政府带来税收。北区规划面积18km^2,产业包括一高(高新技术产业)一主(钢铁生产)两辅(机械制造、纺织服装),但目前北区只建成6.2km^2,且企业尚处于试生产阶段,创造的产值并不高,吸纳就业劳动力程度不高(表6-15-2)。

2011年舞钢产业集聚区发展情况　　　　　　　　　　表6-15-2

区域	建成面积(km^2)	新规划面积(km^2)	生产总值(亿元)	就业(人)
南区	1.9	0	182	23600
北区	9(其中已建成2.9)	9.3	20	4400
总计	10.9	9.3	202	28000

资料来源:舞钢市产业集聚区管委会提供。

产业集聚区发展面临的主要问题,一方面是占用大量农地,另一方面由于生产效益不佳,没有资金补偿。北区现已发展2.9km^2,即4350亩,根据占用农地(耕地或宅基地)每亩5万元的补偿标准,仅征地补偿这一项就需要支出2.175亿元。而2012年舞钢市政府的财政收入为8.6亿元,只够维持政府工作的正常运行,难以支付征地补偿费用。

目前,舞钢主要采用"土地入股"的方式对农地进行补偿。以产业集聚区东侧的六合苑中心社区为例,产业聚集区管委会设立泽源投资公司,按照每年每亩地1100斤小麦加1100斤玉米的市场价格补偿农民,一年一签。2011年,小麦市场价格每斤1.05~1.08元,玉米每斤1.04~1.06元,一亩地总计补偿2299元，比存银行多700元。当然，也有一些农民因为急需用钱，把土地指标协议转给村内的有钱人，从而一次性获得补偿金。

3. 农业产业化进程对社区建设的制约

集中居住对于农村带来的最深远的影响，是从过去以自然村为单位的"分散居住—就近耕种"模式，转变为以中心社区为单位的"集中居住—新型就业"模式。如果只是居住模式转变，而生产方式不变，尤其是那些没有新型产业依托、仍然以农业为主的中心社区而言，农民每天需要往返几公里到自家的田里去种地，农民既难以接受，也很难维持。

在部分已经启动的中心社区，由于农地并没有流转，或只是少部分实现了流转，很多农民出于对原有土地的依恋，并不愿意集中到新型社区居住。即使是购买了中心社区新房的农民，也多是新房、旧房两边住，符合分户条件的年轻人住在中心社区，在城里上班，老人仍住在老宅，种着自家的一亩二分地。

4. 农民的年龄、收入状况与住宅建设投入

通过问卷调查和个案访谈调研发现，农民的年龄、收入和住宅投入状况，也是影响参与新型农村社区建设意愿的重要因素。

从年龄上看，年轻的农民因为向往丰富的娱乐生活，比较愿意搬到城镇居住，而年老农民则长期习惯于乡村生活，更愿意在本村居住。收入较高的农民，支付能力强，也相对更愿意到新型农村社区居住，获得更好的居住和生活品质。对于一家农户而言，购买新房的成本价是12万~15万，装修还需要5万~6万，也就是说要搬进新社区总共要花费17万~20万。从尚店镇韩洼村调研的情况看，陈主任介绍，根据村委摸底的情况，村民中三分之一的买得起，三分之一的人借钱买得起，三分之一根本买不起。

现状住宅的新旧程度、投入大小也是影响农民迁居的重要因素。一般来说，农民新建住宅不久的因为投入较大，往往积蓄不多，也不愿意拆除刚刚新建的住宅。

总体上看，农民内部存在着很大的分化，有比较支持新型农村社区的，也有不支持新型农村社区建设的（具体调研分析见下文）。

四、舞钢农民现状及建设新型农村社区的意愿

为了解舞钢村民对城乡一体化建设的想法和意愿,以及农村的基本情况,调查组在舞钢市农村运用随机偶遇村民进行问卷访谈的方式。问卷调查对象为留守农村村民以及在乡镇工厂工作的农民工。调查范围覆盖舞钢市域内全部4乡4镇、7个村庄,最终完成368份有效问卷。问卷内容涉及被调查者的个人基本情况、家庭情况、土地状况、住房情况、农业产业化意愿、市民化意愿和对建设新型社区的看法。

(一)问卷调查基本情况

从性别上看,被访者中男性占到了68%,虽然农村外出打工的男性占多数,但是村里也居住着年长的男性。从这次调查的情况来看,村中的留守人员,并不都是以女性为主,很多40~60岁的男性也会在村里种地,到附近乡镇打工,休息时打牌、喝茶。

从年龄上看,与大多数调查和预期相吻合,居住生活在农村的人的年龄集中在40~49岁,占了成年人的近三分之一(29.1%)。四十岁以上的人口更是占到了成年人的80%以上(图6-15-7)。

由此可见,年轻人更多在外务工,留守在农村的人年龄较大,虽然有外出务工的意愿,但是由于体力较差、文化水平较低,几乎没有企业愿意接收他们。

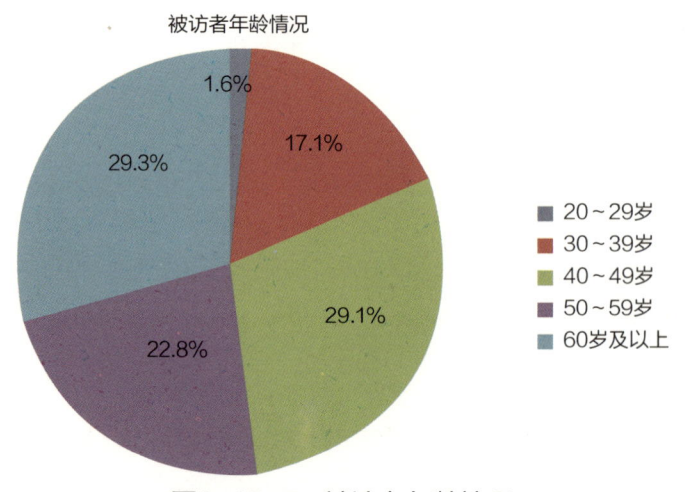

图6-15-7 被访者年龄情况

从学历上看，具有小学和初中学历的人占全部被调查者的71.7%，可见农村留守人员的受教育水平较低。一是因为年龄较大，以往受教育的机会相比现在少很多；二是因为教育水平较高的年轻人大多在外打工上学，致使农村居民呈现出"高龄低学历"的状况。

从调查数据看，舞钢农村家庭人口数比较集中分布在3人、4人和5人这三个数值，频数分别为86、115和67人，超过被调查家庭的七成；而家庭劳动力数集中分布在1人、2人和3人三个数值，频数分别为68、158和76人，超过被调查家庭的八成。由此推算，被访者的平均家庭规模为4.2人，每户所拥有的劳动力数量为2.36，农村劳动力的数量略高于1:1的水平。

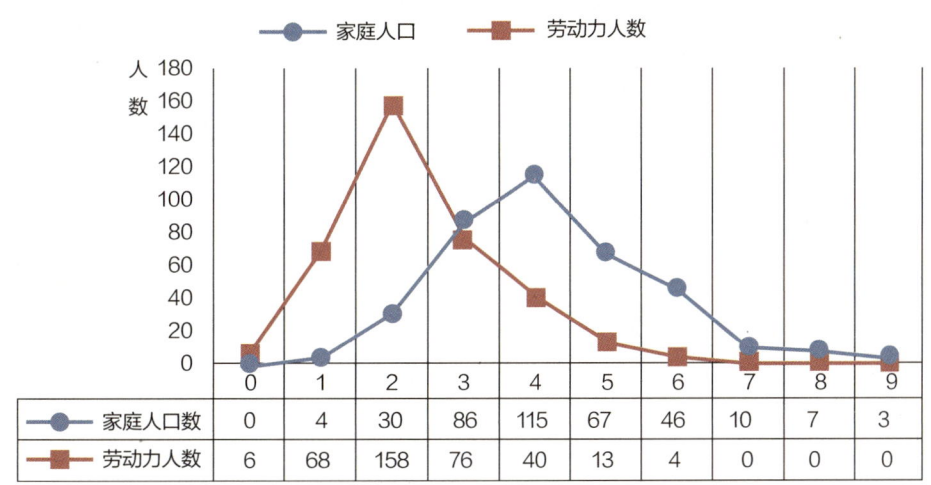

图 6-15-8　舞钢农村家庭人口和劳动力人数

（二）农民市民化的意愿

1. 近一半农民愿意以承包地换城镇户口和社会保障

通过询问农民是否愿意在放弃承包地的提前下，获得城镇户口和社会保障，有将近一半（47.8%）的村民表达愿意这样做。不愿意的比例占三分之一（31%）左右。剩下的21.2%的村民表示不清楚。可以看到对于这件事，农民的意见较为分散，但是相对多数的人愿意获得城镇户口，是开展下一步工作的良好基础。

2. 年老农民更希望获得城镇户口和社会保障

从下图中可以看到，不同年龄段的农民对于放弃承包地、获得城镇户口的选择分为两种情况，20~39年龄段的人有近一半的人选择"不愿意"，30%多的人选择"愿意"，选择"看情况"的比例最少；40岁以上的村民，有一半左右的人选择了"愿意"，30%左右的人选择"不愿意"，这恰恰和年轻人（20~39岁）的选择相反。由此可见，年老的人更加希望获得城镇户口和社会保障，而年轻人则希望保留农村户口（图6-15-9）。

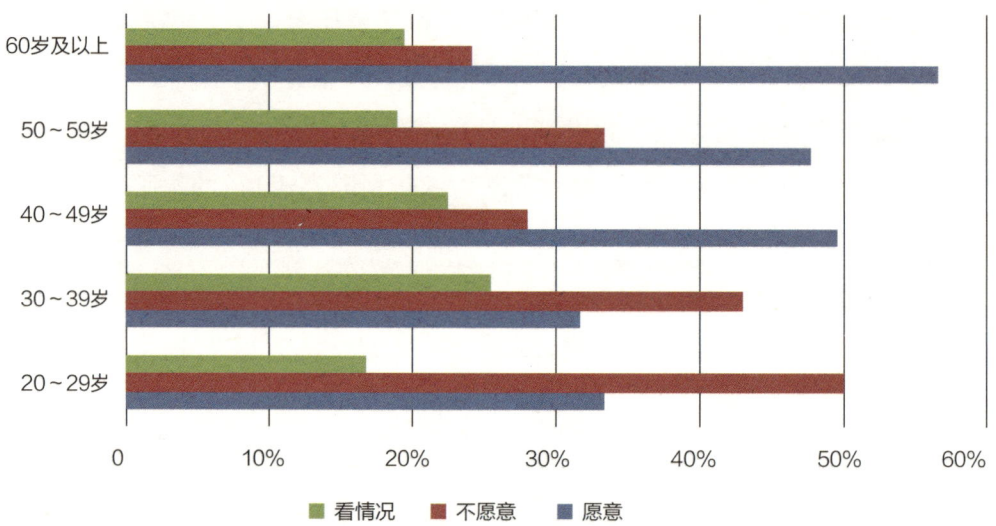

图6-15-9　是否愿意放弃承包地，获得城镇户口和社保（分年龄段）

3. 近六成村民愿意到城镇居住

在提到是否愿意去城镇居住，但一定要卖出农村的住房时，有61%的村民表示愿意，39%的村民表示不愿意。这个结果与上面的问题反映出一个相似的问题，即农民对于出卖宅基地或者让出土地的想法还是很有分化的，究其原因，笔者通过分析年龄教育等背景因素，并未发现显著差异，可能是根深蒂固的乡土情结和对未来生活的不确定性是他们选择留在农村，继续经营土地的原因。

从年龄的角度来看，30岁以下的人迁居城镇的比例较高（83.3%），而30岁迁居城镇的意愿比例大体一致，在55%~65%之间。相比较而言，中年人（40~49岁）更愿意居住到城镇中，比例为65.4%（图6-15-10）。

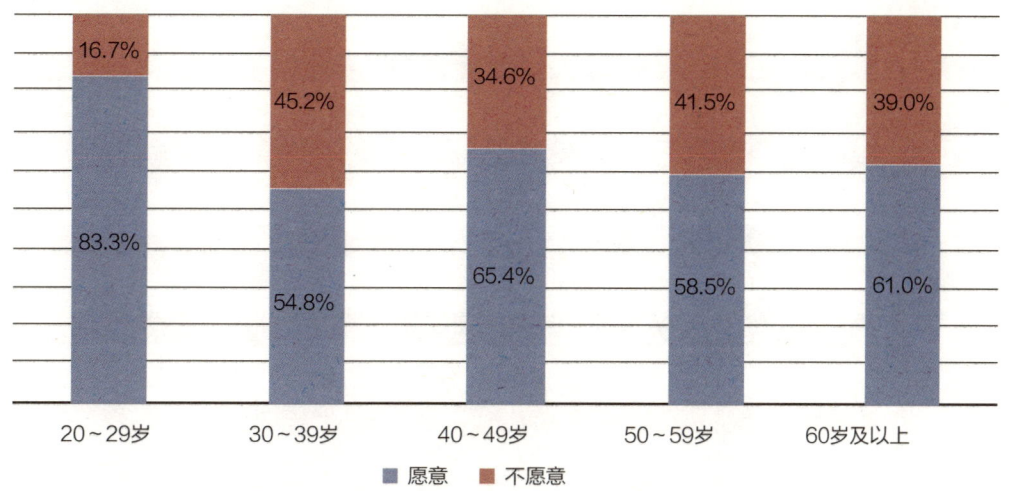

图6-15-10 是否愿意卖掉农村住宅，到城镇居住（分年龄段）

4. 农民更希望迁居附近城镇

对于居住地点的期待，很明显，大多数村民希望居住在附近城镇（57.4%），说明村民对家乡的依赖确实较为深厚，不愿意到太远的地方居住。还有39.0%的人希望在县城居住，愿意在市区或者其他城市居住的人分别为2.0%和1.6%。由此可见，村民们希望居住在离原居住地相对比较近的地方居住。

从年龄的角度看，仍然是大部分人都愿意在附近城镇和县城居住，几个年龄组相比较而言，20~29岁的人愿意到县城居住的比例更高，全部都希望到县城居住。其他几个年龄组呈现出：年纪越大，越希望在附近城镇居住的趋势（图6-15-11）。

5. 迁居后迫切希望解决就业、养老和医疗问题

市民化的过程就是解决从农民到市民的适应性过程和给予其转化身份的制度性保障。所以面对城市生活的时候，农民最希望解决市民问题是很关键的。从表6-15-3可以看出，养老问题、医疗问题、就业问题是最为迫切需要解决的问题，而家中有儿童的，则教育问题就成为最重要的问题。

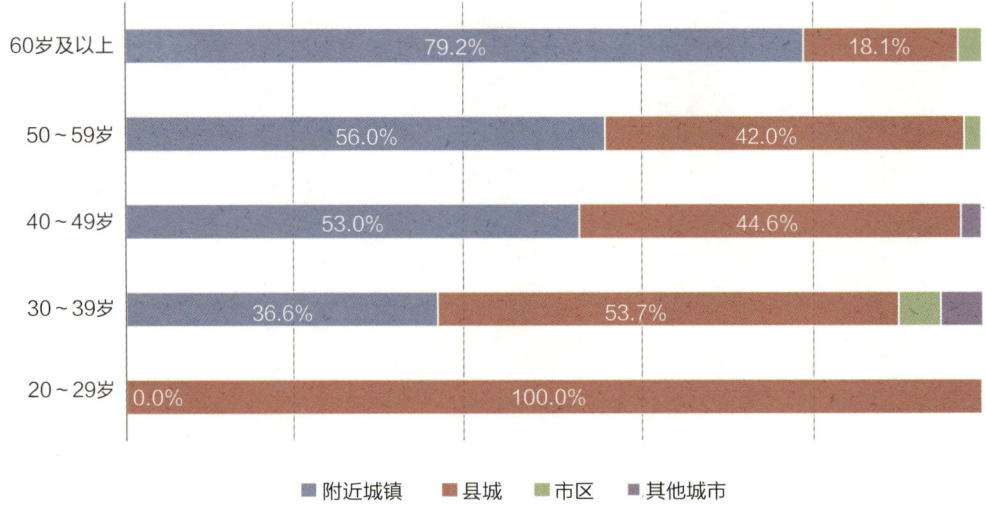

图6-15-11 期望迁居的地点（分年龄段）

迁居后希望解决的问题 表6-15-3

类别	是/否	频率	百分比
就业	是	199	80.6%
	否	48	19.4%
教育	是	182	73.7%
	否	65	26.3%
养老	是	222	89.9%
	否	25	10.1%
医疗	是	202	81.8%
	否	45	11.2%

（三）农民就业现状及农地流转方式意愿

1. 农民兼顾务农和乡镇务工

从调查看，被访者及其家庭成员从事的最主要工作还是务农，占一半多一点（63.4%），其次是乡镇务工（17.3%），个体经营（6.2%）；省内打工（2.9%）和县城内务工（3.9%）的人数差不多，到省外打工的村民也占6.3%。可见，舞钢当地的村民不太愿意到更远的地方务工，在河南省内和离家较近的地方务工是他们的首选。

2. 农户经营规模以2~4亩居多

农民家庭每户拥有的农地面积在2~4亩的最多，占51%；4亩以下的占近三分之一（31%）；两亩以下和无地的农民相对较少，分别为17%和1%。由于每亩地的产出要根据所种的作物决定，粮食的效益比经济作物低很多，平均按照每亩地每年2000元的收益计算，大多数家庭靠土地的收益只有不到6000元，人均土地年收入不到2000元。每家每户拥有2~4亩农地，要维持全家的生活和支出，是十分困难的。因此，外出务工成为大多数家庭的选择，他们也在一定程度上支持土地流转和承包。

3. 村民自己耕种占九成，土地流转比例较低

舞钢农民的土地更多的是由自己来耕种（92%），土地流转和集中耕作的比例还很低。在调查中，可以发现，还有很多村民外出打工，但土地交由亲戚朋友来帮忙打理。只有4%的人把土地交给公司，这些村子大都经过了先期的规划，或者是有工厂进入村子，所以土地被集中利用。对于大部分自己耕种的人来说，主要是由于地形因素，很多村子为山地和丘陵，土地规模化运作的难度较大。但是，即便是在平原地区，有一些村子的土地利用率也不是很高，可操作的空间比较大，需要政府和村集体统一规划推动农民进行土地流转。

4. 农业收入只占四分之一，家庭收入依靠外出打工

从图6-15-12可以看出，农户全家年收入最多集中在1万~3万（47.5%）。根据原始数据计算，其中全家农业平均年收入为3900元，中位值为3000元，非农平均年收入为15900元，中位值为10000元。可见农业的收入占整个家庭收入的比重比较低，只有不到四分之一左右。所以，在非经济作物的农村，农业的效益已经不能满足农民的消费水平，只有通过外出务工或者做生意来获取更多的收入。

5. 半数村民支持土地流转

根据图6-15-13可以看出，一半多（51.2%）的农民都支持土地流转，这是因为农业的效益比较低，已经无法满足农民的生活生产需求。但是，对于那些种植特色经济作物的农户来说，他们的土地效益比较高，并不希望进行土地流转，加上一些人对土地的依赖和依恋，有超过四分之一

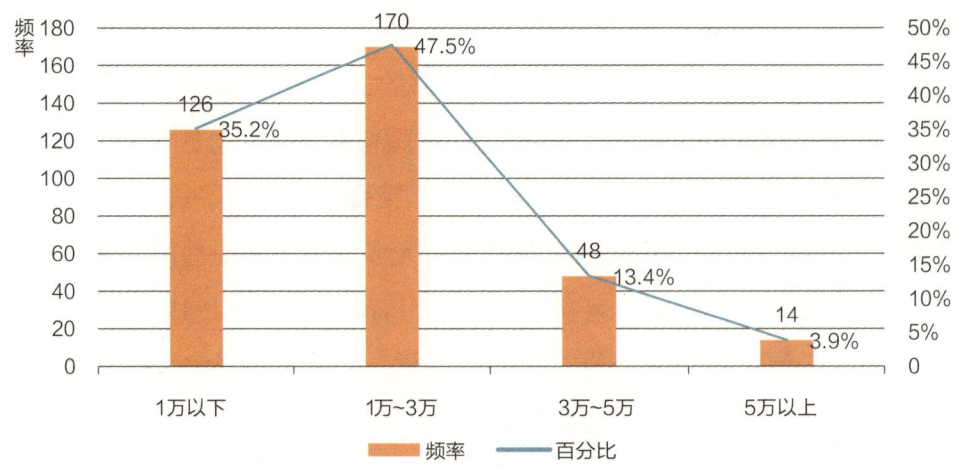

图6-15-12　农民家庭年收入

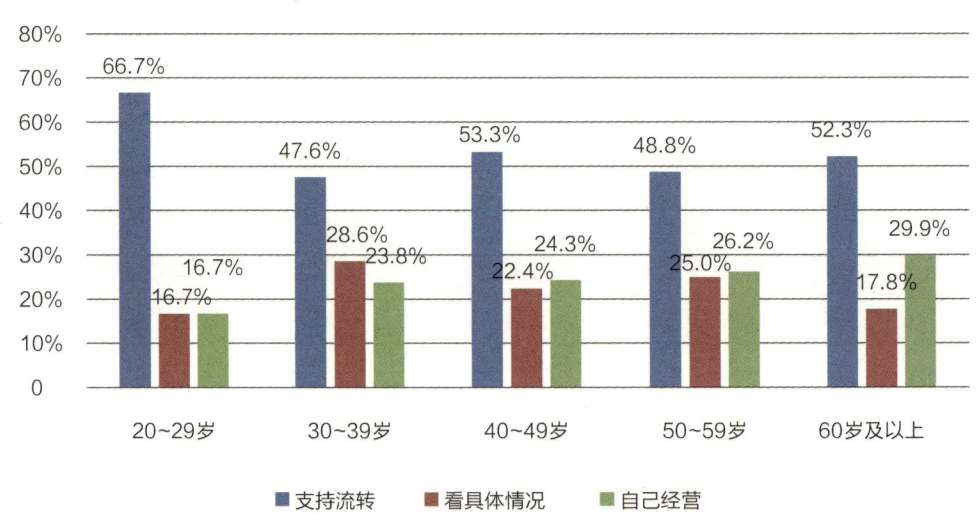

图6-15-13　村民土地流转意愿（分年龄段）

（26.2%）的人愿意自己继续耕种土地。而剩下将近四分之一（22.6%）的人则要看流转之后，能够得到的土地租金情况来决定是否流转。

从年龄段上看，年轻人（20~29岁）对土地流转的态度更加开放，支持土地流转的比例为66.7%，超过其他年龄组，其他年龄组支持土地流转的比例都在47%~53%之间，表现出了积极的态度。

6. 年轻村民更倾向合作经济，年老农民支持村集体统一经营

对于土地流转的方式，村民们更多希望由村集体来统一经营，这部分人占45.5%；还有36%的人希望"公司+基地"的方式来运作土地；而恰恰

是被学者们和人们赋予最大期望的农业合作社却是农民最少的选择，只有18.5%。这说明农业合作社的作用还没有充分体现，需要一定的宣传。另一重要的原因可能是农民在经历过以往合作社的阶段，不愿意再回到那样的土地管理模式，需要向农民说明新型农业合作社的不同之处。

从图6-15-14中可以看到，年轻人对于土地的收益方式稍微区别于其他年龄段的群体，他们更倾向于选择"公司+基地"和农业合作社的方式来获得土地收益。其他的年龄组所呈现的趋势是年纪越大，越期待村里统一经营，越不支持农业合作社的经营方式。

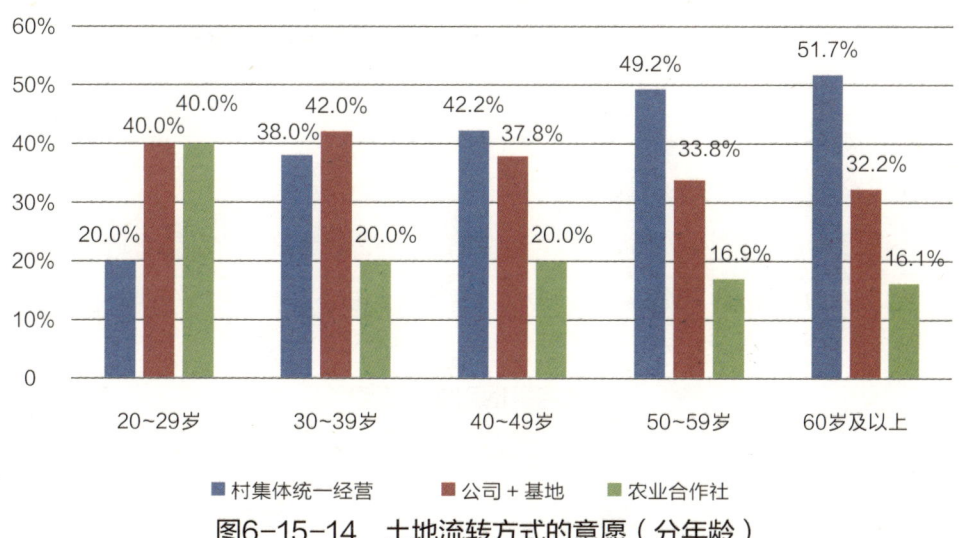

图6-15-14　土地流转方式的意愿（分年龄）

7. 年轻农民青睐分红，年老农民倾向于固定收益

对于流转之后，土地的收益方式，农民的期待更多的是"固定收益"的方式（39.1%），认为这样比较安全。但是，一些人为了增加土地收入，加之更为开放的观念，会选择通过"固定收益+分红"的方式来获得土地租金（22.3%）。只有20.9%的人选择通过入股分红的办法来获得收益，见图6-15-15。

从年龄角度看，20~39岁的被访者更倾向于选择"固定收益+分红"的方案，比例为40%~44%。40岁以上的人群的情况基本一致，一半左右的人会选择固定收益的方式获得土地收益。

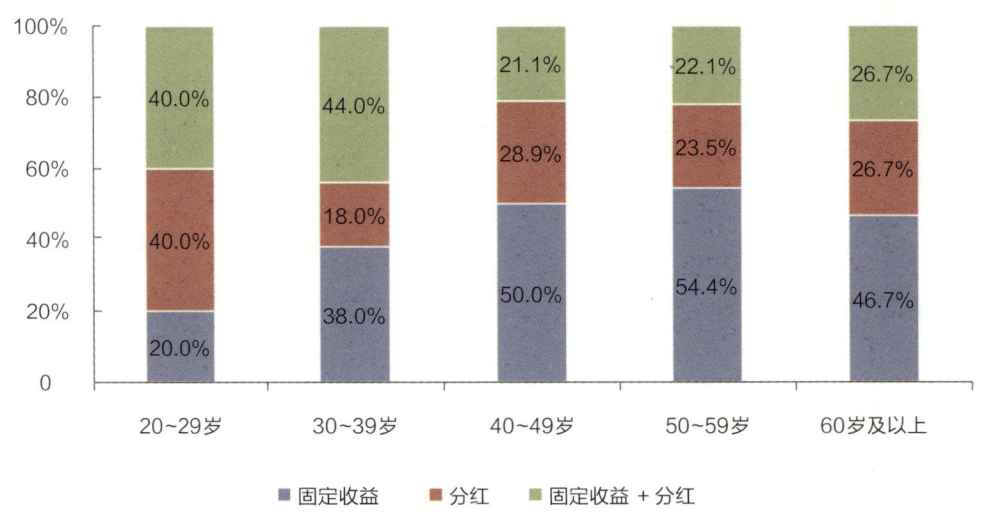

图6-15-15 对于土地收益方式的期待（分年龄段）

（四）农民住房现状及新型农村社区意愿

1. 农民宅基地和住房面积现状

从表6-15-4可以看出，有近一半的农户宅基地面积为100~199m²之间（45%）；200~299m²的占到了三分之一左右（33.8%）。

家庭宅基地和住房面积　　　　表6-15-4

面积	宅基地		居住房屋	
	频率	百分比	频率	百分比
100m²以下	4	1.2%	42	12.1%
100~199m²	153	45%	236	67.8%
200~299m²	115	33.8%	48	13.8%
300~399m²	54	15.9%	19	5.5%
400m²及以上	14	4.1%	3	0.9%
合计	340	100%	348	100%

相比较宅基地，住房面积会小一些，有三分之二（67.8%）的农户住房面积在100~199m²之间；只有13.8%的农户住房面积在200~299m²之间；还有12.1%的农户住房面积在100m²以下。

2. 近六成农民赞成规划新型农村社区

建设新型农村社区是统筹城乡建设的基础工程，改善村民们的居住环境，是市民化的第一步，是让他们感受城市社区生活的最初体会。对于这个问题，大多数（59.4%）村民表示赞同统一规划建设新型农村社区，不赞同的人只有五分之一（22.1%），剩下的18.5%的村民表示说不清（图6-15-16）。可见建设新型农村社区的群众基础比较坚实，关键是建设费用从哪里来，对老房子的补偿办法如何，这是农民们关注的重点。

不同年龄组对于建设新型农村社区的态度并无显著差异，只是年龄较大的村民支持的比例更高。

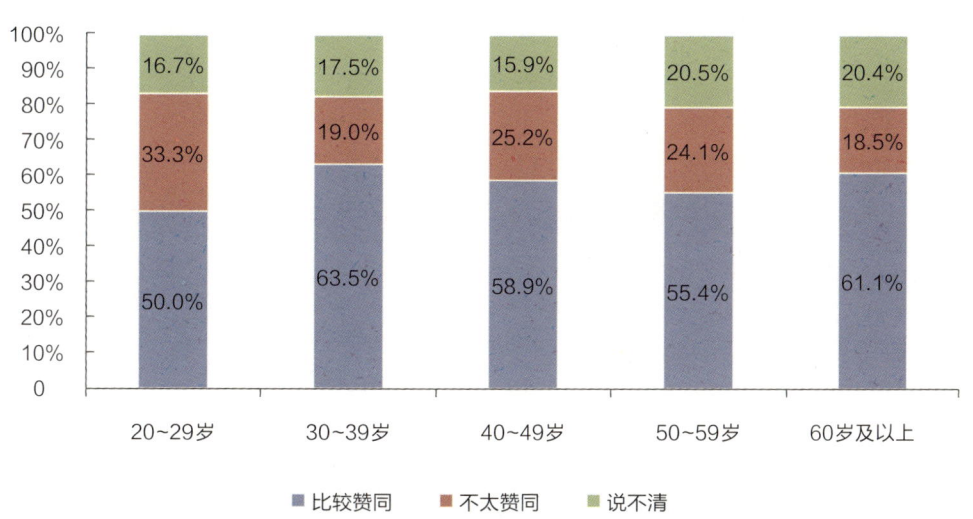

图6-15-16 是否赞成统一规划新型农村社区（分年龄段）

3. 年老农民愿意本村新建，年轻农民希望合并或集中到镇区

对于新型农村社区建设的位置问题，村民们大多数（65.1%）认为建在本村比较合适，这样可以省事一些，不用离家乡和土地太远，现在的交通也比较方便，所以，本村建设成为了最多的选择。另有16.5%的人选择到镇区居住，有18.4%的人愿意和邻村合并建设（图6-15-17）。

从不同年龄段对新型农村社区建设的位置的期待来看，与其他大龄群体不同，20~29岁的村民更希望和邻村合并或者集中到镇区，比例分别为50%和33.3%；30岁以上的村民至少有60%的比例选择本村就地建设新型农村社区。

4. 多数村民愿意拆除宅基地和旧住宅

只要建设好了新社区，农民们对拆除旧房的决定还是比较支持的，59%的人选择了愿意拆除旧房和宅基地上的一些建筑，只有41%的人选择了不愿意。

通过观察不同年龄段对拆除旧房的态度的情况，可以发现，年轻的村民更加愿意拆除旧房和宅基地，比例为83.3%；但60岁以上的村民中，表示愿意的比例在还不到一半，为48.6%（图6-15-18）。

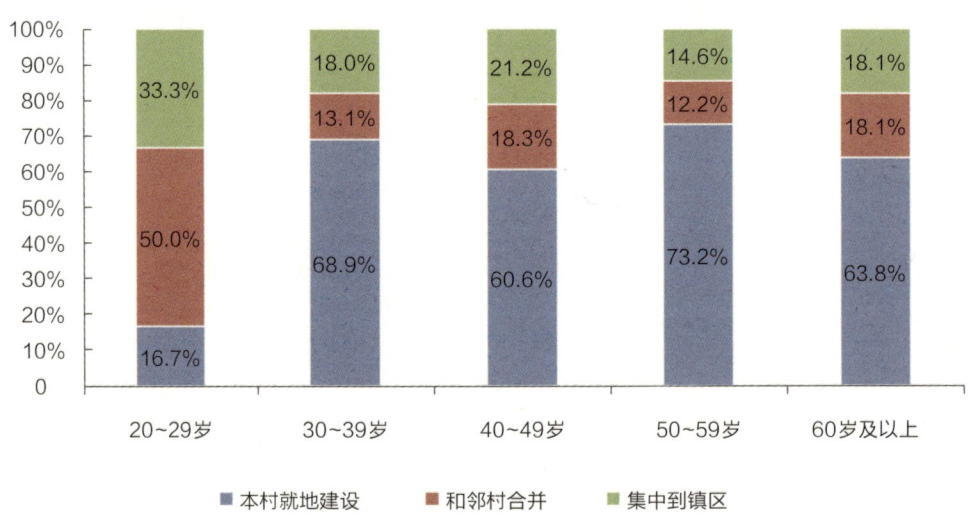

图6-15-17 希望新型农村社区的位置（分年龄段）

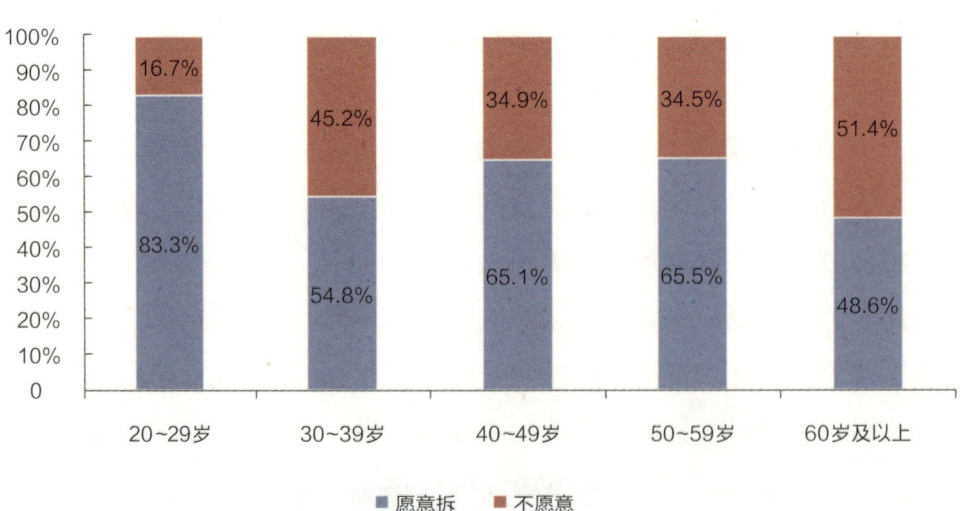

图6-15-18 对拆除宅基地和旧住宅的看法（分年龄段）

5. 农民期望拆除旧房的补偿标准

对于拆旧房需要补偿多少钱，农民们大都依据目前自己的房子的价格或者是依照当时建房时的单价，加上通货膨胀的水平，来计算补偿款。在同意拆除旧房的人当中，有不到四分之一（23.3%）的村民选择了补偿1000元/m^2以下，可能和房子老旧有关系，所以价格不高。还有46.6%的村民选择了1000~1999元/m^2；15.1%的村民选择了2000~2999元/m^2的补偿款；15.1%的村民选择了3000/m^2元及以上的补偿款（图6-15-19）。这部分人是因为房子比较新，当时确实花了不少钱，另外也有个别村民要求的补偿价格大大超出了房子实际所值的价格，这种情况属于个例。

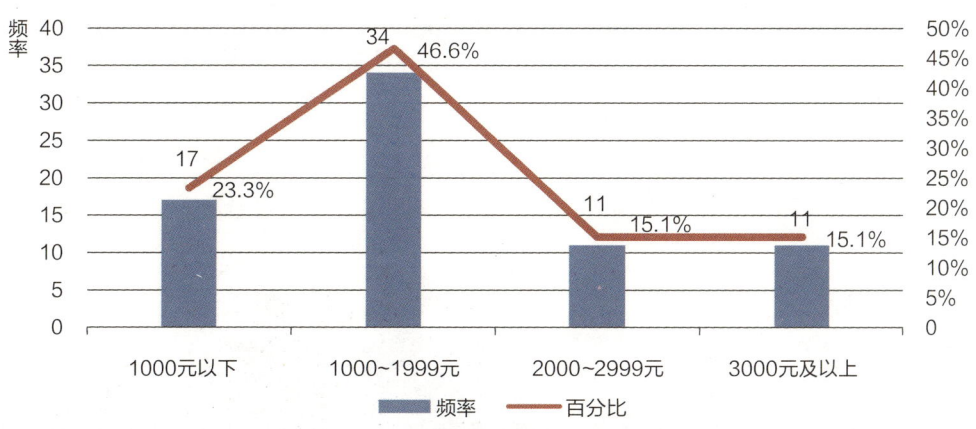

图6-15-19 对拆除旧房补偿单价的期望

6. 新型社区管理模式——村委会和业主委员会平分秋色

对于新建的社区到底有什么机构和方式进行管理，村民们的想法比较模糊，没有什么概念，所以在结果上表现为村委会和业主委员会平分秋色，其中村委会占48%，业主委员会占52%。只要能够管理好社区，形式是次要的，农民关心的是实质的好处和方便，这才是做好农民安居工作的出发点。

从不同年龄段的区分来看，30~39以及60岁以上的村民更倾向于由传统的农村委员会管理新型农村社区，而其他年龄组更加倾向于由新的业主委员会管理新社区（图6-15-20）。

（五）个案研究：农民对新型农村社区意愿的影响因素

为了更加深入了解农民意愿，在问卷调查的基础上，课题组又对部分农民、村干部等进行了深入访谈（图6-15-21），下面以两个邻近有一定产业聚集基础的村民聚居点的中心社区为例，分析不同的农业发展状况下的农民搬迁意愿情况。

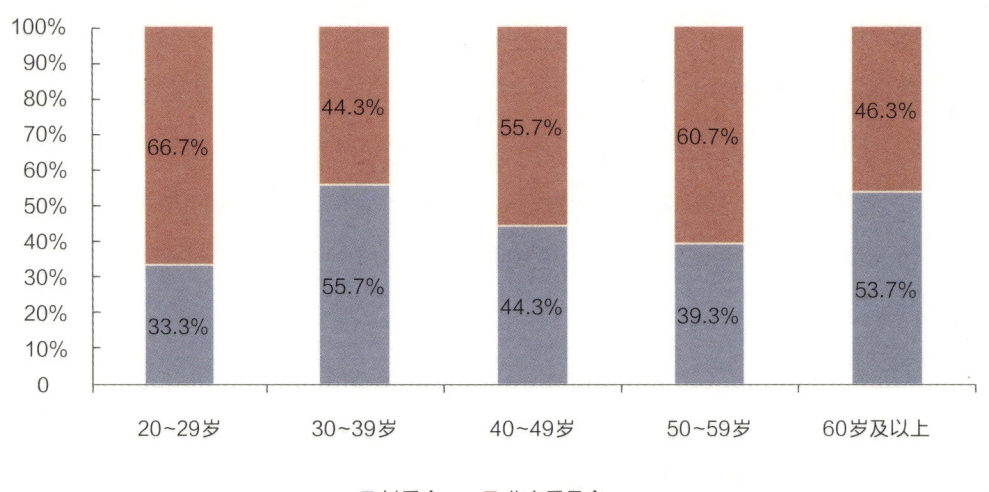

图6-15-20　新型农村社区的管理形式（分年龄段）

图6-15-21　尚店镇韩洼村调研

1. 尚店镇韩洼村（瑞祥中心社区）

尚店镇的瑞祥中心社区是依托瑞祥农牧公司进行规划的。瑞祥农牧公司是一家生猪循环养殖企业，现有职员370多人，其中大多是外地的本科生。养殖场占地面积190亩，每年出栏生猪10万头。瑞祥农牧公司已经结合南水北调移民建设了一部分新型农村社区，但本地村民的集中居住尚处于筹备阶段，同时正在筹划通过土地流转发展高效农业。

尚店镇的刘镇长认为，新型农村社区建设有难度，一个是资金问题，一个是土地挂钩拆旧的问题。建新不难，拆旧很难；如果不给资金补偿，不好拆；不给一些优惠，也不好拆。

（1）农民收入

可以看出，韩洼村农民的收入主要包括两部分：（1）种地收入，收成好的时候，一亩地种小麦和玉米两季能赚一两千元，平均每户有农地4~5亩，因此每户每年种地收入可达4000~5000元左右。（2）打工收入，做一个简单的估算，一个家庭中如果一人出去打工，一年工作9个月，每月收入5000元，一年收入45000元。这样种地收入和打工收入之和为5万元。再扣除日常生活开销，如果要购买价值12万~15万的社区住房，再加上5万~6万的装修费用共计17万~20万，一家农户至少要存好几年的钱。

韩洼村陈主任介绍，根据村委摸底的情况，村民中三分之一的买得起，三分之一的人借钱买得起，三分之一根本买不起。"三分之一能承受的，包括有能力支付，以及急着成家的。"陈主任估计，"如果不掏钱就能住新房，大部分村民都愿意去住。""如果花4万~5万能购买住房，能买得起的村民不到一半。"

（2）农民住宅的投入

调研中还发现，不同时期翻新农宅的花费差异很大。根据韩洼村陈主任介绍，最近一批开始盖房子是在2000年以后。2000年以后盖房需要花4万元，那时人工费10元一天，2005年就到了8万，2010年10万元，现在盖要12万~13万元，人工费涨到了100元/天。对于农民来说，盖一幢新房子是一个家族的大事，如果没有合理的"拆旧"补偿，农民难以支付购买新房的费用。

2. 尹集镇李庄村（李庄中心社区）

尹集镇李庄村是舞钢市高效农业发展比较好的一个村庄，在村书记的带领下，以苗木培育和瓜果种植为主导产业。苗木培育主要是把南方的大树在这里周转，适应一下，再卖往北方，赚取差价。一棵树买进来一万多，在这里种一年，卖出去可以卖到五六万。李庄村的土地统一流转给合作社，现在已经流转了800亩，今年下半年所有土地都能流转完，共计1500亩。李庄村村支书说："合作社赚了，周边村庄也带动了。"

具体来看，李庄农民的收入来源主要有三部分：

第一部分是土地的租金，按照小麦保护价格兑换货币，一亩小麦800或900斤，价值800~900元左右，如果按照每户4~5亩土地，每年土地租金收入在4000~5000元。

第二部分是在农民在农地打工的收入。"一般地，40~50岁都在周边的市里打工，老人在地里干活，一天能挣40元，农忙一天50~60元。""种植苗木需要常年养护，除草、嫁接、维护，冬天还要保护，60岁左右的男的和50左右的女的都能干，是季节性的工作。"此外，还有小包工，栽种树苗，"有的栽一棵一块，有的栽一棵五毛，数不一样，一天能赚100~200、200~300元都有。树苗过来了就有，阶段性的。"就李庄村目前流转的800亩地，100~200个劳动力都不够用，还有很多外村人来帮忙。初步估算，如果一家农户有两个人在农地打工，按照每年工作120天，每天赚50元，一人一年赚6千元，两人一年赚12000元。

第三部分是外出打工的收入。李庄村的年轻人基本上都出去了，在外面打工每天能挣200~300元。就算一户一个人外出打工，200元×25天×9个月，一年赚取45000元。

综合起来，一户农家全年的收入在6万多。与农地没有流转的村庄相比，李庄村的村民不用种地，就可以获得与之基本相等的流转土地租金。与此同时，老年人和妇女还可以在规模化经营的土地上干农活，获得额外收入，而且工作方式更为灵活，也不用承担风险。

对于村民的搬迁意愿，李庄村村支书介绍说："农村的人（想法）不一样，想要的也不少，不想要的也不少。有一部分人想要，占了30%~40%。

剩下的人，一半一半，一部分想要，但没有能力，还有20%~30%；60岁以上的老年人都不要，想法不开放，自己的小孩都愿意，（自己）不想搬。60岁以下的年轻人、小孩要结婚的都要。"李庄村有意愿并且有能力搬迁的村民比例和尚店镇韩洼村相比，差别不是很大，但是对于新型农村社区未来的发展，李庄村村主任显得更有信心，他说，"我们有能人、有基础、有产业，外来的人投资可以，但是发展还是要当地能人带动。"

五、舞钢统筹城乡规划的核心思路与主要内容

2012年3月，舞钢市委市政府委托北京清华同衡规划设计研究院和清华大学社会学系城镇化课题组，针对新型农村社区建设中的经验和问题进行了系统研究，根据规划初步成果和实施机制专题研究成果，对原有的新型农村社区建设规划进行了调整和完善。

（一）对新型农村社区选址和布局的评估

规划应用GIS手段，对设想的17个新型农村社区布局进行了可达性和覆盖范围的评估。总体上看，以3km为半径，新型农村社区基本能覆盖大部分农村地区，规划考虑农民就业和交通便利，与旅游景区的结合发展因素，增加了任桥、灯台架两个社区，最终形成一城四镇19个社区。社区布局在3km半径内可覆盖的村庄由80%提高到86%（图6-15-22）。

同时，考虑到农民的习惯、文化差异，在引导农民向新型农村社区集中的过程中，也允许现状村庄的逐步缩减和长期存在。在政府投入上，公共设施重点向新型农村社区投入，现状村庄以污水、垃圾等环境整治和供水、供电等基础设施保障为主。

（二）对新型农村社区建设规模和时序的调整

1. 新型农村社区建设与经济社会发展相适应

按照舞钢市政府初步设想，希望到十二五末，也就是2015年，农户的80.35%要聚集到城区、中心镇和中心社区，达到55400户；农村土地的80%要实现流转，总面积达到25万亩以上。从进度上看，预计于2011年年底前完成所有中心社区的规划，2012年五一前所有中心社区开工建设。

经过规划对城镇产业发展速度、就业吸纳能力、城镇用地需求和农民

意愿的分析,将实施时序调整为15~20年时间,每年引导实施3000~4000户左右,鼓励有条件的村庄进行整体拆旧建新,同时允许农民根据自己意愿进行分散的拆旧建新(图6-15-23)。

2. 以城乡就业为基础弹性、分类控制建设规模

在新型农村社区建设规模方面,根据规划对城乡就业人口发展趋势和分布的预测,对远期建设规模进行了调整,主要考虑市域工业布局、服务业布局、旅游业布局和农业发展布局,例如农业发展布局主要根据舞钢市农委调研和制定的农业发展规划(如图6-15-24、图6-15-25所示)。

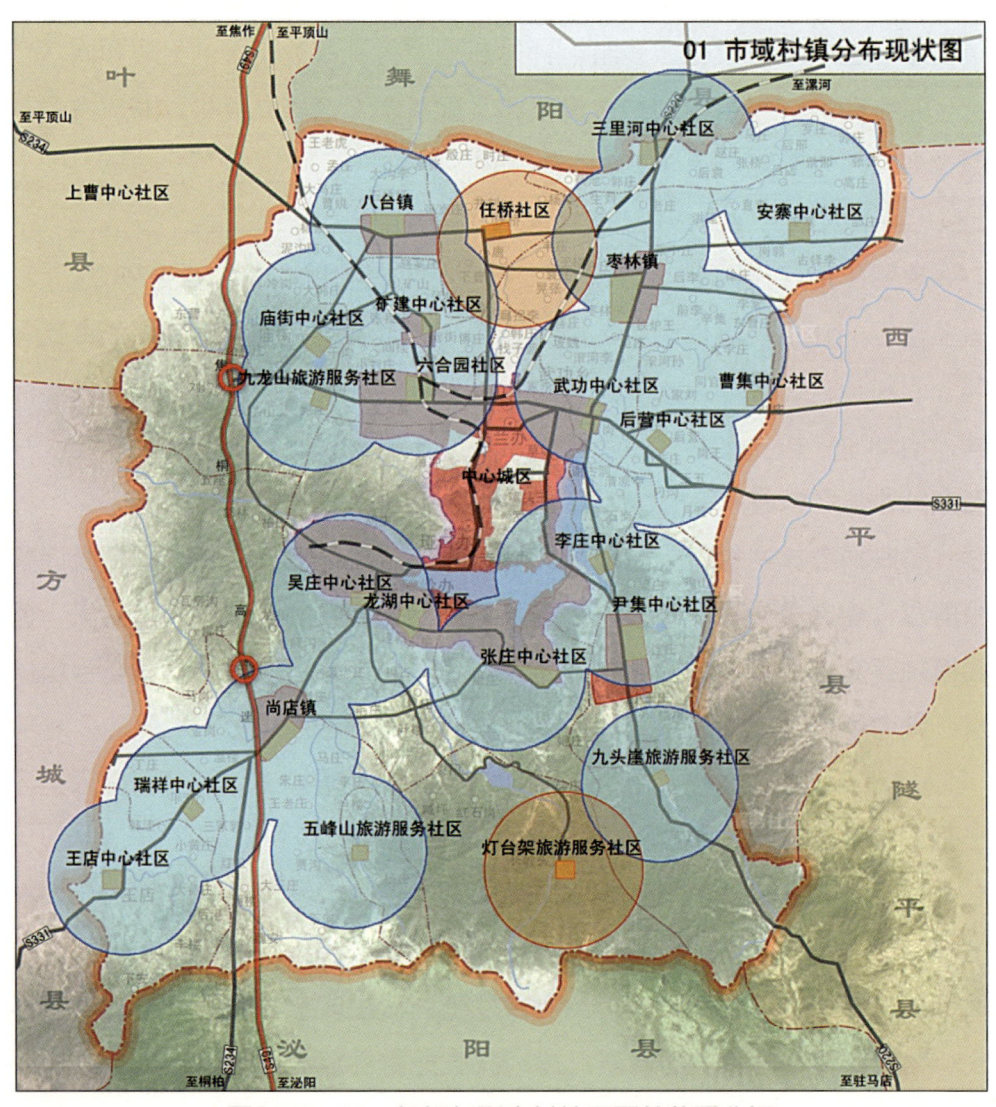

图6-15-22 舞钢新型农村社区覆盖范围分析

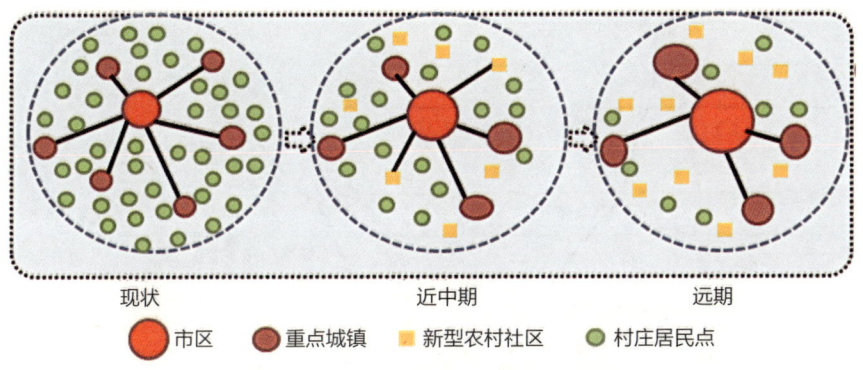

现状　　　　　近中期　　　　　远期

● 市区　● 重点城镇　■ 新型农村社区　● 村庄居民点

图6-15-23　推进城乡统筹示意图

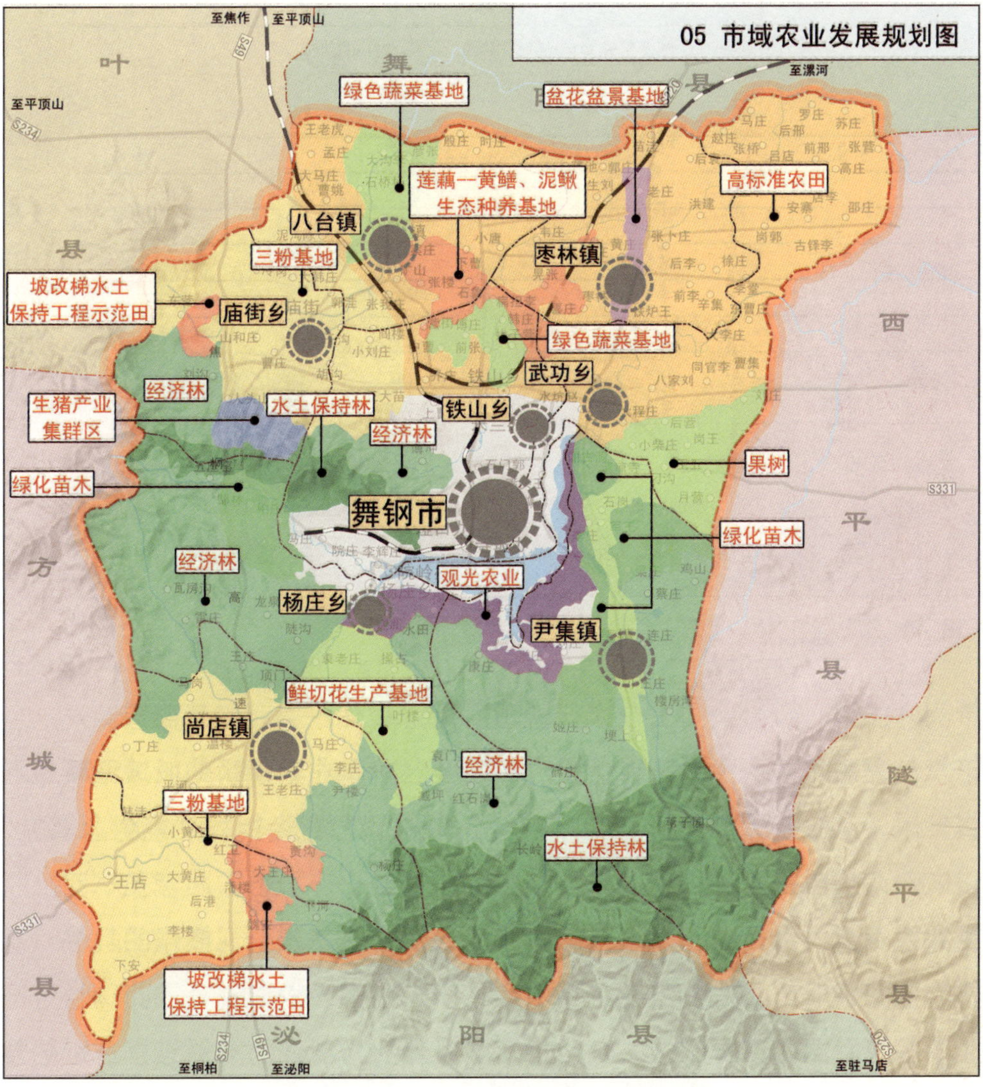

图6-15-24　舞钢市域农业发展规划

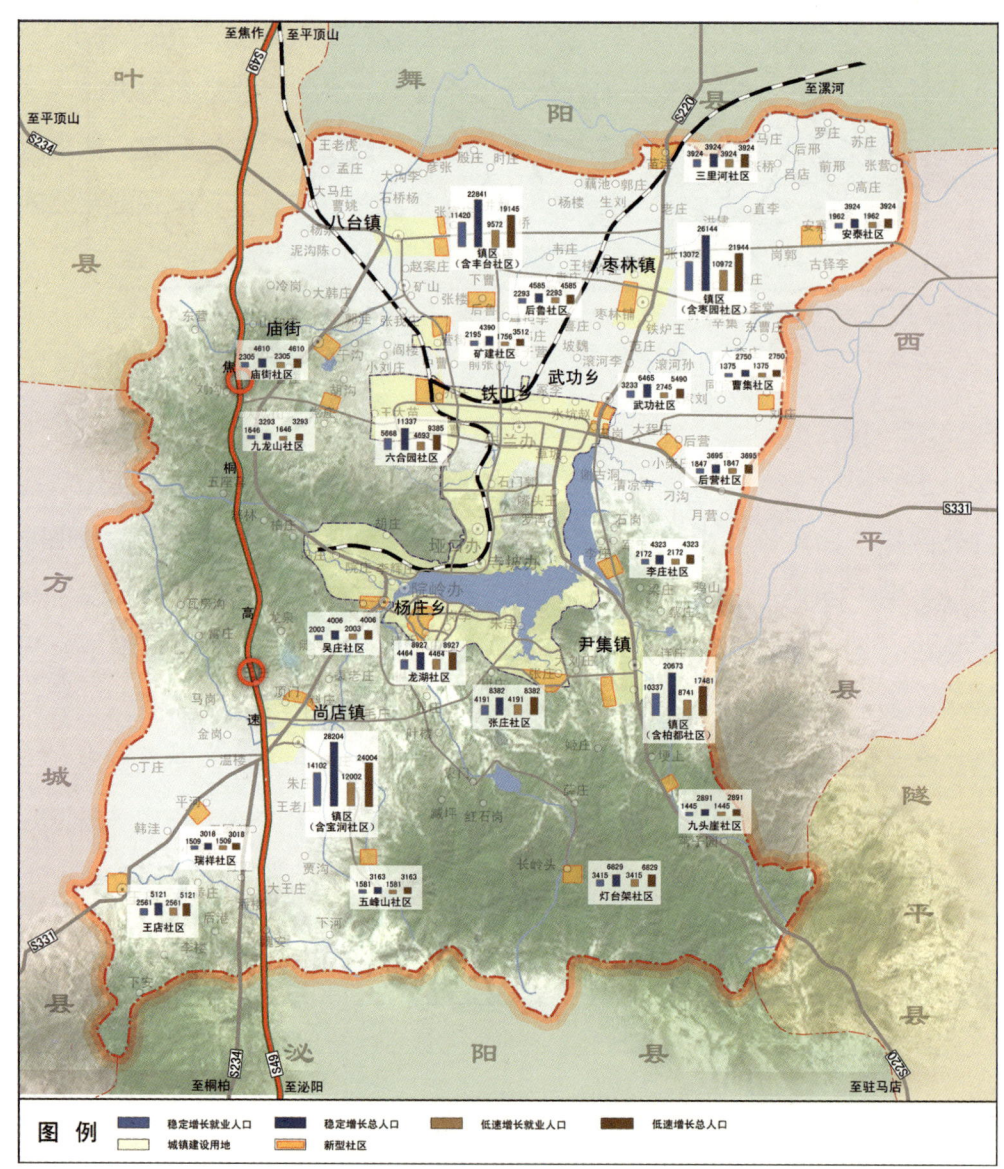

图6-15-25 舞钢市域城乡就业人口分布图

在产业和就业预测基础上，对邻近城区和产业聚集区的城镇型新型农村社区，具有较强的动力，按照"划定片区，就地集中"的原则。旅游风景区附近的新型农村社区，根据就业发展预测确定合理规模。对农业片区，主要以农业为依托的新型农村社区，充分考虑未来农业规模化的趋势，农村人口向城镇流动是客观趋势，建议"划定片区，缩减规模"的原则。

另一方面，随着交通的机动化，城乡就业与居住的关系具有一定的复杂性，因此对新型农村社区的布局和规模也预留一定的弹性（表6-15-5）。

不同类型农村社区的规模 　　　　　　　　　表6-15-5

社区类型	就业机会	区位价值	人口政策与人口规模
纳入城区型（6个）	丰富	高	周边人口，就地集中
镇区统筹型（4个）	较丰富	较高	就业测算，就地集中
旅游服务型（4个）	一般	较低	就业测算，可扩大
农业服务型（9个）	较少	低	就业测算，鼓励分流

（三）对新型农村社区建设实施政策机制的建议

1. 引导农民"分流"进入城镇

农民内部存在比较大的分化，在收入水平、农地流转状况、现有居住条件、年龄阶段和家庭结构、就业方式、价值观和对城市化生活方式的向往程度等方面均有所不同。

从现状调研看，农民的意愿有较大的差异：

（1）对于农地（耕地）流转，农民基本持赞成态度。

（2）农村建设用地（宅基地）流转，村民搬迁问题较多（补偿额度、居住距离、原有耕地是否流转、迁新居缴纳金额等）。

（3）部分农民愿意搬往城镇和新社区：1）富裕的农户，有相当实力能够购买乡镇上的住房甚至是市区的商品房；2）年轻的农民：长期在外打工，有了一定的经济基础和非农就业经验，向往城市生活方式和生活水平，并且有意在（回到）本地城镇打工或创业。

因此，针对不同类型的农民群体和村庄应该有不同的引导和激励办法。在村庄整治过程中，制定迁入市区、迁入镇区和迁入新型农村社区的不同办法。引导农民在整治过程中实现"分流"，例如，鼓励农民进城政策：对市区和镇区就业的农民，给予一次性放弃农民宅基地补偿，制定政策鼓励落户城镇。

2. 产业先行，"因地制宜"

实现农业的产业化发展，提高农民收入，是农民城镇化的根本支撑。小农生产方式制约了农民向城镇的流动。因此提出"生活方式转变以生产方式转变为基础"的原则，坚持"农民主体、多元参与、政府监督"的原则，引入外部资金和技术，激发农村活力，通过产业发展解放土地对于农民的束缚。

同时，考虑舞钢市的整体实际状况的基础上，针对各个乡镇和村庄的具体特点，在此基础上出台和采用有区别的政策，大体上可以分为四种类型：

集中引导：区位优越、交通便利、有利于聚集和发展第三产业，吸收农村剩余劳动力的潜力比较大，应该加快农民集中进度和加大引导力度。

就地集中：规划中重点发展某些特色农产品或养殖业的村镇，并且维持一定比例的农业劳动力以便就近工作，需要在农民集中的规模和位置上有所考虑。

整体搬迁：有的村庄已经被开矿企业占用了一定的生产和生活用地，并且财产和生命安全都存在隐患和风险，那么这样村庄就需要整体搬迁。这时应该采用拆迁补偿的政策，而不是"增减挂钩"的政策。对于农民的补偿和奖励比例可以适当提高。

保护发展：依山傍水，有发展乡村旅游的基础和独特条件，应该尊重和适当保留。

3. 提高宅基地拆旧补偿

只在购买新房这一方面上才有"奖补"措施，实际上只是鼓励了更有经济实力的农户（比如购买多层楼房户型的面积越大，得到政府补贴才越多）；而没有体现出公平性的原则，很容易造成村庄内部的矛盾。而"级差地租"的本质上是土地发展权的转移，拆旧补偿应该以宅基地补偿为主，住房补偿为辅助，适当兼顾农民现有住房在新旧程度、面积大小、装修质量、位置等方面差别较大，给予一定补偿。

另一方面，"隐形补贴"存在激励机制不明确，补贴分配不够公平的弊端。因此，建议政策上明确对农民住宅"拆旧"的补偿，实现"明补"，以提高农民"拆旧购新"的积极性。

农民获得宅基地退出权益以后，可以根据自己意愿选择进入城区、镇区或者新型社区。新房的价格应该根据区位，制定反映市场价值的价格。农民自主、自愿购买，体现"谁受益、谁付出"的公平原则。同时，通过鼓励农民进入城镇，支撑市域房地产市场，获得土地收益用于补贴。

4. 赋予新型社区住房的市场流通性

（1）探索农村新型社区住房有限流通。确立农村新型社区住房产权，近期允许社区住房在镇域农业人口范围内流通，远期允许在市域城乡人口范围内流通。

（2）通过多次流转与分次补贴。解决农民就业、收入水平与居住需求的匹配。量力而行，逐步集聚。

（四）对新型农村社区建设风貌的建议

课题组对新型农村社区的建设风貌和模式也进行了研究，主要提出"城镇导向型"和"乡村导向型"两种不同的类型（图6-15-26、图6-15-27），基本思路是城镇强化集聚与活力，乡村则尽可能保持乡村的田园风貌和乡村特色。

"城镇导向型"主要包括两类，一种是在城区边缘，周边为已发展成熟的城市社区。规划目标是建成与周边已建成区设施共享、有机融合的城市社区。建筑形式建议以多层住宅为主，高层住宅为辅。各类公共服务设施按照城市社区标准建设，并与周边城区已有设施协调共享。另一种是与乡镇总体规划相协调，将镇区周边的新型农村社区与镇区相融合，统筹考虑；社区配套设施与镇区统筹考虑，按照镇区标准配置。建筑风貌上要突出小城镇特色。

"乡村导向型"也包括两类，一类是农业型，社区人口就业以农业为主，工业、商贸为辅；社区配套设施充分考虑农业生产生活特点，例如尊重自然本底条件，与环境有机结合，保留现有的河流、水塘、树木并积极利用。设置家庭菜园，考虑土地流转后农民耕作习惯；绿化景观结合村民院落，不设大型集中绿地。住宅建筑形式以二、三层联排住宅为主，不提倡建过高的楼房式建筑。另一类是旅游型，建筑形式也是基本以二、三层为主，保持乡村风貌，要注意旅游服务设施与社区生活部分相对独立，减少对社区生活的干扰；充分利用优美环境，创造具有特色的社区空间；挖掘乡村旅游项目，加强农业与旅游业的结合，如农产品创意加工，农村手工艺品展卖等。

六、舞钢新型农村社区建设的经验总结

舞钢推进新型农村社区建设虽然面临一些客观的困难，但是在当前的城乡二元制度环境下，无疑具有很强的创新意义，表现在农民的就地城镇化、构建多层级的城镇体系、促进城乡一体化发展等。

（一）舞钢新型农村社区的创新意义

1. 探索了破解小城镇建设用地困境的新模式

舞钢在选择17个新型农村社区时，都对农民的意愿进行了初步的摸底调查，基本上符合相当一部分农民的意愿。在17个新型农村社区中，有10个社区是位于中心城区和镇区周边的，实质是通过新型社区建设做强小城镇，发挥聚集效应，具有模式创新意义（图6-15-26）。

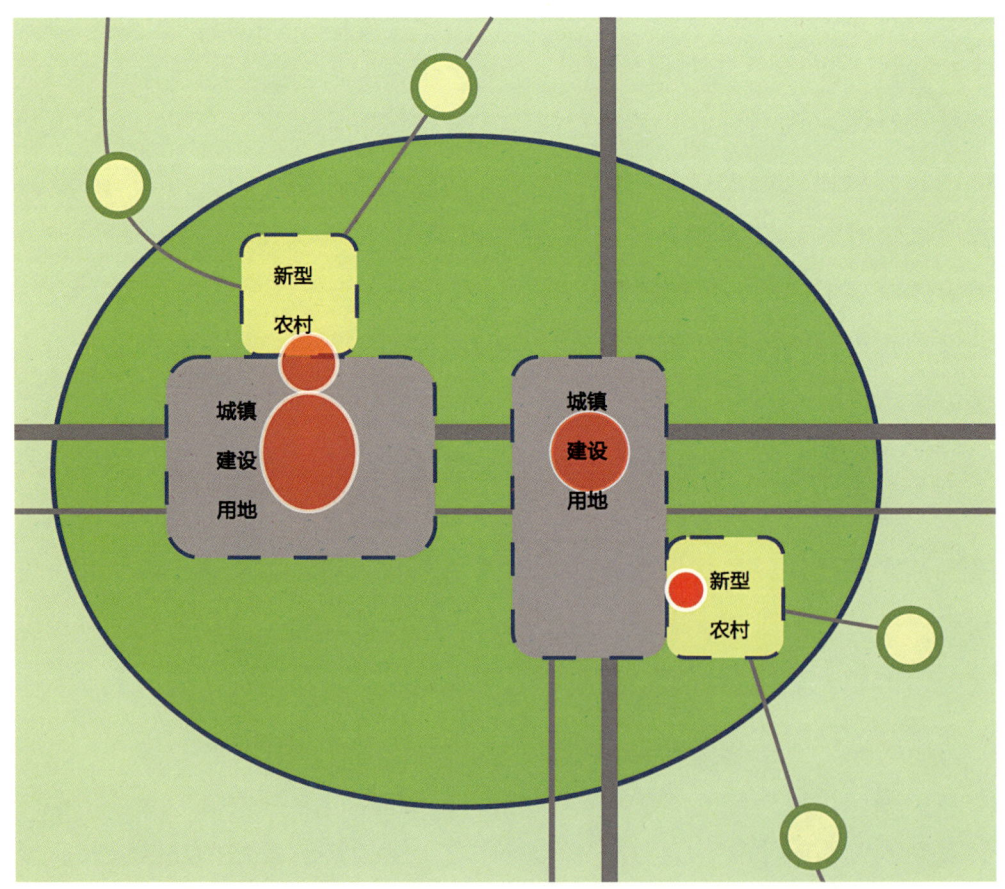

图6-15-26　舞钢"城镇导向型"新型农村社区建设模式分析图

因为在我国现行的土地管理模式下，建设用地指标从中央到地方层层分解，实际上到了县域以后建设用地指标已经非常紧张，能分配到小城镇的指标就更加匮乏。自1980年代乡镇企业发展的浪潮过后，除了浙江、江苏等少数地区，大多数地区的小城镇发展就进入了相对停滞时期，其中土地指标的缺乏可以说是重要原因之一。

通过农民宅基地、集体建设用地向城镇的置换和集聚，实际上提供了另外一种途径，破解小城镇发展缺乏用地指标的困境，探索现行制度下利用"级差地租"的机制。

2. 探索了农民就地城镇化和城乡一体化的新模式

通过新型农村社区建设，引导农民适度聚集，便于公共服务资源配置。新型农村社区实现了基础设施一体化、公共服务设施均等化（包括教育设施、社区卫生服务站等设施），农民不用进城就变成了市民，享有和市民同等的待遇，是农民"就地城镇化"的一种新模式。

不仅"城镇导向型"新型农村社区引导了农民的集聚，布局于乡村的新型农村社区，包括3个旅游服务型和8个农业服务型新型农村社区（含规划建议增加的），也具有探索乡村建设新模式的重要意义。在城镇化过程中如何建设富于魅力、活力的美丽乡村，是城乡一体化的重要方面。

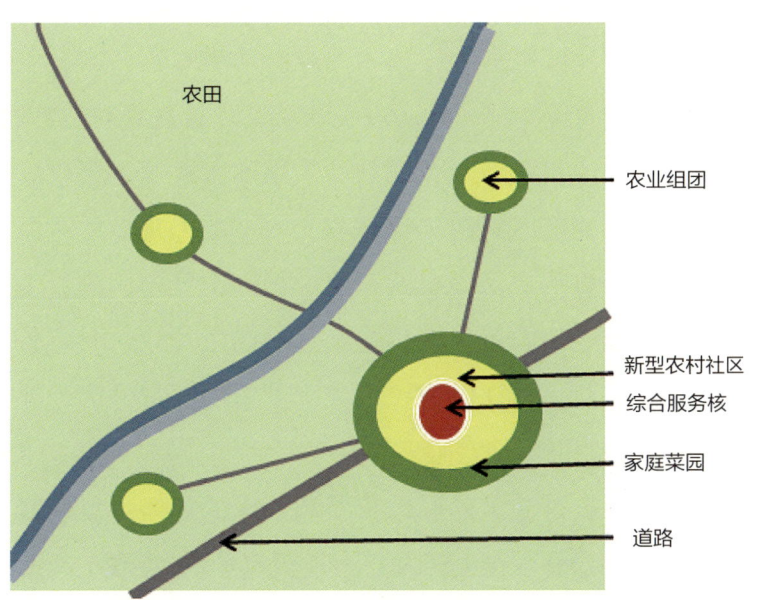

图6-15-27　舞钢布局于乡村的"乡村导向型"新型农村社区建设模式分析图

3. 合理引导农民的消费需求，促进建设用地集约

舞钢农民就地城镇化的发展方式，探索了以不牺牲耕地保护的可持续发展模式，对于河南这样以农业人口为主的农业大省而言具有重要的示范意义。

从调研中可以看到，农民具有很强的改善型居住需求，特别是新一代农民从原有家庭独立出去以后很多都需要购买或自建新房。如果这些需求不加以引导，则势必导致农村的住宅不断增加，未来出现更大的浪费。这正是改革开放30多年以来，农村人口不断外流，但宅基地和农村建设用地反而持续增加的原因。通过新型农村社区建设，虽然在"拆旧建新"方面具有一定的实施难度，但至少起到了引导这些"新增"需求的巨大作用。同时，这样也可以避免农村中的炫耀消费等不良风气。另一方面，传统乡村分布过于分散的局面，在设施一体化和建设管理方面都带来很大难度，而新型农村社区建设则非常有利于乡村建设的统一规划和管理，对于促进城乡建设用地集约无疑迈进了很大一步。

（二）新型农村社区建设应该注意的原则

舞钢新型农村社区建设具有很多创新与突破的意义，但实践中也面临着许多问题，这也为其他地区进行城乡统筹建设提供了很多经验和启示。

1. 生活方式转变必须与生产方式转变相一致

从舞钢新型农村社区推进的成效和困难中不难看到，农村生活方式的转变必须与生产方式的转变相一致。农民的城镇化首先是就业方式的转变，包括从农业进入工业或者服务业，或从小农生产方式进入现代高效农业生产方式。只有实现了生产方式的转变和收入水平的提升，才有城镇化的物质基础和条件。这一点从农民本身的意愿中得到明显的印证，主动愿意迁往城镇和新型农村社区的农民大多早已经从事二三产业，具有较高的收入水平。而愿意居住在原来村庄的农民很大程度上的愿意是因为还处于小农生产方式下，经济条件也比较有限。

因此，推进新型农村社区建设，首要和基础的工作是发展经济、促进农民非农就业，改造传统小农生产方式为现代农业经营模式。在此基础上，才能有步骤地推动农民的集中居住，也比较容易得到农民的欢迎。如果操

之过急或者"运动式"推进，则效果相反，反而容易引起诸多社会问题。

在这一问题上，十八届三中全会明确提出，"健全城乡发展一体化体制机制，加快构建新型农业经营体系，推进家庭经营、集体经营、合作经营、企业经营等共同发展的农业经营方式创新，鼓励和引导工商资本到农村发展适合企业化经营的现代种养业，向农业输入现代生产要素和经营模式"等，都明确指出了农村发展模式和农业产业模式现代化在农村建设发展中的基础地位。

舞钢在推进新型农村社区建设中，也比较重视农民就业问题，提出一个新型农村社区配套一个小型产业集聚区的思路。发展与居住相配套的产业、给农民创造多条就业渠道。这样农民既可以外出打工，又可以就近就业。但由于农业产业化的复杂性，从实践看仍然需要一个比较长期的过程。

2. 分类引导、根据经济社会发展水平逐步推进

由于农村情况千差万别，在发展模式上也可能走向不同的经营方式，例如规模化的种植、农旅结合、高效农业等；区位条件也存在着近郊、远郊，土地价值不同等因素，不同村庄具有很大的差异性。

因此，应当结合各村发展的条件，对新型农村社区建设进行分类引导，在条件成熟的地区优先发展，逐步推进。在当前的城镇化发展阶段，建议采取"大集中、小分散"的发展方式，在县域整体规划的基础上分类弹性对待。

3. "自上而下"与"自下而上"相结合

村庄不仅存在着条件差异，在发展模式上也具有一定的偶然性和不确定性，例如村干部、带头人往往成为影响村庄的重要因素，在尹集镇的李庄村，农地流转经营得很好，农民收入有很大提高。而"村企合作"等都需要外部主体的参与和投入。

因此，在农村居民点调整引导中，政府应该进行整体布局和政策引导，但必须注意"自上而下"与"自下而上"相结合。在全域规划指导下，充分尊重农民意愿，鼓励村庄集体和外部企业、投资主体合作，提出村庄产业发展和土地整治方案。与当前城市规划政府主导、层层自上而下控制的方式不同，应该建立多层次规划沟通咨询体制。

第十六章 四川德阳城乡统筹实践与规划

近年来，构建大中小城市协调发展的格局已经成为我国城镇化战略的普遍共识。2002年，党的十六大报告提出"大中小城市与小城镇协调发展"的城镇化战略。2012年，党的十八大报告也提出，"科学规划城市群规模和布局、增强中小城市和小城镇发展，形成大中小城市和城市群良性互动的格局"。本书第四章对中国城镇化模式的讨论中也提出，应该着力推进市县域综合改革，促进人口就近城镇化。我国有200多个地级市、300多个县级市和1600多个县，在市县域行政范围内比较容易实现土地制度、户籍制度、社会保障等各种制度改革，实现人口就近迁移。不仅如此，从社会代价、产业协调、避免大城市病等方面也能避免很多弊端，有利于城乡协调发展。因此，探索市级层面的综合改革对于我国均衡发展的城镇化战略具有特别重要的意义。成都、重庆被确定为国家统筹城乡试验区以来，在城镇化和城乡统筹方面进行了积极的探索，例如本书第十章重庆"地票"的探索和第十三章成都龙泉驿的探索，在全国也受到广泛关注。德阳是我国农村改革的发源地之一，曾率先进行包产到户改革，县域经济发达，在统筹城乡方面具有良好的基础。2007年，四川省委省政府确定了自贡、德阳和广元三个地级市作为四川省统筹城乡综合配套改革试验市。

2012年9月，德阳市政府委托北京清华同衡规划设计研究院和清华大学社会学系城镇化课题组，编制《德阳市统筹城乡规划》并进行市域产业发展和统筹城乡实施政策机制专题研究报告。规划力求通过"顶层设计、系统改革"，解决制约城乡一体发展的制度障碍，指导未来一段时期内德阳市域统筹城乡中的产业发展、城镇体系、空间布局和政策机制改革。为此，清华大学社会学系城镇化课题组和北京清华同衡规划设计研究院对德阳进行了多次调研，在市政府相关部门、各区县相关部门、部分乡镇政府以及村委会进行了多次座谈和调研，也选择了部分村庄和农民进行了问卷调查和个案访谈。本章介绍了德阳的概况和部分乡村发展典型案例,德阳农民意愿问卷调查以及德阳统筹城乡规划和专题研究的部分核心内容。

一、德阳概况

德阳市位于四川盆地,川西平原北部,成德绵经济圈的中心地带。北与绵阳接壤,南与成都市交界,西北与阿坝相邻,东南接遂宁、资阳(图6-16-1)。

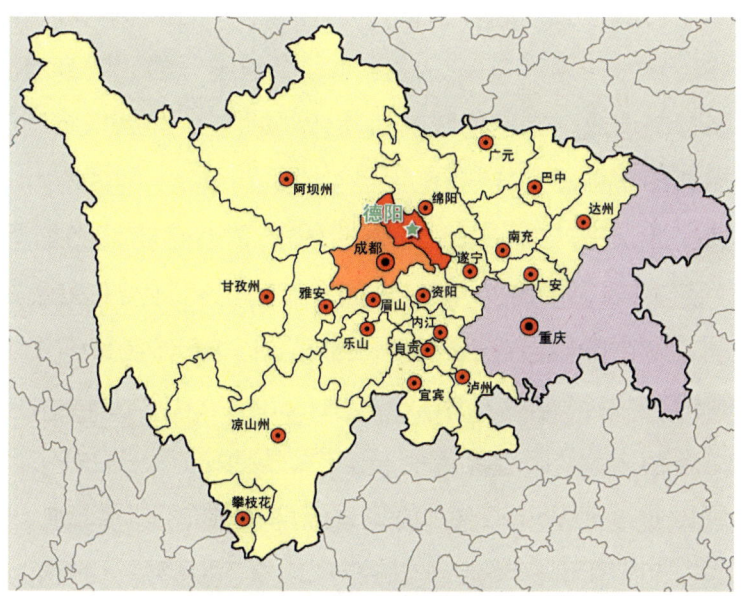

(a)德阳市在成渝经济区的位置

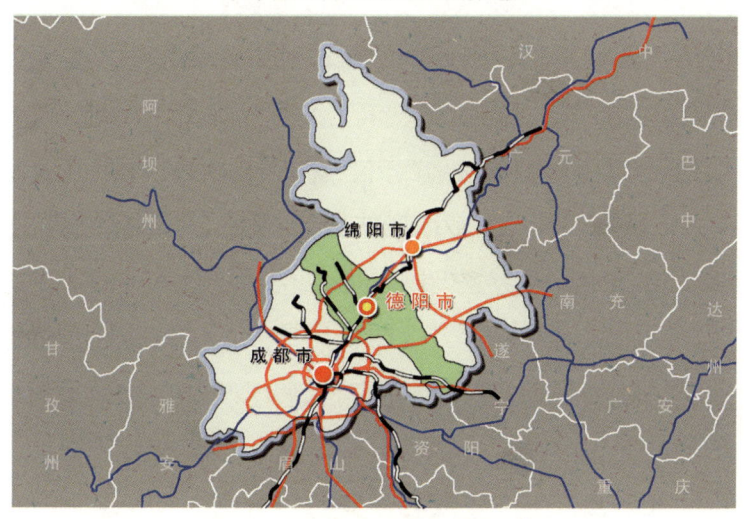

(b)德阳市在成德绵的位置

图6-16-1 德阳市区位分析图

德阳市西北~东南向狭长，纵跨龙门山脉、成都平原、盆中丘陵三大地貌类型，市域面积5954km^2，其中平原、丘陵、山地比重分别为30.88%、49.43%和19.69%，称"五丘、三坝、二分山"。总人口大约388.4万(市区人口53万)。现辖旌阳区、中江县、罗江县1区2县，代管广汉市、什邡市、绵竹市三市。

（一）经济发展状况

1. 国家重大装备基地，工业实力雄厚

德阳市作为四川省的经济强市，是中国重要的工业城市、中国优秀旅游城市、中国重大技术装备制造业基地、全国唯一的"联合国清洁技术与再生能源装备制造业国际示范城市"、世界最大的大型铸锻钢制造基地，四川省重点规划在建百万人口城市。

德阳工业经济来自于20世纪中期国家的重点建设。德阳原来是典型的农业经济地区，随着二重、东电、东汽等一批大中型企业的建成和发展，以重型机械和动力设备制造工业为主，兼有食品、化工、建材等产业的德阳工业经济体系基本形成，1983年三类产业占GDP的比重为52.1∶32.8∶15.1，德阳已发展成一个中等规模的重工业城市。1990年代以后，随着工业迅速发展，农业比重逐渐降低，走向中间大，两头小的纺锤结构，即二产比重迅猛增长，一、三产比重不断降低。目前，中国二重、东电、东汽等已经成长为关系国家安全及国民经济命脉的大型骨干企业。大型轧钢设备、大型电站设备、电站铸锻件、水轮发电机等重型设备在全国的市场占有率都在40%以上。

德阳市2011年GDP总量为1137.5亿元，人均GDP为3.16万元，均居四川省全省21个州市的第三位。工业增加值达632亿元，工业总量位居全省第二。

2. 县域经济发达，特色鲜明

德阳市县域经济相对发达，什邡、绵竹、广汉都曾经位于四川省十强县前列，近年来随着成都郊区县的强劲发展以及汶川大地震的影响，位次有所滑落。

从产业结构上看，除了中江县农业比重偏高，其余各县二产比重均超过50%，旌阳区和绵竹市工业比重超过60%（图6-16-2）。旌阳区主导产

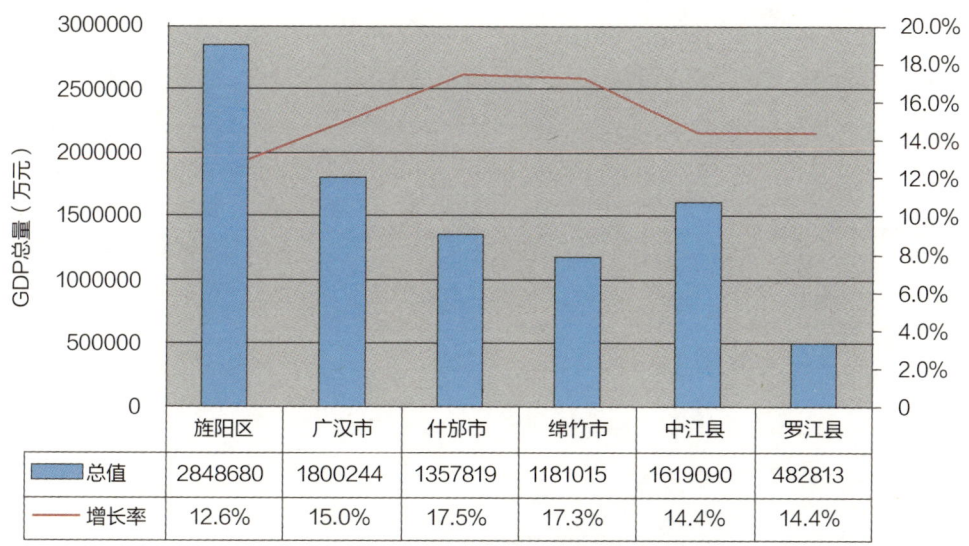

图6-16-2 2011年德阳市区县经济情况

业主要包括通用设备、专用设备、电气机械、天然气化工、天然气开采，三大企业占据主要地位。什邡市的支柱产业包括磷化工、烟草和食品制造等，是亚洲最大雪茄烟生产基地和植物蛋白饮料生产基地，啤酒也占据西南地区的大部分市场。绵竹市的主导产业为通用设备、磷化工和饮料，拥有中国名酒品牌——剑南春。广汉市目前主导产业为机械制造、医药食品和新能源材料，其中宏华为代表的石油钻采设备发展迅速。中江主导产业包括农副食品、医药和电子信息。罗江主导产业为包括化工、非金属矿和农副食品。

（二）城镇体系与乡村居民点特点

1. 城镇数量众多，均衡密布

德阳市地处成都平原，是我国西部人口和城镇分布最为密集的地区。2011年，德阳市有4个城市、2个县城城关镇、99个一般建制镇（图6-16-3）。城镇密度为每100km² 1.7个，远远高于全国平均的城镇密度（0.2个/百km²）。

目前全市有40万人以上的中等城市一座、20万~40万人以上的城市（城关镇）3座、5万人以上的城关镇2座、规模在1万人以上的建制镇5个（汉旺镇、仓山镇、黄许镇、孝泉镇、师古镇），其他均是1万人以下的小城镇。

德阳市城镇体系呈现出大城市数量少且规模偏小，小城镇数量众多规模小的特点。全市99个一般建制镇人口规模仅有36.9万人，城镇规模总体偏小。2万~10万人级别的城镇出现断层。

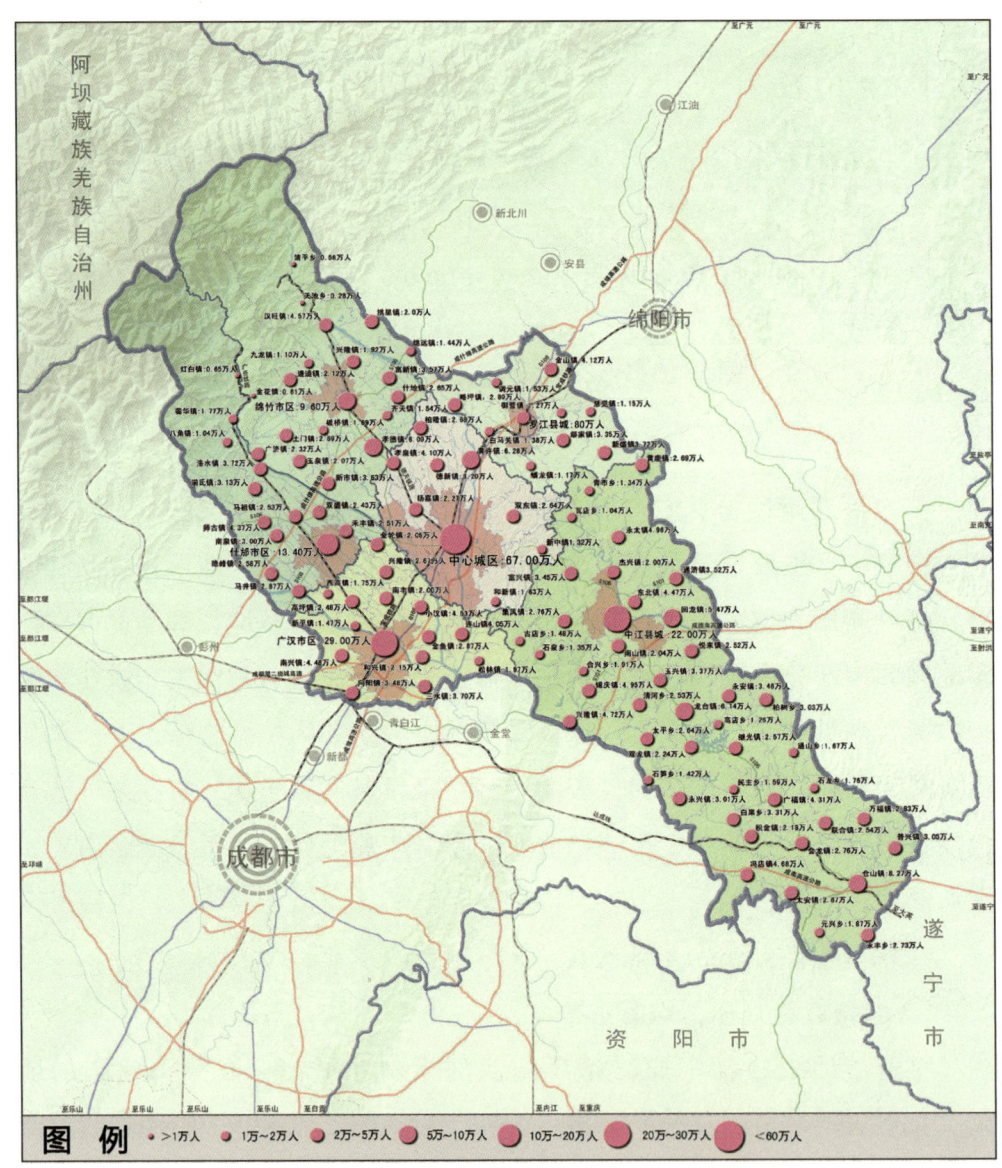

图6-16-3　德阳市域城镇及人口分布现状图

德阳市地跨龙门山区、成都平原和盆中丘陵三大自然地带。龙门山区山势高耸，交通不便，但矿产资源和风景旅游资源丰富，生态保护功能重要；成都平原土壤肥沃，灌溉条件好，经济发达；丘陵地区人口较为密集，但经济相对滞后，并且水源涵养保护功能重要。

受自然条件影响，德阳市城镇空间分布差异明显。龙门山区人口稀疏，城镇数量少，零星分布在进山公路沿线。成都平原地区人口和城镇密集，表现出明显的均衡分布的特征。丘陵地区城镇主要沿106省道和101省道分布，呈现出十字轴分布的特点。

从城镇空间结构来看，中心城与周边区县构成发散结构，德阳中心城区与什邡市就缺乏较强的经济关系，总体上各区县的外向型发展态势较为显著。

2. 乡村居民点分散，设施难以高效配置

从乡村居民点情况看，德阳市域平坝区村庄密集分散、丘陵区和山区村庄稀疏分散，居民点规模小。德阳市域现状共有1443个村庄（行政村），农村户籍人口约290万人，常住人口约220万人，平均每个行政村户籍人口约2000人，常住人口约1500人，自然村的规模则只有200~300人。德阳平原地区人口密度达到600~1000人/km^2，丘陵地区人口密度在500~800人/km^2。由于川西平原地理特点和文化因素，德阳的乡村具有分散密集的特征，通常表现为3~5户聚集在一起的散居状态，平原地区呈现出"川西林盘"①的独特风光。图6-16-4是什邡市的乡村居民点分布，可以看到德阳村庄分布的典型特点。

乡村居民点的过度分散不利于基础设施服务的高效配置，同时接受城镇服务的难度偏大。乡村的基础设施和公共服务水平难以提升。乡村污水处理率低，垃圾收集和处理设施严重不足；乡村的公共设施如医疗、教育等水平较低。德阳人多地少特点突出，人均耕地不足一亩，土地闲置率较高，不利于农业规模化生产和基础设施集约高效利用。

---

① 川西林盘是指成都平原及丘陵地区农家院落和周边高大乔木、竹林、河流及外围耕地等自然环境有机融合，形成的农村居住环境形态。

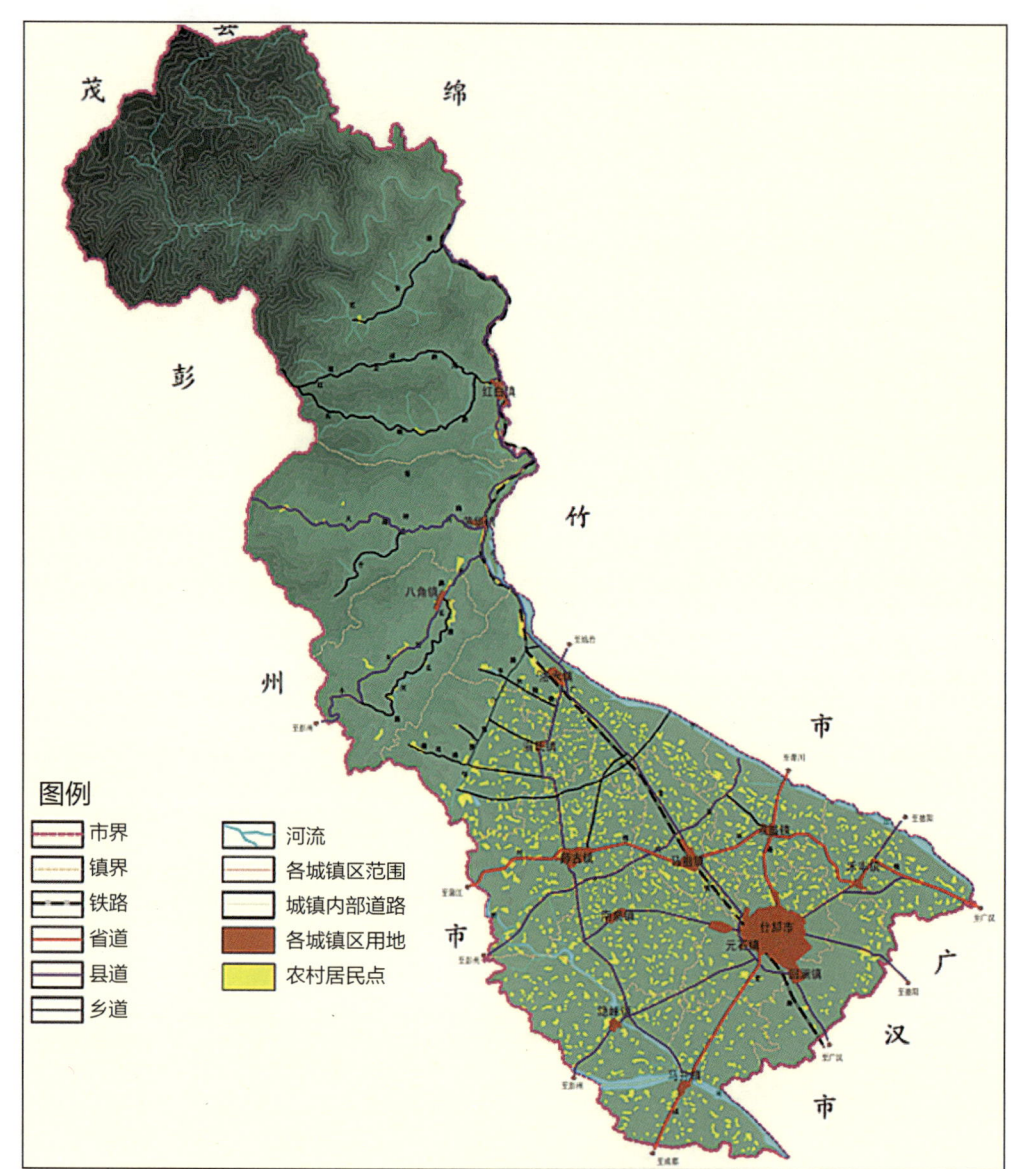

图6-16-4 什邡市的乡村居民点分布

(三)农业发展与农民收入情况

1. 农业发展情况

德阳市农业生产稳步发展。农林渔牧总产值逐年递增,其中第一产业增加值由2003年的72.95亿元增长到2011年的177.4亿元,但第一产业产值所占比重逐年递减,由2003年的20.5%下降到15.6%。

2011年年底,全市耕地总面积为18.5万hm^2,农民人均耕地面积约1亩,农民人均耕地占有量较低且过于分散。

市域现状农产品主要包括粮食作物、油料作物、蔬菜、水果、养殖、肉类以及禽蛋。粮食作物、油料作物、蔬菜作物、养殖主要分布于广汉市、什邡市、旌阳区、绵竹市平原地区，以及中江县城近郊、县域东北部和南部丘陵地区沿S106两侧地区。什邡市、绵竹市、旌阳区、罗江县、中江县丘陵和山地地区主要发展林果、花卉、林下养殖、中药、烟叶、蚕桑和水产养殖产业。

2. 农民收入水平

近年来，德阳市农民收入逐年增加，由2001年的2485元增加到2011年的7831元（图6-16-5）。德阳市历年农民人均纯收入较高于同年四川和全国平均水平。2011年德阳市农民人均纯收入在西部城市排名第11位，在全国排名第131位，但与其他城市相比，收入仍旧不高。比成都市农村人均纯收入少2000元，比全国排名第一的东莞相比差距更大。

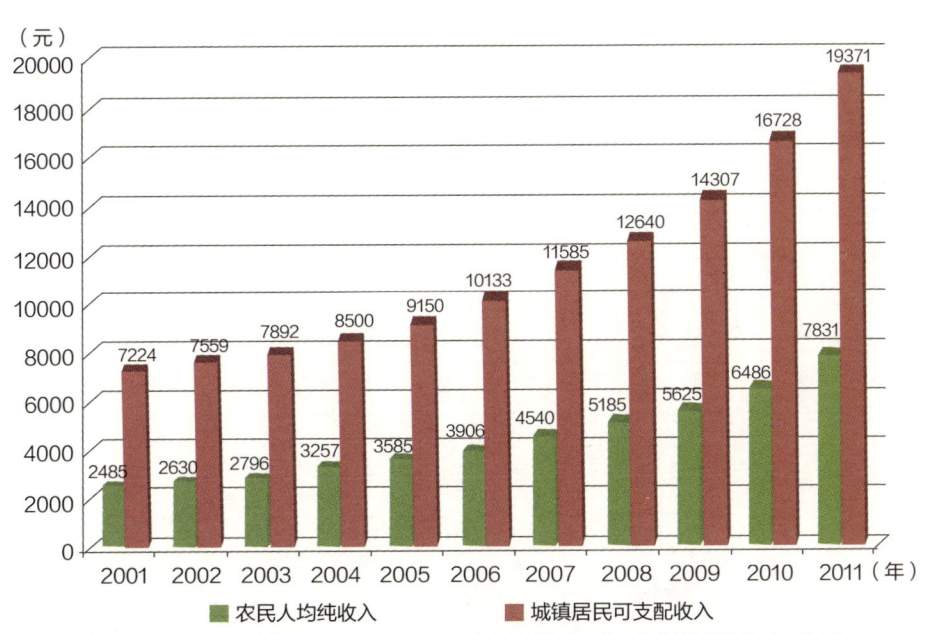

图6-16-5　2001~2011年德阳市城镇居民与农村居民收入情况

资料来源：《2012年德阳统计年鉴》

德阳市城乡居民收入差距呈逐年下降趋势，由2001年的2.91∶1降低到2011年2.47∶1，城乡差距小于同期四川省和全国水平，但城乡收入差异仍然明显（表6-16-1）。

德阳、四川、全国农民人均纯收入对比表　　　　表6-16-1

年份	德阳市人均GDP（元）	农民人均纯收入（元）			城镇居民人均可支配收入（元）			城乡收入比		
		德阳	四川	全国	德阳	四川	全国	德阳	四川	全国
2001	6921	2485	1988	2366	7224	6360	6859	2.91：1	3.20：1	2.90：1
2007	17789	4540	3546	4140	11585	11098	13786	2.55：1	3.13：1	3.33：1
2009	21352	5625	4462	4761	14307	13904	17175	2.54：1	3.12：1	3.61：1
2011	31562	7831	6129	6922	19371	17899	21810	2.47：1	2.92：1	3.15：1

德阳市所辖五个区（县）市中，广汉市城乡收入差异最小，绵竹市、什邡市、旌阳区和中江县次之。其中旌阳区、什邡市、绵竹市城镇居民可支配和农村人均纯收入高于德阳市平均水平，广汉市城镇居民收入略低于全市平均水平，中江县城镇居民和农村居民收入均低于德阳市平均水平，城乡居民收入差距较大（表6-16-2）。

德阳市各区（县）市城镇居民与农村居民收入情况　　　　表6-16-2

年份	区县市名称	城镇居民可支配收入（元）	农民人均纯收入（元）	城乡收入比
2009	德阳市	14307	5625	2.54
	旌阳区	16349	6392	2.56
	广汉市	13810	6040	2.29
	什邡市	14423	6300	2.29
	绵竹市	13701	6212	2.21
	中江县	12777	4938	2.59
2011	德阳市	19371	7831	2.47
	旌阳区	21620	8863	2.44
	广汉市	18249	8435	2.16
	什邡市	20959	8846	2.37
	绵竹市	19327	8689	2.22
	中江县	17399	6838	2.54

资料来源：《2012年德阳统计年鉴》。

二、德阳统筹城乡的实践探索

自从2007年被确定为全省统筹城乡经济社会发展综合配套改革试点市以后,"统筹城乡"这个词开始以极大的密度和极高的频率出现在德阳人的口中,德阳全市在市委市政府的领导下展开对城乡一体化建设的探索。但由于2008年汶川大地震的影响,2009~2011年德阳市域工作重心放在灾后重建方面。德阳在农地流转、农业产业化和乡村建设方面仍然进行了一些探索,下面是农业产业化整体情况和一些特色案例。

(一)农地流转与农业产业化情况

至2011年,德阳全市农业产业化企业517个,其中年收入在1000万元以上的龙头企业75个,专业合作组织1267个,带动65.1万农户致富。通过农业用地流转,促进土地适度规模化经营,农业劳动生产率进一步提高,大量的农村富余劳动力将转移到城镇的第二、三产业,农民可由此得到土地出租、分红、务农、就业等收益,为农民增收。

目前德阳市农业用地流转模式主要包括"公司+农户模式"、"公司+基地模式"、"土地股份合作社模式"、"农业托管模式"以及多种形式的农业合作社(表6-16-3)。

德阳市农业产业组织形式　　　表6-16-3

产业组织形式	特点	优点	缺点	德阳案例
公司+农户	公司建立生产基地,提供关键性的生产资料、产中服务和销售服务,农户则严格按照公司的要求进行生产	有利于农民学习生产技术和规模经营增收	遇到市场风险和双方发生矛盾时,公司由于维持自身利益的最大化,农民利益得不到保护,不利于农民进入农业产业链其他环节	温氏集团(养禽业)
公司+基地	以公司或集团企业为主导,公司建立生产基地,提供资金、技术、运销,农户进行生产	实现了农产品的标准化,有利于规模化生产	农民主要获得土地出租收益和劳动收入,但不利于分享农业经营的收益	旌阳区新中镇(种植业、养殖业、餐饮、休闲娱乐、观光);绵竹市"中国玫瑰谷"(花卉种植、休闲旅游、餐饮、观光);德阳(香港)东升农场绿色蔬菜有限公司

续表

产业组织形式	特点	优点	缺点	德阳案例
土地股份合作社模式	部分农户土地承包经营权入股建立合作社，由合作社统一种植和管理，提供技术、资金和设施进行标准化生产和销售	有利于农民分享产业经营收益，容易被农民接受	需要较高素质的经营管理人员和技术人员，需自行承担市场风险，在发展初期规模小、经济实力较弱，难与组织严密的大企业抗衡	旌阳区双东镇；绵竹市土门镇
农业托管模式	由村集体建立专业合作社，不流转给公司租赁，农户通过专业合作社购买社会化的服务，由专业合作社对农户田地提供育苗、栽种、收割等服务，农户支付服务费用，收割后的农产品由专业合作社统一进行销售	有效解放农村剩余劳动力，形成农业服务产业链，可提高服务效率，提高劳动生产率	不利于农民分享收益，需要较高素质的经营管理人员和技术人员，需承担市场风险	广汉市金鱼镇
农业合作社	农民在自愿互利的基础上组织起来的合作经济组织，以从事农业生产为主的合作经济组织，土地实行作股入社，统一经营	农民参与农产品的销售、加工、运输、贮藏等下游产业环节，分享收益	需要较强的基层经济民主和监督机制；需要探索外部生产要素主体合作形式	双东镇钻石村；元石镇箭台村；御营镇响石村；绵竹市什地镇

（二）德阳农村产业发展特色案例

通过以下几个区县的做法可管窥城乡统筹改革试点在短时间内给德阳带来的深刻变革。

1. 旌阳区涌泉镇的蔬菜专业种植模式

涌泉村地处德阳市旌阳区孝泉镇以南，德茂公路穿境而过，距孝泉镇6km，距德阳市区15km，辖区面积4.5km^2，耕地面积2593亩，辖10个自然村，总户数786户，总人口2300人，人均年纯收入达到9111元。涌泉村是新农村建设的典型村，其特点是盛产蔬菜作物，全村种植蔬菜的村民基本上都加入了镇里组织的蔬菜协会。一方面通过蔬菜协会引进新品种和新技术，搞好产前、产中、产后服务；另一方面利用蔬菜协会培养种植能手，全村出现了一批蔬菜种植的"土秀才"、"田专家"。全村的蔬菜种植规模不断壮大，经济效益日益明显，农机化水平达到了95%；2006年入驻的"东升农场"现已占地1000亩，这1000亩土地是香港东升农场集团投资1000万港元在孝泉建立的绿色蔬菜种植加工基地。在温度、肥料、土壤等十分考究的种植技术带来巨大经济效益的同时，也给农户带来真切的实惠。孝泉镇副镇长陈绍奎介绍，豆苗在荷兰要卖140元/kg，而这个示范基地已经吸纳当地200多人实现就业，月收入在500～600元。辐射带动10000亩绿色蔬菜基地建成，该村经济总量得到大幅提升。这就是现代农业给农民带来的最直接的利益改变。

涌泉村的基础设施完善，规划都是依托灾农房聚居点建设，以"涌泉新村"为样板，按照"川西民居"风格对全村400户农房进行了庭院改造，在外观设计上运用了孝文化元素，将"一门三孝"的故事结合传统文化，打造出一种独具特色的川西民居村落。突出了孝泉古镇特色的风貌改造，形成了风格统一、设施完善、一户一景的特色风貌。

2. 什邡市共和村的工业产业发展模式

在城乡统筹的试点机遇面前，什邡市注重培育新产业、新农民、新保障、新风尚、新探索的"五新"机制来引领城乡统筹快车的前进方向，尤其注重把广大农民逐渐引领进城乡一体化的新境界。

共和村占地4.6km²，共有17个自然村，1299户，3417人，距离镇上3公里，距什邡市15km，地处平原。该村是一个招商引资的大村，全村共有企业11家，以宏达公司为龙头，化工企业较多，以加工锌为主。之前由于没有污水处理设施，村中的150亩耕地被污染，成为撂荒的土地。目前已经建成排污处理厂，解决了污水问题。为了招商引资，给工厂最大的利益，全村于2003年进行了统一规划，为村民集中建设了住房，整理出来的土地流转给工厂用做生产用地。所以村里已经进行过新农村建设，是一个新型工业产业化村庄。该村村民的收入主要为给入住本村的企业打工，平均月收入为2000～3000元，村民的人均年纯收入为8600元，与全市的村庄相比，已经属于较高水平。

3. 绵竹市棚花村的文化旅游产业模式

遵道镇棚花村是绵竹有名的年画村，全村大力发展刺绣年画，带动妇女创业。通过村组干部和妇女组织的引导与带动，棚花村村民开始在家中独立绘制年画、代销年画，每人每月收入近千元。故此，棚花村以发展沿山乡村旅游为依托，大力扶持农家乐。凭借政府所提供的小额低息贷款等各方面优惠政策，当地农家乐的规模也不断地发展壮大，农民收入较过去也有了较大幅度的提高，对当地发展新型旅游模式起到了极好的推动作用。为推进新农村项目实施，村里连续六次召开村"两委"会和村民代表大会，动员组织群众，集中土地500余亩实行流转，建立起猕猴桃基地、蔬菜基地，每亩增收800余元。灾后重建过程中，针对农户的房屋改造，该市政府对每户农民补助3000元，镇上另外补助500元；并对实施沼气改造的农户及时发放物资补助，每户1000元。在短短几个月内，该村100多户农户都用上了卫生、方便的沼气。

4. 中江县高石梯集镇商贸发展模式

高石梯居委会是中江县发展较为快速的地域，占地0.8km^2，位处几个村的交界处，曾经属于会棚乡，乡镇合并后归为富兴镇管辖，由于人口众多，所以形成了集镇。集镇比较热闹繁华，沿街做生意的很多，主要经营茶馆，饭店，买卖蔬果，百货，医药，集贸，五金等，人口流动性很大，外来的人占大多数。附近的村民们经常到集镇购买生活必需品，还有一部分人找活儿、帮工。就高石梯居委会来说，共有240户，460人，因地处集市，基础设施建设较为完善，各项服务齐全。到县城虽然有20km的距离，但是每天都有多班次大巴车停靠，通往县城和市区，交通非常便利。居委会的村民几乎没有地，农业产值为0，非农产值达到了460万，人均纯收入10000元。高石梯已经完成了土地流转和村转居的建设，居民大多在外从事工作，或者在集镇做生意。集镇上也有劳动力闲置现象，多聚集等候在茶馆等公共场所。

5. 罗江县凤雏村特色乡村旅游模式

罗江县凤雏村是农村规划中较为成功的典型，该村占地10.5km^2，丘陵地貌，共有2个自然村，1100户，3100人，距离白马关镇不到2km，距离县城5km，这里靠近白马关，是当年三国古战场所在地，有庞统墓等一大批三国文化的文物单位。现在成了三国文化旅游景点，现存文物建筑15处，另外尚存诸葛点将台、落凤坡血坟、金牛古道、挂镜台、贞节牌坊等建筑遗存及遗址，还有一些自唐代以来的碑刻、楹联、匾额、字画、木雕、石刻及古树名木等门类、数量众多的附属文物。在进村的路上便可以看到庞统雕像。由于凤雏旅游村庄，其村内服务设施较为完善，村容村貌齐整，建筑风格别致。凤雏村在灾后重建时进行了重新规划，给全村的村民修建了新房，并借鉴了徽派风格，成为村庄旅游的一个亮点。重建后旧房全部拆除，整合了一定的宅基地和农田，给村民35m²的免费住房，剩余的费用由村民自己承担，每平方米价格在700元左右。村庄整治过程中，村民的土地大都流转给公司，村民收取固定土地租金，其中旱地每亩每年405元，湿地每亩每年580元。这导致这里年纪较大的人无地可种，收入颇低，他们想外出打工或进入当地公司也不被接纳，只有低额的土地租金，养老前景甚是担忧。该村的经济收入水平两极分化现象较为严重，村里有一部分人经营农家乐和餐馆，收入较高，能够达到年均20万；但全村从平均收入水平来看，却只有6800元。该村还是核桃种植基地，全村有900亩土地种植核桃，由公司经营。在旅游方面，村庄的交通比较方便，每年大概有十几万游客前来参观。

6. 小结

德阳在农村产业发展的实践中，因地制宜探索了不同的模式，例如专业合作社模式、工业带动模式、文化旅游模式、商贸集镇模式和乡村旅游模式等，充分说明农村发展的多样化路径。但是罗江案例的实践也表明，类似于土地出租固定租金模式不利于农民分享产业化发展利益，有可能让农民失去了发展的可能性，农村的发展仍然需要探索农民合作经济和集体经济的模式。

三、德阳农民意愿及城镇化意愿调查

为了解德阳村民对城镇化建设的想法和意愿，以及农村的基本情况，调查组在德阳市农村运用偶遇的方式，对村民进行问卷访谈。问卷涉及的调查对象为留守在农村的村民以及在乡镇工厂工作的农民工。调查范围覆盖德阳三市两县一区，覆盖了18个乡镇，33个村庄，最终完成617份有效问卷。问卷内容涉及被调查者的个人基本情况、家庭基本情况、土地状况、住房情况、农业产业化意愿、市民化意愿和对建设新型社区的看法。

（一）问卷调查基本情况

从性别看，调查的被访者中男性占54.5%，虽然农村外出打工的男性占多数，但是村里也居住着年长的男性。从这次调查的情况来看，村中的留守人员，并不都是以女性为主，很多40~60岁的男性也会在村里种地工作，平时打牌、喝茶，这也和四川独特的休闲文化相契合。

从年龄上看，与大多数调查和预期相吻合，居住生活在农村的人的年龄集中在40~49岁，占了成年人的1/3以上，40岁以上的人口更是占到了成年人的65.4%。由此可见，年轻人更多地在外务工，留守在农村的人年龄较大，虽然有外出务工的意愿，但是由于体力和文化水平较低，几乎没有企业愿意接收他们。

从学历上看，具有小学和初中学历的人占全部被调查者的近80%（483人），初中及以下学历更是高达85%，留守人员的受教育水平较低，一是因为年龄较大，以往受教育的机会相比现在少很多；二是因为教育水平较高的年轻人大多在外打工上学，致使农村居民呈现出"高龄低学历"的状况。

从调查数据看，德阳农村家庭人口数比较集中分布在3人、4人和5人这三个数值，频数分别为225、147和126人，合计超过被调查家庭的八成；而家庭劳动力数集中分布在2人、3人和4人三个数值，频数分别为293、154和84人。由此推算，被访者的平均家庭规模为3.78人，每户所拥有的劳动力数量为2.53。由此可见，农村劳动力的数量要高于1∶1的水平，劳动力数量占家庭规模的67%，其原因在于年轻劳动力外出较多，年纪较大的人仍然从事农业劳动，成为劳动力的一部分（图6-16-6）。

（二）农民城镇化的意愿

1. 获得城镇户口和社会保障的意愿（放弃承包地）

近年来，户籍制度改革的"引擎"已经启动，并在全国各地不断推进。十八大以来，加快户籍改革成为改革的共识。虽然各个地方户籍制度改革的模式和进程不尽相同，但是改革方向整体上正朝着打破城乡二元分割、促进农村人口自由流动的方向发展。

通过询问农民是否愿意在放弃承包地的前提下，获得城镇户口和社会

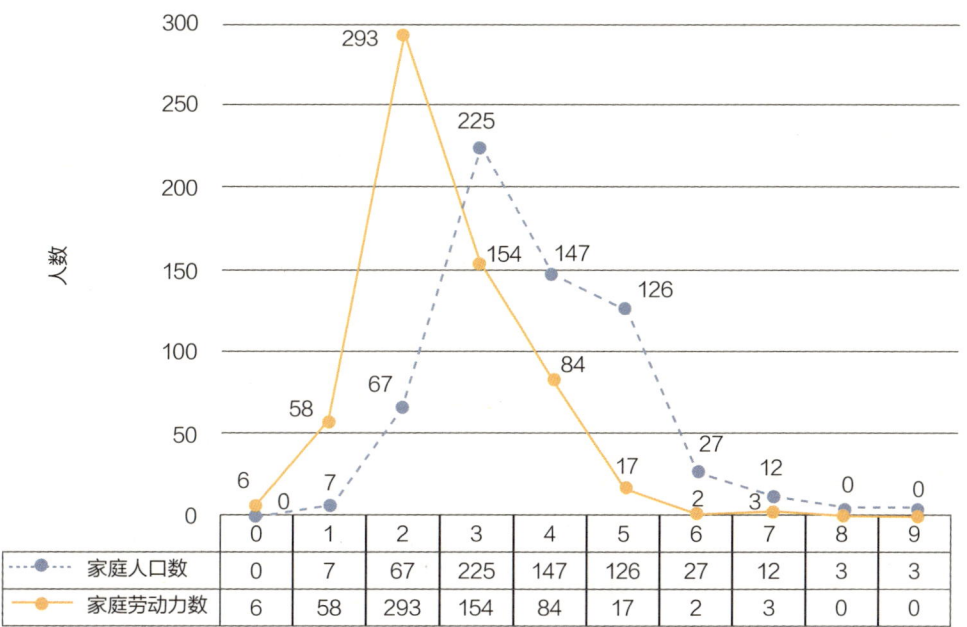

图6-16-6 被访者家庭人口数和劳动力人数

保障,有将近一半(45.7%)的村民表达愿意这样做。不愿意的比例占1/3(31.3%)左右。剩下的23%的村民表示不清楚。可以看到对于这件事情,农民的意见较为分化,但是相对多数的人愿意获得城镇户口,是开展下一步工作的良好基础。

从图6-16-7中可以看到,不同年龄段的农民对于放弃承包地,获得城镇户口的选择基本相似,都是大部分愿意,其次是不愿意,看情况的比例

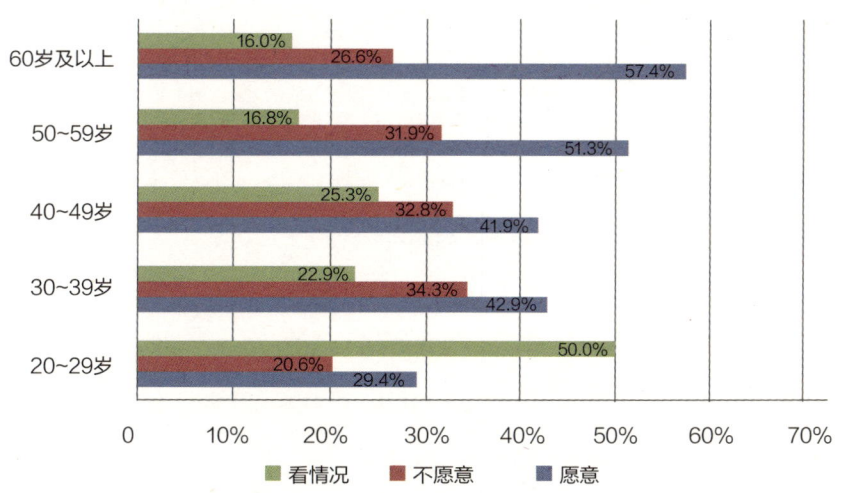

图6-16-7 是否愿意放弃承包地,获得城镇户口和社保(分年龄段)

最少，唯独20~29年龄段的人选择愿意的比例低于其他年龄段，而且更多的人选择了看情况。

2. 到城镇居住的意愿（卖掉农村住宅）

在提到是否愿意去城镇居住，但一定要卖出农村的住房时，有不到一半（48.1%）的村民表示愿意，51.9%的村民表示不愿意。这个结果与上面的问题反映出一个相似的问题，即农民对于出卖宅基地或者让出土地的想法还是很有分化的，究其原因，课题组通过分析年龄、教育等背景因素，并未发现显著差异，可能是根深蒂固的乡土情结和对未来生活的不确定性是他们选择留在农村、继续经营土地的原因。

从年龄的角度来看，迁居城镇的比例大体一致，相比较而言，中年人（30~60岁）更愿意居住到城镇中，青年（20~29岁）和老年（60岁以上）的人更愿意保留农村住宅（图6-16-8）。

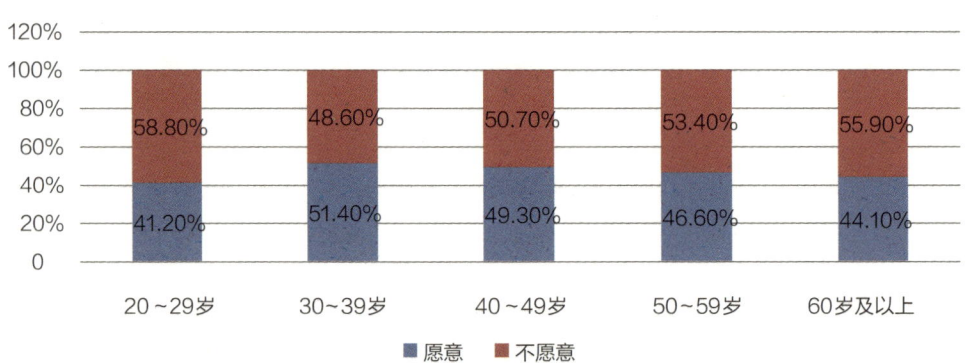

图6-16-8　是否愿意卖掉农村住宅，到城镇居住（分年龄段）

3. 迁居地点的期待

对于居住地点的期待，很明显，大多数村民希望居住在附近城镇（65.27%），说明村民对家乡的依赖确实较为深厚，不愿意到太远的地方居住。还有19.2%的人希望在县城居住，愿意在市区或者其他城市居住的人分别占12.04%和3.49%。由此可见，村民们希望居住在离原居住地相对比较近的地方（图6-16-9）。

从年龄的角度看，仍然是大部分人都愿意在附近城镇居住，几个年龄组相比较而言，20~29岁的年轻人愿意到市区居住的比例更高，其他几个年龄组的情况基本和总体情况一致（图6-16-10）。

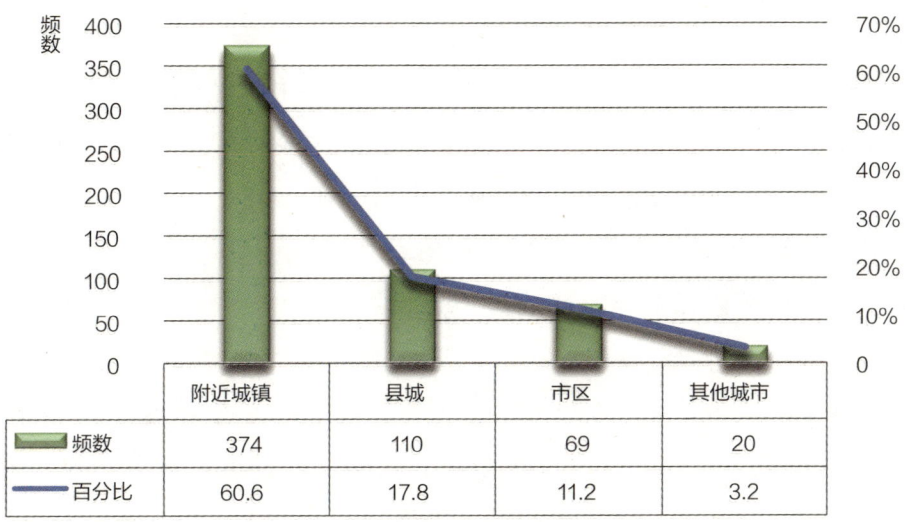

图6-16-9 所期待的迁居地点

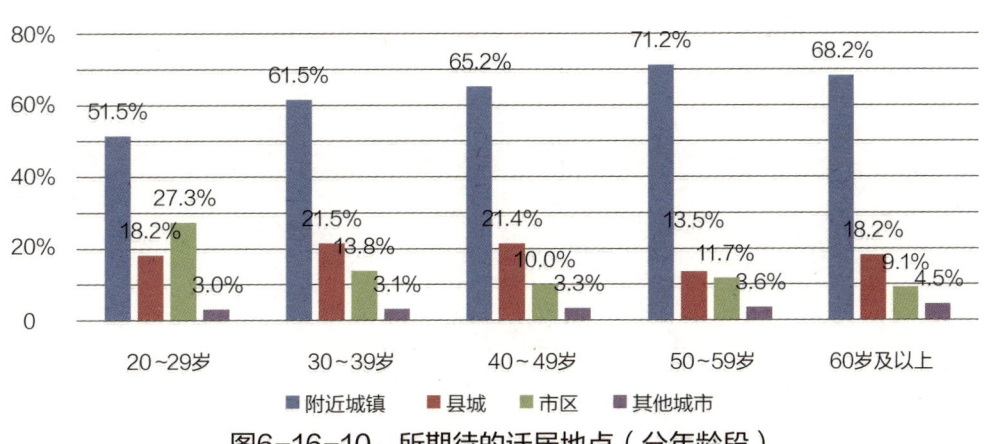

图6-16-10 所期待的迁居地点（分年龄段）

4. 小结

从调研结果看，德阳农民城镇化意愿较为分化，有接近一半的农民希望放弃承包地获得城镇户籍和社会保障，但也有三分之一的不愿意。对于"宅基地换房"的城乡资产置换模式，也有接近一半的人（48%）表示愿意，而不愿意的人超过了一半。这些结果也说明农民的城镇化必须坚持自愿、分类的原则，让愿意进城的农民进城，而愿意留在乡村的农民继续留在乡村。而对于城镇化的居住去向，大多数（约三分之二）的村民还是希望居住在附近城镇，由此也说明县城和小城镇在未来农民城镇化进程中还将扮演重要角色。

（三）农民就业现状及农地流转意愿

加快推进农业现代化和产业化，改变小农生产方式，是让农民摆脱土地束缚，实现城乡统筹的关键。这就需要在农业土地流转、农业规模经营、农业产业组织方式等方面制定合理的政策引导。

1. 被访者家庭成员工作类型和地点

从表中可以得知，被访者及其家庭成员从事的最主要工作还是务农，但是兼业化的特点非常明显。

按照617户家庭户统计，平均每个家庭工作人数为2.88人。从就业人次来看，其中务农约占一半多一点（51.1%），另外一半是出外打工和个体经营。统计发现，纯务农的家庭只有157户，只占调查家庭户的四分之一（25.4%），说明兼业农户占了近四分之三。从非农就业地点来看，依次是乡镇务工（19.2%），个体经营（8.8%）、省内打工（8.0%）和乡镇务工（7.2%）的规模差不多。到省外打工（5.3%）的占最少的比例（表6-16-4）。可见，德阳当地的村民不太愿意到更远的地方务工，在四川省内和离家较近的地方务工是他们的首选。

德阳市农民就业务工情况调查 表6-16-4

工作类型	人数总计	百分比（%）	累积百分比（%）
务农	917	51.5	51.5
个体经营	157	8.8	60.3
乡镇务工	341	19.2	79.5
县城内务工	129	7.2	86.7
省内务工	142	8.0	94.7
省外务工	94	5.3	100.0
合计	1780	100.0	—

2. 家庭户的农田面积与农民耕作方式

从调查看，农民家庭每户拥有的农地面积在2~4亩的最多，占52.94%，2亩以下的占25.82%，4亩以上和无地的农民相对较少，分别为13.73%和7.52%。由于每亩地的产出要根据所种的作物决定，粮食的效益比经济作物低很多，平均按照每亩地每年2000元的收益计算，大多数家庭靠土地的收益只有不到6000元，人均土地年收入不到2000元。每家每户拥有2~4亩农地，要维持全家的生活和支出，是十分困难的。所以，外出打工成为大多数家庭的选择，他们也在一定程度上支持土地流转和承包。

在耕作模式方面，调研发现，德阳农民的土地更多的是由自己来耕种（78%），土地流转和集中耕作的比例还很低。有很多村民外出打工，但土地交由亲戚朋友来帮忙打理。只有11%的人把土地交给公司（图6-16-11），这些村子大都经过了灾后重建的规划，或者是有工厂进入村子，所以土地被集中利用。对于大部分

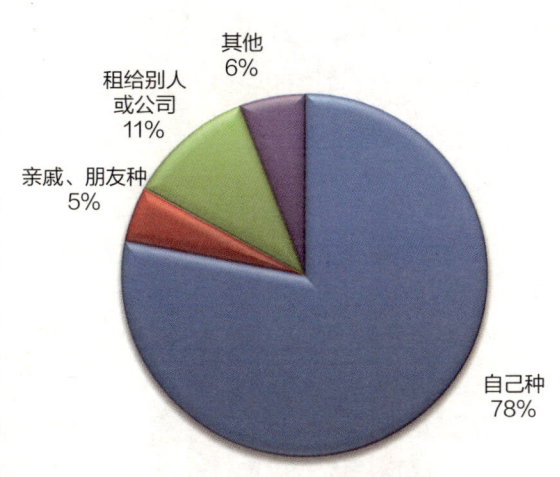

图6-16-11　农民土地的耕作方式

自己耕种的人来说，主要由于地形因素，很多村子为山地和丘陵，土地规模化运作的难度较大。但是，即便是在平原地区，有一些村子的土地利用率也不是很高，可操作的空间比较大，需要政府和村集体统一规划推动农民进行土地流转。

3. 家庭年收入情况

从调查中可以看出，农户全家年收入最多集中在1万~3万（41.8%）。根据原始数据计算，其中全家农业平均年收入为5300元，中位值为3000元，非农平均年收入为25727元，中位值为20000元。可见农业的收入占整个家庭收入的比重很低，只有五分之一左右。所以，在非经济作物的农村，农业的效益已经不能满足农民的消费水平，只有通过外出打工或者做生意来获取更多的收入。

4. 土地流转和规模经营的意愿

调查发现，近一半（49.8%）的农民都支持土地流转，这是因为农业的效益比较低，已经无法满足农民的生活生产需求。但是，对于种植特色经济作物，如贵妃枣、药材、种子等农户来说，他们的土地效益比较高，

并不希望进行土地流转,加上一些人对土地的依赖和依恋,有将近四分之一(23.5%)的人愿意自己继续耕种土地。而剩下四分之一(26.8%)的人则要看流转之后,能够得到的土地租金情况来决定是否流转(图6-16-12)。

从年龄段上看,年轻人(20~29岁)更加保守,对于土地流转的选择,要看情况,比例为60.6%,远超其他年龄组。

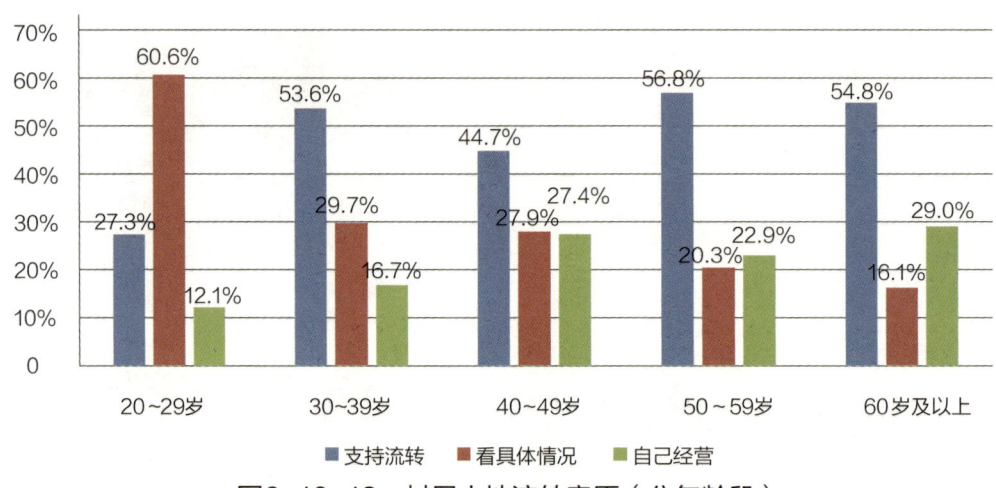

图6-16-12 村民土地流转意愿(分年龄段)

5. 土地流转的方式

对于土地流转的方式,村民们更多希望以"公司+基地"的方式来运作,这部分人占42.04%;还有近40%的人希望土地能够由村集体来统一经营;而恰恰是被赋予最大期望的农业合作社却是农民最少的选择,这说明农业合作社的作用还没有充分体现,需要一定的宣传。另一个重要的原因可能是农民经历过以往合作社的阶段,不愿再回到那种土地管理模式,需要向农民说明新型农业合作社的不同之处。

从图6-16-13中可以看到,年轻人对于土地的收益方式稍微区别于其他年龄段的群体,他们更倾向于选择"公司+基地"的方式来获得土地收益。

6. 土地收益方式的期望

对于流转之后,土地的收益方式,农民期待更多的是"固定收益+分红"的方式(43.4%),这样能够更大效益地获得土地的利润,又比较安

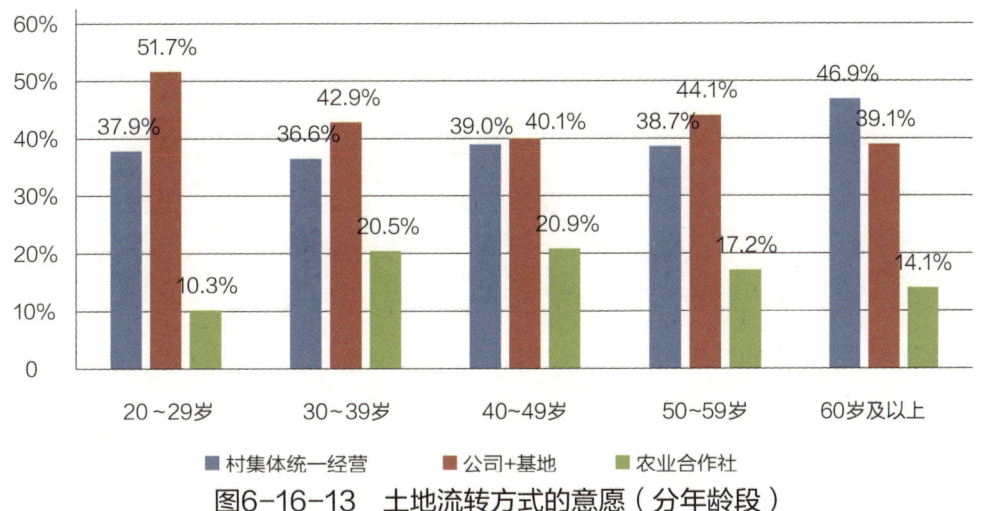

图6-16-13 土地流转方式的意愿（分年龄段）

全。但是，一些人为了规避风险，加之存在保守的观念，会选择仅通过固定收益的方式来获得土地租金（36.8%）。最后只有19.8%的人选择通过入股分红的办法来获得收益（图6-16-14）。

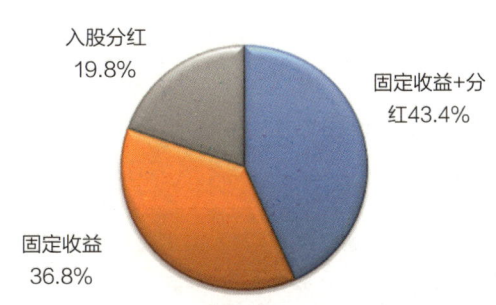

图6-16-14 农民对土地收益方式的期望

从年龄角度看，年轻人（20~29岁）的被访者更倾向于选择"固定收益+分红"的方案，其他几个年龄段人群的情况基本一致（图6-16-15）。

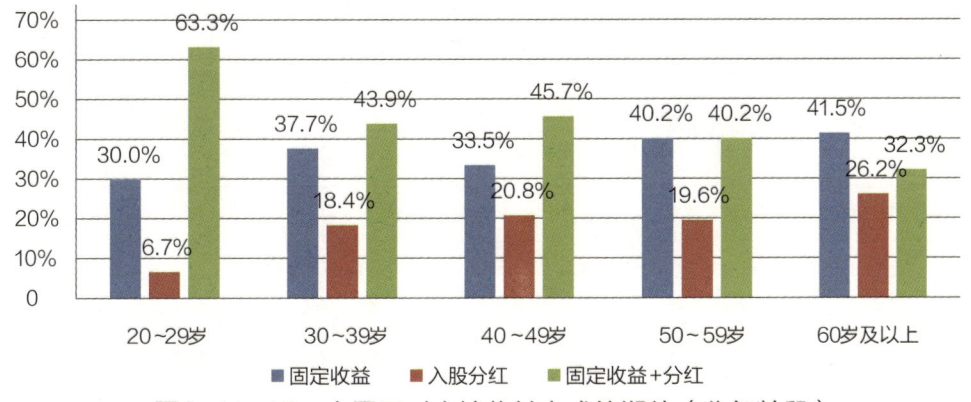

图6-16-15 农民工对土地收益方式的期待（分年龄段）

7. 小结

从调查情况看，德阳市域农民兼业化非常普遍，占被调查户的四分之三，这是因为农业的效益比较低。农业的收入占整个家庭收入的比重很低，只有五分之一左右，特别是在非经济作物的农村，农业的效益已经不能满足农民的消费水平，只有通过外出打工或者经商来获取更多的收入。

由于兼业和收入对农业依赖度低的特点，近一半（49.8%）的农民都支持土地流转。而对于土地流转的方式，"公司+基地"和"村集体来统一经营"各占四成左右，说明农村集体经济仍有可为空间。

（四）农民住房现状及新型农村社区意愿

1. 家庭宅基地面积和住房面积现状

从表6-16-5中可以看出，有近一半的农户宅基地面积为100~199m^2（42%）；200~299m^{2}的占了四分之一左右（26.4%）。相比较宅基地，住房面积会小一些，有一半（51.1%）的农户住房面积在100~199m^{2}之间；只有20.2%的农户住房面积在200~299m^{2}之间；还有五分之一的农户住房面积在100m^{2}以下。

由于四川经历过汶川大地震，据本次调查的数据显示，有三分之一（34.2%）的住房是在2008年地震以后修建的，所以，农民的住房相对来说比较宽松。2000年以前修建的住房也占三分之一左右（32.2%），剩下三分之一（33.6%）的住房是在2000~2008年修建的。

家庭宅基地和住房面积　　表6-16-5

面积	宅基地		居住房屋	
	频率	百分比	频率	百分比
100m^{2}以下	50	8.4	121	19.9
100~199m^2	251	42.0	313	51.5
200~299m^2	158	26.4	123	20.2
300~399m^2	75	12.5	30	4.9
400m^{2}及以上	64	10.7	21	3.5
合计	598	100.0	608	100.0

2. 统一规划新型农村社区的意愿

建设新型农村社区是统筹城乡建设的基础工程，改善村民们的居住环境，是市民化的第一步，是让他们感受城市社区生活的最初体会。对于这个问题，大多数（68.4%）村民表示赞同统一规划建设新型农村社区，不赞同的人只有十分之一（9.6%），剩下的22%表示说不清（图6-16-16）。可见建设新型农村社区的群众基础比较坚实，关键是建设费用从哪里来，对旧房的补偿办法如何，这是农民们关注的重点。

不同年龄组对于建设新型农村社区的态度并无显著差异，只是年龄较大的村民支持的比例更高。

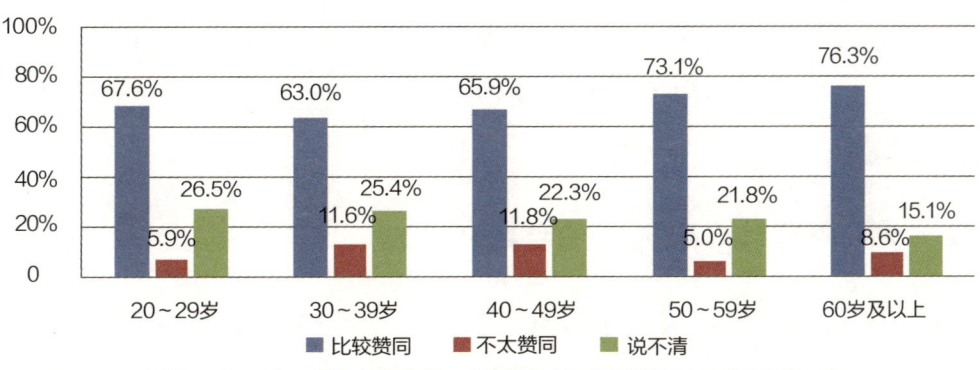

图6-16-16　是否赞成统一规划新型农村社区（分年龄段）

3. 新型农村社区位置的期待

对于新型农村社区建设的位置问题，村民们大多数（71.6%）认为建在本村比较合适，更方便生活，不用离家乡和土地太远，现在的交通也比较方便，所以，本村建设成为了最多的选择。另有17.4%的人选择到镇区居住，仅有11%的人愿意和邻村合并建设。可见村民的选择不是就地建设，就是到城区。

从不同年龄段对新型农村社区建设位置的期待来看，年龄越大，越希望本村就地建设新型农村社区，稍微年轻的群体（20～39岁）希望集中到镇区的比例高于其他年龄段（图6-16-17）。

4. 新型农村社区建设模式

对于建设模式方面，有62.8%的村民认为政府统一建设比较好，同意

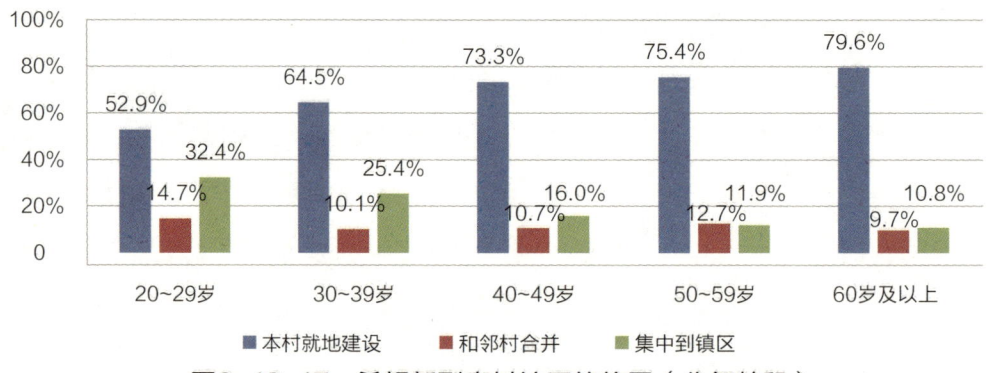

图6-16-17 希望新型农村社区的位置（分年龄段）

政府规划；选择自己建设的也有近四分之一（24.7%），同意由村集体建设的人只有10.7%。同意由开发商建设的人更是微乎其微（1.8%）。

只要建设好了新社区，农民们对拆除旧房的决定还是比较支持的，69.8%的人选择了愿意拆除旧房和宅基地上的一些建筑，只有30.2%的人选择了不愿意。

四、德阳统筹城乡规划的部分核心内容

本节是北京清华同衡规划设计研究院和清华大学社会学系城镇化课题组对德阳市域统筹城乡规划和统筹城乡实施政策机制专题研究的部分核心内容，重点对德阳市域发展战略、城乡建设和城乡统筹改革进行整体谋划，主要包括市域产业与城镇化发展，全域空间规划和体制机制改革三个方面，包括德阳城镇体系布局、人口城镇化战略、乡村可持续发展对策、城乡建设用地统筹与要素流动以及城乡基础设施和公共服务设施一体化五个方面内容。规划力求通过"顶层设计、系统改革"解决制约城乡一体发展的制度障碍，指导未来一段时期内德阳市域的整体发展。规划核心思路是："促进城乡地位平等、加快城乡开放互通、实现城乡互补互促和城乡共同繁荣"。规划也是在"以市县域综合改革推动人口就近城镇化"理念下地级市层面的一个典型个案，凝聚了对新型城镇化的思考和对规划和改革的探索。

规划和政策研究报告对德阳推进全域城乡统筹提出了如下建议：

（一）市域产业发展战略与产业布局

针对德阳市经济发展较多依赖国家战略投资和资源型产业而活力不足、

服务业发展相对滞后等问题，规划结合国内外社会经济发展形势，提出促进产业融合、完善产业体系、转变发展理念、注重创新驱动的发展战略。

1. 产业发展战略

在农业发展方面，巩固优势、培育特色，推进中药材、烟草和林果等特色高效农业发展。一是打造一到两个主导产业和主打产品，实现"一村一品"。积极推动农旅结合，发展各具特色的乡村旅游业。二是多元化经营农业、构建城乡互动的产业体系、促进三次产业融合。积极调整德阳市农业产业结构，产业化发展优质稻、双低油菜、蔬菜、蚕桑、烟叶、中药材、食用菌、种子等八大优势产业，同时积极发展林果、茶叶、花木等特色产业。建设四川川西地区的农产品商品基地，推进优质高产粮食、油料等农作物种植区域化，积极发展高效农业、养殖业。

在工业发展选择方面，把握未来全球产业发展的三大趋势：信息化革命延伸背景下的信息产业与智能产业、基于人类健康需求的生物科技和健康产业以及新型能源和清洁能源产业，结合四川省重点培育发展产业为和德阳及周边区域现状产业发展基础，选择未来5~15年内德阳可能发展的产业进行评估。

由此提出，"立足三大传统产业、培育六大新兴产业、形成九个产业集群"工业发展战略，重点发展高端装备制造业、电子信息、生物医药、能源及精细化工、食品制造等产业（表6-16-6）。

德阳产业发展选择　　　　　　　　　　　　　　表6-16-6

发展导向	重点领域	细分产业	
创新驱动，优化提升发展	高端装备制造业	新能源及智能电网设备	核电设备
			光电设备
			风电设备
			新型储能
			智能输变电
		石油装备	
		航空航天、汽车、轨道交通等交通装备	
		节能环保	

续表

发展导向	重点领域	细分产业
农业与工业融合，特色品牌发展	电子信息	工业电子（智能电网物联应用）
	生物医药	中药、医疗器械
	能源及精细化工	天然气开采、精细化工
	食品制造	白酒、香烟、现代农产品加工

规划也对每个产业进行深化研究，提出可能发展的细分领域。以装备制造产业为例（表6-16-7），提出如下策略：优化提升发展能源装备，培育交通装备、节能环保装备；推动能源装备由制造向服务、技术研发延伸；促进航空航天产业制造、服务领域的融合发展，大力培育轨道交通、汽车、节能环保的发展。

德阳装备制造发展导向　　表6-16-7

发展导向	分类	产业领域	发展重点	产业布局
优势提升	能源装备	新能源电力设备	核电、光伏、风电高附加值产品；智能输变电、新型储能设备	旌阳区
		石油装备	页岩气、天然气的开采设备；石油钻采成套设备	广汉
培育发展	交通装备	航空航天	大飞机标准件，机体设备；小飞机（商务机、运动飞机、直升机）的制造及关键零部件；卫星地面设备、卫星机身外围设备	旌阳区 什邡 广汉
		轨道交通	通信及信号设备	广汉
		汽车装备	整车及关键零部件	什邡
	节能环保装备	节能装备	节能锅炉、天然气节能装备	旌阳区
		环保装备	污染修复设备、大气、水污染治理设备、环境监测设备	
		资源循环利用	有色金属和化工废弃物的循环利用	

在服务产业方面，根据德阳的基础和优势，提出重点发展健康养生、休闲旅游两大主导领域，商务商贸、现代物流两大支撑领域，科技金融、教育培训两大培育领域，加大招商引资力度，将德阳打造成为四川省重要的现代服务业基地。

2. 产业发展布局

规划对德阳市域产业布局进行了安排，其中农业发展主要按照片区特色进行布局，市域划分为若干特色片区（图6-16-18）。平坝区：以粮油、蔬菜种植和禽畜养殖为主；山地丘陵地区：以林果、中药、烟叶、花卉、蚕桑和禽畜养殖等特色产业为主。规划对区县工业分工和服务产业也进行了统筹规划，限于篇幅暂略。

（二）城镇体系布局与村庄集聚引导

针对德阳城镇体系过于密集均衡的特点和乡村居民点过于分散的现实状况，规划提出有选择地培育少数重点镇，形成"中心城区——县城——重点镇"集聚发展的城镇体系，并引导乡村居民点在未来20年中根据人口变化逐步缩减规模和数量。

1. 城镇体系布局

规划从理论和现实层面分析了影响城镇体系发展的新因素，包括高速

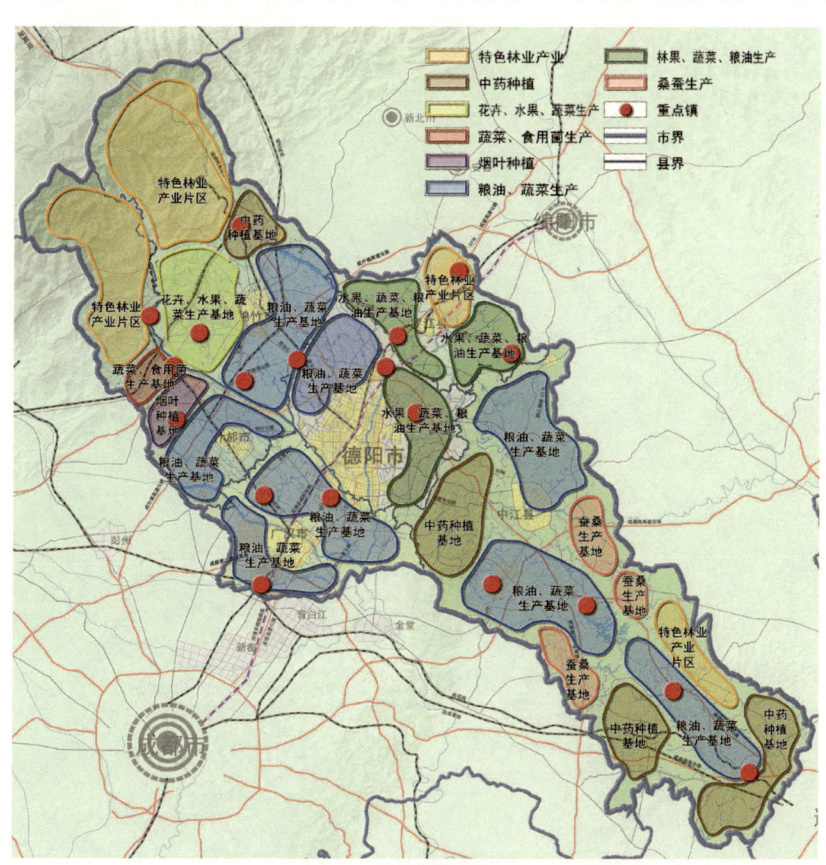

图6-16-18　德阳市域农业产业布局图

交通、生态环境和消费升级等。例如便宜、网络化的区域高速交通使得要素组织超越了封闭区域内的同构竞争，小城镇从传统农贸服务中心转变为区域性生产基地，可以融入更大地域的产业分工。而消费需求升级的背景下，小城镇作为农村地域综合公共服务中心的职能不断被强化，同时乡村生态、休闲和体验经济发展需求日益强烈。生态环境则要求乡村改变分散低效的发展方式，提升城镇综合职能。这些因素都深刻影响到小城镇的角色和发展。由此，规划提出德阳城镇空间发展的三大战略：

三环五廊、强化中心：通过在德阳中心城周边结合区县中心构建"三环五廊"，实现以中心城为基础打造德阳市域人口与产业极核发展地区；带动山区和丘陵地区城镇发展，提升德阳区域竞争力（图6-16-19）。

三环：以德阳中心城为核心向外为扩展，形成"德阳中心城区环"、"环德阳田园风光环"、"大德阳城镇环"；五廊：为紧密联系德阳中心城区与周边区县中心的发展走廊；强化中心：人口、产业向德—广—什—绵—罗城

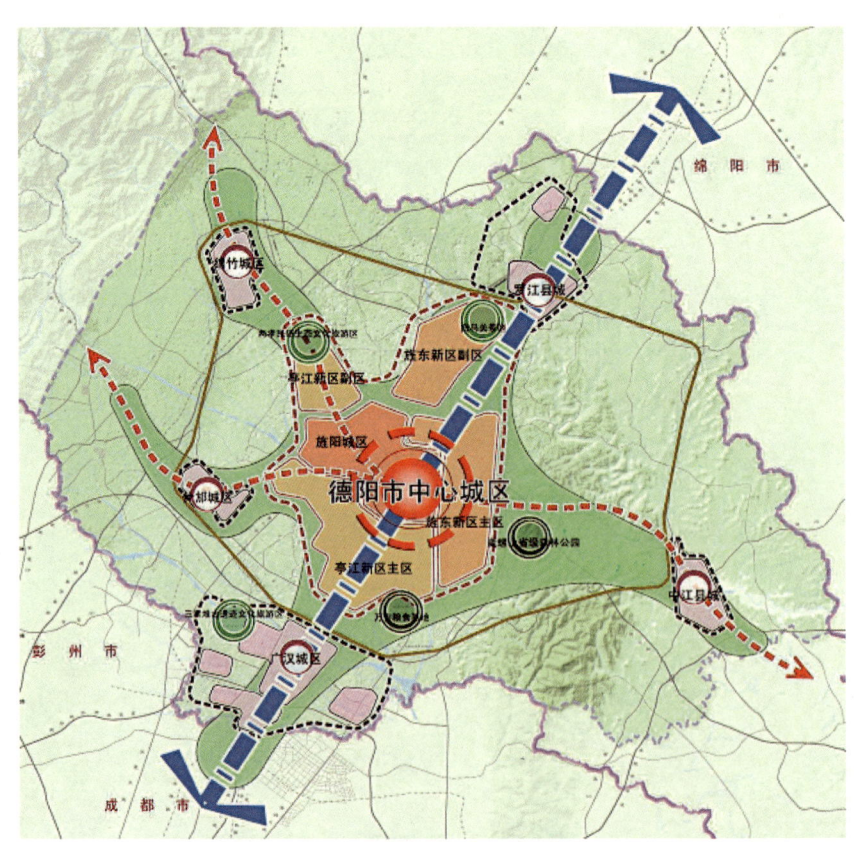

图6-16-19　德阳城镇空间发展战略结构图

镇密集区聚集。在城镇密集区培育一批都市一体化发展重点镇。

区域一体，网络发展：对接成德绵，梳理重要交通廊道，打造城镇群网络中的重要战略节点，培育一批区域增长极型重点镇。

统筹城乡，均衡发展：建立集聚型的乡村聚居体系，构建新型城乡空间形态。结合新型工业化、城镇化与新农村建设，统筹城乡产业发展、空间布局和设施建设，推进城乡基础设施一体化和基本公共服务均等化，建立健全以工促农、以城带乡的长效机制。

按照三大战略，规划统筹考虑城镇现状、产业基础、交通条件、人文资源和生态资源，以及对农村的辐射带动和公共服务因素，对市域99个乡镇进行了综合评价，提出构建由一个市域中心城区、5个县城和21个重点镇构建的"1+5+21"城镇体系。其中21个重点镇包括12个城市导向型的重点镇，未来培育成具有一定人口规模的小城市，包括中心城区周边5个一体化发展重点镇和7个区域增长极型重点镇；9个乡村服务型的重点镇，主要考虑对一定片区范围内乡村地区的公共服务职能（图6-16-20）。

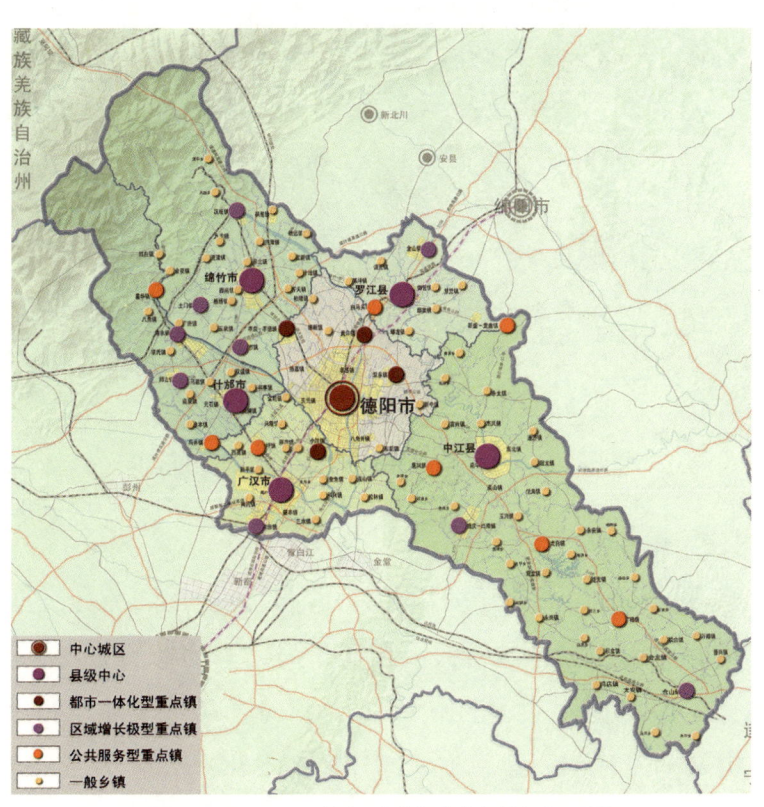

图6-16-20　德阳市域重点城镇布局图

规划应用GIS技术对重点城镇的服务范围进行了分析。考虑不同级别道路通行速度，中心城区、县城和重点镇，分别按照车行1小时、半小时和15分钟距离设为服务半径，调整后的各级城镇（重点镇以上），可覆盖全市87%的乡镇地区，仅有什邡、绵竹北部山区和中江南部个别地区由于地形限制难以覆盖（图6-16-21）。这表明"1+5+21"的城镇体系具有辐射城乡、服务城乡的特点，兼顾了经济效率和社会公平两方面的需求。

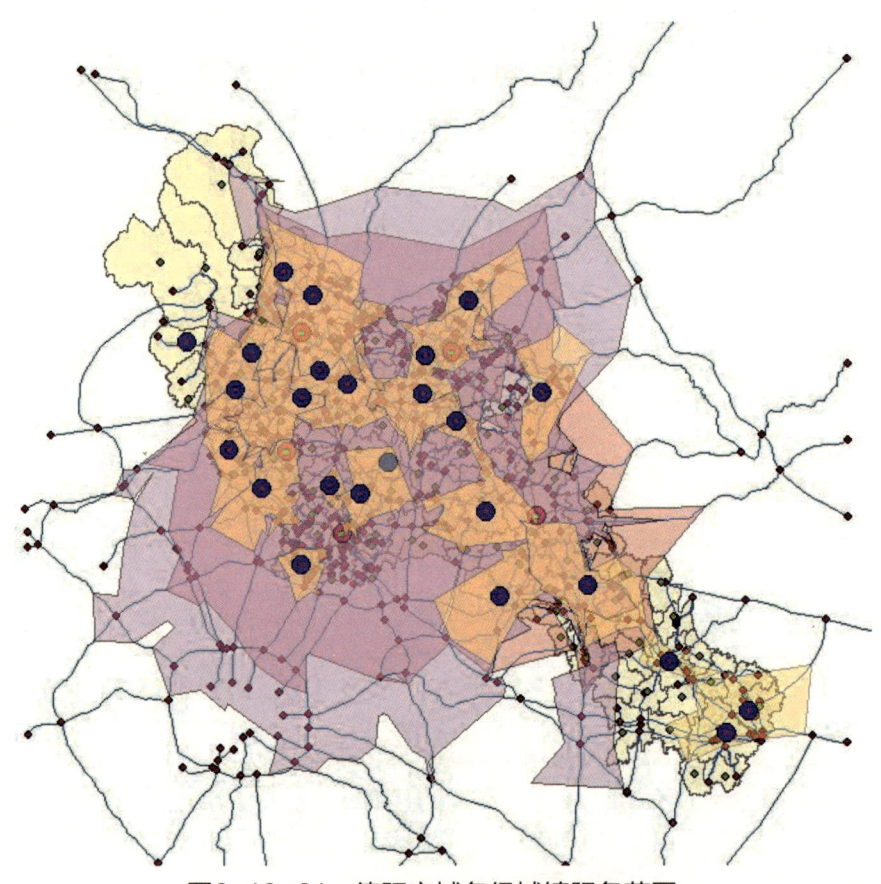

图6-16-21　德阳市域各级城镇服务范围

2. 村庄集聚引导

针对德阳村庄居民点过于分散的特点。规划提出，充分发挥各级城镇的集聚和辐射作用，引导农村人口合理聚居、集约节约利用土地的原则，因地制宜、分类推进山区、沿山、平原地区及丘陵地区的新农村建设，统筹安排各类基础设施和公共设施，连片整理农村生活空间，大幅减少居住用地，保护和优化生态空间。

将全市村庄按照地区区位交通条件、发展动力、地形地貌、资源特色以及城镇规模划分为一体化发展型、优化发展型、控制发展型、撤村并点发展型四类，兼顾片区特点，分区推进城镇化，并从功能、土地利用、组织模式、基础设施等方面进行引导。

规划提出引导现状1443个村庄人口逐渐向小城镇和新型农村社区集聚，新型农村社区主要依托现状100个乡集镇建设，现状村庄未来逐渐缩减和合并，部分转化为小型居民点。远期形成180~220个新型农村社区（人口规模在3000~5000人）和800~900个小型居民点（人口规模在500~800人）的乡村居民点体系。村庄的缩减在整体规划和政策引导下，按照"一村一策"自下而上选择发展路径。重点镇、乡集镇及新型农村社区以外的村庄，保留现状的"川西林盘"的独特景观特色，借鉴成都"拆院并院"的模式进行适度缩减。

（三）农村人口城镇化的路径与政策

1. 人口城镇化发展预测

2011年德阳市域户籍总人口390.5万人，加上居住半年以上的暂住人口6.9万人，总计397.4万人。全市城镇化水平为43%，略高于同年四川省41.8%的城镇化水平，市域城镇人口为171万人。

从城镇化增速来看，2000~2011年，德阳城镇化水平从31.74%上升到43%，提高了11.3个百分点，平均每年增长1.02个百分点，落后于同期四川省全省城镇化水平增速约0.36个百分点。

规划运用劳动力需求法、人地关系法和城乡收入分析法对城乡劳动力需求和人口进行了分析。其中城乡收入分析方法以缩小城乡居民收入为出发点，以对德阳市农业产业发展水平预测为基础，以缩小总体城乡收入比为目标，测算出市域农村总人口。通过对德阳市所辖各县市人口发展趋势的分析，结合各市区（县城）职能定位和产业发展，预测规划期末2020年、远景2030年德阳各县市总人口和各市区（县城）人口（表6-16-8）。

德阳市与城乡人口分布预测表（万人）　　　　表6-16-8

年份	县市名称	旌阳区	什邡市	绵竹市	广汉市	罗江县	中江县	合计
2011年现状	常住总人口	74.5	43.7	50.6	60.5	24.9	143.1	397.4
	市区（县）人口	50.3	9.7	13.3	21.4	5.1	18.3	118.1
	镇区人口	9.2	8.2	4.9	3.3	4.1	23.7	53.3
	农村人口	16	26	32	36	16	101	226
2020年规划	总人口	116~122	43~49	48~55	57~66	24~27	132~150	420~470
	市区（县）人口	100	20~24	18~20	25~28	10~12	25~30	200~220
	镇区人口	6~10	10~11	9~10	12~14	5~6	27~30	60~80
	农村人口	10~12	13~14	22~25	20~24	9~10	70~90	160~170
	转移农村人口	4~6	6~7	9~10	8~9	4~5	20~36	50~70
	城镇化率	87%	56%	54%	53%	52%	41%	62%
2030年规划	总人口	165~180	40~50	50~60	60~70	20~30	110~140	440~530
	市区（县）人口	150	24~28	20~25	28~33	12~15	30~35	260~280
	镇区人口	8~15	10~15	12~14	14~17	5~8	30~32	60~100
	农村人口	7~11	7~10	15~18	15~20	5~8	60~80	120~150

现状资料来源：德阳市公安局。

2. 人口城镇化路径分析

根据以上对城乡人口发展的分析，规划预测，到2030年德阳应该有150~160万人进入城镇生活和居住。

从人口城镇化的方式看，德阳农村人口向城镇人口转化通常有以下三种方式：（1）随着农业用地转化为建设用地，农民由此被动进入城镇居住和工作；（2）由于就业吸引，农民不愿意继续从事农业生产，进入城镇从事二、三产业；（3）农村家庭子女接受中等、高等教育后转为非农业人口，或农村子女中学毕业后进入城镇就业。

规划对德阳市域各区县人口转移途径进行了分析和预测，结果如表6-16-9所示。

德阳市农村人口转移途径预测（万人）　　　　表6-16-9

区县（市）		征地转移	教育转移	政策、就业引导转移	合计
全市		6~9	10~13	30~60	50~80
其中	旌阳区	0.5~1	0.8~1	3~4	4~6
	什邡市	1~2	1~2	8~9	12~13
	绵竹市	1~2	1~2	5~6	7~10
	广汉市	1~2	2~3	9~10	12~16
	中江县	2~5	3~8	6~18	11~31
	罗江县	0.8~1	1~1.5	4~4.5	6~7

3. 人口城镇化相关政策

在制度层面，重点是破除制度障碍：一是放开户籍制度，以及配套的社会保障、就业培训、住房和购房优惠政策等；二是土地制度、农民资产权利与有偿退出机制。

通过改革户籍制度，降低城镇户籍准入门槛，保障农民农村财产权利，建立城乡资产置换机制和农村财产退出机制，鼓励农民"带资进城"，引导农民有序进入城市。

分阶段推进社会保障制度改革，逐步完善社保体系，城乡职工享受同等的社会保障待遇。建立农民工参加城镇职工基本养老保险的政策，探索农民工返乡后的相关保障转移和衔接政策。

建立城乡一体的住房保障制度，为进城务工农民提供居所。制定购房政策，并逐步完善农村务工人员在城镇购房的优惠政策。由区县市政府统筹安排福利房和保障房建设资金，支持乡镇级农民集中区和保障性住房建设。

建全城、镇、村、社区四级公共就业服务体系和援助制度，针对农民就业意愿，鼓励农民进城自主创业，对进城农民提供相应的就业培训和多元化的就业渠道，实现就近就业，加快人口城镇化或市民化进程。

加强社区建设：加强新型农民集中居住区内的服务体系建设，构建社会多方参与的综合服务网络，加强与农民沟通交流，深入了解农民多元化诉求，逐步改善农民生产、生活方式和文化素养，加强农民的融入感和幸福感。

另一方面,通过土地制度改革,赋予农民财产权利,降低流动门槛。建立农村财产退出机制,鼓励农民"带资进城",给予农民宅基地置换城镇住房的优惠条件和政策。

建立农民自愿、有序、有偿退出机制,实现农村人口分流,逐步引导农民向城镇集中。对于自愿放弃宅基地的农户,由政府或者集体经济组织给予一定补偿后退出,地方政府以不低于当地征地补偿标准价格进行补偿或以集中居住区房屋进行置换,由国土部门收储并交由集体经济组织复垦。此外,自愿退出宅基地及集中居住区房屋者,进入城镇居住者,可享受经济适用房政策。

逐步探索农村房屋产权自由流转,实现城乡房屋同证同权。近期实现农村住宅在农民内部可以转让,鼓励农民根据情况逐步向城镇集聚。远期探索农村住宅"大产权化"的土地、税收政策,向城镇居民开放和流通的实施机制,农民集中居住区房屋,按划拨土地补交出让金后,可上市流通。

十八届三中全会提出,"赋予农民财产权利,保障农户宅基地用益物权,改革完善农村宅基地制度,选择若干试点,慎重稳妥推进农民住房财产权抵押、担保、转让,探索农民增加财产性收入渠道"。以上政策建议与三中全会的改革方向是基本一致的。

(四)乡村可持续发展政策

1. 确权颁证,市场化运作

缩小城乡差距,提升农民收入,增强农村活力,需要农业的产业化和市场化。从国际比较看,我国农业仍有较大提升空间,如劳动力密集型的设施农业,如花卉、药材、香料、水果等具有比较优势。随着城市化的推进,乡村旅游、生态教育、科普、体验等方面也会大大增加。但这些发展可能性都需要农民素质的提升,以及先进技术、资金、人才的注入。而确定明确的产权是激发市场活力的基础。

规划提出,加快农村土地"确权",明确和保护农民的财产权益,在遵循自愿有偿,并符合规划和用途管制前提下,赋予农民市场主体地位,建立城乡一体的市场化经济体制,逐步实现农村土地市场化。逐步探索并建立政策性担保公司,实现由"政府、银行、担保公司、流转双方、农村产权拥有者"等多方协作的风险防控体系,推进农村产权制度改革和农村土地规模化经营。

2. 加强耕地保护,促进农业规模化经营

经营方式的现代化、规模化是农业发展的必然要求。《关于加快发展现代农业进一步增强农村发展活力的若干意见》提出,"坚持依法自愿有偿原则,引导农村土地承包经营权有序流转,鼓励和支持承包土地向专业大户、家庭农场、农民合作社流转"。十八届三中全会提出,"加快构建新型农业经营体系。坚持家庭经营在农业中的基础性地位,推进家庭经营、集体经营、合作经营、企业经营等共同发展的农业经营方式创新"。

遵循自主自愿有偿原则,在明确权属,符合法律法规、相关规划、用途管制和经营能力的前提下,加强耕地保护,提高农用地生产能力,大力支持发展多种形式的新型农民合作组织,允许农村土地承包经营权有序流转,促进农业适度规模经营,提高土地收益,促进农民增收。政府同步出台支持农业产业化发展的资金奖励、用水用电优惠、基础设施配套、金融扶持和鼓励农民离土创业的相关政策。

3. 重构集体经济组织,鼓励构建不同类型的产业化组织模式

在乡村发展主体方面,通过"还权赋能"与要素流动,重构合作经济组织,根据产业特点发展,以股份化形式建立专业合作社、资金互助社等各种类型的合作经济组织,加强乡村组织化建设,以集体带领,与外部市场主体进行合作。

针对德阳市农业生产不同片区的特点,鼓励建立不同类型的产业化组织形式,重点扶持家庭农场和引入高效农业投资主体,鼓励合作社方式。平原粮油生产片区以土地托管、土地银行、种粮大户、家庭农场的农业产业组织形式为主,鼓励部分农民从土地上解放,进入城镇从事工商业。沿山农旅结合片区(旌东片区、绵竹、什邡山前片区),以公司加股份化合作、组建乡村综合体的农业产业组织形式为主,引入外来资本,发展花卉等高附加值农业以及乡村旅游休闲业,农民就地就业。特色种植片区(什邡山前片区、中江广福—龙台片区),以农业合作社的农业产业组织模式为主，让农民分享产业收益。

结合德阳市自然资源、地形地貌、生态环境以及各乡镇经济的不同特点，围绕"集聚资源、突出重点、形成特色"的原则，从农业发展现状出发，确定中部平原地区、南部丘陵地区、北部龙门山区分类发展的产业布局。并针对不同片区有针对性选择以工促农、农旅结合、工旅互促或者三次产业联动的发展模式，实现城乡产业互动。

4. 创新乡村基层治理模式，提升社会管理水平

针对乡村治理和经济发展中现存的问题，规划提出了如下政策建议：剥离村委会的不同职能与角色，从"三位一体"到"政经分离"，将政治、经济、公共事务分别由村（社区）党支部、农村集体经济组织或者经济主体、社区工作站三个不同的组织承担，实现政府由"管理"向"服务"转型，集体经济组织以"市场化、民主化"合作模式，社区服务"多元化、多方化"参与，形成相互制衡的农村基层治理结构。创新基层管理方式，推进政府行政管理与群众民主自治有机结合，扩大有序参与、加强议事协商、强化权力监督、建立民主评议、民主决策和民主监督公共服务事业的管理机制。

（五）全域规划与城乡建设用地统筹

1. 全域空间规划的层次

统筹全域功能布局是统筹城乡规划的重要内容。德阳市全域规划主要分为三个层次，首先是生态功能保护区，应当管控开发、保护生态；其次是市域生态游憩用地，应低度建设、提升环境；最后是城乡建设用地，是全市建设的重点区域，其中针对村庄居民点建设用地应进行存量调整，逐步缩减，而城镇建设用地保活城市、重点镇以及产业园区用地，应集聚开发、提升效率（图6-16-22）。

在此基础上，规划划定了空间管制区、生态功能建设区，明确了城镇建设布局与产业发展布局。

2. 城乡建设用地统筹分析

规划分析了德阳市域土地利用现状，并根据城乡产业和人口发展趋势，对未来城乡建设用地需求进行了分析，提出未来统筹城乡的策略。

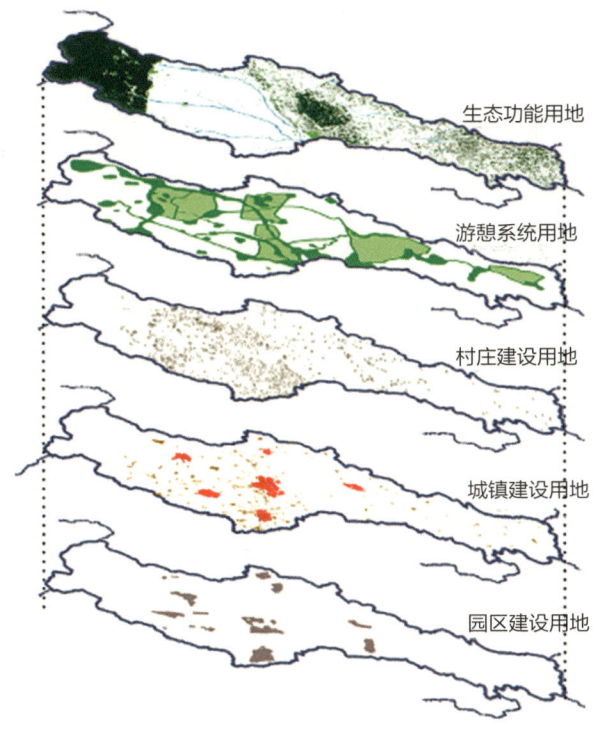

图6-16-22　德阳市全域空间规划层次分析

德阳全市土地总面积5951.55km²。从现状看，农用地比重最大，面积4930.24km²，占土地总面积的82.84%；建设用地次之，面积746.55km²，占12.54%；其他土地面积274.76km²，占4.62%（图6-16-23）。

在建设用地中，以农村居民点为主，面积442km²，占建设用地总规模的59.2；其次为城镇建设用地，面积206km²，占27.6%；其他建设用地为98km²，占建设用地总规模的13.2%。

从土地利用效率看，2011年全市GDP约1137.5亿元，其中，第一产业182亿元，第二产业682.5亿元，第三产业273亿元。据此计算，全市地均国内生产总值约305.8万元/km²，单位建成区GDP约12798.9万元/km²，单位农用地GDP约369.2万元/km²。对比全国2011年地均国内生产总值492.6万元/km²，单位建成区GDP为67202万元/km²，还存在较大的差距。而对比全国单位农用地GDP约345.0万元/km²，农用地的效率高于全国平均水平。

从未来需求看，随着人口城镇化和产业的发展，城镇建设用地需求将

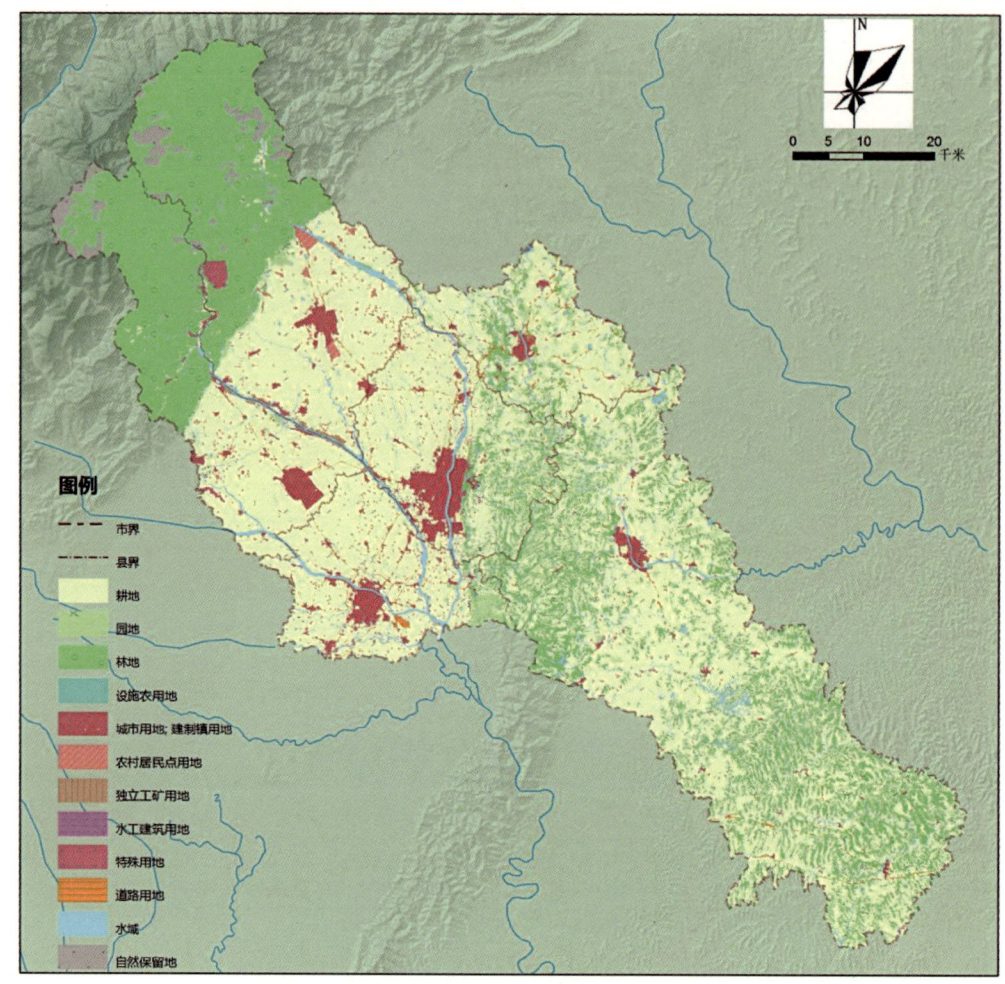

图6-16-23 德阳市土地利用现状图

较大。根据对中心城区及各区县（市）城区人口的分析，到2020年德阳一区五县的城镇总人口由现状135万人增长到198万人，建设用地规模由现状138km²增长到217km²，增加建设用地约79km²。至2030年，德阳市中心城区人口增长至150万人，城镇建设用地为165km²，五个县（市）中心城区的城镇人口增长至120万人，城镇建设用地为132km²。规划的21个重点镇现状城镇建设建用地规模为38km²，2020年重点镇的城镇建设用地约为56.72km²。2030年重点镇城镇人口为57万人，建设用地约为68 km²。

依据德阳市土地利用总体规划，德阳市现状城乡建设用地总量为648km²，2020年控制目标为712km²，可增加建设用地总量约64km²。

按照前述分析，中心城区和重点镇需要增加建设用地总量为99km²，需要在土地利用规划控制目标基础上，通过"城乡建设用地增减挂钩"方式置换建设用地35km²以上。为确保耕地不减少，考虑区域交通水利设施建设新增占用建设用地的因素，可将置换目标确定为60~70km²，大约占现状农村建设用地的15%。

根据对德阳市城镇化进程和农村人口的分析，2020年应有64万农村常住人口转变为城镇常住人口（按农村户籍人口则需要转移124万人）。理论上农村集体建设用地仅需要249km²，可以腾退出来的村庄建设用地为193km²，远远超出城镇建设用地拓展需求。

但考虑到灾后重建以及农村现状部分住房为近年新建，质量完好，以及农民生活习惯和居住习惯的因素，居住点的调整将是一个长期、渐进的过程。农村居民点的整治应重点针对已经进城工作的人口，通过腾退闲置农村集体建设用地和闲置宅基地整理为主。按照现状农村人均建设用地约150m²的实际情况（283万人，442km²），到2020年进城农民120万人中，实现约一半人（60万人）的置换即可满足各项建设需要。同时，对乡村人口，结合新型农村社区的建设和新村庄建设，促进农村土地的节约集约利用。

3. 城乡建设用地统筹政策

规划提出统筹城乡建设用地的四个基本原则：促进土地集约利用，保障农村可持续发展，尊重农民权益与意愿和保障耕地面积。

引导城乡用地结构调整和布局优化，推进土地节约集约利用，促进城乡协调发展。规划期内随着农村建设用地的腾退，应确保腾退的用地指标主要用于农村，为农村发展保留发展资源，保障农村可持续发展。规划原则上将不超过15%的农村建设用地通过城乡增减挂钩转化为城镇建设用地。

当涉及农村居民点拆迁和安置方式时，必须由农村集体经济组织和农户自主决定；未征得农村集体组织和农民同意或权属有争议的，不得开展增减挂钩试点。土地整治的"级差地租"收益，应充分考虑农民生活和发展需要，将收益的大部分返还给农民和村庄，用于土地整治和农村发展。

在确定复垦的用地，应当确保复垦的耕地属于有效面积，而不能是选择不能耕作的荒地作为凑指标的手段，同时确保转变为建设用地的规模不得超过复垦为耕地的规模。

在土地整治政策方面,根据德阳市不同片区特色资源、乡镇规划职能及产业发展重点,在符合规划和用途管制前提下,通过农村土地综合整治,允许农村集体经营性建设用地出让、租赁、入股等多元化流转和再利用形式。

平原粮油生产片区以及中心城、县城外围采用地票、集体建设用地使用权出租、集体建设用地使用权作价入股、集体建设用地使用权联营、抵押等形式。

转移的集体建设用地指标利用方式:中心城、县城外围主要用于工商业、服务业发展;工业型城镇主要用于工业、服务业发展;旅游型城镇主要用于旅游业、服务业发展以及集体经济组织租赁型经营房屋出租;农业型城镇发展规模化、产业化经营,主要用于服务业、现代农业休闲观光业发展。

北部龙门山山区采用地票、建设用地使用权出让、集体建设用地使用权出租、集体建设用地使用权作价入股、集体建设用地使用权联营、抵押形式。

转移的集体建设用地指标利用方式:沿山农旅结合片区主要用于乡村休闲旅游业、特色观光业、服务业、商业发展以及集体经济组织租赁性经营房屋出租;山区主要用于旅游业、服务业发展。

南部龙泉山丘陵地区采用建设用地使用权出让、集体建设用地使用权出租、集体建设用地使用权作价入股、集体建设用地使用权联营、抵押形式。

转移的集体建设用地指标利用:依托丘陵地区特色资源,主要发展观光旅游业、服务业;该区域中平原地区主要用于工商业、服务业发展。

(六)城乡设施一体化模式探索

实现城乡基础设施和公共服务设施一体化,改善农村生产生活环境,是城乡和谐发展和新型城镇化的重要任务。规划对城乡公共服务设施、市政基础设施和交通设施都进行了研究和规划,在此仅介绍前两个方面的主要内容。

1. 城乡公共服务设施

随着德阳城乡空间结构和人口结构的明显变化，现有的公共设施配置难以适应未来的城乡人口分布和结构特点。一方面，农村人口大量涌向城镇，出现城镇公共服务设施负担过重，而村庄人口规模难以支撑基本公共服务设施的问题，特别是城镇教育设施资源短缺而乡村生源不足的现象，导致居住在乡村的小学生上学路途过远，尤其对低龄学生影响较大。另一方面，农村人口向城镇转移过程中更多是青壮年进入城镇，而老年人和儿童多留守农村，村庄老年人口比例快速提升。另外，德阳市村镇多元化发展，各具特色，很多村庄也被赋予了多种功能，除了传统的农业产业外，农业生态休闲等也成为发展特色，而公共服务设施仍停留在基本满足生活基本需要的层次，尚未考虑为特色化发展服务。

面临这些问题，规划提出了均等化、差异化和服务效用最大化等公共服务设施配置原则。

均等化原则：公共设施的配置在空间分布上力求均衡，力争城乡享用公共服务设施的便捷性、水平同等。不是简单的城乡标准一样化，应以同等的城乡服务水平为准则，结合新的城乡体系特征，科学确定设施建设标准。

差异化原则：满足城乡多元化发展需求，体现城乡差异、村镇差异，在公共服务设施方面挖掘城乡特色，实施特色设置。

服务效用最大化原则：公共服务均等化不是平均主义，设施的运行要求具备合理的规模而保持一定的服务效率，而享受服务的便捷往往造成设施规模不足，从而影响服务水平，因此需要兼顾运行效率与服务便捷的关系，实现服务效用最大化。

针对城乡统筹背景下新的城镇空间体系结构及特征，结合现阶段公共服务均等化发展要求和德阳的现状特点，提出"纵向分层、横向分类"的公共服务设施配置体系。针对设施内容、服务目的和服务空间要求，将镇村层次公共设施分为镇域协调性、半径依赖性和特色服务型设施三类，并分别提出了公共设施配置的标准。

在教育设施方面，着重提出农村义务教育学校问题。充分考虑学生的年龄特点和成长规律，处理好提高教育质量和方便学生就近上学的关系，努力满足农村适龄儿童少年就近接受良好义务教育需求。一方面，根据人口特点调整农村学校布局，减少村办中小学校，扩大农村建制镇或传统集镇所在地中小学校的规模，在乡镇或中心村办小学，在重点镇加强初中校建设，在县城和有条件的重点镇设置与发展高中校，提高教育教学质量，最大限度地发挥学校规模效益。另一方面，坚决制止盲目撤并农村义务教育学校，已经撤并的学校或教学点，确有必要的由当地人民政府进行规划、按程序予以恢复。个别人口稀疏、不具备条件的行政村保留低年级教学点，切实保障农村适龄儿童少年就近的入学权利，即农村小学1至3年级学生原则上不寄宿，就近走读上学；小学高年级学生以走读为主，确有需要的可以寄宿；初中学生根据实际可以走读或寄宿。

在养老设施方面，应对乡村人口老龄化和养老的需求。建立与人口老龄化进程相适应、与经济社会发展水平相协调，以居家养老和互助养老为基础、机构养老为补充的社会养老服务体系，满足老年人多层次、多样化的养老服务需求，让老年人安享晚年生活，共享经济社会发展成果。在乡村按照"村级主办、群众自愿、互助服务、政府支持"的原则，为老年人提供了集中吃饭、相互照顾、快乐生活的自由空间，又为子女赡养老人提供了平台。

2. 城乡市政基础设施

在市政基础设施方面，规划提出既要让农村享有现代化的基础设施，又必须考虑城乡的实际情况和需求差异。城乡设施一体化重点要充分发挥城镇基础设施的辐射带动作用，通过城镇基础设施向乡村延伸带动乡村设施水平的提升，对个别偏远乡村采取因地制宜、独立处理的基础设施方案。

规划根据德阳市域的情况，提出四种市政基础设施供给模式：

一是中心城区辐射模式：临近中心城区的社区，位于中心城区市政设施的功能辐射范围内，可借助城市的市政基础设施系统，充分利用城市资源。

二是城镇辐射模式：城镇社区建设市政基础设施，通过管道的延伸以实现设施的共享，使城镇社区市政设施的功能可以辐射至周边社区。

三是组团联合模式：距离中心城区或城镇较远、不能纳入城镇市政设施功能覆盖范围内的社区，根据地形、服务半径等条件，形成临近社区分片组团、设施共建共享的基础设施配套模式。

四是单社区建设模式：距离中心城区或城镇较远，布局分散，无法到达城镇市政设施功能覆盖范围内的，需要自建基础配套设施满足要求。

规划研究了城镇市政基础设施向农村延伸的半径和模式，主要考虑了行政管理因素、地形因素（如高差）、道路通廊和市政设施的专业技术要求（如压力管线）等相关因素。行政区划是由于现行体制下，如给水站、污水处理站等，税收或自筹资金的相对独立，每个行政单元易形成相对独立的设施供应系统。根据这些因素规划提出了给水厂、污水处理厂站等不同设施的辐射半径和模式建议。

五、结语：德阳统筹城乡的实践与未来探索

德阳在本课题组的调研中是一个较为特殊的案例。德阳作为四川省统筹城乡配套改革试验市，在统筹城乡方面已经有了很多创新和探索，无论是农地流转、农业产业化还是农村重建。但是由于2008年汶川大地震的发生，灾后三年政府的工作重心更多在于灾后重建，沿着龙门山脉和山前的小城镇和乡村建设事实上也是更多结合灾后重建进行，在这期间出现了很多较为成功的案例。但另一方面，这些个别案例的创新探索亟待总结与推广。

德阳统筹城乡规划力求突出四个特点：一是规划的战略性，规划注重"顶层设计"，抓住当前城乡发展中的一系列根本问题，进行总体研究和战略谋划。二是规划的系统性，规划融合了经济社会发展、城乡建设、土地利用，体现了"多规合一"的特点，具有系统性。规划既包括空间布局、又包括政策引导、实施计划。三是规划的全域性，对市域城乡空间、产业布局、城镇布局、生态空间、公共设施等进行了统筹布局。四是规划的创新性，规划突出改革创新的思想，前瞻性地把握国家政策改革方向，符合十八届三中全会精神与改革方向，针对德阳实际情况进行了创新探索和研究（图6-16-24）。

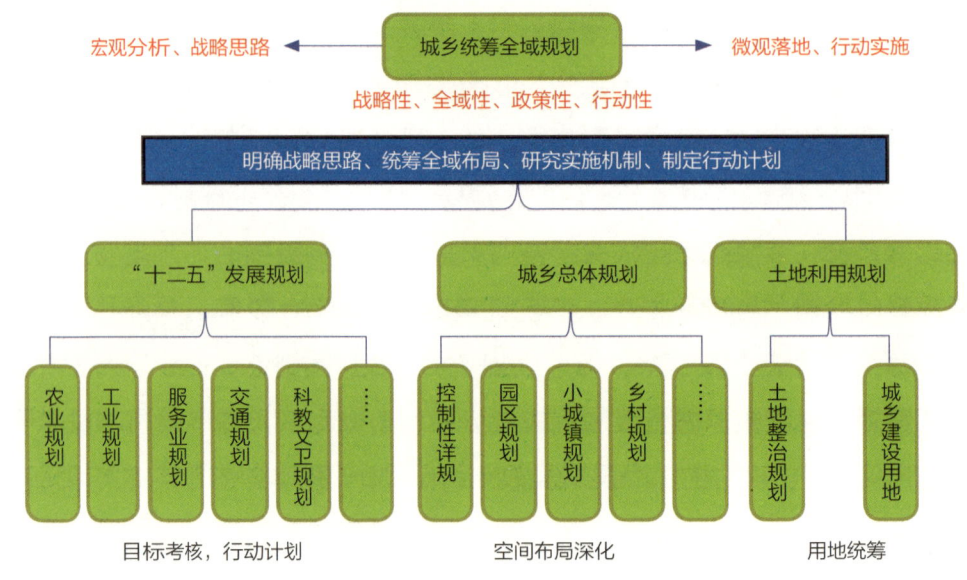

图6-16-24 德阳统筹城乡规划与专项规划的关系示意图

德阳市委市政府非常重视市域城乡统筹规划的编制，自2012年到2013年先后召开了多次政府部门会议、区县乡镇征求意见会及社会公众意见征求会。经过数论讨论与修改后，于2013年10月召开了专家论证会，并通过电视直播的形式向社会公众进行宣传。德阳市有关部门围绕着城乡统筹规划的思路与建议，制定了户籍改革、土地承包经营权确权登记和流转、建设用地整理、社会保障和社会管理创新等多个政策文件，并对区县乡镇城乡统筹工作进行了紧密部署。

在本课题研究中，坚持"城乡平等发展、开放互通、互补互促和共同繁荣"的核心思想。在体制机制方面，赋予农民和农村平等的财产权利和发展机会。破除城乡二元结构的制度障碍，以城乡要素开放互通和自由流动促进生产要素高效配置。在要素流动方面，鼓励城市资金、技术和人才进入农村，为农村输入现代生产要素和经营模式，同时要保障农村和农民拥有长期可持续发展的重要资源。发掘乡村的综合功能与价值，激发乡村的发展活力。通过"城乡双向流动"实现"城乡社会融合"。

在空间规划方面，以科学发展观统领全局，实现以人为本的新型城镇化；促进"工业化、城镇化、农业现代化和信息化"四化同步发展，转变经济发展方式，建设美丽德阳。

规划探讨了新的经济社会阶段下，市区、县城、小城镇的不同职能分工，尤其是在高速交通、消费升级和生态环境等多重因素影响下小城镇发展的不同导向，在此基础上提出德阳城镇体系布局的方案，以及乡村居民点未来的集聚与发展方向，并从市域生态空间管制、休闲游憩空间和城乡建设用地统筹三个方面进行了市域全域空间规划。

德阳统筹城乡的实践实际上仍然刚刚起步，未来仍然面临着更多的探索和试验。本课题组也希望在对德阳实践的跟踪和总结中继续完善和深化相关的研究，为中国新型城镇化的进程提供更多有益的经验。

参考文献

[1] Chan, K. Cities with invisible walls. reinterpreting urbanization in post-1949 China [M]. New York. Oxford University Press. 1994

[2] Cheng Tiejun, Mark Selden, The Origins and Social Consequences of China's Hukou System [J]. The China Quarterly，1994 (9).

[3] Jean C. Oi. The Evolution of Local State Corporatism [M]. Andrew G. Walder eds. Zouping in Transition. London: Harvard University Press, 1998: 40-55.

[4] Walder, Andrew G. Local Government as Industrial Firms: An Organizational Analysis of China's Transitional Economy [J]. American Journal of Sociology 1995, 101: 263-301.

[5] Walder, Andrew G. Zouping in Perspective. 1-31 in Zouping in Transition [M]. London: Harvard University Press.1998.

[6] 白南生. 城市化与农村劳动力流动［M］//中国社会变迁30年, 1978-2008. 北京：社会科学出版社，2008.

[7] 白剑峰. 新农合制度十年观察：农民看病告别"全自费时代"［N］. 人民日报,［2012-07-12］.

[8] 北京大学国家发展研究院综合课题组. 还权赋能:奠定长期发展的可靠基础(成都市统筹城乡综合改革实践的调查研究)［M］. 北京：北京大学出版社，2010.

[9] 北京清华同衡规划设计研究院. 河南省舞钢市城乡统筹发展规划（2013-2030）. 2013.

[10] 北京清华同衡规划设计研究院. 四川省德阳市城乡统筹发展规划（2013-2020）. 2013.

[11] ［美］彼特·布劳. 不平等和异质性［M］. 北京：社会科学出版社，1991.

[12] 蔡昉，都阳，王美艳. 户籍制度与劳动力市场保护［J］. 经济研究，2001，12.

[13] 蔡昉. 中国劳动力市场发育与就业变化［J］. 经济研究. 2007，7.

[14] 蔡禾，王进. "农民工"永久迁移意愿研究［J］, 社会学研究2007，6.

[15] 蔡继明. 论中国土地制度改革-中国土地制度改革国际研讨会论文集［M］. 北京：中国财经出版社，2009.

[16] 蔡云辉. 城乡关系与近代中国的城市化问题［J］. 西南师范大学学报（人文社会科学版），2003，5.

[17] 曹裕等. 城市化、城市收入差距与经济增长［J］. 统计研究. 2010，3.

[18] 陈成文，孙中民. 二元还是一元：中国户籍制度改革的模式选择［J］. 湖南师范大学（社会科学学报），2005，3.

[19] 陈映芳. 农民工. 制度安排与身份认同［J］. 社会学研究. 2005，3.

[20] 陈振华. 城乡统筹与乡村公共服务设施规划研究［J］. 北京规划建设. 2010，1.

[21] 陈振华，张章. 世界城市郊区小城镇发展对北京的启示——以伦敦、东京和纽约为例［J］. 北京规划建设. 2010，4.

[22] 陈振华. 统筹城乡：制度变革与规划探索［R］//中国城市规划学会. 多元与包容——2012中国城市规划年会论文集（11. 小城镇与村庄规划），2012.

[23] 仇保兴. 应对机遇与挑战. 中国城镇化战略研究主要问题与对策［J］. 北京：中国建筑工业出版社，2009.

[24] 崔传义. 农民进城就业与市民化的制度［M］. 太原：山西经济出版社，2008.

[25] 党国英. 关于土地制度改革若干难题的讨论［J］. 中国经贸导刊，2010，12.

[26] 党国英. 加快实行永包制 深化农村土地改革的步伐［J］. 华夏星火，2008，11.

[27] 党国英. 深化以产权明晰为核心的农村土地制度改革［J］. 农村工作通讯，2010，7.

[28] 党国英. 我国农户的土地财产权不完整［J］. 农村工作通讯，2013，10.

[29] 丁静. 推进以农民利益为导向的成都农村新型村级治理制度建设的对策分析［J］. 西部经济管理论坛，2011，22.

[30] 费孝通. 乡土中国［M］. 北京：北京大学出版社，1998.

[31] 费孝通. 小城镇大问题［M］. 南京：江苏人民出版社，1984.

[32] 高强. 日本城市化模式及其农业与农村的发展［J］. 世界农业. 2002，7.

[33] 葛丹东. 中国村庄规划的体系与模式——当今新农村建设的战略与技术［M］. 南京：东南大学出版社，2010.

[34] 辜胜阻. 人口流动与农村城镇化战略管理［M］. 武汉：华中理工大学出版社，2000.

[35] 顾朝林，于涛方，李王鸣等. 中国城镇化：格局 过程 机理［M］. 北京：科学出版社，2008.

[36] 国家统计局. 中国统计年鉴2012［M］. 北京：中国统计出版社，2012

[37] 国务院发展研究中心，国务院农工办课题组. 我国农民工工作"十二五"发展规划纲要研究. 2010，6.

[38] 国务院发展研究中心. 农民工不愿意"双放弃"，换取城镇户口［N］. 中国经济时报. 2011.

[39] 国家人口和计划生育委员会流动人口服务管理司. 中国流动流动人口发展报告2011［M］. 北京：中国人口出版社，2011.

[40] 韩俊等. 中国农村土地问题调查［M］. 上海：远东出版社，2009.

[41] 贺雪峰. 地权的逻辑——中国农村土地制度向何处去［M］. 北京：中国政法大学出版社，2010.

[42] 贺雪峰. 找回村社:农地收益与农民所要［J］. 华中科技大学学报（社会科学

版),2010,2.

[43] 贺雪峰,魏继华.地利共享是中国土地制度的核心[J].学习与实践.2012,6.

[44] 贺雪峰.农村土地流转要慎重[J].理论参考.2009,1.

[45] 贺雪峰.土地与农村公共品供给[J].江西社会科学.2009,1.

[46] 黄匡时.流动人口的社会保障陷阱和社会保障的流动陷阱[J].社会保障研究.2012,1.

[47] 黄明华,陈默,张静雯.城乡建设用地联动规划——城镇化与耕地保护的必然与必须[J].现代城市研究.2011,1.

[48] 建设部课题组.新时期小城镇发展研究[M].北京:中国建筑工业出版社,2007.

[49] 金三林.解决农民工住房问题的总体思路和政策框架[N].开放导报,2010,3.

[50] 李爱芹等.我国农民工社会保障制度的缺陷和完善——以广东模式和上海模式为例[J].农业现代化研究.2009,5.

[51] 李兵弟.中国统筹城乡规划的实践探索[M].北京:中国建筑工业出版社,2011.

[52] 李昌平.反对农村土地私有化 把土地还给村民集体[OL].爱思想网李昌平专栏http://www.aisixiang.com/data/21285.html.

[53] 李昌平.村社"内置金融"在村社共同体中的作用[OL].爱思想网李昌平专栏http://www.aisixiang.com/data/63660.html.

[54] 李昌平.再向总理说实话[M].北京:中国财富出版社,2012.

[55] 李培林.巨变:村落的终结——都市里的村庄研究[J].中国社会科学.2002,1.

[56] 李培林.流动民工的社会网络与社会地位[J].社会学研究.1996,4.

[57] 李强.我国城市农民工的社会保障问题及其对策[J].马克思主义与现实.2004,1.

[58] 李强."丁字形"社会结构与结构紧张[J].社会学研究,2005,2.

[59] 李强.中国城市化进程中的'半融入'与'不融入'[J].河北学刊.2011,5.

[60] 李强.中国流入城市的农民工问题[J].中国社会科学(英文版),2003,冬季号.

[61] 李强等.户籍制度改革与农民工市民化的路径[J].社会学评论.2013,1.

[62] 李强.多元城镇化与中国发展(战略及推进模式研究)[J].社会科学文献出版社,2013,7.

[63] 李强,陈宇琳,刘精明.中国城镇化"推进模式"研究[J].中国社会科学.2012,7.

[64] 李勤,孙国玉.农村"空心村"现象的深层次剖析[J].中国城市经济.2009,10.

[65] 李鑫锋，刘涛．马贤磊．城乡统筹发展与农村集体土地产权制度改革的思考［J］．国土资源科技管理．2011，4．

[66] 厉以宁．城乡二元体制改革关键何在［J］．经济研究导刊．2008，4．

[67] 厉以宁．走向城乡一体化:建国60年城乡体制的变革［J］．北京大学学报（哲学社会科学版），2009，6．

[68] 刘易斯·芒福德．城市发展史——起源、演变和前景［M］．宋俊岭等译．北京：中国建筑工业出版社，2005．

[69] 刘斌等．中国三农问题报告．北京：中国发展出版社，2004．

[70] 刘洪银．以融合居住促进新生代农民工人力资本提升［J］．首都经贸大学学报．2013，5．

[71] 刘明明．土地发展权的域外考察及其带来的启示［J］．行政与法．2008，10．

[72] 陆大道．我国的城镇化进程与空间扩张［J］．城市规划学刊．2007，4．

[73] 陆益龙．户口还起作用吗——户籍制度与社会分层和流动［J］．中国社会科学．2008，1．

[74] 陆跃进，杜小娅．统筹城乡视角下的农村土地整治思考［J］．国土资源．2012，2．

[75] 马克．戈特迪纳，雷．哈奇森．新城市社会学［M］．上海：上海译文出版社，2011．

[76] 秦晖．村干部为何成为消极利益阶层［J］．农村工作通讯．2002，4．

[77] 秦晖．农民的权利需要自己来维护［J］．人民论坛．2009，13．

[78] 秦晖．农民地权六论［J］．社会科学论坛（学术评论卷），2007，5．

[79] 秦晖．农民需要怎样的"集体主义"——民间组织资源与现代国家整合［J］．东南学术．2007，1．

[80] 秦晖．十字路口的中国土地制度改革［OL］．爱思想网秦晖专栏，http://www.aisixiang.com/data/21233.html

[81] 秦晖．土地所有制改革方向［J］．商界（评论），2009，1．

[82] 秦晖．优化配置？土地福利？——关于农村土地制度的思考［J］．新财经．2001，9．

[83] 秦晖．中国农村土地制度与农民权利保障［J］．探索与争鸣．2002，7．

[84] 秦晖．中国土地制度的未来选择［J］．中国房地信息．2009，10．

[85] 潘维．农地应"流转集中"到谁手里？［J］．红旗文稿，2009，5．

[86] 潘维．特殊国情下的中国农地集体所有制［J］．华中科技大学学报（社会科学版）．2009，1．

[87] 石长慧．社会定位与阶级再生产:农民工子女的社会化研究［C］．2011年中国社会学年会——"新生代农民工融入城镇社会政策研究"分论坛会议论文．2011．

[88] 縄田康光．戦後日本の人口移動と経済成長．経済のプリズム．2008，54．

[89] 盛来运. 流动还是迁移：中国农村劳动力流动过程的经济学分析［M］. 上海:远东出版社，2008.

[90] 孙平. 三分离两完善一改进"完善农村新型治理机制［J］. 小康. 2012, 1.

[91] 孙施文. 现代城市规划理论［M］. 中国建筑工业出版社，2007, 3。

[92] 汤志林. 我国土地发展权构建：优化城市土地管理的新途径［J］. 中国地质大学学报（社会科学版），2006, 5.

[93] 唐灿，冯小双. 外来人口与城乡结合部地区的利益一体化关系［M］. 李培林主编. 农民工：中国进程农民工的经济社会分析. 北京：社会科学文献出版社，2003.

[94] 田莉. 有偿使用制度下的土地增值与城市发展：土地产权的视角分析［M］. 北京：中国建筑工业出版社，2008.

[95] 仝志辉，温铁军. 资本和部门下乡与小农户经济的组织化道路——兼对专业合作社道路提出质疑［J］. 开放时代. 2009, 4.

[96] 汪晖，陶然，史晨. 土地发展权转移的地方试验［J］. 国土资源导刊. 2011, 1.

[97] 汪晖，王兰兰，陶然. 土地发展权转移与交易的中国地方试验——背景、模式、挑战与突破［J］. 城市规划. 2011, 7.

[98] 王春光. 农村流动人口的"半城市化"问题研究［J］. 社会学研究. 2006, 5.

[99] 王美艳，蔡昉. 户籍制度改革的历程与展望［J］. 广东社会科学. 2008, 6.

[100] 王伟彬. 中国土地私有化的意义、世纪及阶段［M］. 载蔡继明主编. 论中国土地制度改革–中国土地制度改革国际研讨会论文集. 北京：中国财经出版社，2009.

[101] 王永莉. 国内土地发展权综述［J］. 中国土地科学. 2007, 6.

[102] 王兆成. 乡土中国的变迁：美国学者在山东邹平的社会研究［M］. 济南：山东人民出版社，2008.

[103] 王智勇，黄亚平，张毅. 湖北省城镇化发展的路径思考［J］. 小城镇建设. 2010, 5.

[104] 王小鲁，夏小林. 优化城市规模、推动经济增长［J］. 经济研究，1999, 9.

[105] 王小鲁，樊纲. 中国地区差距的变化趋势和影响因素［J］. 经济研究，2004, 1.

[106] 维尔弗雷多·帕累托. 精英的兴衰［M］. 上海:上海人民出版社，2003.

[107] 温铁军. "三农问题"的世纪反思［J］. 经济研究参考，2000, 1.

[108] 温铁军. 三农问题与制度变迁［M］. 北京：中国经济出版社，2009.

[109] 温铁军. 为何我国不能实行农村土地私有化［J］. 甘肃农业，2013, 3.

[110] 温铁军. 综合性合作经济组织是一种发展趋势［J］. 中国合作经济. 2011, 1.

[111] 武廷海等：中国快速城镇化的资本逻辑及其走向［J］. 城市与区域规划研究.

2012, 2.

[112] 吴良镛, 吴唯佳, 武廷海. 论世界与中国城市化的大趋势和江苏省城市化道路 [J]. 科技导报. 2003, 9.

[113] 徐光平. "十二五"时期协调推进新型城镇化与新农村建设研究 [J]. 东岳论丛. 2010, 8.

[114] 肖文涛, 唐国清. 基本公共服务均等化:共享改革发展成果的关键 [J]. 科学社会主义. 2008, 5.

[115] 徐汉国. 中国城乡基层组织体系重构研究 [M]. 北京：知识产权出版社, 2010.

[116] 徐勇, 赵永茂. 土地流转与乡村治理——两岸的研究 [M]. 北京：社会科学文献出版社, 2010.

[117] 闫琳. 基于社区发展理论的我国乡村规划研究 [D]. 清华大学博士论文, 2010.

[118] 杨东峰, 熊国平. 我国大城市空间增长机制的实证研究及其政策建议——经济发展、人口增长、道路交通、土地资源 [J]. 城市规划学刊. 2008, 1.

[119] 杨帅、温铁军. 农民组织化的困境与破解——后农业税时代的乡村治理与农村发展 [J]. 人民论坛, 2011, 29.

[120] 姚秀兰. 户籍、身份与社会变迁 [M]. 北京, 法律出版社, 2004.

[121] 叶鹏飞. 农民工的城市认同与定居意愿 [D]. 清华大学博士论文, 2009.

[122] 悦中山等. 从先赋到后致：农民工的社会网络与社会融合 [J]. 社会, 2011, 6.

[123] 于建嵘. 土地纠纷已成影响农村社会稳定首要问题 [N]. 新京报. [2010-11-02].

[124] 翟振武, 段成荣. 跨世纪的中国人口迁移与流动 [M]. 北京：中国人口出版社, 2006.

[125] 张德. 对农村宅基地制度改革的几点思考 [J]. 国土资源导刊. 2012, 2.

[126] 张红宇. 农村劳动力转移就业情况问题及政策建设 [M]. 农民工：社会融入与就业. 社会科学文献出版社, 2007.

[127] 张静. 城市地区户籍制度改革及其路径思考 [J]. 中国行政管理. 2009, 8.

[128] 张晓飞. 我国户籍法律制度的主要问题及解决 [J]. 天津行政学院学报. 2009, 6.

[129] 张云华等. 中国农地流转问题调查 [M]. 上海远东出版社, 2012.

[130] 张占录. 以土地发展权合理配置解决小产权房问题 [J]. 城乡建设. 2009, 7.

[131] 张新民, 荣西武. 广州市番禺区大岗镇农民工出租屋调查 [J]. 城市发展研究, 2009, 12.

[132] 曾婧, 闫琳. "成都模式"再探索, 统筹城乡发展路径反思 [C]. 中国城市规

划学会，城市时代，协同规划——2013中国城市规划年会论文集. 2013.

[133] 赵之枫，张建. 城乡统筹视野下农村宅基地与住房制度的思考［J］. 城市规划. 2011, 3.

[134] 赵忠. 农村移民的特点和经济分析［M］. 载蔡昉、白南生. 中国转轨时期劳动力流动. 北京：社会科学文献出版社，2006.

[135] 周其仁. 产权与制度变迁：中国改革的经验研究［M］. 北京：北京大学出版社，2004.

[136] 中国城市科学研究会等. 中国城市规划发展报告2010-2011［M］. 北京：中国建筑工业出版社，2011.

[137] 中国发展研究基金会. 中国发展报告2010：促进人的发展的中国新型城市化战略［N］. 人民日报社，2010.

[138] 中共成都市委统筹城乡工作委员会、清华大学公共管理学院创新与社会责任研究中心. 城乡一体化工作典章［M］. 北京：清华大学出版社，2012.

课题组成员名单

组长：

李　强　教授，清华大学社会科学学院院长

副组长：

张晓山　研究员，中国社会科学院学部委员，农村发展研究所前所长
葛延风　研究员，国务院发展研究中心社会发展部部长

成　员：

刘精明　教授，清华大学社会科学学院
郑　路　副教授，清华大学社会科学学院
陈宇琳　助理研究员，清华大学建筑学院
高　天　博士后，清华大学社会科学学院
陈振华　工程师，国家注册规划师，北京清华同衡规划设计研究院
王拓涵　博士后，清华大学社会科学学院
李　敏　副教授，中华女子学院社会工作系
于建明　博士后，清华大学社会科学学院
史玲玲　讲师，北京师范大学文学院
胡宝荣　讲师，中国公安大学社会学教研室
江易华　副教授，湖北工业大学管理学院
王　昊　博士，清华大学社会科学学院
王　莹　博士，清华大学社会科学学院
刘　强　博士，清华大学社会科学学院
王　迅　博士，北京师范大学文学院
赵丽鹏　博士，清华大学社会科学学院
黄宝荣　博士后，国务院国资委监察局
马　艳　博士后，清华大学社会科学学院
葛天任　博士，清华大学社会科学学院
叶　攀　博士，清华大学社会科学学院
赵一璋　硕士，清华大学社会科学学院
屠一多　硕士，清华大学社会科学学院
万　一　硕士，清华大学社会科学学院
曾　婧　硕士，助理工程师，北京清华同衡规划设计研究院

执笔人：

陈振华　高　天　陈宇琳　王拓涵

城镇化进程中的公共治理研究

主编 薛澜

副主编 齐晔 孟延春 刘志林 殷成志

内容简介

树立城镇化是人的现代化，是城乡居民公平共享协同发展的理念。"人的现代化"其核心是包括城乡人口在内的所有人能够公平享受工业化、城镇化、现代化带来的发展机会与社会福利。城市是改造人类、提高人类的场所，城镇化应当保证公平共享，具有广泛的包容性。未来城镇化发展应当保障作为全体居民的基本生存权利、基本的社会保障体系、公平的发展机会与权利以及城市主体的身份认同，使全体人民能够共享城镇化、经济繁荣与社会进步的成果。

我国正处在大规模、高速度的城镇化进程中，工业化加速和经济高速增长是重要动因，但现有的城镇化发展模式难以持续。一方面，快速的、扩张式的城镇发展态势和粗放型经济发展模式对能源、资源、生态环境造成巨大压力。另一方面，过去30年，中国城镇化较多注重土地和物质空间的城镇化，而忽略"人的城镇化"，对流动人口的社会排斥和机会不均等问题突出，导致流动人口的半城镇化现象，影响流动人口的城市认同和社会认同。这些现象的实质是现有制度安排与城镇公共治理模式并未充分适应我国人口城镇化的大趋势。

构建可持续的城镇公共服务体系，重点在于公共品的提供。按照公共服务的需求因素，城镇公共服务优先级应从基本到高级循序渐进。要在确立制度保障的前提下，首先考虑市民的基本安全需求，之后是市民的生存需求和发展需求。城镇公共服务的类型可以归纳为公共服务要素集，包括国防、公共安全、医疗卫生、社会保障与就业、环境保护、住房、基础设施、教育、文体娱乐服务、法律与公职服务十个方面。提供城镇公共服务方式是多元化的，政府提供和市场提供的协调程度越好，越有利于让市场提供公共服务。

城镇公共治理体系是国家治理体系现代化的重要组成部分，我国亟需建立服务于以人为本、包容性和可持续城镇化转型的城镇公共治理体系，特别是为引导城镇政府的决策转型提供有效的机制保障。但是，目前的一些制度安排还不完善，以经济增长为核心的国家发展导向和地方官员政绩考核体系亟待转型；中央政策的"执行难"问题突出，而中央过于依赖自上而下的行政问责手段，地方自发性的政策执行机制不完善；中央—地方的财权事权不匹配，制约城镇政府提供公共服务的动力和能力；特别是地方财政能力不足，过于依赖中央转移支付和土地财政，难以响应不断增加的城镇人口公共服务需求。我国应当通过制度安排和顶层设计的完善，引导地方政府在管理当地发展时不再以经济增长和城市扩张为核心，而逐步转向以人为本、包容性和可持续的城镇化道路。

基于目前中国区域之间、农村和城市之间、城市和城市之间经济发展不平衡、资源配置不合理等方面的现状，以及在统一放开户籍限制后，大城市可能出现的一系列城市病，在中国城镇化过程中实施差异化的人口政策是非常有必要的。可以在机会平等的前提下，制定一些筛选和准入机制，通过制定差异化的人口政策，调节城镇人口发展，防止在中国经济发展和转型阶段，出现过度、畸形的城镇化。

城市管理相对集中行政处罚权的制度改革已经历十几年，此项改革在解决城市管理领域中机构膨胀、职权交叉、多头执法、执法扰民等方面发挥了一定的作用，但是由于相对集中行政处罚权制度的有关规定过于原则，加之理论研究力量非常薄弱等原因，造成实践中产生的诸多问题得不到及时有效的解决，已经严重影响到这项法律制度的顺利实施。面对新形势下城镇公共治理体系和治理能力现代化的更高要求，继续深化研究这项制度，不断丰富其理论内涵并付诸实践，是当代中国城镇公共治理体系亟待破解的一个环节。

最后，对城市公共治理能力提升提出若干建议，包括：确立城镇主体与城镇治理主体；变革城镇发展的激励机制；构建多层次、多手段的权力制衡与监督机制；建立权责适应的财政制度；通过技术创新提升城市治理能力。

前言

中国共产党十八届三中全会《关于全面深化改革若干重大问题的决定》明确提出了中国全面深化改革的总目标是"完善和发展中国特色社会主义制度，推进国家治理体系和治理能力现代化"。这一重大目标的提出不但为全面系统地推进中国的改革事业指明了方向，也为中国城镇化未来的发展提出了新的重大命题。在一个以高度城镇化为重要特征的现代化国家里，国家治理体系是城镇公共治理体系的基础，而城镇公共治理体系也是国家治理体系的具体实现。国家治理体系和治理能力的现代化必然要求城镇公共治理体系的现代化。

近年来，随着关于城镇化的理论研究和实践探索的不断深入，社会各界逐渐形成共识，城镇化的核心不仅仅是土地的城镇化，不仅仅是农民从农村迁徙到城市生活，更加关键的是以人为本的城镇化，是社会福利全面提高及人的文化教育素质全面提高的人的现代化。在这个过程中，中国面临的最大挑战就是如何在各种资源（如地理空间，公共财力等）极为有限的条件下满足城镇居民多元化的各种需求。这种有限资源和多元化需求之间的巨大矛盾就是我们所观察到的城镇化各种乱象的重要根源。解决这些矛盾需要建立有效的治理体系来协调各种权利和资源的合理公平分配，也就是要建立现代化的城镇公共治理体系。所以城镇化的过程实质上也是城镇公共治理体系不断完善的过程。

公共治理体系可以定义成为各种公共或私人的机构或个人管理其共同事务的诸多方式的总和，它是使相互冲突的或不同的利益得以调和并且采取联合行动的持续过程。这里的共同事务就是我们通常所说的公共事务。而治理的概念则包括三个方面的含义，政府与各种社会组织和其他主体共同参与公共事务的管理机制、相关利益主体之间的持续互动关系及其不同主体之间利益协调的过程。

现阶段中国城镇化中的公共治理问题很多，例如，城镇土地资源如何管理？城镇基础设施如何有效地可持续地提供？城镇公共秩序如何维护？如何确定城镇居民主体？城镇居民享有哪些权利与义务？哪些公共服务应该由居民所在城镇提供？城镇公共服务的财力资源从何而来？更加具体的问题，如城市垃圾应当如何处理？城市交通拥挤应当如何化解？城市房价高涨如何控制？所有这些都是城镇化过程中公共治理体系应当解决的问题。

由于时间和资源有限，本报告把研究的注意力主要集中在城镇公共服务之上。这主要是因为现阶段中国城镇化过程中最大的矛盾之一就是各种公共服务的权责不清楚：城镇居民中不同群体的公共服务需求不清楚，不同公共服务提供的责任主体不清楚，城镇居民在公共服务中的权力与义务不清楚，如何为公共服务提供保障基础不清楚等。正因为如此，我们的报告从公共治理体系的基本概念入手，在讨论了公共治理体系的基本框架之后，对城镇公共服务体系进行了系统的分析，提出了根据主体需求对公共服务体系的分类框架，并讨论了不同公共服务的主体责任分工问题。之后，我们分析了当前中国地方公共财政是否有能力来承担其相应的公共服务责任问题。我们的分析发现，全国绝大部分大中城市的公共财政体系都存在着财政压力大，自身财政能力不足，过度依靠中央财政转移支付等一系列问题。在这些分析的基础之上，我们提出了创新城市治理体制提升治理能力的若干政策建议，其中包括：（1）确立城镇主体与城镇治理主体；（2）变革城市发展的激励机制；（3）构建多层次、多手段的权力制衡与监督机制；（4）建立权责适应的财政制度；（5）通过技术创新提升城市治理能力。

由于时间和能力所限，我们的研究还存在着这样或那样的不足。我们的研究仅仅是城镇治理研究的一个新的开始。希望能够有更多的学者和专家关注这个领域的问题，通过完善城镇治理体系来推动中国城镇化的健康发展，提高城镇化的质量，让中国改革开放的成果惠及百姓，让祖国大地的千城万镇成为广大人民享受美好生活的幸福家园。

第一章 走向以人为本、多主体、包容性的城镇公共治理

一、城镇化的本质是人的现代化

城镇化的本质是"人的现代化",其核心是包括城乡人口在内的所有人能够公平享受工业化、城镇化、现代化带来的发展机会与社会福利。

过去30年,中国城镇化道路的特点是注重土地和物质空间的城镇化,而忽略"人的城镇化",带来了流动人口的"半城镇化"、城镇空间过度扩张、生态环境压力大、公共服务配置严重不均等问题。一方面,城乡二元结构下,公共服务配置存在严重的区域和城乡配置不均现象,城镇化进程中的城乡差距不断拉大。另一方面,城镇中大量的常住人口尽管在城镇中居住与就业,但是并没有被认同为城镇主体,不具有基本的市民身份,不仅难以公平地获取基本公共服务和社会保障,同时在城镇中的自我发展机会与能力上也处于弱势地位。

未来中国特色城镇化道路应注重从"物的城镇化"向"人的城镇化"转型。著名城市历史学家路易斯·芒福德指出,城市是改造人类、提高人类的场所。走以人为本、包容性的城镇化道路是中国实现经济社会现代化的前提,公共服务的包容性必须成为中国新型城镇化的核心特征。城镇化应当保障作为全体居民的基本生存权利、基本的社会保障体系、公平的发展机会与权利以及城镇主体的身份认同,使全体人民能够共享城镇化、经济繁荣与社会进步的成果。

一个国家或地区的城镇化,不仅是经济、社会结构、文化、科学技术的发展,而且是人的全面发展,包括人的素质、人的生活质量改善和提高,满足人的身心健康需求以及交流、学习、文化、娱乐等社会需求。人的全面发展是一切发展的核心和最终目的。城镇化的本质是人的现代化。

人的发展既包括人自身的发展，又包括为人的发展而提供的各种条件。没有人的发展，没有人的现代化，没有人的素质提高，城镇化是不完整的，现代社会、现代制度也不可能很好地运行。

从社会变迁角度来说，器物上的变迁最快，其次是制度上的变迁，而时间最长的则是习惯和思想观念的变迁。从农村到城镇，从农民身份过渡到市民身份可能会是很短的过程，但是要逐步适应城镇生活、行为和思维方式，真正融入城镇社会则是一个长期的再社会化的过程。

二、城镇化与治理体系演变

（一）早期城镇及其治理体系的建立

在中国，城的出现大约在夏商之时。殷墟是中国历史上第一个文献可考、并为考古学和甲骨文所证实的都城遗址。然而，全国范围内大规模"造城运动"却是在周代发生。按照赵冈先生《中国城市发展史论集》的说法，在公元前11世纪，周族以"小邦周"打败"大邦殷"，建立周朝。由于周民族人口较少，要统治多数民族，周王朝只能把他的部众分成若干股，加上殷王朝遗民中臣服后表现特别忠诚可信的氏族，分派到各地，进驻广大占领区，建立军事据点，进行武装殖民，"以藩屏周"。各武装殖民单位到达指定的辖区后，便选择一个条件优良的聚居点，全单位人员及家属都住在一起，守望相助，以策安全。后来索性在聚居点之外围起城郭，挖出壕沟，算是防御工事。一开始筑城池便具有军事性和政治性。

城中之居民称国人，即殖民单位带来的全部人马。城郭以外散居的是原住民的土著部落及其他被征服之民，称为野人或鄙人。因此，城墙这一物质存在不仅在空间上划分了城内和城外（乡野），也把人分成了城里人和城外人。城里居住的是统治氏族，城外是被统治民族。城郭内外之人具有不同的政治身份。国家治理的基本模式是城里的统治者对城外的统治。在城里的统治者更像是一个家族。西周的城市称为列国的前身，城市的治理与国家的治理密不可分。

作为发挥政治和军事功能的周朝的城市，不是从自然村落逐渐演化而来的经济实体，而是从一开始就是体现了"国家"意志的政治产物。这个时期开启了可能是我国最早期的大规模的"造城运动"。而政治对城市的形成和发展的影响在后世的城市发展史中随处可见，并成为中国城市与西方城市发展动力学上最重要的区别之一。

西周时期城市的功能首要表现在其政治和军事的功能。换言之，城市本身是实现周王朝统治的基本途径。城市对野鄙的统治就是统治者对国家统治和治理的主要内容。与此同时，城市也发挥了重要的经济功能。乡野居民从事农业，城市除统治者及其家眷、亲属之外，以手工和商业为主。殷商遗民中善于商贾，对城市的经济功能发挥重要的作用。

随着政治统治的稳定、城乡交流增多，国鄙之分逐渐被弱化甚至打破。根据城市发展史学的研究，到战国时期，国鄙之分已然趋于消失。赵冈在其"先秦城市"的讨论中注意到：战国之时，孟子重提井田制，主张划分国野，田制有别，已经不现实了。当时城乡居民可以交流，国野开始争民，工商食官之制也已失效，人民可以自由择业。城乡居民政治上已趋于平等。城乡由严格对立变成打成一片。在今天看来，这个转变是一个漫长的过程，期间经历了几个世纪。但这一转变本身具有重要的启示意义：人为造成的城乡割裂与对立是不可能永远不变的；城乡融合互利、互通有无、人口自由流动更符合经济社会发展的规律和人的本性。从这个意义上说，春秋战国时期，空前的思想活跃和文化繁荣，可能与城乡之间广泛交流互动不无关系。

西周之初兴建的这种有墙之城以及城市与周边乡野村庄的关系，很容易令人联想到广为世人称道的古希腊城邦。正如西周的城市并非中国最早的城市，古希腊城邦兴起之前在中东、地中海和埃及城市的发展已经有了数个世纪的历史。然而，希腊的城邦在城市治理体系上堪称独树一帜，即使在今天看来，仍有很大的借鉴意义。希腊城邦肇始于公元前8世纪，大约相当于我国的春秋之初。早在公元前734年，希腊南部的科林斯（Corinth）附近就建立了锡拉库萨（Syracuse）①和科西拉（Corcera）两个城邦国家。根据芒福德的《城市发展史》研究，在其后的一个多世纪里，某些代

---

① 美国纽约上州也有一个同名城市，Syracuse，笔者之一曾就读于此并获博士学位。

议制的团体进行了一项旷日持久的殖民计划。殖民带着母城的各项基本习俗和形制把希腊城邦和希腊文化转播到四面八方，从埃及的瑙克拉提斯（Naucratis）到高卢王国的马赛，从西西里到黑海东岸，都是这一计划的波及范围。如果说西周的殖民建城是出于政治和军事的考量，那么古希腊的殖民兴城起初是由于农业上的压力。古希腊的生活方式就这样被传播出了爱琴海地区①。

正如西周的城市空间格局与治理体系对中国后世城市发展有着广泛而深远的影响，古希腊城邦对欧洲乃至全世界的城市治理文化和治理体系影响极为深远。因此，对两者做一比较是十分有益的。首先，西周的城市的建立以政治和军事统治驱动，经济功能（民生）居于从属地位；而古希腊城邦的产生是为了解决人口和食物的压力，经济功能居首，政治功能次之。其次，西周的城市国野之分清晰，城乡之间居民政治地位明显有别；古希腊城邦已实行了严格的身份划分，市民和奴隶之间、本帮人外邦人之间政治身份和地位已存在明显的差别。第三，西周城市建成之后，融入了当地生产和生活方式，文化上趋于融合；古希腊城邦随着殖民扩展而依次建立，其文化也随之传播、影响当地。第四，每一个西周城市实质上是从一个统治中心派出的统治单元，因此隶属于一个自上而下的整体，与权力中心的关系包括政治的、军事的、家族血缘的和文化的关系。随着时代发展每个城市之上形成的诸侯国与周天子之间的关系逐渐弱化，到了春秋后期，这种联系早已是有名无实了；古希腊城邦作为经济力量的衍生体具有较高的独立性，各城邦之间的联系更多地体现在经济和文化上，较少地体现在政治和军事上。的确，对于古希腊诸神的崇拜可能是辨识和维系城邦之间联系的核心标志。第五，在城与乡之间的联系上，西周的城市与乡村之间是统治和被统治的关系；而古希腊的城邦与乡村之间在经济和文化上是互为补充、相辅相成的关系。芒福德指出，从公元前7世纪到公元前4世纪，希腊的城镇规模既小又具有相对的自治性、独立性，它们在很大程度上依赖本地农村提供粮食和建筑材料。最后，但可能也是最重要的，西周殖民和

---

① 刘易斯·芒福德. 城市发展史[M]. 北京：中国建筑工业出版社，2004。

分封的多数城市，随时间的推移逐渐演变为诸侯国。在"国家"治理结构上复制了原来自下而上的治理体系；而古希腊城邦吸收了爱琴海地区乡村文化中社区自治和民主的营养，自下而上地催生了城邦民主制的诞生。

（二）城镇发展与治理体系的演变

城市是一个有机体。一个无论最初是如何建立的，一旦建成它就会按照城市自身的规律发展演化，在空间结构和物质形态上如此，在文化意识和制度体系上也不例外。与农村相比，城镇不论大小都面临三个基本问题：粮食供应、人口组织和公共服务。在相对分散而独立的农村，自给自足的农户和乡村基本上不需要考虑这三大问题。粮食供应有自己生产解决，除非是灾荒战乱之年，粮食自给一般不成为农村社会的问题。人口分散在一家一户，生产活动和日常生活中不需要以特别的方式来组织。人口组织一般为了应对特殊情况下出现的水旱灾荒或进行农业基础设施建设。农村中空间距离较远，相互影响较弱，对公共设施和公共服务要求有限。例如，饮用水的供应问题在靠近河流湖泊的淡水水源地方往往自行解决。即使在北方缺水地区，一般一口水井就能解决全村的用水问题。然而，在城市地区粮食供给、人口组织和公共服务都成了大事。自发的农产品市场只能解决部分的粮食供应问题。在任何城市任何朝代，政府的基本职能之一就是要解决粮食供给，不仅是政府本身及其军队的粮食供给，也包括市民的粮食供给。从宏观上看，一个国家、一个地区、一个朝代城市的规模往往受到粮食供给方式和数量的制约。人口组织是城市治理的基本架构。一个城市的人口可以按五行八作组织到各种不同的经济活动之中，也可能按其功能划分政治和行政的人员、军事人员、附属家眷、文化教育人员、经济活动人员。无论如何组织，城市人口的构成及相互联系与乡村有很大差别。人口的经济地位、社会地位和政治地位也不相同。人口组织化程度与组织方式是城镇化的核心标志。公共服务的广度、深度和质量是衡量城镇发展的基本内涵。由于在城镇环境中，人与人之间，人与物之间关系和相互影响发生了根本性的变化，公共事务中出现了大量需要解决的问题。另一方面，公共事务以集体行动的方式解决比起个体单独解决其资源效率要高、社会成本要低。公共服务的提供就是为了解决公共事务中的问题。而为了提供公共服务则需要配置公共财政资源、组织人力资源。由此，新的治理规则、体系和模式得以形成。社区协商机制、市场交换机制以及科层组织机制是三种基本治理机制。理论上三种机制之间不存在孰优孰劣，现实中所见到往往是依不同情形而出现的各种机制的混合体。城镇治理体系的演变随问题变化而发生变化。

三、完善城镇公共治理体系与国家治理体系现代化

人的城镇化的核心就是要满足城镇居民多元化的各种需求。但由于各种资源的有限（尤其是公共资源，如土地空间、财政能力等），就会出现了各种供给与需求不匹配的矛盾，需要建立有效的治理体系来协调权利和资源的公平合理分配。这个治理体系就是城镇公共治理体系。所以城镇化的过程其实质也是城镇公共治理体系演变和完善的过程。

以人为本、包容性的城镇化需要满足如下人的发展需求：

（1）城镇人口与经济发展：住房、就业、教育、医疗卫生、社会保障；

（2）新增城镇人口能够平等参与现代化进程，共同分享现代化成果；

（3）城乡统筹发展：以工促农，以城带乡，工农互惠，城乡一体，不以牺牲农民利益为代价发展城镇化；

（4）城镇化与消除贫困：充分利用城镇化历史机遇和经济带动效应，加速消除贫困，使全体人民共同享有城镇化红利；

（5）物质需求与文化需求有机平衡，经济发展与精神文明共同提高。

然而，相比经济社会发展要求，相比人民群众期待，相比日趋激烈的国际竞争，相比资源环境的约束，我们的城镇化发展还有许多不足。例如，社会经济的突飞猛进使城镇的范围早已突破某个市镇的行政范围，而是逐渐发展成为具有经济、政治、文化、社会、生态文明等复合因素的功能完备的统一城镇化区域。因历史传统因素划分的市镇辖区范围，对教育、医疗、卫生和环保等具有区域性特征的公共服务的统一提供形成了碎片化的影响，直接影响了城镇化区域内公共服务的供给，造成资源浪费和效率低下，也难于统一协调和一致行动来共同解决区域内的重大社会问题。

这就需要通过建立以人为本、多主体、包容性的城镇公共治理体系，

构建由政府、经济组织、社会组织共同参与的城镇公共治理体系，谋求城镇全面协调可持续发展，保持城镇化进程的健康连续，满足人的城镇化、现代化的公平需求，增强城镇公共治理的系统性、整体性、协调性，加快城镇化过程中的社会主义市场经济、民主政治、先进文化、和谐社会、生态文明的发展。

由于很多公共资源的分配和流动还不仅仅是在一个城镇，一个区域，所以城镇公共治理体系与国家治理体系有机相连。国家治理体系是城镇公共治理体系的基础，而城镇公共治理体系也是国家治理体系的具体实现。

国家治理体系，是一个国家制度的集中体现。国家治理体系是在党领导下管理国家的制度体系，包括经济、政治、文化、社会、生态文明和党的建设等各领域的体制机制、法律法规安排，是一整套紧密相连、相互协调的国家制度。解决中国各种问题，实现各项既定目标，关键要靠国家治理体系和治理能力的现代化。所谓国家治理体系和治理能力的现代化，就是使国家治理体系制度化、科学化、规范化、程序化，使国家治理者善于运用法治思维和法律制度治理国家，从而把中国特色社会主义各方面的制度优势转化为治理国家的效能。

十八大以来，"加快形成党委领导、政府负责、社会协同、公众参与、法治保障的社会管理体制"，体现了多元共治的理念。政府不再只是治理的主体，也是被治理的对象；社会不再只是被治理的对象，也是治理的主体。治理应有助于扩大人民民主，坚持人民主体地位和发展社会主义民主政治。人民民主是社会主义的生命，国家治理要以保证人民当家做主为根本，坚持和完善人民代表大会制度、中国共产党领导的多党合作和政治协商制度、民族区域自治制度以及基层群众自治制度，更加注重健全民主制度、丰富民主形式，充分发挥我国社会主义政治制度优越性。治理应有助于实现社会正义，公平正义是中国特色社会主义的内在要求，营造公平的社会环境和促使正义的社会制度是国家治理体系的重要任务之一。

李克强总理曾表示，推进城镇化，核心是人的城镇化，关键是提高城镇化质量。持续扩张的城镇化引发了公共服务供给、基础设施建设、民生建设、社会管理、财政分担机制、城镇化的治理结构、"城市病"、区域协调发展等广泛的城镇公共治理问题，城镇化高速发展与现代城镇管理水平的不适应，为处于转型期的中国城镇公共治理体系建设与完善提出了严峻的挑战。

完善的城镇公共治理体系的建立，是国家治理体系的重要体现。适应市场经济体制下城镇发展动力多元化、城镇社会群体分化、社会信息化与科技的迅速发展；依靠法治调动社会各部门、组织和个体的积极性与活力，采用多主体、包容型的网络型互动模式，构建一个既公平、公开，又具竞争力的城镇公共治理系统，以及包括中央、地方、非政府组织、个人等多层次的权利和利益协调机制。

第二章 应对中国城镇化进程中的公共治理挑战

一、中国特色城镇化与国家治理体系建设同步

改革开放以来，特别是近20年来，我国进入大规模、高速度的城镇化阶段。城镇常住人口大量增加，占总人口比重迅速提高；城镇建设繁荣发达，建成区面积迅猛扩张；城镇管理水平不断提高，城镇生活方式日趋现代。就规模和速度而言，当代中国的城镇化在人类发展的历史上是空前的，对世界经济、政治和生态环境的影响是罕见的。

在我国城镇化发展取得重大成就的同时，出现了大量亟待解决的问题。在经济方面，城乡收入差距不断扩大，城镇发展对乡村经济的带动作用不强；在社会方面，公平、正义成为人们关注和忧虑的问题，野蛮拆迁、粗暴执法、违规行政、社会分化经常成为广为诟病的新闻热点；在政治方面，市民的权利意识迅速觉醒，对公共事务参与的热情不断高涨，而协商和参与的平台与机制建设相对落后；在文化方面，全球都市流行文化逐渐成为社会的主流，传统文化及其附着的基础正在迅速萎缩，甚至走向消逝，地方和民族所特有的特色文化受到都市流行文化强烈冲击，面临要么融入、要么消亡的窘境。在生态上，我国正经历着历史罕见的生态系统大规模退化、复合型环境污染泛滥、惊人的公共健康受损等全球最为严峻的生态环境危机。

每一个问题的产生固有其特定的背景和原因，然而，针对每个具体问题而采取头疼医头脚疼医脚、分而治之的方式难以真正有效解决问题。必须综合考虑、全面应对，从产生问题的制度根源入手，创新体制机制、构建治理体系、提升治理能力。中国特色的城镇化必须建立在创新的国家治理体系基础之上，同时，中国特色的城镇化建设必然促进国家治理体系的

创新和发展、促进国家治理能力的提升。换言之，中国特色的城镇化建设必须与国家治理体系建设和治理能力提升同步。

二、中国大规模、高速度城镇化难以长期持续

推动中国快速城镇化进程的重要动因是改革开放以来的工业化加速和经济高速增长，但背后的危机是现有粗放型经济发展模式和扩张性城镇发展模式的不可持续性。

（一）城镇蔓延与粗放式经济增长对能源、资源、生态环境的压力

中国的工业化和城镇化进程正面临着越来越严峻的资源、环境承载力的约束。快速的、扩张式的城镇发展，首先带来的就是土地资源的浪费，尤其是对耕地资源的侵占。20世纪90年代的十年间，全国城乡建设用地增加2640万亩，其中81%的新增建设用地来自于对耕地的占用，被占耕地共有2138万亩[1]。并且，这种快速的城镇空间扩张对区域的生态环境造成了巨大压力（图8-2-1）。

（二）忽略"人的城镇化"、流动人口的半城镇化现象突出，阻碍了居民的城镇归属感和城镇公共服务获得

过去30年，中国城镇化较多注重土地和物质空间的城镇化，而忽略"人的城镇化"，带来了流动人口的"半城镇化"问题。

1. 流动人口规模不断增加，非本地户籍的常住人口已成为城镇劳动力主体且城镇定居意愿强

一方面，伴随着中国城镇化进城加速，流动人口已成为新增城镇人口的主体。到2010年，城镇中的非户籍常住人口[2]已达到2.21亿，占全国总人口的16.53%[3]。以北京市为例，2010年流动人口比例已达到城市常住人

---

[1] 中国土地政策改革课题组. 土地解密[R/OL]. 和讯网——《财经》杂志[2006-02-22]. http://finance.sina.com.cn/g/20060222/18242364373.shtml.
[2] 指户口登记地在现居住地之外的其他乡镇街道（但不包括市辖区内的人户分离情况）。
[3] 国家统计局. 2010年第六次全国人口普查主要数据公报（第1号）[EB/OL]. [2011-4-28]. 来源：http://www.stats.gov.cn/tjgb/rkpcgb/qgrkpcgb/t20110428_402722232.htm.

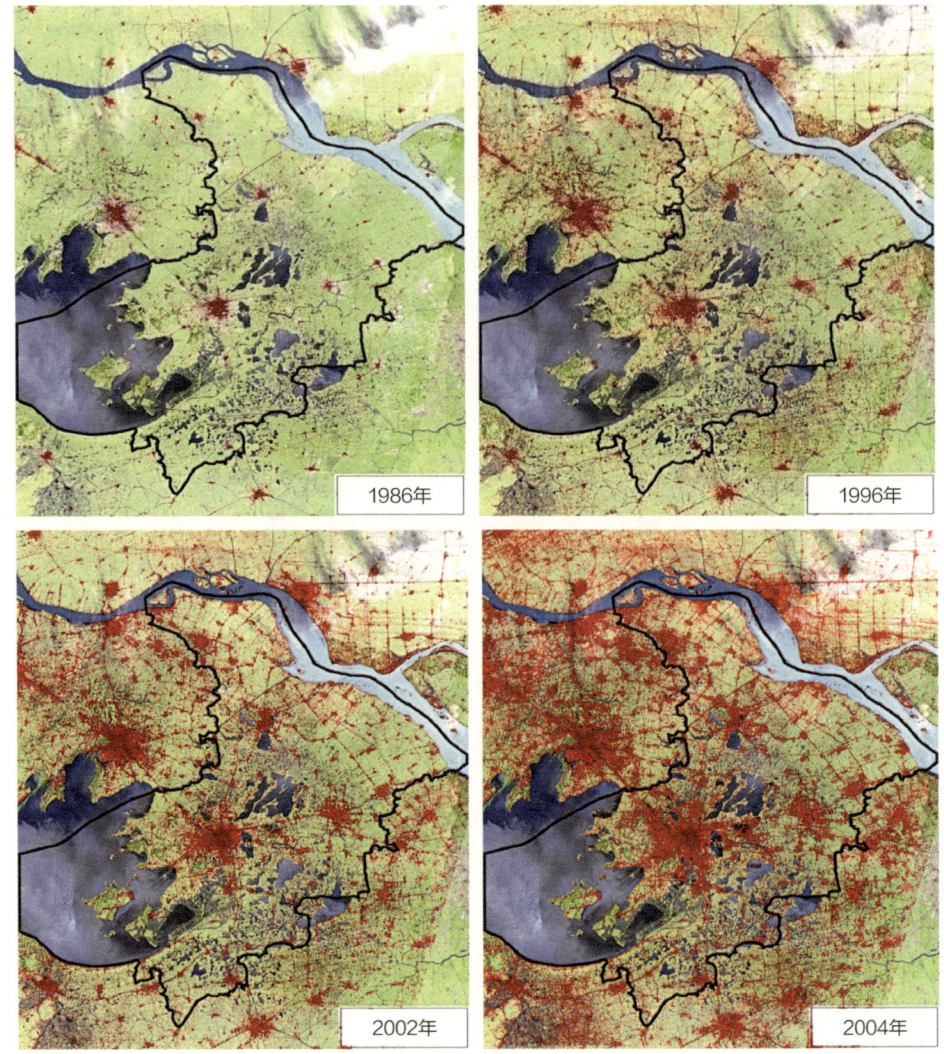

图8-2-1 1986~2004年太湖流域城市的扩张与蔓延

资料来源：中国城乡规划设计院，2007

口的35.9%[①]。

  与户籍人口相比，流动人口的年龄结构偏年轻化，可以说已成为我国城镇劳动力的主体，也是中国城镇化的"人口红利"所在。从第六次人口普查数据汇总的情况看，全国城镇户籍常住人口的老龄化现象尤其突出，55岁及

[①] 北京市第六次全国人口普查领导小组办公室，北京市统计局，国家统计局北京调查总队. 北京市2010年第六次全国人口普查主要数据公报[EB/OL]. [2011-5-5]. 北京市统计局网站：http://www.bjstats.gov.cn/rkpc_6/pcdt/pcxw/201105/t20110504_201365.htm.

以上年龄段人口的比重高达21.1%（其中仅65岁以上人口比例就达到9.8%）。户籍城镇人口中，处于18~54岁的适龄劳动人口总占比为59.6%，其中比重最高的是35~44岁和45~54岁两个年龄段，分别占18.8%和15.6%（图8-2-2）。而非户籍城镇人口的年龄结构刚好相反，30岁以下的"80后"是城镇流动人口的主要来源，占全部非户籍城镇人口的52.2%，18~29岁流动人口占全部流动人口的35.7%（图8-2-2）。全部非户籍城镇人口中，处在18~54岁的适龄劳动人口总占比为76%，远远高于户籍人口。

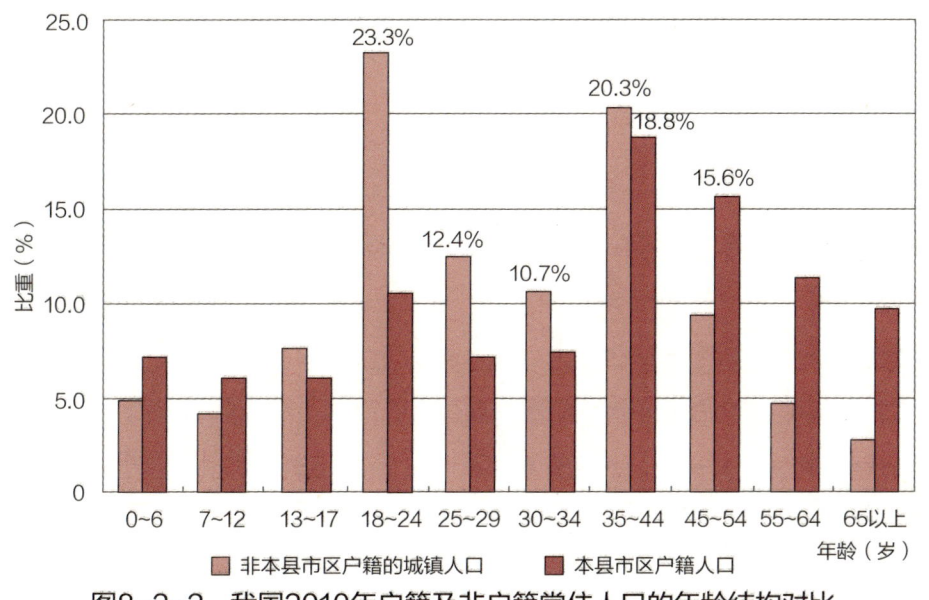

图8-2-2　我国2010年户籍及非户籍常住人口的年龄结构对比

资料来源：国家统计局，《中国统计年鉴2012》

非户籍城镇常住人口中，大部分都已经离开户口登记地2年以上，其中超过1/3的非户籍常住人口已离开户口登记地4年，23.6%已经离开居住地6年以上（图8-2-3）。分省区市的情况看，北京、上海等有超过40%的非户籍人口已经离开户籍登记地4年以上，而离开户籍登记地不足2年的比例则不到30%（图8-2-4）。可以说大量的流动人口已经稳定地在城镇工作、居住和生活。

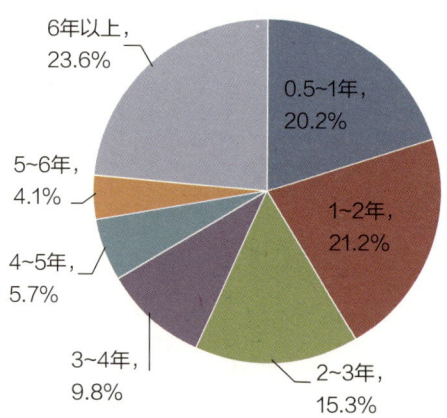

图8-2-3 我国2010年非户籍城镇常住人口离开户口登记地的时间

资料来源：国家统计局，《中国统计年鉴2012》

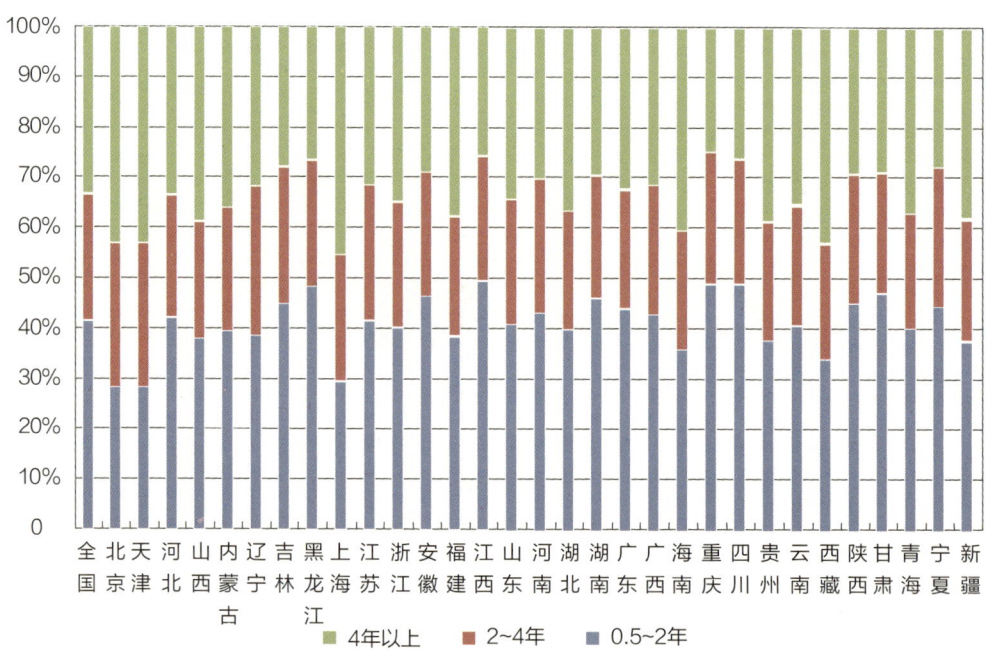

图8-2-4 我国各省区市2010年非户籍城镇常住人口离开户口登记地的时间

资料来源：国家统计局，《中国统计年鉴2012》

并且，流动人口在城镇长期定居的意愿也不断增强。研究组根据一项2009年对四大城市群（长三角、珠三角、环渤海、成渝地区）12城市共2400名流动人口的问卷调查进行的数据分析显示，在所谓的"一代"农民工中，表示愿意在目前工作城市定居的流动人口比例为44.2%，1980年后出生的受调查人群（即所谓的"80后"农民工）中有60.4%表示愿意在目前工作的城市长期定居，远远高于1980年前出生的所谓"一代"农民工（图8-2-5）。

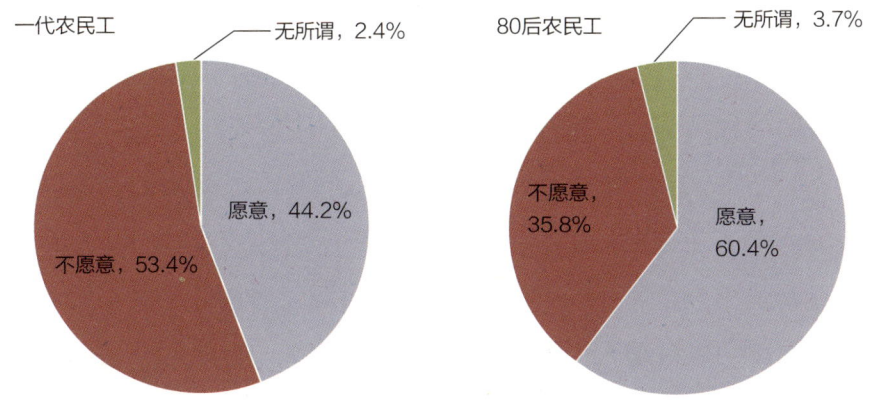

图8-2-5　不同年龄段城镇流动人口在目前工作城镇的定居意愿

资料来源：根据2009年十二城市流动人口调查数据分析得出

2. 城镇化进程中对流动人口的社会排斥和机会不均等问题突出，影响流动人口的城市认同和社会认同

从城镇化发展趋势来看，2030年我国的城镇化率将达到65%~70%，意味着平均每年将有2000万的农民转变为市民，其中作为主动城镇化的农民工群体将占重要的比重，农民工群体规模将进一步扩大。低收入流动人口正在成为城镇新"贫困"阶层的主要人群[1]，在城镇劳动力市场与住房市场中都处在劣势和被边缘化的状态。而如何为农民工等低收入流动人口提供适当宜居的居住条件、职业发展机会和公平、融合的社会环境将考验中国城镇化进程的公平性与长期可持续性。而从目前的情况看，大量的进城务工人员居住在城乡结合部，在生活方式、行为等并未实质性地融入城镇而处于实际上的"半城镇化"状态中[2]。

以住房状况为例，有学者根据1996年的调查发现，在市场化改革前

---

[1] Wang, Y.P. Urban Poverty, Housing and Social Change in China[M]. London and New York, Routledge, 2004.
[2] 王春光. 农村进城务工人员"半城市化"问题研究[J]. 社会学研究，2006，5：107-123。

期，具有农村户口、低层次就业的进城务工人员在城市住房体系中处于劣势，难以进入公有住房，租赁私人住房是其唯一的选择[1]。市场化改革加剧了住房不平等的趋势，特别是户籍制度对于住房不平等的作用在转型时期并未消除。经济能力上的劣势使得大量流动人口被隔离在城市的正式住房市场之外，而基于户口的身份歧视又使得流动人口被排斥在城市保障性住房体系之外[2]。这种双重制约导致流动人口更多地依靠用工单位提供的宿舍或者是租住城中村内的自建房[3],[4]。

基于上述2009年对全国四大城市群十二个城市流动人口问卷调查数据，对流动人口的住房来源和居住条件进行了分析[5]。研究发现，流动人口所面临的住房劣势及隔离的"半城镇化"现象并没有消除，户口及经济收入的劣势仍然影响着流动人口真正融入城市生活。

首先，从流动人口进入城市的第一个固定住房看，如图8-2-6所示，单位宿舍是受访者进入城市后获取第一个固定住房的主要来源，占全部样本的37.61%；而依靠自己经济能力从正规或非正规市场中获取住房的受访者比例达到36.63%，有约1/4的务工人员进城后在亲友家借住。对比来看，随着务工人员不断适应城市的工作与生活，其住房来源也发生较大变化。如图8-2-7所示，在调查时点，有35.84%的受访者居住在单位宿舍中；"市场住房"的比例达到了59.30%，提高了约23个百分点；而在亲友家借住的比例不到5%。但也应注意到，流动人口在租住市场住房时，多数居住在"城中村"、"自建房"等非正式住房中。数据显示，46.1%的受访者居住在非正式

---

[1] Huang, Youqin. Renters' housing behavior in transitional urban China[J]. Housing Studies, 2003, 18（1）: 103-126.

[2] Wu, W.Sources of migrant housing disadvantage in urban China[J]. Environment and Planning A, 2004, 36（7）: 1285-1304.

[3] Zheng, S., Long, F., Fan, C.C., &Gu, Y.Urban Villages in China: A 2008 Survey of Migrant Settlements in Beijing[J]. Eurasian Geography and Economics, 2009, 50（4）: 425-446.

[4] Wang, Y.P., Wang, Y., &Wu, J.Housing Migrant Workers in Rapidly Urbanizing Regions: A Study of the Chinese Model in Shenzhen, Housing Studies, 2010, 25（1）: 83-100.

[5] 2008年12月~2009年8月完成的十二城市流动人口问卷调查。流动人口包括在调查城市工作，但没有当地城市户口的进城务工人员（包括户口不在调查城市，或者是所调查城市的农村户口）。调查城市分布于中国四个主要城市圈（长三角地区、珠三角地区、成渝地区、环渤海地区），每个城市圈选择大、中、小三个城市。这四大城市圈不仅是中国经济活动最为活跃的地区，也是农村向城市流动的主要目的地，可以在一定程度内代表中国进城务工人员的状况。

住房中，而仅有15.1%的受访者租住或者购买了城市中的正式住房。

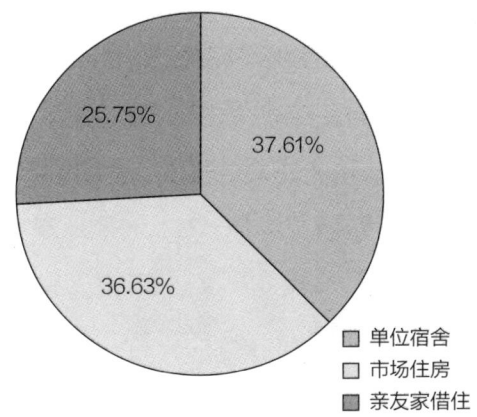

图8-2-6 到达所在城市后的第一份固定住房来源

资料来源：2009十二城市流动人口问卷调查

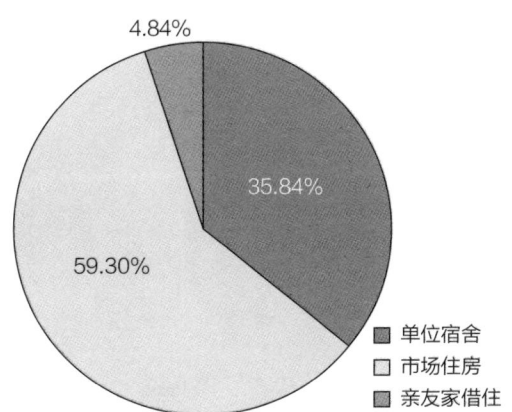

图8-2-7 调查时所居住城市的住房来源

资料来源：2009十二城市流动人口问卷调查

除住房来源的约束外，流动人口的居住条件也存在严重不足。在我们所分析的十二城市流动人口问卷中，所受访流动人口的人均居住面积仅为$12.2m^2$，不足国家统计局2009年住户调查中反映的常住人口人均居住面积的一半[1]。并且，约有10.9%的受访者人均居住面积不足$3m^2$，约有38.6%的受访者的人均居住面积不足$6m^2$，而人均居住面积超过$25m^2$的受访者不超过10%（图8-2-8）。从住房设施条件看，仅有1%的受访者居住在自来水、厕所、

---

[1] 任荣荣，满燕云. 中国城市住房的可支付性评价[R]. 北京大学－林肯研究院城市发展与土地政策研究中心研究简报第一期，2010，3。

浴室、厨房和燃气等设施均齐全的住房单元内（图8-2-9）。有33.3%的流动人口的住房没有独立自来水；43.9%的受访者住房内没有独立厕所；49.3%的受访者居住在没有独立浴室的住房单元内；41%的受访者的住房内没有独立厨房；而48.8%的受访者住房内没有管道燃气。

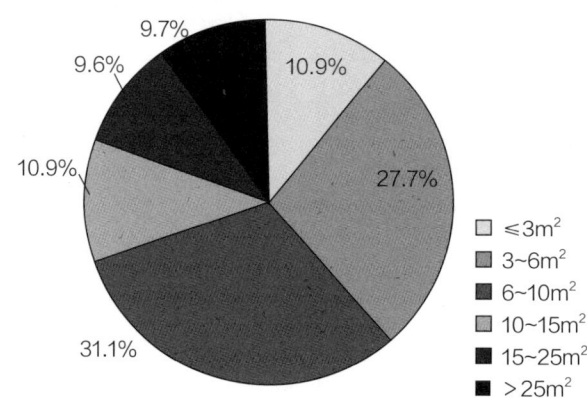

图8-2-8　流动人口人均居住面积结构

资料来源：2009十二城市流动人口问卷调查

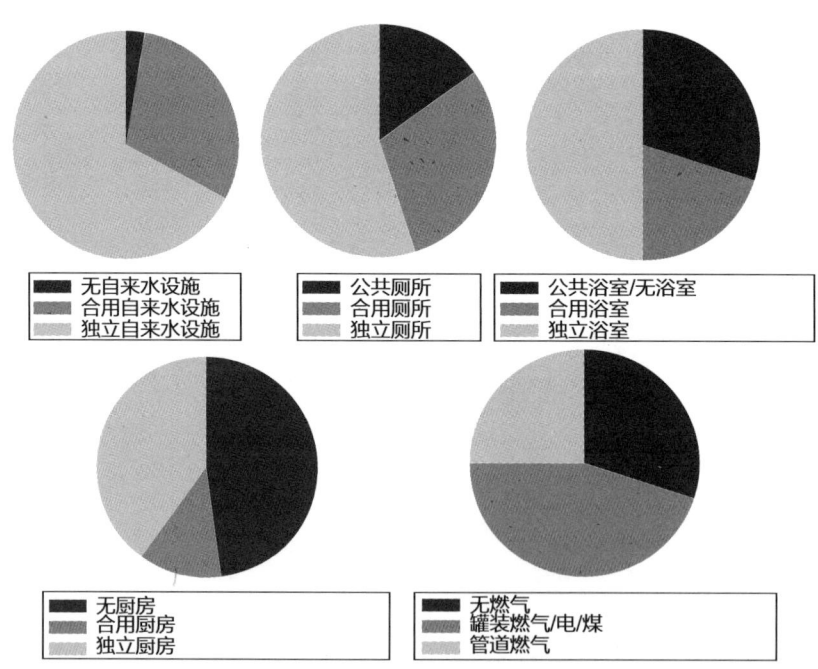

图8-2-9　流动人口住房的设施条件

资料来源：2009年十二城市流动人口问卷调查

3. 现有制度安排与公共治理模式并未充分适应我国人口城镇化的大趋势

遗憾的是，现有的制度安排和公共治理模式，特别是相应的公共服务体系并未对大规模人口流动和城镇化新趋势做好准备。市场化改革使政府承担的福利性制度安排弱化，个人承担的社会成本增加，政府在社会保障与公共服务上投入不足[1]。而基于户口的身份歧视使得农民工等群体被排除在城镇公共福利体系之外[2,3]。在城乡二元结构下，公共服务配置存在严重的区域和城乡配置不均现象，导致城镇化进程中的城乡差距不断拉大。

可以说，城镇中2亿以上的常住人口尽管在城镇中居住与就业，但不具有基本的市民身份，没有被认同为城镇主体，难以公平地获取基本公共服务和社会保障，在自我发展机会与能力上也处于弱势地位。我们基于十二城市流动人口问卷调查数据的分析显示，生活成本高和难以解决住房是一代和二代农民工都担心的主要困难（图8-2-10）。相对而言，"80后"的二代农民工更加担心是否能够获得稳定的就业机会，而一代农民工由于其所处的年龄阶段，更加担心子女上学困难问题。不能够享受公平的住房机会、公平的发展机会和公共服务是影响城镇流动人口的社会认同和稳定定居意愿的重要障碍。

应当说，近年来，进城务工人员的住房及社会融入等问题已引起政府、公众及学者的高度关注。国家"十二五"规划提出，"要把符合落户条件的农业转移人口逐步转为城镇居民作为推进城镇化的重要任务"。走以人为本、包容性的城镇化道路是中国实现经济社会现代化的前提。未来城镇化发展应当建立更加公平可持续的社会保障制度、提供公平的发展机会与权利，以及城镇主体的身份认同，使全体人民能够平等参与现代化进程，共同分享现代化成果。

以住房为例，2007年以来，保障性住房在我国公共政策议程中的地位不断提高，政府不断加大保障性住房的公共资源投入。但是，非户籍的进城务工人员仍然难以享受到保障性住房政策。在现有政策设置中，国务

---

[1] 吕炜，王伟同. 发展失衡、公共服务与政府责任[J]. 中国社会科学，2008.（4）：52-64。

[2] Xu, Q., Guan, X., Yao, F. Welfare program participation among rural-to-urban migrant workers in China [J]. International Journal of Social Welfare, 2011, 20（1）: 10-21.

[3] Tao, R., Xu, Z.Urbanization, rural land system, and social security for migrants in China[J]. Journal of Development Studies, 2007, 43（7）: 1301-1320.

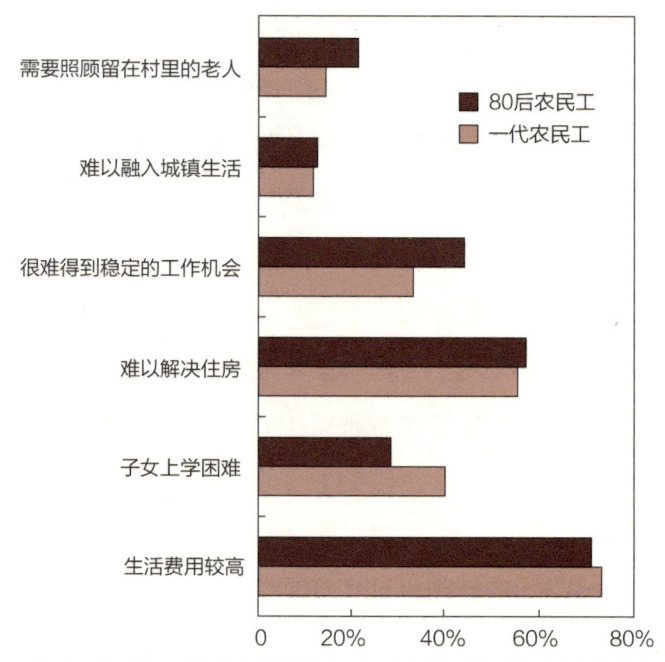

图8-2-10 影响城镇流动人口定居意愿的主要因素

资料来源：2009十二城市流动人口问卷调查

院2007年颁布的《关于解决城市低收入家庭住房困难的若干意见》（国发[2007]24号文）[1]和建设部等颁布的《关于改善农民工居住条件的指导意见》（建住房[2007]276号）[2]首次规定"多渠道改善农民工住房条件"，但将用工单位作为农民工住房供应的责任主体或允许地方在进行城中村改造时考虑农民工的居住需要。

但是，相关政策配套以及提供的激励措施不足等问题，导致地方政府在落实上述指导方针时并不积极。在地方保障性住房政策中，非户籍的外来务工者仍然处在保障对象范围的边缘地位，尽管一些省市逐步开始将进城务工人口的住房需求纳入到政策保障范围内，但一般未作具体和硬性规定。表8-2-1梳理了若干城市对保障性住房政策对象的规定，并对比了廉租房和公共租赁住房。

---

[1] 国务院. 关于解决城市低收入家庭住房困难的若干意见（国发[2007]24号）[EB/OL]. 2007年8月7日. 来源：http://www.cin.gov.cn/zcfg/gwwj/200708/t20070813_119193.htm.

[2] 建设部，发展改革委，财政部，劳动保障部，国土资源部. 关于印发《关于改善农民工居住条件的指导意见》的通知（建住房[2007]276号）[EB/OL]. 2007年12月5日. 来源：http://www.cin.gov.cn/zcfg/jswj/fdcy/200801/t20080110_157799.htm.

可以看出，廉租住房政策基本上都是以户籍低收入住房困难家庭为主要保障对象。公租房政策基本都是采取广覆盖的模式，在既有廉租住房和经济适用住房制度的基础上，适当扩大供应对象范围。在此基础上，一些城市（如重庆、黄石等）打破户籍限制，将外来务工人口纳入保障范围。但现有规定一般在居住身份、年限等方面有明确规定，多为优先考虑新就业职工和有稳定工作、居住一定年限的外来务工人员，特别是大学毕业生、引进人才等新增城市人口。例如，北京的公租房尽管从规定上可以向外省市来京工作人员开放，但要求满足相应工作年限，且这一规定如何具体实施仍有待细化；上海则要求外来人口必须持有居住证且连续缴纳社会保险金，这又将大量在非正规部门就业的务工人员排除在保障范围之外。

案例城市的廉租房与公租房的申请标准　　　　　表8-2-1

城市	廉租住房	公共租赁住房
北京	本地城镇户口 家庭收入与资产 人均居住面积	中低收入住房困难家庭
常州	本地城镇户口 居住期限（≥3年） 人均家庭收入（本市区平均收入的40%以下） 人均居住面积（18m²以下）	本地城镇户口 居住期限（≥3年） 人均家庭收入（1750元以下）不拥有住房
嘉兴		本地城镇户口 居住期限（≥3年） 人均家庭收入 不拥有住房
上海	本地城镇户口 至少一位家庭成员拥有本地城镇户口至少五年 目前居住在本市 人均家庭收入 人均居住面积	本地城镇户口；或拥有居住证或缴纳社保达一定年限 有稳定就业（签订劳动合同） 不拥有住房或人均居住面积小于15m²
贵阳	本地城镇户口 家庭收入 住房困难家庭	本地城镇户口，或拥有居住证或缴纳社保（至少3年）或缴纳所得税（至少2年） 家庭收入 不拥有住房
重庆	本地城镇户口 目前居住在本市 家庭收入	目前稳定就业（至少一年劳动合同；或行政机关、事业单位职工）

资料来源：作者根据各地保障性住房政策文件整理。

（三）人户分离现象严重、增加城镇公共治理及公共服务供给的复杂性

随着城市化进程的加快，城市范围内人口流动频繁，即在同一个城市的不同区域之间流动，既有在不同的城市社区之间的流动，又有从农村流向城市社区的流动，自然也有少量的城市社区向农村社区的流动。因此在城市中的某区域会出现这样的情况（图8-2-11）：第一种是有本区域居民户口却不在本区域居住的人口；第二种是居住在本区域却没有本区域户口的居民。这些人口属于人户分享人口，一般而言，在一个城市化的地区（城市行政范围内）存在着这样的规律，越向城市中心区的区位，第一种（即户在人不在的）情况为多，越向城乡结合地带的区位，则第二种（即人在户不在的）情况为多。

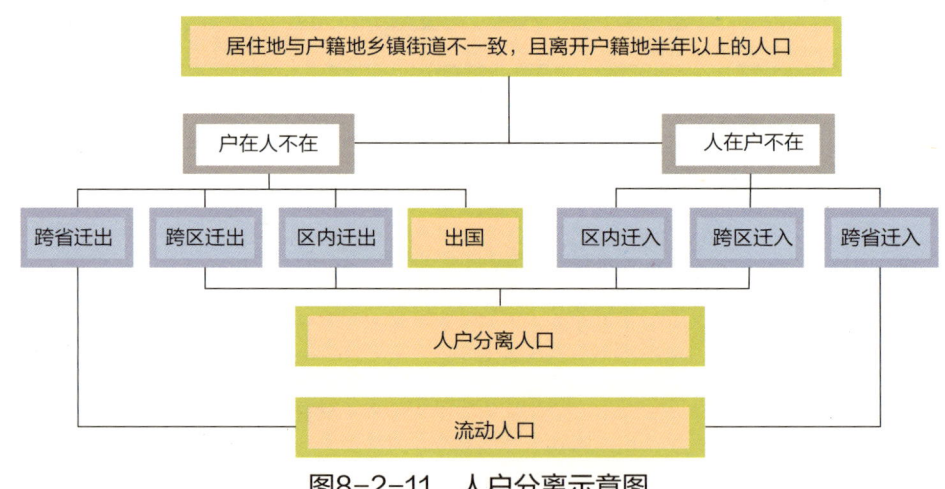

图8-2-11　人户分离示意图

资料来源：松江统计信息网

第六次全国人口普查资料表明：中国大陆31个省、自治区、直辖市的人口中，居住地与户口登记地所在的乡镇街道不一致且离开户口登记地半年以上的人口为26139万人，其中市辖区内人户分离的人口为3996万人，不包括市辖区内人户分离的人口为22143万人。同2000年第五次全国人口普查相比，居住地与户口登记地所在的乡镇街道不一致且离开户口登记地半年以上的人口增加11700万人，增长81.03%。

例如北京市的情况，可以反映出人户分离的严重程度①。

2000年，五普人口资料显示北京人户分离人口数量为217.5万人，占常住户籍人口的比例为19.8%。2005年，北京市市内人户分离人口占全市常住总人口的比例为15.41%。其中，未跨区县的市内人户分离人口占52.49%，跨区县的市内人户分离人口占47.51%。

2010年人口普查资料显示，从五普到六普十年间，北京人户分离人口大量增加，人户分离人口在常住户籍人口中的比重上升7.7个百分点。2010年北京1256.7万常住户籍人口中，人户分离人口多达345.4万，占常住户籍人口的比例为27.5%，平均人户分离时间长达5.5年。

人户分享具有如下特征：

（1）人户分离人口在内部结构上发生了较大变化，由2000年的区县内人户分离人口为主发展成区县内和跨区县人户分离人口并存的局面。与2000年人口普查相比，人户分离人口增加了127.9万人，其中，区县内的人户分离人口减少40.9万人，跨区县的人户分离人口增加168.8万人。

（2）分年龄看，66.6%的人户分离人口年龄在20~54岁，其中，25~29岁的青年人口最多，占11.4%，20~24岁、45~49岁和30~34岁人口所占比例也较高，分别为10.4%、9.5%和9.4%。

（3）人户分离人口整体受教育程度较高，6岁及以上人户分离人口中，大专及以上人口占51.1%，高中人口占23.6%，与常住户籍人口相比，大专及以上的比重提高13.5个百分点，高中的比重不变。

（4）拆迁搬家、随迁家属和务工经商是人户分离产生的主要原因，所占比例分别为30.2%、13.9%和12%，这三大原因共占56.1%。30~49岁人口中，拆迁搬家和务工经商所占比重较高，分别为33.5%和16.9%。工作调动、学习培训、投亲靠友和婚姻嫁娶的比例基本接近，都在6%~9%之间变化。

（5）北京人户分离人口离开户口登记地的时间普遍较长，平均人户分离时间为5.5年，其中人户分离6年及以上的占37.1%，分离3~4年和2~3年的，分别占14.8%和13.6%，分离0.5~1年的比例较低，占7.6%。从空间范

---

① 吴丽丽，段成荣. 北京市市内人内分离人口状况研究[J]. 北京社会科学，2009，2：50-55。

围看，跨区县人户分离人口的平均分离时间为5.6年，比区县内平均人户分离时间长0.2年。

全国的人户分离特点可概括为：人户分离以家庭户为主；拆迁搬家是人户分离的直接原因，公共服务差异是根本原因；劳动力资源人口是人户分离的主要对象；人户分离人口受教育程度相对较高；人户分离人口产业构成特征以第二、第三产业为主；城镇地区中人户分离人口中从事管理、技术岗位的居多；等。

人户分离主要有三个原因：

首先，随着社会经济的发展，人口的流动性不断加强，客观上居民对户籍迁移的主动性和积极性不断下降，应该迁移的户口不及时办理迁移，人为造成人户分离。

其次，北京市各区县医疗、养老、低保等社会公共福利政策、服务水平之间有差异，居民为了更好、更方便地享受社会福利，不愿迁移户口。

第三，北京市各区县的学校在师资方面存在差异和教学质量的不均衡，而入学采取的是按户口归属分片就读政策，西城区优越的教育资源具有强大的吸引力。一方面，人们为了子女能上硬件好、教学质量高的学校，即使迁出西城居住，也不愿意将户口迁出；另一方面，为了能让子女进好学校，很多家长想方设法把户口落在名校附近的亲戚、朋友家中，形成空挂户。西城区公布的第六次全国人口普查数据分析显示，全区常住人口中，人户分离人口55.18万人，占常住人口总数的44.38%。与2000年第五次全国人口普查29.53%的数据相比，上升了14.85个百分点。户籍人口中，人户分离人口63.09万人，占47.17%。

此外，受现行户口迁移政策的影响，外来经商、务工人员无法迁入户口；外地人才被本市录用后，户籍寄挂人才市场或单位集体户上；随着住房条件的逐步改善，有些居民有两套以上的住房，新旧房交叉居住或旧房出租，户口不往实际居住地迁移等，也是人户分离现象的重要原因。

三、城镇化问题的实质是公共治理危机

城镇化直接体现为大量的人口和经济活动在有限空间中的集聚。这种

集聚过程，导致了城镇发展中普遍的外部性和公共产品问题，使得城镇空间成为最为稀缺的公共资源。缺乏清晰的产权界定和有效的治理机制，必然出现各方利益主体基于短期私利对公共资源的过度利用，以及公共服务供给不足的问题。无法简单地通过市场机制解决上述问题，而需要一个有效的由政府主导的公共治理模式加以干预和协调。

此外，中国人地关系的基本态势又加剧了这种城镇发展中的外部性问题，对中国走可持续的城镇化道路提出了更紧迫的要求。陆大道先生指出，我国不可能走美国等西方发达国家那样蔓延式城市化发展道路，而必须走循序渐进、资源节约型的城镇化道路[1]。同时，中国的经济发展和城镇化过程出现极大的空间不均衡性，大量的人口和经济活动分布在东部地区（图8-2-12）。如果考虑这种空间的不均衡性，中国所面临的人地关系更为严峻，城镇化所面临的空间资源稀缺性更为突出，城镇中的外部性和公共产品问题更为严重。

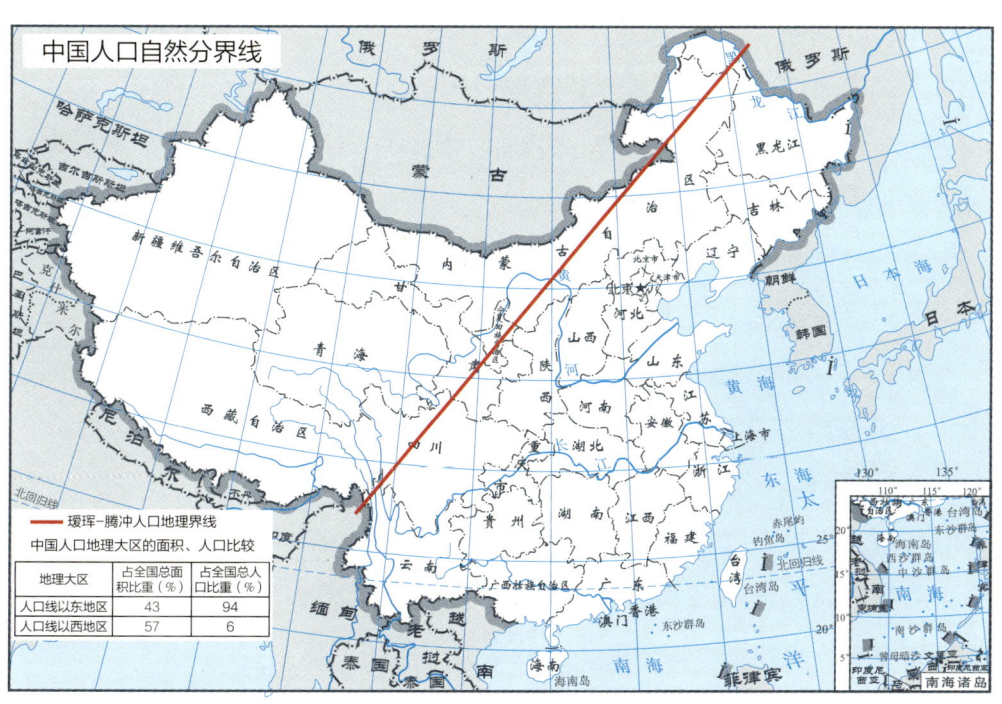

图8-2-12　瑷珲-腾冲线：中国面对的基本人地关系态势

注：本图审图号为GS（2013）2898号。
资料来源：齐晔等. 中国城市化发展中的公共治理与政府职能转变研究. 2009

---

[1] 陆大道. 我国的城镇化进程与空间扩张[J]. 城市规划学刊，2007，4：47-52。

遗憾的是，尽管中国在几十年的时间内实现了向工业社会的转变，但其行政管理文化和公共治理模式扎根于四千年来的农耕文明，无法应对大规模、高速度的城镇化和工业化进程的挑战，尚未建立起适应社会主义市场经济体制的城镇化公共治理体系。由此而言，中国的可持续城镇化道路之关键在于城镇公共治理模式的创新，以及支持这种可持续城镇公共治理的制度建设。有效的城镇公共治理模式，能够在城镇发展的多方利益主体之间形成集体行动，从而实现长期社会福利最大化。走好中国特色的城镇化道路，亟需通过制度建设来推动城镇化模式创新。如果缺乏有效的城镇公共治理体系和充分的治理能力来应对外部性和公共产品问题，城镇发展必然出现不平衡、不协调、不可持续的现象。

四、城镇化进程中的公共治理创新

社会之"治"是一种有序、和谐的状态，也是实现这种状态的一个过程。公共治理的目的是通过解决社会中的公共事务问题，达到社会之"治"，实现和谐稳定繁荣昌盛。缓解、解决城镇化过程中的问题正是一个由"乱"到"治"的过程。这一过程之根本在于建立一个适应于我国国情的高效的治理体系，提升治理能力。

（一）治理辨析

所谓治理是指处理并解决社会中公共事务问题的行动与过程。在这个意义上，治理就是"管理众人之事"。英语中的治理（governance）一词源于古希腊文，原意是控制、引导和操纵。长期以来它与"政府"（government）一词交叉使用，指代与国家的公共事务相关的管理活动和政治活动。20世纪90年代以来，西方政治学家和经济学家赋予governance以新的含义，以反映公共事务管理中政府、市场和公民社会三方的共同作用与互动关系，并广泛地影响了公共事务管理的理论与实践。

全球治理委员会（Commission on Global Governance）在《我们的全球伙伴关系》研究报告中，把治理定义为各种公共的或私人的个人和机构管理其共同事务的诸多方式的总和，它是使相互冲突的或不同的利益得以调和并且采取联合行动的持续过程。这既包括有权迫使人们服从的正式制度和规则，也包括各种人们同意或以为符合其利益的非正式的制度安排[①]。

从概念上看，治理包括三方面的含义，即政府与非政府组织共同参与的社会统治方式、相关利益主体之间的持续互动关系及其利益协调过程。

治理首先是一种社会统治方式。罗茨认为，治理意味着政府含义的变化和一种新的统治社会的方法[②]。治理理念首先涉及政府职能范围和公共事务管理方式的转变，强调公共事务管理中参与主体的多元化，和市场竞争与公众参与机制的引入[③]。

其次，治理不只是一套规章制度，而是一种"决策与执行的过程"（UNESCAP）。治理强调政府与企业、公民持续互动的网络关系，认为这种网络互动关系比正式的规章制度更直接地影响治理结构与效果。

最后，治理理念强调参与主体之间的利益协调。顾朝林等认为治理是"一种综合的全社会过程，以'协调'为手段，不以'支配'、'控制'为目的，涉及广泛的政府与非政府组织之间的参与和协调"[④]。

在中国改革开放的发展过程中，中国的公共治理体系也发生了重要的变化。在改革开放前，中国的公共治理体系的主体就是政府，社会和市场的作用微乎其微。政府主导了所有公共事务的决策执行。改革开放后，随着市场经济体制改革的不断完善，市场在提供公共服务方面逐渐开始发挥作用。近年来，随着社会不断进步，人民群众当家做主的意识不断提高，人民群众或社会组织越来越希望在公共事务当中发挥更大的作用。这些变化使得中国的公共治理模式也从政府完全唱独角戏，到政府积极引导，市场和社会积极参与。随着中国公民社会的发展与成熟，可以预见，中国的公共治理模式将会更加成熟，市场环境会更加完善，各种社会组织也将会更加活跃。

---

① Commission on Global Governance. Our Global Neighborhood[M]. Oxford: Oxford University Press, 1995.

② Rhodes, R.A.W. New governance: Governing without government [J]. Political Studies, XLIV, 652-667. 1996.

③ Stoker, Gerry. Governance as theory: Five propositions [J]. International Social Science Journal, 50 (115): 17-28. 1998.

④ 顾朝林，沈建法，姚鑫，石楠等编著. 城市管治——概念、理论、方法、实证[M]. 南京：东南大学出版社，2003.

十八届三中全会通过的《中共中央关于全面深化改革若干重大问题的决定》指出，全面深化改革的总目标是完善和发展中国特色社会主义制度，推进国家治理体系和治理能力现代化[①]。紧紧围绕更好保障和改善民生、促进社会公平正义深化社会体制改革，改革收入分配制度，促进共同富裕，推进社会领域制度创新，推进基本公共服务均等化，加快形成科学有效的社会治理体制，确保社会既充满活力又和谐有序。

（二）城镇公共治理

21世纪初，公共治理（或管治）的理念开始引起中国城乡规划学界的关注[②,③]。首先，城镇规划不再简单地被定义为城镇政府的行政职能，而是被视为解决城镇建设和发展过程中"市场失灵"的工具[④]，是城镇政府管理城镇公共资源的主要手段。其次，在计划经济时代，城镇规划仅仅是经济计划的具体化和空间化[⑤]。但随着经济的市场化、城镇社会的差异化、利益主体的多元化，城镇政府必须肩负起协调各方利益的"裁判员"的角色。

城镇政府是城镇公共治理的主导力量。一方面，城镇政府是中央政策的执行者，解释国家政策在地区的适用性，并制定实施细则。其次，城镇政府主导着地方发展战略、地方规则与政策的制订与执行，并且主导着城镇公共产品的提供和分配。同时作为国家权力的代理人，城镇政府掌握城镇土地和空间资源的配置；而城乡规划作为城镇政策的一部分，是城镇政府主导地方规则制定和空间资源配置的重要手段之一。

在中国，城镇公共治理模式研究首先面临城镇政府职能转变、城镇行政管理体制变革等重大命题[⑥]。城镇公共治理模式的变革，首先是政府职能的转变，是城镇政府管理城市发展的范围、方式和手段的转变。改革开放以来，我国经历了五次主要的政府职能改革，每次变革都推动了政府职能

[①] 新华网. 授权发布：中共中央关于全面深化改革若干重大问题的决定. http://news.xinhuanet.com/politics/2013-11/15/c_118164235.htm.

[②] 吴佳, 张京祥. 治道变革视野中的中国城市规划转型[J]. 城市发展研究, 2006, 2: 64-68。

[③] 罗小龙, 张京祥. 管制理念与中国城市规划的公众参与[J]. 城市规划汇刊, 2001, 2: 59-62。

[④] 刘筱, 闫小培. 以人为本：迈向21世纪的广州城市管治. 城市管治——概念、理论、方法、实证[M]. 南京：东南大学出版社, 2003: 202-208。

[⑤] 周剑云, 戚冬瑾. 城市规划法律法规体系[M]. 北京：中国建筑工业出版社, 2006。

[⑥] 柴彦威, 曲华林, 马玫. 开发区产业与空间及管理转型[M]. 北京：科学出版社, 2008。

的重新定位，推动了"无限性、直接干预型"政府向"有限性、管理型、服务型"政府的转变，推动了我国的行政管理向适应市场经济的公共治理模式的变革（图8-2-13）。但是，与西方资本主义国家相比，中国的城镇公共治理和政治（政府）依然存在着更为紧密的联系。特别是，城乡规划和管理常常通过垂直科层体系中自上而下的行政强制手段来实现对城镇空间、土地的配置。

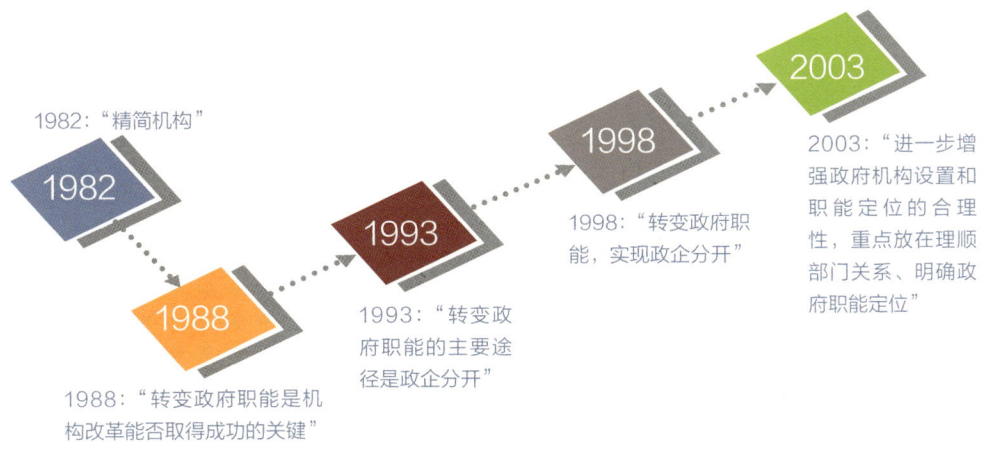

图8-2-13　1978年以来的五次政府职能改革

资料来源：齐晔等.中国城市化发展中的公共治理与政府职能转变研究. 2009

1980年以来，市场化、分权化和全球化的大趋势对中外城镇公共治理都提出挑战，主要议题包括：（1）各级政府在城镇公共治理中的角色转变，以争取发展策略的主动权；（2）非政府组织在公共事务管理和公共服务提供中的角色；（3）如何界定正式、非正式部门的权力、职能，以及新的权力结构与权力中心运作。

因此，对中国城镇公共治理的研究不仅应当考虑政府、市场、社会三者的互动，也应考虑到中国行政管理体制复杂的垂直科层体系，即中央政府、省级政府、城市政府、县政府和乡镇政府构成的五级行政管理体制。基于模型简化的考虑，本研究关注中国城镇发展公共治理中的四个主要利益相关方，即：中央政府、城镇政府、企业和城镇居民（公民社会）（图8-2-14）。其中，在地方尺度上，城镇政府、企业和城镇居民构成了公共治理的主体。中央政府主导着更大空间尺度上的制度建设，并影响着地方公共治理所处的制度环境。

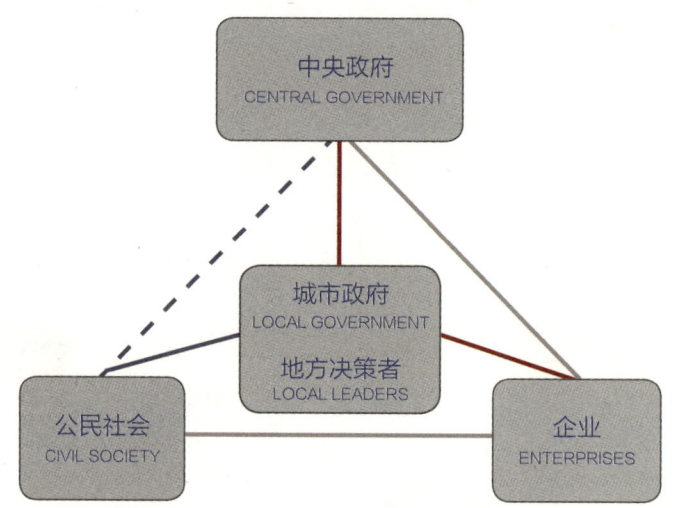

图8-2-14 中国城市发展公共治理中的四个主要利益相关方及其相互关系

资料来源：齐晔等.中国城市化发展中的公共治理与政府职能转变研究. 2009

我们认为，城市政府是城市公共治理的主导力量，城市政府的行为模式是理解中国城市化现象的关键变量，这是因为：

（1）城市政府是中央政策的执行者，解释国家政策在地区的适用性并制定实施细则；

（2）城市政府主导着地方发展战略、地方规则与政策的制订与执行，并且主导着城市公共产品的提供和分配；

（3）作为国家权力的代理人，城市政府掌握城市土地和空间资源的配置；而城市规划作为城市政策的一部分，是城市政府主导地方规则制定和空间资源配置的重要手段之一。

基于以上对城市政府行为的制度分析，从制度规则和运行机制方面提出中国城市公共治理模式转变的基本原则与政策建议。由于城市政府在公共治理中的核心地位，机制设计的目标是通过制度建设和能力建设，推动地方政府职能转变和城镇公共治理模式创新，以实现城镇化的本质是人的现代化，是公平共享具有包容性的广泛城镇化。

第三章 创新城镇公共治理体系：构建可持续的城镇公共服务体系

党的十八届三中全会提出全面深化改革的方向是建立国家治理体系和提升治理能力。国家治理体系的核心内涵是党的领导、人民当家做主、依法治国的有机统一，具体包括强化执政党领导地位，进一步建设人民民主和以法治为基础建立规范的国家治理体系等目标，其中依法执政、依法行政、依法治国的水平是国家治理体系现代化的重要标志。党的十八大报告要求"加快形成党委领导、政府负责、社会协同、公众参与、法制保障的社会管理体制；加快形成政府主导、覆盖城乡、可持续的基本公共服务体系；加快形成政社分开、权责明确、依法自治的现代社会组织体制；加快形成源头治理、动态管理、应急处置相结合的社会管理机制"。国家治理体系概念是在"十八大"要求上的进一步概括，同时，它与西方语境中的治理体系概念有区别也有联系。其中，以人为本、服务社会始终是个不同概念的交集，也是我国城镇化过程中的突出问题。在城镇化过程中，构建高效、包容、可持续公共服务体系是城镇公共治理体系的基本要求。

一、城镇公共服务体系的重点在于公共品[①]的提供

（一）纯公共品和准公共品

纯公共品是指每个人消费这种产品不会导致他人对该种产品消费的减少。这一定义概括了公共品的两大特征，即非排他性与非竞争性，典型的如国防、外交、社会治安、消防等。

除纯公共品外，不完全具备非排他性与非竞争性两大特征的公共品可称为准公共品。准公共品包括两大类，一类是具有非排他性但在消费上具

[①] 王晶. 城市财政管理 [M]. 北京：经济科学出版社，2002：62-73。

有竞争性的产品，如公共资源；另一类是具有非竞争性，但通过收费或限制等形式可以使其具有排他性的产品，如广播电视。准公共品的特点使市场机制在其供给中发挥了越来越大的作用，它的提供者既可以是政府，也可以是政府授权的私人企业。但准公共品毕竟不同于私人产品，在市场提供的过程中，政府补贴或其他方式的政策供给是必要的，而这一过程正是政府与市场相互配合的过程。

纯公共品主要包括由城市政府提供的无形公共品，如行政管理、政策法规等，以及有形的基础性和公益性产品，如公共安全、消防、基础教育和文化事业、基础科学研究和卫生事业、一般道路和桥梁等城市基础设施、城市大气污染治理等，这些产品同全国性纯公共品一样具有较强的外部性，难以和不能通过市场经营，必须由城市政府直接提供。

城市准公共品主要包括可确定其成本和收益的项目，如成人教育、高等教育、科技开发和应用、医疗保健等；以及可以通过收费实现其效益的各类城市基础设施和公用设施，如高速公路、铁路、邮电通信、供水、供电、供气、博物馆、电影院、公园等。

（二）城区公共品和社区公共品

城区公共品是指在城市范围内提供给全体市民享用的、居民生存和发展所必需的纯公共品和准公共品，主要包括：城市公安、消防、广播电视、教育、医疗、污染治理、供电、给排水、环城道路、城区绿化、市级大型公建（如市级图书馆、博物馆、展览馆、科技馆等）、城市政府制定和实施的各项政策、法规、制度、条例等。

社区公共品是指在城市某一社区范围内主要提供给社区范围内的居民享用的、为提高社区环境和居民生活质量所必需的公共品，主要包括：社区改造政策和规划、社区道路、街道照明、社区绿化、公共卫生、社区公建、闭路电视等。

（三）收费公共品和非收费公共品

城市公共品大部分为可收费公共品，即准公共品，这部分公共品大多是同市民生活紧密相关的产品，也是具有规模经济效益的产品，如供电、供水、供气、医疗、职业教育和高等教育等。非收费公共品，通常是外溢性非常强，难以通过定价手段确定其价格的产品，是城市居民所享有的城市文明的基础，如公共安全、防灾系统以及基础教育、环境保护等，这部分产品的供应水准和规模决定了城市的等级。

（四）政府直接提供的公共品和政府指定通过市场提供的公共品

在城市公共品中，除了纯公共品和公益性公共品必须由城市政府提供外，大部分准公共品都可以通过市场提供。通常在经济发展初期，由于私人资本的存量不足，很难涉足这些投资规模庞大的项目，城市政府是这些领域的主要投资人。然而随着私人企业规模扩大和市场化程度的提高，越来越多的私人企业进入公共品生产领域，这不仅可以解决政府投资的不足，更重要的是通过这样的市场机制可以更高效率地提供公共品。

（五）资本型公共品和社会型公共品

资本型公共品是指构成城市社会经济活动物质基础的产品，这类公共品通常具有较大的外在效应，对城市经济增长的贡献难以直接衡量，必须由城市政府或公共部门来提供。包括：城市交通设施、公路、铁路、桥梁、港口设施、基础教育和研究等。

社会型公共品是指与城市居民生活特别是精神生活密切相关的产品，这部分产品带有比较明显的公益性，具有再分配的性质，对城市低收入阶层的效用更大。如公立学校、公共卫生、防疫、公园绿地以及各种文化娱乐设施。随着人均收入的增多，各种与居民消费行为互补的城市公共品需求不断增长，因此，在城市公共品中，社会型公共品的地位日渐显要。

二、城镇公共服务提供的优先级按需求层次排序

（一）马斯洛需求层次理论

马斯洛需求层次（图8-3-1）理论的基本观点是[①]：

第一，五种需求像阶梯一样从低到高，按层次逐级递升，但这种顺序不是完全固定的，可以变化，也有种种例外情况。

第二，一般来说，某一层次的需求相对满足了，就会向高一层次发展，

[①] 马斯洛. 著（成明编译）. 马斯洛人本哲学[M].北京：九州出版社，2003：357-390。

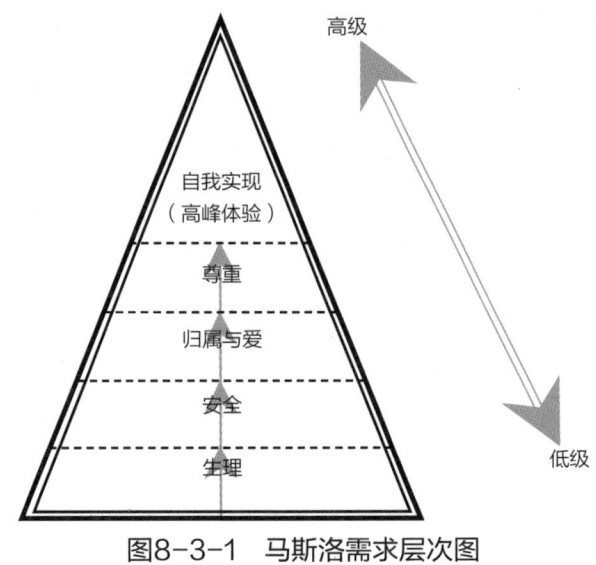

图8-3-1 马斯洛需求层次图

资料来源：马斯洛著. 马斯洛人本哲学 [M]. 成明编译. 北京：九州出版社，2003

追求更高层次的需求就成为驱使行为的动力，而获得基本满足的需求就不再是一种激励力量。

第三，五种需求可以分为不同等级，其中生理、安全、归属与爱的需求都属于低一级的需求，这些需求通过外部条件就可以满足；而尊重的需求和自我实现的需求是高级需求，他们是通过内部因素才能满足的，而且一个人对尊重和自我实现的需求是无止境的。同一时期，一个人可能有几种需求，但每一时期总有一种需求占支配地位，对行为起决定作用。任何一种需求都不会因为更高层次需求的发展而消失。各层次的需求相互依赖和重叠，高层次的需求发展后，低层次的需求仍然存在，只是对行为影响的程度大大减小。

（二）公共服务的需求因素

公共服务的需求首先与城镇的人口规模有关。城镇人口规模的大小会直接决定所需要的公共服务的类型和规模，但对于不同种类的公共服务，这种影响的程度有所不同。

公共服务的需求还与城镇居民的公共服务需求意识相关。城镇居民对于公共服务的意识的提高将导致其对公共服务的需求提高。随着社会的发展和社会文明程度的提高，城市居民对于公共服务的要求也会不断提高。社会文明发展水平越高的地区，对于公共服务的需求水平越高、需求规模越大。

公共服务的需求也与城镇居民的收入水平有关。城市居民的收入水平越高，对于公共服务，特别是教育、社会保障等方面的需求水平越高、需求规模越大。

因此，从公共服务的需求因素出发，城镇公共服务优先级应从基本需求到高级需求循序渐进。优先发展与基本需求相关的城镇公共服务，再逐步发展与高级需求相关的城镇公共服务。在实践中，需要在确立制度保障的前提下，首先考虑市民的基本安全需求，之后是市民的生存需求和发展需求。

三、划定公共服务的边界至关重要

（一）基本公共服务

所谓基本公共服务是指建立在一定社会共识基础上，根据一国经济社会发展阶段和总体水平，为维持本国经济社会的稳定、基本的社会正义和凝聚力，保护个人最基本的生存权和发展权，为实现人的全面发展所需要的基本社会条件。基本公共服务包括三个基本点，一是保障人类的基本生存权（或生存的基本需要），为了实现这个目标，需要政府及社会为每个人都提供基本就业保障、基本养老保障、基本生活保障等；二是满足基本尊严（或体面）和基本能力的需要，需要政府及社会为每个人都提供基本的教育和文化服务，三是满足基本健康的需要，需要政府及社会为每个人提供基本的健康保障。随着经济的发展和人民生活水平的提高，一个社会基本公共服务的范围会逐步扩展，水平也会逐步提高。

就我国现阶段而言，基本公共服务大体包括：义务教育；公共卫生与基本医疗服务；基本社会保障；公共就业服务；饮用水安全；公路与公共交通；环境保护；廉租房供应；治安；法制环境[1]。

（二）公共服务的形式

公共服务可以根据其内容和形式分为基础公共服务、经济公共服务、

---

[1] 马海涛等. 中国基本公共服务均等化问题研究[M].北京：经济科学出版社，2011：9。

社会公共服务、公共安全服务。基础公共服务是指那些通过国家权力介入或公共资源投入，为公民及其组织提供从事生产、生活、发展和娱乐等活动都需要的基础性服务，如提供水、电、气，交通与通信基础设施，邮电与气象服务等。经济公共服务是指通过国家权力介入或公共资源投入为公民及其组织即企业从事经济发展活动所提供的各种服务，如科技推广、咨询服务以及政策性信贷等。公共安全服务是指通过国家权力介入或公共资源投入为公民提供的安全服务，如军队、警察和消防等方面的服务。社会公共服务则是指通过国家权力介入或公共资源投入为满足公民的社会发展活动的直接需要所提供的服务。社会发展领域包括教育、科学普及、医疗卫生、社会保障以及环境保护等领域。社会公共服务是为满足公民的生存、生活、发展等社会性直接需求，如公办教育、公办医疗、公办社会福利等[1]。

（三）基本公共服务的界定[2]

基本公共服务力特指政府提供公共服务、解决民生问题的能力，包括政府提供基本公共服务的种类、数量、质量和覆盖范围。具体来说，政府基本公共服务力包括地方政府在社会保障和就业、基本医疗和公共卫生、公共安全、基础教育、住房保障、公共交通、城市环境、文化体育等方面向公众提供优质服务的能力和水平[3]。

公众对九大基本公共服务的关注顺序依次为：住房、社会保障与就业、医疗卫生、公共安全、基础教育、公共交通、城市环境、文化体育、公职服务，其中前三项占比超过六成[3]。

（四）城镇公共服务的类型与范畴

参照已有的研究成果，城镇公共服务的类型可以归纳为如下公共服务要素集，包括国防、公共安全、医疗卫生、社会保障与就业、环境保护、住房、基础设施、教育、文体娱乐服务、法律与公职服务十个方面（表8-3-1）。

---

[1] 吴强. 现代城市公共服务系统优化[M]. 北京：知识产权出版社，2010：20.
[2] 侯惠勤，辛向阳，易定宏. 中国城市基本公共服务力评价[M]. 北京：社会科学文献出版社.
[3] 见中国社科院2011年《公共服务蓝皮书》。

城镇公共服务要素集 表8-3-1

名称	编码	公共物品与服务内容
市民基本安全需求		
国防	1 1.1 1.2	国防 人民防空 对敌防御
公共安全	2 2.1 2.2 2.3	公共安全 城镇治安 防灾减灾 食品安全
市民生存需求		
医疗卫生	3 3.1 3.2 3.3	医疗卫生 公共卫生 基本医疗服务 其他医疗服务
社会保障与就业	4 4.1 4.2 4.3	社会保障与就业 基本社会保障 公共就业服务 其他社会保障
环境保护	5 5.1 5.2 5.3 5.4 5.5 5.6 5.7 5.8	环境保护 气候变化应对 生物多样性维护 空气环境保护与治理 水体保护与治理 土壤保护与治理 资源保护与合理利用 噪声治理 大地景观保存与优化
住房	6 6.1 6.2	住房供给与协调 保障性住房 其他住房
基础设施	7 7.1 7.2 7.3 7.4 7.5 7.6	基础设施 公共交通 供电 给排水 供气 邮政、通信和网络 其他基础设施

续表

名称	编码	公共物品与服务内容
市民发展需求		
教育	8 8.1 8.2 8.3 8.4	教育 学龄前教育和小学教育 中学教育 高等教育 其他
文体娱乐服务	9 9.1 9.2 9.3 9.4	文体娱乐服务 文化设施 体育设施 休闲娱乐设施 其他设施
制度保障		
法制与公职服务	10 10.1 10.2 10.3	法制和公职服务 法制环境 制度设计 行政管理效率

1. 国防

国防属于城镇公共服务中市民基本安全需求，可以分为人民防空（含防核、生、化武器）和对敌防御（敌伞降、机降、急袭等应对）两个方面。

在硬件建设方面：国家根据国防需要，动员和组织群众采取防护措施，防范和减轻空袭危害。人民防空实行长期准备、重点建设、平战结合的方针，贯彻与经济建设协调发展、与城市建设相结合的原则[1]。城市是人民防空的重点。国家对城市实行分类防护。城市的防护类别、防护标准，由国务院、中央军事委员会规定[2]。人民防空工程包括为保障战时人员与物资掩蔽、人民防空指挥、医疗救护等而单独修建的地下防护建筑，以及结合地面建筑修建的战时可用于防空的地下室[3]。国家保障人民防空通信、警报的畅通，以迅速准确地传递、发放防空警报信号，有效地组织、指挥人民防空[4]。

---

[1] 全国人民代表大会常务委员会. 中华人民共和国人民防空法.第二条.
[2] 全国人民代表大会常务委员会. 中华人民共和国人民防空法.第十一条.
[3] 全国人民代表大会常务委员会. 中华人民共和国人民防空法.第十八条.
[4] 全国人民代表大会常务委员会. 中华人民共和国人民防空法.第二十九条.

在软件建设方面：县级以上地方各级人民政府应当根据人民防空的需要，组织有关部门建立群众防空组织。群众防空组织战时担负抢险抢修、医疗救护、防火灭火、防疫灭菌、消毒和消除沾染、保障通信联络、抢救人员和抢运物资、维护社会治安等任务，平时应当协助防汛、防震等部门担负抢险救灾任务[1]。国家开展人民防空教育，使公民增强国防观念，掌握人民防空的基本知识和技能[2]。

2. 公共安全

公共安全属于城镇公共服务中市民基本安全需求，可以分为城镇治安、防灾减灾、食品安全三个方面。

就城镇治安而言，就是要创造和保证公民安居乐业的稳定环境。这就需要：预防和正确处理各种突发事件，维护社会安定；严厉打击各种刑事犯罪；同扰乱公共秩序和违反治安管理法规的行为做斗争。

就防灾减灾而言，就是要硬件和软件建设并重，针对地震、火灾、洪水、台风、泥石流、雷击、暴雪、龙卷风、疫情、防化等灾害，制定完善的预案、准备充分的空间和装备、全面教育和训练公民，使得灾害的危害降低到最少。

就食品安全而言，就是保证食品安全，保障公众身体健康和生命安全[3]。涉及范围包括：食品生产和加工（以下称食品生产），食品流通和餐饮服务（以下称食品经营）；食品添加剂的生产经营；用于食品的包装材料、容器、洗涤剂、消毒剂和用于食品生产经营的工具、设备（以下称食品相关产品）的生产经营；食品生产经营者使用食品添加剂、食品相关产品；对食品、食品添加剂和食品相关产品的安全管理[4]。

3. 医疗卫生

医疗卫生属于城镇公共服务中市民生存需求，可以分为公共卫生、基本医疗服务和其他医疗服务三个方面。

---

[1] 全国人民代表大会常务委员会. 中华人民共和国人民防空法.第四十一条。
[2] 全国人民代表大会常务委员会. 中华人民共和国人民防空法.第四十五条。
[3] 全国人民代表大会常务委员会. 中华人民共和国食品安全法.第一条。
[4] 全国人民代表大会常务委员会. 中华人民共和国食品安全法.第二条。

按照《国家基本公共卫生服务规范（2011年版）》的规定，国家基本公共卫生服务包括：城乡居民健康档案管理、健康教育、预防接种、0~6岁儿童健康管理、孕产妇健康管理、老年人健康管理、高血压患者健康管理、Ⅱ型糖尿病患者健康管理、重性精神疾病患者管理、传染病及突发公共卫生事件报告和处理以及卫生监督协管服务规范[①]。

基本医疗服务一般指医疗保险制度中对劳动者或社会成员最基本的福利性照顾。基本医疗服务的目标是保障劳动者或社会成员基本的生命健康权利，使劳动者或社会成员在防病治病过程中按照防治要求得到基本的治疗。在我国，基本医疗保险是解决劳动者或社会成员基本医疗服务的主要形式。基本医疗服务的内容主要包括各种疾病治疗措施、疗养休养措施、诊疗检查费用以及相应的药品消耗等[②]。

4. 社会保障与就业

社会保障与就业的供给属于市民生存需求，包括基本社会保障、公共就业服务和其他社会保障三个方面。

我国的社会保障制度包括基本养老保险、新型农村社会养老保险制度、城镇居民社会养老保险制度。

目前我国政府公共服务执行机构和农村公共服务基础设施比较薄弱，应当从完善城乡社会保障公共服务体系做起，打造政府的社会保障执行机构（简称"社保机构"），强化政府的社会保障执行能力。具体如下[③]：

第一，社会保障筹资能力。包括积极的社会保障预算和税制，即征、减、免、延的有效安排；合理的社会保险费制，职工、企业和政府三方协商确定费率；保值的个人储蓄制；明确国家、用人单位和个人的责任，确保各项社会保障支出。

第二，社会保障基金管理能力。包括提高统筹层次，做到资金账户财务安全、基金账户投资保值，完善社会保障基金市场运营的受托人制度、

[①] 国家基本公共卫生服务规范（2011年版）[EB/OL].http://www.jxwst.gov.cn/cszw/fyysq/jbggwsfw/201107/P020110722610532038599.doc。

[②] 徐松. 浅谈补充医疗保险[OC]. 社会保障服务网http://www.jshrss.gov.cn/shbxfww/shbxzx/yblt/201004/t20100412_63957.html。

[③] 杨燕绥，曹峰. 社会保障公共服务体系建设解析[J].行政管理改革，2010，7：47。

信息披露和监管机制。根据社会风险特征确定收支平衡周期。

第三，公平待遇和确保支付能力。包括克服贫困和体面生活两个目标，由此决定社会保障制度的合理结构。

公共就业服务制度指政府为促进充分就业而进行的各项公共服务总称。广义上讲，公共就业服务制度涵盖了以促进就业为目标的所有经济、社会、公共服务等方面的法规、政策和措施；狭义上讲，公共就业服务是由公共就业服务机构提供的职业供求信息发布、职业指导、职业介绍、职业培训、创业服务、就业困难人员援助、人事档案管理、失业人员管理等一系列公益性服务。公共就业服务制度属于公共产品范畴，既是市场经济环境下政府的重要职责，也是社会保障体系的重要组成部分[1]。

5. 环境保护

环境保护属于市民生存需求，包括气候变化应对、生物多样性维护、空气环境保护与治理、水体保护与治理、土壤保护与治理、资源保护与合理利用、噪声治理和大地景观保存与优化。

生态环境的保护，旨在维护和发展自然生物赖以栖息和繁衍的基本条件，担负保护气候的责任。生态环境保护的主要目标可以包括[2]：

（1）保护动物、植物、土壤、水体、空气、气候之间的相互作用机制，以及景观与生物多样性之间的关系；对于区域而言具有共同重要保护目标的地区；

（2）研究环境对于人类健康和人口的影响，以及环境对于文化财产和其他实体财产的影响；

（3）降低废弃物和废水的排放量，因地制宜地实现循环利用；

（4）利用可再生能源，并实现能源利用的经济和高效；

（5）保持空气质量达到最佳状态，排放量限定值必须控制在相关法律法规规定的范围内；

（6）发展农业和林业经济；保护矿产资源。

6. 住房

住房的供给属于市民生存需求，包括保障性住房和其他住房。

---

[1] 徐运辉，崔力夫. 完善我国公共就业服务制度的路径探讨[J].经济纵横，2013，7：14。
[2] 殷成志. 德国城乡规划法定图则：方法与实例[M].北京：清华大学出版社，2013：23-24。

保障性住房供应可分为产权式和租赁式两种类型①。住房保障的实质是一种准公共产品，是政府为了解决一部分居民住房购买能力不足，而由政府承担起市场住房价格和居民住房购买能力之间的差距，借助政府之手强行将一部分社会资源转移支付给中低收入家庭的一种社会保障形式②。我国目前的住房保障实现方式主要有住房公积金制度、经济适用房政策、廉租房政策、公共租赁房政策、两限房（限房价、限套型普通商品住房）政策、棚户区改造政策③。

7. 基础设施

基础设施供给属于市民生存需求，包括：公共交通、供电、给水排水、供气、邮政、通信和网络，以及其他基础设施。

需要说明的是，长期以来，我国城镇基础设施建设的短板集中体现在公共交通和地下基础设施系统上。随着城镇化进程的不断加快，应特别注意优先进行大容量公共交通系统、慢行系统、现代化大容量的地下基础设施系统、污染防治相关基础设施的建设。

8. 教育

教育供给属于市民发展需求，包括：学龄前教育和小学教育、中学教育、高等教育以及其他。

教育是"人的城镇化"之本。实现可持续城镇公共服务，其核心是大力发展公民教育。重点加强少年儿童和成人的文化素质教育。少年儿童的文化素质教育可以依托于学校，成人的文化素质教育可以依托于社区。要通过这种文化素质教育使市民的文明素质达到一般发达国家水平。对于少年儿童的教育要依托于学校，但不能拘泥于现在的模式，需要积极创新。成人的文化素质教育可以考虑依托于社区，也可以考虑基于其他的形式。教育所产出的人的进步，是所有先进体制机制得以顺畅运行的根本推动力。

9. 文体娱乐服务

文体娱乐服务供给属于市民发展需求，包括：文化设施、体育设施、

---

① 吴永宏．中国城市住房保障制度设计与实践运行研究：以南通为例[D]．苏州大学．2013：120。
② 吴永宏．中国城市住房保障制度设计与实践运行研究：以南通为例[D]．苏州大学．2013：16。
③ 吴永宏．中国城市住房保障制度设计与实践运行研究：以南通为例[D]．苏州大学．2013：17。

休闲娱乐设施，及其他设施。

文体娱乐服务与教育紧密配合，为实现教育目标服务。必须在新型城镇化发展中特别重视发展博物馆、美术馆、剧院、展览馆这一类传播高雅艺术和先进文化的服务设施。

10. 法制与公职服务

法制与公职服务属于制度保障，包括：法制环境、制度设计和行政管理效率。

四、城镇公共服务的多元化供给

在市场机制下，城镇公共服务提供的方式是多元化的（表8-3-2）。能否由市场来提供，与政府提供和市场提供的协调程度有关。政府提供和市场提供的协调程度越好，越有利于让市场提供公共服务。

城镇公共服务的供给任务分配　　　　表8-3-2

名称	编码	公共物品与服务内容	供给任务分配
市民基本安全需求			
国防	1 1.1 1.2	国防 人民防空 对敌防御	1.纯公共性，政府供给 1.1，政府负有规划、投资、调控、管理和教育职责 1.2，政府负有规划、投资、调控、管理和教育职责
公共安全	2 2.1 2.2 2.3	公共安全 城市治安 防灾减灾 食品安全	2.纯公共性 2.1和2.2，政府负有规划、投资、调控、管理和教育职责。政府投资应随城市财政收入增加而逐渐增长 2.3，政府负有调控、管理和监督职责
市民生存需求			
医疗卫生	3 3.1 3.2 3.3	医疗卫生 公共卫生 基本医疗服务 其他医疗服务	3.公益事业，政府是医疗卫生工作的主要责任方 3.1，政府负有规划、调控、管理和监督职责，市场参与 3.2，政府负有规划、投资、调控、管理和监督职责 3.3，政府供给/市场供给

续表

名称	编码	公共物品与服务内容	供给任务分配
社会保障与就业	4 4.1 4.2 4.3	社会保障与就业 基本社会保障 公共就业服务 其他社会保障	4.政府是社会保障和就业工作的主要责任方。政府的责任在于通过制度设计、法律规范和稳定的财政支出形成社会福利的主体。但要注意社会保障是社会事业，要鼓励民间慈善事业发展，对个人投入的福利支出予以税收优惠和纳税抵免，形成以政府为主体，民间非营利机构和慈善机构为辅的多渠道福利体系
环境保护	5 5.1 5.2 5.3 5.4 5.5 5.6 5.7 5.8	环境保护 气候变化应对 生物多样性维护 空气环境保护与治理 水体保护与治理 土壤保护与治理 资源保护与合理利用 噪声治理 大地景观保存与优化	5.纯公共性公益事业，政府的主要职能之一。政府负有规划、调控、管理和监督职责。鼓励全社会的参与，充分发挥社会非营利性社团组织的作用
住房	6 6.1 6.2	住房供给与协调 保障性住房 其他住房	6.政府负有规划、调控、管理和监督职责 6.1，政府投资和供给 6.2，市场供给
基础设施	7 7.1 7.2 7.3 7.4 7.5 7.6	基础设施 公共交通 供电 给排水 供气 邮政、通信和网络 其他基础设施	7.政府负有规划、调控、管理和监督职责 7.1，一般性准公共品，公益事业。城市政府的主要职责之一，可引入市场机制。建立在市场供求基础上的收费制度，正确评价收费产品外部效益的大小，有步骤地引入竞争机制 7.2~7.5，特殊准公共品（自然垄断产品）：政府供给，政府直接投资经营的方式，或实施政府规制，包括价格规制和市场准入规制，以避免企业获得市场垄断地位或盲目竞争，保护消费者利益

续表

名称	编码	公共物品与服务内容	供给任务分配
市民发展需求			
教育	8 8.1 8.2 8.3 8.4	教育 学龄前教育和小学教育 中学教育 高等教育 其他	8.兼有公共产品和私人产品属性，可由政府和市场共同提供。义务教育是免费教育，但可以通过一定的制度安排（如，税收制度、教育券制度、特许制度）在非营利性教育机构接受免费教育。改变政府包揽办学的模式，充分发挥社会非营利性社团组织开发文化教育活动
文体娱乐服务	9 9.1 9.2 9.3 9.4	文体娱乐服务 文化设施 体育设施 休闲娱乐设施 其他设施	9.兼有公共产品和私人产品属性，可由政府和市场共同提供。充分发挥社会非营利性社团组织的作用
制度保障			
法制与公职服务	10 10.1 10.2 10.3	法制和公职服务 法制环境 制度设计 行政管理效率	10.纯公共性，政府供给

追求效率的现代城市政府在公共物品和服务的生产和供给方面有多种方案可选择，可以采取政府生产和政府供给、市场生产和政府供给或市场生产和市场供给等方式。政府的工作重心主要应放在规则的制定和监督实施上，力求营造发展教育的良好环境。城镇公共服务的供给层级如表8-3-3所示。

城镇公共服务的供给层级　　　　　　表8-3-3

类别	全民享受的公共服务	省市享受的公共服务	地方享受的公共服务
国防	人民防空；对敌防御	省级层面的贯彻落实	地方层面的贯彻落实
公共安全	城市治安；防灾减灾；食品安全	省级层面的贯彻落实	地方层面的贯彻落实
医疗卫生	公共卫生；基本医疗服务	其他医疗服务（具有本省特色的医疗服务）	其他医疗服务（具有本地特色的医疗服务）
社会保障与就业	基本社会保障；公共就业服务	其他社会保障（具有本省特色的社会保障补充服务）	其他社会保障（具有本地特色的社会保障补充服务）
环境保护	气候变化应对；生物多样性维护；空气环境保护与治理；水体保护与治理；土壤保护与治理；资源保护与合理利用；噪声治理；大地景观保存与优化	适应本省自然、生态和地理条件的环境保护补充服务，重点放在生物多样性、空气环境、水体、土壤、资源、大地景观方面	适应本地自然、生态和地理条件的环境保护补充服务，重点放在生物多样性、空气环境、水体、土壤、噪声、大地景观方面
住房	保障性住房	其他住房（针对本省特点的住房供给）	其他住房（针对本地特点的住房供给）
基础设施	公共交通；供电；给排水；供气；邮政、通信和网络	其他基础设施（针对本省特点的升级服务）	其他基础设施（针对本地特点的升级服务）
教育	义务教育（免费）；高中及以上非义务教育（非免费）	针对本省特点的补充教育服务	针对本地特点的补充教育服务
文体娱乐服务	国家级高层次文体休闲娱乐服务和设施	面向本省情况的文体休闲娱乐服务和设施	面向本地情况的文体休闲娱乐服务和设施
法制与公职服务	法制环境；制度设计；行政管理效率	省级层面的贯彻落实	地方层面的贯彻落实

（一）国防

国防中的人民防空经费由国家和社会共同负担。中央负担的人民防空经费，列入中央预算；县级以上地方各级人民政府负担的人民防空经费，列入地方各级预算。有关单位应当按照国家规定负担人民防空费用[①]。国家

---
① 全国人民代表大会常务委员会. 中华人民共和国人民防空法，第四条.

对人民防空设施建设按照有关规定给予优惠。国家鼓励、支持企业事业组织、社会团体和个人，通过多种途径，投资进行人民防空工程建设；人民防空工程平时由投资者使用管理，收益归投资者所有①。国家人民防空主管部门管理全国的人民防空工作，大军区人民防空主管部门管理本区域的人民防空工作，县级以上地方各级人民政府人民防空主管部门管理本行政区域的人民防空工作②。

未来国防服务的供给，需要弘扬我党我军人民战争的伟大传统，大力发挥相关企业、志愿者组织以及公民的作用，在硬件建设和软件建设方面真正实现军民结合、平战结合、寓军于民、化民为军，采用各种方式，不断发展克制敌人战术和技术装备的体制机制。

（二）公共安全

城镇治安的服务供给需要注重将组织和技术、装备相结合。组织方面，要注意发动和组织社区居民广泛参与，配备户籍民警和治安巡逻队，还可以建立多种形式的群众联防组织，对犯罪分子形成强大的威慑。在技术和装备方面，要注意发挥新技术和新装备的优越性，不断加强硬件建设，逐步形成数字化、信息化、满覆盖、警民联防的社区监控系统，有效预防犯罪。

防灾减灾的服务主体应由服务决策主体、服务实施主体两个层次构成，其中强有力的服务决策主体，即城市公共灾害抗御服务统一机构的建立及有效发挥作用至关重要，该机构将对全市各类公共灾害实施统一领导，布置战略方案，监督服务实施主体的工作绩效，这将有助于解决过去部门分割的弊病③。服务实施主体，应由相关政府部门、相关企业、志愿者组织及个人构成，这三方各自有着不可替代的作用，特别是志愿者组织及个人在我国城市未能发挥其应有的作用。三个服务实施主体应在服务决策主体统一领导下，就各自的业务目标，相互协作共同为灾害关联组织及企业、关联家庭、关联个人提供无缝隙服务。三方还需要决策主体提供协作平台，如信息共享平台、联席会议等③。

---

① 全国人民代表大会常务委员会. 中华人民共和国人民防空法，第五条。
② 全国人民代表大会常务委员会. 中华人民共和国人民防空法，第七条。
③ 金南顺. 城市公共服务研究［D］. 东北财经大学博士论文. 2006：220-221。

食品安全的供给由国务院设立食品安全委员会，其工作职责由国务院规定。国务院卫生行政部门承担食品安全综合协调职责，负责食品安全风险评估、食品安全标准制定、食品安全信息公布、食品检验机构的资质认定条件和检验规范的制定，组织查处食品安全重大事故。国务院质量监督、工商行政管理和国家食品药品监督管理部门依照本法和国务院规定的职责，分别对食品生产、食品流通、餐饮服务活动实施监督管理[①]。县级以上地方人民政府统一负责、领导、组织、协调本行政区域的食品安全监督管理工作，建立健全食品安全全程监督管理的工作机制；统一领导、指挥食品安全突发事件应对工作；完善、落实食品安全监督管理责任制，对食品安全监督管理部门进行评议、考核[②]。

（三）医疗卫生

按照《国家基本公共卫生服务规范（2011年版）》所列基本公共卫生服务项目主要由乡镇卫生院和社区卫生服务中心负责组织实施，村卫生室、社区卫生服务站分别接受乡镇卫生院和社区卫生服务中心的业务管理，并合理承担基本公共卫生服务任务。城乡基层医疗卫生机构开展国家基本公共卫生服务应接受当地疾病预防控制、妇幼保健、卫生监督等专业公共卫生机构的业务指导。其他医疗卫生机构提供国家基本公共卫生服务可参照本《国家基本公共卫生服务规范（2011年版）》执行。地方各级卫生行政部门可根据规范的基本要求，结合当地实际情况制订本地区的基本公共卫生服务规范。鉴于国家基本公共卫生服务项目将随着经济社会发展、公共卫生服务需要变化和财政承受能力提高等因素不断调整，卫生部将根据实际情况适时对规范进行修订[③]。

（四）社会保障与就业

就社会保障而言，首先，建立国家、省（自治区、直辖市）和市县三级垂直管理的社会保障局，是服务型政府的执行机构，具有统筹基金和打造乡镇市区社保服务窗口的职责。非核心社保业务可以外包，利用社会资

---

① 全国人民代表大会常务委员会. 中华人民共和国食品安全法，第四条。
② 全国人民代表大会常务委员会. 中华人民共和国食品安全法，第五条。
③ 国家基本公共卫生服务规范（2011年版）。

源延伸社保服务深入农村。其次，社保机构按照前端服务（建设统一窗口）、中端管理（管理个人账户和数据库）、后端监控（对接服务机构）三大功能模块，改善流程与整合机构①。

就就业而言，首先需要优先保障和发展基本就业服务。重点向与就业困难群体联系最紧密的基层公共就业服务平台加大投入，使服务对象能够在较短的时间内得到相应的就业服务，提高公共就业服务的覆盖率与便捷性。加强对基层公共就业从业者的业务培训，推进公共就业服务职业资格制度，提高其专业化水平，最大限度地发挥公共就业服务促进就业创业的效能。其次需要创新公共就业服务供给模式，在以政府为主体的免费服务的基础上，适当引入市场竞争机制，采取政府购买服务等方式，不断提高就业服务质量和效率，实现公共就业服务可持续发展。放宽对社会营利性或非营利性就业服务组织的限制，发挥人力资源公司等民间就业服务机构的补充作用，从一元（政府）提供逐步向多元（政府、公益社会组织、私营机构）合作提供过渡，加快建立公益化与市场化相结合的公共就业资源配置体系。再次，要借助信息技术手段推进公共就业服务均等化按照统筹全国、覆盖城乡、普遍享有的原则，面向全社会提供统一、规范、高效的公共就业信息服务体系，方便各类劳动者求职就业和用人单位招聘用工，逐步实现国家间、地区间、城乡间基本公共就业服务均等化②。

（五）环境保护

环境保护问题是我国当前城镇化进程中的一个突出问题。构建可持续的城镇公共服务体系，环境保护是最切实的基础。以往环境保护之所以无法收到理想的调控实效，一个很重要的问题是环境保护部门只有监测的能力而没有控制的权力，因此，要想改善中国环境保护的现状，必须从强力的空间开发调控入手。

西方发达国家已经认识到，未来的可持续发展必须树立"以自然环境为本"的全新观念，严厉管治危害环境的开发活动。其最基本的工具就是空间开发调控。

---

① 杨燕绥，曹峰. 社会保障公共服务体系建设解析[J].行政管理改革，2010，7：48。
② 徐运辉，崔力夫. 完善我国公共就业服务制度的路径探讨[J].经济纵横，2013，7：17。

空间开发调控可以依托法治工具，保存和维护农业用地和林地。除了农业用地和林地之外，还可以规定，在某一区域的全部或局部，栽种树木、灌木和其他植物。此外，还可以规定在上述的特定部分中，树木、灌木和其他植被的种植、保留义务。这一规定也可以针对水体[①]。

空间开发调控可以：控制废弃物和污水处理用地，包括降水和沉积物的保留和渗透用地；控制公共绿地和私人绿地，如公园、永久性小花园、运动和游戏场地、露营地、游泳池、公墓；水体和供水用地、防洪用地和调控水土流失的用地；针对土壤、自然环境和景观的保护和建设要求，规定采取相应措施所需要的用地；特定的防护用地；禁止使用特定的污染空气的物质，或者将其使用控制在特定的限度内[①]。

（六）住房

对于住房保障的供给，必须充分认识到住房保障的公益性质及其面临的投机风险。要在评估各种投机风险的基础之上，精密设计各种住房投机的法规、政策和管理约束。这些法规、政策和管理不是孤立的系统，而是城镇公共治理大系统中的有机部分，特别要与国防、安全、环境保护、基础设施紧密结合。而针对保障性住房设计的投机约束也可以在必要的情况适用于商品性住房，其适用程度、管制范围要预先设计、留有接口，做到收放自如。

从政府与市场关系的角度来探讨城市住房保障制度设计。经过自1998年房改以来近15年的探索和尝试，党的十八大报告确立了市场配置与政府保障相结合的"双轨制"发展目标。本文立足政府与市场关系理论的视角，创新性地提出政府在城市住房保障体系建设中应发挥主导作用，并允许和鼓励社会力量建设住房和参与住房保障工作，形成政府主导、社会参与、合理分工、相互补充、良性互动的保障体系。

（七）基础设施

城市政府需负责编制城市各项基础设施的专项规划，保证规划的科学性和约束性。建立健全城市基础设施监督与约束机制，首先要规范城市基

[①] 殷成志. 德国城乡规划法定图则：方法与实例[M]. 北京：清华大学出版社，2013：65。

础设施服务的科学规划，要完善规划决策和监督机制，加快建立由公务员、专家学者和群众代表共同参加的城市基础设施服务监督委员会（也可以是更高层次的，如城市公共服务监督委员会），对城市基础设施服务的重大问题进行监督，大力推行"阳光规划"，对规划编制、审批和实施的全过程向社会公示，扩大公众参与，接受社会监督①。

城市政府需积极推行城市基础设施服务行政责任追究制度，严肃查处各类违规违纪行为，提高法律法规的执行力度，力求使不符合城市基础设施规划的项目不得批准立项。

城市基础设施服务的市场化可参考如下标准②：

（1）可市场化的基本标准

可市场化的基本标准是指必须满足的标准，其中任何一个标准没达到，都有可能直接动摇服务的质量，这样的基本标准有三项：

第一项，政府能够明确界定拟进行市场化改革的服务；

第二项，对拟进行市场化改革的服务能够提供可衡量的绩效标准；

第三项，能够保证有一个以上实力相当的竞争者提供服务。

满足基本标准中的前两项标准，对政府来说，就比较容易控制服务的质量、供给的过程以及服务的结果；满足第三项标准对所选择的私人部门则意味着竞争压力。

（2）可市场化的完善标准

可市场化的完善标准包括以下五项：

第一项，拟市场化的服务具有竞争充分的市场；

第二项，通过市场化肯定提高服务质量或提高消费者的满意度；

第三项，保证不引起社会动荡；

第四项，保证服务的持续提供；

第五项，可以在不提高收费标准的条件下降低成本。

应该注意的是：即使完全达到可市场化的标准，也并不意味着投资主体越多越好。城市基础设施服务应有多少个投资主体参与，以什么样的方

---

① 金南顺. 城市公共服务研究[D]. 东北财经大学博士论文. 2006：131。
② 金南顺. 城市公共服务研究[D]. 东北财经大学博士论文. 2006：128-129。

式参与，都要依据城市基础设施服务整体发展状况和具体项目的规模，还要从降低投融资、生产、建设、运行维护等各环节成本出发，综合考虑，科学判断。

（八）教育

教育是构建可持续的城镇公共服务体系的根本保障，关于事业的成败，必须予以特别重视。

需要把义务教育的供给分成生产和提供两个过程：第一个过程是生产过程，即设立学校，使具有承担义务教育资格和能力的学校提供适当水平的义务教育服务。这种义务教育服务可以有三个生产者：政府向公民提供的服务、公民组织（如城镇的社区服务、非营利组织、志愿者协会等）为民众提供的服务和公民个人提供的服务（如家庭教育）。这其中既包括公立学校，也包括私立学校，但都需要经过教育行政主管部门的审批或资质认可。第二个过程是提供过程，即政府将义务教育需求群体分配到各个学校之中，或者政府将各个学校所承载的"知识"提供给义务教育群体，这两个过程是同一的。逐步打破我国城镇教育单一供给主体的格局，建立城镇政府、市场和社会三维框架下的多供给主体格局。同时，政府要发挥其在教育中的导引作用①。

鼓励扶持社会非营利性社团组织开展文化教育活动，为城镇居民提供多样化的免费文化教育服务，推进社会人文环境的改善。政府对这些社团组织，具体可从经费、场所、人力、媒体报道等方面给予支持②。

此外，要特别重视学前教育，将学前教育纳入教育公共服务体系，并多渠道筹集资金，加快建设统筹城乡的学前教育公共服务体系。

（九）文体娱乐服务

构建可持续的城镇公共服务体系，需要紧密依靠教育的大发展，实现"人的城镇化"。而实现"人的城镇化"加速发展的重要公共服务支撑，就是先进的文体娱乐服务。

提升公民素质，需要使公民具备宽广的视野和丰富的科学文化知识，

---

① 金南顺. 城市公共服务研究[D]. 东北财经大学博士论文. 2006：164。

最大可能地启发人的创造性。首先，要提供充分的条件，巩固民族自信、树立民族自尊，结合各地实际，发展能反映中国历史、文化、工艺美术、军事等辉煌传统，以及中国人民伟大革命历程和革命传统的博物馆、美术馆、展览馆等文化设施和服务，发展与军事技能相关的体育设施，在从事体育运动的同时锻炼公民的身体和精神素质；其次，发展一般性体育设施和服务，广泛开展国际上通行的各种体育运动，不断增强国民体质，开阔国民视野；再次，发展反映世界知识的博物馆、展览馆、美术馆、天文馆、动物园、科学馆等，使公民能就近学习世界的历史、文化、美术和科学技术；再次，注重进行艺术教育，发展反映本地特色的地方剧剧院和一般性的剧院，逐步提升国民艺术素养。

（十）法制与公职服务

在构建可持续的城镇公共服务体系的条件下，我国法制和公职服务的重要任务是建立公职人员荣誉制度。

我国原有一些功勋制度，但主要应用于军队系统。参考国际经验，面向公职人员也可以建立系统化的荣誉制度，以表彰和激励公职人员，从道义上和精神上正面引导，推进法制和公职服务的优化。

公职人员荣誉制度可以考虑主要面向公职人员，但也可以面向做出突出贡献的非公职人员和外国人。在设计制度的时候，注意与军队现行和将来可能实行的荣誉制度互相衔接。例如，苏联的非军队荣誉制度设立"社会主义劳动英雄"，其级别和待遇参照军队荣典"苏联英雄"；"劳动红旗勋章"，其级别和待遇参照军队荣典"红旗勋章"；此外还有著名的"荣誉勋章"、"各民族大团结勋章"等，都有相应的级别和待遇。这种荣誉制度能够极大激发荣誉感和责任感，净化社会环境，引导人积极进步，是社会治理的重要手段之一。

另一方面，公职人员荣誉制度的经济属性在一定条件下可能滋生腐败行为。因而也可以在设计制度时剥离其经济属性。例如，现行德国荣誉制度就没有附着经济属性，只是一定级别的荣衔，如功劳十字小绶章（骑士相当）、一等功劳十字章（将校相当）。

第四章 城镇公共治理的保障：激励机制与财政能力

城镇政府是城市公共治理的主导力量。城镇政府不仅是中央政策的实际执行者、有权力解释国家政策在当地的适用性并指定实施细则，更主导着地方发展战略、地方规则和政策的制定与执行，并负责地方公共服务的供给和分配。更为重要的是，城镇政府作为国家权力的代理人，掌握着土地和空间资源的配置；城乡规划作为地方政策体系的一部分，也是城镇政府主导地方规则制定和空间资源配置的重要手段。

因此，实现国家治理体系现代化、需要建立服务于以人为本、包容性和可持续城镇化转型的城镇公共治理体系，这就需要为城镇政府提供有效的激励机制。一方面，应当激励并引导地方政府在管理当地发展时不再以经济增长和城市扩张为核心，而逐步转向以人为本、包容性和可持续的城镇化道路。同时相应的国家治理体系也应当激发地方政府提供公共服务的积极性，并应当设计相应的财政体系，保障城镇政府在落实包容性与差异性共存的地方公共服务供给体系时的财政能力。

一、现有激励机制存在不足，城镇公共治理亟待转型

在推动中国的城镇化进程向以人为本、包容性和可持续道路转型方面，现有的国家治理体制存在对地方治理主体、特别是城镇政府的激励机制不足的问题，特别是体现在政绩考核指标体系单一化、分权化导致区域"竞次"发展模式、中央—地方的财权事权不匹配等四方面的宏观激励。

（一）以经济增长为核心的国家发展导向和地方官员政绩考核体系亟待转型

新中国建国以来，所确立的就是重工业优先的经济发展战略，通过中

央计划、国家集中配置资源来实现"超英赶美"的举国目标①。在第一个五年计划制定时，国务院副总理兼国家计划委员会主任李富春就指出："社会主义工业化是我们国家在过渡时期的中心任务，而社会主义工业化的中心环节，则是优先发展重工业。"②尽管"文革"期间经济赶超的步伐曾经中断，但是1978年党的十一届三中全会后，"经济强国"重新作为国家战略中心指导着各项国家政策的制定。虽然重工业优先的战略不复存在，但"让部分地区、部分人先富起来"、外资引进、国企改革、发展三产、扩大内需、西部大开发、东北振兴等国家政策，无一不是体现着经济赶超、国家复兴的国家战略。

我国实行高度中央集权的单一制政府体制。在这种体制下，地方政府形式的权力来自于中央政府的授权，地方官员（尤其是地方领导人）由上级政府选拔任免，直接对上级政府而非本地选民负责。因此，中国地方官员的政治利益不在于地方选票的支持，而在于上级政府的认可并由此获得晋升。

上级政府选拔任用地方官员的依据通常是自上而下进行的干部政绩考核。《党政领导干部选拔任用工作条例》规定，"考察党政领导职务拟任人选，必须依据干部选拔任用条件和不同领导职务的职责要求，全面考察其德、能、勤、绩、廉，注重考察工作实绩"③。在经济发展优先的国家战略下，这种实绩考核就浓缩为对GDP、地方财政税收等硬性指标的考核。这无疑强化了地方官员在管理地方事务时经济优先的思维，构成了影响城镇政府行为的强大政治激励机制，而忽略了与社会公平和环境可持续有关的民生指标和资源环境指标。

我们的党和国家已经开始调整干部的政绩考核制度。例如2013年12月10日，经中共中央批准，中央组织部印发《关于改进地方党政领导班子和领导干部政绩考核工作的通知》（以下简称《通知》），规定今后对地方党

---

① Lin, Justin Yifu, Cai, Fang, Li, Zhou. The China miracle: Development strategy and economic reform [J]. Hong Kong: Hong Kong Chinese University Press, 2003.
② 吴敬琏. 中国增长模式抉择 [M]. 上海：上海远东出版社，2005：108。
③ 人民网：http://www.people.com.cn/GB/shizheng/16/20020723/782504.html。

政领导班子和领导干部的各类考核考察，不能仅仅把地区生产总值及增长率作为政绩评价的主要指标，不能搞地区生产总值及增长率排名，中央有关部门不能单纯依此衡量各省（自治区、直辖市）的发展成效，地方各级党委政府不能简单地依此评定下一级领导班子和领导干部的政绩和考核等次，对限制开发区域和生态脆弱的国家扶贫开发工作重点县取消地区生产总值考核。

（二）分权化加剧区域"竞次"的地方发展竞争态势，也一定程度上导致了中央政策的地方"执行难"问题

在单一制政府体制下，如何合理划分中央与地方权限，在保证国家政策顺利实施的同时兼顾各地区差异，一直是摆在中国政府面前的巨大挑战。从1980年代以来，中国经历了五次大的行政体制改革，每一次改革都伴随着从中央到地方的不断分权。与城市发展相关的规划、管理、建设的决策权被层层下放到城市政府（甚至是县级政府），同时城市基础设施建设、教育、医疗等社会保障以及其他公共产品提供等责任也被下放到城市政府。

分权化改革的另一后果是促进了经济发展中的地方竞争格局。钱颖一（2000年）认为分权化改革使得中国的行政体制变成事实上的一种联邦制（*de facto* federalist state），即所谓的中国特色的财政联邦制（Federalism, Chinese Style）[①]。这被认为是中国市场转型初期最根本的制度变革，是中国1980年代经济高速增长的重要原因之一。分权化促进了地方政府间对生产要素（尤其是劳动力和国际资本）的争夺，从而增强了地方政府建立市场制度和推动地方经济增长的动力。但过度的分权化在推动地方经济增长的同时导致了城市发展中的大量重复建设和资源浪费现象。

从1980年代以来，我国通常采取中央制定政策方针、地方因地制宜执行的模式，鼓励地方在中央政策方针的指导下根据当地具体情况决定是否执行以及如何执行自上而下的政策意图。在这一分权化的过程中，城市政府不再是国家意志和中央政策的忠实执行者，而转变为城市发展和建设的

---

① Qian, Yingyi. The institutional foundations of market transition in the People's Republic of China [R]. Tokyo: Asian Development Bank. 2000.

责任主体和利益主体[1]，并在一定程度上确立了中央与地方之间的某种委托—代理关系，即城市政府成为国家权力的代理人，行使对国有城市公共资源的代理权。通过一定程度的权力下放，能够因地制宜，允许不同的区域之间在公共服务提供方面能够有更大的多样性。但伴随而来的问题是如何实现中央政府对地方政府行为的有效监督，特别是确保地方政府能够有效执行中央的政策意图。

中央政策的地方执行难问题一直也是国内外学者关注的热点问题之一，许多研究试图解释与政策目标相配套的激励机制上。有学者提出，20世纪80年代末~20世纪90年代初的财政分权在中央和地方之间实现了激励相融（incentive-compatibility），有效地激励了地方领导注重经济发展[2,3,4,5]，从而通过自上而下的经济激励机制实现了高速经济增长的目标。另一方面，越来越多的学者则认为，中央政府通过长期以来形成的自上而下的行政权威体系——比如以升迁为主要目标的"政治锦标赛"中胜出的政治考量，也可以对地方政策执行行为的间接调控[6,7,8]。

但是，在与社会公平、环境保护等相关的政策领域中，上述激励机制往往是失效的。以"目标管理责任制"为主要形式的干部考核标准作为一种政治激励机制，在影响地方领导政策执行行为时存在内在的困境，即：在面临多元复杂治理目标时，目标管理责任制无法对所有政策目标进行有

---

[1] Zhu, Jieming. Local developmental state and order in China's urban development during transition [J]. International Journal of Urban and Regional Research, 2004, 28(2), 424-447.

[2] Oi J. Fiscal Reform and the Economic Foundations of Local State Corporatism in China [J]. World Politics, 1992, 45(1): 99-126.

[3] Oi J. The Role of the Local State in China's Transitional Economy [J]. The China Quarterly, 1995, 144: 1132-1149.

[4] Nee V. Organizational Dynamics of Market Transition: Hybrid Forms, Property Rights and Mixed Economy in China [J]. Administrative Science Quarterly, 1992, 37(1): 1-27.

[5] Montinola G, Qian Y, Weingast B R. Federalism, Chinese Style: The Political Basis for Economic Success in China [J]. World Politics, 1995, 48(1): 50-81.

[6] Blanchard O, Shleifer A. Federalism with and without Political Centralization: China versus Russia [M]. IMF Staff Paper 48(Special).

[7] Edin M. Why Do Chinese Local Cadres Promote Growth? Institutional Incentives and Constraints of Local Cadres [J]. Forum For Development Studies, 1998, (1): 97-127.

[8] 周黎安. 晋升博弈中政府官员的激励与合作——兼论我国地方保护主义和重复建设问题长期存在的原因 [J]. 经济研究, 2004, (6): 33-40。

效的激励和监管，从在出现地方执行者在不同的政策目标中间进行"选择性执行"①或采用形式主义的应对②，甚至在层层增加的"压力责任"下选择不执行③。

（三）中央政策的执行机制过于依赖自上而下的行政问责，自发性的政策执行机制不完善

近年来，以自上而下的"行政问责制"为代表的政治激励机制越来越多地被应用到中央推动民生、环境保护等政策目标在地方得到落实的主要政策工具中④。行政问责制最初开始于2003年的"非典"事件，并逐步被应用在了多个重要的政策领域之中（例如，耕地保护，安全生产，节能减排，保障房建设等）。2004年9月党的十六届四中全会首次明确地提出"依法实行质询制、问责制、罢免制"，十七届二中全会提出"健全以行政首长为重点的行政问责制度"，2009年6月出台和实施《关于实行党政领导干部问责的暂行规定》。可以说，行政问责作为一项重要的行政管理制度，其实施的对象、原则、方式和程序等还处在探索和不断成熟的阶段。许多学者认为，行政问责制作为我国行政管理体制改革进程中的一项最新探索，证明了政治激励机制作为一种推动中央政策落实的有效政策工具⑤、⑥、⑦。

然而，行政问责制主要采用超常规的干部管理手段来影响地方干部的执行行为。这种超常规的做法在常规性的政策执行中使用的效果则需要进一步深入研究⑧。实际上，我们对"十一五"期间的节能目标和"十二五"期间的保障房建设目标两个案例的研究发现，行政问责制在应用到对常规

---

① O'Brien K, Li L. Selective Policy Implementation in Rural China [J]. Comparative Politics, 1999, 31(2): 167-186.
② Cai Y. Irresponsible State: Local Cadres and Image-Building in China [J]. Journal of Communist Studies and Transition Politics, 2004, 20(4): 20-41.
③ 荣敬本. 从压力型体制向民主合作体制的转变：县乡两级政治体制改革[M] 北京：中央编译出版社, 1998。
④ Huang Y. Managing Chinese Bureaucrats: An Institutional Economics Perspective [J]. Political Studies, 2002, 50: 61-79.
⑤ 周亚越. 行政问责制的内涵及其意义[J]. 理论与改革, 2004, 4: 41-43。
⑥ 周亚越. 论我国行政问责制的法律缺失及其重构[J]. 行政法学研究, 2005, 2: 85-91。
⑦ 张创新, 赵蕾. 从"新制"到"良制"：我国行政问责的制度化[J] 中国人民大学学报, 2005, 1: 112-117。
⑧ 梅赐琪, 刘志林. 行政问责与政策行为从众："十一五"节能目标实施进度地区间差异考察. [J]中国人口资源环境. 2012, 22 (12): 127-134。

性政策目标、特别是在社会保障或环境保护有关的政策领域的地方执行时，尽管可能在短期内改善地方政策实施绩效，但长期的政策效能是存疑的，甚至可能会进一步产生诸如之前提到过的形式主义应对、政策目标异化、压力过大导致违反其他规则或损害其他政策目标等问题[1,2]。同时，也因为行政问责的超常规性，实施问责的对象通常是只具有个别代表性，而不是包括所有应该问责的对象，这既可能产生公平性问题，又会鼓励地方执行者的机会主义行为[3]。

以"十一五"的节能减排政策为例，国家"十一五"规划明确提出了2010年单位GDP能耗要在2005年基础上下降20%，并作为"十一五"期间"必须实现的八项约束性指标之一"，以逐步促进经济社会发展与保护生态环境、建设资源节约型、环境友好型社会等目标相协调。最为突出的是，中央为推动这一目标的落实，建立了节能目标责任制和行政问责制。我们的研究发现，在2008年引入行政问责制并公布节能目标的年度进展排名后，各省区市在节能目标的平均完成进度上有显著提升，显示出行政问责制在推动地方政策实施时的短期效果[4]。同时我们也观察到一定程度的地方间政策从众现象：原本政策实施力度小的落后省份出现了向政策完成进度领先省份的追赶趋势，在控制经济发展变量与整体政策实施进度提升后，上年节能目标完成进度少的省份将在下年显著改善其政策执行力度，从而更大幅度地提高其节能目标完成进度。

但是，更为具体的分析则会发现，行政问责制导致的在节能目标执行中的政策从众趋势，虽然能在短期内促进前期进展较慢的省份迅速加大执行力度，但是前期完成进度较好或者一般的省份会在后期放松政策实施强度，并因此在整体上拉低行政问责推动政策执行的效果。因此，从长期来

---

[1] 梅赐琪，刘志林. 行政问责与政策行为从众："十一五"节能目标实施进度地区间差异考察 [J]. 中国人口资源环境. 2012, 22（12）: 127–134。
[2] 刘志林. 中国保障性住房政策的地方实施：以廉租住房政策为例, 城市中国研究计划研究报告. 2012。
[3] Ciqi Mei and Margaret Pearson. Killing a Chicken to Scare the Monkeys? Deterrence Failure and Local Defiance in China, The China Journal. forthcoming, 2014, 72.
[4] 梅赐琪，刘志林. 行政问责与政策行为从众："十一五"节能目标实施进度地区间差异考察 [J]. 中国人口资源环境. 2012, 22（12）: 127–134。

看，中央政府仅仅依赖行政问责制这一超常规的政策工具，并不能激励地方政府在实施一项中央政策时向最优的政策执行效果收敛①。

在保障性住房政策领域，我们同样观察到，从2007年以来，尽管中央表现出越来越大的政治决心，相应的财税优惠政策与中央财政补助力度也越来越大，但落实到地方却由于缺乏激励而产生异化、表面化、推延等"执行难"现象②。2010年，行政问责制被引入到保障房政策的实施机制中，中央开始对各省区市地方领导完成保障房建设任务的进度进行问责，各省区市也相应地对所辖地级市区领导的保障房建设情况进行监督和问责。在自上而下强大的问责压力下，各地在保障房建设任务的完成进度上普遍出现显著的改善。以2011年的1000万套保障房建设目标为例，到当年的9月份各地已基本完成甚至超额完成其承诺的开工目标。

但是，过于强大的行政问责力度，加上相对不合理的政策目标与完成时限的设定以及相应财政及其他激励机制的缺乏，导致保障房政策在实现其最优政策效果方面大打折扣。其中最突出的问题包括两个方面，政策实施过程中的政策目标异化和为完成短期政治任务而违反其他政策和规则③。

政策目标异化主要体现在：地方政府主要目标放在了满足与上级政府特别是中央政府签订的目标责任状中的任务要求，在行为上以增加数量和加快速度为施政目标，而保障房政策的本来目标——解决受保障群体住房困难、改善其住房条件，提高其居住质量成为地方政府无暇顾及的次要问题。比如，廉租住房政策应当以促进社会公平、提高社会福利为价值取向，目标在于为低收入住房困难家庭提供解决住房问题的条件。目前廉租住房目标责任制主要以廉租住房数量和建设速度作为考核指标，而并非考虑低收入住房困难群体的实际住房条件改善状况及其认可程度。在实际执行过程中就引发了政策目标异化的现象，这主要表现：廉租住房选址合理性、工程质量、分配公平等没有成为目标考核指标，难免被地方政府摆在次要

---

① 梅赐琪，刘志林，行政问责与行为从众："十一五"节能目标实施进度区间差异考察[J]. 中国人口资源环境. 2012, 22 (12): 127-134.
② 刘志林. 2012. 中国保障性住房政策的地方实施：以廉租住房政策为例，城市中国研究计划研究报告.
③ 索欢. 我国廉租住房政策实施机制及其政策效果研究（1998~2011）[D]. 清华大学公共管理硕士学位论文.

位置。从实地调研可以看出，一些地方的廉租住房出现了工程质量缺陷、户型设计不合理、规划设计质量不高、位置选址不合理、综合配套及物业管理滞后等问题。可以说，上级政府在数量和进度上的行政压力可能转化为下级政府对建设工期、造价的过度干预，进一步造成工程质量较低、配套设施不到位等问题。政府为解决此类问题将付出额外的政策成本，进一步影响政策的效率和效果。

其次，行政问责尽管可以短期促进廉租住房政策落实，但可能导致地方政府为完成这一政治任务而违反中央其他相关政策与规则。实践中，由于时间紧张，前期工作和项目储备不充分，往往出现违反基本建设程序及其他一些违法违规甚至渎职行为，还有可能造成工程质量问题或质量缺陷，最终损害社会公众利益，降低社会总福利。不遵守建设程序或者不规范地简化建设程序的地区，能够完成规定开工量和开工时间；遵守程序规定的地区反而不能完成目标，造成一种不正常的"反向激励"，即事实上鼓励了对规则的违反。政府作为规则制定者，理应率先执行相关规则，政府对规则的带头违反将会产生更广泛的不利后果。广州市某官员指出，中央保障房"大跃进"逼迫地方政府违规操作。据笔者访谈了解，地方政府官员普遍面临类似的压力。

（四）地方的财权－事权不匹配，制约城镇政府提供公共服务的动力和能力

中央—地方之间的财税关系，这被认为是影响地方发展的最主要政治制度之一，通过预算约束和财政激励机制影响地方政府行为。1994年的分税制改革，初步建立了以流转税为主体的适应市场经济的税收体制；改财政包干制为分税制，将预算内的税源分为中央税种、地方税种和中央地方共享税种[①]。分税制改革彻底扭转了中央财政收入占全国财政收入比重不断下降的局面，并且针对地方政府的软预算约束问题，通过进一步的"利改税"、"费改税"削弱了地方政府通过企业利润或乱收费来增加地方预算外财政收入的能力，以力图建立对地方政府的硬预算约束。

---

① 刘佐. 中国税制 [M]. 北京：知识产权出版社，2004。

但1994年的财税体制改革仍然有很多任务没有完成,特别突出地体现在建立财政分税制的同时,没有相应的调整中央-地方的事权分配。相反地,在财政集权化的同时,中央政府仍通过分权化改革将更多的社会保障和公共服务职能下放到城镇政府。这种财权事权的不统一,常常出现上级政府集中财力,而下级政府"买单"的情况。

从统计数据看,分税制改革后,地方政府(包括省级及其下级政府)的预算内财政收入在全部预算内财政收入的比例由1993年的78%下降为44%。而其预算内财政支出所占比例则相对稳定地维持在70%(图8-4-1)。近年来政府的公共服务职能强化并没有降低地方政府的财政压力。相反,地方政府(包括省级及以下各级政府)在政府全部预算支出的比例从2000年的65.3%和2005年的74.1%进一步上升至2011年的接近85%。而地方政府占政府预算财政收入的比例尽管在2007年以来微弱提高,但2011年的比例仍然仅为50.6%[1]。巨大的财政收支缺口导致地方政府在公共服务支出上面临巨大的财政压力,这在越基层的地方政府越明显。同时,目前我

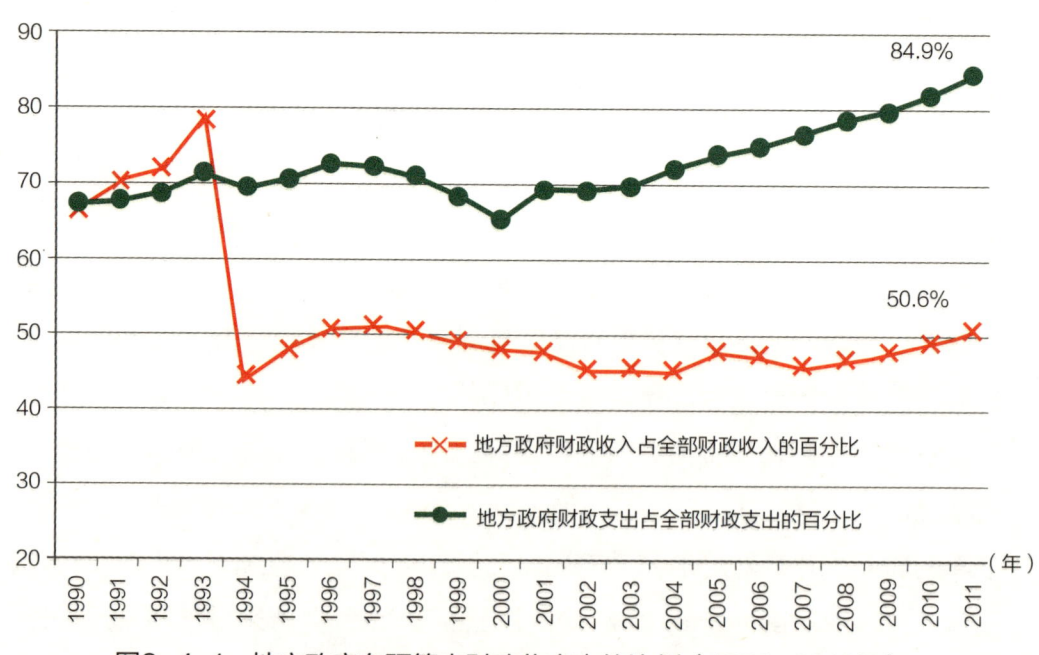

图8-4-1　地方政府在预算内财政收支中的比例(1990~2011年)

资料来源:《中国统计年鉴》,2012

[1]《中国统计年鉴2012年》。

国的财政转移支付制度尚不规范，无法实现调节地方政府财力平衡的功能；中央政府的转移支付资金没有发挥出有效的财政激励机制的作用。

在许多需要政府财政投入的中央政策中，资金保障机制的不明确、特别是中央在下放事权时相应的中央财政资金配套不足，是造成许多政策的地方"执行难"的重要原因之一。以廉租房为例，根据2007年之前的中央政策设计，廉租住房作为一项中央推动的保障性住房政策，主要由地方——特别是城市或县级政府——承担财政支出责任。为实施廉租住房政策，地方政府需要投入资金、土地等直接和间接成本，加剧其财力负担。特别是西部省份所面临的财政约束更加明显。例如，甘肃省2005年预计有6万户最低收入住房困难家庭（即住房困难的低保户），需要约2亿元资金提供基本租赁补贴保障，然而每年仅有200万财政资金投入，仅占所需资金的1%。地方财政收入渠道既无法保证自身的持续供给，中央政府又无转移支付性质的财政支持，上下双重政策的缺位最终导致地方财政压力过大而无法承担诸多中央要求的政策任务。

二、地方财政能力不足，难以响应不断增加的城镇人口公共服务需求

十八届三中全会通过的《中共中央关于全面深化改革若干重大问题的决定》指出，财政是国家治理的基础和重要支柱，科学的财税体制是优化资源配置、维护市场统一、促进社会公平、实现国家长治久安的制度保障。必须完善立法、明确事权、改革税制、稳定税负、透明预算、提高效率，建立现代财政制度，发挥中央和地方两个积极性[①]。

可以说，城镇公共治理能力的基础是地方的财政能力。随着中国城镇化进程加快，不断增长的城镇人口对城镇公共服务的需求不断增长。城镇政府需要在不断协调各方利益、实现城镇公共治理目标的同时，满足城镇居民的多元化需求。然而，中国城镇政府面临着日益加剧的公共财政能力不足的挑战。多数城镇的一般财政预算收入与其支出需求不相匹配，过度

---

① 新华网. 授权发布：中共中央关于全面深化改革若干重大问题的决定. http://news.xinhuanet.com/politics/2013-11/15/c_118164235.htm.

依赖各类中央转移支付和土地出让金收入,而在为城乡居民提供适当、公平的公共服务机会上缺乏动力和能力。

(一)城镇政府在公共服务投入上的财政压力大

对比2011年中央和地方财政支出项目可以看出,中央和地方财政支出项目差异非常大,中央财政支出主要用于国防、科技和国债支付上,分别占据中央财政支出的35.3%、11.7%和11.0%(图8-4-2)。而2011年地方财政支出项目中,教育是地方财政支出最大的项目,占据地方支出总额的16.7%,其次是社会保障和就业,占据地方支出总额11.4%,排在第三位的是一般公共服务支出,占了总额的10.9%。排名四到十位的依次是农林水事务、城乡社区事务、交通运输、医疗卫生、资源勘探电力信息等、住房保障支出和环境保护支出(图8-4-3)。

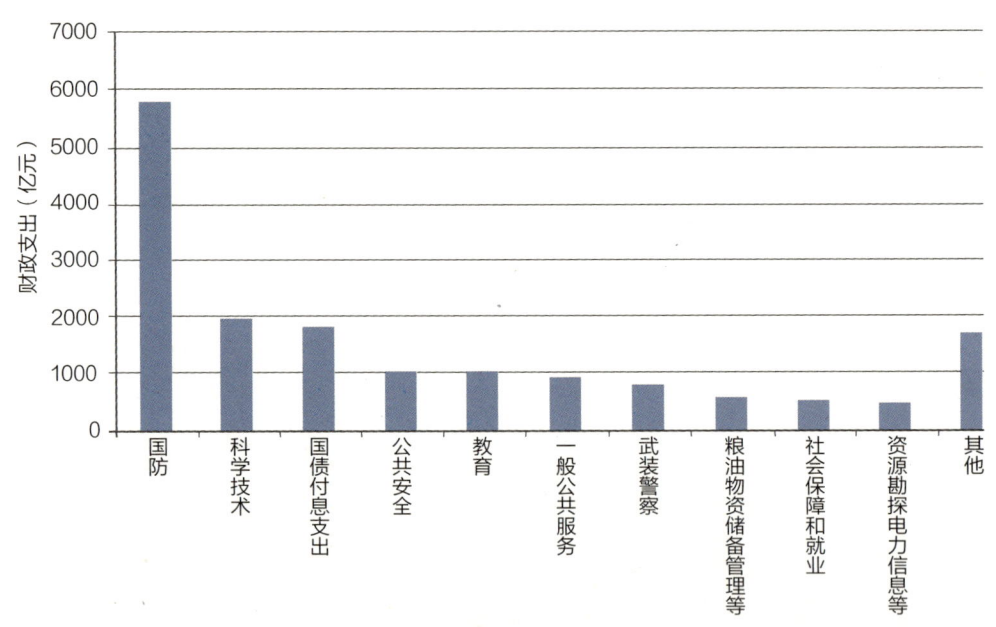

图8-4-2 中央政府一般预算财政主要支出项目(2011年)

资料来源:《中国统计年鉴2012》

进一步对比十项主要公共服务项目上中央和地方政府的财政支出,可以看到,在一般公共服务、教育、文化、社保与就业、医疗、环保、农林水事务、交通、住房保障九项主要的公共服务中,地方政府支出均占到政府财政支出总额的90%以上,其中地方政府在医疗卫生事务上的支出占比接近99%。仅有科学技术一项的中央财政支出比例达到50%以上（表8-4-1）。

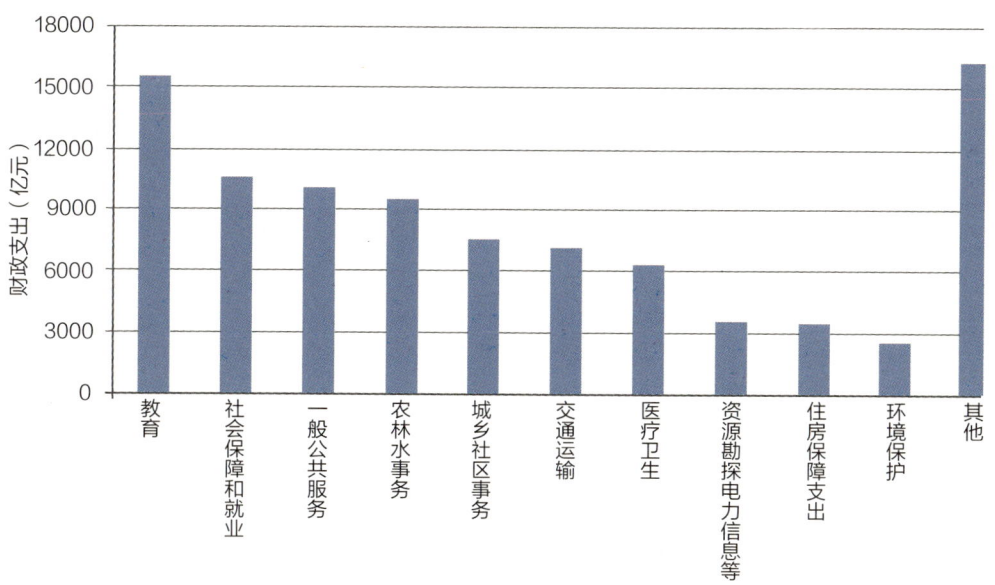

图8-4-3　地方政府一般预算财政主要支出项目（2011年）

资料来源：中国统计年鉴2012

2011年中央地方部分财政支出项目对比　　　　表8-4-1

项目	中央支出		地方支出		总的政府财政支出	
	数额（亿元）	比例（%）	数额（亿元）	比例（%）	总额（亿元）	比例（%）
一般公共服务	903.01	8.2	10084.77	91.8	10987.78	100
教育	999.05	6.1	15498.28	93.9	16497.33	100
科学技术	1942.14	50.7	1885.88	49.3	3828.02	100
文化体育与传媒	188.72	10.0	1704.64	90.0	1893.36	100
社会保障和就业	502.48	4.5	10606.92	95.5	11109.4	100
医疗卫生	71.32	1.1	6358.19	98.9	6429.51	100
环境保护	74.19	2.8	2566.79	97.2	2640.98	100
农林水事务	416.56	4.2	9520.99	95.8	9937.55	100
交通运输	331.11	4.4	7166.69	95.6	7497.8	100
住房保障支出	328.82	8.6	3491.87	91.4	3820.69	100

资料来源：《中国统计年鉴2012》。

从东部、中部、西部和东北四大地区的对比看（表8-4-2），东部地区的教育支出比重在四个经济分区中最大，东北部在社会保障和就业方面支出远高于其他三个地区，中部地区在城乡社区事务和医疗卫生上投入比重最大，西部地区在农林水事务上投入比重最大。就支出项目来看，在教育支出上，东部和中部地区支出比重比西部和东北地区大；在社会保障和就业方面，东北部投入比重远高于其他三个经济分区；就城乡社区事务来看，中部地区投入最大；在医疗卫生方面，中西部地区投入高于东部和东北部；在农林水事务方面，东部地区支出比重小于其他三个分区。

2011年地方财政支出部分项目占该地区一般预算支出比重（％） 表8-4-2

	一般公共服务	公共安全	教育	社会保障和就业	城乡社区事务	医疗卫生	农林水事务
东部	10.75	6.53	17.93	9.31	8.21	6.55	8.31
中部	11.86	4.95	17.45	12.87	10.47	7.81	11.11
西部	10.59	5.17	15.46	12.12	6.14	7.01	12.23
东北部	10.14	5.28	13.90	15.15	6.41	5.58	10.57
总数	10.87	5.68	16.71	11.44	8.72	6.86	10.27

资料来源：《中国统计年鉴2012》。

（二）城镇政府的自身财政能力不足

从城市层面看，全国所有地级以上城市中，多数城市的一般预算财政都面临收支不平衡的状况。图8-4-4所示的36个主要城市中，除杭州市外，多数城市的一般预算收入都少于其一般财政支出，多数西部城市的一般预算财政收入还达不到一般预算财政支出的2/3，排名最低的城市为拉萨、西宁、长春、兰州和重庆。

而对于绝大多数的二三线城市来说，预算内财政收入能力不足的情况更加严重。如表8-4-3所示，所有东部城市中，一般预算收入占一般预算财政支出比例的均值56.8％。而中西部地区的城市财政更加紧张，相应比例的均值分别为31.9％和17.5％，也就是说，绝大部分的预算支出要依靠中央转移支付或者预算外收入来支付。

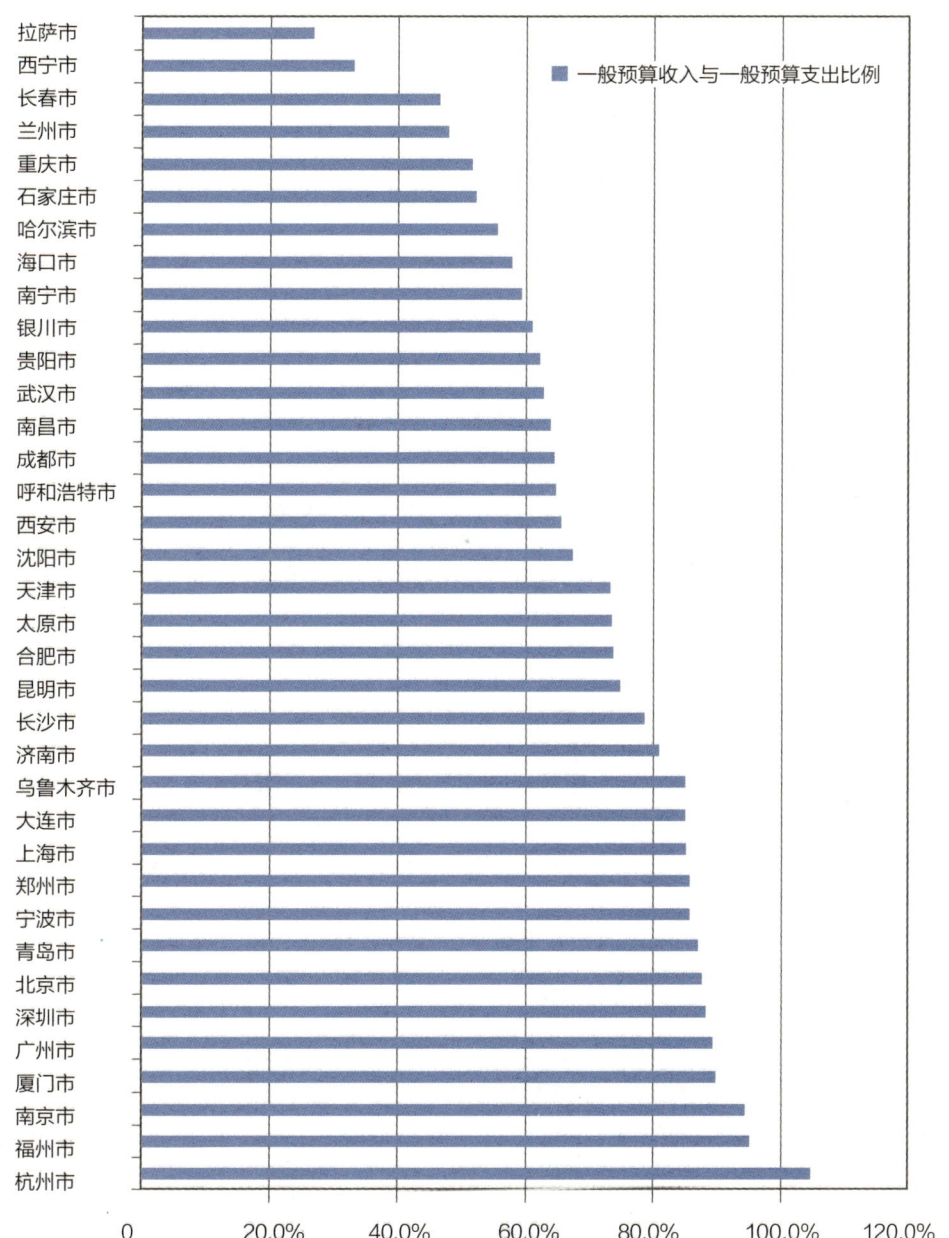

图8-4-4　36个主要城市一般预算财政收入与一般预算财政支出比例（2009年）

注：主要城市包括直辖市、省会城市和计划单列市

资料来源：《2009年全国地市县财政统计资料》[①]

---

① 财政部国库司. 2009年全国地市县财政统计资料[M]. 北京：中国财政经济出版社，2010

2009年不同区域平均财政收支情况　　　　　　　　　　　　表8-4-3

城市	一般预算收入均值（亿元）	一般预算支出均值（亿元）	一般预算财政收入与支出比例的均值（％）
东部城市	193.32	250.96	56.8
中部城市	47.74	113.67	31.9
西部城市	34.66	98.74	17.5
东北部城市	59.95	128.42	29.5

资料来源：《中国区域经济统计年鉴2010年》[1]。

表8-4-4进一步列举了地方财政收入平衡度最高和最低的20个城市，可以看到，一般预算收入占支出比例最低的城市基本上都是西部省份的少数民族地州市，基本上超过90％的一般预算支出是依靠中央转移支付等其他渠道来支付。而一般预算收入情况最好的城市基本上是东部沿海城市，以长三角和珠三角为主。排名最高，即一般预算收入相当于一般预算支出比例最高的为苏州市（108.5％）、杭州市（104.5％）和无锡市（102.5％）。

地方财政收支平衡度最高和最低的城市（2009年）　　　　表8-4-4

地方财政收支平衡度最高的20个城市				地方财政收支平衡度最低的20个城市			
省（市、区）	市	一般预算收入与一般预算支出比例（％）	地方财政一般预算收入（亿元）	省（市、区）	市	一般预算收入与一般预算支出比例（％）	地方财政一般预算收入（亿元）
江苏	苏州市	108.5	745.18	新疆	喀什地区	10.3	14.74
浙江	杭州市	104.5	520.79	西藏	日喀则地区	8.7	2.92
江苏	无锡市	102.5	415.91	青海	海北藏族自治州	8.1	1.43
广东	东莞市	99.4	231.16	甘肃	武威市	7.9	4.84
江苏	常州市	98.7	215.89	西藏	那曲地区	7.8	1.80
广东	佛山市	95.4	254.70	青海	海东地区	7.8	4.06
福建	福州市	95.2	195.26	西藏	阿里地区	7.4	0.92
浙江	绍兴市	94.6	160.43	甘肃	定西市	6.9	5.04

[1] 国家统计局国民经济综合统计司. 中国区域经济统计年鉴2010年 [M] 北京：中国统计出版社，2011。

续表

地方财政收支平衡度最高的20个城市				地方财政收支平衡度最低的20个城市			
省（市、区）	市	一般预算收入与一般预算支出比例（%）	地方财政一般预算收入（亿元）	省（市、区）	市	一般预算收入与一般预算支出比例（%）	地方财政一般预算收入（亿元）
江苏	南京市	94.2	434.51	新疆	克孜勒苏柯尔克孜自治州	6.7	2.26
广东	中山市	93.7	110.44	青海	黄南藏族自治州	6.4	0.98
福建	厦门市	89.7	240.56	甘肃	临夏回族自治州	6.2	4.03
广东	广州市	89.0	702.65	四川	巴中市	6.1	5.37
广东	深圳市	88.0	880.82	新疆	和田地区	6.0	4.50
浙江	嘉兴市	88.0	141.70	宁夏	固原市	5.9	3.53
北京	北京市	87.4	2026.81	四川	阿坝藏族羌族自治州	5.9	8.01
山东	青岛市	87.0	377.01	四川	广元市	5.5	10.25
浙江	宁波市	85.5	432.80	甘肃	陇南市	5.4	7.94
河南	郑州市	85.5	301.92	甘肃	甘南藏族自治州	4.9	3.01
上海市	上海市	85.0	2540.30	青海	果洛藏族自治州	4.6	0.63
辽宁	大连市	84.9	400.23	青海	玉树藏族自治州	2.5	0.52

资料来源：《2009年全国地市县财政统计资料》[1]。

（三）城镇公共财政支出过度依赖中央转移支付

公共服务投入的财政压力不断加大以及地方一般预算内财政收支的巨大缺口，导致城市政府在公共服务投入和城市发展建设上，对于中央转移支付高依赖度。2009年，36个主要城市中，约有一半城市的转移支付收入超过其一般预算财政收入的50%，特别是位于中西部地区的省会城市，对

---

[1] 财政部国库司. 2009年全国地市县财政统计资料[M]. 北京：中国财政经济出版社，2010.

中央转移支付的依赖度更高（图8-4-5）。西部省区的少数民族地区、中小城市的预算内财政缺口最大，对中央转移支付的依赖度最高，基本出于一个"吃饭财政"的状况。如表8-4-5所示，所有地级及以上级别城市

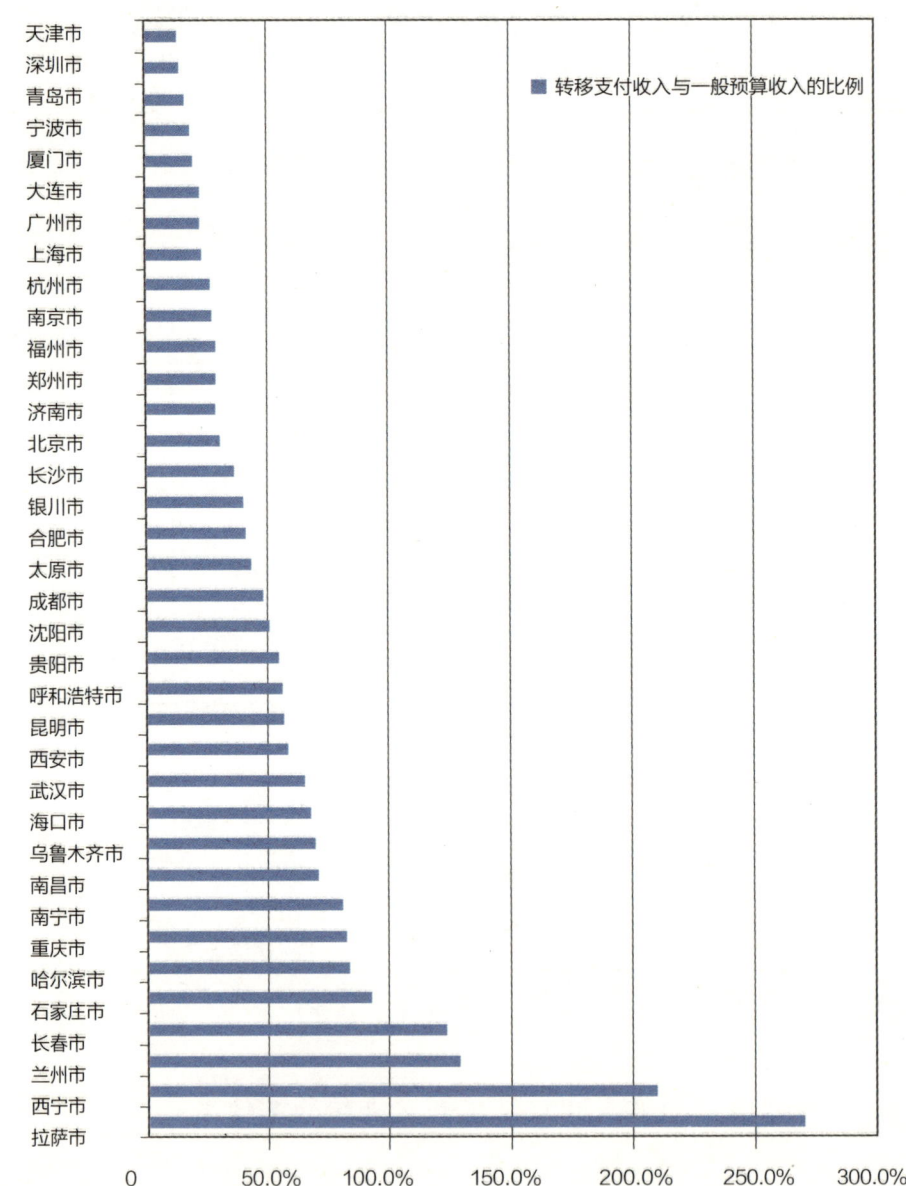

图8-4-5　36个主要城市中央转移支付相当于一般预算财政收入的比例（2009年）

注：主要城市包括直辖市、省会城市和计划单列市
资料来源：《2009年地方财政统计资料》[①]

---

① 财政部国库司. 2009年地方财政统计资料[M] 北京：经济科学出版社. 2010。

中，转移支付依赖度最高的20个地市，转移支付收入基本上相当于其一半预算财政收入的10~40倍。而转移支付依赖度最低的10个城市基本上位于长三角、珠三角、环渤海的经济发达城市，如东莞市（11.1%）、深圳市（14.4%）、青岛市（16.8%）、中山市（17.7%）等。

地方对转移支付依赖度（转移支付相当于一般预算财政收入比例）（2009年）

表8-4-5

转移支付依赖度最高的20个城市				转移支付依赖度最低的20个城市			
省（区）	市	转移支付总收入（万元）	相当于一般预算收入的比例（%）	省（区）	市	转移支付总收入（万元）	相当于一般预算收入的比例（%）
青海	玉树州	202044	3885.5	河南	郑州市	909111	30.1
青海	果洛州	135652	2153.2	福建	福州市	579631	29.7
甘肃	甘南藏族自治州	584415	1941.6	江苏	南京市	1239429	28.5
四川	阿坝州	1411742	1762.5	浙江	杭州市	1410260	27.1
四川	广元市	1730734	1688.5	江苏	常州市	569736	26.4
内蒙古	赤峰市	1399301	1687.9	新疆	克拉玛依市	86824	26.1
甘肃	陇南市	1267071	1595.8	上海	上海市	6106220	24.0
新疆	和田地区	716716	1592.7	广东	珠海市	240151	23.7
四川	巴中市	813885	1515.6	广东	广州市	1642748	23.4
甘肃	临夏回族自治州	600461	1490.0	辽宁	大连市	923474	23.1
青海	黄南州	142421	1453.3	江苏	无锡市	959614	23.1
新疆	克孜勒苏州	316713	1401.4	广东	佛山市	570939	22.4
甘肃	定西市	656933	1303.4	福建	厦门市	478080	19.9
西藏	那曲地区	211958	1177.5	浙江	宁波市	856754	19.8
甘肃	武威市	568584	1174.8	江苏	苏州市	1346290	18.1
西藏	阿里地区	107228	1165.5	广东	中山市	195551	17.7
青海	海东地区	469269	1155.8	山东	青岛市	633430	16.8
广西	玉林市	3495707	1142.0	广东	深圳市	1266306	14.4
青海	海北州	158824	1110.7	天津	天津市	1165579	14.2
西藏	日喀则地区	314525	1077.1	广东	东莞市	257441	11.1

资料来源：《2009年全国地市县财政统计资料》[1]。

---

[1] 财政部国库司. 2009年全国地市县财政统计资料[M]. 北京：中国财政经济出版社，2010。

（四）土地财政成为地方公共服务供给的主要财力来源

与地方政府预算内的财政资源缺乏相对照的是，分税制改革并没有从根本上解决地方政府的软预算约束问题，尤其是没有解决地方政府的预算外财政收支问题。对1994年的税制改革取消了地方政府的两项重要的预算外财政收入——企业利润和各种收费，但土地出让金和针对房地产开发的各种收费逐渐成为城市政府预算外收入的主要来源①。

可以说，随着城市的预算内财政压力越来越大，土地资源及其所附带的空间资源逐渐成为城市政府能够自我掌控的最大资源。正如一份国务院发展研究中心土地课题组的研究报告指出，发达地区政府财政预算内靠城市扩张带来的产业税收收入，预算外靠土地出让收入②。从预算内财政收入看，房地产业被当成是经济增长点来大力发展，建筑业和房地产业则常常是地方税种（包括营业税和企业所得税）中增幅最大的两个产业（图8-4-6）。

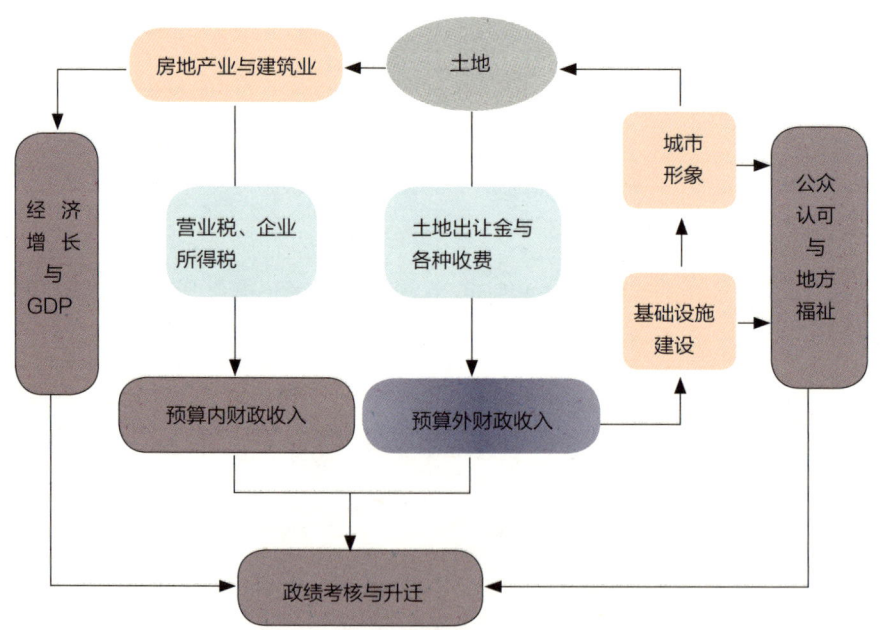

图8-4-6　土地在城市政府的政治与经济动机中的地位

---

① 政府征收土地出让金始于1989年。当时规定，在进行必要扣除后，土地出让金实行中央与地方四六分成。从1994年至今，土地出让金不再上缴中央财政，全部留归地方。
② 国务院发展研究中心土地课题组. 土地财政的缘由与风险 [R/OL]. 新青年·权衡 [2006-2-22].
http://finance.sina.con.cn/economist/jingjixueren/20060222/14542363703.shtml。

例如，以上述课题组调研的浙江省的三个县市为例，由于土地开发带来的直接税收及由城市扩张带来的间接税收就占地方预算内税收收入的40%。西部地区尽管土地的商业价值相对较低，但是通过推动土地经营，城市政府也能够从建筑业和房地产业中开辟税源以减缓地方财政压力。例如，2003年，西安市某区地方税收贡献最大的分别为：建筑业61%、房地产业11%、交通运输业7%，其中，建筑业创造的税收将近1999年基数的6倍，房地产业创造的税收是1999年的20倍[1]。而从预算外收入看，仅土地出让金的净收入通常能占到城市政府预算外收入的60%左右[2]。

国家审计署对全国11个城市的最新审计报告显示，2004~2006年间共出让用地86773hm^2，合同出让金3566亿元，征收出让金3,510.35亿元，实现土地出让净收益2619亿元，土地出让净收益总额平均占到同期一般预算收入的26%[3]。2004年中国人民银行对北京的研究报告估算，1996~2003年，北京市政府从土地出让中获得的净财政收入为319亿元，相当于同期预算内财政收入（2770亿元）的11.5%[4]。张庭伟（2002）对上海市的估算是，1988~1997年土地出让获得的财政收入相当于预算内总的财政收入的11.2%。

根据《2007年全国地市县财政统计资料》中的数据显示，全国36个主要城市中，许多城市的国有土地出让金收入（属于"政府基金收入"类）相当于其一般预算收入的50%以上（图8-4-7），比例最高的分别是福州市（202.3%）、成都市（140.2%）、厦门市（132.9%）、合肥市（120.6%）和兰州市（90.1%）。并且，随着2007年以来我国房地产市场的进一步发展，而土地出让金逐步被明确为主要公共服务项目（如保障性住房、教育等）的地方财政资金来源，可以说，土地出让金对于城市政府在公共服务投入和城市发展建设方面的重要性更加提高。

---

[1] 中国土地政策改革课题组. 2006. 土地解密[R/OL]. 和讯网——《财经》杂志[2006-02-22]. http://finance.sina.com.cn/g/20060222/18242364373.shtml。

[2] 2003年S县的土地出让金收入为19.2亿元，占预算外收入的69.3%；J市的土地出让金收入为20亿元，占预算外收入的58%；Y市的土地出让收入15亿元，占预算外收入的60%（中国土地政策改革课题组，2006）。

[3] 国家审计署. 国有土地使用权出让金审计调查结果（审计结果公告2008年第4号）[EB/OL]. 2008年6月4日发布，http://www.audit.gov.cn/n1057/n1072/n1282/1589058.html。

[4] 中国人民银行课题组. 北京市房地产市场研究——一种金融视角的分析[M]. 北京：中国经济出版社，2004。

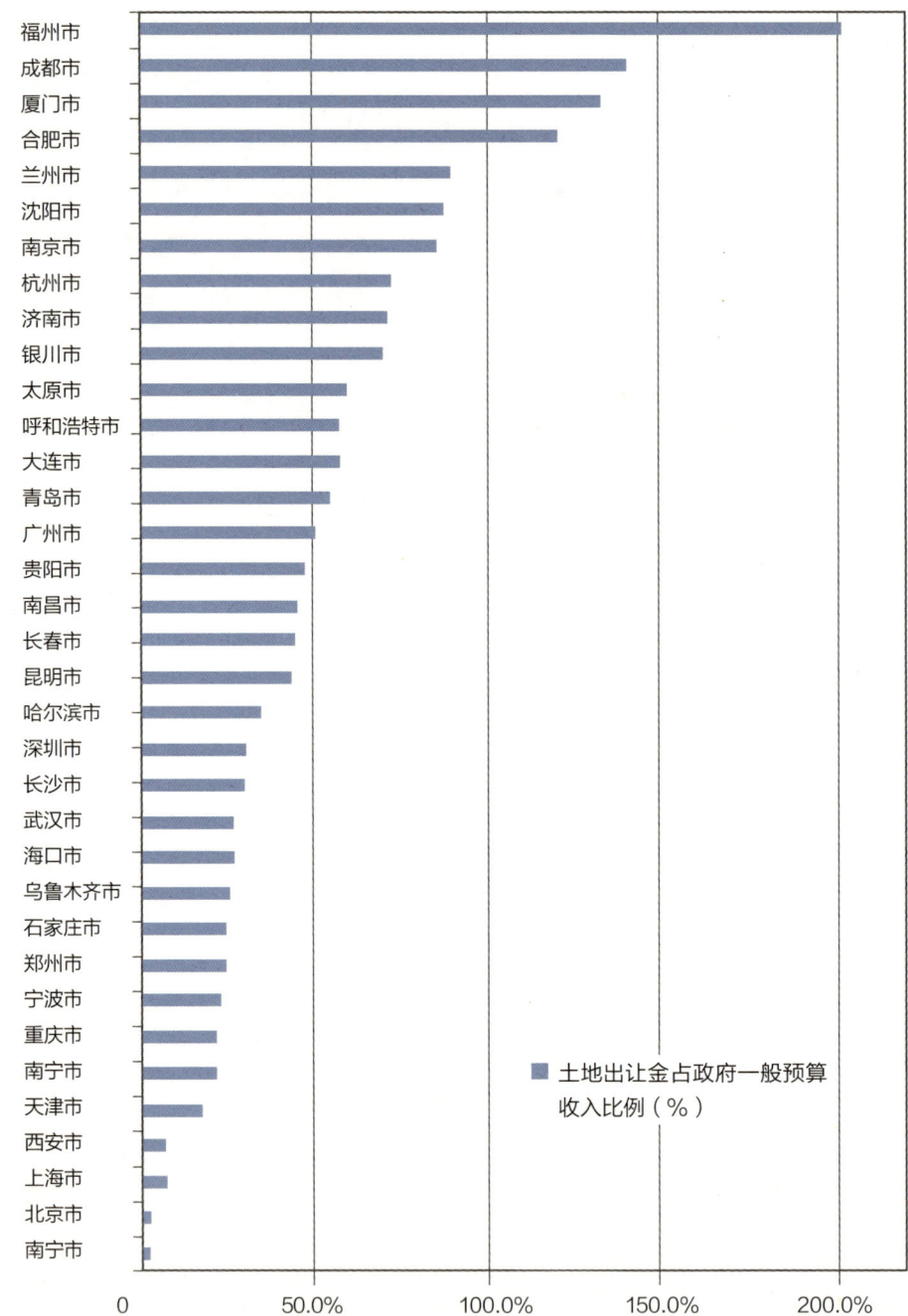

图8-4-7　36个主要城市国有土地出让金收入相当于一般预算财政收入的比例
（2007年）

注：主要城市包括直辖市、省会城市、自治区首府和计划单列市
资料来源：全国地市县财政统计资料（2007）①

---

① 财政部国库司，预算司. 2007年全国地市县财政统计资料［M］北京：中国财政经济出版社，2010。

第五章　城镇公共治理的重点探索：差异化人口管理与相对集中行政处罚权

一、城镇差异化人口管理

改革开放以来，特别20世纪90年代市场经济体制的建立和健全，我国的城镇化进程不断加快。2011年中国历史上第一次城市人口超过乡村人口，城市化水平超过50%。这标志着中国数千年来以农村人口为主的城乡人口结构发生了逆转，是中国现代化进程中的一件大事。不过，由于目前我国实施差异化的人口政策。工作和居住在城市中的农业户籍者大多处于"半城市化"状态，虽然成为城市中的非农就业人口或常住人口，为城市提供了大量廉价的劳动力，促进了城市的发展，但难以像本地的非农户口居民那样分享到城市化带来的城镇居民的社会待遇，他们面临着子女上学难、劳动保障和社会保障覆盖不足等困境。

当前中国有2.25亿农民工，跨省的农民工达到1.5亿，据预计，未来30年，中国还将有3亿左右农村劳动力需要进入城镇，将形成5亿城镇人口、5亿流动迁移人口、5亿农村人口"三分天下"的格局（吕雪莉，2009年）[①]。当前我国城市流动人口遇到的问题，使得差异化人口政策遭到了人们的诟病，他们认为不应该实施差异化的人口政策。但城市的公共资源有限，如果不实行差异化的人口政策将使市公共资源无法承载大量的人口涌入（张兴华，2011年）[②]。在我国城镇化的进程中该实行什么样的人口管理政策？

（一）人口管理政策研究

目前涉及人口管理政策的研究主要分为以下几类：

[①] 吕雪莉. 人口分布将形成"三分天下"格局[J]. 共产党员，2009，9.
[②] 张兴华. "十二五"期间农民工进城面临的挑战与对策[J]. 经济研究参考，2011，3.

1. 户籍制度变迁和改革研究

在中国,"户籍"并不只是一个符号或者称谓,除了人口登记功能外,它还是资源配置的重要依据[1]。户籍制度影响着人们社会生活的方方面面,人们的政治权利、身份角色、教育机会、职业获得、社会地位等在某种程度上都受其制约,甚至还是决定性的[2]。

关于中国当代户籍制度产生的背景,林毅夫、蔡昉、李周(1994年)[3],Kam WingChan(1996年)[4],班茂盛、祝成生(2000年)认为新中国成立后,政府选择了向重工业倾斜的发展战略。重工业是资本密集型产业,对劳动力的吸收能力有限,因此在工业化的过程中无法使农村剩余劳动力实现产业转移,政府不得不采取行政措施使大量的农村剩余劳动力留在农村从事农业生产。万川(1999年)[5],彭希哲、赵德余、郭秀云(2009年)[6]则认为我国于1958年开始确立的户籍制度是当时国内外政治经济形势的产物,该制度的"出炉",是新中国之初为了维护社会治安和保障公共安全。

万川(2000年),马福云(2000年),王海光(2003年)[7],余佳、余佶(2010)[8]认为我国的当代户籍制度在20世纪50年代形成,公安部于1951年7月16日颁布实施了《城市户口管理暂行条例》。该条例是全国城市统一户口管理制度开始形成的标志。1958年1月9日,《中华人民共和国户口登记条例》颁布,是全国城乡统一户籍制度正式形成的重要标志,也是当代中国户籍制度发展史上重要的里程碑。从1958~1977年经历着不断的演变,这期间主要是严格控制城镇人口的增长,1977年11月,国务院批转

---

[1] 班茂盛,祝成生. 户籍改革的研究状况及实际进展[J]. 人口与经济,2000,1:46。
[2] 马福云. 当代中国户籍制度变迁研究[D]. 北京:中国社会科学研究院. 2000:5。
[3] 林毅夫,蔡昉,李周. 中国的经济奇迹:发展战略和经济改革[M]. 上海:上海人民出版社,1994。
[4] KamWingChan. Post-MaoChina: ATwo-ClassUr2banSocietyintheMaking [J]. InternationalJournalofUrbanand Regional Research,1996,20(1):134-150.
[5] 万川. 当代中国户籍制度改革的回顾与思考[J]. 中国人口科学,1999,1:32-37。
[6] 彭希哲,赵德余,郭秀云. 户籍制度改革的政治经济学思考[J]. 复旦学报(社会科学版),2009,3:1-11。
[7] 王海光. 当代中国户籍制度形成与沿革的宏观分析[J]. 中国党史研究,2003,4:22—29。
[8] 余佳,余佶. 制度变迁视角下的中国户籍制度改革政策效应与目标路径[J]. 中国浦东干部学院学报,2010,5:79-83。

《公安部关于处理户口迁移的规定》，要求几年内把市镇无户口的人员基本动员回农村；改革开放后为了适应经济发展和社会变革的需要，户籍制度做了初步的改革，改革开放以后，国家的发展战略发生了根本的改变。为了适应"全党工作重心转到经济建设上来"的需要，国家出台了一些政策，对户籍制度进行了一些局部性的调整，人员调动和"农转非"的政策有所放宽和进行了初步改革。而20世纪90年代随着市场化经济体制的建立和完善，我国的户籍制度又不断地深入改革以适应社会经济发展的需要。

学界对我国户籍制度改革的研究很多，观点不一而足。针对我国户籍制度改革的方向，辜胜阻、成德宁（1998年）[1]，王太元（2005年）[2]，彭希哲、赵德余、郭秀云（2009年）认为深化户籍制度变迁的基本取向应当是逐步剥离附加在户籍之上的种种福利，将公共资源供给的依据逐步由"户籍"转为"个人贡献"，淡化"户籍"的作用。李志德（2010年）认为除非政府有强大的财政能力满足行政区内所有居民（无论是否拥有户籍）的需求，否则政府很难将福利与户籍"脱钩"[3]。

对于我国户籍制度改革的难点，李志德（2010年）认为，户籍制度是一种公共产品，就我国目前的发展来看，这种供需不平衡将是一个长期的过程。所以，改革难以深入进行。池建宇、杨军雄（2003年）也从供需的角度对户籍制度改革进行了研究，他们认为中国户籍制度变迁的长期不均衡——供给远远小于需求，但随着市场经济的发展，传统的户籍制度所包含的就业、医疗、住房等方面的经济利益逐步消亡，市场调节的范围越来越大，这就使得城市既得利益群体对户籍制度改革的阻力有所缓解，户籍制度改革会得以推进[4]。而姚秀兰认为我国户籍制度改革的难点主要是因为：（1）户籍制度改革缺乏系统性和彻底性，缺乏实现公民身份真正平等的机会；（2）将城镇化作为户籍制度改革的价值取向；（3）缺乏法制化，

---

[1] 辜胜阻，成德宁. 户籍制度改革与人口城镇化[J]. 经济经纬，1998，1。
[2] 王太元. 户籍改革：剥离附着利益[J]. 瞭望，2005，（20）：34—35。
[3] 李志德. 中国户籍制度变迁的路径选择：城市户籍的供需均衡与实现[J]. 经济体制改革，2010（4）：25—29。
[4] 池建宇，杨军雄. 中国户籍制度变迁的供求分析——从农村经济改革角度作出的一种解释[J]. 经济体制改革，2003（3）：70—73。

给户籍制度改革带来一些负面影响[1]。

2. 城市流动人口管理研究

随着改革开放的深入，城市化进程的加快，大量的农民进城务工，他们在城市间、城市和农村间流动，他们是城市中的流动人群。城市流动人口与城市的发展大局息息相关，如何才能对城市流动人口进行有效管理，对保持城市的和谐稳定、健康发展至关重要。

对于城市流动人口的管理，樊海俊（2011年）[2]认为我国现时流动人口服务管理客体存在就业结构不理想、组织性差、社会融合低、服务管理难度大等问题，主体存在主体不明、职责不清、信息不准确、队伍不健全等问题。嵇永春（2008年）[3]和樊海俊认为应该建立"以人为本，服务为先"流动人口管理体制，探索建立社区实有人口服务管理模式，逐步形成实现流动人口与户籍人口同城化的社会格局[3]。而李海燕（2009年）认为，要解决好流动人口的管理问题，政府积极作为，吸纳城市流动人口作为城市社会管理的一部分。同时，促进城市流动人口社会管理体制变革，构建城乡统一的就业服务和培训体系；二是构建适应流动人口特点和可衔接的社会保障体系；三是构建覆盖城市流动人口的城市公共服务体系；四是构建适应中国城市化需要的户籍管理体系；五是构建政府积极引导下的城市流动人口社区化管理服务体系[4]。但徐伟明（2009年）[5]认为解决城市流动人口管理问题，首先是要逐步取消户籍制度，构建服务型政府，同时要培育中间组织，让他们承担流动人口的管理，最后要建立和完善流动人口自组织。

3. 公共服务均等化研究

公共服务均等化是公共财政的基本目标之一，是指政府要为社会公众提供基本的、在不同阶段具有不同标准的、最终大致均等的公共物品和公共服务。当前，由于我国城镇化进城加快，经济快速发展，流动人口的增

---

[1] 姚秀兰. 论中国户籍制度的演变与改革[J]. 法学，2004，5：45-54。
[2] 樊海俊. 我国流动人口管理体制研究[D]. 吉林大学行政学院，2011。
[3] 嵇永春. 上海外来流动人口管理的分析与对策[D]. 上海交通大学，2008。
[4] 李海燕. 我国城市流动人口管理研究[D]. 中国海洋大学，2009。
[5] 徐伟明. 我国城市流动人口管理模式的演变与展望[J]. 南京人口管理干部学院学报，2009，3:34-38。

加。使得城市内、城市间、城乡间、不同群体之间在基础教育、公共医疗、社会保障等基本公共服务方面的差距逐步拉大，并已成为社会公平、公正的焦点问题之一。因此，实行公共服务均等化在当前具有非同寻常的重大意义。

要实行公共服务均等化，首先要明确公共服务都包括哪些。对此，学界有不同的观点。柏良泽（2008年）认为，公共服务包括基础教育、公共卫生、公用事业、社会保障等事项，它主要指为大众服务的、基本的、非营利性的服务[1]。陈海威（2007年）认为，所谓公共服务，是指一定经济社会条件下，为了保障全体公民最基本的人权，全体公民都应当公平、平等、普遍地享有的公共服务[2]。而目前公共服务主要包括四大类：一是基础性的公共服务，二是经济性的公共服务，三是社会性的公共服务，四是安全性的公共服务[3]。

对实行公共服务均等化的必要性，学界的观点也是各异。汤黎明、唐媛丽（2012年）[4]通过对北京基础设施、公益性文化设施、文化教育等公共服务实施均等化研究得出，公共服务均等化增加了市民的幸福感、增强了北京的向心力、降低了人际交际成本，这些都给北京带来了优势。刘尚希（2007年）认为，伴随着我国经济快速发展，城镇化进城不断加快。"城乡差距、地区差距、群体差距、个人差距"已成为人民普遍关注的问题，基于此原因，中央政府明确提出了要逐步实现"基本公共服务均等化"来解决不断出现的"四大差距"[5]。但常修泽（2007年）从三个方面阐述了实行公共服务均等化的必要性：一是理论角度，实行广告服务均等可以弥补公共服务供给失灵；二是从实践角度，实行基本公共服务均等化是缓解当今社会的矛盾的现实需要；三是国家价值角度，基本公共服务均等化符

---

[1] 柏良泽. "公共服务"界说. 中国行政管理，2008，2。
[2] 陈海威. 我国基本公共服务均等化问题探讨[J]. 中州学刊，2007，3：2-7。
[3] 加速政府转型促进和完善公共服务体制建设—国家人口计生委副主任赵白鸽在'辽宁人口大讲堂'的报告. 中国人口网，2006-10-16。
[4] 汤黎明，唐媛丽. 北京市基本公共服务均等化现状探悉[J]. 市场调研，2012，3：31-32，45。
[5] 刘尚希. 怎样实现我国基本公共服务均等化. 上海党史与党建，2007，7：3。

合当今世界大多数国家社会政策的发展趋势，有其一定的国际价值[①]。

针对实行公共服务均等化面临的问题和难点，汤黎明、唐媛丽研究认为，实行北京公共服务均等化面临着高昂的生活和时间机会成本、过度拥挤和排队、高房价泡沫、市民来源多样化等难题。

从我国的国情出发，我国将长期处于社会主义初级阶段，城镇化将是一个长期的过程。对于我国实行公共服务均等化的政策路径，柏良泽（2009年）认为中国实现基本公共服务均等化，应该采取再造型路径和清晰性策略。要界定公共服务范围、公共服务标准，从而再造公共服务制度，建立公共财政制度，完善公共服务机制。汤黎明、唐媛丽（2012年）认为实行公共服务均等化就要加大对公益性产品的财政投入，构建政府与市场之间的合作博弈机制、构建以公共服务均等化为导向的政府绩效考核机制。而刘广（2010年）的建议有：一是转变发展观——由效率转变为公平；二是加快公共服务体系建设，首先是进一步强化政府在公共服务中的主体地位，其次是完善公共服务供给体制和加快政府职能转型；三是实行城乡统筹的公共品供给制度；四是引入竞争机制，为基本公共服务均等化提供效率与质量保证；五是完善财政转移支付制度，提高转移支付规模与比例[②]。

（二）人口政策差异化

依中国"大百科全书"的解释，人口政策主要包括：调节人口自然增值的政策、调节国内人口迁移和分布的政策——又涉及户籍制度和相关公共服务政策、国际移民政策。在"中国城镇化"这个前提下，国际移民我们暂不予考虑。

在城镇化的改革进程中，始终都面临着人口计生工作、人口管理、人口迁移流动、户籍改革、人口城市化、人口布局、就业与劳动保障、失地农民与社会保障等诸多人口政策问题，并且在经济增长、深化土地制度改革、行政区域性城乡统筹、现代农业发展、财政增长能力与转移机制等诸多领域都与人口政策相互影响、密切相关。因此人口政策包含了诸多方面的内容，对城镇化也有极大的影响。由于人口政策针对的人群本身就是高

---

① 常修泽. 中国现阶段基本公共服务均等化研究. 中共天津市委党校学报，2007，2：66。
② 刘广. 我国基本公共服务均等化问题研究[D]. 河南大学，2010。

度分化的，政策也一定存在差异性。

首先，人口政策的差异性与平等的人权理念并不矛盾。人权讲求的是人生来平等，享有同样的权利。人口政策的差异性恰好体现了多样化的人口政策，给予人民自由选择的权利。人群可根据自身的需要选择适合自己的政策，如广州的外来人口医疗保障政策就使农民工拥有自主决定缴纳保费额度的自由。

其次，人口政策的差异性也体现了权利和义务的相统一。人们要求对城市人口和外来人口实施同样的人口政策，却忽视了人口政策背后实际上涉及了就业、公共服务、社会保障等一系列的社会福利。这种社会福利本身是由城市居民的税收创造的，他们理应享有自身劳动带来的社会福利。对于一些外来人口来说，他们尚无稳定的工作，流动性较大，对城市的贡献较为不明显，倘若对他们实施和城市居民同样的人口政策，这是否又是对城市人口的不公平呢？因此，在享有社会福利的权利同时也应承担创造社会财富的责任。人口政策的差异性恰好体现了这种权利和义务的相统一，是合理且相对公平的一种体现。

在谈到差异化的人口政策，应当体现为从地区经济发展水平和不同群体需求出发，制定适合不同区域发展和劳动力配给的人口政策。在发展中国家，市场机制并不能有效地调节人口的分布，尤其需要政府通过差异化的人口政策进行调控。有研究者就指出，要像西方发达国家那样真正实现市场对人口分布的有效调节，需要具备五个条件：区域间经济、社会发展水平差异不大；相对较均衡的市场经济；国内各区域的相对就业机会较多，各区域内部失业人口数量在某一个适宜的控制指标之内；城乡差别缩小到一定程度，城镇经济社会发展所需要增加的劳动力数量与农村经济社会发展所析出的劳动力数量之间较易达成平衡；一国之内各区域发展水平大致接近、各地社会福利水平大致相当。[①]从这五个条件来看，我国的人口分布还难以通过市场机制来实现有效的调控。

因此，城市政府对于当地城市流动人口的人口政策就必须结合当地经

---

① 袁政.市场能否合理调节人口的区域再分布——中国未来户籍政策选择分析[J].中国人口科学，2001，5：40。

济发展的水平和所处的阶段来引导流动人口在当地的流入和流出。比如该城市处于劳动力密集型产业占主导的发展模式，在发现劳动力总量不足以满足市场需要时，可以通过提高最低工资水平或提供较高的城市福利供给或公共服务设施等政策来吸纳外来流动人口。再比如一些以商业金融行业为主的发达城市，城市政府将劳动力密集型产业外迁来进行产业升级，可以通过就业政策选择适宜的就业人口进入，防止外来流动人口的大量涌入。还有对商品房的控制政策以及廉租房制度的成熟度，也会影响到流动人口的选择。这样，差异化的人口政策就可以符合区域发展和不同劳动力结构的需要，提供科学的调控和引导作用。同时差异化的人口政策还可以针对不同人群的需要提供更多元的社会福利，满足不同层次人口的发展需要。这是我们认为所谓"差异化"的人口政策所应包含的意义和作用。

（三）中国城镇化过程中实施差异化人口政策的必要性

基于以上对人口政策和差异化人口政策的理解，中国在城镇化过程中有必要实施差异化的人口政策。其必要性主要体现在以下三个方面。

其一，从地区关系角度来说，差别化政策体系可以营造不同人口发展功能区间的位势差，引导人口有序流动和合理分布。

改革开放以来，我国抓住了人口转变带来的有利时期，较好地利用了劳动力的低成本优势，推动了经济的快速增长。东部地区凭借资本优势，首先成为劳动力流动的目的地，大批劳动力的聚集保障了经济的率先起飞。近年来，随着劳动供求关系的改变，劳动力成本上升，企业招工难问题凸显，劳动力流动格局发生变化，流动目的地趋于多样化，东部沿海地区对劳动力流动的吸引力下降，而中西部城镇地区的吸引力上升。这些变化预示着新的机会：通过运用不同的人口发展策略和手段，地区间可以形成差异化的劳动力资源优势，从而为地区经济发展注入新活力。所谓差异化的人口政策，其背后理念实质是在自然资源约束趋紧、资本供给相对充裕的条件下，通过人口发展政策的调整，主动凝聚适合本地区发展需要的人力资本优势，形成新的发展基础；是以人的发展推动整体社会经济的发展，以人口结构的调整推动整体社会结构的调整。

另一方面，可以看到在过去很长一段时期，中国是个资本稀缺而劳动过剩的国家，劳动追逐资本流动是有效的资源配置方式，劳动相对于资本而言处于从属的地位。近似无限供给的劳动力资源可以随时通过流动实现与资本的匹配，从而达到经济增长的目的。为了最大限度地吸引投资，各地常常会出台许多资本优惠政策，而劳动者权利则经常保护不力，外来人口虽然对当地经济发展做出巨大贡献，但往往被排斥在城市公共服务和福利体系之外。在这样的资源配置方式下，资本才是第一位的，人口或者说劳动则是第二位的，后者很难得到和资本同等的待遇，更谈不上把人口流动作为经济社会发展的战略问题予以重视和解决。而我国目前进入了中等收入阶段，劳动与资本要素的稀缺性发生了逆转，资本追逐劳动流动的资源配置方式初现端倪，劳动或人口的重要性不断增强。劳动要素正从绝对剩余变得相对稀缺，招工难不仅发生在沿海发达地区，也发生在中西部的很多城市；资本要素则从稀缺变为相对富裕。资源配置方式的变化，意味着发展过程中需要把劳动放在更加重要的位置，外来人口融入城市社会既是劳动者自身发展的利益诉求，也是地方经济发展的要求。这就要求针对不同地区的社会经济发展条件，选择不同的人口发展策略，实施不同的人口管理办法，凝聚适合本地区发展的人力资本优势，保障地区社会经济发展目标的实现。

其二，在城市与农村之间实施差异化人口政策，有助于提升农村地区经济文化、公共服务等多方面发展水平，在保障耕地数量与质量的前提下从就地非农化的角度促进城镇化进程。

应当看到，差别化的人口政策是实现就地非农化的必要步骤，也是唯一选择。这是因为，一方面，农村地区与城市地区无论在生活方式、思维方式还是文化传统上都存在极大差异。只有在承认和尊重这种差别的基础上，通过适当增加对农村地区公共事业的投入，加快区内公共设施的发展，提高人口吸纳能力，才能缓解城市人口过多所带来的压力，从而促进农村地区的整体发展。

另一方面，当前城市与农村差距非常大，人均收入前者为后者的6倍，人均能源消费量前者为后者的3.5倍。就社会公共政策而言，目前对农村全覆盖的社会政策有五保户供养、特困户定期定量救济、灾害救助和扶贫政策，但是这些政策是特惠制而不是普惠制，受益者是农民中的极少数人。最近两年新出台的新型农民合作医疗开始普惠制，各级政府给中西部缴费参加这项制度的农民每人每年补助20元钱，不过，由于政策规定新型农民合作医疗以大病为主，导致这些钱仍旧只惠及极少数人，约占人口的3%。这也就是说，未来农村的土地比现在更少，资源更紧张，而且就农业而言，大半摆脱不了小农经济，如果不进行有效的社会政策改革与设计，农村人口的未来将更加艰难。而差异化的人口政策正是社会政策改革的重要一步，其首要原则是加强农村社区公共服务，进行普惠制的农村卫生服务和农村教育服务。卫生服务包括了从预防保健到常见病、多发病的治疗，以及对大病的社区转诊服务。教育则包括对全体农民尤其是妇女、儿童的健康教育、农业科技培训、环境保护和生态教育、文化娱乐和体育活动等。这种基于差异基础之上的政策设计将有效地调节城乡之间的差距，调节农民收入与农民消费的差距，加大农民向城市转移的机会成本，提升农民身份所拥有的价值。最终使得更多的农民愿意留在家乡，建设家乡，保护农村的多样化资源，促进城乡优势互补。

其三，从城市内部角度来看，当前公共资源的有限无法保证每一个生活在城市中的人都享有良好的公共服务，差异化的人口政策是政府从实际出发，有效配置公共资源的必然选择。

当前我国城乡之间、地区之间发展的不平衡造成了人口大规模流动，庞大的流动人口在促进经济社会发展的同时，也带来了越来越尖锐的社会管理问题。目前，流动人口数量已经超过2.2亿，而且还将进一步增长。大批离开户籍地的农村人口难以和流入地城市居民享受同等公共服务，正在造成越来越严重的社会问题。个别城市甚至发生了外来人口和当地户籍人口的群体冲突。合理有效的人口管理是经济社会稳定有序发展的重要保证，创新人口管理、妥善解决流动人口问题，显得刻不容缓。

然而，取消户籍制度并非是好的选择。在一些发展中国家，由于没有户籍制度的限制，人口自发迁徙和流动产生了难以根治的城市病，大量贫民窟像毒瘤一样在城市地区蔓延，带来难以解决的社会问题。与一些发展中国家形成鲜明对照的是，我国虽然经历了经济的快速增长和世界上最大规模的人口流动，但依然保持了较为稳定的社会秩序，其中一个重要原因就在于我国拥有户籍制度。虽然户籍制度屡遭社会舆论的抨击，但作为社会管理的重要手段，这一制度仍然保持着生命力。当前各地的人口管理探索，也并没有彻底废除户籍制度，而是积极进行完善。差异化的人口政策避免了因为过早实行人口政策一刀切所导致的资源配置竞争激烈、服务水平降低，民众怨声载道等问题，为政府积极进行公共资源调控配置，保证配置的公平与有效提供了可能的途径。

最后，应当指出的是，实施差异化政策并不意味着实施不利于弱势阶层的差异化政策，差异化人口政策的最终目的在于去差异化。

2009年底召开的北京市委十届七次全会正式提出了将北京建设成为世界城市的战略目标。今后需要大量的高端人才、技术创新人才、各种产业人才、各色服务人才。而这些靠现有本土常住人口，不仅在数量上无法满足，更在需求结构上无法满足。于是就需要具备条件和素质能够适应北京发展的外地人口、外国人口来北京。为了吸引这部分高端人才，就要在人口政策上对其给予差异化优惠。

北京在16800km²的面积，承载了相当于一个中等人口规模省份的人口总量。再加上北京的山区、半山区占总面积的60%，市域平原面积不过6000多平方公里，水资源严重匮乏，土地资源更是异常紧缺。如果人口增势继续加快，会加剧北京空间环境资源与人口的矛盾，使首都资源环境不堪重负。当前北京正面临这一问题，其大城市病的基本特征表现在交通拥堵和资源紧张这两个方面。

根据北京交通和交管部门的检测统计，在高峰期间，仅在主干线上行驶和拥堵着的车辆就达到300万辆左右[1]。根据北京交管局对本市严重堵车路段统计，1994年为36处，1995年为55处，1999年为99处，2003年经过专项治理，仍有87处[2]。据中央电视台"第一时间"报道，2010年9月"北京拥堵路段峰值超过140条，创交通拥堵记录。很多路段车辆移动500m，

---

[1] 北京上周道路堵车严重，全市拥堵时间延长70分钟. 北京晚报，2009-09-28。http://news.xinhuanet.com/politics/2010-09/28/c_12616206_2.htm。

[2] 穆光宗. 人口增长与"大城市病"诊治——以北京市为例[J]. 人民论坛，2010，11：8-9。

也要将近1小时"①。此外,高峰时期北京的地铁也早已超出了容纳能力,近期频繁的地铁事故、故障,正说明北京多个地铁线路已经不堪重负。北京交通拥堵已成为常态化。

北京人均占有水资源量已由20世纪末的不足300m^3下降到150m^3左右,不足纽约、巴黎、东京的1/20。水资源紧缺已经成为制约北京城市发展的主要瓶颈,目前北京水资源有4亿m^3的缺口②。

北京"城市病"的根本原因还是在于人口的爆炸性增长速度超越了城市化发展速度。2010年,北京全市常住人口为1961.2万人,远远超过国务院批复的城市总体规划中设定的到2020年达到1800万人口的标准。同2000年第五次全国人口普查相比,十年共增加604.3万人,增长44.5%。平均每年增加60.4万人,年平均增长率为3.8%。全市常住人口中,外省市来京人员为704.5万人,占常住人口的35.9%③。依此速度,到2020年,这个数字很可能会突破2100万,甚至达到2500万。快速的膨胀正不断加剧这座千年古都自身的运行不畅。所以有必要采取差异化的人口政策来调控北京人口布局及流动,逐步改善北京当前所面对的"城市病"问题。

(四)中国城镇化过程中差异化人口管理的路径

实施差异化的人口管理政策是非常有必要的,从三个方面探索实施差异化人口政策。

1. 差异化人口政策与中国户籍制度改革

为进一步提升中国的城镇化进程,中国户籍改革势必要推进,但是如何推进则成为一个棘手的问题。本研究并不建议在当下以统一化或一刀切的方法在全国范围内改革户籍制度。户籍管理的放开需要有物质基础,在是否降低户籍门槛和能否给外来常住人口市民待遇的问题上,地方政府应着重考虑的一个问题是,地方有没有能力承担增量人口进城和存量人口福利水平提高后对城市就业、教育、卫生、治安、交通、住房、环境等方面

---

① 北京交通拥堵状况预计持续至国庆前. 新浪网. http://news.sina.com.cn/c/2010-09-20/140421140637.shtml.
② 北京城市体量急剧膨胀饱受"大城市病"困扰. 经济参考报,2011-02-09. http://news.huaihai.tv/guoneinews/2011/0209/2011-02-09212236.html.
③ 北京市第六次全国人口普查主要数据公报.

所带来的压力。鉴于目前的城市福利和公共服务体制是建立在户籍制度基础之上的,户籍人口对城市基础设施、环境、就业、教育、社会保障与福利以及其他公共服务的需求是刚性的。而外来人口对城市所构成的压力更多的是弹性的,也就是说,一部分压力不以有无户籍为标准,如对基础设施、环境以及非正规就业岗位的需求,而大部分压力则是与户籍相联系的。一旦这部分人群获得城市户籍,弹性压力便转化为刚性压力。不管是落户门槛降低导致大量人口涌入,还是现有外来人口入籍后的福利供应增加,都将意味着巨大的公共财政支出,形成刚性压力与弹性压力并存且不断增大的局面,人口承载能力的有限性与外来人口对福利与公共服务需求的无限性之间的矛盾异常突出①。例如在现阶段发展水平下,对于像北京、上海(图8-5-1)这样人口已高度膨胀,特别是流动人口已接近甚至超越城市居民的大城市而言,如果完全放开户籍限制,城市系统所遭遇的冲击以及是否有能力予以应对都不能够做出乐观的估计。

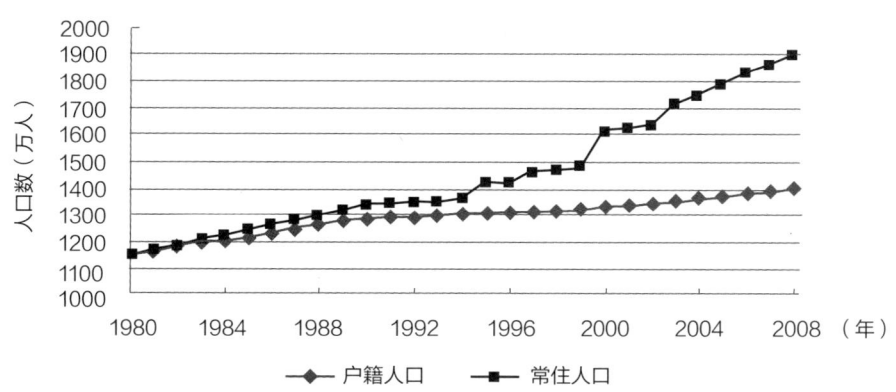

图8-5-1　1980~2008年上海市户籍人口与常住人口规模①

在中国户籍制度改革过程中,应遵循差异化的原则,引导人口在城乡和地区间的流动,实现人口的合理配置。这种差异化主要表现为在不同的时间段、在不同的地区间和不同人群间,实施不同的人口政策,循序渐进地推进户籍制度改革。

在时间上,户籍改革的步伐应与不同时段的城镇经济发展水平和地区

---

① 郭秀云. 大城市户籍改革的困境及未来政策走向——以上海为例. 人口与发展,2010,16(6)。

资源容量相适应，按照区域公共服务资源承载力增长的水平，逐步吸纳不同种类的流动人口进入到城镇中，作为城镇经济发展的劳动力支柱。

在空间上，户籍改革应遵循从小城镇至中等规模城市再到大城市乃至北京、上海这些超大型国际城市的逻辑顺序[①]。2010年的中央1号文件明确指出："深化户籍制度改革，加快落实放宽中小城市、小城镇特别是县城和中心镇落户条件的政策，促进符合条件的农业转移人口在城镇落户并享有与当地城镇居民同等的权益。"由于目前大中小城市对流动人口存在不同程度的吸引力，对中小城市实施更优惠的户籍政策和相关公共服务政策，有助于提升中小城市在吸纳流动人口的力度，从而起到缓解大城市人口压力，促进劳动力在城市间合理布局的作用。

在人群间，现阶段户口的放宽需按照不同类型人群的实际情况和特定人群的需求，逐次开放户口进入。如上海继2002年实施"引进人才居住证"之后，2004年将居住证制度扩展到所有外来人口，具体分为人才类居住证、一般居住证（就业、投靠、就学类）和临时居住证。针对不同人群，政府出台的各种福利和公共服务供给政策是分层、差别化的[②]。虽然从绝对上看，针对不同的流动人群存在政策上的歧视性，但相对的，上海政府为流动人口提供了享有城市服务的机会，只要个人通过努力就能达到上海的"人才"标准。

当前，城市政府对户籍制度改革的目标主要表现在两个相互冲突的方面：一是工具性目标，以户籍管理对象或流动人口的权利作为发展的工具，以追求经济的快速健康发展和实现资源的优化配置，保护城市居民充分就业，乃至保持经济社会的长期稳定。二是价值性目标，即以促进和保障流动人口的权利及其福利为导向，最大限度促进不同群体之间的公平。尽管以户籍为载体的福利附加不合理，但毕竟在过去相当长的时间内户籍较多地承担了利益分配的职能，民众的心理适应也有一定的惯性，不可能在一朝一夕彻底剥离一切福利。为避免管理失衡，剥离附着在户籍之上的行政功能和福利分配功能需要一个相对较长和循序渐进的过程。因此，在城镇

---

① 蔡昉. 户籍改革的逻辑顺序[J]. 发展，2002，3：69。
② 郭秀云. 大城市户籍改革的困境及未来政策走向——以上海为例[J]. 人口与发展，2010，16（6）。

化过程中,"户籍"的工具化手段——特别是针对大型城市而言——在一段时期内需要继续维持,以用来交换立足于吸引人才、资金和技术的"自利性"的政策目标。

2. 差异化人口政策基础上的基本公共服务资源配置

在中国城镇化过程中,如何在流动人口和城市居民之间更好地配置公共服务资源一直是一个两难的选择。一方面,现阶段下城市资源环境和基础设施的承载能力、公共服务能力及公共财政的承受能力是有限的,不可能无条件、无限制地为所有进入城市中的流动人口提供与户籍人口同一的公共服务。另一方面,从人权保障的角度考虑,流动人口需要一套较完善的公共服务政策体系保障其在城市中的工作和生活。要统筹以上两方面的问题,需要实施差异化的人口政策,在满足流动人口自身需求的同时,限制流动人口对城市公共服务资源的过度侵占和无序使用,以平衡城市居民和流动人口之间的利益关系。

基于差异化的人口政策,基本公共服务资源配置在实施上需要坚持以下几条路径。

第一,要从流动人口的需求出发,在某些公共服务领域,制定相区别于城镇居民的公共服务政策。以医疗保障为例,目前城镇中主要推行两类医疗保障服务,一类是城镇职工医疗保险,另一类是城镇居民医疗保险,这两类服务在参保范围、缴费标准以及支付比例、享受的报销费用等方面均有不同。参加城镇职工医疗保险的职工可享受住院费用报销、统筹病种门诊费用报销以及用于支付门诊医疗费的个人账户待遇,其报销比例较城镇居民医疗保险高一些。在2009年4月6日出台的新医改方案中,提出全面推进城镇居民医保制度,将在校大学生全部纳入城镇居民医保范围,并积极推进城镇非公有制经济组织从业人员、灵活就业人员加入城镇职工医保。政府对符合就业促进法规定的就业困难人员参加城镇职工医保的参保费用给予补贴,灵活就业人员自愿选择参加城镇职工医保或城镇居民医保。而针对农民工群体,则明确提出了"将签订劳动合同并与企业建立稳定劳动关系的农民工,要按照国家规定明确用人单位缴费责任,将其纳入城镇职工基本医疗保险制度;其他农民工根据实际情况,参加户籍所在地新型农村合作医疗或务工所在地城镇居民基本医疗保险"①的指导意见。这些政策的出台，实际上给予了本地区非户籍流动人口进行自主选择医保服务的权利。

需要特别强调的是，推行医疗保障服务的均等化和实施差异化的医疗保障政策并不是一对矛盾的概念。差异化的医疗保障政策并非意味着不平等，而是从流动人口的基本需求和现实条件出发，更加符合他们生活和工作的保障需要，从而更能体现社会医疗保障的公平性。

第二，可以针对流动人口建立一套相对公平的筛选和准入机制，本着机会公平的原则，在流动人口内部实施歧视性的公共产品分配政策。根据叶建亮（2006）所开展的《公共产品歧视性分配政策与城市人口控制》研究，对城市人口规模既不实行控制，又不采取歧视性的公共产品分配政策，在规范意义上不存在任何的效率。其原因很简单，自由的城乡人口流动要求城市实际收入等于农村劳动的边际产出。这意味着，一方面，在城市公共产品消费不为零点情况下，城市劳动力边际产出要低于农村劳动力的边际产出，由此导致生产产出损失。另一方面，就城市公共产品而言，虽然城乡人口自由流动显示出对城市资源分配的"公平"性，但是，城市公共产品的"租金"创造会因为人口的过度涌入而耗散，其耗散的公共产品"租"正是市民的福利损失。在筛选机制的建设方面，可以以常驻时间为标准，也可以以总纳税额为标准对进入城镇的流动人口进行区别，从而限制对城市公共服务资源的过度使用。

第三，在大城市和中小城市之间，需要更加均衡地配置资源。在诸如教育、就业、医疗、社会保障、住房等主要的民生领域，应不断加大对中小城市公共服务资源的配给量，出台更有利于人口向中小型城市流动的基础公共服务政策。目前我国处于快速城市化阶段，城市人口每年以1%以上的速度增长。只要大城市与中小城市之间存在较大的资源配置差异和公共福利落差，大部分人口就会向大城市流动，如果新增的城市化人群集中到大城市，那就是数以千万计的人口压力，显然，大城市需要中小城市来为

---

① 《中共中央国务院关于深化医药卫生体制改革的意见》（2009年3月17日）。

之分流人口。这不仅能够限制大城市的无序扩张,还能够促进中小城市的经济发展和产业布局。

3. 基于差异化政策的流动人口管理

在流动人口管理方面,要针对流动人口的特点,实施区别于城镇居民管理的差异化的人口管理政策。以北京市的流动人口管理政策为例,基于"以房管人"的思路,北京市将流动人口管理与房屋租赁结合起来,于2007年1月成立了专门的"流动人口和出租房屋管理委员会"。经过了多年的实践,虽然在管理上仍存在某些问题,但从实践的整体效果看,"以房管人"作为社会管理的一项重要基础性工作,在保护流动人口的合法权益、提高流动人口生活质量、调控城市流动人口规模等方面,起到了较好的效果[1]。北京市的一些城区在此基础上,针对城乡结合部流动人口聚居点多、出租房屋密集、治安、卫生、安全隐患突出等问题,探索和建设了出租房屋契约化管理和服务创新模式。即社区(村)对辖区内的出租房屋以及流动人口进行摸底,建立出租房屋管理台账,以社区(村)自治组织为主体,以村规民约为依据,以居(村)民自治约束为手段,以广大居(村)民和流动人口为基础对出租房屋实施管理,引导出租房主和流动人口自我管理、自我服务和自我约束[2]。这一政策措施,提高了地方政府对流动人口管理的效率化水平,同时也调动了流动人口实现自我管理的积极性,保证了他们的生活、居住权益。

二、城镇相对集中行政处罚权

20世纪80年代以来,城镇化的步伐日益加快。城市规模的急剧增大和城市流动人口的快速增长,使城市管理的矛盾也越来越突出,问题越来越繁杂。然而,由于我国政府职能转变和行政管理制度改革的滞后,致使城市管理中执法空挡或"七八顶大盖帽围着一个破草帽"的多头执法、重复处罚现象屡见不鲜,各部门"分兵把守,各管一摊"的行政管理体制已显

---

[1] 段成荣,朱富言."以房管人":流动人口管理的基础[J]. 城市问题,2009,4。
[2] 包路芳. 流动人口管理与服务创新模式研究——北京市出租房屋契约化管理的探索实践[J]. 赤峰学院学报,2011。

力不从心。同时，某些立法过于强调"条条"管理，法律法规所规定的行政处罚权往往落到政府的某一个具体部门，在实践中造成了"制定一部法律法规，就设置一支执法队伍"的局面。以北京市为例，1988年北京市共有行政执法主体32个，专业行政执法队伍45支，3万多人，而到1996年仅8年时间，则猛增至行政执法主体70个，专业行政执法队伍108个，6万多人，平均每年增加8支队伍，近4千人①。其他各省市情况也同样如此，有人曾经做过调查，在制定《中华人民共和国行政处罚法》（以下简称《行政处罚法》）时，一些省、市实施行政处罚的队伍已经接近甚至超过了100支。例如，上海市市一级有142支，浙江省的杭州市有207支，苏州市有80支，山东省东营市虽然规模不大，也达到42支②。分工过细造成执法部门之间职责交叉日趋严重，执法过程中相互依赖、相互扯皮，甚至相互掣肘的现象愈发普遍。同时，由于执法力量分散，还突出表现为执法人员整体队伍庞大，具体到某一执法部门则人员严重不足。上述问题不仅大大削弱了各部门的执法力度，造成执法效率低下，而且也埋藏了执法扰民及腐败的隐患。为了解决城市管理执法中存在的诸多难题，国家根据《行政处罚法》及其他一些相关法律的规定和法律原则，部署实施了相对集中行使行政处罚权的综合行政执法体制改革。

我国相对集中行政处罚权工作是从城市管理行政执法体制改革试点开始的。1997年5月，北京市宣武区经国务院批准率先开展了相对集中行政处罚权试点工作，拉开了全国城市管理相对集中行使行政处罚权试点工作的序幕。1999年，国务院发布了《国务院关于全面推行依法行政的决定》（国发（1999）23号），对行政执法中的若干重大问题作了指导性的规定，尤其对行政综合执法作了重点规定，强调了"相对集中行政处罚权"的概念，并指出"继续积极推行相对集中行政处罚权的试点工作，并在总结试点经验的基础上，扩大试点范围"。在这一政策精神的指导下，国务院进一步扩大试点工作范围。2000年9月8日，国务院办公厅发布了第63号文件，即《国务院办公厅关于继续做好相对集中行政处罚权试点工作的通知》，对

---

① 第二届全国（沈阳）城市管理行政执法发展论坛，80。
② 姜明安主编. 行政执法研究［M］. 北京：北京大学出版社，2004：70。

相对集中行政处罚权制度作了进一步的强调和肯定。2002年8月22日国务院发布了第17号文件,名为《国务院关于进一步推进相对集中行政处罚权工作的决定》,对在我国推行相对集中行政处罚权制度作了新的规定指出:"实践证明,国务院确定试点工作的阶段性目标已经实现,进一步在全国推进相对集中行政处罚权工作的时机基本成熟。为此,依照行政处罚法的规定,国务院授权省、自治区、直辖市人民政府可以决定在本行政区域内有计划、有步骤地开展相对集中行政处罚权工作"。这一规定使我国相对集中行政处罚权制度翻开了新的一页,即由试点推行转为全面推行。截至2007年10月,除了经国务院批准的82个开展城市管理相对集中行政处罚权工作的城市外,还有190个市级政府和804个县级政府开展了城市管理领域相对集中行政处罚权工作[①]。我国的城管执法队伍已经发展到几十万人。同时,北京、上海、浙江、广东等地已开始在文化、食品卫生等领域探索相对集中行政处罚权改革。

毋庸置疑,相对集中行政处罚权的改革在实践中已经取得了很大成效。通过这一改革,"有效整合了分散的执法力量,减少了执法人员,提高了执法效能,较好地解决了多头执法、相互扯皮、执法扰民的问题"[①]。但是,相对集中行政处罚权制度作为行政执法体制改革的一项主要内容,并不意味着其制度和理论非常完善,恰恰相反,此项事关行政体制重大变革的创新制度从一开始就缺乏充分的思想和理论准备。在当初设计这一制度过程中,仅仅是考虑节约行政成本、减少多头执法、避免执法扰民,没能对我国行政处罚领域里存在的诸如行政负激励膨胀、伦理道德、行政法律制度的扭曲等问题进行检视,也没有对现实法治进行理性思辨,引起法治的失语与悖论,可以说是"仓促上阵"。即便是在国务院2002年正式发布文件,相对集中行政处罚权工作从试点转向全面铺开以后,相关政策和制度保障依然非常欠缺,一些已经暴露出来的,影响其进一步健康发展的理论和操作层面的问题没有得到有效解决,从而致使这一先进理念在实践中向纵深发展受到了严重阻碍,全国各地相对集中行政处罚权部门开展工作遇到了

---

① 曹康泰. 十六大以来政府依法行政的新进展[J]. 法制建设, 2007, 5。

极大的困难和压力。

（一）相对集中行政处罚权的概念及内涵

相对集中行政处罚权的改革源于1996年10月1日开始实施的《行政处罚法》，该法第16条规定，"国务院或者经国务院授权的省、自治区、直辖市人民政府可以决定一个行政机关行使有关行政机关的行政处罚权，但限制人身自由的行政处罚权只能由公安机关行使"。国发（1996）13号《国务院关于贯彻实施<中华人民共和国行政处罚法>的通知》正式将《行政处罚法》第16条的规定概括为相对集中行政处罚权制度，并确定通过试点逐步推行这一制度。

相对集中处罚权是适应城市管理和执法实践的需要而产生的，是通过一定的法律程序，将原本分散的、由不同机关行使的行政处罚权集中起来，交由一个行政机关统一行使；行政处罚权相对集中后，有关行政机关不得再行使①。其内涵归纳如下②。

1. 行使相对集中处罚权的主体必须是行政机关

行政处罚权是行政管理权中一项重要的权力，是政府借以管理国家、管理社会的重要手段。根据职权法定原则，在我国，行政机关是行使行政处罚权的法定主体，除通过法律、法规授权和接受委托的事业组织可以成为行政处罚权行使的主体之外，其他任何组织都不能成为行政处罚的主体。相对集中处罚权与单项处罚权相比，权力更集中、责任更重大，在主体的要求上只能较行使单项处罚权的主体更高，因而，行使相对集中处罚权的主体只能是国家行政机关，而不能是除此之外的其他任何组织。同时，鉴于行政处罚权是一种外部行政管理职能，决定了行使这种职能的行政机关也只能是依法履行外部行政管理职能的行政机关，它必须列入政府职能部门序列。

2. 行政机关行使处罚权必须符合法定程序

职权法定，非经法律授权，行政机关不可能具有并行使某项职权。在我国，哪一类、哪一级行政机关行使哪一项处罚权都是由法律明文规定的。

---

① 应松年，袁曙宏. 走向法治政府——依法行政理论研究与实证调查[M]. 北京：法律出版社，2001。
② 王连峰. 北京城市管理相对集中行政处罚权改革研究[D]. 北京：清华大学公共管理学院，2008。

而相对集中处罚权，将原来由其他若干个行政机关行使的处罚权集中起来由一个行政机关行使，涉及原有法定职能的重新调整和配套，必然要有严格的法律依据和程序。否则，行使相对集中处罚权的机关就无从取得处罚权，擅自行使的，就是违法行政。为此，《行政处罚法》第16条对取得相对集中处罚权的法律途径和程序作了明确的规定："国务院或经国务院授权的省、自治区、直辖市人民政府可以决定一个行政机关行使有关行政机关的行政处罚权。"此处的"授权"与"决定"就是一种法律依据和程序。一个行政机关只有通过"授权"与"决定"，才可以取得相关行政机关的处罚权，从而实现处罚权的集中。

3. 集中的处罚权只能是相对的，而非绝对的集中

行政机关通过"授权"与"决定"取得的处罚权，必须是"多个的集中"即必须是原分属于若干个不同行政机关的行政处罚权的集中。如果仅是一个行政机关行使了属于本部门内部多个方面的处罚权，不能称之为"集中"。同时，这种"多个的集中"必须以某一领域内的"相对"为前提，而不是绝对、全部的集中。由一个行政机关包揽全部行政处罚职能，不仅没有理论依据，实践上也行不通。

4. 相对集中的只是处罚权

根据行政法基本理论，行政管理权的内容由审批许可权、收费权、处罚权、监督权四项构成。而顾名思义，"相对集中处罚权"只是处罚权的集中而非审批许可权、收费权或其他行政管理权的集中。

在此，应当注意的是，行政处罚权不能孤立于检查权与调查权而独立存在，如：某城管执法部门要对一超线经营户予以处罚前，必须先对构成该违法行为的事实进行检查，并调取证据。检查权和调查权的行使是处罚权实现的必要前提，附属于行政管理的各项权力之中，因此，行政处罚权集中之后，其附属的行政检查权和调查权也必然随之转移。

以上四个要件紧密相连，缺一不可，构成相对集中处罚权完整的法律含义。

现在所实行的城管执法体制改革实质上是行政处罚权制度的改革。因此，在相关行政执法部门的行政处罚权相对集中以后，由新成立的城管执法机关行使集中以后的行政处罚权，因而产生了新的执法主体。由于新的

执法主体行使的是原来由各个执法主体行使的处罚权,所以就难以形成传统意义上的上下对口的部门,也就是说不能形成条条管理关系。主要出于上述考虑,国务院始终没有明确由哪个国务院政府部门统一管理和业务指导相对集中行政处罚权工作,而是规定各地城管行政执法机关由本级地方人民政府领导,这实际上加大了地方政府的责任。但是,国务院文件对地方政府采取何种体制来领导这个城管行政执法机关则没有做出非常详细、具体、明确的规定。因此,各地方人民政府执行国务院文件时,由于对文件精神理解不同,出现了执法内容、范围、机构及名称等诸多方面的不统一,这也造成了执法体制不顺的问题。在这种体制下,就一个城市而言,城管行政执法体制是统一的,而从全国、全省来看,各城市间的城管行政执法体制就是不统一的、混乱的。

在开始实施相对集中行政处罚权的最初几年,国务院法制办对此项改革的实施发挥着主导地位,连续下发的文件对这支队伍的健康发展起到了重要作用。随着改革的深入,各相关部门出于各自考虑,纷纷开始发表意见,并指导各地工作,如住房和城乡建设部始终强调此项改革应该是建设领域行政处罚权的相对集中,这支队伍是其城建监察队伍的延续。而就在2002年8月22日国发〔2002〕17号文件出台后不久,中央编办则在自己对行政改革的理解上提出了综合行政执法改革思路。2002年10月11日,国务院办公厅转发中央编办《关于清理整顿行政执法队伍实行综合行政执法试点工作意见》的通知(国办发〔2002〕56号),中央编办决定在广东省、重庆市开展清理整顿行政执法队伍、实行综合行政执法试点工作。此文虽然也强调"要做好综合行政执法试点与相对集中行政处罚权有关工作的相互衔接,确保各项行政执法工作的正常开展",但由于没有说清二者间关系,造成各地在执行相关政策时,理解不同,操作不同,原已开展相对集中行政处罚权的城市有的停顿观望,有的则按照该文件要求进行相应"调整"。加之国务院法制办不是政府组成部门,缺乏行业管理能力,也造成其对自身起草,并经国务院下发的文件缺乏有力督导。虽然国务院法制办与中编办后期联合下发了《关于推进相对集中处罚权和综合行政执法试点工作有关问题的通知》(中央编办发〔2003〕4号),文件中表面上阐述了相对集中行政处罚权与综合行政执法之间的关系，但事实上在理论、操作层面的冲突仍然存在。

（二）城管执法体制类型多样

据扬州大学教授王毅统计，目前全国城管执法多种体制并存，有十种模式之多[1]，主要包括（表8-5-1）：

全国城管执法的主要体制模式　　　　表8-5-1

体制	执法局设立模式	联体制组织机构形式的不同模式	行使职权	主要代表城市
跨行业执法的独立制	城市单独组建独立的城市管理行政执法局或者城市管理综合执法局	—	执法局专门行使行政处罚权，一般不行使行政审批权等其他行政权力	杭州、济南、吉林、沈阳、温州、昆山、佛山、中山、丽水、武汉
联体制	城市人民政府将两个职能局或两个机构联为一体	城市管理局与城市管理行政执法局联合体模式	既行使行政管理权又行使行政处罚权	珠海、苏州、无锡、南通
		城市管理局与城市管理综合执法局联合体模式		烟台市
		城市市容管理局与城市管理行政执法局联合体模式		南京、马鞍山、芜湖
		城市管理综合执法支队与城市管理综合执法局联合为一体模式	两个独立的行政执法机构都可以自己的名义行使行政处罚权	广州、厦门
		市政管理局与城市管理综合执法局联合体模式		南宁
		城市管理办公室与城市管理行政执法局联合体模式。特点是政府办事机构与行政执法机关的组合		深圳
		城市建设局、城市管理局和城市管理行政执法局三者合一的模式	集建设、管理与行政处罚权于一身	珠海市香洲区

---

[1] 王毅. 我国城管行政执法体制的现存问题与解决对策[C]. 综合行政执法体制学术研讨会论文集. 2007，12。

续表

体制	执法局设立模式	联体制组织机构形式的不同模式	行使职权	主要代表城市
建设系统内的独立制	城市建设监察局	—	这种体制的特点是在建设系统内相对集中城建行政处罚权，没有跨行业行使行政处罚权	佳木斯
从属制	城市管理行政执法局作为二级局或部门管理机构从属于一级局	—	山东寿光市城市管理行政执法局从属于寿光市建设局，是寿光建设局所属的二级局，对外以执法局的名义执法。专门行使行政处罚权	山东寿光、北京

（1）跨行业执法的独立制。这种体制是指该城市单独组建独立的城市管理行政执法局或者城市管理综合执法局。这种体制决定该局专门行使行政处罚权，一般不行使行政审批权等其他行政权力。采取这种体制的城市占大多数。主要代表有：杭州、济南、吉林、沈阳、温州、昆山、佛山、中山、丽水、武汉等城市。

（2）联体制。这种制度是指城市人民政府将两个职能局或两个机构联为一体，既行使行政管理权又行使行政处罚权。这种联体制的组织机构形式，是两块牌子一套人马。这种联体制又有许多不同模式：

1）城市管理局与城市管理行政执法局联合体模式。这种模式的主要代表有：珠海、苏州、无锡、南通等城市。

2）城市管理局与城市管理综合执法局联合体模式。这种模式以烟台市为主要代表。

3）城市市容管理局与城市管理行政执法局联合体模式。这种模式的主要代表有：南京、马鞍山、芜湖等城市。

4）城市管理综合执法支队与城市管理综合执法局联合为一体模式。它的特点是两个独立的行政执法机构都可以以自己的名义行使行政处罚权。这种模式的主要代表是广州市、厦门市。

5）市政管理局与城市管理综合执法局联合体模式，这种模式的主要代表是南宁市。

6）城市管理办公室与城市管理行政执法局联合体模式。它的特点是政府办事机构与行政执法机关的组合，这种体制以深圳市为主要代表。

7）城市建设局、城市管理局和城市管理行政执法局三者合一的模式。这种集建设、管理与行政处罚权于一身体制的代表为珠海市香洲区。

（3）建设系统内的独立制。代表城市为佳木斯市。这种体制的特点是在建设系统内相对集中城建行政处罚权，没有跨行业行使行政处罚权。机构名称也独具特色：城市建设监察局。

（4）从属制。城市管理行政执法局作为二级局或部门管理机构从属于一级局，代表城市山东寿光市、北京市等。山东寿光市城市管理行政执法局从属于寿光市建设局，是寿光建设局所属的二级局，由建设局副局长兼任城管行政执法局局长，以建设行政主管部门名义执法。北京市城管执法局当时是北京市市政管委部门管理机构[①]。

（三）城市管理相对集中行政处罚权工作成效

毋庸置疑，相对集中行政处罚权的改革在实践中已取得了很大成效。通过这一改革，执法交叉、执法扰民、重复处罚、多头处罚的现象大大减少，执法队伍得到了整合，执法水平有了进一步提高。仅以北京市而言，自1997年在全国率先开展了相对集中行政处罚权的试点工作以来，带来了城市管理行政执法的诸多变化[②]。

1. 减少职责交叉，提高执法效能

通过相对集中行政处罚权，将城市管理某些领域由多个部门执行的法律法规交由一个部门执法队伍行使，减少了多部门职权交叉引起的诸多弊端，提高了执法效能，使相关执法活动初步呈现出一种统一、简明、精干、高效的状态，不但节约了执法成本，且执法人员总数大为减少，执法力量更为集中，执法力度明显增大，执法效率显著提高。在全市范围内已经形成了以市、区、街（镇）城管组织为基本框架，以集中行使13个方面、

[①] 北京市城管执法局现在是负责北京市城市管理综合行政执法工作的市政府直属行政执法机构，已不再是北京市市政管委部门管理机构。
[②] 王连峰. 北京城市管理相对集中行政处罚权改革研究[D]. 清华大学公共管理学院，2008。

308项行政处罚权为主要职能，以5000余名执法人员为基本力量，基本覆盖本市城市化管理地区的城市管理行政执法网络体系。

2. 依法行政水平不断提升，内外部监督体系不断完善

推行了《专项执法任务书》和《重点地区挂账执法责任书》，建立了《执法责任制》、《考核评议制》和《过错追究制》三位一体的城管系统内部监督考核评价体系，引入ISO9001国际质量管理体系，实行规范化、标准化的工作规程，实行重大决策集体讨论决定制度、专家论证制度、重大行政处罚备案报告制度和规范性文件审查备案制度，规范了科学民主的决策机制。畅通外部监督渠道，形成了特约监督员、监督联络点、城管热线、网上举报评议、政风行风评议、社会调查机构测评的市、区（县）和街三级社会监督网络的外部社会监督评价格局。

3. 执法力度明显加强，执法的社会效果明显改善

全市城管执法机关积极适应城市管理的新形势，创新执法理念，改进执法方式，不断加大执法力度，围绕首都整体城市建设的要求，把规范城市环境秩序、保障整洁环境卫生、解决群众疑难问题作为城管工作的出发点和落脚点，针对街面痼疾顽症，主动开展专项执法整治，圆满保障了国家级各类重大活动、重要节日的环境秩序，解决了一大批群众反映强烈的"老大难"问题。

4. 强化了执法队伍管理，执法人员素质明显提高

随着城市管理综合行政执法改革工作的不断深化和队伍的不断壮大，全市城管执法机关在制度、考核、培训等方面逐步规范统一，彻底改变了过去行业执法队伍在相关方面管理混乱、非正规化的现象，形成了一整套比较完整的队伍管理制度体系，城管执法队伍已经成为首都城市管理领域的一支举足轻重的力量。

5. 城管的形象和社会认知度有所提高

初步确立了"以人为本、执法为民"的城管执法理念，坚持"两手抓"：一手抓执法，一手抓宣传。按照城市管理主体在市民、主责在政府的要求，建立繁荣、文明、和谐、宜居的首善之区的新目标，全市城管执法队伍不断适应城市管理的新形势、新任务、新要求，积极转变执法理念，

不断改进执法方式。通过城管进社区、实施暖心便民活动，拓宽宣传渠道、加大正面宣传力度，广泛发动群众参与城市管理，使广大群众不断了解和认同城管工作。

6. 为探索管理、审批与监督、处罚权适当分离积累经验

在一定范围内进行了管理权、审批权与监督权、处罚权适当分离的探索，城管只履行在城市管理中的行政检查权和行政处罚权，业务的审批、许可等日常管理职能仍归相关行政主管部门，从而改变了过去行政机关自批、自管、自查、自罚的"一条龙"模式，强化了权力的制约机制。

（四）当前存在的主要问题

由于相关政策和制度保障依然欠缺，相对集中行政处罚权的理论和操作层面的问题没有得到有效解决，全国各地相对集中行政处罚权推进工作遇到了极大的困难和压力。主要存在问题为：

1. 依法行政依据不足，相对集中行政处罚权的范围还不明确

城管部门现有的行政权力来源于《中华人民共和国行政处罚法》第16条："国务院或者经国务院授权的省、自治区、直辖市人民政府可以决定一个行政机关行使有关行政机关的行政处罚权，但限制人身自由的行政处罚权只能由公安机关行使。"该规定从法理上明确了城市管理综合执法机构的行政执法主体资格，通常被认为是我国城管队伍建立的最基本的法律依据。2002年国务院又发布《关于进一步推进相对集中行政处罚权工作的决定》（国发[2002]17号）："授权省、自治区、直辖市人民政府批准决定在本行政区域内开展城市管理领域相对集中行政处罚权的试点工作。"同时将城管处罚权的范围扩大到城市规划、市政管理、城市绿化、市容卫生、环境保护、侵占道路、无照商贩七个方面。除此之外，在国家层面上，城管机构性质、组成形式、执法范围、执法程序、救济原则等方面立法上仍近于空白，缺乏对该领域明确、统一、完善的立法，尽管各省市政府出台相应的法规政策，但往往各自为政，甚至一些低阶位的法规规章与现有法律体系产生冲突，成为一纸空文，执法人员无法可依或者法律效力本身偏弱，直接导致实际管理过程中的执法困难。城管在执法过程没有确定的法律法规作依据，容易导致权力被滥用，引起暴力执法的可能，相对人更是缺乏

切实可行的公力救济途径，往往只能凭借自力救济，极易引发暴力抗法。即便在《行政处罚法》颁行后，在行政相对集中处罚权方面，仍然存在立法滞后、法律规定不明确、规范分散和法律效力低等问题，成为制约其发展的瓶颈。

2. 管理体制不顺畅，协调统一的执法格局尚未形成

由于在国家和省一级没有主管对口部门，自下而上发展的模式使各地城管部门长期处于分散、多样、无序的状态，各地政府在构建当地的城管机构时，都是结合自身特点和需求，在城管机构职能职责、机构名称、机构性质、管理体制等方面都存在着不同程度的差异和特色。由于观念的、体制的、机制的等多方面原因，综合执法部门与业务主管部门之间协调不好目前是一个普遍问题。

3. 现有人员编制、执法装备问题严重制约自身发展

执法队伍的编制不合理。相关职能部门的行政处罚权虽然转移到了城管一方，但原部门的人员、编制、经费、执法保障未随之发生转移，造成很多职能根本无法全面履行。城管执法队伍的劳动负荷过大，经常是加班加点，基本上没有节假日。这不仅违背了劳动法的精神，使执法人员失去了休息权，而且很多人的健康状况令人堪忧。

4. 执法手段缺失，方式方法匮乏

行政法律法规在人们心目中还没有占据至高无上的地位，市民的法律意识出现缺位。而城管执法强制措施不足，执法"孤立无援"，制止违法行为无有效手段保障已经成为实行相对集中处罚权制度最为头痛的问题。第一，执法缺乏执行力，过程中取证环节、执行环节实施艰难。第二，相对人处于流动之中，全部交由法院执行不符合实际，执法很困难。第三，执法既要注重效果不能纵容违法行为，同时又要保障执法过程的和谐。第四，城管执法的对象大多数是弱势群体，执法中不能有效地说服相对人，甚至围观的群众也无法说服，导致一线队员执法时难以实现较好的社会效果。

5. 考核机制不合理，执法人员的整体素质还有待提高

为达成政府赋予城管工作的目标，城管工作考核机制也十分功利和短期化，把治表作为工作重心，忽视长效机制建设，甚至掺杂过多不良利益

诉求，如今，下指标、以罚代管的执法方式在一些城管执法机关依然存在，甚至在有的部门内部，罚款收入被作为硬性指标对执法人员进行考核。虽然城管执法队伍整体素质有了很大的提高，但仍然存在队伍来源和构成复杂、人员老化、专业化服务水平不高、出口不畅、激励机制不足、身心疲惫等问题，影响队伍稳定、自信心和履行职责。

（五）推进城管相对集中行政处罚完善的建议

实现科学的宏观调控和有效的政府治理，"必须切实转变政府职能，深化行政体制改革，创新行政管理方式，增强政府公信力和执行力，建设法治政府和服务型政府。要健全宏观调控体系，全面正确履行政府职能，优化政府组织结构，提高科学管理水平"。政府职能调整完善是有效的城镇公共治理体系建立和配套治理能力现代化的首要目标。

1. 建立完善的法律体系，推进相对集中处罚权立法工作

进一步推动相对集中行政处罚权工作，必须通过高位阶的立法明确执法机关的性质、地位、权利、义务，明确其执法主体资格，规范法律责任，科学界定执法机关与各行政主管部门的职权划分，并及时配套出台其他相应的支撑性规章、制度，才能从根本上破解制约其发展的"瓶颈"，保障相对集中行政处罚权工作有法可依：

第一，制定不同层次的法律、法规，建立完善的法律体系。

第二，对现有法律法规中因"条条立法"造成的各法律法规之间相互重复、冲突和矛盾的内容进行修改、清理，保障各种不同层次的执法依据统一化、体系化，使之适应相对集中行政处罚权确立的分权体制。

第三，通过对相对集中行政处罚权的执行，制约与监督行政许可权的行使，形成良好的权力制衡与监督运行机制。

第四，凡涉及相对集中行政处罚权工作的立法，法律责任部分应由行使相对集中行政处罚权的部门起草，或征求采纳相对集中行政处罚权部门的意见。

2. 合理确定城管职能

合理确定城管部门职能，首先要合理划定城管的权力范围，其次，处理好城管职权与其他相关行政部门的职权关系，是能否将城管机构的社会

管理功效发挥至极的重要一环。一些专业性强、操作难度大、处理过程复杂、技术要求高的执行任务，不应纳入城管的职权范围内，否则极易导致执法失准，降低行政部门的整体权威。特别是各地政府对城管职权调整的随意性，与职权法定主义的法治原则相违背，使我国城管执法机构目前的职权范围显然已超越合理的范围，如果在这种状况下，执法监督不到位，很可能会出现权力的膨胀，致使相对人的合法权益处于不利的状况。赋予一个先天不足的机构过多的职权，是值得仔细考量的。

3. 完善城市管理的公众参与机制，建设公共城管形象

城管背负着社会转型、政府职能转变所带来的种种负担和代价，为城市管理付出了艰辛的劳动，但社会上对城管的负面报道一直比较多，导致城管部门的社会形象不佳，是一种普遍现象。[①]目前城管执法机关管理单向性明显，与公众互动不足，忽略了公共形象建设，与公众沟通不够，对公众开放度不够，导致公众对城管的认知基础较差，同时也制约着对城管部门的理解和参与，使城管处于孤立无援的被动境地，城市环境管理结构上就存在不和谐。

现代民主在城管综合执法中的集中体现就是公众参与。广泛地参与有利于公众对决策与执法的理解和支持，有利于全社会了解各自的权利和义务，有利于决策的执行。通过城管与市民互动，使广大市民了解现代城市管理理念。

4. 建设基层组织参与机制，充分发挥基层组织的桥梁和纽带作用

建设有限型政府是现代管理的方向所在，城管执法机关也应向公共服务型部门转变，逐步把一些社会管理职能交给社区基层组织，充分发挥基层组织有效连接居民、企业、管理相对人和城管部门的桥梁作用。

5. 运用"智能城市"、"数字城管"等新技术，建立完善的保障体系

通过"智能城市"、"数字城管"，使城管执法人员对城管各类信息进行迅速查询与处理，建立综合的城市管理指挥中心，负责城市管理监督、指挥职能，负责对城市管理责任单位的管理责任进行界定并进行考评的工作

---

① 北京市社会科学院课题组. 浅析北京城管内涵式发展的实现路径[R]. 2007, 10.

机制，促进形成城市政府各部门对城市管理工作权责明确。城管工作必须有先进、可靠、完备的"硬件"系统作支撑以实现长效管理，包括人员配备、信息化建设、装备物资配备等。

第六章　创新城镇公共治理体制提升治理能力的政策建议

一、确立城镇主体与城镇公共治理主体

（一）识别城镇主体与治理主体，建立城镇主体与城镇公共治理主体体系

伴随着我国城镇化的快速发展阶段，城镇人口不断增多，城镇内出现了差异化明显的多种城镇人口群体，都向城镇提出了公平享受城镇公共服务的要求。明确城镇内各类主体，明确各类主体的公共服务资源配置，明确各类主体的权利和义务，是城镇公共治理中的首要问题和基本问题。为了适应我国城镇化过程中城镇人口不断增长、城镇人口群体差异性大、城镇人口流动性强的特点，同时保障城镇公共治理的稳定性和健康发展，建议在我国城镇公共治理体系中建立城镇主体体系和城镇公共治理主体体系。

城镇主体是指城镇化过程中某个城镇地域内的所有居民。城镇公共治理主体即在某个城镇地域范围内的全部城镇主体，因其城镇主体身份的不同而享有不同的治理权利的城镇主体。

城镇主体体系和治理体系根据居民的户籍性质、职业周期、职业稳定性、核心家庭等因素划分为以下几类：

① 城镇本地户籍居民；
② 非城镇本地户籍居民但于城镇本地就职的居民及其配偶与未成年子女；
③ 非城镇本地户籍离退休后居住城镇本地的居民；
④ 非城镇本地户籍②和③之外的没有城镇本地工作的居民。

（二）城镇主体享受的城镇本地公共服务的范围

城镇的不同主体享受相应类型的公共服务。公共服务类型可分为全民享受的无地域差别的基本公共服务、有地域差别的基本公共服务、地方性

本地化属性的公共服务。所有城镇主体均可无地域差别，享受无地域差别的基本公共服务，其他公共服务则因城镇主体身份不同而不同，基本范围如下：

① 类主体，基本原则是基本公共服务均等化。享受全部的城镇基本公共服务和本地化城镇公共服务，当农业户籍主体转非农户籍时，尊重其所依附的集体资产和土地权利及其转换。

② 类主体，基本原则是提供向城镇本地户籍转换的机制。根据具体情况，设定接纳为城镇本地户籍的转换机制和标准，身份转换后享受①类主体所享受的所有公共服务；身份转换前，根据相关规定，享受基本公共服务、职业保障服务和有差异的本地化城镇公共服务；身份转化时，其原户籍地的权益同时让渡。达到身份转换标准的居民的身份转换尊重自愿原则。

③ 类主体，基本原则同②类主体，即提供向城镇本地户籍转换的机制。根据其离退休养老保障的水平设定接纳为城镇本地户籍的转换机制和标准，身份转换后享受①类主体所享受的所有公共服务；身份转换前，根据相关规定，享受基本公共服务和有差异的本地化城镇公共服务；身份转化时，其原户籍地的权益同时让渡。达到身份转换标准的居民的身份转换尊重自愿原则。

四类主体，基本原则是其行为不符合城镇化过程中的职业身份转换而不鼓励。不保证其享受城镇本地提供的基本公共服务和其他公共服务。

（三）城镇公共治理主体拥有的城镇本地治理权利范围

城镇的不同治理主体享受不同程度的城镇本地治理权利。治理权利可分为：影响城镇本地发展方向的决策治理权利、社会治理权利、公众参与权利、公众评议权利。

① 类主体，享有所有的治理权利。

② 类主体，身份转换后享有①类主体所享有的所有治理权利；身份转换前，根据相关规定，享有社会治理权利、公众参与权利、公众评议权利；身份转化时，其原户籍地的决策治理权利同时让渡。

③ 类主体，与②类主体相似，身份转换后享有①类主体所享有的所有治理权利；身份转换前，根据相关规定，享有社会治理权利、公众参与权

利、公众评议权利；身份转化时，其原户籍地的决策治理权利同时让渡。

④ 类主体，享有对城镇本地事务的公众评议权利。

二、改革城镇发展的激励机制

要从根本上节制城镇政府对大规模高速度城镇发展的过度追求就必须n改变现有的激励机制，包括干部考核激励、财政激励和社会激励。

（一）改革公共财政体制，弱化城镇财政对土地经营的依赖

改变对城镇政府的激励机制，最重要的是尽快完善财税体制，推动地方财政体制变革，弱化城镇财政对土地经营的依赖，而建立制度化的鼓励可持续城镇建设的财政激励机制。

具体政策建议：

强化对土地出让金的预算收入和支出的监督，强调其对地方基础设施建设、社会保障项目等公共服务支出的财政支出功能。

考虑设立土地年租金，改革土地供应管理制度，将原来的土地批租制改为土地年租制，由一次性收取几十年的土地出让金改为每年收取一次土地出租金（土地使用费），改变一届地方政府支配70年土地出让金这种"寅吃卯粮"的状况。

扩展地方税源，考虑尽快开征统一规范的房地产保有环节的物业税；改革后的土地年租金不应并入物业税。

（二）丰富财政激励手段，鼓励地方开展可持续城镇发展实践

从国际经验看，财政手段是中央政府推动国家政策实施、引导地方实践最有效的手段。尽管中央政府近年来出台了许多鼓励可持续发展的战略决策与具体措施，但与之配套的财政激励机制尚不完善。

具体政策建议：

建立制度化的对地方政府推进可持续城镇建设的财政激励机制，建议尽快出台转移支付立法，通过对地方政府的财政激励机制引导城镇化与可持续发展目标的结合，并与中央政府对地方的约束性指标挂钩。

考虑建立以促进可持续发展为目标的中央专项基金，并配套相应城乡规划和治理的国家标准与规范，对地方城镇在国家标准和规范下进行可持续的城乡规划与发展模式的实践创新予以中央财政专项基金的扶持。

三、构建多层次、多手段的权力制衡与监督机制

我国目前对城镇政府的制约机制存在重大缺陷，主要体现在：上级政府的制约手段单一化；地方政府内部的权力制衡机制弱化；强势利益集团参与和影响公共政策的意愿和能力增强；公众参与和社会监督机制失效。为此，在赋予城镇政府清晰的政治与财政激励的同时，国家层面的制度建设需要建立多层次、多手段的权力制衡与监督机制，以约束城镇政府的行政自由裁量权。

（一）丰富中央政府的制约和监管手段

首先，中央政府应当改变目前过分依赖行政命令、"一票否决制"这样的行政手段约束下级政府行为的制约机制，充分结合立法和财政手段实现对城镇政府规划和管理城镇的监管。

具体政策建议：

加强立法的可执行性，建设法治政府。例如，我国目前的《城乡规划法》进一步强调了城乡规划在引导和治理城镇化发展中的法定地位，强化了城镇公共治理的法律基础。

细化对城乡规划变更程序的规则规范，约束城镇政府通过行政区划调整和规划修编推动土地扩张的裁量空间。

充分运用财政手段，使中央专项基金等转移支付手段与约束性指标的结合。

强化对违反城乡规划行为的司法问责机制。

（二）发挥人大与政协的监督作用

鼓励基于人大和政协渠道的公众意见表达机制和同级政府的权力制衡机制。

具体政策建议：

通过法律法规赋予人大、政协、公众、专家和非政府组织更多的权力，审议、评价、修正、监督城乡规划及其执行。这样，一方面减少了上级政府的工作负担，同时也让真正了解情况的利益相关方尽可能多地参与到城

乡规划过程中。

规划执行中也要明确人大的监督作用。对于那些有明显问题、群众呼声大的规划和建设问题，应该在制度安排上赋予人大暂停和制止的权力。

（三）构建公众参与的保障机制

加强社会监管就是要逐步培育并充分发挥公民社会，包括公众、企业和社会组织在城镇发展中的监督和帮助的作用。为此需要从立法、司法上建立相应的保障机制。

具体政策建议：

以《政府信息公开条例》全面实施为契机，推行政务公开，保障社会监管。

针对《城乡规划法》中关于公众参与和专家咨询的规定，制定细则，明确公众充分参与规划各个阶段的保障性程序、公众参与的组织形式、各职能部门的责任、公众参与的反馈机制等。

与城乡规划相关的信息必须保证以公众能够接受和理解的形式发布。

完善城乡规划和建设的司法救济体制，考虑引入与城乡规划相关的公益诉讼机制。

（四）建立科学的城镇基层治理架构

中共中央办公厅、国务院办公厅印发了《关于加强和改进城镇社区居民委员会建设工作的意见》（以下简称《意见》）。《意见》指出加强和改进城镇社区居民委员会建设工作的基本原则是：坚持党的领导，把握正确方向；坚持以人为本，服务居民群众；坚持政府主导，社区共同参与；坚持因地制宜，注重工作实效。

就"法"而言，首先要在进一步完善《居委会组织法》的基础上，修订完善相关法律、法规和法条，切实保障民主管理、民主选举、民主决策、民主监督，为社区居委会的设立和发展提供坚实的法律基础和有效依据。其次，必须明确社区职责，完善各项制度，实行行政事务"社区准入制"，切实给社区居委会"减负"。要按照宪法和相关法律法规的规定，对社区应该承担的工作进行认真、全面而细致的梳理，并据此制定出台《社区工作职责》，从制度上明确社区到底应该做什么，明确界定社区居委会的角色定位，从而将社区居委会行政性负担的来源从源头上切断。

就"制"而言，首先，要让人民监督权力，确立"一核多元"的思想。"一核"就是党领导社会，"多元"包括政府、人大、政协、工青妇及各种社区组织，它们分别来自体制内外。这些体制内外的力量互动，形成了"吸纳"与"嵌入"的格局。一方面将体制内的组织资源"嵌入"到社会，实现社会服务与治理的网络化，另一方面，将体制外的资源"吸纳"到体制内释放，实现各种自主参与的有序化，推动基层人民民主制度有序运转，从而实现社区社会资本动员与党和政府创新社会整合形式的需求相结合。其次，因地制宜，实现政府派出机构和群众自治组织的职能区分。社区组织的自治化，要求从组织体制上保证基层社区组织与政府组织、其他社会组织的权限关系必须明确，并保留各自的独立性。一方面，需要降低组织成本，实现管理结构扁平化和精干化；另一方面，应采取各种措施调动各种民间组织与个体的积极性，使他们在自我教育和自我发展的基础上推动社区的整体发展，并积极引入市场化的管理方法。

就"人"而言，一方面，要全力建设职业化、高素质的社区工作者队伍，为社区善治提供必要的人才条件。要明确社区工作者的基本职责，加快制定社区工作者人才发展规划、培训教育计划和相关扶持政策，进一步解决好社区居委会成员及专职工作人员的报酬待遇和工作经费问题。国家也可制定相应的社区工作者资质认定制度，实现社区工作者资质认定的制度化和规范化，促进社区工作职业化的进程。同时，加强人才的引进，改变年龄知识结构，吸纳更多热衷于社区工作的人员参与到社区建设之中，并解决好这些人员的考核机制和薪酬体制问题。另一方面，要通过各种方式，培育社区自治组织，吸引广大居民参与社区工作，增强居民对社区的归属感和认同感。工作目标要聚焦于提供优质的公共服务，为居民解决实际问题，从而凝聚起具有共同利益的社区居民。工作方法要注意建设积极畅通的民意民情的收集、反映和解决通道，进一步健全完善"四会"（民情恳谈会、民事协调会、民情听证会、民主评议会）制度，搭建党委、政府与居民群众沟通的桥梁，提高党和政府的公信力和执行力。同时积极培育发展社区志愿者组织、老年人组织、残疾人组织、群众性文体教育组织等，建立形式多样的、以社区居民为参与主体的各种志愿服务队伍和自我服务组织。

就"物"而言，与制度设计相对应，根据各地实际条件，由政府负责解决政府派出机构的硬件设施，而由政府协调解决群众自治组织的硬件设施。政府应起到调动社会力量，整合社区资源的作用，从而逐步增强社区的造血机能，拓展社区自我发展空间。政府协调解决可以采取多种方式，既可以是政府划拨、政府补贴、也可以是市场化供给。

四、建立权责适应的财政制度

我国正处在从过去的"经济增长导向"的城镇化向"民生优先、公共服务导向"城镇化道路转型的关键时期。首先，东中西部地区、大中小规模的城市在经济发展阶段、政府财政能力、新增城镇人口压力等方面都存在较大差异，导致公共服务提供的区域和城乡不均衡。其次，城镇内部的优势公共服务资源过分向城镇中心区、特定人群和少数公共服务机构集中等问题。一方面，产业发展带动了大规模人口迁移，但进城务工人员由于户籍制度的约束，尽管在就业上已经实现了城镇化，但是在住房与公共服务获取上仍然处于弱势地位。另一方面，城镇对土地财政和产业发展的需求推动了城镇空间的外延式扩张，但郊区在医疗、教育、市政设施等公共服务上严重滞后于城镇中心区，导致城镇内部的公共服务配置不均衡。

对此，国家"十二五"规划中提出了要"坚持民生优先，完善就业、收入分配、社会保障、医疗卫生、住房等保障和改善民生的制度安排"，推进基本公共服务均等化，努力使发展成果惠及全体人民。因此，中国特色的城镇化道路同样应当坚持民生优先、以人为本，通过规划和政策引导为城乡居民提供获取公共服务的均等机会。

公共财政体制是实现市政设施规划配置、社会保障、医疗卫生、社区建设、住房等城镇公共服务均等化配置的重要制度保障。不仅需要合理确定各级政府在公共财政投入上的责权分工问题，同时要明确不同类型公共服务在地方财政投入机制、吸引社会资本参与的财税政策等制度安排问题，更要考虑如何确保基本公共服务在不同人群、不同社区之间的均衡配置问题。

着重研究如何构建有效的地方公共财政保障机制，改善目前我国城镇化进程中公共服务供应不足、公共服务资源分配不公平等现状，促进公平正义、和谐可持续的城镇化道路。

主要政策内容包括：

（1）在公共服务的类型、范围和标准进行研究的基础上，如何科学划分中央政府与各级地方政府在提供不同类型公共服务供应（如基础教育、医疗卫生、文化体育、社区服务、保障性住房、社会福利等）的事权、财权，建立财权与事权相对称的财税体制。

（2）地方公共财政对各类地方公共服务的投入机制，改革现有的土地财政机制，以及财税政策如何吸引社会资本和社会组织参与公共服务供应方面的有关制度设计问题。

（3）针对具有区域外部性和涉及区域均衡发展问题的公共服务，完善中央财政的转移支付与补贴机制，以及公共财政如何与规划手段（包括区域规划、城乡规划等）相结合，促进包括教育、医疗、社会保障等在内的公共服务供应的区域均等化。

（4）如何改善非户籍城市人口（特别是进城务工人员）公共服务获取机会的相关财政制度安排问题，建立相应的财政投入与分配机制、多方资金筹措机制等，改善农民工居住条件、保证农民工随迁子女教育机会、并构建均等化的城镇职工基本养老体系、医疗保险体系、就业培训体系等。

（5）如何结合财政与规划手段引导公共服务设施在城镇内部实现均衡的空间配置，以适应快速城镇化的现实情况。重点包括：引导市政基础设施、教育资源、医疗卫生、文化体育、社区服务与管理等设施向新建的郊区居住区的配置；研究建立城镇保障性住房规划布局与城镇重要就业中心、公共服务设施布局等相适应的对策，提升保障性住房规划布局的空间效应。

具体政策建议：

对于居民基本生存权利相关、属于"纯公共物品"范畴的基本公共服务（最低生活保障、基本居住权保障、基本劳动保障、基础教育、社会安全等），建立有中央统筹的全国性公共服务财政支出体制。完善对财力不足地区的财政转移支付，以常住人口数量而不是行政辖区内的户籍人口数量进行转移支付，促进基本公共服务的相对均衡。

从省内统筹开始，逐步建立基本公共服务支出与管理的全国性流转机制，使基本公共服务与社会保障与我国城镇化和人口迁移趋势相适应。

对于与居民自身发展能力与机会相关的"准公共物品"，采用财政激励与政府监管相结合的政策体系，发挥市场力量，鼓励政府与市场相结合的公共服务供给方式。逐步完善地方财政收支格局，加强对土地出让金的收支管理，逐步引入物业税等房地产保有环节的新税种，明确作为地方公共服务产品供应的地方财政支出来源。

通过构建城乡一体、均等化、包容性的基本公共服务体系，使户籍制度转变为居住登记与人口管理的工具，逐步剥离城镇户籍的利益属性，降低并逐步消除因户籍因素导致的城乡差距和本地居民与流动人口的差距。

五、通过技术创新提升城镇公共治理能力

运用现代化手段创新城镇管理方式，是新时期社会和谐建设的重要内容，也是促进政府决策科学化、民主化的重要手段。一是构建统一的信息资源中心，实现城镇实时信息流的动态获取和分析集成，推动城镇信息资源共享。二是建立和完善电子政务平台，加快城镇决策支持系统建设，推动城镇运行监测、预警、诊断、决策的智能化发展，全面提升政府科学决策水平和应对群体性突发事件的能力。

[1] Buchanan, James M. Politics without romance: A sketch of positive public choice theory and its normative implications. In J. M. Buchanan & R. D. Tollison (Eds.), The Theory of Public Choice - II (pp. 11-22) [M]. Ann Arbor: The University of Michigan Press, 1984.

[2] Clingermayer, James C., Richard C. Feiock. Institutional constraints and policy choice: An exploration of local governance [M]. Albany, NY, USA: State University of New York Press, 2001.

[3] Commission on Global Governance. Our Global Neighborhood[M], Oxford: Oxford University Press, 1995.

[4] Evans, Peter B. Predatory, developmental, and other apparatuses: a comparative political economy perspective on the third world state [C]. Sociological Forum, 4(4, Special Issue: Comparative National Development: Theory and Facts for the 1990s), 1989.

[5] Evans, Peter B. Embedded autonomy: States and industrial transformation [M]. Princeton: Princeton University Press, 1995.

[6] Feigenbaum, Harvey, Jeffrey Henig, Chris Hamnett. Shrinking the state: The political underpinnings of privatization [M]. Cambridge, UK: Cambridge University Press, 1998.

[7] Fligstein, Neil. The economic sociology of the transitions from socialism [J]. American Journal of Sociology, 1996, 101(4).

[8] Fligstein, Neil. The architecture of markets: an economic sociology of twenty-frist century capitalist societies [M]. Princeton, NJ, US: Princeton University Press, 2001.

[9] Greif, Avner. Forward: Institutions, markets, and games. In V. Nee & R. Swedberg (Eds.), The economic sociology of capitalism [M]. Princeton, NJ: Princeton University Press, 2005.

[10] Ho, Peter.Institutions in transition : Land ownership, property rights, and social conflict in China (Studies on contemporary China (Oxford, England) [M]. Oxford,New York: Oxford University Press, 2005.

[11] Krass, Benjamin. Combating urban sprawl in Massachusetts: Reforming the zoning act through legal challenges. Boston College Environmental Affairs Law Review, 2003, 30: 605-632.

[12] Krueger, Anne O. The political economy of the rent-seeking society [J]. American Economic Review, 1974, 64, 291-303.

[13] Lin, Justin Yifu, Cai Fang, Li Zhou. The China miracle: Development strategy and economic reform [J]. Hong Kong: Hong Kong Chinese University Press, 2003.

[14] Logan, John R., Harvey L Molotch. Urban fortunes: The political economy of place [M]. Berkeley, CA: University of California Press, 1987.

[15] Ma, Jun. Inter-governmental relations and economic management in China [M]. New York: St. Martin's Press, Inc, 1997.

[16] Nee, Victor. Economic sociology of institutional change: Politicized capitalism in China [R]. Unpublished manuscript, Ithaca, NY, 2003.

[17] Nee, Victor, Paul. Ingram. Embeddedness and beyond: Institutions, exchange, and social structure [M], 1998. In M.C. Brinton & V. Nee (Eds.), The new institutionalism in sociology. New York: Russell Sage Foundation, 1998:19-45.

[18] Nelson, Richard. The co-evolution of technology, industrial structure, and supporting institutions [J]. Industrial and Corporate Change. 1994, 3:47-63.

[19] North, Douglass C. Structure and change in economic history [M]. New York: Norton, 1981.

[20] North, Douglass C. Institutions, institutional change and economic performance [M]. Cambridge: Cambridge University Press, 1990.

[21] North, Douglass C. Barry R Weingast. Constitutions and commitment: The evolution of institutions governing public choice in seventeenth-century England [J]. The Journal of Economic History, 1989, XLIX(4), 803-832.

[22] Qian, Yingyi. The institutional foundations of market transition in the People's Republic of China [R]. Tokyo: Asian Development Bank, 2000.

[23] Rhodes, R.A.W. New governance: Governing without government [J]. Political Studies, 1996, XLIV: 652-667.

[24] Simon, Herbert A. Models of man: Social and rational [M]. New York: John Wiley & Sons, p.xxiv. 1957.

[25] Stoker, Gerry. Governance as theory: Five propositions [J]. International Social Science Journal. 1998, 50 (115): 17-28.

[26] Tullock, Gordon. Rent seeking [M]. Brookfield, VT: E. Elgar, 1993.

[27] Webster, Chris. Lawrence Wal-Chung Lai. Property rights, planning and markets: Managing spontaneous cities. Cheltenham [M]. UK and Northampton, MA, USA: Edward Elgar, 2003.

[28] Williamson, Oliver E. The new institutional economics: Taking stock, looking ahead [J]. Journal of Economic Literature, 2000, XXXVIII(9), 595-613.

[29] Wong, Christine P.W. Overview of issues in local public finance in the People Republic of China [M]. IN C. P. W. Wong (ED.), Financing local government in the People's Republic of China [M]. Oxford: Oxford University Press, published for the Asian Development Bank. 1997: 27-60.

[30] Zhang, Tingwei. Urban development and a socialist pro-growth coalition in Shanghai [J]. Urban Affairs Review, 2002, 37(4), 475-499.

[31] Zhu, Jieming. Local growth coalition: The context and implications of China's gradualist urban land reforms [J]. International Journal of Urban and Regional Research, 1999, 23:534-548.

[32] Zhu, Jieming. Local developmental state and order in China's urban development during transition [J]. International Journal of Urban and Regional Research, 2004, 28(2): 424-447.

[33] 班茂盛，祝成生. 户籍改革的研究状况及实际进展，人口与经济[J]，2000，1:46.

[34] 柏良泽. 公共服务界说[J]. 中国行政管理，2008,02.

[35] 蔡昉. 户籍改革的逻辑顺序[J]. 发展，2002，3：69.

[36] 曹广忠，袁飞，陶然. 土地财政、产业结构演变与税收超常规增长——中国"税收增长之谜"的一个分析视角[J]·中国工业经济，2007，12：13-21.

[37] 柴彦威，曲华林，马玫编. 开发区产业与空间及管理转型[M]. 北京：科学出版社，2008.

[38] 常修泽. 中国现阶段基本公共服务均等化研究[J]. 中共天津市委党校学报，2007，2：66.

[39] 陈海威. 我国基本公共服务均等化问题探讨[J]. 中州学刊，2007，3：2-7.

[40] 陈继清. 我国信访制度存在的问题及其完善措施[J]. 中国行政管理，2006，6：17-20.

[41] 程丹. 城市化将推动中国经济未来20年高速发展 [N/OL] [2007-1-5]. 今日工程机械. http://www.cmtoday.cn/article/6/276.html.

[42] 城市户口管理暂行条例. 公安部公告，1951年7月16日.

[43] 池建宇，杨军雄. 中国户籍制度变迁的供求分析——从农村经济改革角度作出的一种解释[J]. 经济体制改革，2003，3：70-73.

[44] 公安部关于认真贯彻"国务院批转<公安部关于处理户口迁移的规定>的通知"的意见. 1977年11月22日.

[45] 党政领导干部选拔任用工作条例[EB/OL]. 新华网，http://news.xinhuanet.com/ziliao/2003-01/18/content_695422_1.htm.

[46] 樊海俊. 我国流动人口管理体制研究[D]. 吉林大学行政学院，2011.

[47] 耿毓修，黄均德. 城市规划行政与法制 [M]. 上海：上海科学技术文献出版社，2002.

[48] 顾朝林，沈建法，姚鑫，石楠等. 城市管治——概念、理论、方法、实证 [M]. 南京：东南大学出版社，2003.

[49] 顾朝林，甄峰，张京祥. 集聚与扩散——城市空间结构新论 [M]. 南京：东南大学出版社，2000.

[50] 顾朝林. 北京土地利用/覆盖变化机制研究 [J]. 自然资源学报，1999，4：307-312.

[51] 顾骏. 关于上海流动人口管理的深层次思考[J]. 城市管理，2005，2：50-55.

[52] 辜胜阻，成德宁. 户籍制度改革与人口城镇化[J]. 经济经纬，1998，(01).

[53] 国家基本公共卫生服务规范（2011年版）[EB/OL]. http://www.jxwst.gov.cn/cszw/fyysq/jbggwsfw/201107/P020110722610532038599.doc.

[54] 国家审计署. 国有土地使用权出让金审计调查结果（审计结果公告2008年第4号）[EB/OL]. [2008-6-4]. http://www.audit.gov.cn/n1057/n1072/n1282/1589058.html.

[55] 国家统计局编. 中国统计年鉴2005 [M]. 北京：中国统计出版社，2005.

[56] 国家统计局编. 中国统计年鉴2006 [M]. 北京：中国统计出版社，2006.

[57] 郭秀云. 大城市户籍改革的困境及未来政策走向——以上海为例[J]. 人口与发展，2010，16（6）.

[58] 国务院发展研究中心土地课题组. 2006. 土地财政的缘由与风险[R/OL]. 新青年·权衡[2006-2-22]. http://finance.sina.com.cn/economist/jingjixueren/20060222/14542363703.shtml.

[59] 侯惠勤，辛向阳，易定宏主编. 中国城市基本公共服务力评价 [M]. 北京：社会科学文献出版社.

[60] 嵇永春. 上海外来流动人口管理的分析与对策[D]. 上海交通大学国际与公共事务学院，2008.

[61] 金南顺. 城市公共服务研究[D]. 东北财经大学. 2006：128-129.

[62] 经济参考报. 北京城市体量急剧膨胀饱受"大城市病"困扰. [2011-2-9] http://news.huaihai.tv/guoneinews/2011/0209/2011-02-09212236.html.

[63] 李海燕. 我国城市流动人口管理研究[D]. 中国海洋大学，2009.

[64] 李志德. 中国户籍制度变迁的路径选择:城市户籍的供需均衡与实现[J]. 经济体制改革，2010，4：25-29.

[65] 林毅夫，蔡昉，李周. 中国的经济奇迹：发展战略和经济改革[M]. 上海：上

海人民出版社，1994.

[66] 刘广. 我国基本公共服务均等化问题研究[D]. 河南大学，2010.

[67] 刘尚希. 怎样实现我国基本公共服务均等化[J]. 上海党史与党建，2007，7：3.

[68] 刘易斯. 劳动力无限供给条件下的经济发展[J]. 理论动态，2009.

[69] 刘易斯·芒福德. 城市发展史 [M]. 北京：中国建筑工业出版社，2004.

[70] 刘筱，阎小培. 以人为本:迈向21 世纪的广州城市管治. 城市管治——概念、理论、方法、实证 [M]. 南京：东南大学出版社，2003:202-208.

[71] 刘佐. 中国税制 [M]. 北京：知识产权出版社，2004.

[72] 陆大道，姚士谋. 中国城镇化进程的科学思辨 [J]. 人文地理，2007，4：1-6.

[73] 陆大道. 我国的城镇化进程与空间扩张 [J]. 城市规划学刊，2007，4：47-52.

[74] 陆化普，王建伟，张鹏. 基于能源消耗的城市交通结构优化 [J]. 清华大学学报（自然科学版），2004，3：383-386.

[75] 吕雪莉. 人口分布将形成"三分天下"格局[J]. 共产党员，2009，9.

[76] 罗小龙，张京祥. 管制理念与中国城市规划的公众参与 [J]. 城市规划汇刊，2001，2：59-62.

[77] 马福云. 当代中国户籍制度变迁研究[D]. 中国社会科学研究院. 2000：5.

[78] 马海涛等. 中国基本公共服务均等化问题研究 [M]. 北京：经济科学出版社，2011.

[79] 马强，徐循初. "精明增长"策略与我国的城市空间扩展 [J]. 城市规划汇刊，2004，3：16-22.

[80] 马修. 卡恩著，孟凡玲译. 绿色城市：城市发展与环境 [M]. 北京：中信出版社，2007.

[81] 穆光宗. 人口增长与"大城市病"诊治——以北京市为例[J]. 人民论坛，2010（11）：8-9.

[82] 彭希哲，赵德余，郭秀云. 户籍制度改革的政治经济学思考[J]. 复旦学报(社会科学版)，2009，3：1-11.

[83] 蒲善新. 改革城乡行政管理体制促进城镇化的健康发展 [J]. 城市规划，2006，7：16-21.

[84] 齐晔，刘志林，蔡琴. 2009. 中国城市化发展中的公共治理与政府职能转变研究（中国可持续城市发展研究分报告四）[M]. //中国城市科学研究会主编. 中国低碳生态城市发展战略. 北京：中国城市出版社，2009.

[85] 钱凯. 我国房地产税制改革问题研究综. 财政部动态资料专辑[2004-10-31] [EB/OL]. http://www.mof.gov.cn/news/20050301_1825_4380.htm.

[86] 青木昌彦著，周黎安译. 比较制度分析 [M]. 上海：上海远东出版社，2001.

[87] 全国人民代表大会常务委员会. 中华人民共和国人民防空法[EB/OL]. 第二条. http://www.ccad.gov.cn/view/zhengcefagui/falvfagui/20110505/15.html.

[88] 全国人民代表大会常务委员会. 中华人民共和国食品安全法[EB/OL]. 第一条. http://www.law-lib.com/law/law_view.asp?id=276770.

[89] 沈福俊. 论行政自由裁量权及其控制 [J]. 政治与法律, 1995, 5: 28-41.

[90] 沈清基. 中国城市能源可持续发展研究：一种城市规划的视角 [J]. 城市规划学刊, 2005, 6: 41-47.

[91] [美]世界观察研究所, 全球环境研究所译. 世界报告2007：我们城市的未来 [M]. 北京：中国环境科学出版社, 2007.

[92] 苏建忠, 魏清泉, 郭恒亮. 广州市的蔓延机理与调控[J]. 地理学报, 2005, 4: 626-636.

[93] 苏岭. 两份"秘密协议"引发悬疑，碧桂园被指"零地价拿地" [N/OL]. 南方周末[2007-12-28]: http://www.infzm.com/news/xwgz/200712/t20071228_33528.shtml.

[94] 孙永怡. 强势利益集团对公共政策过程的渗透及其防范 [J]. 中国行政管理, 2007, 9: 48-51.

[95] 汤黎明, 唐媛丽. 北京市基本公共服务均等化现状探悉[J]. 市场调研, 2012, 3: 31-32, 45.

[96] 田芝健. 当代中国地方政府改革：权力、权限和责任[EB/OL]. [2007]http://www.lunwennet.com/thesis/2007/19601.html.

[97] 万川. 当代中国户籍制度改革的回顾与思考[J]. 中国人口科学, 1999, 1: 32-37.

[98] 王富博. 土地征收的私权保护——兼论我国土地立法的完善 [J]. 政法论坛, 2005, 1: 108-115.

[99] 王连峰. 北京城市管理相对集中行政处罚权改革研究[D]. 清华大学公共管理学硕士学位论文, 2008.

[100] 王海光. 当代中国户籍制度形成与沿革的宏观分析[J]. 中国党史研究, 2003, 4: 22-29.

[101] 王太元. 户籍改革：剥离附着利益[J]. 瞭望, 2005, 20: 34-35.

[102] 王学栋, 王舒娜. 论行政自由裁量权的价值定位[J]. 中国行政管理, 2007, 6: 36-38.

[103] 温家宝. 切实加强城乡规划工作，推进现代化建设健康发展[EB/OL] [2000-07-05]. http://npc.people.com.cn/GB/28320/82031/82036/5631636.html.

[104] 吴高盛. 中华人民共和国城乡规划法释义 [M]. 北京：中国法制出版社,

2007: 210-211.

[105] 吴佳, 张京祥. 治道变革视野中的中国城市规划转型 [J]. 城市发展研究, 2006, 2: 64-68.

[106] 吴敬琏. 中国增长模式抉择 [M]. 上海: 上海远东出版社, 2005: 108.

[107] 吴丽丽, 段成荣. 北京市市内人内分离人口状况研究, 北京社会科学, 2009, 2: 50-55.

[108] 吴强. 现代城市公共服务系统优化 [M]. 北京: 知识产权出版社, 2010.

[109] 吴永宏. 中国城市住房保障制度设计与实践运行研究: 以南通为例 [D]. 苏州大学. 2013.

[110] 西蒙·库兹涅茨. 现代经济增长 [M]. 北京: 北京经济学院出版社, 1989.

[111] 邢福俊. 我国城市化水平现实分析 [J]. 东北财经大学学报. 1999, 2.

[112] 徐伟明. 我国城市流动人口管理模式的演变与展望[J]. 南京人口管理干部学院学报, 2009, 3: 34-38.

[113] 徐运辉, 崔力夫. 完善我国公共就业服务制度的路径探讨[J]. 经济纵横, 2013, 7.

[114] 闫国智, 周杰. 论行政自由裁量权的泛化及其立法防范[J]. 政法论丛, 2000, 5: 5-9.

[115] 杨丽琼. 北京: 突破垃圾围城. [2012-4-9]新民晚报. http://xmwb.xinmin.cn/xmwb/html/2012-04/09/content_22_1.htm.

[116] 杨燕绥, 曹峰. 社会保障公共服务体系建设解析[J]. 行政管理改革, 2010, 7.

[117] 姚秀兰. 论中国户籍制度的演变与改革[J]. 法学, 2004, 5: 45-54.

[118] 叶建红, 陈小鸿, 李晔. 上海城市快速扩张中交通系统特征变化分析 [J]. 城市规划汇刊, 2007, 6: 103-108.

[119] 叶建亮. 公共产品歧视性分配政策与城市人口控制[J]. 经济研究, 2006, 11.

[120] 殷成志. 德国城乡规划法定图则: 方法与实例[M]. 北京: 清华大学出版社, 2013.

[121] 余佳, 余偌, 制度变迁视角下的中国户籍制度改革政策效应与目标路径[J]. 中国浦东干部学院学报, 2010, 5: 79-83.

[122] 袁剑. 房地产政治 [J]. 董事会, 2005, 6: 46-55.

[123] 袁政. 市场能否合理调节人口的区域再分布——中国未来户籍政策选择分析. 中国人口科学, 2001, 5: 40.

[124] 张敦富等著. 知识经济与区域经济 [M]. 北京: 中国轻工业出版社, 2000.

[125] 张京祥, 庄林德. 管治及城市与区域管治: 一种新制度性规划理念 [M]//顾朝林, 沈建法, 姚鑫, 石楠等编著. 城市管治——概念、理论、方法、实证. 南京: 东南大学出版社, 2003: 45-51.

[126] 张晓松. 解读2006年度全国土地利用变更调查结果报告 [J]. 资源与人居环境. 2007, 9: 16-17.

[127] 张兴华. "十二五"期间农民工进城面临的挑战与对策[J]. 经济研究参考, 2011, 3.

[128] 郑文武, 魏清泉. 论城市规划的诉讼特性 [J]. 城市规划, 2007, 3: 36-39.

[129] 中国183个城市要建国际大都市遭国务院严批[N/OL]. 新华网. [2005-7-25]. http://news.xinhuanet.com/house/2005-07/25/content_3263510.htm.

[130] 中国科学院可持续发展战略研究组. 2008中国可持续发展战略报告——政策回顾与展望［M］. 北京：科学出版社，2008.

[131] 中国人民银行课题组. 北京市房地产市场研究——一种金融视角的分析 [M]. 北京：中国经济出版社，2004.

[132] 中国市长协会,《中国城市发展报告》编辑委员会. 中国城市发展报告（2002-2003）［M］. 北京：商务印书馆，2004.

[133] 中国土地政策改革课题组. 土地解密 [R/OL]. 和讯网—《财经》杂志[2006-02-22]. http://finance.sina.com.cn/g/20060222/18242364373.shtml.

[134] 中华人民共和国户口登记条例. 1958年1月9日.

[135] 赵冈. 中国城市发展史论［M］. 北京：新星出版社，2006.

[136] 周剑云, 戚冬瑾. 城市规划法律法规体系 [M]. 北京：中国建筑工业出版社，2006.

[137] 周天勇. 六、财政预算改革需要联动. 攻坚：十七大后中国政治体制改革研究报告摘登 [EB/OL]. 人民网理论频道，[2008-5-20]. http://theory.people.com.cn/GB/68294/120979/120982/7267635.html.

[138] 朱道林, 曹玲燕. 政策对房地产业的影响［M］. //牛凤瑞主编. 房地产蓝皮书——中国房地产发展报告No.1. 北京：社会科学文献出版社，2004：143-158.

课题组成员名单

组　长：
　　薛　澜　教授，清华大学公共管理学院院长

副组长：
　　齐　晔　教授，清华大学公共管理学院
　　孟延春　副教授，清华大学公共管理学院

主要成员：
　　刘志林　副教授，清华大学公共管理学院
　　殷成志　副教授，清华大学公共管理学院
　　蔡　琴　讲师，清华大学美术学院

执笔人员：
　　齐　晔　孟延春　刘志林　殷成志　蔡　琴

索引

半城市化　14, 19, 35, 114, 356, 379, 439
半城镇化　17, 35, 55, 81, 122, 134, 362, 366, 375, 379, 380
包容型　373
被动城镇化　2, 6, 54, 55
财政能力　68, 123, 135, 136, 363, 365, 371, 418, 427, 430, 441, 476
城保模式　132, 133, 134
城乡二元　2, 3, 4, 7, 11, 12, 13, 14, 17, 20, 23, 26, 33, 50, 52, 55, 58, 59, 61, 65, 107, 110, 112, 113, 114, 123, 135, 186, 192, 205, 249, 260, 302, 320, 350, 355, 366, 383
城乡统筹　5, 21, 64, 78, 100, 102, 142, 143, 144, 162, 163, 180, 181, 217, 218, 219, 225, 228, 230, 231, 235, 260, 263, 297, 304, 306, 316, 317, 324, 330, 347, 350, 352, 355, 358, 371, 444
城镇公共治理　362, 363, 364, 366, 371, 372, 373, 386, 390, 392, 393, 394, 395, 414, 418, 427, 439, 467, 470, 471, 473, 478
城镇公共治理体系　362, 363, 364, 371, 372, 373, 390, 395, 418, 467, 470
城镇主体　363, 365, 366, 383, 470, 471
次城保模式　133, 134
定居意愿　115, 138, 141, 143, 209, 211, 357, 375, 379, 383, 384
非农就业　29, 31, 32, 33, 34, 42, 43, 161, 299, 304, 324, 439
非农业户口　11, 83, 107, 110, 111, 112, 267
公共服务体系　66, 120, 216, 362, 365, 382, 395, 404, 413, 416, 417, 442, 444, 478, 485
公共治理　361, 362, 363, 364, 365, 366, 371, 372, 373, 374, 382, 386, 388, 389, 390, 391, 392, 393, 394, 395, 414, 418, 427, 439, 467, 470, 471, 473, 478, 483
功能超载　65, 108
国家治理体系　362, 364, 371, 372, 373, 374, 375, 392, 395, 418
户籍制度　6, 10, 11, 12, 13, 25, 26, 52, 54, 55, 57, 58, 64, 65, 66, 94, 105, 106, 107, 108, 109, 110, 112, 113, 114, 115, 118, 119, 120, 121, 134, 149, 192, 193, 213, 216, 220, 306, 320, 339, 352, 354, 355, 356, 357, 380, 440, 441, 442, 444, 448, 449, 450, 451, 452, 476, 478, 481, 482, 483, 484, 485
户口等级　65, 113, 114, 119, 120
户口价值化　108, 113, 119
基本公共服务　25, 66, 77, 106, 120, 216, 231, 335, 347, 357, 366, 383, 392, 395, 399, 400, 443, 444, 453, 470, 471, 476, 477, 478, 481, 482, 483, 484
积分入户　6, 76, 111, 112, 207, 209, 210, 211, 212, 213, 215, 216
集体建设用地　8, 69, 70, 163, 164, 172, 177, 179, 180, 181, 182, 183, 184, 185, 187, 188, 189, 219, 223, 233, 234, 260, 267, 303, 345, 346
级差地租　77, 180, 183, 223, 276,

300, 303, 345
就地城镇化　74, 75, 80, 81, 115, 121, 168, 193, 194, 235, 263, 302, 303, 304
就近城镇化　2, 6, 7, 61, 63, 74, 75, 78, 81, 82, 105, 115, 116, 117, 118, 121, 183, 239, 241, 258, 306, 330
居住分异　146, 147, 151
农村建设用地　2, 6, 28, 59, 61, 64, 171, 179, 181, 182, 183, 188, 189, 260, 299, 304, 345
农村土地制度　61, 153, 165, 167, 353, 355
农地流转制度　153, 157
农地转化　153, 171, 172, 173
农地转化制度　153
农业户口　11, 83, 107, 110, 111, 112, 267
逆城市化　13, 23, 60, 107, 168
人的城镇化　1, 2, 3, 4, 5, 6, 15, 43, 50, 52, 53, 54, 60, 61, 62, 63, 64, 65, 66, 69, 70, 75, 77, 84, 85, 88, 106, 109, 113, 114, 115, 116, 117, 118, 119, 121, 122, 138, 147, 149, 150, 193, 198, 206, 207, 217, 220, 228, 229, 231, 232, 235, 239, 249, 255, 256, 259, 362, 366, 371, 372, 375, 406, 416
人的现代化　362, 364, 366, 367, 394
人口城镇化　2, 3, 6, 7, 11, 19, 20, 27, 28, 29, 54, 58, 80, 94, 153, 160, 171, 177, 180, 205, 207, 330, 337, 338, 339, 343, 362, 382, 441, 482
人口管理　64, 106, 107, 108, 109, 150, 197, 208, 212, 439, 442, 444, 447, 448, 449, 450, 455, 478, 482, 485

人口迁移　1, 2, 3, 5, 6, 15, 29, 37, 50, 61, 62, 64, 65, 66, 93, 102, 106, 107, 108, 109, 115, 116, 119, 357, 444, 476, 478
人口信息登记　106, 119
社会福利　65, 94, 100, 106, 108, 112, 119, 120, 249, 362, 364, 366, 388, 390, 400, 408, 424, 445, 446, 477
社会管理　29, 64, 98, 106, 107, 108, 220, 272, 342, 350, 372, 395, 442, 448, 449, 455, 467, 468
社会建设　71, 106, 192
土地城镇化　2, 3, 13, 20, 52, 171, 177, 260
土地管理法　13, 16, 27, 49, 74, 153, 171, 172, 173, 174, 184
土地确权　162, 164, 168, 180, 232, 266
土地银行　162, 163, 168, 341
物的城镇化　2, 3, 5, 50, 52, 53, 54, 61, 113, 207, 259, 366
新生代农民工　23, 24, 25, 39, 40, 41, 43, 92, 97, 98, 99, 100, 101, 103, 104, 116, 117, 118, 123, 135, 151, 206, 355
信托　160
一村一品　246, 331
以人为本　5, 54, 220, 231, 350, 362, 363, 364, 366, 371, 383, 392, 395, 418, 442, 464, 474, 476, 483
增减挂钩　69, 70, 81, 179, 180, 181, 182, 185, 186, 187, 189, 223, 230, 232, 260, 266, 269, 277, 300, 345
转包　102, 155, 157, 158, 160, 161, 168
转租　160, 161, 168
占补平衡　181, 185, 222, 252
职业声望　94, 102

治理 52, 78, 165, 167, 169, 170, 187, 332, 342, 353, 356, 357, 361, 362, 363, 364, 365, 366, 367, 368, 369, 370, 371, 372, 373, 374, 375, 382, 386, 388, 389, 390, 391, 392, 393, 394, 395, 396, 401, 405, 408, 410, 414, 417, 418, 421, 427, 439, 449, 467, 470, 471, 472, 473, 474, 475, 478, 483

主动城镇化 2, 6, 54, 55, 57, 70, 77, 103, 379